116

神戸大学

理系 – 前期日程

国際人間科〈理科系〉・
理・医・工・農・海洋政策科〈理系〉学部

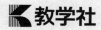

は　し　が　き

　おかげさまで，大学入試の「赤本」は，今年で創刊 70 周年を迎えました。
　これまで，入試問題や資料をご提供いただいた大学関係者各位，掲載許
可をいただいた著作権者の皆様，各科目の解答や対策の執筆にあたられた
先生方，そして，赤本を使用してくださったすべての読者の皆様に，厚く
御礼を申し上げます。

　以下に，創刊初期の「赤本」のはしがきを引用します。これからも引き
続き，受験生の目標の達成や，夢の実現を応援してまいります。

　本書を活用して，入試本番では持てる力を存分に発揮されることを心よ
り願っています。

編者しるす

＊　　　＊　　　＊

　学問の塔にあこがれのまなざしをもって，それぞれの志望する大学の門
をたたかんとしている受験生諸君！　人間として生まれてきた私たちは，
自己の欲するままに，美しく，強く，そして何よりも人間らしく生きるこ
とをねがっている。しかし，一朝一夕にして，この純粋なのぞみが達せら
れることはない。私たちの行く手には，絶えずさまざまな試練がまちかま
えている。この試練を克服していくところに，私たちのねがう真に人間的
な世界がはじめて開かれてくるのである。

　人生最初の最大の試練として，諸君の眼前に大学入試がある。この大学
入試は，精神的にも身体的にも，大きな苦痛を感ぜしめるであろう。ある
スポーツに熟達するには，たゆみなき，はげしい練習を積み重ねることが
必要であるように，私たちは，計画的・持続的な努力を払うことによって，
この試練を克服し，次の一歩を踏みだすことができる。厳しい試練を経た
のちに，はじめて満足すべき成果を獲得できるのである。

　本書は最近の入学試験の問題に，それぞれ解答を付し，さらに問題をふ
かく分析することによって，その大学独特の傾向や対策をさぐろうとした。
本書を一般の参考書とあわせて使用し，まとはずれのない，効果的な受験
勉強をされるよう期待したい。

（昭和 35 年版「赤本」はしがきより）

挑む人の、いちばんの味方

赤本創刊70周年

　1954年に大学入試の過去問題集を刊行してから70年。赤本は大学に入りたいと思う受験生を応援しつづけてきました。これからも，苦しいとき落ち込むときにそばで支える存在でいたいと思います。

　そして，勉強をすること，自分で道を決めること，努力が実ること，これらの喜びを読者の皆さんが感じることができるよう，伴走をつづけます。

そもそも赤本とは…

受験生のための大学入試の過去問題集！

70年の歴史を誇る赤本は，500点を超える刊行点数で全都道府県の370大学以上を網羅しており，過去問の代名詞として受験生の必須アイテムとなっています。

・・・・・・・・・・・ なぜ受験に過去問が必要なのか？ ・・・・・・・・・・・

大学入試は大学によって問題形式や頻出分野が大きく異なるからです。

記述式？
マーク式？
問題のレベルは？
時間配分は？
自分に足りないのは？
みんなの疑問に答える赤本！
頻出分野は？
どんな対策が必要？
どんな問題が出るの？

赤本で志望校を研究しよう！

赤本の掲載内容

傾向と対策

これまでの出題内容から，問題の「**傾向**」を分析し，来年度の入試に向けて
具体的な「**対策**」の方法を紹介しています。

問題編・解答編

◆ 年度ごとに問題とその解答を掲載しています。

◆ 「**問題編**」ではその年度の試験概要を確認したうえで，実際に出題された
過去問に取り組むことができます。

◆ 「**解答編**」には高校・予備校の先生方による解答が載っています。

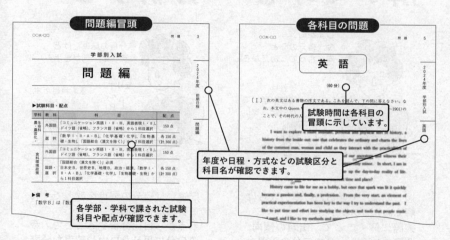

他にも，大学の基本情報や，先輩受験生の合格体験記，
在学生からのメッセージなどが載っていることがあります。

2024年度から
見やすい
デザインに！

● 掲載内容について ●

著作権上の理由やその他編集上の都合により問題や解答の一部を割愛している場合があります。
なお，指定校推薦入試，社会人入試，編入学試験，帰国生入試などの特別入試，英語以外の外国語
科目，商業・工業科目は，原則として掲載しておりません。また試験科目は変更される場合があり
ますので，あらかじめご了承ください。

受験勉強は 過去問に始まり,

STEP 1 （なにはともあれ）

まずは
解いてみる

しずかに…
今，自分の心と
向き合ってるんだから

ムーン

それは
問題を解いて
からだホン！

過去問は，**できるだけ早いうちに
解くのがオススメ！**
実際に解くことで，**出題の傾向，
問題のレベル，今の自分の実力**が
つかめます。

STEP 2 （じっくり具体的に）

弱点を
分析する

分析の結果だけど
英・数・国が苦手みたい

スリー

必須科目だホン
頑張るホン

間違いは自分の弱点を教えてくれ
る**貴重な情報源。**
弱点から自己分析することで，**今
の自分に足りない力や苦手な分野**
が見えてくるはず！

合格者があかす
赤本の使い方

傾向と対策を熟読
（Fさん／国立大合格）

大学の出題傾向を調べる
ために，赤本に載ってい
る「傾向と対策」を熟読
しました。

繰り返し解く
（Tさん／国立大合格）

1周目は問題のレベル確認，2周
目は苦手や頻出分野の確認に，3
周目は合格点を目指して，と過去
問は繰り返し解くことが大切です。

過去問に終わる。

STEP 3 （志望校にあわせて）

苦手分野の
重点対策

明日からはみんなで頑張るよ！
参考書も！ 問題集も！
よろしくね！

呼んだ？

なにを!?
どこから!?

グッ グッ

参考書や問題集を活用して，苦手分野の**重点対策**をしていきます。**過去問を指針に**，合格へ向けた具体的な学習計画を立てましょう！

STEP 1 ▶ 2 ▶ 3 （サイクルが大事！）

実践を
繰り返す

やるのはボクだよ〜

STEP 1　解く!!

分析!!

対策!!

STEP 3　　STEP 2

STEP 1〜3を繰り返し，実力アップにつなげましょう！
出題形式に慣れることや，時間配分を考えることも大切です。

目標点を決める
（Yさん／私立大合格）

赤本によっては合格者最低点が載っているので，それを見て目標点を決めるのもよいです。

時間配分を確認
（Kさん／私立大学合格）

赤本は時間配分や解く順番を決めるために使いました。

添削してもらう
（Sさん／私立大学合格）

記述式の問題は先生に添削してもらうことで自分の弱点に気づけると思います。

新課程も赤本で
ばっちり！

新課程入試 Q&A

2022年度から新しい学習指導要領（新課程）での授業が始まり，2025年度の入試は，新課程に基づいて行われる最初の入試となります。ここでは，赤本での新課程入試の対策について，よくある疑問にお答えします。

使える？

Q1. 赤本は新課程入試の対策に使えますか？

A. もちろん使えます！

OK

旧課程入試の過去問が新課程入試の対策に役に立つのか疑問に思う人もいるかもしれませんが，心配することはありません。旧課程入試の過去問が役立つのには次のような理由があります。

● 学習する内容はそれほど変わらない

新課程は旧課程と比べて科目名を中心とした変更はありますが，学習する内容そのものはそれほど大きく変わっていません。また，多くの大学で，既卒生が不利にならないよう「経過措置」がとられます（Q3参照）。したがって，出題内容が大きく変更されることは少ないとみられます。

● 大学ごとに出題の特徴がある

これまでに課程が変わったときも，各大学の出題の特徴は大きく変わらないことがほとんどでした。入試問題は各大学のアドミッション・ポリシーに沿って出題されており，過去問にはその特徴がよく表れています。過去問を研究してその大学に特有の傾向をつかめば，最適な対策をとることができます。

出題の特徴の例	・英作文問題の出題の有無 ・論述問題の出題（字数制限の有無や長さ） ・計算過程の記述の有無

新課程入試の対策も，赤本で過去問に取り組むところから始めましょう。

Q2. 赤本を使う上での注意点はありますか？

A. 志望大学の入試科目を確認しましょう。

過去問を解く前に，過去の出題科目（問題編冒頭の表）と2025年度の募集要項とを比べて，課される内容に変更がないかを確認しましょう。ポイントは以下のとおりです。科目名が変わっていても，実際は旧課程の内容とほとんど同様のものもあります。

英語・国語	科目名は変更されているが，実質的には変更なし。 ▶▶ **ただし，リスニングや古文・漢文の有無は要確認。**
地歴	科目名が変更され，「歴史総合」「地理総合」が新設。 ▶▶ **新設科目の有無に注意。ただし，「経過措置」(Q3参照)により内容は大きく変わらないことも多い。**
公民	「現代社会」が廃止され，「公共」が新設。 ▶▶ **「公共」は実質的には「現代社会」と大きく変わらない。**
数学	科目が再編され，「数学C」が新設。 ▶▶ **「数学」全体としての内容は大きく変わらないが，出題科目と単元の変更に注意。**
理科	科目名も学習内容も大きな変更なし。

数学については，科目名だけでなく，どの単元が含まれているかも確認が必要です。例えば，出題科目が次のように変わったとします。

旧課程	「数学Ⅰ・数学Ⅱ・数学A・数学B（数列・ベクトル）」
新課程	「数学Ⅰ・数学Ⅱ・数学A・**数学B（数列）・数学C（ベクトル）**」

この場合，新課程では「数学C」が増えていますが，単元は「ベクトル」のみのため，実質的には旧課程とほぼ同じであり，過去問をそのまま役立てることができます。

Q3. 「経過措置」とは何ですか？

A. 既卒の旧課程履修者への対応です。

　多くの大学では，既卒の旧課程履修者が不利にならないように，出題において「経過措置」が実施されます。措置の有無や内容は大学によって異なるので，募集要項や大学のウェブサイトなどで確認しておきましょう。

○旧課程履修者への経過措置の例

- 旧課程履修者にも配慮した出題を行う。
- 新・旧課程の共通の範囲から出題する。
- 新課程と旧課程の共通の内容を出題し，共通範囲のみでの出題が困難な場合は，旧課程の範囲からの問題を用意し，選択解答とする。

　例えば，地歴の出題科目が次のように変わったとします。

旧課程	「日本史B」「世界史B」から1科目選択
新課程	「歴史総合，日本史探究」「歴史総合，世界史探究」から1科目選択※ ※旧課程履修者に不利益が生じることのないように配慮する。

　「歴史総合」は新課程で新設された科目で，旧課程履修者には見慣れないものですが，上記のような経過措置がとられた場合，新課程入試でも旧課程と同様の学習内容で受験することができます。

要チェックだホン

新課程の情報はWEBもチェック！
より詳しい解説が赤本ウェブサイトで見られます。
https://akahon.net/shinkatei/

科目名が変更される教科・科目

	旧 課 程	新 課 程
国語	国 語 総 合 国 語 表 現 現 代 文 A 現 代 文 B 古 典 A 古 典 B	現 代 の 国 語 言 語 文 化 論 理 国 語 文 学 国 語 国 語 表 現 古 典 探 究
地歴	日 本 史 A 日 本 史 B 世 界 史 A 世 界 史 B 地 理 A 地 理 B	歴 史 総 合 日 本 史 探 究 世 界 史 探 究 地 理 総 合 地 理 探 究
公民	現 代 社 会 倫 理 政 治 ・ 経 済	公 共 倫 理 政 治 ・ 経 済
数学	数 学 I 数 学 II 数 学 III 数 学 A 数 学 B 数 学 活 用	数 学 I 数 学 II 数 学 III 数 学 A 数 学 B 数 学 C
外国語	コミュニケーション英語基礎 コミュニケーション英語 I コミュニケーション英語 II コミュニケーション英語 III 英 語 表 現 I 英 語 表 現 II 英 語 会 話	英語コミュニケーション I 英語コミュニケーション II 英語コミュニケーション III 論 理 ・ 表 現 I 論 理 ・ 表 現 II 論 理 ・ 表 現 III
情報	社 会 と 情 報 情 報 の 科 学	情 報 I 情 報 II

大学のサイトも見よう

目　次

解答編　※問題編は別冊

2021 年度

2020 年度

掲載内容についてのお断り

　国際人間科学部・海洋政策科学部の国語については，『神戸大学（文系−前期日程)』に掲載しています。

下記の問題に使用されている著作物は，2024 年 5 月 2 日に著作権法第 67 条の 2 第 1 項の規定に基づく申請を行い，同条同項の規定の適用を受けて掲載しているものです。
　2022 年度：「英語」大問Ⅱ

基本情報

🏛 沿革

1902（明治 35）	神戸高等商業学校を設置
1929（昭和 4）	神戸高等商業学校が神戸商業大学に昇格
1944（昭和 19）	神戸商業大学は神戸経済大学となる
1946（昭和 21）	兵庫県立医科大学を設置
1949（昭和 24）	兵庫県立農科大学を設置。神戸経済大学，姫路高等学校，神戸工業専門学校，兵庫師範学校，兵庫青年師範学校を包括して神戸大学を設置（文理・教育・法・経済・経営・工の 6 学部）
1952（昭和 27）	兵庫県立医科大学は兵庫県立神戸医科大学となる。兵庫県立農科大学は兵庫県立兵庫農科大学となる。神戸商船大学を設置
1954（昭和 29）	文理学部を廃止し文学部と理学部を設置
1963（昭和 38）	教養部を設置
1964（昭和 39）	兵庫県立神戸医科大学を国立移管し医学部を設置
1966（昭和 41）	兵庫県立兵庫農科大学を国立移管し農学部を設置

1992（平成　4）	教養部・教育学部を改組し国際文化学部・発達科学部を設置
2003（平成 15）	神戸大学と神戸商船大学が統合し海事科学部を設置
2004（平成 16）	国立大学法人化により国立大学法人神戸大学となる
2017（平成 29）	国際文化学部・発達科学部を改組し国際人間科学部を設置
2021（令和　3）	海事科学部を改組し海洋政策科学部を設置

ロゴマーク

　神戸大学のロゴマークは平成 14 年の創立百周年を機につくられました。神戸大学の英文名である「Kobe University」の頭文字「K」を 2 羽の鳥に象形化し，それぞれが大きな軌跡（個性）を描きながら山や海を渡り，大空（世界）へと自由に羽ばたき，時にはお互いに助け合いながら進みゆく様子を表現しています。

学部・学科の構成

大　学

●**文学部**　六甲台キャンパス
　人文学科（哲学講座〈哲学専修〉，文学講座〈国文学専修，中国文学専修，英米文学専修，ドイツ文学専修，フランス文学専修〉，史学講座〈日本史学専修，東洋史学専修，西洋史学専修〉，知識システム講座〈心理学専修，芸術学専修，言語学専修〉，社会文化講座〈社会学専修，美術史学専修，地理学専修〉）
●**国際人間科学部**　六甲台キャンパス
　グローバル文化学科
　発達コミュニティ学科
　環境共生学科
　子ども教育学科
●**法学部**　六甲台キャンパス
　法律学科

●経済学部　六甲台キャンパス

　経済学科

●経営学部　六甲台キャンパス

　経営学科

●理学部　六甲台キャンパス

　数学科

　物理学科

　化学科

　生物学科

　惑星学科

●医学部　医学科・医療創成工学科：楠キャンパス／保健学科：名谷キャンパス

　医学科

　医療創成工学科*

* 2025 年 4 月，設置予定。仮称・設置構想中（内容は予定であり変更となる場合がある）。

　保健学科（看護学専攻，検査技術科学専攻，理学療法学専攻，作業療法
　　学専攻）

●工学部　六甲台キャンパス

　建築学科

　市民工学科

　電気電子工学科

　機械工学科

　応用化学科

●農学部　六甲台キャンパス

　食料環境システム学科（生産環境工学コース，食料環境経済学コース）

　資源生命科学科（応用動物学コース，応用植物学コース）

　生命機能科学科（応用生命化学コース，応用機能生物学コース）

●海洋政策科学部　深江キャンパス

　海洋政策科学科（海洋基礎科学領域，海洋応用科学領域，海洋ガバナン
　　ス領域，海技ライセンスコース〈航海学領域，機関学領域〉）

●**システム情報学部***　　六甲台キャンパス
　システム情報学科

* 2025 年 4 月，工学部情報知能工学科を改組して新設予定。建設計画は構想中であり，
　内容に変更が生じる場合がある

（備考）講座・専修・コース・領域等に分属する年次はそれぞれで異なる。

大学院

人文学研究科／国際文化学研究科／人間発達環境学研究科／法学研究科／経済学研究科／経営学研究科／理学研究科／医学研究科／保健学研究科／工学研究科／システム情報学研究科／農学研究科／海事科学研究科／国際協力研究科／科学技術イノベーション研究科／法科大学院／社会人 MBA プログラム

📍 大学所在地

楠キャンパス

名谷キャンパス

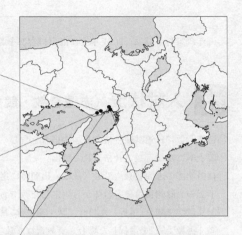

六甲台キャンパス

深江キャンパス

六甲台キャンパス

（本部，文・理・工・農・システム情報*学部）

〒 657-8501　神戸市灘区六甲台町 1-1

（法・経済・経営学部）　　　　　　〒 657-8501　神戸市灘区六甲台町 2-1

（国際人間科学部）

　　グローバル文化学科　　　　　　〒 657-8501　神戸市灘区鶴甲 1-2-1

　　上記以外の学科　　　　　　　　〒 657-8501　神戸市灘区鶴甲 3-11

楠キャンパス　　　　　　　　　　〒 650-0017　神戸市中央区楠町 7-5-1

名谷キャンパス　　　　　　　　　〒 654-0142　神戸市須磨区友が丘 7-10-2

深江キャンパス　　　　　　　　　〒 658-0022　神戸市東灘区深江南町 5-1-1

＊2025 年 4 月新設予定（設置構想中）

入 試 デ ー タ

○海洋政策科学部は，2021 年度に海事科学部を改組し設置された。

 ## 入試状況（志願者数・競争率など）

○合格者数には追試験合格・追加合格者を含む。
○競争率は受験者数÷合格者数で算出。
○経済学部の志願者数，受験者数は，出願時に選択した区分での数であり，合格者数は
　下記の当該選抜対象者全体から決定した数である。
　①「数学受験」を選択した場合，「数学選抜」においてのみ入学者選抜の対象となる。
　②「英数受験」を選択した場合，「英数選抜」「数学選抜」において入学者選抜の対象とな
　　る。
　③「総合受験」を選択した場合，「総合選抜」「英数選抜」「数学選抜」において入学者選抜
　　の対象となる。
○農学部の前期日程・後期日程は，第 1 ～ 6 志望までコース選択することができるため，
　志願者数・受験者数は第 1 志望の数を，合格者数は農学部全体の受験者から決定した
　数を示す。

2024 年度 一般選抜状況

●前期日程

学部・学科等			募集人員	志願者数	受験者数	合格者数	競争率
文	人	文	77	224	223	83	2.7
国 際 人 間 科	グ ロ ー バ ル 文 化		95	240	228	98	2.3
	発 達 コ ミ ュ ニ テ ィ		54	189	175	62	2.8
	環境共生	文 科 系 受 験	23	67	64	25	2.6
		理 科 系 受 験	30	62	59	35	1.7
	子 ど も 教 育		39	85	82	41	2.0
法	法	律	117	351	342	119	2.9

（表つづく）

学部・学科等		募集人員	志願者数	受験者数	合格者数	競争率
経　済	数　　学　　選　　抜	30	30	29	32	―
	英　　数　　選　　抜	30	20	19	32	―
	総　　合　　選　　抜	160	705	661	170	3.9
経　営	経　　　　　　　　営	220	883	828	230	3.6
理	数　　　　　　　　理	21	61	60	22	2.7
	物　　　　　　　　理	25	69	68	25	2.7
	化	24	92	88	24	3.7
	生　　　　　　　　物	18	47	47	21	2.2
	惑　　　　　　　　星	25	76	72	28	2.6
医	医	92	278	248	93	2.7
	保健　看　　護　　学	70	131	122	77	1.6
	検　査　技　術　科　学	28	75	74	30	2.5
	理　学　療　法　学	15	39	38	15	2.5
	作　業　療　法　学	15	46	44	18	2.4
工	建　　　　　　　　築	75	268	266	77	3.5
	市　　　　民　　　　工	49	139	139	50	2.8
	電　気　電　子　工	65	272	266	65	4.1
	機　　械　　　　工	71	262	259	73	3.5
	応　　用　　　　化	73	358	347	75	4.6
	情　報　知　能　工	90	261	258	91	2.8
農	食料環境システム　生産環境工学	20	54	52	22	2.4
	食料環境経済学	5	24	23	8	2.9
	資源生命科　応　用　動　物　学	20	67	66	21	3.1
	応　用　植　物　学	21	63	61	22	2.8
	生命機能科　応　用　生　命　化　学	29	123	120	30	4.0
	応　用　機　能　生　物　学	21	40	40	22	1.8
海　洋政策科	理　系　科　目　重　視　型	115	308	298	138	2.2
	文　系　科　目　重　視　型	30	101	99	31	3.2
合　　　　計		1,892	6,110	5,865	2,005	―

●後期日程

学部・学科等			募集人員	志願者数	受験者数	合格者数	競争率
文	人	文	20	244	86	23	3.7
国際人間科	グ ロ ー バ ル 文 化		35	320	147	40	3.7
	発 達 コ ミ ュ ニ ティ		10	107	40	10	4.0
	環境共生	文 科 系 受 験	8	59	24	8	3.0
		理 科 系 受 験	9	68	36	9	4.0
	子 ど も 教 育		11	59	22	11	2.0
法	法	律	60	546	195	67	2.9
理	物	数　　　　理	7	90	32	9	3.6
		物　　　　理	10	109	58	14	4.1
		化	6	79	39	8	4.9
	生	物	4	30	11	5	2.2
	惑	星	8	56	30	10	3.0
医	保健	看 　護　 学	6	99	34	13	2.6
		検 査 技 術 科 学	10	131	46	13	3.5
		理 学 療 法 学	3	30	9	4	2.3
工	建	築	16	227	104	18	5.8
	市 　民	工	12	165	86	15	5.7
	電 　気　 電 　子	工	26	249	99	34	2.9
	機 　械	工	30	318	135	35	3.9
	応 　用	化	30	249	99	34	2.9
	情 　報　 知 　能	工	15	231	68	17	4.0
農	食料システム環境	生 産 環 境 工 学	5	37	18	6	3.0
		食 料 環 境 経 済 学	2	26	11	3	3.7
	資源科生命	応 用 動 物 学	6	54	20	6	3.3
		応 用 植 物 学	5	37	16	6	2.7
	生命科機能	応 用 生 命 化 学	7	141	53	8	6.6
		応 用 機 能 生 物 学	8	41	21	14	1.5
海 　洋　 政 策 科	理 系 科 目 重 視 型		40	244	123	44	2.8
	合　　　　計		409	4,046	1,662	484	─

2023 年度 一般選抜状況

●前期日程

学部・学科等			募集人員	志願者数	受験者数	合格者数	競争率
文	人	文	77	168	161	82	2.0
国際人間科	グ ロ ー バ ル 文 化		95	234	229	99	2.3
	発 達 コ ミ ュ ニ テ ィ		54	195	181	62	2.9
	環境共生	文 科 系 受 験	23	48	47	25	1.9
		理 科 系 受 験	30	85	82	35	2.3
	子 ど も 教 育		39	100	96	41	2.3
法	法	律	117	303	294	118	2.5
経 済	数 学 選 抜		30	36	34	32	1.1
	英 数 選 抜		30	41	37	32	1.2
	総 合 選 抜		160	746	701	171	4.1
経 営	経	営	220	813	758	230	3.3
理	物	数 理	21	54	52	22	2.4
		物 理	25	61	59	27	2.2
	化		24	51	46	26	1.8
	生	物	18	58	54	20	2.7
	惑	星	25	75	74	29	2.6
医	医		92	256	233	94	2.5
	保健	看 護 学	70	121	113	77	1.5
		検 査 技 術 科 学	28	62	59	30	2.0
		理 学 療 法 学	15	42	40	16	2.5
		作 業 療 法 学	15	40	35	18	1.9
工	建 築		75	284	280	77	3.6
	市 民 工		49	202	197	49	4.0
	電 気 電 子 工		65	232	229	67	3.4
	機 械 工		88	300	295	89	3.3
	応 用 化		85	224	213	86	2.5
	情 報 知 能 工		90	356	347	94	3.7
農	食料環境システム	生 産 環 境 工 学	20	37	36	22	1.6
		食 料 環 境 経 済 学	5	17	17	9	1.9
	資生命源科	応 用 動 物 学	20	39	35	21	1.7
		応 用 植 物 学	21	47	45	24	1.9
	生機能命科	応 用 生 命 化 学	29	110	109	30	3.6
		応 用 機 能 生 物 学	21	48	48	21	2.3
海 洋 政 策 科	理 系 科 目 重 視 型		115	276	273	140	2.0
	文 系 科 目 重 視 型		30	124	116	31	3.7
合 計			1,921	5,885	5,625	2,046	―

●後期日程

学部・学科等			募集人員	志願者数	受験者数	合格者数	競争率
文		人　　　　　　文	20	262	113	24	4.7
国　際人間科		グ ロ ー バ ル 文 化	35	257	100	39	2.6
		発 達 コ ミ ュ ニ テ ィ	10	123	53	11	4.8
	環境共生	文 科 系 受 験	8	54	24	8	3.0
		理 科 系 受 験	9	88	44	9	4.9
		子 ど も 教 育	11	55	25	11	2.3
法		法　　　　　　律	60	574	198	66	3.0
理	物	数　　　　　　理	7	94	34	11	3.1
		化	10	108	46	12	3.8
		物	6	63	18	7	2.6
	生		4	45	20	5	4.0
	惑	星	8	90	43	10	4.3
医	保健	看 　 護 　 学	6	79	22	12	1.8
		検 査 技 術 科 学	10	109	40	13	3.1
		理 学 療 法 学	3	34	11	4	2.8
工		建　　　　　　築	16	217	81	19	4.3
		市 　 民 　 工	12	123	72	16	4.5
		電 気 電 子 工	26	264	106	33	3.2
		機 　 械 　 工	13	259	104	20	5.2
		応 　 用 　 化	18	216	83	20	4.2
		情 報 知 能 工	15	278	98	17	5.8
農	食料環境システム	生 産 環 境 工 学	5	48	24	6	4.0
		食 料 環 境 経 済 学	2	22	12	3	4.0
	資生源命科	応 用 動 物 学	6	33	17	7	2.4
		応 用 植 物 学	5	35	17	6	2.8
	生機能命科	応 用 生 命 化 学	7	129	57	8	7.1
		応 用 機 能 生 物 学	8	41	26	8	3.3
海　洋政策科		理 系 科 目 重 視 型	40	320	180	44	4.1
合　　　　　　計			380	4,020	1,668	449	―

2022 年度　一般選抜状況

●前期日程

学部・学科等			募集人員	志願者数	受験者数	合格者数	競争率
文	人	文	77	252	247	83	3.0
国際人間科	グ ロ ー バ ル 文 化		95	285	275	97	2.8
	発 達 コ ミ ュ ニ ティ		54	145	140	64	2.2
	環境共生	文 科 系 受 験	23	55	54	25	2.2
		理 科 系 受 験	30	73	70	38	1.8
	子 ど も 教 育		39	111	107	42	2.5
法	法	律	117	365	355	117	3.0
経 済	数 学 選 抜		30	61	59	32	1.8
	英 数 選 抜		30	43	42	32	1.3
	総 合 選 抜		160	579	528	170	3.1
経 営	経	営	220	774	722	230	3.1
理	物	数 理	21	64	64	23	2.8
		化	25	67	63	26	2.4
			24	71	68	26	2.6
	生	物	18	51	48	22	2.2
	惑	星	25	99	98	26	3.8
医	医		92	247	222	92	2.4
	保健	看 護 学	70	146	134	78	1.7
		検 査 技 術 科 学	28	66	63	30	2.1
		理 学 療 法 学	15	49	45	15	3.0
		作 業 療 法 学	15	35	30	19	1.6
工	建 築		75	312	306	75	4.1
	市 民 工		49	202	200	49	4.1
	電 気 電 子 工		73	257	251	74	3.4
	機 械 工		88	257	255	88	2.9
	応 用 化		85	265	256	86	3.0
	情 報 知 能 工		90	354	341	94	3.6
農	食料環境システム	生 産 環 境 工 学	20	47	46	23	2.0
		食 料 環 境 経 済 学	5	23	23	8	2.9
	資源生命科	応 用 動 物 学	20	47	46	21	2.2
		応 用 植 物 学	21	50	50	24	2.1
	生命機能科	応 用 生 命 化 学	29	132	127	31	4.1
		応 用 機 能 生 物 学	21	51	49	21	2.3
海 洋政 策 科	理 系 科 目 重 視 型		115	373	360	144	2.5
	文 系 科 目 重 視 型		30	63	61	31	2.0
合 計			1,929	6,071	5,805	2,056	—

●後期日程

学部・学科等			募集人員	志願者数	受験者数	合格者数	競争率
文	人	文	20	295	122	26	4.7
国際人間科	グ ロ ー バ ル 文 化		35	350	132	43	3.1
	発 達 コ ミ ュ ニ テ ィ		10	131	57	11	5.2
	環境共生	文 科 系 受 験	8	102	53	8	6.6
		理 科 系 受 験	9	70	30	9	3.3
	子 ど も 教 育		11	90	48	11	4.4
法	法	律	60	464	150	71	2.1
理	数		7	87	38	11	3.5
	物	理	10	121	56	16	3.5
	化		6	84	37	6	6.2
	生	物	4	28	15	6	2.5
	惑	星	8	70	33	12	2.8
医	保健	看 護 学	6	80	33	13	2.5
		検 査 技 術 科 学	10	94	33	13	2.5
		理 学 療 法 学	3	34	14	4	3.5
工	建	築	16	192	101	24	4.2
	市 民	工	12	155	80	16	5.0
	電 気 電 子	工	18	231	102	22	4.6
	機 械	工	13	254	114	22	5.2
	応 用	化	18	205	73	22	3.3
	情 報 知 能	工	15	319	126	20	6.3
農	食料環境システム	生 産 環 境 工 学	5	37	25	6	4.2
		食 料 環 境 経 済 学	2	29	18	3	6.0
	資源科生命	応 用 動 物 学	6	37	15	8	1.9
		応 用 植 物 学	5	49	20	7	2.9
	生命科機能	応 用 生 命 化 学	7	136	58	8	7.3
		応 用 機 能 生 物 学	8	29	20	12	1.7
海 洋政 策 科	理 系 科 目 重 視 型		40	279	137	40	3.4
合	計		372	4,052	1,740	470	―

2021 年度 一般選抜状況

●前期日程

学部・学科等			募集人員	志願者数	受験者数	合格者数	競争率
文	人	文	77	160	155	80	1.9
国際人間科	グ ロ ー バ ル 文 化		95	254	242	96	2.5
	発 達 コ ミ ュ ニ テ ィ		54	255	238	62	3.8
	環境共生	文 科 系 受 験	23	65	64	24	2.7
		理 科 系 受 験	30	74	71	37	1.9
	子 ど も 教 育		39	107	104	40	2.6
法	法	律	117	306	297	120	2.5
経 済	数 学 選 抜		30	30	29	32	―
	英 数 選 抜		30	40	38	32	1.2
	総 合 選 抜		160	657	620	170	3.6
経 営	経	営	220	787	719	231	3.1
理	物	数 理	21	58	56	23	2.4
		化	25	98	96	27	3.6
			24	81	78	24	3.3
	生	物	18	50	46	20	2.3
	惑	星	25	64	60	27	2.2
医	医		92	261	234	92	2.5
	保健	看 護 学	70	173	155	77	2.0
		検 査 技 術 科 学	28	107	100	30	3.3
		理 学 療 法 学	15	43	40	15	2.7
		作 業 療 法 学	15	56	51	17	3.0
工	建	築	75	259	253	76	3.3
	市 民	工	46	158	155	48	3.2
	電 気 電 子	工	73	260	257	76	3.4
	機 械	工	88	349	339	94	3.6
	応 用	化	85	200	195	85	2.3
	情 報 知 能	工	90	416	404	93	4.3
農	食料環境システム	生 産 環 境 工 学	20	40	40	23	1.7
		食 料 環 境 経 済 学	5	18	17	8	2.1
	資源生命科	応 用 動 物 学	20	44	43	21	2.0
		応 用 植 物 学	21	49	48	24	2.0
	生命機能科	応 用 生 命 化 学	29	127	125	29	4.3
		応 用 機 能 生 物 学	21	29	28	23	1.2
海 洋政 策 科	理 系 科 目 重 視 型		115	355	350	142	2.5
	文 系 科 目 重 視 型		30	164	159	34	4.7
合 計			1,926	6,194	5,906	2,052	―

●後期日程

学部・学科等			募集人員	志願者数	受験者数	合格者数	競争率
文	人	文	20	297	112	26	4.3
国際人間科	グローバル文化		35	342	126	38	3.3
	発達コミュニティ		10	106	49	11	4.5
	環境共生	文科系受験	8	89	46	8	5.8
		理科系受験	9	77	35	9	3.9
	子ども教育		11	69	29	11	2.6
法	法	律	60	606	212	68	3.1
理	数		7	88	34	9	3.8
	物	理	10	123	55	15	3.7
	化		6	67	26	10	2.6
	生	物	4	36	13	4	3.3
	惑	星	8	62	37	10	3.7
医	保健	看護学	6	86	22	8	2.8
		検査技術科学	10	123	44	13	3.4
		理学療法学	3	38	13	3	4.3
工	建	築	16	203	76	22	3.5
	市民工		15	99	51	21	2.4
	電気電子工		18	211	65	23	2.8
	機械工		13	201	78	16	4.9
	応用化		18	214	89	24	3.7
	情報知能工		15	290	111	19	5.8
農	食料システム環境	生産環境工学	5	34	17	6	2.8
		食料環境経済学	2	27	11	3	3.7
	資源科生命	応用動物学	6	43	16	7	2.3
		応用植物学	5	41	18	6	3.0
	生命科機能	応用生命化学	7	147	55	8	6.9
		応用機能生物学	8	37	17	9	1.9
海洋政策科	理系科目重視型		40	286	151	40	3.8
合　　　計			375	4,042	1,608	447	－

2020 年度　一般入試状況

●前期日程

学部・学科等			募集人員	志願者数	受験者数	合格者数	競争率
文	人	文	77	229	222	86	2.6
国際人間科	グ ロ ー バ ル 文 化		95	216	210	96	2.2
	発 達 コ ミ ュ ニ テ ィ		54	201	187	58	3.2
	環境共生	文 科 系 受 験	23	48	46	24	1.9
		理 科 系 受 験	30	85	84	39	2.2
	子 ど も 教 育		39	96	94	41	2.3
法	法	律	117	337	330	120	2.8
経 済	数 学 選 抜		30	46	44	32	1.4
	英 数 選 抜		30	37	33	32	1.0
	総 合 選 抜		160	602	560	169	3.3
経 営	経	営	220	865	804	231	3.5
理	物	数 理	21	75	70	23	3.0
		化	25	52	51	26	2.0
			24	44	44	25	1.8
	生	物	18	65	61	22	2.8
	惑	星	25	84	81	27	3.0
医	医		92	250	219	92	2.4
	保健	看 護 学	70	154	146	78	1.9
		検 査 技 術 科 学	28	69	65	30	2.2
		理 学 療 法 学	15	36	34	16	2.1
		作 業 療 法 学	15	47	47	19	2.5
工	建	築	75	213	209	76	2.8
	市	民 工	46	147	144	50	2.9
	電 気 電 子 工		73	316	309	77	4.0
	機 械 工		88	199	193	92	2.1
	応 用 化		78	176	174	79	2.2
	情 報 知 能 工		85	215	208	90	2.3
農	食料環境システム	生 産 環 境 工 学	20	28	27	22	1.2
		食 料 環 境 経 済 学	5	15	15	8	1.9
	資源生命科	応 用 動 物 学	20	36	35	21	1.7
		応 用 植 物 学	22	52	51	23	2.2
	生命機能科	応 用 生 命 化 学	29	113	110	31	3.5
		応 用 機 能 生 物 学	21	26	26	22	1.2
海事科	グ ロ ー バ ル 輸 送 科 海 洋 安 全 シ ス テ ム 科 マ リ ン エ ン ジ ニ ア リ ン グ		143	395	388	170	2.3
合 計			1,913	5,569	5,321	2,047	―

●後期日程

学部・学科等			募集人員	志願者数	受験者数	合格者数	競争率
文	人	文	20	218	78	25	3.1
国際人間科	グ ロ ー バ ル 文 化		35	349	141	38	3.7
	発 達 コ ミ ュ ニ テ ィ		10	128	57	11	5.2
	環境共生	文 科 系 受 験	8	80	32	8	4.0
		理 科 系 受 験	9	76	38	9	4.2
	子 ど も 教 育		11	56	21	11	1.9
法	法	律	60	411	145	70	2.1
理	数	理	7	84	38	8	4.8
	物	理	10	85	34	13	2.6
	化		6	63	24	8	3.0
	生	物	4	42	22	4	5.5
	惑	星	8	65	35	9	3.9
医	保健	看 護 学	8	76	22	10	2.2
		検 査 技 術 科 学	10	93	24	12	2.0
		理 学 療 法 学	3	40	18	3	6.0
		作 業 療 法 学	3	24	14	6	2.3
工	建	築	16	153	57	21	2.7
	市 民	工	15	136	61	17	3.6
	電 気 電 子	工	18	202	63	21	3.0
	機 械	工	13	242	96	18	5.3
	応 用	化	26	212	61	36	1.7
	情 報 知 能	工	20	245	93	24	3.9
農	食料システム環境	生 産 環 境 工 学	5	41	20	7	2.9
		食 料 環 境 経 済 学	2	24	13	3	4.3
	資源生命科	応 用 動 物 学	6	44	15	8	1.9
		応 用 植 物 学	5	47	20	6	3.3
	生命機能科	応 用 生 命 化 学	7	133	44	8	5.5
		応 用 機 能 生 物 学	8	43	26	9	2.9
海 事 科	グ ロ ー バ ル 輸 送 科 海 洋 安 全 シ ス テ ム 科 マ リ ン エ ン ジ ニ ア リ ン グ		47	334	157	55	2.9
合	計		400	3,746	1,469	478	―

📈 合格者最低点（一般選抜）

○表中の「－」の欄は，合格者数が 10 人以下のため公表していない。

○経営学部（前期日程）では，最初に，共通テストの成績のみによる「共通テスト優先」で募集人員の約 30％ を優先的に選抜し，次いで，個別学力検査の成績のみによる「個別優先」で募集人員の約 30％ を優先的に選抜した後に，共通テストと個別学力検査の成績による「共通テスト・個別総合」で選抜を行っている（2020 年度はセンター試験）。

●前期日程

学部・学科等			2024 年度	2023 年度	2022 年度	配点合計
文			558.775	535.575	518.525	800
国際人間科	グローバル文化		531.243	515.616	501.333	800
	発達コミュニティ		545.975	534.525	493.400	800
	環境共生	文科系受験	607.966	582.733	550.300	900
		理科系受験	632.366	664.800	607.600	1,000
	子ども教育		515.750	522.025	496.375	800
法			559.425	538.650	513.300	800
経済	数学選抜		687.000	656.416	616.891	800
	英数選抜		620.275	595.416	556.633	800
	総合選抜		558.141	534.391	477.633	800
経営	共通テスト優先		741.800	725.800	701.200	900
	個別優先		233.866	218.400	213.666	350
	共通テスト・個別総合		504.708	477.816	466.583	725
理	数		520.975	525.700	516.000	815
	物理		606.075	583.100	541.250	850
	化		587.275	540.000	534.300	850
	生物		537.200	559.075	526.025	850
	惑星		562.925	548.675	543.625	850
医	医		649.680	650.080	619.680	810
	保健	看護学	465.633	443.066	455.733	800
		検査技術科学	493.500	487.400	457.666	800
		理学療法学	551.266	550.700	527.466	800
		作業療法学	504.900	447.133	422.266	800

（表つづく）

学部・学科等			2024 年度	2023 年度	2022 年度	配点合計
工	建	築	556.683	526.550	503.500	800
	市 民 工		518.383	509.116	475.000	800
	電 気 電 子 工		537.866	517.066	473.766	800
	機 械 工		540.540	505.620	465.420	800
	応 用 化		539.616	527.125	505.325	800
	情 報 知 能 工		541.483	531.283	500.033	800
農	食料システム環境	生 産 環 境 工 学	575.750	559.750	529.200	850
		食 料 環 境 経 済 学	－	－	－	850
	生命資源科	応 用 動 物 学	586.750	562.400	534.850	850
		応 用 植 物 学	586.500	562.250	533.100	850
	生命機能科	応 用 生 命 化 学	592.400	599.800	561.750	850
		応 用 機 能 生 物 学	581.700	575.150	537.350	850
海洋政策科	理 系 科 目 重 視 型		606.066	583.250	578.358	1,000
	文 系 科 目 重 視 型		646.200	619.375	546.475	1,000

学部・学科等			2021 年度	2020 年度	配点合計
文			527.500	562.125	800
国際人間科	グ ロ ー バ ル 文 化		528.746	540.610	800
	発 達 コ ミ ュ ニ テ ィ		538.950	544.100	800
	環境共生	文 科 系 受 験	600.100	594.500	900
		理 科 系 受 験	629.666	609.466	1,000
	子 ど も 教 育		506.225	526.750	800
法			540.175	559.125	800
経済	数 学 選 抜		573.575	712.625	800
	英 数 選 抜		549.308	600.641	800
	総 合 選 抜		504.375	536.333	800
経営	共 通 テ ス ト 優 先		758.800	762.400	900
	個 別 優 先		190.200	223.700	350
	共 通 テ ス ト ・ 個 別 総 合		469.383	502.016	725
理	数		503.150	500.675	800
	物 理		542.000	521.575	850
	化		553.900	501.225	850
	生 物		548.775	520.850	850
	惑 星		512.250	526.550	850
医	医		613.200	616.960	810
	保健	看 護 学	482.433	495.033	800
		検 査 技 術 科 学	527.800	483.700	800
		理 学 療 法 学	531.033	520.233	800
		作 業 療 法 学	476.433	478.466	800
工	建 築		488.583	504.300	800
	市 民 工		482.416	461.133	800
	電 気 電 子 工		479.566	475.550	800
	機 械 工		488.260	490.200	800
	応 用 化		486.900	495.900	800
	情 報 知 能 工		490.266	483.075	800
農	食料システム環境	生 産 環 境 工 学	539.450	511.450	850
		食 料 環 境 経 済 学	—	—	850
	資生命源科	応 用 動 物 学	547.450	522.600	850
		応 用 植 物 学	563.100	530.950	850
	生命機能科	応 用 生 命 化 学	588.700	539.850	850
		応 用 機 能 生 物 学	546.250	519.100	850

（表つづく）

学部・学科等		2021 年度	2020 年度	配点合計
海洋政策科	理 系 科 目 重 視 型	584.258		1,000
	文 系 科 目 重 視 型	619.675		1,000
海　　　　　事　　　　　科			576.225	1,000

●後期日程

学部・学科等			2024 年度	2023 年度	2022 年度	配点合計
文			545.700	559.250	583.200	800
国際人間科	グローバル文化		545.550	559.960	530.100	800
	発達コミュニティ		—	462.300	438.750	600
	環境共生	文科系受験	—	—	—	600
		理科系受験	—	—	—	600
	子ども教育		399.750	430.650	433.450	600
法			547.300	542.500	479.200	700
理	数		—	672.600	611.325	815
	物理		857.050	832.400	804.000	1,100
	化		—	—	—	750
	生物		—	—	—	625
	惑星		—	—	487.200	700
医	保健	看護学	400.950	382.333	394.200	600
		検査技術科学	425.933	426.800	400.400	600
		理学療法学	—	—	—	600
工	建築		638.783	600.883	602.483	800
	市民工		613.340	584.890	565.780	800
	電気電子工		630.800	618.533	587.166	800
	機械工		617.053	616.720	576.746	800
	応用化		600.356	612.513	587.670	800
	情報知能工		635.200	650.200	630.650	800
農	食料システム環境	生産環境工学	—	—	—	850
		食料環境経済学	—	—	—	850
	資源生命科	応用動物学	—	—	—	850
		応用植物学	—	—	—	850
	生命機能科	応用生命化学	—	—	—	850
		応用機能生物学	633.100	—	585.325	850
海洋政策科	理系科目重視型		671.900	717.800	641.725	1,000

学部・学科等			2021 年度	2020 年度	配点合計
文			587.500	565.400	800
国際人間科	グ ロ ー バ ル 文 化		567.010	540.670	800
	発 達 コ ミ ュ ニ テ ィ		455.800	485.150	600
	環境共生	文 科 系 受 験	—	—	600
		理 科 系 受 験	—	—	600
	子 ど も 教 育		448.700	432.750	600
法			557.000	512.200	700
理	数		—	—	800
	物 理		790.850	809.200	1,100
	化		—	—	750
	生 物		—	—	625
	惑 星		—	—	700
医	保健	看 護 学	—	—	600
		検 査 技 術 科 学	440.133	425.133	600
		理 学 療 法 学	—	—	600
工	建 築		582.433	601.450	800
	市 民 工		553.350	601.883	800
	電 気 電 子 工		565.750	608.250	800
	機 械 工		569.333	620.033	800
	応 用 化		565.696	581.233	800
	情 報 知 能 工		606.900	625.293	800
農	食料システム環境	生 産 環 境 工 学	—	—	850
		食 料 環 境 経 済 学	—	—	850
	資生命源科	応 用 動 物 学	—	—	850
		応 用 植 物 学	—	—	850
	生機能命科	応 用 生 命 化 学	—	—	850
		応 用 機 能 生 物 学	—	—	850
海洋政策科	理 系 科 目 重 視 型		664.383		1,000
海 事 科				655.808	1,000

募 集 要 項 の 入 手 方 法

　神戸大学ではインターネット出願が導入されています。詳細は神戸大学ホームページで確認してください。

神戸大学ホームページ

https://www.kobe-u.ac.jp/

 神戸大学のテレメールによる資料請求方法

| スマートフォンから | QRコードからアクセスしガイダンスに従ってご請求ください。 |
| パソコンから | 教学社 赤本ウェブサイト(akahon.net)から請求できます。 |

●問い合わせ先

学部等	住所・電話番号等	
文 学 部	〒 657-8501 神戸市灘区六甲台町 1-1 神戸大学　文学部　教務学生係	TEL 078-803-5595
国際人間科学部 グローバル文化学科	〒 657-8501 神戸市灘区鶴甲 1-2-1 神戸大学　国際人間科学部 　　　　鶴甲第一キャンパス事務課　教務学生係	TEL 078-803-7530
国際人間科学部 上記以外の学科	〒 657-8501 神戸市灘区鶴甲 3-11 神戸大学　国際人間科学部 　　　　鶴甲第二キャンパス事務課　教務学生係	TEL 078-803-7924
法 学 部	〒 657-8501 神戸市灘区六甲台町 2-1 神戸大学　法学部　教務グループ	TEL 078-803-7234
経 済 学 部	〒 657-8501 神戸市灘区六甲台町 2-1 神戸大学　経済学部　教務係	TEL 078-803-7250
経 営 学 部	〒 657-8501 神戸市灘区六甲台町 2-1 神戸大学　経営学部　教務グループ	TEL 078-803-7260
理 学 部	〒 657-8501 神戸市灘区六甲台町 1-1 神戸大学　理学部　教務学生係	TEL 078-803-5767
医 学 部 医 学 科	〒 650-0017 神戸市中央区楠町 7-5-1 神戸大学　医学部医学科　教務学生係	TEL 078-382-5205
医 学 部 医療創成工学科*	〒 650-0017 神戸市中央区楠町 7-5-1 神戸大学　医学部医療創成工学事務室	TEL 078-382-5342
医 学 部 保 健 学 科	〒 654-0142 神戸市須磨区友が丘 7-10-2 神戸大学　医学部保健学科　教務学生係	TEL 078-796-4504
工 学 部 システム情報学部*	〒 657-8501 神戸市灘区六甲台町 1-1 神戸大学　工学部　教務学生係	TEL 078-803-6350
農 学 部	〒 657-8501 神戸市灘区六甲台町 1-1 神戸大学　農学部　教務学生係	TEL 078-803-5928
海洋政策科学部	〒 658-0022 神戸市東灘区深江南町 5-1-1 神戸大学　海洋政策科学部　教務学生グループ	TEL 078-431-6225
入 試 課	〒 657-8501 神戸市灘区六甲台町 1-1 神戸大学　学務部入試課	TEL 078-803-5230 　　　078-803-5235

＊ 2025 年 4 月新設予定（設置構想中）

合格体験記

募集

　2025 年春に入学される方を対象に，本大学の「合格体験記」を募集します。お寄せいただいた合格体験記は，編集部で選考の上，小社刊行物やウェブサイト等に掲載いたします。お寄せいただいた方には小社規定の謝礼を進呈いたしますので，ふるってご応募ください。

● 応募方法 ●

下記 URL または QR コードより応募サイトにアクセスできます。ウェブフォームに必要事項をご記入の上，ご応募ください。
折り返し執筆要領をメールにてお送りします。
※入学が決まっている一大学のみ応募できます。

☞ http://akahon.net/exp/

● 応募の締め切り ●

総合型選抜・学校推薦型選抜	2025年 2 月 23 日
私立大学の一般選抜	2025年 3 月 10 日
国公立大学の一般選抜	2025年 3 月 24 日

受験にまつわる川柳を募集します。
入選者には賞品を進呈！
ふるってご応募ください。

応募方法　http://akahon.net/senryu/　にアクセス！☞

気になること、聞いてみました！

在学生メッセージ

大学ってどんなところ？　大学生活ってどんな感じ？
ちょっと気になることを，在学生に聞いてみました。

以下の内容は 2020〜2023 年度入学生のアンケート回答に基づくものです。ここ
で触れられている内容は今後変更となる場合もありますのでご注意ください。

メッセージを書いてくれた先輩　[国際人間科学部] Y.S. さん／Y.H. さん　[理学部] T.K. さん
　　　　　　　　　　　　　　　[医学部] H.K. さん　[工学部] 赤岩七海さん

大学生になったと実感！

　高校では重要な提出物については担任の先生が HR で連絡してくれる場
合が多いですが，大学では自分で確認する必要があります。オンラインで
連絡があったり，封筒で書類が届いたりするので，いつまでに何をすべき
かを管理しなければなりません。また，履修する授業についても，各項目
でいくつ単位を取得しなければならないというルールがあり，それが足り
ないと留年する可能性があるので毎回の登録を慎重に行っています。教養
科目は基本的に自分の興味や単位の取りやすさで希望を出すことができま
す。私は試験よりもレポート提出のほうがいいので，同じくらいの興味度
の授業ではレポート提出の授業優先で決めています。（H.K. さん／医）

　高校の時は毎日 5 時間目まであったけれど，授業の取り方を工夫すれば
昼からの日や昼までで終わる日もできて，大学の時間がある程度自由に調
整できるところです。授業時間が 90 分になったのも大きく変わった点で，
授業がなかなか終わらなくてしんどいです。（T.K. さん／理）

家に帰る時間が遅くなったことです。大学が終わった後にアルバイトに行ったり，友達と遊んだりすることが多いので，だいたい帰宅時間は 23 時を過ぎます。高校生までは特に何もなかったら 19 時頃までには家に帰っていました。私は自宅から大学に通っていますが，次の日も朝早いので，家はお風呂に入って寝るだけの場所になってしまいました。（赤岩さん／工）

 ## 大学生活に必要なもの

1つ目は自己マネジメント力です。必要な勉強を計画的に行うことはもちろん，今後やりたいことに思いを巡らせながら今できることは何かを考えて行動していけたらよいのかなと思います（今の私はあまりできていないのですが）。2つ目は挑戦心と好奇心です。世の中にはたくさんのおもしろいものがあります。例えば，学術的な興味をとことん追求しても，気になる音楽や美術を漁ってもよいでしょう。気になるぞと感じたものに出合ったら調べてみましょう。やってみたいと思ったことはぜひやってみましょう。その繰り返しが自分を作るのだと信じています。自由な時間とお金，体力をそこそこ用意できるのが大学生の特権です。（H.K. さん／医）

神戸大学はノートパソコン必携なので，各自で用意する必要があります。大学の授業がオンデマンドで配信されたり，課題の提出もパソコンを使ってオンラインで行ったりします。（T.K. さん／理）

 ## この授業がおもしろい！

中国語の授業は難しい発音や文法が出てくることもありますが，バイト先で中国語を話すお客様がいらっしゃったときに少し理解できる部分があったり，簡単な語句や単語を使って説明することができたりしたときに成長を実感します。先生によると思いますが，私のクラスでは小さめの教室で教科書をもとに文法を学習し，例文を読んだり席が隣の人と暗唱に挑ん

だりしました。また，ESD（Education for Sustainable Development）基礎の授業では，他学部の人と4人グループを組んで行うフィールドワークや発表を通じて考え方のヒントを得ましたし，仲も深まりました。（H.K. さん／医）

　環境学入門という授業がおもしろいです。生態系やエネルギーなどそれぞれの分野を専門に研究している先生方が授業をしてくれるので，環境問題や環境の保全方法について様々な視点から学ぶことができます。（T.K. さん／理）

 ## 大学の学びで困ったこと＆対処法

　単位数確保のために物理の授業をいくつか受講していましたが，高校の物理基礎から苦手意識をもっていた私にとってはとても難しく，試験対策に苦労しました。友達と一緒に考えたり，先生に質問したりすることで解決する部分もありましたが，単位を落としてしまったものもありました。授業ごとに復習をもっと徹底して行っていればよかったと思うので，計画的に知識を固めていく勉強をおすすめしたいです。（H.K. さん／医）

　海外のことについてほとんど知らなかったことです。高校の授業で世界史は学びましたが，現在の国際関係や各国の情勢についてほとんど知識がなかったため，授業で国と国の関係やその国の間で起こっている問題などが話されていてもいまいちピンとこず，授業後に調べてみてやっと理解できたということが何度かありました。今では現在世界で起こっていることをもっと知ろうと，とりあえず毎日新聞を眺めています。しかし，短期間で世界中のことをすべて知ることは不可能であるので，高校生の間にも隙間時間に新聞を読んだりニュースを見るなどして世界のことに目を向けるようにするとよいと思います。（Y.H. さん／国際人間科）

部活・サークル活動

　医学部のクラシック愛好会と，保健学科の軽音サークルに所属していま
す。「本番」が多くはないので，音楽を楽しみたいけど勉強やバイトと両
立もしたいという，わがままな私にぴったりです。また，活動場所への通
いやすさも重視しました。クラシック愛好会では2〜5人程度でのアンサ
ンブルに参加する機会が多いですが，ソロや複数のチームで出演する人も
いますし，大人数での合奏をする機会もあります。軽音サークルでは，い
まは名谷祭に向けて出演する各バンドで外部スタジオや部室などで練習し
ています。（H.K. さん／医）

　私は軟式テニスのサークルで活動しています。神戸大学にはテニスサー
クルがいくつもあるので，どのサークルに入ろうか迷いましたが，新歓に
行ってみて一番自分の雰囲気に合っているサークルに決めました。だいた
い週1回，休日に参加しています。サークル仲間のテニスのレベルが高い
ので，テニスのしがいがあって楽しいです。（赤岩さん／工）

交友関係は？

　教養科目で同じ授業を取っている人に話しかけ，仲良くなりました。入
学後は友達を探している人が多いので話しかけやすいと思います。その友
人とは協力して授業を攻略したり，休み時間をともに過ごしたり，ご飯を
食べに行ったりしています。あとは，英語の授業で自己紹介のときに趣味
が同じだと気づいた瞬間にとても仲が深まったという子もいます。先輩は
主にサークルで一緒に活動した人と話す機会が多くなりました。1人と仲
良くなったらそこから広がっていくこともありました。（H.K. さん／医）

　入学前にSNSで自分と同じ学科の友達とつながり，ライングループを
作りました。また，あるサークルが企画した，新入生同士が大学に集まっ
て先輩たちと一緒に大学巡りをするイベントに参加して，同じ学科の先輩
ともつながりました。（Y.H. さん／国際人間科）

Message from current students

いま「これ」を頑張っています

　飲食店のバイトでは社会性・人間性を養うことができています。お客様の目線に立ちつつ，素早く行動する必要があり，経験していくうちに順序立てて考える力や思いやりが身につくのではないかと思います。先輩方に教わることも多く，感謝しています。あと，好きな絵をうまく描けたら楽しいだろうなと思い，最近は絵の研究を始めました。少し変えるだけで全然違って見えるので難しいですしおもしろいです。（H.K. さん／医）

　塾講師のアルバイトをしているので，よい先生になれるように頑張っています。小学校や中学校で習った内容だけでなく，入試が終わって学習した内容もどんどん抜けているので，生徒に教えることが自分の復習にもなっています。（T.K. さん／理）

　いま頑張っていることは英語の勉強です。前期で周りの人よりも英語の能力が劣っていることを痛感させられていたにもかかわらず，なかなかやる気になれなかったのですが，後期に入りいまやらなければ後悔することになると感じ，始めました。（Y.S. さん／国際人間科）

 ## おススメ・お気に入りスポット

　まず社会科学系図書館です。大閲覧室や外装は大学のパンフレットで大きく掲載されるほど美しい見た目です。最初に足を踏み入れたとき魔法学校か何かかと思いました。小閲覧室では静かな環境で自習ができますし，リフレッシュルームでは友人とのおしゃべりや自習の休憩をすることができます。また保健科学図書室も気に入っています。１階には階段型のベンチがあり，リラックスした雰囲気で本を読みたいときにぴったりです。貸出不可ですが医療漫画も多くあります。各図書館については公式ホームページで VR ツアーを楽しむことができるのでぜひ見てみてください。（H.K. さん／医）

　大学の中には自習室やコモンルームがいくつかあります。自習室は静かに勉強する部屋で，コモンルームは自習するだけでなく数人で集まって話し合いながら利用することができます。どちらもテスト前の勉強や空きコマの時間つぶしに役立っています。（T.K. さん／理）

　神戸大学からは夜景がとても綺麗に見えます。神戸の夜景は「100 万ドルの夜景」と言われており，日本三大夜景にもなっています。「百年記念館」から見える景色は最高です。（赤岩さん／工）

普段の生活で気をつけていることや心掛けていること

　自分が興味をもったことやすすめられたことは積極的に調べたり実践したりするようにしています。今まで気がつかなかったおもしろさを発見できたときの喜びやわくわくは大切にしたいなと思います。自分の今の生活リズムやすべきこと，お財布事情などに合わせて，最大限好きなことを楽しむ時間は心を潤してくれるので，忙しいときも好きなことをする時間は捨てないようにしたいです。（H.K. さん／医）

　授業によっては，1 回提出物を出しそこなったり出席できなかったりすると単位が取得できない科目があります。提出物は直接手渡しするのではなくオンラインで提出するものが多く，気を抜いていると提出期限を超過してしまうので気をつけています。（T.K. さん／理）

入学してよかった！

　カリキュラムが比較的自由に組めるので，高校の時よりも毎日の生活にゆとりができて，趣味に使う時間やバイトに専念する時間が増やせたところがよかったと思います。しっかり授業に出席してある程度勉強していれば単位は取れるので，受験勉強に追われた高校生の時と比べると本当に楽しいです。（T.K. さん／理）

Message from current students

　人間的に成長できるところです。大学にはスペックの高い（有能な）人がたくさんいます。私の周りには，優しくて勉強やスポーツができておしゃれな人が多いです。そのような人と関わることで，向上心が芽生え，自分の足りていない部分を改善しようと努力します。（赤岩さん／工）

高校生のときに「これ」をやっておけばよかった

　行事をもっと前のめりに楽しめたらよかったのかなと感じています。どの行事も楽しんではいたのですが，係や責任者になることは避けがちで，それらを引き受けて頑張っている友人たちを見て少し後悔することもありました。興味はあるものの大変そうだからというだけで諦めてしまうのはもったいないと思います。（H.K. さん／医）

　大学入試に必要のない科目や興味がない科目でも，その単位を取らないと卒業要件を満たせない場合があります。高校の時にさぼりがちだった社会などの科目ももっと真剣に授業を聞いておけばよかったと思います。（T.K. さん／理）

　英語のスピーキングの練習をもっとたくさんしておけばよかったと思います。受験英語はほとんどリーディングであったため，書かれている文章を受け身的に読むことになりますが，大学に入って英語の授業を受けると，積極的に英語で自分の考えを述べることが要求され，言いたいことが言えないという事態に何度も直面しました。言いたい英単語がパッと思い浮かぶようになるともっと英語で楽しく会話できるのではないかと思います。（Y.H. さん／国際人間科）

みごと合格を手にした先輩に，入試突破のためのカギを伺いました。入試までの限られた時間を有効に活用するために，ぜひ役立ててください。

（注）ここでの内容は，先輩方が受験された当時のものです。2025 年度入試では当てはまらないこともありますのでご注意ください。

・アドバイスをお寄せいただいた先輩・

S.K. さん　理学部（惑星学科）
前期日程 2024 年度合格，兵庫県出身

　合格の最大のポイントは，絶対に惑星学科に行きたいという気持ちだったと思います。中学生の頃から惑星学科に行きたいと言い続けて学科について調べたり，高校に入ってからは勉強をするときは常に神戸大学で求められるレベルを意識していました。また，学校や塾の先生から他の大学をすすめられたときも頑なに断りました（笑）。神戸大学の惑星学科に行くと言い続けたことが行動・結果につながったのかなぁと思います。

その他の合格大学　関西学院大（理〈共通テスト利用〉）

K.K. さん　医学部（医学科）
前期日程 2023 年度合格，香川県出身

　合格のポイントは，苦手教科だった数学を克服したことです。この際，赤本を大いに活用し，自分の志望校以外の数学の過去問もたくさん解きました。入試問題は大学が一年をかけ，威信をかけてつくりあげる最高の問題集です。大いに活用してください。

H.K. さん　医学部（保健学科）
前期日程 2023 年度合格，大阪府出身

　世の中には素晴らしい参考書や問題集が多くありますが，自分のお気に入りを何周もすることが大切だと思います。1 周目で身についたと思っていた内容でも，2 周目には零れ落ちているということも少なくありません。時には友達とご飯を食べに行ったり，推しを見たりして自分を甘やかすことも大切です。

その他の合格大学　大阪医科薬科大（看護），同志社女子大（看護〈共通テスト利用〉）

○ **赤岩七海さん**　工学部（電気電子工学科）
前期日程 2022 年度合格，大阪教育大学附属高校
池田校舎（大阪）卒

　常に上を目指すことが合格のポイントです。過去問を始める前は志望校より 1 つレベルが上の大学の問題を解くことをおすすめします。そうすることで，志望校の過去問を始めたとき，すらすら解けて自信になります。

その他の合格大学　　関西学院大（工），関西大（システム理工），近畿大（理工〈共通テスト利用〉）

○ **Y.M. さん**　工学部（建築学科）
前期日程 2022 年度合格，大阪府出身

　合格のポイントは根性です。私は勉強の仕方が下手でした。大学受験では質が重要だと学校でも塾でも言い聞かされてきていましたが，その質を私は量でカバーしようと考えました。誰にも負けないくらい勉強することで自信にもなりました。私には合った勉強法だと思います。

入試なんでもQ&A

受験生のみなさんからよく寄せられる,
入試に関する疑問・質問に答えていただきました。

 「赤本」の効果的な使い方を教えてください。

A 　理系教科は入試本番と同じ時間を計って解いて, 得意な英語は本番より少し短い時間で解きました。その後, 間違えた問題の類題を他の問題集で探して解きました。また, 神戸大学（特に理科）は記述が多いという特徴があるので, 解答解説で効率的に記述するために使えそうな表現を覚えるようにしました。赤本を解いた後は, 解答解説をしっかり読んで, 問題集で苦手を補強することが大切だと思います。

（S.K. さん／理）

A 　大学ごとの模試, いわゆる冠模試の直前に一番古い年度の問題を一通りやって, 傾向を見ました。本格的に始めたのは共通テストが終わってからで, 1週間に2年のペースで解きました。自分が持っていない年度の分は塾にあるものを使いました。過去問はやればやるほど時間配分や傾向をつかめるので, 時間の許す限り取り組むほうがいいです。また, 神戸大学の数学は解答の過程を記述する問題がほとんどなので, 学校や塾の先生に必ず見てもらうようにしていました。　　　　（赤岩さん／工）

共通テストと個別試験（二次試験）とでは, それぞれの対策の仕方や勉強の時間配分をどのようにしましたか？

A 　基本的に冠模試が終わるまでは二次対策をしました。ただ, 私は共通テストの数学が大変苦手だったため, 8月からセンター試験の過去問10年分を週一ペースで解き始めました。理科科目は二次対策がそ

のまま共通テスト対策になるので，本格的に共通テスト対策を始めたのは
12月に入ってからです。英語はセンター試験と傾向が大きく変わるため，
予想問題で対策しました。国語は一度感覚が鈍ると取り戻すのが大変なの
で，２日に１回はセンター試験の過去問を解くようにしました。

（赤岩さん／工）

 １年間の学習スケジュールはどのようなものでしたか？

A 　高３の４月から８月は，とにかく学習が終わっていない範囲をす
べて学習することに重点を置いていました。塾で数学，物理，化学
の授業を取って予習を進めました。すべて学習が終わっていた英語は学校
の授業で扱う問題を中心に，入試問題を解いていきました。９月からは，
『神戸大の数学15カ年』『神戸大の英語15カ年』（ともに教学社）を利用
して過去問を解き始めました。また，共通テストの国語と地理の対策も少
しずつ始めました。12月からは二次対策をいったんお休みして共通テス
ト対策に専念しました。共通テストが終わってからは，ひたすら過去問を
解きました。

（S.K. さん／理）

 神戸大学を攻略するうえで特に重要な科目は何ですか？

A 　理学部の場合，理科です。共通テストも二次試験も配点が高いの
で，理科で得点できるとかなり安心かなぁと思います。理科は15
カ年の問題集がないので，学校で購入した問題集を仕上げていきました。
何周もすると問題のパターンが見えてきて，解法を思いつくまでのスピー
ドが上がります。また，神戸大学は基本的な問題が多いので，問題集で覚
えた解法がそのまま使えることも多いです。単元ごとにきっちりと仕上げ
ていくといいと思います。

（S.K. さん／理）

A 　英語です。試験時間が短く，評論が２題と小説・会話文が１題と
いう構成に慣れることができるかどうかが合格のカギを握ります。

逆に慣れてしまえば問題自体の難易度は高くはないので，時間配分に気を
つけて演習を重ねれば大丈夫です。小説を出題する大学は少ないので問題
集を買うか，東大や関大などの小説問題にも挑戦してみてもよいと思いま
す。評論と英作文は九州大学や大阪大学などの過去問で問題を補充しまし
た。赤本に載っていない分は学校で借りたりインターネットの「東進過去
問データベース」で見たりしました。とにかく読みまくりましょう。

（H.K. さん／医）

Q　苦手科目はどのように克服しましたか？

A　私は数学がとても苦手でした。過去問では一題も完答できないこ
ともありました。共通テスト後の残り1カ月で少しでも克服するた
めに，私は質より量を重視して取り組みました。神戸大学の理系数学は数
Ⅲの出題が多い傾向にあるので，特に数Ⅲはマセマ出版社の『合格！数学
Ⅲ実力UP！問題集』を用いて克服を目指しました。残り1カ月に数学で
取り組んだのは前述の問題集と『神戸大の数学15カ年』（教学社）のみで，
何周も何周もしました。直前ということもあり，新しい問題に取り組むの
が怖かったので，解答の道筋を覚えてしまうぐらい5周ほど取り組みまし
た。5周は多すぎるかもしれないですが，複数回同じ問題を解き直すこと
は本当に大切です。毎回違う発見ができます。また，間違えた問題は「な
ぜ間違えたか」「どうしたら完答ができたか」をできるだけ具体的に粘り
強く考えることで，最終的には数学が得意になっていることと思います。

（Y.M. さん／工）

Q　スランプはありましたか？
また，どのように抜け出しましたか？

A　数学の成績が伸び悩み苦しんだときは，自分がいつも数学の問題
をまとめるために使っていたノートにそのときの悔しさや不安を書
いていました。これのいいところは，問題を見返すときに過去の自分のつ
らかった気持ちを思い出すことができ，それを乗り越えた現在の自分の姿

に気づくことができるところです。受験生は何かと感情的になりがちなこともあると思いますが，そんな自分を客観的に見ることができればそれは一つ大きな強みになります。感情は行動の原動力となりますし，その感情をもとにしっかりと前に進んでいけるように自分をコントロールする力を身につけることが必要です。

(K.K. さん／医)

 時間をうまく使うために，どのような工夫をしていましたか？

A 8月の半ばまで部活をしていたので，時間の使い方は特に意識していました。部活の後は塾に直行して勉強時間を確保していました。部活後は疲れていて，1人で演習していると眠くなってしまったので，主に映像授業を見たり，先生に質問したりすることが中心でした。部活がない日は演習をみっちりやっていました。部活引退後は，部活をしていた時間をそのまま学校での自習に充て，それまでの慣れた生活リズムを保つようにしました。

(S.K. さん／理)

 模試の上手な活用法を教えてください。

A 模試は入試問題の研究を基に作成されているので，復習して自分のものにする以外の選択肢はありません。私は模試の次の日と入試本番の1カ月前に解き直し，問題の読み方や解法を吸収，アウトプットしました。これでもよかったのですが，模試の1カ月後くらいにも復習しておくとよりよい習慣になったのかなと思います。解法が複数載っている場合は全部に目を通してある程度使えるようにしておけば初見の問題を解くときの武器になります。

(H.K. さん／医)

Q 併願をするうえで重視したことは何ですか？
また，注意すべき点があれば教えてください。

A 　　本命の神戸大学の対策に集中するためにも，体力を使い果たさないためにも，私は現地での受験は1校に抑え，他に受けた2校は共通テスト利用にしました。私大独自試験の試験科目を決めるときは，過去問を1年分一通り解いてから考えるべきです。実際，ある私大の選択科目（数学か国語）は国語で受験しようとぼんやり考えていたのに，過去問を解いてみると数学の方が解けそうだと感じて数学で出願しました。

(H.K. さん／医)

Q 試験当日の試験場の雰囲気はどのようなものでしたか？
緊張のほぐし方，交通事情，注意点等があれば教えてください。

A 　　神戸大学は六甲山の急斜面を登った所にあります。試験の日はバスを使う人もいると思いますが，私は徒歩で向かいました。入試の日はとても寒かったですが，歩くことで体が温まり着く頃には汗をかいていました。自宅を出るときは眠たかったですが，学校に着く頃には目が覚めて1限目の試験をベストな状態で受けることができました。ただ，汗をかいて喉が乾くので水分は通常より多めに持っていくことをおすすめします。

(赤岩さん／工)

Q 受験生のときの失敗談や後悔していることを教えてください。

A 　　共通テストが近くなった時期に，苦手科目の化学でずっと共通テスト対策だけをしてしまったことです。当時の自分の学力はまだ二次レベルまでは達しておらず，でもとりあえず今は共テさえ取れればそれでいい！と思って勉強していました。共通テストを終えて初めて，共通テストの先に二次試験があるのではなく，二次試験の勉強の延長として化学を勉強しなければならなかったことに気づきました。近年の共通テストは全体的に難化傾向にあると思います。どんな問題が出てきても食らいつい

ていけるように，「共テだから」と舐めずに，網羅的な学習を心がけ，難易度の高い問題にもチャレンジしてほしいです。　　　　　　（K.K. さん／医）

 普段の生活の中で気をつけていたことを教えてください。

A ライバルに差をつけられてしまうと思って睡眠時間を削るより，十分に上質な睡眠をとり，起きている時間に力を注ぎこめるようにする方がいいです。私は睡眠時間が5時間の日は睡魔との闘いが起こり，集中できない時間が生まれてしまいました。睡眠は知識の整理にも重要だと聞きます。せっかく勉強するなら身につけたいし集中したいですよね？それなら睡眠はぜっったいに大切にすべきです。就寝1時間前からは画面を見る作業を控えることは睡眠の質向上に大きく貢献してくれます。

（H.K. さん／医）

 面接の内容はどのようなものでしたか？

A 試験官3人（受験生1人），約5分の個人面談。集合は大きな会議室で，おおむね受験番号の早い人から呼び出され，別室に移動します。最初に入室したときに「緊張せずにね，どうぞ」と声を掛けられ，穏やかな雰囲気の中での面接でした。面接官は3人で，一人一つずつ質問をしていくという形式です。自分の答えたことに対しての質問もあります。言葉に詰まってもゆっくり待ってくださるので，落ち着いて回答すれば問題ないと思います。私の入った部屋は硬い質問が多かったですが，部屋によってはGWの予定を聞かれたりするそうです。
- 医師としての将来の夢は何ですか
- 国際的に活躍することに対する意欲を聞かせてください
- 高齢化社会における医療の意義はなんだと思いますか

（K.K. さん／医）

Q　どのような面接対策をしましたか？

　　A　学力試験が終わった後に，ノートに聞かれそうな質問とその回答をまとめました。過去の質問内容を見ると，ゲノム医療や新型コロナウイルスといった時事的な医療に関する質問が散見されたので，そこを特に重点的に対策していました。神戸大学医学部医学科の面接には配点がないので，あまり気を遣いすぎる必要はないと思います。聞かれたことに対して，素晴らしい回答をしようとするというよりも，落ち着いて普通に自分が考えていることを述べることができれば問題ないと思います。

（K.K. さん／医）

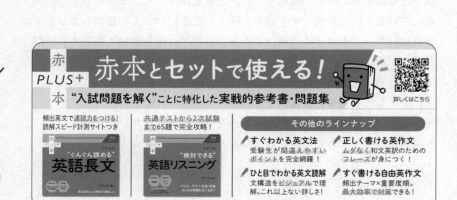

科目別攻略アドバイス

みごと入試を突破された先輩に，独自の攻略法や
おすすめの参考書・問題集を，科目ごとに紹介していただきました。

英 語

スピードが大切なので，とにかく速読の練習をしましょう！　確実に和
訳をするために単語や例文を暗記することも大切です。（S.K. さん／理）

📖 **おすすめ参考書** 『**神戸大の英語 15 カ年**』（教学社）

正誤問題に関しては，共通テストの英語リーディングの練習でかなり力
はつくと思います。同時に速読も意識するとなおよいです。和訳では典型
的な構文や熟語がポイントで，それほど難しい印象はありません。近年の
Ⅳは自由英作文が多く，最も日頃の練習が反映される問題だと思います。
突飛なテーマは出ません。毎日 1 テーマを続けると，本番ではかなりスム
ーズに解答に移れると思います。　　　　　　　　　　　（Y.M. さん／工）

📖 **おすすめ参考書** 『**大学入試 すぐ書ける自由英作文**』（教学社）

数 学

スピードと正確性はもちろんのこと，問題パターンを覚えることが大切
だと思います。　　　　　　　　　　　　　　　　　　（S.K. さん／理）

📖 **おすすめ参考書** 『**オリジナル・スタンダード数学演習**』（数研出版）

標準的な問題を解けるように，同じ問題集を何周もしましょう。明らか
な難問は除いて大丈夫です。私は塾に通っていたので，そのテキストを何
度も解きました。　　　　　　　　　　　　　　　　　（H.K. さん／医）

📖 **おすすめ参考書** 『**神戸大の数学 15 カ年**』（教学社）

物　理

記述のスピードを上げることが大事です。適切で簡潔な表現を心がけましょう。　　　　　　　　　　　　　　　　　　　　　　　　　（S.K. さん／理）

📖 **おすすめ参考書**　『**良問の風 物理　頻出・標準 入試問題集**』（河合出版）

標準問題をしっかり確実に解けるようにしておきたいです。自分で解説を書くつもりで答案を完成させるといいです。　　　　　　（赤岩さん／工）

📖 **おすすめ参考書**　『**物理［物理基礎・物理］基礎問題精講**』（旺文社）

化　学

有機化学は全問正解を狙うようにしてください！　計算力と無機の知識が固まっていれば，さらに安心です。　　　　　　　　　　（S.K. さん／理）

📖 **おすすめ参考書**　『**ニューグローバル　化学基礎＋化学**』（東京書籍）

典型問題が中心で，どれだけ落とさないかが勝負になると思います。ただ，私は苦手分野が出たときはその大問が半壊することも多々あったので，まずは苦手の克服を優先順位の第1位に置いておくことをおすすめします。
　　　　　　　　　　　　　　　　　　　　　　　　　　（Y.M. さん／工）

📖 **おすすめ参考書**　『**実戦 化学重要問題集 化学基礎・化学**』（数研出版）

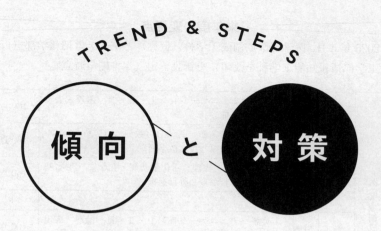

科目ごとに問題の「傾向」を分析し，具体的にどのような「対策」をすればよいか紹介しています。まずは出題内容をまとめた分析表を見て，試験の概要を把握しましょう。

=== 注 意 ===

「傾向と対策」で示している，出題科目・出題範囲・試験時間等については，2024年度までに実施された入試の内容に基づいています。2025年度入試の選抜方法については，各大学が発表する学生募集要項を必ずご確認ください。

━━━ **来年度の変更点** ━━━

2025 年 4 月,医学部医療創成工学科(仮称)とシステム情報学部(仮称,工学部情報知能工学科を改組)を新設予定(本書編集時点)。

医（医療創成工）	総合型	外国語	英語コミュニケーションⅠ・Ⅱ・Ⅲ,論理・表現Ⅰ・Ⅱ・Ⅲ	160 点
		数学	数学Ⅰ・Ⅱ・Ⅲ・A・B(数列)・C(ベクトル,平面上の曲線と複素数平面)	160 点
		理科	「物理基礎・物理」,「化学基礎・化学」,「生物基礎・生物」から 2 科目選択	160 点
		面接		＊
	理数型	外国語	英語コミュニケーションⅠ・Ⅱ・Ⅲ,論理・表現Ⅰ・Ⅱ・Ⅲ	100 点
		数学	数学Ⅰ・Ⅱ・Ⅲ・A・B(数列)・C(ベクトル,平面上の曲線と複素数平面)	240 点
		理科	「物理基礎・物理」,「化学基礎・化学」,「生物基礎・生物」から 2 科目選択	240 点
		面接		＊
システム情報		外国語	英語コミュニケーションⅠ・Ⅱ・Ⅲ,論理・表現Ⅰ・Ⅱ・Ⅲ	200 点
		数学	数学Ⅰ・Ⅱ・Ⅲ・A・B(数列)・C(ベクトル,平面上の曲線と複素数平面)	250 点
		理科	「物理基礎・物理」,「化学基礎・化学」	250 点

▶備 考

- 医学部医療創成工学科では,医学系に必要な総合力を求める選抜方式(総合型)と工学系に必要な数学と理科を重視した選抜方式(理数型)の 2 つの選抜方式でそれぞれの合計点を算出し,そのうち合計点が高い方の成績を用いて選抜する。

- ＊印は医療機器開発者および医療従事者となるにふさわしい適性を見るために面接を実施する。なお,面接の結果によって,医療機器開発者および医療従事者になる適性に大きく欠けると判断された場合は,筆記試験の得点にかかわらず不合格とする。

- 各教科・科目とも,特別な経過措置は実施しないが,旧教育課程履修者が不利益にならないよう考慮する。

英　語

年度	番号	項　目	内　容
2024	〔1〕	読　解	内容説明（70字他），同意表現，文整序，英文和訳
	〔2〕	読　解	同意表現，空所補充，英文和訳，内容真偽
	〔3〕	読　解	英文和訳，空所補充，内容説明
	〔4〕	英作文	意見論述（40・60語） ⊘図
2023	〔1〕	読　解	同意表現，具体例，英文和訳，空所補充
	〔2〕	読　解	英文和訳，内容説明，空所補充，内容真偽
	〔3〕	読　解	同意表現，英文和訳，内容説明，内容真偽
	〔4〕	英作文	内容説明（40語），意見論述（60語）
2022	〔1〕	読　解	内容真偽，空所補充，英文和訳
	〔2〕	読　解	内容真偽，英文和訳，共通語による空所補充，内容説明（70字他），空所補充
	〔3〕	読　解	同意表現，空所補充，英文和訳
	〔4〕	英作文	内容説明（40語），意見論述（70語）
2021	〔1〕	読　解	空所補充，内容説明（25・35字），英文和訳
	〔2〕	読　解	同意表現，内容説明，空所補充，英文和訳，内容真偽
	〔3〕	会話文	英文和訳，内容説明（40字），同意表現，内容真偽
	〔4〕	英作文	内容説明（40語），意見論述（60語）
2020	〔1〕	読　解	内容説明（50字），同意表現，英文和訳，空所補充，意見論述（60語）
	〔2〕	読　解	内容説明（30字3問），空所補充，英文和訳，内容真偽
	〔3〕	読　解	内容説明（25字），同意表現，英文和訳，空所補充，意見論述（70語）

読解英文の主題

年度	番号	主　題	語　数
2024	〔1〕	極端な政治的意見が広まりやすい理由	約650語
	〔2〕	楽器習得による認知能力の向上効果	約620語
	〔3〕	家族より仕事優先の娘と母親の会話	約590語
2023	〔1〕	意味のある人生とは	約700語
	〔2〕	世界の水資源問題	約690語
	〔3〕	ドライブ前の女性たちの会話	約590語

2022	〔1〕	光害が夜行性の生物に与える影響	約 660 語
	〔2〕	リンガ・フランカとは	約 600 語
	〔3〕	留学をめぐる幼なじみの男女の会話	約 650 語
2021	〔1〕	ミツバチの減少を食い止める方策	約 640 語
	〔2〕	理数系分野で女性が活躍するには	約 590 語
2020	〔1〕	一般的な種の保護の重要性	約 460 語
	〔2〕	役柄に合う髪色に染める話にとまどう少女	約 620 語
	〔3〕	日本の禅の歴史と書画との関係	約 600 語

読解問題 3 題，英作文 1 題の出題が基本
2021 年度は会話文が登場

01 出題形式は？

〈**問題構成**〉 例年，読解問題 3 題，英作文 1 題の計 4 題の出題となっている。ただし，2020 年度は英作文が読解問題の 2 題に 1 問ずつ組み込まれ，全部で読解問題 3 題という構成であった。また，2021 年度は読解問題が 2 題に減り，完全な会話文の問題が 1 題出題されたが，2022〜2024 年度は，読解問題のうちの 1 題で会話文を多く含む英文が出されている。英作文は，意見論述の英作文が必出で，2021〜2023 年度は意見論述に加えて内容説明も出題されている。試験時間は 80 分。

〈**解答形式**〉 英文和訳，英作文，内容説明などの本格的な記述問題に加え，空所補充，同意表現，内容説明，内容真偽などの選択問題も出され，バラエティーに富んだ形式となっている。2024 年度には，与えられた 3 つの文を本文の内容に合うように並べ替える文整序もみられた。

02 出題内容はどうか？

〈**読解問題**〉

例年，出題の中心はバラエティーに富んだ設問からなる総合読解問題である。英文の量は，1 題 500〜650 語前後のものがほとんどで，総語数としては 1400〜1900 語程度と幅がある。2023 年度は総語数としては近年で最も多く，2000 語程度だったが，2024 年度は 1860 語程度と，ほぼ例年並

の語数に戻った。

　英文の内容は，環境問題をテーマとするものが多く，他には健康問題，格差問題，ネット社会の問題点など今日的な話題や，生物学系，人文系，教育系，言語をテーマとするもの，やや抽象度の高い科学系の論説文などから計2題，会話文が主体のものが1題というパターンとなっている。2021年度〔3〕は大学院での授業における議論の一部が取り上げられ，完全な会話文形式であった。英文のレベルとしては，語彙には一部難解な語もあるものの，全体的には読みやすい英文が多い。

　設問形式はさまざまであり，過去に頻出しているものを順に挙げてみよう。

① 英文和訳

　例年，1つの長文につき1，2カ所，全部で3～5カ所の下線部を和訳させることが多い。比較的短い英文の和訳が多いが，2021年度以降，やや長めのものが増えている。下線部のそれぞれにポイントとなる語句・文法・構文が含まれているほか，特に会話文が主体の読解問題では，会話がなされている場面の状況や前後の文脈をしっかり把握できていないと日本語にならない箇所が出題されているのも特徴である。指示語の内容を明確にしながら訳すという条件がついていることもあるので注意しよう。

② 内容説明

　20～70字の字数制限のあるものが多いが，特に制限のないものもあるので，その場合は解答用紙のスペースに応じて書くことになる。2021年度は，日本語の内容説明文の空所に適切な文を入れるという形の設問が出題されたほか，2023年度は，下線部の内容の具体例を選ぶ問題も出題された。また，同じ内容の英文を選択する形式の問題もみられる。

③ 文法・語彙問題

　動詞を適当な語形で挿入したり，空所補充の形で前置詞・関係詞・接続詞・名詞・形容詞などを入れたり，というように，基本的な語彙力・文法力や熟語力，文脈から判断する力をみるような設問が多い。近年，英文の中の語句と同じ意味や用法の語句を選択する問題が出題されるようになり，注意が必要。

〈英作文問題〉

　例年，意見論述の問題が出題されている。2020年度は読解問題に組み

込まれる形になり，長文の内容をしっかり理解して答える必要があった。また，2022・2023 年度では英文中の語句を 40 語程度の英語で説明させる問題も出題され，英作文においても読解力が求められた。

　意見論述は，文章またはイラストを与えられ，それに関連するテーマや筆者の意見に対して自分の意見を述べるものが出題されている。語数は40〜70 語程度で，全体としては 2 問出題されることが多い。

03　難易度は？

　試験時間が 80 分と比較的短く，記述量がかなりあるため，時間配分には細心の注意が必要である。ただ，難問の類はなく，実力どおりの得点が得られる，日頃の地道な努力が報われる良問といえるだろう。

01　読解問題

　長文読解問題の比重は例年大きく，読解力の養成に最大の力を注ぐ必要がある。難解な語も含まれた総語数 1400〜1900 語前後の英文を短時間で読みこなすためには，かなり高度な語彙力が求められる。単語の暗記には，語の意味を文章中で覚えていく形の『速読英単語 必修編』『速読英単語 上級編』（いずれも Z 会）などを用いるのもよい。重要構文・熟語の暗記も欠かせない。また，挿入・倒置・省略・同格といった英文解釈上のテクニックも必ず身につけておくこと。そうした基礎的学力の養成に可能なかぎりの時間を割いた上で，『神戸大の英語 15 カ年』（教学社）を利用して英文量や出題形式に慣れ，時間配分にも注意しつつ，問題数をこなすことが最善の対策となるだろう。

　その際，まずは英文の一文一文の意味を正確に読み取りながら，パラグラフごとに話の大まかな流れをとらえる習慣をつけること。特に英文和訳が求められている部分の前後は，状況を頭に描きつつ内容をつかむことが必要である。

　また，長文のテーマには今日的な話題が取り上げられることが多いので，環境問題，健康問題，社会問題など世相を反映した文章や，科学技術，心理学，教育学，文化や言語の歴史といった分野の文章には，英文・和文を問わず普段からよく目を通し，一般教養を深めておくことも有効な対策となる。その際，分野別のキーワードを覚えておくと，英作文に利用することもできるだろう。

　以下，主な設問形式について，順にその攻略法を述べる。

①　英文和訳

　まずはポイントとなる構文・イディオムを確実に押さえることができるよう練習を積む。直訳ではうまく日本語にならない箇所も多くみられるので，あくまでも英文全体の話の流れに沿ったわかりやすい日本語を書くよう心がけることが肝心である。本書で過去問に当たる際には，下線部以外の箇所も全訳を注意深く読んで，「これは」と思われる部分の和訳には注意し，訳の練習に利用するとよい。

②　内容説明

　特に指示語を含んでいるものはそうであるが，内容説明は前後にある該当箇所の特定と，それをいかに要領よくまとめるかが最大のポイントである。原因と結果，一般論と具体例など，文と文のつながりにも気を配りながら，必ず自分で答案をまとめる練習を繰り返すこと。

③　文法・語彙問題

　文法・語彙力は読解力の基礎であるから，強化に時間をかける必要があるのは当然だが，純粋に文法の知識や語彙力・熟語力を問うものも出題されているので，確実に身につけておくことが必要である。また，単語学習の際には，同意語・反意語，特殊な意味など多角的な知識を得るようにすること。

02　英作文問題

　意見論述は，例年，書きやすい題材が取り上げられることが多く，語数もそれほど多くないので，基本的な英作文の力があれば対処できる問題が多い。ただし 2020 年度は，読解問題の長文の内容を理解していることが前提となっており，その意味での難しさがあった。

　英作文力そのものを養う方法としては，小論文や面接の対策本を利用して自分でテーマを設定し，辞書を使わず40〜70語程度の英文を書く練習を繰り返しておくとよいだろう。その際，書き慣れていない語彙・構文を利用するよりも，正しく使いこなせる語彙・熟語・構文を用いることを心がけたい。できれば先生に添削してもらうのが望ましいが，ある程度自由な発想でどんどん書き進める練習をすることも大切である。

　また，赤本プラス『大学入試　すぐ書ける自由英作文』（教学社）などの，入試頻出の重要テーマを集めた参考書を通読し，応用力をつけておけば，本番でどんなテーマが出題されても，冷静に対応できるだろう。

神戸大「英語」におすすめの参考書

✓『速読英単語　必修編』（Ｚ会）
✓『速読英単語　上級編』（Ｚ会）
✓『神戸大の英語 15 カ年』（教学社）
✓『大学入試　すぐ書ける自由英作文』（教学社）

赤本チャンネルで神戸大特別講座を公開中
実力派講師による傾向分析・解説・勉強法をチェック →

数　学

年　度	番号	項　目	内　容
2024	〔1〕	微　分　法，数　　　列	無理関数が最大値をとるときの x の値，漸化式
	〔2〕	図形と方程式	放物線と 2 直線が接する条件，三角形の重心の軌跡
	〔3〕	確　　　率	サイコロを投げて出た目が自然数 n の約数となる確率
	〔4〕	空　間　座　標，積　分　法	直方体を 1 回転してできる回転体の体積
	〔5〕	積　分　法	定積分の計算，連立不等式の表す領域，面積　　⊘図示
	〔1〕	微　分　法，数　　　列	3 次関数が最小値をとるときの x の値，漸化式
	〔2〕	確　　　率	サイコロを投げて出た目が自然数 n の約数となる確率
	〔3〕	◀理系▶の〔2〕に同じ	
2023	〔1〕	数　　　列	漸化式で定義された数列の一般項，数学的帰納法　⊘証明
	〔2〕	2 次方程式	2 次方程式の解の存在範囲，解の実部についての条件　　⊘図示
	〔3〕	確　　　率	整数が書かれた 2n 枚のカードについての確率
	〔4〕	ベ ク ト ル	空間ベクトル，四面体の体積
	〔5〕	微・積分法	媒介変数表示された曲線の概形，面積　　⊘図示
	〔1〕	2 次方程式	2 次方程式の解の存在範囲，解の実部についての条件　　⊘図示
	〔2〕	確　　　率	硬貨を投げ，表の出た枚数により硬貨をやりとりする確率
	〔3〕	図形と方程式，整 数 の 性 質	2 円の交点を通る直線，座標軸との切片が整数となる条件

2022	理系	〔1〕	数列, 極限	隣接 3 項間の漸化式をみたす数列, 極限　◎証明
		〔2〕	数 列, 極 限	正多角形とその外接円で挟まれた部分の面積, 和の極限
		〔3〕	微・積分法	対数を含む関数の極値, 曲線と x 軸で囲まれた部分の面積
		〔4〕	2 次 曲 線, 図形と方程式	双曲線と直線が異なる 2 点で交わる条件, 2 交点の中点の軌跡
		〔5〕	指数・対数関数, 整 数 の 性 質	指数・対数関数と等式の証明, 不定方程式の解　◎証明
	文系	〔1〕	2 次 関 数, 積 分 法	2 次関数のグラフと直線の共有点の個数, 囲まれた部分の面積
		〔2〕	図形と方程式	円と直線が異なる 2 点で交わる条件, 2 交点の中点の軌跡
		〔3〕	指数・対数関数, 整 数 の 性 質	指数・対数関数と等式の証明, 不定方程式の解　◎証明
2021	理系	〔1〕	整 数 の 性 質, 数 列	複素数の虚部の整数を 10 で割った余り, $(2+i)^n$ が虚数であることの証明　◎証明
		〔2〕	積 分 法	定積分の計算
		〔3〕	ベ ク ト ル	2 つのベクトルのなす角の最大値
		〔4〕	図形と方程式	放物線と円の共有点　◎証明
		〔5〕	微・積分法	媒介変数表示された平面上を動く点の速度, 速さ, 道のり
	文系	〔1〕	整 数 の 性 質, 数 列	複素数の虚部の整数を 10 で割った余り, $(3+i)^n$ が虚数であることの証明　◎証明
		〔2〕	式 と 証 明	4 つの文字を含む 2 次不等式の証明　◎証明
		〔3〕	図 形 と 計 量	塔の高さ, 塔と道との距離の測量　◎証明
2020	理系	〔1〕	微・積分法	整式が $(x-\alpha)^2$ で割り切れることの証明, 不等式の表す部分の面積　◎証明
		〔2〕	微・積分法	媒介変数表示された曲線, 回転体の体積　◎証明
		〔3〕	場 合 の 数	和が 30 になる 3 つの自然数の順列と組合せの総数
		〔4〕	微分法, 極限	関数が最大となる x の値とその値に関する極限　◎証明
		〔5〕	数 列	絶対値を含む漸化式で定義された数列の一般項, 周期性の証明　◎証明
	文系	〔1〕	微・積分法	整式の除法, 微分の計算, 放物線と直線で囲まれた部分の面積
		〔2〕	2 次 関 数, 数 列	2 次関数の最大値・最小値, 漸化式と数列の一般項　◎証明
		〔3〕	◀理系▶の〔3〕に同じ	

（注）文系：国際人間科（発達コミュニティ, 子ども教育, 環境共生–文科系受験）学部,
　　　医（保健–看護学, 理学療法学, 作業療法学）学部, 海洋政策科（文系科目
　　　重視型）学部
　　　理系：上記以外の学部・学科等

出題範囲の変更

2025 年度入試より，数学は新教育課程での実施となります。詳細については，大学から発表される募集要項等で必ずご確認ください（以下は本書編集時点の情報）。

	2024 年度（旧教育課程）	2025 年度（新教育課程）
理系	数学Ⅰ・Ⅱ・Ⅲ・A・B（数列，ベクトル）	数学Ⅰ・Ⅱ・Ⅲ・A・B（数列）・C（ベクトル，平面上の曲線と複素数平面）
文系	数学Ⅰ・Ⅱ・A・B（数列，ベクトル）	数学Ⅰ・Ⅱ・A・B（数列）・C（ベクトル）

旧教育課程履修者への経過措置

旧教育課程履修者が不利益にならないよう考慮する。

考察力・論証力・計算力を要する標準程度の良問

01 出題形式は？

〈**問題構成**〉 例年，理系数学は大問 5 題の出題で，試験時間は 120 分，文系数学は大問 3 題の出題（うち 1，2 題が理系数学と共通問題または類似問題）で，試験時間は 80 分である。すべての問題が 2〜5 の小問に分割されている。

〈**解答形式**〉 全問記述式である。

02 出題内容はどうか？

〈**問題の内容**〉

近年の出題項目をみると，微・積分法，ベクトル，数列，確率などの出題が多いが，他の分野も幅広く出題されており，全範囲に注意する必要がある。また，証明問題が頻出であるが，2024 年度は出題されなかった。年度によっては図示問題も出題されている。数学の答案では，証明問題に限らず，一般に論理的に筋の通った内容が必要で，そのような答案が作成できる学力の養成が望まれる。小問に分割された誘導的設問が多く，設問の意図を理解して対応する柔軟な理解力が必要である。計算によって解決される問題も多く，正確・迅速な計算力の養成も重要である。

03 難易度は？

　理系数学は標準程度ではあるが難度は高め，文系数学は標準程度の中くらいである。いずれも，理論的によく練られた良問であり，これに応じて答案を作成するには論証力を要する。難度の高い問題もあるが，誘導的な小問に分割されているので，その誘導に従えば解答できる。しかし，理系数学には誘導されていることに気がつきにくい設問もあるので，注意しなければならない。理系数学は1題あたり20分強，文系数学は1題あたり25分程度を目安として，取り組みやすい問題から確実に解いていきたい。

対　策

01 基本事項の学習

　教科書の基本事項の習得は学習の基礎である。用語の定義を正確に記憶しているか，公式は知っているだけでなく自力で導くことができるか，定理は証明できるか，さらに，これらを用いて基本程度の問題ならば即座に解くことができるかを自問して，「基本事項は習得できた」という自信がもてるまで，繰り返し学習しなければならない。

02 問題集の演習

　大学入試問題集による演習も必要である。標準程度が適当で，文系，理系ともに，標準的な良問が多く含まれている『神戸大の数学15カ年』（教学社）に取り組むとよいだろう。問題が解答できないときは，基本事項の習得が不十分であるから，よく点検して補強しておかなければならない。問題集の解答をみるときは，解法を丸暗記するのではなく，基本事項の使い方を学ぶことが重要である。

03 計算力の増強

計算力は重要である。計算力と思考力とは相互に助長しあう関係にある。計算によって解法を探ったり，解法の正しさを計算で確かめたりできるのである。計算力が弱いと，解法は見出せても，解答途中で挫折することにもなりかねない。解答結果の検算も重視し，検算方法を研究しておきたい。正確・迅速な計算力の養成訓練をすることが望ましい。

04 図の活用

図の活用もきわめて重要である。問題に対して適切な図が描けると，題意の理解，解法の発見，解答結果の検討などが容易になり，問題の本質を具体的かつ的確に把握できるようになる。演習の際，図が利用できる問題に対しては必ず図を描くようにして，その技量を高めるとともに，図を利用する習慣をつけるべきである。

05 頻出項目の問題の学習

全範囲にわたり，手薄な箇所が生じないよう学習すべきことは当然であるが，それがひととおりできたならば，頻出項目に対しては特に学習強化をはかるべきである。頻出項目の問題は標準程度ならば確実に解答できるという自信がつくまで，主として演習により，十分に学習しておきたい。

06 答案の作成練習

週に1回程度は答案の作成練習を行うこと。答案は解答の経過がよくわかるように，的確かつ簡潔に記述すべきである。そのような記述力は，練習によって体得するよりほかに養成方法はない。教科書の例題の解答を参考にして独習するだけでも効果は上がるであろうが，可能ならば添削などの指導を受けることが望ましい。

―――――　**神戸大「数学」におすすめの参考書** ――――

✓ 『神戸大の数学 15 カ年』（教学社）
✓ 『大学入試 最短でマスターする数学 I・II・
　 III・A・B・C』（教学社）

物　理

年度	番号	項　目	内　容	
2024	〔1〕	力　　　学	転がる円筒の内側に固定された2物体の運動	◎描図
	〔2〕	電　磁　気	質量分析器の原理	
	〔3〕	波　　　動	波の固定端反射，薄膜の干渉	◎描図
2023	〔1〕	力　　　学	二つの小球の衝突と鉛直面内の非等速円運動	
	〔2〕	電　磁　気	傾いたレール上を滑る導体棒に生じる誘導起電力	◎論述
	〔3〕	波　　　動	気柱の共鳴	
2022	〔1〕	力　　　学	二つの小球の斜め衝突	
	〔2〕	電　磁　気	点電荷が作る電場と電位	◎描図
	〔3〕	熱　力　学	気体分子の運動，内部エネルギーと圧力（50字）	◎論述
2021	〔1〕	力　　　学	ばねにつながれたおもりの円錐振り子	◎描図
	〔2〕	電　磁　気	極板間に導体を挿入したコンデンサー	◎描図・論述
	〔3〕	熱　力　学	気体の状態変化（等温変化と定圧変化）	◎描図
2020	〔1〕	力　　　学	水平面に置かれたばね振り子の運動	◎証明・描図
	〔2〕	電　磁　気	サイクロトロン	◎描図
	〔3〕	波　　　動	段差のある平面ガラスによるくさび形薄膜での光の干渉	

描図・論述問題が頻出
必要な物理量は各自が定義する問題も！

01 ┃ 出題形式は？

〈問題構成〉　例年，出題数は3題であり，試験時間は1科目60分，2科目120分である。

〈解答形式〉　記述・論述・描図問題などが中心で，全問もしくはほとんどの問題で答えだけでなく導出過程を示すことが求められている。

02 出題内容はどうか?

〈**出題範囲**〉

　出題範囲は「物理基礎, 物理」である。

〈**頻出項目**〉

　3題のうち2題は, 力学と電磁気からの出題である。もう1題は熱力学や波動からの出題が多いが, 過去には原子から出題されたこともある。

　力学からは運動方程式, 力学的エネルギー保存則, 仕事, 運動量保存則, 力のつりあい, 円運動, 万有引力や単振動が頻出。

　電磁気からは電磁誘導とコンデンサー, 電場と荷電粒子の運動がよく出題される。

　熱力学からは気体の分子運動論, 気体の状態変化がよく出題される。断熱変化の出題もみられる。

　波動からは光や波の干渉, ドップラー効果, ヤングの実験, 波長などが出題される。

〈**問題の内容**〉

　特殊な問題, 極端な難問はみられない。標準的で, よく問われる内容を扱った, 正攻法の出題といえる。物理的な現象のとらえ方・法則などに対する理解の徹底度が問われている。また, 解答に必要な物理量を表す記号を自分で定義する問題が出題され, 2020, 2022～2024年度には大問すべてにその指示がみられた。

　描図問題は2020～2022, 2024年度に出題されており, 年度により1～5問となっている。**論述問題**も頻出している。論述・描図内容は, 教科書程度の基本的な説明を求める問題や, 物理的な意味を正しく理解していなければならない問題, 問題解決の根本から自分で考えなければならない問題など多岐にわたっている。また, 数値計算をさせる問題も出題されており, 計算スピードを上げる練習も積んでおかなければならない。

03 難易度は?

　難問はなく, 入試問題としてはきわめて標準的な問題である。近年は, 必要な物理量を自ら定義して答える問題, 論述・証明・描図問題など手間

のかかる問題が並んでおり，1科目60分相当なので時間配分には注意しなければならない。

01 教科書の徹底学習

　高校物理の全分野について，その基本事項を確実に理解しておこう。そのためには教科書を熟読し，基本概念，法則・公式の導き方を確認し，完全に自分のものとしておくこと。たとえば，教科書の索引に出てくる用語について簡潔な説明を書いてみることなどは，理解を確かめるためにも，また論述・証明問題の対策としても有効であろう。

02 問題集で多くの問題に当たる

　受験用の問題集でいろいろなパターンの問題に当たり，暗記でなく，理解ののちに自然に覚えてしまっているようにしておきたい。神戸大学の問題は，ほとんどが既出のパターンの組み合わせであり，難問はあまり出されない。まず，教科書や学校の教科書傍用問題集をしっかり理解することを心がけよう。それから，受験用として標準的で，物理の基本法則や陥りやすいミスを確認できるような問題集で，論述・証明問題の対策も兼ねて理解に重きをおいた学習をするとよい。具体的には，以下に挙げる書籍が有用である。

- 法則の導出過程や物理のしくみを理解したい人は,『体系物理［第7版］』（教学社）
- 物理が苦手で物理の本質を理解したい人は，『物理のエッセンス』シリーズ（河合出版），『大学入試　わかっていそうで，わかっていない物理の質問91』（旺文社）

　次に，学校の授業がマスターできている人は，『チョイス新標準問題集　物理基礎・物理』または『良問の風　物理』（いずれも河合出版）に取り組み，さらに『実戦　物理重要問題集　物理基礎・物理』（数研出版）や

『大学入試 もっと身につく 物理問題集』（教学社）などを完璧にこなせる
ようになれば，合格に必要な実力が身についているだろう。

　また，医学部志望者は，これらに加えて『名問の森 物理』シリーズ
（河合出版）で完成度を上げていきたい。

03　計算力・注意力をつける

　文字計算・数値計算ともに十分に問題演習をしておきたい。また，問題
文が長く，その中にいろいろな注意がなされているので，問題文を注意深
く読む練習をしておくこと。読み違いをなくすことがまず第一である。ま
た，速度ベクトルでは向きを表す符号は正しいかなど，文中の指定に正し
く沿えるように注意力をつけよう。

04　論述・証明・描図問題

　問題文を丁寧に読み，出題の意図を的確にとらえる力を養っておきたい。
論述・証明問題に備えて論理的な思考力・表現力も身につけておかねばな
らず，そのためには，02で紹介したような，詳しい解法・解説のついた
問題集で，採点者に自分の考えが正しく伝わる簡潔な表現を意識して，コ
ンパクトでかつ論理的な答案を書く練習を十分にしておこう。普段の学習
では，受け身の学習ではなく，常に問題解決のために何が必要かを自問し，
論述や証明を意識しながら学習していく必要がある。

　また，描図問題もよく出題されているので，普段の学習から正確でポイ
ントを押さえた図を描いて考えることを習慣にしておくこと。

05　二次試験対策を中心に

　論述形式・描図形式の問題が数多く出題されている。共通テスト対応の
演習に重点をおいている人も多いだろうが，神戸大学の場合は共通テスト
の延長に二次試験があると考えるより，むしろ二次試験対策の中に共通テ
スト対策が含まれると心がけて学習するほうがよいだろう。

化　学

年度	番号	項　目	内　容
2024	〔1〕	変　　化	アンモニア合成と平衡，弱塩基の水溶液の pH 変化　　☑計算
	〔2〕	変化・無機	アルカリ金属の性質，イオン化傾向と反応熱，溶融塩電解　　☑計算
	〔3〕	有　　機	$C_{10}H_{12}O_2$ の構造決定
	〔4〕	高 分 子	アミノ酸の性質　　☑計算
2023	〔1〕	変　　化	さまざまな物質の電気分解　　☑計算
	〔2〕	無機・構造	陽イオン定性分析，溶解度積，結晶格子　　☑計算
	〔3〕	有　　機	$C_5H_6O_2$ の構造決定
	〔4〕	高 分 子	糖類の性質・反応，プラスチックの再利用　　☑計算
2022	〔1〕	状　　態	希薄溶液の沸点上昇　　☑計算・論述
	〔2〕	変化・無機	アルミニウムの性質，溶融塩電解　　☑計算
	〔3〕	有　　機	$C_{11}H_{12}O_2$ の構造決定，フェノールの性質
	〔4〕	高 分 子	糖類の性質，アミノ酸の電気泳動　　☑計算
2021	〔1〕	変　　化	ヨウ化水素の反応に関する速度と平衡　　☑計算
	〔2〕	無機・変化	ハロゲンの性質，食塩水の電気分解（14 字 2 問）　　☑論述・計算
	〔3〕	有　　機	$C_{14}H_{20}$ の構造決定　　☑計算
	〔4〕	高 分 子	ペンタペプチドのアミノ酸配列決定（30 字）☑計算・論述
2020	〔1〕	状　　態	状態変化と熱の出入り　　☑計算・論述
	〔2〕	変　　化	銅の電解精錬　　☑論述・計算
	〔3〕	有　　機	$C_{11}H_{14}O_3$ の構造決定
	〔4〕	高分子・変化	アミノ酸とタンパク質，酵素が関わる反応の反応速度　　☑計算・描図

理論と有機が中心
基本～標準の内容だが，なかには難問も

01　出題形式は？

〈**問題構成**〉　例年，大問 4 題の出題である。ただし，1 題が内容の異なる

２問で構成されている場合もある。試験時間は１科目60分，２科目120分である。

〈解答形式〉　問題文の空所補充，計算問題，選択・記述・論述問題などの設問形式で問われる。計算問題では結果のみを答える設問がほとんどであるが，途中の過程を書かせることもある。論述問題も以前はよく出題されており，14〜30字程度の字数制限がある場合もある。2020年度はグラフの描図も出題された。

02　出題内容はどうか？

〈出題範囲〉

出題範囲は「化学基礎，化学」である。

〈概　観〉

出題は理論・無機・有機の３分野にわたっているが，理論と有機からの出題量が多い。

〈理論分野〉

気体の法則，蒸気圧，熱化学方程式などを含む計算問題の頻度が高い。次いで，反応速度と化学平衡，酸・塩基，電池・電気分解，反応と物質量の関係，電離平衡の量論などが出題されている。

〈無機分野〉

理論と合わせて出題されることが多く，出題の割合としては少ない。2021年度は〔２〕ハロゲンの性質，2022年度は〔２〕アルミニウムの性質，2023年度は〔２〕陽イオン定性分析，2024年度は〔２〕アルカリ金属の性質などで出題された。

〈有機分野〉

例年２題程度出題されており，そのうち１題は2020年度〔３〕，2021年度〔３〕，2022年度〔３〕，2023年度〔３〕，2024年度〔３〕などのように，元素分析や分子式から構造式や異性体などを推定し，それらに関する反応や性質なども含めて問う場合が多い。また，〔４〕は天然・合成高分子化合物からの出題率が高く，やや難度の高い出題もみられる。2020年度は酵素の関わる反応の速度を考えさせる問題，2021年度はペプチドのアミノ酸配列を決定させる問題，2022年度は糖類の性質やアミロペクチンの枝分

かれの数を考えさせる問題，2023 年度は糖類の性質やプラスチックの再利用，2024 年度は酸・塩基としての側面に注目したアミノ酸について考えさせる問題が出題された。

03 難易度は？

例年，全体としては標準的なレベルの出題とみてよいが，有機や計算の問題に難しいものも出されている。試験時間に対して問題量が多いので，解く順序を考えるなど時間配分に注意したい。

対 策

01 理論の基礎力充実をはかる

① まず教科書などで基礎内容を理解し，基本から応用へと段階的に練習問題に取り組むこと。

② 理論では計算に慣れることが必要で，特に最近の傾向からみて，熱化学，気体の法則と蒸気圧，反応速度と化学平衡，酸・塩基などの問題に当たって思考力・応用力を養うことが大切である。

02 無 機

① 教科書に出ている各種物質の化学式・製法・性質などをよく整理し覚えておくこと。理論と関連させてそれらの理由などもよく理解しておくこと。

② 化学反応式もよく出されるので，誘導法などをよく理解した上で，確実に書けるようにしておく。製法などの実験もよくみておくこと。

03 有 機

① 出題量が多いため，特に力を入れて学習しておく必要がある。

② 元素分析や分子式などから構造式・異性体を推定する出題が頻出しているので，その思考過程を確認しておくこと。また，アルケン，アルコール，ベンゼンなどを出発物質とする合成経路なども整理しておこう。

③ 天然・合成高分子化合物は，構造や合成反応をしっかり押さえておくことが望まれる。例年，〔4〕で出題がみられる。

04　全般的注意

① 試験時間に対して問題量が多いので，時間配分をよく考えて解く工夫が必要である。

② 難問に時間をかけるより，基本的・標準的な問題で失敗しないよう心がけることが得策である。

③ 実験に関する出題もあるから，教科書の実験操作や探究活動にもよく目を通しておくとよい。特に図説集などが参考になる。

④ 長文ではないが，論述問題の出題もある。簡潔に化学現象を説明できるように対策しておくこと。

⑤ 過去と類似の出題がみられるので，過去問についてよく研究しておくとよい。

生　物

年度	番号	項　目	内　容
2024	〔1〕	細　　胞, 代　　謝	解糖系，タンパク質の構造と酵素（75字）　　⊘論述・計算
	〔2〕	遺 伝 情 報	遺伝子の発現と突然変異，RNA干渉（40・50字） ⊘描図・論述
	〔3〕	動物の反応	興奮の伝達と慣れが生じるしくみ（20・40・50字） ⊘論述
	〔4〕	進化・系統, 生殖・発生	生物の進化と変遷（50・60・120字他）　　　⊘論述
2023	〔1〕	進化・系統, 代　　謝	生物の進化と地球環境の変化，光合成，呼吸（50字） ⊘計算・論述
	〔2〕	遺 伝 情 報, 細　　胞	DNAの塩基配列の変化とタンパク質の構造，DNAの複製 （30・40字）　　　　　　　　　　　　　⊘論述・計算
	〔3〕	植物の反応	植物ホルモンと成長の調節（40・100字他）　⊘論述
	〔4〕	生　　態	個体群の成長と個体群密度　　　　⊘論述・計算・描図
2022	〔1〕	代　　謝	光合成のしくみ（35・40字）　　　　　　　⊘論述
	〔2〕	生殖・発生	細胞の分化と誘導（30字3問）　　　　　　⊘論述
	〔3〕	植物の反応	花芽形成と光周性（45・60字）　　　　⊘論述・計算
	〔4〕	生　　態	異種個体群間の関係（30・60字）　　　　　⊘論述
2021	〔1〕	体 内 環 境, 代　　謝	ヘモグロビンのはたらきと呼吸（70字他）　⊘論述・計算
	〔2〕	遺 伝 情 報	遺伝情報の発現（40・70字，50字2問）　　⊘論述
	〔3〕	植物の反応	光発芽種子（60・80字）　　　　　　　　　⊘論述
	〔4〕	進化・系統, 生　　態	進化のしくみ，血縁度と包括適応度（20・140字）⊘論述
2020	〔1〕	遺 伝 情 報	DNAの複製，突然変異とその影響（50字2問，100字） ⊘論述・計算
	〔2〕	代　　謝	酵素反応とpH（30字，40字2問）　　　　　⊘論述
	〔3〕	遺 伝 情 報, 進化・系統	ハーディー・ワインベルグの法則，遺伝子発現の制御 （30・50字，80字2問）　　　　　　　　⊘計算・論述
	〔4〕	進化・系統, 生　　態	シアノバクテリアと葉緑体，海洋生態系の物質収支（40 字2問，60・100字）　　　　　　　　　⊘論述・計算

簡潔な論述力と思考力・考察力を問う
計算問題も頻出，確かな知識がポイント

01　出題形式は？

〈**問題構成**〉　例年，出題数は 4 題。試験時間は 1 科目 60 分，2 科目 120
分である。

〈**解答形式**〉　リード文の空所補充，用語問題，論述問題，実験設定や実験
結果の考察，計算，描図など多様な出題形式がとられている。例年，選択
式は少なく，記述式が主体である。

①　記述式の空所補充問題が多い

　リード文の空所補充は，教科書レベルの標準的な生物用語や基本的知識
を問う問題が多いが，2023 年度〔3〕のように，一部の教科書にしか記載
のない用語や知識が問われることもあり，注意したい。

②　論述問題は知識・説明中心

　論述問題は，20〜140 字程度の字数制限のあるものが多い。用語の説明
や実験に関連した内容の説明などが中心だが，知識・理解をもとに理由な
どを考える考察力の必要なものもある。制限字数は 100 字以下の短めのも
のが多く，ポイントを押さえた簡潔な表現力が要求される。

③　計算問題は頻出

　計算問題の出題が続いている。標準的な問題集でみられるような典型的
な計算問題が多いが，2022 年度〔3〕，2023 年度〔2〕のような遺伝の考え
方にもとづく計算には注意が必要である。

④　考察問題は表やグラフ・図の解釈が主流

　実験結果の考察や，表やグラフをもとに考えさせる問題がよくみられる。
2023 年度〔4〕では，実験結果をもとにグラフを作成する描図問題も出題
された。

02　出題内容はどうか？

　出題範囲は「生物基礎，生物」である。

　幅広い分野から偏りなく出題されているが，2021〜2023 年度は「代謝」

「植物の反応」「生態」から続けて出題され，「代謝」は 2020・2024 年度も出題された。また，「遺伝情報」「進化・系統」からの出題も多い。1 つの題材から複数の分野にわたって問う総合的な問題も出題されており，「進化・系統」と他の分野を組み合わせた問題の出題が多い。大問の中に「遺伝」に関する問題が含まれていることも多いので，演習で十分慣れておくことが必要である。

03 難易度は？

　教科書レベルの標準的な問題が中心だが，知識・理解型の論述，考察型の論述，計算，グラフ理解などがバランスよく組み合わされており，総合力が試される出題である。2020 年度は「生態」でやや手間のかかる計算問題が出題された。試験時間に対して問題量は妥当と思われるが，標準的な問題を確実に得点し，完成度の高い答案を仕上げることが要求される。

対 策

01 まず教科書の学習をしっかりと

　出題される問題は大半が教科書レベルの知識を踏まえたものである。まず教科書の学習をしっかりやり，基本となる知識や理解を身につけることが最も大切なので，教科書を使った学習を繰り返し，どの分野も偏りなく仕上げよう。

02 次に問題集で演習を

　問題を演習するノートを 1 冊作り，苦手な分野はまとめや例題から丁寧に，得意な分野は問題演習から始めよう。問題演習では，わからなくてもすぐに答えを見るのではなく，教科書や『スクエア　最新図説生物』（第一学習社）などの資料集を調べて自分で答えを見つける手間をかけることが大切である。ただ問題を解くよりもずっと頭に残るはずである。そのとき，

教科書や図説の調べた箇所に印をつけておくと，後で復習するときに役立つだろう。問題集は『リードα 生物基礎＋生物』（数研出版）や『セミナー 生物基礎＋生物』（第一学習社）など教科書に準拠した標準レベルの問題集から始めるとよい。

03　論述してみよう

　問題集用ノートとは別に論述ノートを作ってみよう。問題演習でうまく書けなかった論述が出てきたら，簡単に問題文と答えを書いておき，類題に備えるのである。正解を模範解答から書き写すことで，的確な表現や答えなければならない内容への理解が深まるはずである。論述する内容にはいくつかの「キーワード」が含まれていることが多い。正解を書き写した後で自分なりに「キーワード」や「キーセンテンス」を探し，チェックして覚えていこう。できれば書いた文章を先生に添削してもらうと，採点者からみた欠点がわかり，より効果的である。

04　過去問で時間配分の確認を

　二次試験直前ではなく，できるだけ早い時期に，必ず試験時間を計って過去問を解いておこう。年度によって，論述量や問題量は異なるが，論述や問題を解くおおよそのスピードを確認しておくことが大切である。

05　さらにレベルアップ

　やや難度の高い実験考察が出題されることもある。できれば，『生物［生物基礎・生物］標準問題精講』（旺文社）など二次試験レベルの問題を集めた問題集でさらに演習を行っておくとよい。

地　学

年度	番号	項　目	内　容	
2024	〔1〕	地　　　質	地質構造の形成	⊘論述
	〔2〕	大気・海洋	地球表層の水の循環	⊘計算
	〔3〕	宇　　　宙	ブラックホールの観測	⊘計算・論述
2023	〔1〕	地　　　史 地質・岩石	露頭観察，地質図	⊘論述（・描図）
	〔2〕	地　　　球	沈み込み帯，重力異常，地震波	⊘論述・描図・計算
	〔3〕	宇　　　宙	地球に似た天体（20 字他）	⊘論述・計算
2022	〔1〕	地　　　球	固体地球，走時曲線，地殻熱流量	⊘論述・計算・描図
	〔2〕	大気・海洋	地球の歴史，海水の流れ	⊘論述
	〔3〕	宇　　　宙	太陽系の惑星と衛星	⊘論述・計算
2021	〔1〕	地　　　球	海洋プレートと地史	⊘論述
	〔2〕	大気・海洋	地球のエネルギー収支	⊘計算・論述
	〔3〕	宇　　　宙	太陽系，恒星の明るさ	⊘計算・論述
2020	〔1〕	地　　　史	日本列島と日本海の形成過程	⊘論述
	〔2〕	地　　　球	地球内部の温度，太陽の大気組成	⊘論述
	〔3〕	宇　　　宙	銀河系，変光星の距離測定	⊘論述・計算

傾　向
論述の比重大，計算・描図問題頻出
定番問題だが，正確な知識と思考力・表現力を要求

01　出題形式は？

〈**問題構成**〉　例年，大問 3 題の出題で，試験時間は 2 科目 120 分。2024 年度は例年に比べ，問題の分量がいくぶん軽くなった。

〈**解答形式**〉　論述問題と計算問題は毎年出題されており，描図問題も頻出である。また，問題文の空所を補充する記述問題や，問題文を読んで語群から適当なものを選ぶ選択問題も出題されている。分野別にみると，宇宙分野は計算が多いが，論述も出題されている。地球・大気・海洋分野は論

述・記述・計算などの形式で，洞察力を求める設問が多い。地質・岩石・鉱物分野は論述・記述・描図のほかに，地質図やルートマップの読図のような考察を要する出題形式も目立つ。

02 出題内容はどうか？

　出題範囲は「地学基礎，地学」である。

　例年，地球，宇宙分野を中心に出題されていたが，2024年度は地球分野からの出題はなかった。年度によっては地史，大気・海洋分野と，バランスよく出題されている。過去数年間では，**宇宙**は太陽系と恒星に関するもの，**地球**は地磁気，プレートテクトニクス，地震に関するものなど基本的な問題が多い。**地質・岩石**は地質図，地層形成順序などが出題されている。**地史**は日本列島の形成に関する出題もある。**大気**は低気圧，前線，風の吹き方，太陽放射，**海洋**は海水の循環やエルニーニョ現象などが出題されている。

03 難易度は？

　例年，基礎的事項を問う記述問題や標準的な論述問題が出題されている。また，教科書に掲載のあるような描図問題も頻出である。内容は基本的であるが，問題演習が不十分な受験生にとっては，難しく感じられるだろう。基礎知識だけでなく応用力，表現力も十分身につけておきたい。計算問題は，年度により多く出題されることもある。レベルは標準的であることが多いが，煩雑なものも出題されている。論述問題や描図問題に時間をかけすぎないように注意して解答したい。

01 論述問題

　論述主体の出題であることを考えると，解答を簡潔にすばやくまとめる

練習が必要である。まず,教科書や参考書を用いて全般的に広く学習することを心がけよう。特に教科書で基本となっている事象や法則,考え方は,しっかり理解しておく必要がある。重要語句は,その内容をノートに記述し,整理しておくこと。その上で,過去問は神戸大学だけでなく他大学のものも利用して,論述問題も実際に自分で書いてみよう。また,幅広い知識を得るために『BLUE BACKS』シリーズ(講談社)などの新書を読んだり,地学に関係するテレビ番組,科学雑誌などに目を通すのもよい。

02 計算・描図問題

アイソスタシー,万有引力の法則,ケプラーの法則,恒星の明るさと距離・半径・質量などの計算問題は繰り返し練習しておくこと。地衡風や傾度風の定量的な扱いも学習してほしい。三角関数や指数・対数の扱い方に慣れておくのは当然である。描図問題に関しては,ルートマップから地質図を描く練習をし,地質断面図・地質構造図からの読図ができるようにならなければならない。また,どの分野でも,教科書や図説の図を多く見て,簡単な模式図を自分で描けるようになっておきたい。

03 頻出分野の重点学習

地球分野では,固体地球の層構造,地震,重力などの内容について整理しておく必要がある。プレートテクトニクスなども,十分理解を深めておくこと。地質分野は,基礎的事項をしっかり学習しておきたい。さらに,岩石・鉱物分野は,地質・地史,地球分野と関連づけて出題されることも多い。マグマと鉱物の化学組成については深く学習しておこう。宇宙分野は,恒星の進化,ケプラーの法則,シュテファン・ボルツマンの法則,ウィーンの変位則,惑星の特徴,太陽とその活動について,教科書の内容を正確に理解しておくこと。大気・海洋分野は,基本的事項とともに地球環境問題にも関連させて学習しておくとよいだろう。

赤本チャンネル &
赤本ブログ

YouTubeや
TikTokで
受験対策

2024
年度

解 答 編

前期日程

解 答 編

英 語

 **解答**　**問1.** ソーシャルメディア上に，政治的に極端な意見が溢れていることに対する責任。

問2. (a)—(え)　(b)—(う)　(c)—(あ)　(d)—(え)

問3. (c)→(a)→(b)

問4. 全訳下線部参照。

問5. 極端な意見を持つ人を好む傾向が強い人は，自分と政治的意見が同じ集団内の典型的な人は自分よりずっと極端な意見を持つ人だと思う傾向もあるということ。（70字程度）

·· **全訳** ··

《極端な政治的意見が広まりやすい理由》

① 　ソーシャルメディア上では，誰もが自分よりも極端な視点を持っているように感じたことはあるだろうか？　私たちは，自分たちの周りに政治的に極端な意見が溢れかえっているのをソーシャルメディア企業のせいにすることがよくある。何と言っても，こういう企業は一般的に，最も強く感情に訴え，注目を集めるコンテンツや視点を売り込もうという動機があるのだから。

② 　しかし，同僚たちと私とで行ってきた調査では，こういうプラットフォームのユーザーにもその責任の一端があることが示唆されている。いくつかの研究で，人々は概して自分よりも政治的に極端な他者とつながっているほうを好むということがわかったのだ。

③ 　つい最近まで，研究者たちは，私たちが社会的なつながりをどう選ぶかという点に関係する主な原理は，古代ギリシャ人が「ホモフィリー（同類

愛)」と呼んだ，似たものに惹かれる気持ちだと思っていた。政治的同類愛——政治的に類似する人たちを好む気持ち——は，社会科学において最も強力で，最もきちんと実証されている現象の一つである。それは，私たちが住む都市，学校，伴侶，趣味，さらには音楽でさえ，その選び方に影響を与える。同類愛は政治的分断につながり，それが今度は，敵意や二極化を強めることになる。

④ しかし，同類愛だけがこの分断を進める力となったのではない。私たちの調査では，人々は政治的に似ている人たちに惹かれるだけでなく，自分の政治的視点をもっと極端にしたような視点を持つ人たちに惹かれることもわかった。この傾向は「アクロフィリー（極端愛）」，つまり，極端を愛する気持ちと呼ばれている。

⑤ 一連の調査において，私たちは1,200人以上のアメリカ人に，多様な政治的状況に対する自分の反応を評価してもらった。例えば，参加者は警察の残忍な行為の写真を見た時の自分の感情を伝え，銃規制，狩猟，軍事費の増大といった話題に関する自分の見解を述べた。それぞれの刺激の合間に，私たちは参加者に感情的な反応を求めた。それから，その人たちには6人の「仲間」の反応を見せた。これらの反応は，様々な政治的見解を持ち，以前の研究でこういう話題や画像について話をしたことがある，別個の参加者たちの集団から得ていたものだった。それから私たちは，参加者に，次回以降の実験でも見たいと思う視点を持つ仲間たちを選んでもらった。その結果は，人は一般的に，同じような視点を持つ人々の感情的な反応のほうを読みたがり（政治的同類愛），極端な視点に惹かれる（政治的極端愛）ということを示唆するものだった。リベラル派であれ，保守派であれ，参加者は自分よりも極端な視点を持つ仲間を選ぶ傾向があった。

⑥ 極端さに惹かれるのには多くの要因があるかもしれない。熱狂的な，あるいは強烈に感じられる見解を持っている人は私たちに，次回のオンライン政治討論会や感謝祭のディナー討論会に向けて，より鋭い議論を提供してくれるかもしれない。さらに，より極端な人ほど声高に主張し，しかも首尾一貫していてわかりやすいように思われるかもしれない——つまり，そういう人たちは様々な論点にわたって，より一貫して1つの政治的イデオロギーに合致する意見を持っているのだ。こういう特性は魅力ともなりうる。昨年発表された研究では，アルゼンチンの社会科学者フェデリコ＝

ジマーマンとその同僚たちが，2,632 人の人たちに，見知らぬ人と政治議論をしてから，その人がどれだけ好きかを評価してもらった。参加者たちは，確固たる意見を持っていない人たちとは対照的に，より自信に満ちてイデオロギー的に一貫した政治的見解を表明する話し相手のほうに強い好意を示した。

⑦　私たちは，政治的極端愛を説明するのに一役買う可能性のあるさらなるパターンも見つけている。私たちの研究の一つで，人々に，自分の政治グループで最も典型的だと思っている視点を特定してもらった。極端な意見を持っている人々のほうを好む傾向が強い参加者ほど，自分の政治グループの典型的なメンバーは自分よりはるかに極端だと考える傾向もあった。こういう参加者が極端な意見に惹かれるのは，そのような過激な視点が自分の政治グループ全体をより代表するものだと思っているからかもしれない。

⑧　これらの調査結果は，人々が自らの政治的傾向に関して持つ偏った印象を是正することが，極端愛の軽減に役立つ可能性もあることを示唆している。大局的に見れば，私たちには特定のグループの最も極端なメンバーがそのコミュニティ内の「平均的な」視点を反映している可能性は低いということはわかっている。しかし，今回の研究においては，反映していると本当に信じ込んでいる人もいた。

═══════════ **解　説** ═══════════

問 1.「その責任」の具体的な内容については，第 1 段第 2 文（We often blame …）に述べられている the flood of politically extreme opinions around us「自分たちの周りの政治的に極端な意見の氾濫」という部分を中心に説明することになる。around us「自分たちの周りにある」という部分については，そのまま訳してもいいが，同段第 1 文（Do you ever …）に on social media という語句があり，第 2 文にも「責任をソーシャルメディア企業に帰する」とあることから，具体的にはソーシャルメディア上を指すとわかるので，この点も加味するとよいだろう。

問 2. 選択肢の語句の意味と単純に比較するのではなく，「本文中における意味に最も近いもの」という条件に合うものを選ぶ必要がある。

(a)　ここでの ties は「つながり，絆」という意味であり，選択肢の中では(え)の connections「つながり，関係」が意味的に近い。functions「機

能」　issues「問題」

(b)　driver of ～ の driver には「原動力，推進力」という意味がある。ここでは segregation「分離，分断」が進行する要因という意味だと判断でき，(う)の cause behind ～「～の背後にある原因」が意味的に近い。

(c)　a range of issues の a range of ～ には「広範囲の～，様々な～」という意味があり，ここでの issues は「（議論すべき）重要な問題，論点，争点」という意味。したがって，選択肢の中では(あ)の a variety of debates「様々な論争」が意味的に近い。a number of volumes「多くの本」

(d)　In the big picture は「大局的に見れば，長い目で見れば」という意味のイディオム。選択肢の中では，(え)の On the whole が「全体的に見ると，概して」という意味のイディオムで，意味的に近い。In the meantime「そうこうするうち，その間」　In the future「将来」　On the one hand「一方では」

問3. 与えられた英文の訳は以下の通り。

(a)　「研究者たちは参加者に，以前の研究で集められていた，人々の政治的意見を示した」

(b)　「研究者たちは参加者に，自分がもっと聞きたいと思う意見を持つ人々を選んでもらった」

(c)　「研究者たちは，参加者に写真に対して反応し，政治的な話題に関して語ってもらうことで，その人たちの姿勢を判断した」

　心理実験の手順については，第5段第2～6文（For example, participants … of the experiment.）に具体的な例が挙がっている。まず写真を見た時の自分の感情や，様々な政治的話題に関する意見を伝えてもらい，その後，以前の研究で得られた他の6人の人たちの反応を見せてから，この後の実験で自分が見たいと思う視点を持つ人を選んでもらうという手順であることから，(c)→(a)→(b)の順序となる。

問4. Participants showed a strong preference for conversation partners

　participants はジマーマンらが行った調査への参加者を指す。show a strong preference for ～ は，直訳すると「～のほうへの強い好みを示した」となるが，「～のほうを強く好むことがわかった」という訳が可能。conversation partner「会話の相手，話し相手」

**who expressed more confident and ideologically consistent political
views**

　この who 以下は，conversation partners を先行詞とする関係代名詞節。
confident「自信たっぷりの」と ideologically consistent「イデオロギー的
に首尾一貫した」は，いずれも political views「政治的見解，政治的視
点」を修飾している。

as opposed to those who did not hold firm opinions.

　as opposed to ～ は「～とは対照的に」という意味のイディオム。
those は，ここでは conversation partners を受けた代名詞。firm「確固た
る，しっかりした」

問5. an additional pattern「さらなるパターン」の具体的な内容につい
ては，下線部と同じ段第3文（The participants with …）に述べられて
いるので，この部分を70字程度でまとめることになる。パターンの説明
は一般論になるので，ここでの participants は単に「人」でよいだろう。
extreme opinions「極端な意見」the typical member of their political
group は直訳すると「自分たちの政治グループの典型的な構成員」だが，
内容としては，「自分と政治的意見が同じ集団の中の典型的な人」と解釈
することができる。この後の extreme は単に「極端な」とするより，こ
の文の前半部分の people who possess extreme opinions に合わせて，
「極端な意見を持つ人」とするほうがわかりやすい説明となるだろう。

―――――― **語句・構文** ――――――

（第1段） blame *A* for *B*「*B* のことで *A* を責める，*B* を *A* のせいにす
る」after all「結局，何と言っても」be motivated to *do*「～しようと
いう動機がある」potent「強力な」attention-grabbing「注目を集める」
perspective「視点，見方」

（第2段） colleague「同僚」on average「平均して，概して」

（第3段） homophily「同類愛，同類性，同質性」in turn「今度は，同様
に」hostility「敵意」

（第4段） acrophily は定訳がないが，この後，love of extremes と説明さ
れていることから，「極端愛」という訳が可能。

（第5段） a series of ～「一連の ～」brutality「残忍な行為」in
between ～「～の合間に」peer「特定の人と年齢または社会的地位など

が同等の人，仲間，同僚，同輩」　varied「様々な」　subsequent「その後
の」　liberal「リベラル派の，革新系の」　conservative「保守派の」
（第6段）drive「～を起こさせる」　Thanksgiving「感謝祭」　vocal「声
高に主張する」　coherent「首尾一貫している，理路整然とした」　that is
「つまり」　trait「特性」
（第7段）intense「激しい，強烈な」　representative「代表的な」
（最終段）biased「偏った」　political leaning「政治的傾向」

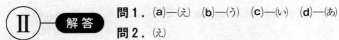

II　解答　問1．(a)—(え)　(b)—(う)　(c)—(い)　(d)—(あ)
　　　　　　問2．(え)

問3．数十年にわたって実験を行うのは困難で，費用もかかるために，楽
器の演奏方法を身につけることに伴う認知能力の変化が，ある人の生涯を
通じてそのまま残るものかどうかを確定するのはこれまで不可能だった。
問4．全訳下線部参照。
問5．(お)・(か)

···　**全訳**　···

《楽器習得による認知能力の向上効果》

1　キャンプファイヤーの横でギターをかき鳴らすことから，晩餐会でピア
ノ曲によって客人をもてなすことに至るまで，楽器を演奏できることが有
益であるのは間違いない。しかし，その恩恵は，人前でうまく演奏できた
時の高揚感をはるかに超えるものであることを示唆する証拠がある――
楽器を演奏する人のほうが，多くの場合，認知能力テストでも成績がよい
ことがわかっているのだ。

2　認知能力の向上は，よりよい仕事に就いたり，よりよい健康を享受した
りといった，人生の様々なプラスの結果につながることがよく知られてい
る。しかしながら，こういう認知能力の向上が一時的なものにすぎないの
かどうかはまだ明らかになっていない。『サイコロジカル・サイエンス』
誌に発表された新たな研究では，楽器の恩恵は何十年も残ることが示唆さ
れている。

3　楽器を演奏する人としない人の知的能力を比較した研究では，社会経済
的状況といった他の要因を考慮した場合ですら，音楽のトレーニングが，
わずかではあるが有意な認知上の恩恵に関わっていることがしばしば示さ

れている。子供を対象とする実験的研究の結果も，音楽のトレーニングは認知能力の向上をもたらすかもしれないという考えを裏づけている。それどころか，そのようなトレーニングを2年するだけで認知能力が高まるという証拠があるのだ。

4 　残念ながら，これらの研究の大きな限界は，継続期間である。ほとんどの場合，モニタリングの期間が短いのだ。これは，心理学者が参加者をもっと長くモニターしたいとあまり強く願っていないからではない。それはむしろ時間と財源の問題なのである。数十年にわたって実験を行うのは困難で，費用もかかる。このために，楽器の演奏方法を身につけることに伴う認知能力の変化が，ある人の生涯を通じてそのまま残るものかどうかを確定するのはこれまで不可能だったのだ。

5 　エジンバラ大学のジュディス=オークリーと，彼女の同僚であるイアン=ディアリーとケイティ=オーヴェリーが，最新の研究で，その長年の問題への解決策を特定した。それが，ロージアン出生コホートである。1947年のある日，スコットランド政府は，国内の学校に通う11歳の子供のほぼ全員に知能テストを行った。1997年に，ディアリー博士はその人たちの中の1,091人と連絡を取り，2004年から2007年の間にもう一度彼らにテストを行った。その研究は現在も継続中で，参加者たちは3年ごとに，さらに認知能力テストを受けるために戻ってきている。

6 　音楽の能力に関する情報は，当初，その研究の一環として収集されていなかったが，2017年の初頭に，楽器を習うことが時間の経過とともにどのように認知能力を形成していくのかという疑問について思案していた時に，エジンバラ大学リード音楽院の研究者であるオーヴェリー博士は，当初から参加していた人たちに自分の音楽経験について質問しても遅くはないことに気づいた。

7 　研究者たちは協力して，生涯にわたる音楽経験に関する情報を収集するアンケートを作りあげた。この用紙に，82歳の時にさらなるテストを受けるために研究の場へ戻ってきた，存命中のコホートメンバーが記入をすませた。参加者は，いくつの楽器を演奏したのか，トレーニングはどのようなものだったかを聞かれた。また，何年にわたって定期的に練習したのか，演奏はどのレベル（例えば，初心者，中級者，上級者）に達していたかも記録するよう求められた。全部で366人のコホートメンバーが質問に

答え，117人が，ある程度，楽器の経験があることを明らかにした。

⑧　全体として，研究者たちは楽器の演奏と認知能力の時間経過に伴う変化との間に有意なプラスの関係が存在することを発見した。さらに具体的に言えば，人が楽器を練習した年数や時間数が多ければ多いほど，生涯にわたって，認知能力にプラスの変化を示す可能性が一層高くなった。その効果はわずかだが，教育を受けた年数や社会経済的状況といった他の要因を考慮するよう調査結果を調整した場合でも，有意な状態のままだった。

⑨　まさになぜ楽器を習うことにこのような効果があるのかは，まだ明らかになってはいない。研究者たちは，人々に焦点的注意，連携，聴覚運動技能，記憶力を全部合わせて定期的に使うよう促すことが，認知能力の有益な変化につながるのではないかと推論している。音楽を愛することから，またもう一つの恩恵を受けられるというわけである。

===== 解説 =====

問1． **(a)** elation は「高揚感」という意味であり，選択肢の中では(え) joy「喜び」が意味的に近い。hope「希望，期待，見込み」

(b) Enhanced は enhance「～を強化する，～を増進する，～を高める」という動詞が cognition「認知，認知能力」を修飾するために過去分詞になったもので，選択肢の中では(う) increased and improved「高められ，改善された」が意味的に近い。determined but destined「決定しているが，運命づけられた」 restricted but related「制限されているが，関連のある」 encouraged and engaged「推奨され，従事していて」

(c) ongoing は「継続中で，進行中で」という意味であり，選択肢の中では(い) in progress「進行中で」が意味的に近い。in demand「需要がある」 under construction「建設中で」 under review「検討中で」

(d) pondering は ponder「～を熟考する」の現在分詞形で，while の後に主語と be 動詞が省かれた形で用いられている。選択肢の中では(あ) thinking over ～「～をよく考えていて」が意味的に近い。argue about ～「～について議論する」 find out ～「～を探し出す」 shoot at ～「～を狙い撃つ」

問2． 空所(A)は，前後の lent と to に注目すると，lend support to ～ で「～を裏づける，～を支持する」という意味のイディオムとなり，文脈上も適切なので，support が入る。

空所(B)は，主語の This が研究者たちの作成したアンケートを指しており，空所の後の by に，これに回答したと思われる人たちが続いていることから，completed「記入された」が入る。

空所(C)は，人々が楽器のトレーニングをすることでどのような認知能力の変化が出るかを考えると，選択肢の中では advantageous「有利な，好都合の」が適切。

したがって，組み合わせとしては㈨が正解となる。evidence「証拠」funds「基金，資金」 criticized「批判された」 distributed「配布された」 successive「連続した」 remarkable「著しい，素晴らしい」predictable「予測可能な」

問3．This has made it impossible to determine

This は前文（Running experiments over …）の内容を受けており，it は形式目的語で to determine 以下の to 不定詞が真目的語。全体としては無生物主語構文なので，本来は「このために…を確定するのはこれまで不可能だった」という意味だが，「この」にあたる部分に，前文の Runing experiments over … challenging and expensive の訳が入る。run experiments「実験を行う」 over the course of ～「～にわたって」challenging「困難で」

if cognitive changes associated with learning how to play an instrument remain throughout a person's lifetime

if 以下は determine の目的語となる「～かどうか」という意味の名詞節。if 節の主語の cognitive changes「認知能力の変化」を，associated with ～「～に伴う，～と関連している」から instrument までの過去分詞句が修飾する形となっている。how to play an instrument「楽器の演奏方法」は learning の目的語。remain がこの名詞節の動詞で「ずっと残る」という意味。throughout *one's* lifetime「～の一生を通じて」

問4．More specifically, the more years and more hours of practice with an instrument that a person had

まず，下線部全体が The ＋比較級～, the ＋比較級…「～すればするほど，ますます…」という構文となっている点に注意する。More specifically「もっと具体的に言うと」 the more years and more hours of practice については，with an instrument という前置詞句と，that a person had という関係代名詞節がともに practice を修飾する形となっている。The＋比較級の構文としては，この部分を「人が楽器を練習した年数や時間数が多ければ多いほど」というように訳すと，わかりやすい訳になる。

the more likely they were to show a positive cognitive change over the course of their life

この部分は，they were likely to show … という文の likely が the＋比較級を作るために前に出た形であり，「…する可能性が一層高くなった」という訳が考えられる。positive「有益な，プラスの」 cognitive change「認知能力の変化」 over the course of *one's* life「〜の生涯にわたって」

問 5 . ㈱「キャンプファイヤーの横でギターを弾くことは，晩餐会でピアノを弾くことよりはるかに楽しい」

第 1 段第 1 文（From strumming a …）では，ギターをかき鳴らすのも，ピアノの曲の演奏も，いずれも楽器を演奏できることのよさの例として挙がっており，優劣はついていないことから，不一致。

㈲「エジンバラ大学の研究者たちは，より高い教育や社会経済的状況と，より高い音楽の演奏レベルには強い相関があるということを発見した」

第 5 段以降，最終段まで，エジンバラ大学の研究者たちによる長期にわたる調査研究について述べられているが，この研究は，そもそも楽器のトレーニングと認知能力との関係を調べるものである。第 8 段最終文（The effect was …）からも，教育水準や社会経済的状況といった他の要因は「考慮した」という程度の扱いであることがわかるので，不一致。

㈹「1997 年に，ディアリー博士は，1,091 人の 11 歳の子供たちと連絡を取った」

第 5 段第 2・3 文（On a single … and 2007.）から，11 歳の子供たちに知能テストを行ったのは 1947 年のことで，1997 年にディアリー博士がそのうちの 1,091 人と連絡を取った時，彼らはすでに 61 歳になっていたはずであり，不一致。

㈺「コホートメンバーの音楽の能力に関する情報は，もともと 1947 年に，音楽経験と認知能力の間の関係を調べるために集められたものだった」

第 5 段第 2 文（On a single …）に，1947 年に 11 歳の子供に知能テストを行ったと述べられているが，認知能力と音楽の能力に関する研究でこ

のテスト結果が利用されたのは，第6段からわかるように，2017年以降のことであり，不一致。

(お)「エジンバラ大学の研究者たちが作り上げたアンケートに答えた人のほぼ3分の1が，ある程度，楽器の経験があると報告した」

　　第7段には，エジンバラ大学の研究者たちが協力してアンケート用紙を作成し，対象者に答えてもらった経緯が述べられている。同段最終文（A total of …）には，366人が質問に答え，そのうちの117人が，ある程度，楽器の経験があると明かしていることから，楽器の経験がある人は約3分の1であり，一致。

(か)「研究者たちは，楽器のトレーニングが長期にわたって認知能力にプラスの変化を生む正確な理由をまだ見つけていない」

　　最終段第1文（Precisely why learning …）に，まさになぜ楽器を習うことにこのような効果，つまり下線部(2)に述べられている，認知能力に生涯にわたってプラスの変化を生むという効果があるのかは，まだ明らかになってはいないと述べられており，一致。

―――――――――　**語句・構文**　―――――――――

（第1段） strum「かき鳴らす」 instrument「楽器」 unquestionably「間違いなく」 go far beyond ～「～をはるかに超える」 cognitive test「認知能力テスト」

（第2段） a range of ～「様々な～」 outcome「結果」 benefit「恩恵」

（第3段） mental ability「知能」 musician はここでは「楽器を演奏する（できる）人」のこと。significant「有意な，重要な」 socioeconomic「社会経済的」 status「地位，ステータス，状況」 account for ～「～を考慮する」 finding「研究結果，調査結果」

（第4段） unfortunately「残念ながら」 duration「（継続，存続）期間」 monitoring「モニタリング，監視」とは対象の状態を継続的または定期的に観察・記録すること。yearn「切望する」 resource「資源，資金」

（第5段） age-old「長年の」 Lothian「ロージアン」はスコットランドのローランド地方にある地域を指す。

（第6段） Reid School of Music「リード音楽院」 be not too late「遅すぎることはない，まだ間に合う」

（第7段） questionnaire「アンケート，質問用紙」

（**第8段**）overall「全体として，概して」 over time「時間とともに」 adjust「～を調整する」 take *A* into account「*A*を考慮する」 ここでは take の目的語は other factors。

（**最終段**）precisely「まさに，正確に」 theorize「～という理論を立てる，（理論上）想定する」 co-ordination「連携」とは楽器の演奏に際しての指や手などの動きの連携を指す。auditory-motor「聴覚運動の」 yet another ～「さらにもう一つの～」

　問1．全訳下線部参照。

　問2．(a)—(お)　(b)—(い)　(c)—(え)　(d)—(あ)　(e)—(う)

問3．エマが家族としてのあらゆる義務から逃れるために，ヨーロッパへ飛び立とうとしているということ。

問4．大変だった1年が，最終的にはすべて自分にとってそれだけの価値のあるものになることを私も願うだけよ。

┈┈┈┈┈┈┈┈┈┈┈┈┈┈┈┈┈┈┈┈┈　**全　訳**　┈┈┈┈┈┈┈┈┈┈┈┈┈┈┈┈┈┈┈┈┈

《家族より仕事優先の娘と母親の会話》

①　理由はいまだに理解できないが，私が両親に電話をしてその旅行の話をした時，2人は決して私が予想したように喜んだわけではなかった。

②　「あら，そうなの？」母は，その2つのちょっとした言葉の本来の意味よりはるかに多くのことをそれとなく伝える例の彼女独特の言い方で私に尋ねた。「今，パリに行くつもりなの？」

③　「『今』ってどういう意味？」

④　「それはまあ，ヨーロッパへ飛び立とうとするには絶好の時期のように思えないだけ，それだけよ」と母は言葉を濁したが，それでも私には，母親としての罪悪感が雪崩のように私のほうに滑り落ちてこようとしているのがわかった。

⑤　「それに，どうしてそうなるの？　いつならいい時期『だろう』ってことになるの？」

⑥　「そう腹を立てないで，エマ。私たち，何カ月もあなたに会っていないってだけよ——文句を言ってるわけじゃなくて，パパと私のどちらも，あなたの仕事がどんなに大変かはわかってるの——でも，あなたは生まれたばかりの甥に会いたくはないの？　もう生後数カ月になるのに，まだ

会ってもいないじゃない！」

7　「ママ！　私に罪悪感を感じさせないでちょうだい。私だってアイザックに会いたくてたまらないのに，ほら，それができないって――」

8　「パパと私でヒューストンまでのチケット代は出してあげるってことはわかってるのよね？」

9　「ええ！　私に400回は言ってるもの。私もそれはわかってるし，ありがたくも思うけど，お金の問題じゃないの。私は仕事を休むことがまったくできないし，今はジェーンがいないから，私が急に抜けるわけにはいかないの――週末でもよ。飛行機で国を横断しても，土曜の朝に上司のリンダが私に電話をして自分のドライクリーニングを取ってきてって言ったら，トンボ帰りしなくちゃならなくなるだけだなんて，ママは納得できる？　ねえ？」

10　「もちろん，できないわ，エマ，私はただ――私たちはただ――あなたがあと1，2週間のうちにあの子たちを訪ねることができないかなって思っただけよ。だって，リンダが留守にする予定だったりしたから。それに，もしあなたがあっちへ飛ぶことになるなら，パパと私も行くつもりよ。でも今は，あなたはパリへ行くのよね」

11　彼女は本音をほのめかすような言い方でそう言った。「でも今は，あなたはパリへ行くのよね」は「でも今は，あなたは家族としてのあらゆる義務から逃れるために，ヨーロッパへ飛び立とうとしている」という意味だった。

12　「ママ，ここで事の次第をとてもとてもはっきりさせておくわね。私は休暇に行こうとしてるんじゃないの。私が生まれたばかりの甥っ子に会うよりパリに行くことを選んでるわけでもないわ。それって全然，私が決めたことじゃなくて，ママも多分わかってるのだろうけど，受け入れがたい状態だってことね。話はとっても簡単よ。私が3日後にリンダと一緒にパリに行くか，クビになるかよ。ここに選択肢があるとでも言うの？　だって，もしあるなら，私がぜひそれを聞きたいもの」

13　彼女は一瞬，黙り込んでから，口を開いた。「ええ，もちろん，そんなものないわよ，あなた。私たちも理解してるってあなたもわかってるでしょ。私はただ――まあ，ただ，あなたが現状に満足してるといいなって思ってるだけよ」

⑭　「それってどういう意味になるのかしら？」と私は意地悪く尋ねた。

⑮　「何でもない，何でもない」と彼女は慌てて言った。「言ったこと以外に，何の他意もないわよ。パパも私も，あなたが幸せでいることだけを気にかけているのだし，それに，あなたが本当に，その，えっと，あの，最近ずっと無理をしているようだから。大丈夫なの？」

⑯　彼女が明らかに一生懸命になっていたので，私はちょっと声を和らげた。「ええ，ママ，大丈夫よ。パリに行くのはうれしくないけどね，ちなみに。ほんとに地獄のような1週間になりそうだもの，24時間，7日間ずっと。でも，この1年ももうすぐおしまいだし，こんな生活ともおさらばできるわ」

⑰　「わかってるわ，あなた，わかってるのよ，あなたにとって大変な1年だったってこと。これがすべて最終的にはあなたにとってそれだけの価値のあるものになることを願ってるだけ。それだけなの」

⑱　「わかってる。私もよ」

=== 解　説 ===

問1．my parents hadn't been nearly as thrilled as I thought they'd be

not nearly ～ における nearly は否定を強める用法。比較構文だと，not nearly as ～ as … は「…ほどではまったく～ない，…に比べればまったく～ではない」という意味。be thrilled は「心が躍る，わくわくしている」という意味だが，ここでは「うれしそう，喜んでいる」という訳でよいだろう。as I thought they'd be は，as I thought they would be thrilled の省略形であり，would があることから，thought は「予想した」という訳が適切だろう。否定文においては，「私が予想したほど，私の予想に比べれば」という意味。

when I'd called to tell them about the trip

call to tell A about B は「電話をして A（人）に B について知らせる，A（人）に B の話をするために電話をかける」という訳が考えられる。trip の前が定冠詞であり，パリへの旅行（出張）という特定の事柄なので，「その旅行」とするほうがよいだろう。

問2．選択肢の訳は以下の通り。

㋐「ここに選択肢があるとでも言うの？」

(い)「いつならいい時期『だろう』ってことになるの？」

(う)「大丈夫なの？」

(え)「ねえ？」

(お)「『今から』ってどういう意味？」

(a) 空所の直前，エマの母親が You're going to Paris now? と発言していることがヒント。母親はエマの空所の発言の後でも，the best time のようには思えないと述べて，重ねてエマがパリに行く時期を問題にしていることから，母親の now という部分の真意を問うている(お)が正解。

(b) エマの空所の発言の後の母親の発言から，彼女はその時，エマにはパリに行くより甥に会いに行ってほしかったことがわかる。したがって，会話の流れとしては，空所にはエマがパリに行く時期に関する発言が入るはずで，適切な時期を問うている(い)が正解。

(c) エマの空所の発言に対して，母親は Of course not と答えていることから，空所には一般疑問文が入る。直前の Does it make sense …? の主語が it であることから，エマは母親に自分の発言に対する返答を求める意味で付加疑問文的に空所の発言をしたと判断できる。したがって，(え)が正解。Does it make sense to you to *do*? は「～することはあなたにとって理にかなうのか？，～することをあなたには理解できるのか？」という意味で，内容的には「～するのは理にかなわない，～するなんて理解できない」という主旨の発言（反語）になる。

(d) エマはこの空所の直前に，上司のリンダに同行してパリに行かなければクビになるという言い方で，行きたくもないパリに行くしかないという状況を伝えている。したがって，母親に選択肢があるのかを問うている(あ)が正解。直後に I'd love to hear it とも述べており，この it は a choice を指していると判断できれば，それもヒントとなる。

(e) 母親のこの発言の後，エマがそれまでの口調を和らげていることから，母親はエマのことを気遣う発言をしたと判断でき，(う)が正解。Is everything OK? は「大丈夫？ 何か問題はない？」と相手を気遣う表現。

問3. エマの母親の But now you're going to Paris という発言の真意を問う問題だが，下線部(2)に続く文の後半で But now you're jetting off to Europe to escape all of your family obligations と言い換えられており，この部分を訳すことになる。jet off to ～「～へ（ジェット機で）飛び立

つ」 family obligations「家族としての義務」 ここでは，甥が生まれたのだからエマが会いに行くのは家族としての義務だ，と母親が考えていることが前提となっている。

問4. So do I. はこの直前の母親の発言の I just hope … it for you. という部分を受けた発言であり，「内容を明らかにして」という指示があることから，this の内容，つまり，母親の it's been a tough year for you を加味した説明が必要である。tough year「大変な1年，困難な1年」 end up *doing*「最終的には～することになる」 be worth it「それだけの価値がある」 この it は a tough year を指す。

────────── 語句・構文 ──────────

（第4段） vaguely「あいまいに，言葉を濁して」 avalanche「雪崩」 mother guilt「母親（として）の罪悪感」とは，自分はよい母親でいたいという思いからくる罪悪感のこと。

（第6段） get upset「腹を立てる，取り乱す」 It's just that ～「ただ～というだけのことだ」 demanding「骨の折れる，大変な努力が必要な」

（第7段） be dying to *do*「～したくてたまらない」

（第9段） can't get any time off work「仕事を休むことがまったくできない」 up and leave「不意にその場から立ち去る，急に組織から抜ける」 only to have 以下は結果を表す to 不定詞の用法。pick up *A*「*A* を取ってくる」

（第12段） go on vacation「休暇に出かける」 get fired「解雇される，クビになる」

（第13段） the way things are going「現状」

（第14段） nastily「意地悪く」

（第15段） push *oneself*「無理をする」

（第16段） soften「穏やかになる，軟化する」 just so you know「一応言っておくけど，だからどうというわけではないが」 be up「終わる」 put *A* behind *one*「*A* とは決別する，*A* のことを忘れる」

IV　**解答例**　(1) Food loss may occur during transportation. A large amount of food is damaged during transportation, especially in developing countries where roads or means of transportation are not well developed. Moreover, a lack of refrigerated vehicles directly contributes to food spoilage. (40 語程度)

(2) Consumers need to pay more attention to their shopping and eating habits. They often buy more food than they need because of marketing schemes like "buy one, get one free." Moreover, owing to inadequate menu planning, even refrigerated food are sometimes discarded unnecessarily. Consumers should plan their meals carefully and try to reduce food waste. (60 語程度)

=== 解　説 ===

(1)　イラストには食品ロスが生じる場が4つの場面に分けて表示されている。なぜこのような食品ロスが生じるかを自分の考えに基づいて40語程度で述べる問題で、解答としては、このイラストのいずれかの場を取り上げ、自分の考えを展開することになる。〔解答例〕では輸送中に生じる食品ロスについて、その理由を述べている。理由としては、発展途上国でのインフラの不備と保冷車不足を挙げている。「輸送手段」means of transportation 「保冷車」refrigerated vehicle 「食品の腐敗」food spoilage

　〔解答例〕の他にも、農産物の生産の段階で生じる食品ロスについては作りすぎた分や規格外品の廃棄、保管の段階では倉庫の数や空調設備などの問題、食品加工の段階では不可食部とともに可食部まで除去される、賞味期限を設定するための基準が厳しすぎる、などの理由が考えられるだろう。

(2)　イラストには食品廃棄が生じる場が2つの場面に分けて表示されている。食品廃棄を削減するために人々に何ができるかを具体的な例を1つまたは複数挙げて述べる問題。イラストは市場におけるものと、消費者によるものの2つであり、〔解答例〕では、消費者側に焦点を当て、消費者の購買習慣や食事の習慣にからむ問題とその対策について述べている。「購買習慣」shopping habits 「食習慣」eating habits 「献立を考える」plan *one's* meals

　市場における食品廃棄には、AIに需要を予測させ、仕入れや値下げを行わせることで売れ残りを減らす、といった対策が考えられるだろう。

講 評

　2024年度は2022・2023年度と同様の設問形式で，読解問題3題，条件作文の形式の自由英作文1題の計4題の出題であった。読解問題のうちの1題は，2021年を除く例年どおりの会話文主体の英文である。英作文は2021・2023年と同様，2問の出題で合計100語程度の記述を求めるもの。読解問題の英文量は2021年度から増加傾向が続いていたが，2024年度は2023年度より少ない約1860語となった。

　I．読解問題。ネット上における極端な政治的意見の拡大という現代社会の問題を反映するテーマの英文で，設問は内容説明（2問）と英文和訳（1問）が記述式，同意表現（1問）が選択式で，他に実験の手順を並べるという文整序（1問）が出題された。同意表現は比較的平易。内容説明のそれぞれに「具体的に」とか「70字程度」という指示があるので，説明する範囲の判断や字数調整に手間取る可能性がある。

　II．読解問題。楽器の習得が認知能力の向上に役立つというテーマで，設問は英文和訳（2問）が記述式，同意表現（1問），空所補充（1問），内容真偽（1問）が選択式という構成であった。英文和訳の1問で，やや訳しづらい比較構文が出題されているが，選択式の問題は比較的平易。

　III．読解問題。ほぼ会話文からなる出題で，娘と母親の思いがすれ違うもどかしさを読み取る必要がある。設問は英文和訳（2問）と内容説明（1問）が記述式，空所補充（1問）が選択式。一方の英文和訳では，IIと同様，やや訳しづらい比較構文が出題され，もう一方では，わずか3語の英文を「内容を明らかにして」訳さなければならず，意外に時間がかかるかもしれない。空所補充も，発言を挿入する問題なので空所の前後をよく確認する必要があり，ここでも解答時間がかかりすぎないよう注意したい。

　IV．英作文。食品ロスや食品廃棄物の削減という頻出テーマで，イラストを見て解答する形式。イラストから食品ロスの例を選び，それが生じる理由を述べる問題（40語程度）と，食品廃棄物削減の方法を述べる問題（60語程度）が出題された。頻出テーマであることから，例年よりは書きやすい問題となった。

　全体的に見て，この英文の量と設問の難度に対して80分という試験時間は短く，やや難度が高いと言える。

数　学

◀理系：数学Ⅰ・Ⅱ・Ⅲ・Ａ・Ｂ▶

① ＼ **発想** ／

(1) 微分して増減を調べる。

(2) まず，a_{n+1} を a_n を用いて表す。

(3) 数列 $\{b_n\}$ のみたす漸化式から一般項を求める。

解答 (1) $y = x + \sqrt{c - x^2}$ $(0 \leqq x \leqq \sqrt{c})$ より

$$y' = 1 + \frac{-2x}{2\sqrt{c-x^2}} = \frac{\sqrt{c-x^2}-x}{\sqrt{c-x^2}} = \frac{c-2x^2}{\sqrt{c-x^2}\,(\sqrt{c-x^2}+x)}$$

$y' = 0$ とおくと

$$c - 2x^2 = 0$$

$$x^2 = \frac{c}{2}$$

$0 \leqq x \leqq \sqrt{c}$ より

$$x = \sqrt{\frac{c}{2}}$$

また，$\sqrt{c-x^2}\,(\sqrt{c-x^2}+x) > 0$ であるので y の増減表は右のようになる。

よって，最大値をとるときの x の値 a_1 は

$$a_1 = \sqrt{\frac{c}{2}} \quad \cdots\cdots(答)$$

x	0	$\cdots$	$\sqrt{\dfrac{c}{2}}$	$\cdots$	$\sqrt{c}$
y'		$+$	0	$-$	
y	$\sqrt{c}$	↗	極大かつ最大	↘	$\sqrt{c}$

(2) $y = x + \sqrt{a_n - x^2}$ $(0 \leqq x \leqq \sqrt{a_n})$ が最大値をとるときの x の値 a_{n+1} は，(1)と同様にして

$$a_{n+1} = \sqrt{\frac{a_n}{2}}$$

両辺は正であるので，底を 2 とする対数をとると

$$\log_2 a_{n+1} = \log_2 \sqrt{\frac{a_n}{2}} = \frac{1}{2}(\log_2 a_n - \log_2 2) = \frac{1}{2}\log_2 a_n - \frac{1}{2}$$

よって

$$b_{n+1} = \frac{1}{2}b_n - \frac{1}{2} \quad \cdots\cdots (\text{答})$$

(3) $b_{n+1} = \frac{1}{2}b_n - \frac{1}{2}$ を変形すると

$$b_{n+1} + 1 = \frac{1}{2}(b_n + 1)$$

したがって，数列 $\{b_n + 1\}$ は公比 $\frac{1}{2}$ の等比数列である。

初項は

$$b_1 + 1 = \log_2 a_1 + 1 = \log_2 \sqrt{\frac{c}{2}} + 1 = \frac{1}{2}\log_2 c + \frac{1}{2}$$

であるので

$$b_n + 1 = \left(\frac{1}{2}\log_2 c + \frac{1}{2}\right)\left(\frac{1}{2}\right)^{n-1}$$

$$\therefore \quad b_n = (\log_2 c + 1)\left(\frac{1}{2}\right)^n - 1 \quad \cdots\cdots (\text{答})$$

=== 解 説 ===

《無理関数が最大値をとるときの x の値，漸化式》

(1) 導関数 $y' = \dfrac{\sqrt{c-x^2} - x}{\sqrt{c-x^2}}$ の符号を調べ

るのに〔解答〕では分子の有理化を用いて
2 次式の符号を調べているが，右図のよう
に，$y = \sqrt{c-x^2}$（$0 \le x \le \sqrt{c}$）と $y = x$ のグ
ラフから調べてもよい。

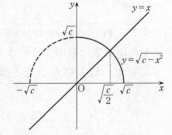

(2) $y = x + \sqrt{a_n - x^2}$（$0 \le x \le \sqrt{a_n}$）が最大
値をとるときの x の値 a_{n+1} を求めるのは(1)と同じ計算であるので，〔解
答〕のように，「(1)と同様にして」と省略してよいだろう。a_{n+1} を a_n で表
し，両辺が正であることから，両辺の底を 2 とする対数をとればよい。

(3) 漸化式 $b_{n+1} = \frac{1}{2}b_n - \frac{1}{2}$ は，$\alpha = \frac{1}{2}\alpha - \frac{1}{2}$ をみたす α を用いて

$$b_{n+1} - \alpha = \frac{1}{2}(b_n - \alpha)$$

と変形できる。$\alpha = -1$ であるので

$$b_{n+1} + 1 = \frac{1}{2}(b_n + 1)$$

と変形でき，等比数列に帰着できる。

②

〜〜〜〜〜〜〜〜〜〜 ＼ **発 想** ／ 〜〜〜〜〜〜〜〜〜〜

(1)・(2)　放物線と直線の関係についての条件が与えられているので，y を消去してできる x の2次方程式の判別式を用いる。

(3)　$G(X, Y)$ とおき，X, Y を a を用いて表したのち，a を消去して，X と Y の関係式を求め，(2)から X のとりうる値の範囲を求める。

〜〜〜〜〜〜〜〜〜〜〜〜〜〜〜〜〜〜〜〜〜〜〜〜〜〜〜〜〜〜

解答　(1)　C と l_1 の方程式より y を消去すると

$$ax^2 + bx + c = -3x + 3$$
$$ax^2 + (b+3)x + c - 3 = 0 \quad \cdots\cdots①$$

①の判別式を D_1 とすると，C と l_1 は接するので

$$D_1 = 0$$

よって

$$D_1 = (b+3)^2 - 4a(c-3) = 0 \quad \cdots\cdots②$$

C と l_2 の方程式より y を消去すると

$$ax^2 + bx + c = x + 3$$
$$ax^2 + (b-1)x + c - 3 = 0 \quad \cdots\cdots③$$

③の判別式を D_2 とすると，C と l_2 は接するので

$$D_2 = 0$$

よって

$$D_2 = (b-1)^2 - 4a(c-3) = 0 \quad \cdots\cdots④$$

②$-$④ より

$$8b + 8 = 0 \quad \therefore \quad b = -1 \quad \cdots\cdots(答)$$

②に代入して

$$4 - 4a(c-3) = 0$$

$a \neq 0$ より

$$c - 3 = \frac{1}{a} \qquad \therefore \quad c = \frac{1}{a} + 3 \quad \cdots\cdots(答)$$

(2)　(1)より

$$C : y = ax^2 - x + \frac{1}{a} + 3$$

$y = 0$ とおくと

$$ax^2 - x + \frac{1}{a} + 3 = 0$$

C が x 軸と異なる 2 点で交わるので，判別式を D_3 とすると

$$D_3 > 0$$

よって

$$D_3 = (-1)^2 - 4a\left(\frac{1}{a} + 3\right) > 0$$

$$-3 - 12a > 0$$

$$a < -\frac{1}{4}$$

ゆえに

$$-4 < \frac{1}{a} < 0 \quad \cdots\cdots(答)$$

(3)　(1)より，①は

$$ax^2 + 2x + \frac{1}{a} = 0$$

$$a\left(x + \frac{1}{a}\right)^2 = 0 \qquad \therefore \quad x = -\frac{1}{a}$$

よって　　$P\left(-\frac{1}{a}, \ \frac{3}{a} + 3\right)$

③は

$$ax^2 - 2x + \frac{1}{a} = 0$$

$$a\left(x - \frac{1}{a}\right)^2 = 0 \qquad \therefore \quad x = \frac{1}{a}$$

よって　　$Q\left(\frac{1}{a}, \ \frac{1}{a} + 3\right)$

また，$C: y = a\left(x - \dfrac{1}{2a}\right)^2 + \dfrac{3}{4a} + 3$ より $R\left(\dfrac{1}{2a},\ \dfrac{3}{4a} + 3\right)$ であり，$G(X,\ Y)$
とおくと

$$X = \dfrac{1}{3}\left(-\dfrac{1}{a} + \dfrac{1}{a} + \dfrac{1}{2a}\right) = \dfrac{1}{6a} \qquad \cdots\cdots \text{⑤}$$

$$Y = \dfrac{1}{3}\left\{\left(\dfrac{3}{a} + 3\right) + \left(\dfrac{1}{a} + 3\right) + \left(\dfrac{3}{4a} + 3\right)\right\} = \dfrac{19}{12a} + 3 \qquad \cdots\cdots \text{⑥}$$

⑤より　　$\dfrac{1}{a} = 6X$

⑥に代入すると

$$Y = \dfrac{19}{12}\cdot 6X + 3 = \dfrac{19}{2}X + 3$$

また，(2)より $-4 < \dfrac{1}{a} < 0$ であるので

$$-4 < 6X < 0$$

$$-\dfrac{2}{3} < X < 0$$

したがって，$(X,\ Y)$ のみたす条件は

$$Y = \dfrac{19}{2}X + 3 \quad \text{かつ} \quad -\dfrac{2}{3} < X < 0$$

ゆえに，重心 G の軌跡は，直線 $y = \dfrac{19}{2}x + 3$ の $-\dfrac{2}{3} < x < 0$ の部分。

$$\cdots\cdots \text{(答)}$$

=========== 解 説 ===========

《放物線と2直線が接する条件，三角形の重心の軌跡》

(1) C と l_1，l_2 の方程式からそれぞれ y を消去してできる2つの2次方程式の判別式がともに0であることから求めればよい。

(2) C の方程式において $y = 0$ とした x の2次方程式の判別式が正であることから，a のとりうる値の範囲が得られる。逆数 $\dfrac{1}{a}$ のとりうる値の範囲については，右図のように $y = \dfrac{1}{x}$ のグラフを利用して確認するとよい。

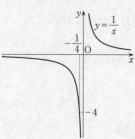

（3）　P，Qのx座標はそれぞれ2次方程式の重解である。〔解答〕では変形して求めているが，一般に

$$b^2 - 4ac = 0$$

のとき

$$ax^2 + bx + c = 0$$

の重解は

$$x = -\frac{b}{2a}$$

であるので，変形せずに求めてもよい。例えば，Pのx座標は

$$ax^2 + 2x + \frac{1}{a} = 0$$

の重解であるので，$-\dfrac{2}{2a} = -\dfrac{1}{a}$ とすればよい。$G(X, Y)$ については関係式だけでなく，X のとりうる値の範囲を求めることを忘れないように注意したい。

③ ＼　発　想　／

（1）　n は 1～6 すべての目の倍数である。

（2）　n は 1～6 のうちの5つの目の倍数であり，残り1つの目の倍数ではない。

（3）　160 を素因数分解してみる。

解答　（1）　n が 1, 2, 3, 4, 5, 6 の公倍数のときである。

1, 2, 3, 4, 5, 6 の最小公倍数は 60 であるので，小さい順に3つ求めると

$$n = 60, \ 120, \ 180 \quad \cdots\cdots（答）$$

（2）　サイコロの目のうちの5つの目の最小公倍数は次の表のようになる。

5つの目	最小公倍数
1，2，3，4，5	60
1，2，3，4，6	12
1，2，3，5，6	30
1，2，4，5，6	60
1，3，4，5，6	60
2，3，4，5，6	60

60 はすべての目の最小公倍数であるので不適。

よって，出た目が n の約数となる確率が $\dfrac{5}{6}$ となるのは，「n が 12 の倍数で 5 の倍数でない」または「n が 30 の倍数で 4 の倍数でない」のいずれかの場合であるので，小さい順に 3 つ求めると

$\qquad n = 12,\ 24,\ 30$　……(答)

(3)　$160 = 2^5 \cdot 5$ であるので，出た目の積が 160 の約数となるのは

(i) 3 回とも 1，2，4 のいずれかが出る。ただし，4 が 3 回出る場合を除く。

(ii) 1，2，4 のいずれかが 2 回，5 が 1 回出る。

のどちらかである。

(i)の確率は

$$\left(\frac{3}{6}\right)^3 - \left(\frac{1}{6}\right)^3 = \frac{26}{216}$$

(ii)の確率は

$$_3\mathrm{C}_1 \frac{1}{6} \cdot \left(\frac{3}{6}\right)^2 = \frac{27}{216}$$

(i)，(ii)より求める確率は

$$\frac{26}{216} + \frac{27}{216} = \frac{53}{216}　……(答)$$

======= 解　説 =======

《サイコロを投げて出た目が自然数 n の約数となる確率》

(1)　n は 1，2，3，4，5，6 の公倍数であるので，最小公倍数 60 の倍数である。

(2)　6 つのうち 5 つの数の最小公倍数を求めてみると，すべての数の倍数

となっていないのは2つだけであることがわかる。

(3) $160 = 2^5 \cdot 5$ であるので，素因数3を含まないことから，3，6を除く目 1，2，4，5の目が3回出る場合で素因数2，5の個数を考えて，（i），（ii）の 2つの場合であることがわかる。160の約数を書き出すと，1，2，4，5， 8，10，16，20，32，40，80，160であるので，それぞれについて積がそ の数となる場合の数を求めて確率を計算してもできる。

━━━━ ＼ 発 想 ／ ━━━━

(1) 直方体の図を描き，どのような回転体であるかを確認する。

(2) 平面 $x=t$ と線分 AB の共有点は xy 平面上にあるので，その 点の座標を t で表す。

(3) 直方体を平面 $x=t$ で切ったときの断面を x 軸のまわりに1 回転してできる図形が X_3 の断面である。

解答

(1) 直方体は右図のようにな るので，X_1 は，底面の半径 が AC，高さが AE の円柱である。

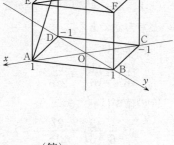

AC $=2$，AE $=1$ であるので

$$V_1 = \pi \text{AC}^2 \cdot \text{AE} = \pi \cdot 2^2 \cdot 1$$
$$= 4\pi \quad \cdots\cdots(\text{答})$$

X_2 は，底面の半径が AH，高さが AB の円柱である。

AH $=\sqrt{3}$，AB $=\sqrt{2}$ であるので

$$V_2 = \pi \text{AH}^2 \cdot \text{AB} = \pi (\sqrt{3})^2 \cdot \sqrt{2} = 3\sqrt{2}\,\pi \quad \cdots\cdots(\text{答})$$

(2) 平面 $x=t$ と線分 EF，線分 AB の共 有点をそれぞれ P，S とする。

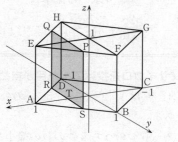

xy 平面において，直線 AB の方程式 は

$$x+y=1$$

$x=t$ とすると

$$y=1-t$$

よって，S の座標は $(t,\ 1-t,\ 0)$ である。

点Pから xy 平面に下ろした垂線がPSであるので，Pの座標は

(t, 1−t, 1)　……(答)

(3)　平面 $x=t$ と線分EH，線分AD との
共有点をそれぞれQ，Rとし，x 軸との共
有点をTとする。

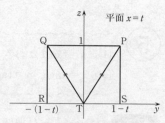

$0 \le t < 1$ のとき，平面 $x=t$ による直方体
の切り口は長方形PQRSであり，$t=1$ の
ときは線分AEである。

長方形においてTP＝TQ，また，$t=1$ のときTP＝AEであるので，平
面 $x=t$ による回転体 X_3 の切り口は半径TPの円とその内部である。

したがって，X_3 を平面 $x=t$ $(0 \le t \le 1)$ で切ったときの断面積を $S(t)$
とすると

$$S(t) = \pi TP^2 = \pi \{(1-t)^2 + 1\} = \pi(t^2 - 2t + 2)$$

X_3 は yz 平面に関して対称であるので

$$V_3 = 2\int_0^1 S(t)\,dt$$

$$= 2\int_0^1 \pi(t^2 - 2t + 2)\,dt$$

$$= 2\pi \left[\frac{1}{3}t^3 - t^2 + 2t\right]_0^1$$

$$= \frac{8}{3}\pi　……(答)$$

━━━━━━━━━━━━━━ 解　説 ━━━━━━━━━━━━━━

《直方体を1回転してできる回転体の体積》

(1)　X_1，X_2 はいずれも直方体の辺を軸として1回転してできる回転体で
あるので円柱となる。図により底面の半径，高さが直方体のどの部分の長
さとなっているかを確認すればよい。

(2)　平面 $x=t$ と線分ABとの共有点の座標は xy 平面上で容易に求められ
るので，その z 座標を1とすれば線分EFとの共有点の座標となる。また，
図で

FP：PE＝BS：SA＝OT：TA＝t：$1-t$

であるので，Pは線分FEを t：$1-t$ に内分する点であることから求めて
もよい。

(3) (2)が誘導となっている。回転体 X_3 を平面 $x=t$ で切ったときの断面積を t で表し，積分して求める。

5
～～～～～～～～＼ **発想** ／～～～～～～～
(1) $u=\tan\theta$ とおき，置換積分を用いる。
(2) $x=\tan\beta$, $y=\tan\gamma$ とおき，(1)を利用する。

解答 (1) $\dfrac{1}{1+u^2}$ は偶関数であるので

$$f(\tan\alpha)=\frac{1}{2}\int_{-\tan\alpha}^{\tan\alpha}\frac{1}{1+u^2}\,du=\int_0^{\tan\alpha}\frac{1}{1+u^2}\,du$$

$u=\tan\theta\ \left(-\dfrac{\pi}{2}<\theta<\dfrac{\pi}{2}\right)$ とおくと

$$du=\frac{1}{\cos^2\theta}\,d\theta,$$

u	$0\to\tan\alpha$
θ	$0\to\ \ \alpha$

$$\int_0^{\tan\alpha}\frac{1}{1+u^2}\,du=\int_0^{\alpha}\frac{1}{1+\tan^2\theta}\cdot\frac{1}{\cos^2\theta}\,d\theta$$

$$=\int_0^{\alpha}d\theta$$

$$=\Big[\theta\Big]_0^{\alpha}=\alpha\quad\cdots\cdots(\text{答})$$

(2) $x=\tan\beta$, $y=\tan\gamma$ とおくと，$0\leqq x\leqq 1$, $0\leqq y\leqq 1$ より

$$0\leqq\beta\leqq\frac{\pi}{4},\ \ 0\leqq\gamma\leqq\frac{\pi}{4}$$

(1)より

$$f(x)=f(\tan\beta)=\beta,\ f(y)=f(\tan\gamma)=\gamma$$

また

$$f(1)=f\left(\tan\frac{\pi}{4}\right)=\frac{\pi}{4}$$

よって，$f(x)+f(y)\leqq f(1)$ より

$$\beta+\gamma\leqq\frac{\pi}{4}$$

したがって

$$0 \leqq \beta + \gamma \leqq \frac{\pi}{4}$$

$$\therefore \quad 0 \leqq \tan(\beta + \gamma) \leqq 1$$

$$0 \leqq \frac{\tan \beta + \tan \gamma}{1 - \tan \beta \tan \gamma} \leqq 1$$

$$0 \leqq \frac{x + y}{1 - xy} \leqq 1$$

$\beta + \gamma \leqq \dfrac{\pi}{4}$ より

$$(\beta, \ \gamma) \neq \left(\frac{\pi}{4}, \ \frac{\pi}{4} \right)$$

したがって，$(x, \ y) \neq (1, \ 1)$，$0 \leqq x \leqq 1$，$0 \leqq y \leqq 1$ であるので

$$1 - xy > 0$$

よって

$$0 \leqq x + y \leqq 1 - xy$$

$0 \leqq x \leqq 1$，$0 \leqq y \leqq 1$ より，$0 \leqq x + y$ はつねに成り立つ。

$x + y \leqq 1 - xy$ より

$$(x + 1) y \leqq -x + 1$$

$x + 1 > 0$ なので

$$y \leqq \frac{-x + 1}{x + 1}$$

$$y \leqq \frac{2}{x + 1} - 1$$

ゆえに，連立不等式の表す領域は

$$0 \leqq x \leqq 1, \ \ 0 \leqq y \leqq 1, \ \ y \leqq \frac{2}{x + 1} - 1$$

の表す領域で，右図の網かけ部分，ただし，境界を含む。 ……(答)

領域の面積は

$$\int_0^1 \left(\frac{2}{x + 1} - 1 \right) dx = \Big[2 \log(x + 1) - x \Big]_0^1$$

$$= 2 \log 2 - 1 \quad \text{……(答)}$$

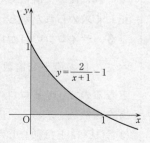

=============================== 解　説 ===============================

《定積分の計算，連立不等式の表す領域，面積》

(1)　$u = \tan\theta$ と置換する形の定積分である。積分区間が $[-x,\ x]$ である
ので偶関数であることを利用するとよい。

(2)　$-\dfrac{\pi}{2} < \theta < \dfrac{\pi}{2}$ のとき，$\tan\theta$ は単調に増加し，値域は実数全体であるの

で任意の実数 x は，$x = \tan\theta \left(-\dfrac{\pi}{2} < \theta < \dfrac{\pi}{2} \right)$ とおくことができる。ここで

は(1)を利用するため，$x = \tan\beta$，$y = \tan\gamma$ とおけば，3つ目の不等式は β,
γ の不等式で表され，$\tan\theta$ が単調であることから，各辺の tan をとること
ができて，加法定理を用いて x, y の不等式が得られる。

（講 評）

　　2024年度は大問5題のうち，「数学Ⅲ」からの出題は3題であった。
また，文系との共通問題が1題（大問2），類似の問題が1題（大問3）
出題された。

　　1． 無理関数が最大値をとるときの x の値を用いて定義された数列に
ついての問題。(1)は基本的である。(2)は(1)と同様に計算し，対数をとる
ことにより漸化式を求めるもので(3)の誘導となっている。標準的な問題
といえるだろう。

　　2． 放物線が2本の直線と接しながら動くとき，頂点と2つの接点で
できる三角形の重心の軌跡を求める問題。(1)・(2)が誘導となっているの
でそれに従って解いていけばよい。(2)の a の逆数のとりうる値の範囲が
正しく求められたかどうかがポイントとなる。

　　3． サイコロの目が自然数の約数となる確率についての問題。(1)はす

べての目の最小公倍数を求めればよく，基本的である。(2)は確率が $\dfrac{5}{6}$

となるので，サイコロの目のうち1つの目のみが約数となっていないよ
うな自然数を求める。内容がしっかり理解できたかどうかが試される。
(3)は(1)・(2)とは独立した問題で，3回投げた目の積が160の約数となる
確率を求める問題。素因数分解して考えるが，すべての約数について，

目の積がその数となる場合の数を求めても解ける。標準的な問題である。

　4. 頂点の座標が与えられた直方体の回転体についての問題。座標空間に直方体がどのようにあるかを図を描いて理解することが最大のポイントとなる。空間のイメージをつかむことができれば，(1)・(2)は基本的である。(2)が(3)の誘導となっているので直方体の切り口，X_3 の切り口を理解することもできるだろう。慣れていない受験生にとっては難しかったかもしれない。

　5. 定積分で表された関数の不等式で表された領域の図示とその面積を求める問題。(1)は $u = \tan\theta$ と置換する定積分の計算の問題で(2)の誘導となっている。(2)で(1)を用いることに気付いたかどうかがポイントとなる。やや難しい問題といえるだろう。

　全体としては，標準的な問題が中心である。基本的な小問をミスなく確実に解くこと，誘導の内容を理解することが大切である。

◀文系：数学Ⅰ・Ⅱ・A・B▶

①
╲ 発 想 ╱

(1)・(2)　微分して増減を調べる。

(3)　(2)の結果の両辺の底を 10 とする対数をとる。

(4)　(3)で求めた漸化式から一般項を求める。

(5)　(4)から数列 $\{a_n\}$ の一般項を求める。

解 答　(1)　$y = \dfrac{1}{3}x^3 - 10x$ より

$$y' = x^2 - 10$$

$y' = 0$ とおくと

$$x^2 = 10$$
$$x = \sqrt{10} \quad (x \geqq 0 \text{ より})$$

$x \geqq 0$ における y の増減表は右のようになるので，最小値をとるときの x の値は

$$x = \sqrt{10}$$

よって

$$\left.\begin{array}{l} a_1 = \sqrt{10} \\[4pt] b_1 = \log_{10} a_1 = \log_{10} 10^{\frac{1}{2}} = \dfrac{1}{2} \end{array}\right\} \cdots\cdots (答)$$

x	0	$\cdots$	$\sqrt{10}$	$\cdots$
y'		$-$	0	$+$
y	0	$\searrow$	極小 かつ 最小	$\nearrow$

(2)　$y = \dfrac{1}{3}x^3 - 10a_n x$ より

$$y' = x^2 - 10a_n$$

$y' = 0$ とおくと

$$x^2 = 10a_n$$
$$x = \sqrt{10a_n} \quad (x \geqq 0, \ a_n > 0 \text{ より})$$

$x \geqq 0$ における y の増減表は右のようになるので，最小値をとるときの x の値は

$$x = \sqrt{10a_n}$$

よって

x	0	$\cdots$	$\sqrt{10a_n}$	$\cdots$
y'		$-$	0	$+$
y	0	$\searrow$	極小 かつ 最小	$\nearrow$

$$a_{n+1} = \sqrt{10a_n} \quad \cdots\cdots(答)$$

(3)　$a_{n+1} = \sqrt{10a_n}$ の両辺は正であるので，両辺の底を 10 とする対数をとると

$$\log_{10} a_{n+1} = \log_{10} \sqrt{10a_n} = \frac{1}{2}(\log_{10} 10 + \log_{10} a_n) = \frac{1}{2}\log_{10} a_n + \frac{1}{2}$$

よって

$$b_{n+1} = \frac{1}{2}b_n + \frac{1}{2} \quad \cdots\cdots(答)$$

(4)　$b_{n+1} = \frac{1}{2}b_n + \frac{1}{2}$ を変形すると

$$b_{n+1} - 1 = \frac{1}{2}(b_n - 1)$$

したがって，数列 $\{b_n - 1\}$ は公比 $\frac{1}{2}$ の等比数列である。

初項は $b_1 - 1 = \frac{1}{2} - 1 = -\frac{1}{2}$ であるので

$$b_n - 1 = -\frac{1}{2}\left(\frac{1}{2}\right)^{n-1}$$

$$\therefore \quad b_n = 1 - \left(\frac{1}{2}\right)^n \quad \cdots\cdots(答)$$

(5)　$b_n = \log_{10} a_n$ より

$$a_n = 10^{b_n}$$

(4)より

$$a_n = 10^{1 - \left(\frac{1}{2}\right)^n}$$

したがって

$$a_2 = 10^{1 - \left(\frac{1}{2}\right)^2} = 10^{\frac{3}{4}}, \quad a_3 = 10^{1 - \left(\frac{1}{2}\right)^3} = 10^{\frac{7}{8}}$$

(1)より，$a_1 = 10^{\frac{1}{2}}$ であるので

$$\frac{a_1 a_2 a_3}{100} = \frac{10^{\frac{1}{2}} \cdot 10^{\frac{3}{4}} \cdot 10^{\frac{7}{8}}}{10^2} = 10^{\frac{1}{2} + \frac{3}{4} + \frac{7}{8} - 2} = 10^{\frac{1}{8}} \quad \cdots\cdots(答)$$

=====　解　説　=====

《3次関数が最小値をとるときの x の値，漸化式》

(1)・(2)　微分して増減表を作成する。

(3)　(2)の結果の両辺は正であるので，両辺の底を 10 とする対数をとり，

対数法則に従って計算する。

(4)　漸化式 $b_{n+1}=\dfrac{1}{2}b_n+\dfrac{1}{2}$ は $\alpha=\dfrac{1}{2}\alpha+\dfrac{1}{2}$ をみたす α を用いて

$$b_{n+1}-\alpha=\frac{1}{2}(b_n-\alpha)$$

と変形できる。$\alpha=1$ であるので

$$b_{n+1}-1=\frac{1}{2}(b_n-1)$$

と変形でき，等比数列に帰着できる。

(5)　$a_n=10^{b_n}$ より a_n の一般項が求められる。指数法則に従って，$\dfrac{a_1a_2a_3}{100}$ を計算すればよい。

═══╲　**発想**　╱═══

(1)　n は $1\sim6$ すべての目の倍数である。

(2)　n は $1\sim6$ のうちの 5 つの目の倍数であり，残り 1 つの目の倍数ではない。

(3)　20 の約数について，それぞれ目の出方が何通りあるか調べる。

解答

(1)　n が 1, 2, 3, 4, 5, 6 の最小公倍数のときであるので

$$n=60 \quad \cdots\cdots(答)$$

(2)　サイコロの目のうちの 5 つの目の最小公倍数は次の表のようになる。

５つの目	最小公倍数
1, 2, 3, 4, 5	60
1, 2, 3, 4, 6	12
1, 2, 3, 5, 6	30
1, 2, 4, 5, 6	60
1, 3, 4, 5, 6	60
2, 3, 4, 5, 6	60

60 はすべての目の最小公倍数であるので不適。

よって，出た目が n の約数となる確率が $\dfrac{5}{6}$ となる最小の n は

$n = 12$ ……(答)

(3) 20 の正の約数は，1，2，4，5，10，20 である。

サイコロを 3 回投げて出た目の積が 20 の約数となる場合の数を表にすると次のようになる。

目の積	1	2	4		5	10	20		計
目の組合せ	{1, 1, 1}	{1, 1, 2}	{1, 1, 4}	{1, 2, 2}	{1, 1, 5}	{1, 2, 5}	{1, 4, 5}	{2, 2, 5}	
目の出方	1 通り	3 通り	3 通り	3 通り	3 通り	6 通り	6 通り	3 通り	28 通り

全部で目の出方は $6^3 = 216$ 通りあるので，求める確率は

$$\frac{28}{216} = \frac{7}{54} \quad ……(答)$$

――――――― 解 説 ―――――――

《サイコロを投げて出た目が自然数 n の約数となる確率》

(1) 「1，2，3，4，5，6 がすべて n の約数」⟺「n は 1，2，3，4，5，6 の公倍数」であるので最小公倍数を求めればよい。

(2) 6 つのうち 5 つの数の最小公倍数を求めてみると，すべての数の倍数となっていないのは 2 つだけであることがわかる。

(3) 20 の約数は $20 = 2^2 \cdot 5$ より $3 \times 2 = 6$ 個である。表にすると求めやすいだろう。

③ ◀理系：数学Ⅰ・Ⅱ・Ⅲ・Ａ・Ｂ▶②に同じ。

講 評

2024 年度は，微分法，数列，確率，図形と方程式からの出題で，ベクトル，積分法からの出題はなかった。また，理系との共通問題（大問 3），類似問題（大問 2）が出題された。

1．3 次関数が最小値をとるときの x の値を用いて定義された数列についての問題。(1)・(2)は基本的である。以下，小問に従って順に解いていけばよい。標準的な問題といえるだろう。

2．サイコロの目が自然数の約数となる確率についての問題。(1)はす

べての目の最小公倍数を求めればよく，基本的である。(2)は確率が $\dfrac{5}{6}$ となるので，サイコロの目のうち1つの目のみが約数となっていないような自然数を求める。内容がしっかり理解できたかどうかが試される。(3)は(1)・(2)とは独立した問題で，3回投げた目の積が20の約数となる確率を求める問題。すべての約数について，目の積がその数となる場合の数を求める。漏れなどないように確実に求めたい。

　3．放物線が2本の直線と接しながら動くとき，頂点と2つの接点でできる三角形の重心の軌跡を求める問題。(1)・(2)が誘導となっているのでそれに従って解いていけばよい。(2)の a の逆数のとりうる値の範囲が正確に求められたかどうかがポイントとなる。この点で差が出たと思われる。

　全体としては，標準的な問題中心の出題である。基本的な小問を確実に解くこと，誘導の内容を理解することが大切である。

物 理

問 1． 鉛直方向の力のつり合いより

向き：鉛直上向き　大きさ：$(M+2m)\,g$

……(答)

問 2． 点 O に対する小物体 B の相対速度を $\overrightarrow{v_{OB}}$ とすると

$$\overrightarrow{v_{OB}} = -\overrightarrow{v_{OA}}$$

相対速度の式より

$$\overrightarrow{v_{OB}} = \overrightarrow{v_B} - \overrightarrow{v_O}$$

$$\therefore \quad \overrightarrow{v_B} = \overrightarrow{v_{OB}} + \overrightarrow{v_O} = -\overrightarrow{v_{OA}} + \overrightarrow{v_O} \quad \cdots\cdots(答)$$

円筒は机の上を滑らないように転がるから，小物体 A を円筒に固定した点が机の上面に接した瞬間の速度は $\overrightarrow{0}$ である。小物体 A の速度を $\overrightarrow{v_A}$ とすると

$$\overrightarrow{v_A} = \overrightarrow{v_{OA}} + \overrightarrow{v_O} = \overrightarrow{0}$$

$$\overrightarrow{v_{OA}} = -\overrightarrow{v_O}$$

$$\therefore \quad |\overrightarrow{v_{OA}}| = |\overrightarrow{v_O}| \quad \cdots\cdots(答)$$

問 3． 小物体 A の運動エネルギーを K とする。

小物体 A を円筒に固定した点が机の上面に接したとき，小物体 A の速度 $\overrightarrow{v_A}$ は最小となり

$$|\overrightarrow{v_A}| = 0$$

よって，K の最小値は

$$K = \frac{1}{2} m |\overrightarrow{v_A}|^2 = 0 \quad \cdots\cdots(答)$$

小物体 A が円筒の最高点に達したとき，$\overrightarrow{v_{OA}} = \overrightarrow{v_O}$ で，小物体 A の速度 $\overrightarrow{v_A}$ は最大となり

$$|\overrightarrow{v_A}| = |\overrightarrow{v_{OA}} + \overrightarrow{v_O}| = |\overrightarrow{v_O} + \overrightarrow{v_O}| = 2|\overrightarrow{v_O}|$$

よって，K の最大値は

$$K = \frac{1}{2} m |\overrightarrow{v_A}|^2 = \frac{1}{2} m (2|\overrightarrow{v_O}|)^2 = 2m |\overrightarrow{v_O}|^2 \quad \cdots\cdots(答)$$

問 4． 円筒が 1 回転すると，円筒に固定された小物体 A はその円周の長さ

だけ進むので

$$T = \frac{2\pi r}{|\vec{v_0}|} \quad \cdots\cdots (答)$$

問5. 時刻 t において，机の上面からの小物体Aの高さを h_A，小物体B
の高さを h_B とすると

$$h_A + h_B = 2r$$

よって，小物体Aと小物体Bの位置エネルギーの和は

$$U_A + U_B = mgh_A + mgh_B = mg(h_A + h_B) = 2mgr \quad \cdots\cdots (答)$$

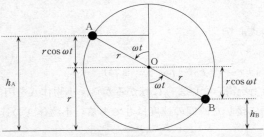

点Oに対する小物体Aの等速円運動の角速度を ω とすると

$$\omega = \frac{2\pi}{T}$$

時刻 t において，小物体Aの高さ h_A は

$$h_A = r + r\cos\omega t = r\left(1 + \cos\frac{2\pi}{T}t\right)$$

よって，小物体Aの位置エネルギー U_A は

$$U_A = mgh_A = mgr\left(1 + \cos\frac{2\pi}{T}t\right)$$

これをグラフに描くと次図のようになる。

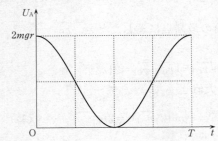

━━━━ **解 説** ━━━━

《転がる円筒の内側に固定された2物体の運動》

　1つの円が定直線に接しながら滑ることなく回転するとき，その円周上の定点が描く曲線をサイクロイドという。

　円筒の半径を r，机の上面を x 軸，これに垂直に y 軸をとり，時刻 $t=0$ における円筒上の点（小物体）Bの位置を原点Oとする。問題の図1で円筒が転がる向きとは逆に，右図では右向きを x 軸の正の向きとし，円筒は右回りに回転するとする。

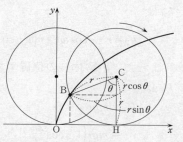

　円筒の中心をCとし，時刻 t で円筒が角 θ だけ回転したとき，円筒と x 軸の接点をHとすると

$$OH = \overset{\frown}{BH} = r\theta$$

点Bの座標は

$$x = r\theta - r\sin\theta = r(\theta - \sin\theta)$$
$$y = r(1 - \cos\theta)$$

この曲線は，次図のようになる。

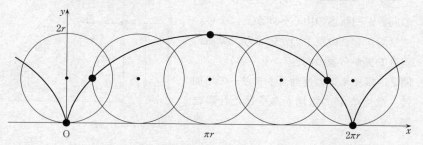

問1. 小物体AとBは円筒の内面に固定され，これらが一体となった物体系である。点Oはこれらの重心であり，物体系の質量は $M+2m$ である。物体系が受ける机からの垂直抗力を N として，鉛直方向の力のつり合いの式より

$$N = (M + 2m)g$$

問2. 小物体AとBは点Oに対して速さ $|\overrightarrow{v_{OA}}|$ で等速円運動をしている。

　小物体Bは，点Oに対して小物体Aと点
対称に運動するので

$$\vec{v_{OB}} = -\vec{v_{OA}}$$

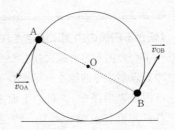

問5. 時刻 t において，小物体Bの高さ
h_B は

$$h_B = r - r\cos\omega t = r\left(1 - \cos\frac{2\pi}{T}t\right)$$

　よって，小物体Bの位置エネルギー
U_B は

$$U_B = mgh_B$$

$$= mgr\left(1 - \cos\frac{2\pi}{T}t\right)$$

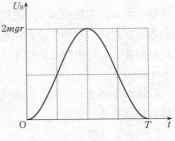

このとき，小物体Aと小物体Bの位置エ
ネルギーの和は

$$U_A + U_B = mgr\left(1 + \cos\frac{2\pi}{T}t\right) + mgr\left(1 - \cos\frac{2\pi}{T}t\right) = 2mgr$$

Ⅱ **解答** **問1.** 陽イオンには
たらくローレンツ力
の向きが円軌道の中心へ向かえばよい。
　フレミングの左手の法則より，紙面に
垂直で裏から表の向き　……(答)

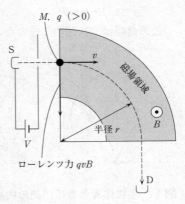

問2. 陽イオンの運動エネルギーの増加
は，電位差 V の電場から受けた仕事に
等しいので

$$\frac{1}{2}Mv^2 - 0 = qV$$

$$\therefore \quad v = \sqrt{\frac{2qV}{M}} \quad \cdots\cdots ① \quad \cdots\cdots(答)$$

問3. 磁場内では，陽イオンはローレンツ力を受けて，等速円運動をする。
陽イオンの円軌道の半径を r とすると，円運動の中心方向の運動方程式よ
り

$$M\frac{v^2}{r} = qvB$$

$$\therefore \quad r = \frac{Mv}{qB} \quad \cdots\cdots② \quad \cdots\cdots(答)$$

別解　磁場内の荷電粒子がローレンツ力を受けて等速円運動をする場合,静止座標系から見て運動方程式を書くのがオーソドックスな方法であるが,陽イオンとともに運動する観測者から見て,ローレンツ力 qvB と遠心力 $\frac{Mv^2}{r}$ のつり合いの式を書くこともできる。この方法では

$$qvB - \frac{Mv^2}{r} = 0$$

$$\therefore \quad r = \frac{Mv}{qB}$$

問4. 質量 M の陽イオンにおいて,陽イオンの円軌道の半径 r は,①,②より v を消去すると

$$r = \frac{Mv}{qB}$$

$$= \frac{M}{qB} \times \sqrt{\frac{2qV}{M}}$$

$$= \frac{1}{B}\sqrt{\frac{2MV}{q}}$$

　磁束密度の大きさが B' で,電荷 q,質量 M' の陽イオンが,同じ半径 r を描いて円運動をして,検出器Dに入ったのだから

$$r = \frac{1}{B'}\sqrt{\frac{2M'V}{q}}$$

よって

$$\frac{\sqrt{M}}{B} = \frac{\sqrt{M'}}{B'}$$

$$\therefore \quad \frac{M'}{M} = \left(\frac{B'}{B}\right)^2 \quad \cdots\cdots③ \quad \cdots\cdots(答)$$

問5. 2.00×10^{-1} T の磁場をかけたときに検出される陽イオンの質量数を M' とすると,③より

$$\frac{M'}{50} = \left(\frac{2.00 \times 10^{-1}}{1.00 \times 10^{-1}}\right)^2$$

$$M' = 200$$

　よって，測定可能な質量数の下限は 50，上限は 200　……（答）

　$1.99 \times 10^{-1}\,\mathrm{T}$ の磁場をかけたときに検出される陽イオンの質量数を M'' とすると，③より

$$\frac{M''}{50} = \left(\frac{1.99 \times 10^{-1}}{1.00 \times 10^{-1}}\right)^2$$

　質量数の差を ΔM とすると

$$\Delta M = M' - M'' = 50 \times \left\{ \left(\frac{2.00 \times 10^{-1}}{1.00 \times 10^{-1}}\right)^2 - \left(\frac{1.99 \times 10^{-1}}{1.00 \times 10^{-1}}\right)^2 \right\}$$

$$= 50 \times (2.00^2 - 1.99^2)$$

$$= 50 \times (2.00 + 1.99)(2.00 - 1.99)$$

$$= 50 \times 3.99 \times 0.01$$

$$= 1.995 \doteqdot 2 \quad ……（答）$$

===== 解　説 =====

《質量分析器の原理》

問1. 磁場の向き，陽イオンの運動の向きに電流が流れる向き，陽イオンが受けるローレンツ力の向きの間には，フレミングの左手の法則の関係がある。

問2. 陽イオンが磁場がかけられた領域に入射する直前の陽イオンの速さは，電位差 V の陰極側極板のスリットから出る直前の速さに等しい。イオン源Sで発生した直後の陽イオンの運動エネルギーは0としてよい。

問3. ローレンツ力は，陽イオンの運動方向と常に垂直にはたらく力であるから，(i)ローレンツ力は陽イオンに仕事をしない。よって，陽イオンの運動エネルギーが変化しないので，速さが一定の運動となる。(ii)ローレンツ力が向心力となって，陽イオンは円運動をする。

問4. $r = \dfrac{1}{B}\sqrt{\dfrac{2MV}{q}}$ は，加速電圧 V と磁束密度 B が変化しないとき，陽イオンの質量と電荷の比 $\dfrac{M}{q}$ が等しければ，磁場中での円軌道の半径が同じになることを表している。

　電子の場合

　　電荷 $e = 1.6 \times 10^{-19}\,[\mathrm{C}]$（電気素量），質量 $m = 9.1 \times 10^{-31}\,[\mathrm{kg}]$

であり，電荷と質量の比 $\dfrac{e}{m}$ を比電荷といい

$$\dfrac{e}{m}=1.76\times10^{11}\,[\text{C/kg}]$$

である。

問5. 後半で求める陽イオンの質量数の差は，計算上はきれいな整数とはならないが，定義上整数になるべき値であるから，最後は整数で答えるのがよいであろう。

 解　答

問1.

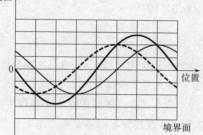

変位↑

0

位置

境界面

問2. 屈折率の定義より

$$\dfrac{\lambda}{n_1}\quad\cdots\cdots(答)$$

問3. 境界面Aで反射する光も，境界面Bで反射する光も，反射の際にともに位相が π 変化するので，光の反射による位相の変化は相殺される。よって，薄膜の厚さを往復する距離が，薄膜中を進む光の波長の半整数倍のとき，反射光は弱め合うので

$$2d=\left(k+\dfrac{1}{2}\right)\dfrac{\lambda}{n_1}\quad(k=0,\ 1,\ 2,\ 3,\ \cdots)\quad\cdots\cdots(答)$$

または

$$n_1\cdot2d=\left(k+\dfrac{1}{2}\right)\lambda\quad(k=0,\ 1,\ 2,\ 3,\ \cdots)\quad\cdots\cdots①\quad\cdots\cdots(答)$$

問4. 図3より反射光が最も弱め合う波長は　　　$5.2\times10^{-7}\text{m}$　　$\cdots\cdots(答)$

問5. 問3と同様に考えて，反射光が強め合う条件は

2024年度　前期日程　物理

$$n_1 \cdot 2d = k\lambda \quad (k=0,\ 1,\ 2,\ 3,\ \cdots)$$

反射光が最も強め合うとき，図3の極大値を与える波長を読み取り，波長の短い方を λ_1，長い方を λ_2 とすると

$$\lambda_1 = 4.3 \times 10^{-7} \,(\mathrm{m})$$
$$\lambda_2 = 6.5 \times 10^{-7} \,(\mathrm{m})$$

光路差 $n_1 \cdot 2d$ が一定で，λ_1 と λ_2 は強め合いの隣り合う波長で $\lambda_1 < \lambda_2$ であるから，λ_2 のときの干渉の次数を k とすると，λ_1 のときの干渉の次数は $k+1$ である。

$$n_1 \cdot 2d = (k+1)\lambda_1$$
$$n_1 \cdot 2d = k\lambda_2$$

よって

$$(k+1) \times 4.3 \times 10^{-7} = k \times 6.5 \times 10^{-7}$$

$$\therefore \quad k = \frac{4.3}{6.5 - 4.3} = 1.95 \fallingdotseq 2$$

すなわち，薄膜の厚さを往復する光学距離は，$\lambda_1 = 4.3 \times 10^{-7} \,(\mathrm{m})$ の光で3波長分，$\lambda_2 = 6.5 \times 10^{-7} \,(\mathrm{m})$ の光で2波長分である。

したがって，反射光が最も弱め合うとき，薄膜の厚さを往復する光学距離は，$\lambda = 5.2 \times 10^{-7} \,(\mathrm{m})$ の光で2.5波長分となるから，①より

$$k = 2 \quad \cdots\cdots② \quad \cdots\cdots(答)$$

別解　強め合いの干渉の次数 k は，次のように考えることもできる。

隣り合う波長 λ_1，λ_2 の比をとると

$$\frac{\lambda_2}{\lambda_1} = \frac{6.5 \times 10^{-7}}{4.3 \times 10^{-7}} \fallingdotseq \frac{3}{2}$$

λ_1，λ_2 は，干渉の次数 k が1だけ異なる整数の組み合わせであるから，波長 λ_1 のとき $k=3$，波長 λ_2 のとき $k=2$ であることがわかる。

問6. ①，②より

$$1.7 \times 2d = \left(2 + \frac{1}{2}\right) \times 5.2 \times 10^{-7}$$

$$\therefore \quad d = 3.82 \times 10^{-7} \fallingdotseq 3.8 \times 10^{-7} \,(\mathrm{m}) \quad \cdots\cdots(答)$$

別解　題意は「強め合う波長や弱め合う波長を用いて d を求めたい」であるから，問3の弱め合う条件の代わりに，問5の強め合うときの条件を用いると，λ_1 のとき

$$1.7 \times 2d = (2+1) \times 4.3 \times 10^{-7}$$

$$\therefore \quad d = 3.79 \times 10^{-7} \fallingdotseq 3.8 \times 10^{-7} \text{ (m)}$$

または，λ_2 のとき

$$1.7 \times 2d = 2 \times 6.5 \times 10^{-7}$$

$$\therefore \quad d = 3.82 \times 10^{-7} \fallingdotseq 3.8 \times 10^{-7} \text{ (m)}$$

═════════════ 解　説 ═════════════

《波の固定端反射，薄膜の干渉》

問1. 固定端における反射波，合成波の波形は次の手順で作図する。

step.1　境界面を透過した部分に入射波の波形を延長する。

step.2　固定端反射では反射波の位相が π 変化するので，境界面を透過した部分の変位を上下反転させる。

step.3　反射波は，上下反転した部分を境界面に対して折り返す（進行方向を逆転させる）。

step.4　合成波は，入射波と反射波の代数和をとる。

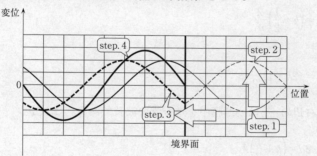

問2. 薄膜中の光の速さを v'，波長を λ' とすると，屈折の法則より

$$n_1 = \frac{v}{v'} = \frac{\lambda}{\lambda'}$$

$$\therefore \quad v' = \frac{v}{n_1}, \quad \lambda' = \frac{\lambda}{n_1}$$

屈折率 n_1 の薄膜中では，光の速さと波長は空気中の $\dfrac{1}{n}$ 倍になり，振動数と周期は変化しない。

問3. 光が，屈折率の小さい媒質（光学的に疎）から大きい媒質（光学的に密）に向かって入射し，その境界面で反射されたときは，波の固定端反

射に相当し，位相が π 変化する。

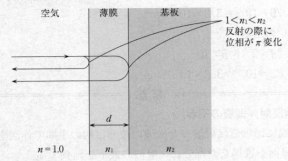

空気　　薄膜　基板
$1 < n_1 < n_2$
反射の際に
位相が π 変化

d

$n = 1.0$　　n_1　　n_2

　光が，屈折率の大きい媒質から小さい媒質に向かって入射し，その境界面で反射されたときは，波の自由端反射に相当し，位相は変化しない。

　光が，境界面を透過または屈折して進むとき，位相は変化しない。

参考　波長の半整数倍の長さは，半波長の奇数倍の長さと表すこともできる。

$$2d = \left(k + \frac{1}{2}\right)\frac{\lambda}{n_1}$$

または

$$2d = (2k + 1)\frac{\lambda}{2n_1}$$

この式の右辺の $\dfrac{\lambda}{n_1}$ は，薄膜中を進む光の波長である。これを

$$n_1 \cdot 2d = \left(k + \frac{1}{2}\right)\lambda$$

または

$$n_1 \cdot 2d = (2k + 1)\frac{\lambda}{2}$$

と書き換えると，この式の左辺の $n_1 \cdot 2d$ は，空気中を進んできた波長 λ の光にとって，薄膜中を進む経路の長さが $n_1 \cdot 2d$ であると考えることができる。これを光学距離といい，2つの経路を進む光の光学距離の差を，光路差という。

問4．反射光が最も弱め合うときでは，図3の極小値を与える波長を読み取る。

講評

　2024年度も，すべての大問において「解答の導出過程も示しなさい。必要な物理量があれば定義して明示しなさい」の指示があったが，答えに必要な物理量で，問題に与えられていないものはなかった。導出過程に必要で定義されていない物理量を用いるときには，教科書に用いられている一般的な物理量を定義すればよいが，この定義を忘れないように最大限の注意をはらいたい。

　2023年度は出題されなかった描図問題が2問出題されたが，基本的な問題であった。2023年度に比べて計算量も少なくなり，やや易化したといえるが，全問に導出過程が必要であることを考えると，解答時間60分に対して適量と思われる。

　Ⅰ　転がる円筒の内側に固定された2物体の運動で，いわゆるサイクロイドの問題である。相対速度や速度の合成をベクトルを用いた扱いに慣れていたかどうかで差がつく。

　Ⅱ　質量分析器の原理の問題である。問1〜問4は電磁場内の荷電粒子の運動の典型的なパターンで確実に解きたい。問5は題意の把握や数値計算の工夫が必要である。

　Ⅲ　薄膜の干渉は，共通テストでも見られる「実験や観察の場面を想定した問題」であった。実験結果のグラフを読み取り，強め合いで隣り合う波長の次数が1つ異なることを用いて次数を確定させ，前問の結果に代入して薄膜の厚さを計算する流れで，2023年度の気柱共鳴と同じスタイルの問題であった。

化　学

(I)　**解答**　**問1.** ⑧

問2. (i) $K_P = \dfrac{p_{NH_3}{}^2}{p_{N_2} \times p_{H_2}{}^3}$　(ii) $K_P = \dfrac{K_C}{(RT)^2}$

問3. 5.14×10^{-14} 〔Pa^{-2}〕

問4. (i) 11　(ii)※

※問4(ii)については，正答を導くために必要な条件が定義されていなかったことから，全員正解として扱う措置が取られたことが大学から公表されている。

=========== 解 説 ===========

《アンモニア合成と平衡，弱塩基の水溶液の pH 変化》

問1. ア．ルシャトリエの原理より，温度上昇を緩和させるべく吸熱反応が起こる方向に平衡移動する。アンモニア生成の方向が発熱反応なので，逆反応が生じアンモニアが減少する。

イ・ウ．触媒を使うことで活性化エネルギーが小さくなる反応経路をとることができる。しかし，触媒は反応熱自体を変化させるものではない。

問2. (i) 圧平衡定数は，反応にかかわる物質の分圧（Pa）を用いて〔解答〕のように定義される。

(ii) 水素について，水素の物質量を n_{H_2}〔mol〕，反応容器の体積を V〔L〕とおく。このとき，容器内の水素のモル濃度を〔H_2〕〔mol/L〕とおくと，気体の状態方程式より次の関係が得られる（窒素・アンモニアについても同様に文字をおく）。

$$p_{H_2} V = n_{H_2} RT$$

$$p_{H_2} = \frac{n_{H_2}}{V} RT = [H_2] RT$$

$$p_{N_2} V = n_{N_2} RT$$

$$p_{N_2} = \frac{n_{N_2}}{V} RT = [N_2] RT$$

$$p_{NH_3} V = n_{NH_3} RT$$

$$p_{NH_3} = \frac{n_{NH_3}}{V} RT = [NH_3] RT$$

また，濃度平衡定数 K_C は以下のようにあらわされる。

$$K_C = \frac{[NH_3]^2}{[N_2][H_2]^3}$$

これに各物質のモル濃度と分圧の関係式を代入すると，以下のように〔解答〕のような関係が得られる。

$$K_P = \frac{([NH_3]RT)^2}{[N_2]RT \times ([H_2]RT)^3} = \frac{[NH_3]^2}{[N_2][H_2]^3} \times \frac{(RT)^2}{(RT)^4} = \frac{K_C}{(RT)^2}$$

問3. 反応前の全圧を P_0〔Pa〕とおくと，窒素と水素は同じ 3.00 mol ずつ容器内にあったので分圧は窒素・水素ともに $0.500P_0$〔Pa〕である。平衡状態に達するまでの物質の増減量の比は各物質の係数比に一致し，これは分圧の増減量の比にも一致する。よって，反応した N_2 の分圧を xP_0〔Pa〕とすると反応前後の各物質の分圧の変化は以下のように示される。

	N_2	$+$	$3H_2$	$\longrightarrow$	$2NH_3$	全圧
変化前	$0.500P_0$		$0.500P_0$		0	P_0
変化量	$-xP_0$		$-3xP_0$		$+2xP_0$	$-2xP_0$
変化後	$(0.500-x)P_0$		$(0.500-3x)P_0$		$2xP_0$	$(1.00-2x)P_0$

よって，全圧は $(1.00-2x)P_0$〔Pa〕である。これが元の圧力の 0.700 倍，すなわち $0.700P_0$〔Pa〕に相当するので

$$1.00 - 2x = 0.700 \quad \therefore \quad x = 0.150$$

すると水素分圧は $5.00 \times 10^{-2} \times P_0$〔Pa〕であり，これが 1.00×10^7 Pa であるので

$$P_0 = 2.00 \times 10^8 \text{〔Pa〕}$$

よって反応後の窒素分圧は 7.00×10^7 Pa，アンモニア分圧は 6.00×10^7 Pa であり，圧平衡定数 K_P は

$$K_P = \frac{(6.00 \times 10^7)^2}{7.00 \times 10^7 \times (1.00 \times 10^7)^3} = 5.142 \times 10^{-14} \fallingdotseq 5.14 \times 10^{-14} \text{〔Pa}^{-2}\text{〕}$$

問4. (i) アンモニアの電離度が 0.010 であるので，水の電離を無視すると NH_4^+ と OH^- のモル濃度はいずれも 1.0×10^{-3} mol/L である。これと水のイオン積より，H^+ のモル濃度は

$$\frac{1.0 \times 10^{-14}}{1.0 \times 10^{-3}} = 1.0 \times 10^{-11} \text{〔mol/L〕}$$

よって，pH は 11 であるとわかる。

Ⅱ **解答**

問1. 小さい

問2. イ. Li **ウ.** Na **エ.** K **オ.** Li **カ.** K

キ. Na

問3. ク. Na **ケ.** K **コ.** Li

問4. 炎色反応

問5. (i)ヘスの法則 (ii)反応熱：290 kJ 反応：発熱反応

問6. 陽極：$2Cl^- \longrightarrow Cl_2 + 2e^-$ 陰極：$M^+ + e^- \longrightarrow M$

問7. $NaCl + H_2O + NH_3 + CO_2 \longrightarrow NaHCO_3 + NH_4Cl$

=== 解 説 ===

《アルカリ金属の性質，イオン化傾向と反応熱，溶融塩電解》

問1. イオン化エネルギーは原子が1価の陽イオンに変化するときに必要なエネルギーと定義される。この値が小さいほど，容易に陽イオンになりやすい。

問2. イ〜エ. 同じ族でイオン化エネルギーを比較すると，原子番号の大きなものほど小さな値になる。

オ〜キ. イオン化傾向は金属が陽イオンになろうとする性質を示す指標であり，イオン化エネルギー以外の要素も関係するのでイオン化エネルギーの大小とは必ずしも一致しない。

問3. アルカリ金属元素の原子番号は Li が 3，Na が 11，K が 19 である。原子番号と陽子数が一致し，中性子数が陽子数より1つ多いことから，これらの質量数は Li が 7，Na が 23，K が 39 である。

これらはいずれも同じ体心立方格子であるので，単位格子に占める原子の数や原子の体積の割合は同じである。また，単位格子の一辺の長さと原子半径は比例の関係にある。これより，密度の比は（原子の質量÷原子半径の三乗）の比で与えられる。よって，密度の比は

$$Li : Na : K = \frac{7}{r^3} : \frac{23}{(1.2r)^3} : \frac{39}{(1.5r)^3} \fallingdotseq 7 : 13 : 12$$

よって，密度の大きさは Na>K>Li である。

問4. 水溶液を炎にかざすと，Li は赤色，Na は黄色，K は紫色を呈する。

問5. 与えられた熱化学方程式をもとにエネルギーの大小関係を図示する

と，次のようになる。

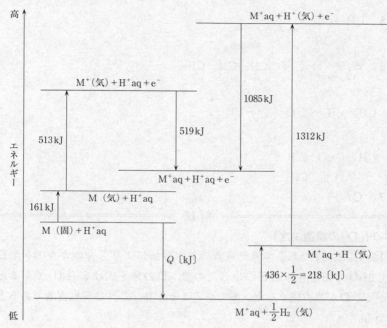

これより

$$Q = 218 + 1312 - 1085 + 519 - 161 - 513 = 290 〔kJ〕$$

$Q > 0$ より，これは発熱反応である。

問6. 陽極では陰イオンや分子が電子を放出する酸化反応，陰極では陽イオンが電子を受け取る還元反応が生じる。

問7. 塩化ナトリウムの飽和水溶液に二酸化炭素に比べ溶解度の大きなアンモニアを十分吸収させる。その上で二酸化炭素を溶解させると，比較的溶解度の小さな炭酸水素ナトリウムが沈殿する反応である。

Ⅲ **解答** **問1.** 安息香酸

問2. $CH_3-CH_2-\underset{\underset{O}{\|}}{C}-OH$

問3.

問4. 名称：ヨードホルム　分子式：CHI_3

問5. $CH_3-\overset{*}{C}H-$◯

　　　　　　$\underset{OH}{|}$

問6. A. ◯$-\underset{\underset{O}{\parallel}}{C}-O-CH_2-CH_2-CH_3$

B. $CH_3-CH_2-\underset{\underset{O}{\parallel}}{C}-O-$◯$-CH_3$

C. $CH_3-\underset{\underset{O}{\parallel}}{C}-O-\overset{*}{C}H-$◯

　　　　　　　　　　$\underset{CH_3}{|}$

問7. C，H

――――――――― 解 説 ―――――――――

《$C_{10}H_{12}O_2$ の構造決定》

問1. $C_{10}H_{12}O_2$ であるエステル**A**の加水分解により芳香族カルボン酸**D**と C_3H_8O である化合物**E**が生じたので，**D**の分子式は $C_7H_6O_2$ であるとわかる。**D**が芳香族カルボン酸であることより，これは安息香酸であるとわかる。

問2. 分子式および芳香族カルボン酸**D**・化合物**E**がエステル結合することでエステル**A**が得られることより，**E**は1-プロパノールか2-プロパノールのいずれかであるとわかる。これらを二クロム酸カリウムで酸化させると1-プロパノールはプロピオンアルデヒドを経てプロピオン酸，2-プロパノールはアセトンになる。

　酸化して得られた**F**はカルボン酸であるので，**E**が1-プロパノール，**F**がプロピオン酸であるとわかる。

問3. カルボン酸**F**（プロピオン酸）の分子式は $C_3H_6O_2$ なので，エステル**B**（分子式 $C_{10}H_{12}O_2$）の加水分解で**F**とともに得られる芳香族化合物**G**の分子式は C_7H_8O である。**F**と**G**がエステル結合することより**G**はヒドロキシ基をもつとわかる。これより**G**として可能性がある構造は以下の4つである。

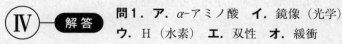

　これらにつき，ベンゼン環の炭素原子に結合している水素原子の一つを塩素原子に置換するとき，同じ物質になる位置を同じ丸数字で示すと上のようになる。これより，2種類の構造異性体が得られる**G**にあてはまるのは右端のp-キシレンである。

問4. 化合物**I**は有機化合物にヨウ素と水酸化ナトリウムを作用させることで得られる特有の臭気をもつ黄色い物質であるので，ヨードホルムであるとわかる。なお，このヨードホルム反応を示す物質は，以下の構造をもつ。

$$CH_3-CH- \qquad CH_3-C-$$
$$\quad\quad\ \overset{|}{OH} \qquad\qquad\ \overset{\|}{O}$$

問5. 酢酸の分子式は$C_2H_4O_2$なので，エステル**C**（分子式$C_{10}H_{12}O_2$）の加水分解で酢酸とともに得られる芳香族化合物**H**の分子式は$C_8H_{10}O$である。なおかつ，**H**は問4に示した部分構造をもつアルコールであるので，〔解答〕のような構造をもつ物質であるとわかる。

問6. エステル**A**は芳香族カルボン酸**D**（安息香酸）と化合物**E**（1-プロパノール），エステル**B**はカルボン酸**F**（プロピオン酸）と芳香族化合物**G**（p-キシレン），エステル**C**は酢酸と芳香族化合物**H**から得られるエステルであることに注意する。

問7. 問5・問6のとおり，エステル**C**と芳香族化合物**H**には不斉炭素原子がある。また，それ以外の物質の構造を見ると不斉炭素原子がないことがわかる。

Ⅳ 解答　**問1.** **ア.** α-アミノ酸　**イ.** 鏡像（光学）
ウ. H（水素）**エ.** 双性　**オ.** 緩衝

問2. ⑥

問3. (i)—②　(ii) pH7：グルタミン酸　pH10：リシン

問4. 5.7

===== 解　説 =====

《アミノ酸の性質》

問1. **ア.** カルボキシ基が結合している炭素原子を α 位の炭素とし，この炭素原子にアミノ基が結合しているので α-アミノ酸と呼ばれる。

イ. グリシン以外は，α 位の炭素が不斉炭素原子になる。

ウ. グリシンは，α 位の炭素に水素原子が2つ結合しているので，不斉炭素原子をもたない。

エ. 水中だけでなく，アミノ酸の結晶中でも双性イオンになっている。

オ. 少量の酸を加えると $-COO^-$ が水素イオンを受け取る。また，少量の塩基を加えると $-NH_3^+$ が水素イオンを放出し中和させる。

問2. 鏡像異性体の一方のみを溶かした水溶液は，光の振動面が揃っている偏光を回転させる作用（旋光性）がある。この実験では，はじめの偏光板を通ることで得られた偏光が試料を通過するときに，振動面が回転する。その状態で次の偏光板を通ると偏光板の向きと振動面の向きにずれがあるので，光の通過が妨げられて暗く見える。

　鏡像異性体の一方のみを溶かしたアラニンの水溶液では上記の現象が起こるので暗く見える。これに対し，グリシンの水溶液では偏光を回転させる作用がないので明るさは変化しない。

問3.（i）50mL の 0.1mol/L 塩酸を 0.1mol/L 水酸化ナトリウム水溶液で滴定すると，水酸化ナトリウム水溶液を 50mL 加えた段階でちょうど中和する。

　塩酸にアラニンを溶かした場合，アラニンは分子内で中和しているので水酸化ナトリウム水溶液を加えたときの中和点は塩酸のみが溶けているときとほぼ変わらないと考えられる。よって，正解は②であるといえる。

　塩酸にグルタミン酸を溶かした場合，中和させるには塩酸に加えグルタミン酸の側鎖のカルボキシ基をも中和させねばならないので，水酸化ナトリウム水溶液を 50mL より多く加えないといけないと考えられる。よって③が該当する。

　塩酸にリシンを溶かした場合，リシンの側鎖のアミノ基により塩酸が中和されているので，水酸化ナトリウムを 50mL 加える前に中和すると考えられる。よって①が該当する。

（ii）グルタミン酸は酸性アミノ酸であり等電点は pH7 よりも小さく，リ

シンは塩基性アミノ酸であるから等電点は pH7 よりも大きい。

　0.10mol/L の塩酸の pH はほぼ 1 であるため，この水溶液中ではグルタミン酸およびリシンはどちらも陽イオンになっており，陽イオン交換樹脂に吸着している。

　ここに pH7 の緩衝液を流し入れると，カラム内の pH が上昇し，グルタミン酸の等電点に達すると，グルタミン酸のほとんどは双性イオンとなり分子全体の電荷が 0 になるため，陽イオン交換樹脂から離れカラム内を流れ出る。このとき，塩基性アミノ酸であるリシンはそのほとんどが陽イオンとして存在しているため，カラムから流れ出ることはない。次いでpH10 の緩衝液を入れると，カラム内の pH はさらに上昇し，リシンの等電点に達するとリシンが双性イオンになるため，陽イオン交換樹脂から離れ，カラム内から流れ出る。

問 4. 陽イオン，双性イオン，陰イオンの状態にあるセリンをそれぞれ S^+，$S^\pm$，S^- と示す。それぞれのモル濃度を $[S^+]$ などのように示すと，電離定数と濃度の関係は以下のように示される。

$$K_1 = \frac{[S^\pm][H^+]}{[S^+]}$$

$$K_2 = \frac{[S^-][H^+]}{[S^\pm]}$$

側鎖にカルボキシ基・アミノ基をもたない場合，等電点では $[S^+]$ $=[S^-]$ が成り立つので

$$\frac{[S^\pm][H^+]}{K_1} = \frac{K_2[S^\pm]}{[H^+]}$$

$$[H^+] = \sqrt{K_1 K_2} = 1.0 \times 10^{-5.7}$$

よって　　pH＝5.7

（講 評）

　例年通り大問 4 題の出題であるが，2023 年度よりは若干容易になったように見受けられる。また，従来出題されていたグラフや図の描図，計算過程の記述は 2023 年度に続いてなかった。したがって，2024 年度は例年以上に容易な問題を確実におさえた上で，間違いやすい問題を注

意深く解かねばならないものであった。

　　Ⅰ　アンモニアについて，ハーバー法による合成における平衡状態および弱塩基としての電離平衡を問う問題であった。問1・問2は平衡に関する基本事項であり，確実に正解したい。問3では量的関係を考えるにあたっては分圧を物質量と同様に取り扱ってよいということを前提に，指数を含む計算を丁寧に行う必要がある。問4の(i)は，電離平衡ではあるが電離度が与えられているので容易に水酸化物イオン濃度が得られ，そこからのpHの導出も典型的な問題であった。

　　Ⅱ　アルカリ金属の性質を中心として熱化学やアンモニアソーダ法の知識も問われる問題であった。問2のイオン化傾向の大小ではK＞Ca＞Naはよく問われるが，KよりもLiがなお大きいことを知っていたかどうかで差がつくものであった。問3は，原子半径を結晶格子の一辺の長さと結びつけることが必要ではあるが，原子1個の密度を求めて比較するという方針で同じ結論を得た受験生も一定数いたものと想定される。問5が6つの熱化学方程式を適切に扱わねばならない問題なので，ここを正確に処理できたかどうかがポイントになろう。

　　Ⅲ　2023年度に続きエステルを加水分解した上で構造を決定する問題であった。ただ，2023年度は環状エステルを加水分解した上に，加水分解後に二重結合を持つ炭素原子に直結したヒドロキシ基がただちにホルミル基に変換するという難問であったが，2024年度はそのようなことのない点で難度が下がったと言える。演習を積んだ受験生であれば，手の止まるところがなかったのではと思われる。

　　Ⅳ　2023年度は糖類から出題されたが，2024年度はアミノ酸から出題された。ただ，ポリペプチド・タンパク質に関する問題はなく，酸・塩基としての性質を中心に考えさせる問題であった。問2では不斉炭素のないグリシンでは旋光性もないという点を見落とさなかったかどうかで差がついたものと考えられる。また，問3は酸性・塩基性アミノ酸についての理解が浅いと取り組みにくい問題であった。

生　物

Ⅰ　**解答**

問1．ア． 親水的　**イ．** 担体〔輸送体〕　**ウ．** NADH
問2． 異化

問3． 化学結合の名称：水素結合　　機能的な特徴：基質特異性

問4． 反応3でATPの高エネルギーリン酸結合が切れるときに出る多量のエネルギーを用いてグルコースをリン酸化する反応2を起こすことができるから。（75字以内）

問5． $\dfrac{1\times10^{-3}}{10^{-3}}\times2000\times10^{-18}\times2\times88=3.52\times10^{-13}$

$$\fallingdotseq3.5\times10^{-13}〔\mathrm{g}〕\quad\cdots\cdots（答）$$

=== 解　説 ===

《解糖系，タンパク質の構造と酵素》

問1．ア． グルコースは水に溶けやすい親水性の物質で，膜内が疎水性のリン脂質の二重層からなる細胞膜を透過できない。

イ． グルコースなどの糖やアミノ酸を運搬する膜タンパク質を担体または輸送体という。担体は特定の物質が結合すると立体構造が変化し，物質を輸送する。

ウ． 解糖系では，基質の酸化によって生じる$\mathrm{H^+}$と$\mathrm{e^-}$が補酵素$\mathrm{NAD^+}$に受け渡され，還元型の補酵素NADHがグルコース1分子あたり2分子生じる。

問2． 複雑な物質を単純な物質に分解する代謝を異化という。

問3． αヘリックスやβシートのようなタンパク質の二次構造は，特定のアミノ酸間の水素結合によって形成される。タンパク質が特定の立体構造をもつことによって，酵素では特有の構造をした活性部位にその構造に適合する物質だけが結合して作用する基質特異性が生み出される。

問4． 問題文の3つの事項をもとに，①反応1は反応2と反応3の組み合わせであり，②ATPがADPとリン酸に分解される反応3で，ATPの分子内の高エネルギーリン酸結合が切れるときに多量のエネルギーが放出され，③そのエネルギーを用いてグルコースをリン酸化する反応2が起こる

2
0
2
4
年
度

前
期
日
程

生
物

ことを説明する。

問5． 細胞質中のグルコース濃度が

$$1〔\text{mmol/L}〕=\frac{1\times10^{-3}}{10^{-3}}〔\text{mol/m}^3〕$$

で，細胞の体積が

$$2000〔\mu\text{m}^3〕=2000\times10^{-18}〔\text{m}^3〕$$

なので，細胞内のグルコースの物質量は次のように求められる。

$$\frac{1\times10^{-3}}{10^{-3}}\times2000\times10^{-18}=2\times10^{-15}〔\text{mol}〕$$

　解糖系ではグルコース1分子あたり2分子のピルビン酸が生じ，ピルビン酸の分子量は88なので，生成されるピルビン酸の質量は次のように求められる。

$$2\times10^{-15}\times2\times88=3.52\times10^{-13}≒3.5\times10^{-13}〔\text{g}〕$$

 **Ⅱ** 　**解答**　**問1．ア．** 鋳型鎖　**イ．** 転写　**ウ．** 核　**エ．** 核膜孔
　　　　　　　　オ． tRNA〔転移RNA〕　**カ．** リボソーム

問2． ゲノム

問3． (1)

```
5'- ATGAAGTTGC CTATTATATT CTTAACTCTA TTAATTTTTG TTTCTTCAT G
    TAAGTCTAAA TTATTTAATT AGGATAATGT GTCAGTATTA TAATCATTAT
    AAAAACTGTT TAAGAATTTG ATATATCTTT TAAAAAAAAA ATTTGATAG A
    TACATCAACA CTTATAAATG GTTACTGTTT TGATTGCGCA AGAGCTTGTA
    TGAGACGGGG TAAGTATATT CGTACATGTA GTTTTGAAAG AAAACTTTGT
    CGTTGCAGTA TTAGTGATAT TAAATAA -3'
```

(2)フレームシフトによって18番目以降のアミノ酸配列が変化し，終止コドンが生じてペプチドが短くなる。（50字以内）

問4． 小分子RNAがmRNAと相補的に結合し，mRNAの翻訳阻害や分解を起こしたから。（40字以内）

================ **解説** ================

《遺伝子の発現と突然変異，RNA干渉》

問1．ウ・カ． 真核細胞では，転写とスプライシングは核内で行われ，翻訳は細胞質のリボソームで行われる。

問2． ある生物がもつ，その生物の形成・維持に必要な最小限の遺伝情報

の1セットをゲノムという。

問3. (1)　図1のDNA配列はセンス鎖の配列を示しており，49番目まではTがUになっている以外mRNA配列と同じであるが，50番目以降は両者の配列が異なる。さらに，DNA配列の塩基数は277，mRNA配列の塩基数は177で，スプライシングで除かれるイントロンの塩基数は

$$277 - 177 = 100$$

である。以上より，図1のDNA配列の50〜149番目がイントロンの部分とわかる。なお，150番目以降は再び，TがUになっている以外はmRNA配列と同じになっている。

(2)　図1のmRNA配列と図2の突然変異後のmRNA配列を比較すると，①図2の配列のほうが塩基数が4多く，②図1のmRNA配列の50番目以降の配列が図2の配列では54番目以降に現れる。以上より，この突然変異によってスプライシングで除かれるイントロンの部分が変わり，突然変異後はDNA配列の50〜53番目の4塩基にあたる部分（次図で囲んだ部分）が除去されなくなったことがわかる。

5′- AUGAAGUUGC CUAUUAUAUU CUUAACUCUA UUAAUUUUUG UUUCUUCAUA
UAAAUACAUC AACACUUAUA AAUGGUUACU GUUUUGAUUG CGCAAGAGCU
UGUAUGAGAC GGGGUAAGUA UAUUCGUACA UGUAGUUUUG AAAGAAAACU
UUGUCGUUGC AGUAUUAGUG AUAUUAAAUA A -3′

　その結果，突然変異後は49番目以降の配列でコドンの読み枠がずれるフレームシフトが起こり，49〜51番目のコドンは偶然もとと同じUAUであるが，52〜54番目のコドンはトレオニンを指定するACAからリシンを指定するAAAに変わり，それ以降のアミノ酸配列が全く異なるように変化する。また，図1のmRNAでは最後の175〜177番目のコドンが終止コドンUAAとなり，合成されるペプチドのアミノ酸数は

$$174 \div 3 = 58 \text{ 個}$$

であるが，突然変異後は85〜87番目のコドンが終止コドンUGAに変化し，合成されるペプチドのアミノ酸数が

$$84 \div 3 = 28 \text{ 個}$$

になる。解答は制限字数が50字しかないため，①フレームシフトによってアミノ酸配列が変化すること，②終止コドンが生じてペプチドが短くなることの2点にしぼってまとめるとよい。

問4. このような小さなRNAによる転写後の遺伝子発現の調節はRNA

干渉（RNAi）とよばれる。RNA 干渉は，小さな RNA がタンパク質と結合して複合体をつくり，相補的な配列をもつ mRNA と結合して mRNA を分解したり，リボソームによる翻訳を阻害したりする現象である。

Ⅲ　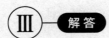

問1．ア． 慣れ　**イ．** 学習

問2．ウ． ナトリウムイオン　**エ．** カリウムイオン

オ． ナトリウムポンプ　**カ．** 能動　**キ．** カリウムチャネル

問3． N1 末端でのカルシウムイオンの流入量が減少し，N1 末端から放出される神経伝達物質が減少したから。（50 字以内）

問4． カルシウムチャネルの不活性化やシナプス小胞の減少で神経伝達物質の放出量が減った。（40 字以内）

問5． シナプス後電位が加重されて閾値に達した。（20 字以内）

━━━━━━━━━━━━━━ 解説 ━━━━━━━━━━━━━━

《興奮の伝達と慣れが生じるしくみ》

問1． 繰り返し刺激を与えると，生じる反応の強さや頻度が減少する現象を慣れという。慣れは，生まれてからの経験によって行動が変化する学習の一種である。

問2． 細胞膜ではナトリウムポンプによる能動輸送によって Na^+ が細胞外に排出され，K^+ が細胞内に取り込まれるため，細胞外には Na^+ が多く，細胞内には K^+ が多い。また，一部のカリウムチャネルは常に開いた状態で，K^+ が細胞外に漏れ出している。そのため，刺激を受けていない状態では，膜内は負，膜外は正に帯電して静止電位が生じる。

問3． 興奮が軸索末端まで伝導すると，電位依存性カルシウムチャネルが開いてカルシウムイオンが細胞内に流入する。その結果，シナプス小胞が細胞膜に融合して神経伝達物質が放出され，次のニューロンに興奮が伝達する。このことから，細胞外液のカルシウムイオン濃度を減少させることでシナプス後電位が小さくなるのは，細胞内に流入するカルシウムイオンの量が減少し，放出される神経伝達物質の量が減少するからと考えればよいだろう。

問4． 感覚神経は神経伝達物質を介して LG に興奮を伝達する。したがって，問題文にある「感覚神経の応答が変化」は神経伝達物質の放出量の減少を意味し，それにより LG に発生するシナプス後電位が小さくなったと

考えるとよい。繰り返し刺激を与えると，感覚神経の末端部にある電位依存性カルシウムチャネルが不活性化したりシナプス小胞が減少したりすることで，放出される神経伝達物質の量が減少するため，LG に発生する興奮性シナプス後電位が徐々に小さくなり，慣れが形成される。

問5. シナプスを形成する複数のニューロンから同時に刺激を受けた場合，それらの刺激によって生じるシナプス後電位は加算される。これを空間的加重といい，個々のシナプス後電位が閾値に達しなくても，加重されることによって閾値に達すると活動電位が発生する。理由を答えるので文末を「から」で終わりにしたいが，制限字数20字では難しい。

 **Ⅳ**　**解答**　**問1.　ア.** 光合成　**イ.** オゾン層　**ウ.** 維管束
　　　　　　　　エ. 恐竜類　**オ.** 鳥類

問2. イチョウとソテツでは，花粉管から放出された精子が胚珠内の液体中を泳いで卵細胞と受精する。一方，針葉樹類では，遊泳能力のない精細胞が花粉管の中を移動して卵細胞と受精する。

問3. ⑴茎頂分裂組織の最も外側の領域ではA遺伝子がはたらいてがく片が，その内側の領域ではA遺伝子とB遺伝子がはたらいて花弁が，さらに内側の領域ではB遺伝子とC遺伝子がはたらいておしべが，最も内側の領域ではC遺伝子がはたらいてめしべが分化する。(120字以内)
⑵花粉や蜜を提供し，特定の昆虫に花粉を運搬させて受粉を確実にした。果実を提供し，それを捕食する動物に種子を散布させた。(60字以内)

問4. 魚竜，首長竜，翼竜の中から2つ

問5. 多くの絶滅したハ虫類の生態的地位（ニッチ）が空き，それを受け継いで多様な環境に哺乳類が適応放散した。(50字以内)

━━━━━━━━━━━━━━ **解説** ━━━━━━━━━━━━━━

《生物の進化と変遷》

問1.　イ. オゾン層は生物に有害な太陽の紫外線を遮り，生物の陸上進出を可能にした。

ウ. 維管束をもつシダ植物，裸子植物，種子植物は，まとめて維管束植物とよばれる。

エ・オ. 中生代三畳紀に恐竜類と哺乳類が出現し，ジュラ紀に羽毛をもつ恐竜類から鳥類が誕生した。

問2. 裸子植物は胚珠がむき出しで，花粉は珠孔から胚珠内に引き込まれた後，花粉管を伸ばす。その後，イチョウとソテツでは，花粉管から精子が放出され，精子が胚珠内の液体中を泳いで卵に達するが，マツ，スギなどの針葉樹類では，遊泳能力のない精細胞が花粉管の中を移動して卵に達し，受精に胚珠内の液体が不要になった点に違いがある。

問3.（1）花芽が形成されるとき，A，B，Cの3つのクラスの遺伝子はそれぞれ決まった領域で発現し，領域ごとに発現する遺伝子の組み合わせが異なることで異なる花の構造ができる。解答では，A遺伝子のみが発現する部分ではがく片，A遺伝子とB遺伝子が発現する部分では花弁，B遺伝子とC遺伝子が発現する部分ではおしべ，C遺伝子のみが発現する部分ではめしべが分化することまで具体的に説明する。

（2）被子植物は，さまざまな色の目立つ花をつけ，特有の匂いや蜜を分泌して特定の昆虫を誘引するようになることで多様化し，花粉や蜜を提供することで，昆虫によって花粉が運ばれる虫媒花を進化させた。また，果実を発達させ，それを動物に捕食させることで動物に種子を散布させ，分布域を拡大した。質問は「陸上動物とどのような共生関係」をもったかなので，被子植物と陸上動物の双方が得る利益がわかるように説明する。

問4. 中生代には，恐竜類のほかに水中生活に適応した魚竜や首長竜，空中生活に適応した翼竜などのハ虫類が繁栄したので，これらの中から2つを答える。恐竜類は陸上で直立した足をもつハ虫類を指す。

問5.「生態的地位（ニッチ）」と「適応放散」の2語をキーワードとして，①大量絶滅によって多くの絶滅したハ虫類が占めていた生態的地位が空いたこと，②それを受け継いで哺乳類が多様な環境に適応放散したことの2点を説明する。

講評

　大問数は2023年度までと同じ4題。論述問題は20〜120字の字数制限のあるものが9問，字数制限のないものが1問出題され，2023年度と比べて論述量がかなり増加した。知識・理解をもとに考察する力を試すような問題が増加し，2022・2023年度と比べてやや難化した。

　I 解糖系と酵素，タンパク質に関する標準レベルの問題。2023年

度と同じ代謝からの出題だった。問題文の記述をもとに酵素反応が起こる理由を説明する問4は論理的に説明する力が試される。解糖系に関する問5の計算は易しい。確実に得点したい大問である。

Ⅱ 遺伝子の発現と突然変異に関する問題。2023年度と同じ遺伝情報からの出題だった。塩基配列をもとにイントロンや突然変異について考える問3の(1)・(2)は資料をもとに考える力が問われ，やや手ごわい。問4はRNA干渉に関するやや発展的な問題。やや難度の高い大問である。

Ⅲ 興奮の伝達と慣れに関する問題。膜電位やシナプスでの興奮の伝達のしくみに関する正確な理解が問われ，問3〜問5の論述問題の出来がポイントになる。問5では空間的加重が出題された。標準レベルだが，論理的な思考力が試される大問である。

Ⅳ 生物の変遷に関する総合的な問題。裸子植物の受精に関する問2はなかなか正確に答えられないだろう。問3の(1)のABCモデルの論述はできないといけない問題である。被子植物と動物の共生に関する問3の(2)，哺乳類の多様化に関する問5など論述中心で，やや手こずる大問である。

地学

地　学

問1．ア． 鍵層　**イ．** マグマ　**ウ．** 逆断層　**エ．** 海嶺
オ． 付加体　**カ．** 広域変成作用

キ． 片麻岩

問2． 地層C→褶曲→不整合2→地層A→断層→岩脈→不整合1

問3． 堆積物：砕屑物に含まれる磁性鉱物が水中を沈む間に，地磁気の向きに平行に整列して，そのまま水底に堆積する。

火成岩：高温のマグマが冷えてキュリー温度を下回る時に，磁性鉱物が地磁気の向きに磁化して，そのまま固結する。

問4． 現在の西南日本では大陸側の<u>ユーラシアプレート</u>の下に海洋側の<u>フィリピン海プレート</u>が沈み込んでいるように，海洋プレート上に堆積した地層が次々に陸側へ押しつけられて付加体を形成する。海洋側により新しい付加体が形成されるので，大まかには太平洋側へ向かって新しくなる。

━━━━━━━━　解　説　━━━━━━━━

《地質構造の形成》

問1．ウ． 問題の図1の断面が奥行き方向にそのまま続くという条件も踏まえて考える。断層は，右側が下盤であり，左側の上盤がずり上がっている逆断層である。

カ・キ． 地層Cの結晶片岩は，プレートの沈み込み帯の深部で起こる低温高圧型の広域変成作用によって生じた。広域変成作用によって生じる変成岩には，高温低圧型の片麻岩もある。

問2． 地層Cに見られる褶曲は，不整合2より上位の層に及んでいないことから，地層C→褶曲→不整合2の順が決まる。地層Aでは岩脈が断層面を貫いていることから，地層A→断層→岩脈の順が決まる。最後に地層CとAの全体を，不整合1を境に地層Bがおおっている。

問3． 地表の岩石の侵食によって生じた砕屑物には，磁鉄鉱などの磁性を持った鉱物が含まれている。磁性鉱物は，海洋などの水中を沈む過程で地磁気の向きに整列する。それがそのまま水底に堆積することで，堆積物に残留磁気が保持される。これを堆積残留磁気という。一方，マグマに含ま

れる磁性鉱物は，キュリー温度より高温だと磁性を持たないが，高温のマグマが冷えてキュリー温度よりも低くなる時に，地磁気の向きに磁化される。それがそのまま固結することで，火成岩に残留磁気が保持される。これを熱残留磁気という。堆積残留磁気は熱残留磁気に比べ弱いため測定が難しいが，連続的なデータがとれる利点もある。

問4. 海洋プレートが海溝に沈み込む時に，海底の堆積物ははぎとられ，陸側のプレートに付加する。そのため大まかには，大陸に近い側に古生代の秋吉帯などの古い地質体が分布し，太平洋に近い側に四万十帯のような新しい地質体が分布する傾向にある。なお，フィリピン海プレートがユーラシアプレートの下に沈み込むようになったのは新生代に入ってからであるが，それ以前も別の海洋プレートが沈み込んでいた。

Ⅱ **解答** **問1.** D) **問2.** E) **問3.** C)

問4. $\dfrac{1.3 \times 10^{16}}{3.9 \times 10^{17} + 1.1 \times 10^{17}} \times 365 = 9.49 \fallingdotseq 9$ 日 ……(答)

問5. **オ.** 環流 **カ.** 熱塩 **キ.** 北大西洋または南極近海

=== 解説 ===

《地球表層の水の循環》

問1・問2. 地球表層の水の約97〜98％が海水で，残るほとんどが陸水であり，大気中の水はわずか0.001％である。陸水では山岳氷河や大陸氷が1.7％で最大であり，次いで地下水が0.7％，そして，河川水や湖沼水は合わせても0.1％に満たない。

問3. A) 正文。水が蒸発して水蒸気になる時には周囲から潜熱を吸収し，水蒸気が凝結して水になる時には周囲に潜熱を放出する。

B) 正文。地表が受ける太陽放射量は緯度によって大きな差があるので，熱輸送がなかった場合，温度差は現在より大きくなる。

C) 誤文。地表から大気への熱輸送では，水蒸気による潜熱輸送は熱伝導による顕熱輸送の3倍以上である。

問4. 大気中の水の平均滞留時間は，大気の水の総量 1.3×10^{16} kg を，1年あたりの大気から海洋と陸上へ出ていく水の量の和 5.0×10^{17} kg/年 で割ることで，0.026年と求められる。これに1年の日数365日を掛けて日

数に直す。

問5. 海洋表層の海水の水平循環は，貿易風や偏西風によって駆動される亜熱帯環流が最も大きく，他にも多数の海流が存在する。一方，海洋の深層循環は，海水の結氷に伴って，温度が低く塩分が大きい高密度の海水が生成し沈降することから始まるので，熱塩循環とよばれる。この高密度の海水ができる場は，北大西洋のグリーンランド沖（ノルウェー海）と，南極のウェッデル海の2か所が存在する。循環速度は1周に1000年単位の時間を要する。

問1. 太陽と同じ密度で半径が500倍の天体の質量は，太陽の 500^3 倍である。よって，この天体の脱出速度は

$$6.18 \times 10^2 \times \sqrt{\frac{500^3}{500}} = 3.09 \times 10^5 \ (km/s)$$

となり，光速度 3.00×10^5 km/s を超える。

問2. (ア)　$14 - (-3.0) = 5\log_{10}d - 5 + 2.5$ より

$\log_{10}d = 3.9$

$\therefore\ d = 10^{0.9} \times 10^3 = 7.94 \times 10^3 \fallingdotseq 8 \times 10^3 \ (pc)$　……(答)

(イ)天の川銀河の中心部の方向は星間物質が多く，可視光は電波や赤外線に比べて吸収される割合が大きいから。

問3. 楕円軌道の長半径を a とすると

$(1 - 0.88)a = 120$　　$\therefore\ a = 1000 \ (au)$

である。ケプラーの第三法則から，太陽質量を基準にした時の求める質量は次のようになる。

$$\frac{1000^3}{16^2} = 3.9 \times 10^6 \fallingdotseq 4 \times 10^6 \ 倍　……(答)$$

=== 解　説 ===

《ブラックホールの観測》

問1. 天体の平均密度を ρ とすると，質量 M は $M = \frac{4}{3}\pi\rho R^3$ と書ける。これを用いて問題文の式を書き替えると $v_{esc} = \sqrt{\frac{8}{3}\pi G\rho R^2}$ となり，平均密度

ρ が同じであれば，脱出速度 v_{esc} は天体の半径 R に比例する。つまり，半径が太陽の 500 倍の天体の脱出速度は，太陽の場合の 500 倍といえる。

問2.（ア）見かけの等級と絶対等級の間で知られた関係式 $m-M$ $=5\log_{10}d-5$ は，星間空間での吸収を考慮しない場合である。問題文の式では，星間空間での吸収を考慮に入れて，見かけの等級が A_λ 等だけ大きく（暗く）なっている。

（イ）問題文にあるように，天の川銀河の中心にあるブラックホールの観測には，可視光線よりも波長の長い電波や近赤外線が用いられている。これは，地球と銀河中心の間は，銀河の円盤部の中であり，星間物質の密度が大きく，波長の短い可視光線や紫外線などは，吸収や散乱によって減衰しやすいためである。

問3. まず楕円軌道の長半径 a を求める。離心率 e の楕円軌道における近点距離は $a(1-e)$，遠点距離は $a(1+e)$，平均距離は a である。本問では，近点距離と離心率から，軌道長半径 a が求まる。

次に，ケプラーの第三法則を応用する。質量 M の天体のまわりを，小質量の別の天体が，軌道長半径（平均距離）a，周期 P で公転するとき，ケプラーの第三法則は次のように一般化して書ける。

$$\frac{a^3}{P^2}=\frac{G}{4\pi^2}M \quad (G \text{ は万有引力定数})$$

太陽のまわりを地球が公転する場合，$a=1$ 天文単位，$P=1$ 年だから，太陽質量を M_S として，上式は次のようになる。

$$\frac{1^3}{1^2}=\frac{G}{4\pi^2}M_S$$

これら2式を比較すると，次のように質量比が求められる。

$$\frac{a^3}{P^2}=\frac{M}{M_S}$$

つまり，a を天文単位，P を年で表した時，ケプラーの第三法則の左辺を計算すると，天体の質量 M が太陽質量を単位として得られる。

講評

大問3題の出題である。例年に比べ難度，分量ともにいくぶん軽く，

解きやすい試験内容であった。多くの設問は，各分野の基本的な学習ができていれば極端に苦労することはなかっただろう。ただし，論述，計算ともに十分な理解が求められる内容であり，あいまいな理解では満足な答案は書けない。また，描図は出題されなかったが，読図を要する設問は出題された。

Ⅰ　地質分野から，地質断面図にとどまらない総合的な内容の問題であった。問3は残留磁気が獲得される過程の正しい理解が必要であり，堆積残留磁気と熱残留磁気の違いを書き分けられるかがポイントである。問4は文で適切に書き表すのは案外難しく感じるかもしれない。

Ⅱ　大気・海洋分野から，地球の水収支と熱収支，そして海洋の循環に関する総合的な内容であった。どれも基本的な内容であり，丁寧に答えて高得点をとりたい大問である。

Ⅲ　宇宙分野からの出題で，ブラックホールの観測の歴史に関する興味深い内容であった。問1，問2は与えられた数式を活用する設問である。問3は，楕円軌道の長半径（平均距離）をまず求めてから，ケプラーの第三法則を使った計算をする。いずれも十分な計算練習を積んで，考え方を習得しておく必要がある。

//////////////////// · **memo** · ////////////////////

2023
年度

解 答 編

解答編

英語

I **解答** 問1．(a)—(う)　(b)—(あ)　(c)—(え)　(d)—(あ)　(e)—(え)
問2．(イ)—(い)　(ロ)—(う)　(ハ)—(あ)

問3．全訳下線部参照。　問4．(う)　問5．(あ)

◆全　訳◆

≪意味のある人生とは≫

　意味のある人生について思いを巡らすとき，私たちは人類に多大な貢献
をした人たちに注目することが多い。エイブラハム＝リンカーン，マーティ
ィン＝ルーサー＝キング＝ジュニア，ネルソン＝マンデラは，きっと自分は価
値ある人生を送ったと感じていたはずだ。しかしながら，私たち，ごく普
通の人間だとどうだろう？

　多くの学者は，主観的に見て意味のある存在とは，つまるところ3つの
要因に行きつくことが多いという点では意見が一致している。その3つと
は，自分の人生は一貫しており「筋が通っている」と感じること，明確で
満足のいく長期的な目標を持っていること，そして自分の人生は長い目で
見れば重要だと思えることである。心理学者たちはこの3つを一貫性，目
的，存在の重要性と呼んでいる。

　しかしながら，私たちは考慮すべき，また別の要素もあると考えている。
あなたが足を止めて見とれてしまう，長い冬の後の最初の蝶を思い浮かべ
るとか，さわやかなハイキングの後の山の頂上から見る景色を想像してみ
るといい。時には，現実として存在するものが私たちに美しいちょっとし
た瞬間を与えてくれる。人が進んでそのような経験に価値を見出すように
していると，こういう瞬間がその人の人生観をより良いものにしてくれる
かもしれない。私たちはこの要素を経験への価値評価と呼ぶ。その現象は，
出来事が生じるときに，その出来事に深くつながっているとの思いや，そ
のつながりから価値を引き出す能力を映し出す。それは，人生に本来備わ

っている美しさを発見し，それに対する称賛を表すものなのだ。

私たちは最近，3,000 人以上の参加者を対象とする一連の研究において，この形態の価値評価をもっと深く理解しようと試みた。これらの研究全般にわたり，私たちの興味は，一貫性，目的，存在の重要性という古典的な 3 つの要素の影響を考慮したとしても，経験への価値評価は，人が意味があると感じることと関連しているかという点にあった。もし関連しているなら，経験への評価は，大きな価値や意義があるということにつながる特異な要因である可能性があり，単にこれらの他の変数の産物などではないということなのだ。

私たちの考えを検証するための最初として，新型コロナウイルス感染症の世界的流行の初期段階の間に，<u>私たちは参加者たちに，ストレスを和らげるためのさまざまな対処法にどの程度賛同するかを評価してもらった。</u>それでわかったのは，人生の美しさに価値を見出すことに目を向けてストレスとうまく付き合った人たちは，同様に人生も非常に意味のあるものだと感じると答えたという点だった。それに続く研究で，私たちは参加者らに，一貫性，目的，存在の重要性，さらに人生の意義を普通はどう感じるかという点に関わる他の発言だけでなく，「私は人生の美しさをとても価値あるものだと思っている」とか「私は多種多様な経験ができてありがたく思う」といったさまざまな発言にどの程度賛同するかをランク付けするよう依頼した。その結果から，「人生には価値があると思う」とか，多くの経験には価値があると思うと回答した人ほど，自分の存在は価値あるものだと感じていることがわかった。実際，この 2 つの要素は互いに強く関連していた。その後の研究において，私たちはさらに，これらの概念の間の関連性を探った。例えば，過去 1 週間で最も有意義だった出来事を思い出すよう依頼された参加者は，通常，そういう瞬間を経験したことを高く評価すると回答していることがわかった。

最後に，私たちは一連の実験を行い，そこで参加者に特定の課題を与えて，もう一度，一貫性，目的，存在の重要性に関連する発言にどれほど強く共感するかを回答してくれるよう依頼した。あるケースでは，BBC のドキュメンタリー番組『プラネット・アース』のオープニング・シーンのような畏敬の念を起こさせるビデオを見た参加者は，木工細工の指導ビデオのような，もっと当たり障りのないビデオを見た参加者と比べて，経験

の価値を高く評価し，人生の意義をより強く感じると回答していることが
わかった。同様に，最近経験したことで，それに対して感謝の念を持って
いることについて書いた参加者は，過去 1 週間で訪れたどこにでもある場
所について書いただけの参加者と比較すると，後になって，意味があると
強く感じ，経験の価値を評価する思いも強かった。

　この結果は，小さなことを大切に思うことで，人生をより有意義なもの
と感じることができる，という私たちの当初の仮説を裏付けるものだった。
しかしながら，その理解を応用するのは難しいことがある。現代のような
ペースの速い，まずプロジェクトありきのライフスタイルでは，一日を対
象とするものや目標で埋め尽くしてしまう。私たちはいつも忙しく動き回
っていて，仕事中でも手の空いているときでも最大限の結果を出そうとす
る。このように，将来の結果を重視するあまり，たった今起きていること
をいとも簡単に見逃してしまう。しかし，人生は今この瞬間に起きている
のだ。私たちはペースを落とし，人生に驚きを覚えるようにして，日常の
大切さをしっかり受け入れるべきだ。インドの元首相のジャワーハルラー
ル＝ネルーが 1950 年に書き残しているように，「私たちは素晴らしい世界
に住んでいる…目を開いて探し求めさえすれば，手に入れることができる
冒険は尽きることがない」のである。

━━━━━━━━◀解　説▶━━━━━━━━

▶問 1．選択肢の語句の意味と単純に比較するのではなく，「本文の内容
に合致するように，別の表現で」という条件に合うものを選ぶ必要がある。
(a) boils down to ～ は「つまるところ～となる，～に帰着する」という意
味のイディオム。ここでは，subjectively meaningful existence「主観的
に見て意味のある存在」という主語と three factors「3 つの要因」とい
う目的語とのつながりから判断する。選択肢の中では(う) comprises「（部
分として）～を含む，～から成る」が適切。(い) complements「～を補足す
る」(え) contradicts「～と矛盾する」
(b) inherent は「本来備わっている，固有の」という意味で，選択肢の中
では(あ) fundamental「根本的な，基本的な」が適切。(い) long-term「長期
間にわたる，はるか先の」(う) multiple「多数の，複数の」(え) satisfying
「満足のいく」
(c) account for ～ には「～を説明する，～の割合を占める，～の主な原因

となる」などの意味があるが，ここでは，even when we（　）the effects of the classic trio「古典的な 3 つの要因の影響を（　）した場合でさえ」という文脈の中で置き換えられる語句を選ぶ必要がある。文脈に照らし合わせると，take account of 〜「〜を考慮する」に近い意味だと考えられるので，選択肢の中では(え) took into consideration「〜を考慮した」が適切。(あ) figured out「〜だとわかった」 (い) gave an explanation for「〜を説明した」 (う) made up「〜を作成した，〜を作り上げた」

(d) on the go は「あちこち動き回って，忙しく働いて」という意味のイディオム。選択肢の中では(あ) busy and active「忙しく動き回って」が適切。(い)と(う)は意味的にも異なるが，この部分が現在進行形の文になるので，前置詞句の代わりとして用いるのは不適。(え)の self-indulgent は「わがままな」の意味。

(e) embrace には「（人）を抱擁する，〜を利用する，（主義・思想など）を受け入れる」などの意味があり，ここでは目的語が the significance in the everyday「日常にある大切なもの」であることから，(え) willingly accept「進んで受け入れる」が適切。(う)の accumulate は「〜を蓄積する」の意味。

▶問 2．選択肢の英文の訳は以下の通り。

(あ)「若き教師のジョージは，生徒や親たちが自分に感謝してくれると，自分の行為や人生は他者に対して価値があると感じる」

(い)「若手公務員のジュリアは，自分が大学の社会学課程で学んだことを，地域社会へのサービスに生かしている」

(う)「小説家になりたいナオミは，10 万語の小説を書き上げるために，毎朝 100 語は書くよう心がけている」

(イ) coherence「一貫性」の例としては，大学で学んだことを仕事で生かしているという点で一貫している(い)が適切。

(ロ) purpose「目的」の例としては，10 万語の小説を書くという目的のために努力している(う)が適切。

(ハ) existential mattering「存在の重要性」の例としては，生徒や親に感謝されることで自分の存在に価値があると考えている(あ)が適切。

▶問 3．**we had participants rate**

この had は使役動詞として用いられており，have *A do*「*A* に〜しても

らう」という意味。participants は「参加者」だが，実験に参加してもらっている人たちのことなので「被験者」という訳も可能。

to what extent they agreed with different coping strategies

　to what extent 以下は rate の目的語となっている疑問詞節で，「どの程度〜か」という意味。to the extent「その程度まで」が元になっている。agree with 〜「〜に同意する」　coping strategy「対処法，対応策」

to relieve their stress.

　この to 不定詞は目的を表す用法と考えられる。relieve「〜を解消する，〜を和らげる」

▶問 4．㋐　A．「〜に出席する」　　　　B．「深い」

　　　　㋑　A．「〜を記憶する」　　　　B．「生き生きした」

　　　　㋒　A．「〜を思い出す」　　　　B．「高い」

　　　　㋓　A．「〜を思い出させる」　　B．「安定した」

　第 5 段第 4 文（Our results showed …）で，実験の結果，人生や多くの経験に価値があると思うほど，自分の存在に価値があると感じるということがわかったと述べられている。空所のある文はそれに続く実験なので，経験の価値と自分の存在の価値に正の相関があるという内容にすればよい。前の週の最も意味のある出来事を思い出せば，そういう瞬間に自分が居合わせたことを高く評価するはずであるから，Aは「〜を思い出す」で，Bには high が入る。したがって，組み合わせとしては㋒が正解。

▶問 5．㋐「小さなことを大切に思うことで，人生をより有意義なものと感じることができる」

㋑「意味のある人生は，仕事と余暇を楽しむことと関係がある」

㋒「あなたが他者にとって意味があれば，あなたの人生も意味のあるものになる」

㋓「一貫性，目的，存在の重要性は，意味のある人生の構成要素となりうる」

　our original theory の内容を答える設問である。第 3 段（However, we believe …）を参考にする。冬の後の最初の蝶やハイキング後の景色は，日常の小さな美しい瞬間の例で，そういった瞬間の経験を評価することが良い人生観を持つことにつながるという趣旨で，これが理論の中身と考えられる。この内容になっているのは，㋐である。

━◆━◆━◆━◆━◆━ ●語句・構文● ━◆━◆━◆━◆━◆━◆━

（第1段）focus on ～「～に注目する，～を重視する」 contribution「貢献」

（第2段）coherent「首尾一貫していて」 make sense「筋が通る，意味をなす」 in the grand scheme of things「長い目で見れば，物事を俯瞰的に見ると」 existential mattering「存在の重要性」とは，自分が存在していること自体に意味があり，重要だと思うこと。

（第3段）be open to ～「進んで～を取り入れる，～しやすい」 experiential appreciation「経験への価値評価」とは，自分の人生経験には価値があると高く評価する思いのこと。extract「～を引き出す」 detection「発見」

（第4段）set out to *do*「～し始める，～しようと試みる」 contributor「一因，引き金となっているもの」 variable「変数，不確定要素」

（第5段）the COVID pandemic「新型コロナウイルス感染症の世界的流行，コロナ禍」 rate「～を評価する，～を格付けする」 the 比較級～, the 比較級…「～すればするほど…」 subsequent「次の，後の」

（第6段）identify with ～「～に共感する」 awe-inspiring「畏敬の念を起こさせる」 opening sequence「オープニング・シーン，オープニング」 neutral「中立的な」 instructional「指導的な」 woodworking「木工の，木工細工」

（最終段）confirm「～を裏付ける」 fast-paced「ペースの速い，急速な」 project-oriented「プロジェクト指向の，プロジェクト中心の」 goal「目標，目的」 at leisure「手の空いているとき，暇なとき」 all too「あまりに～すぎる」

II 　**解答**　問1．全訳下線部参照。 問2．㋐
　　　　　　問3．世界の一部の地域では，水不足がすでに非常に深刻な問題となっているという状況は，もし私たちが地元や地域ごとに利用できる水資源を使いすぎたり，無駄にしたり，汚染したりし続けるなら，今後数十年で劇的に悪化するだろう。
問4．A—㋐　B—㋓

問5.（お）　※

> ※問5については，二つの正答のうち一つは本文の記述から導き出せないことが判明したため，正答を導き出せない選択肢について，全員に加点する措置が取られたことが大学から公表されている。

～～～～～～◆全　訳◆～～～～～～～～～～～

≪世界の水資源問題≫

　水不足が進行中である。しかし，これは実際のところどういうことなのだろう？　なんだかんだ言っても，地球から水がなくなることは，1滴たりともないのだから。水は限りある資源とはいえ，私たちが水を永久に使えなくしない限り，水を使い切ってしまうことなどないだろう。しかしながら，人間の水の使用を自然界の水循環の中に組み入れ，地域内で利用可能な水を適切，効果的，持続可能かつ公正な方法で利用することは重要である。この分野では大きな進展があったにもかかわらず，安全な飲料水を利用できない人がまだ何百万人もいる。毎日，何百万人もの女性や子供たちが，水を汲んで家まで運ぶために，長距離を，しかも往々にして危険な道のりを歩かなければならない。食料や土地の場合と同様に，清潔な飲料水や農業用水を手に入れる機会は平等に分配されてはいないのだ。

　淡水となると，たいていの人は河川や湖，地下水や氷河にある水，いわゆる「ブルー・ウォーター（青の水）」を思い浮かべる。降雨のほんの一部が，この淡水の供給源となるにすぎない。降雨の大部分は地表に降り注ぎ，そのまま「何の役にも立たない蒸発」として，あるいは，植物に利用された後，「生産的蒸散」として蒸発する。この2つ目のタイプの雨水は「グリーン・ウォーター（緑の水）」と呼ばれる。利用可能な淡水供給量のうち，グリーン・ウォーターの割合は55％から80％の間で，世界の地域によっても，地域の木の密度によっても異なる。今後の水管理にとって最大の好機と課題は，より多くのグリーン・ウォーターを土壌や植物の中に蓄えること，さらにはそれをブルー・ウォーターとして蓄えることである。

　農業は，地球上で利用可能な淡水を，群を抜いて最も大量に消費する。水路や地下水から汲み上げられる「ブルー・ウォーター」の70％は農業用で，50年前と比べて3倍になっている。2050年までには，世界の農業の水需要は，灌漑に必要であることでさらに19％増加すると推定されて

いる。現在，世界の食料の約 40％は，人工的に灌漑された地域で栽培されている。特に，東南アジアの人口密集地域では，収穫量が増加した主な要因は，1960 年代から 1980 年代の間に，さらなる灌漑設備へ巨額の投資がなされたことだ。はたしてどこなら，将来的にさらに灌漑を拡大し，河川や地下水からさらに水を得ることが可能なのだろうか，どうすればこれができるのか，そしてそれは理にかなっているのかどうかが議論されている。農業はすでに，特に灌漑が不可欠な地域においては，人々の日々の使用や環境ニーズと競合しており，生態系を文字通り干上がらせる恐れがある。さらに，今後数年の間に，気候変動によって，水が利用できるかどうかに，甚大かつ一部は予測不可能な変化がもたらされるだろう。

　世界の一部の地域では，水不足がすでに非常に深刻な問題となっている。その状況は，もし私たちが地元や地域ごとに利用できる水資源を使いすぎたり，無駄にしたり，汚染したりし続けるなら，今後数十年で劇的に悪化するだろう。農業は，トウモロコシや綿花といった水を大量に必要とする作物を，それには乾燥しすぎている地域で栽培するのを避けるとともに，効率の悪い栽培や，土壌の塩害をも引き起こす灌漑システムを改善することで，水問題を軽減することも可能だろう。他にもこれまで行われてきたが，避けることができる可能性もあるのは，水を蓄える森林の伐採や，一時的に使用されていない土地での蒸発，世界の一部の地域における地下水源の大規模な過剰利用などである。

　水路全体の汚染や汚濁もまた別の深刻な問題である。水は多くの物質を運ぶ。例えば，洗い流された肥沃な土壌や，高濃度では水路を栄養過多にして水路から酸素を奪うさまざまな栄養分である。水には，農薬や塩分，重金属，家庭排水，工場から出る非常に多種多様な化学物質も含まれている可能性がある。ヨーロッパの多くの河川や湖沼は，産業排水による直接的な汚染からは徐々に回復しつつあるが，アジアなどの発展途上国の人口密集地では，その問題は大幅に増大しつつある。さらに下流での水の使用はますます危険かつ高価になり，時には不可能になろうとしている。地下水に含まれる有害物質が，あらゆる世代の人々がこの大切な資源を使用できないようにする可能性がある。農業は，農薬や大量の窒素で水域を汚染している。大河の河口近くの，過剰な肥料のために海洋生物が呼吸できなくなっている，いわゆる「デッド・ゾーン（死の海域）」の数と規模が拡

大しているのだ。

━━━━━ ◀解　説▶ ━━━━━

▶問 1 ．**As is the case for food and land,**

　As is the case for 〜 は「〜の場合と同様に，〜の場合のように」という意味の表現で，As is often the case with 〜「〜にはよくあることだが」と区別が必要。

access to clean drinking water and water for agricultural usage is unequally distributed.

　主語は access で，access to 〜 の形で「〜を利用する方法〔機会〕，〜を入手する方法〔機会〕」という意味になる。ここでは to 以下は clean drinking water「清潔な水」と water for agricultural usage「農業用水」の 2 つで，動詞が distribute「〜を分配する」なので，「方法」より「機会」の方が適切。is unequally distributed は直訳すると「不平等に分配されている」だが，「平等に分配されてはいない」という訳が自然であろう。

▶問 2 ．説明文の全訳は以下の通り。

　「ブルー・ウォーター（青の水）」は，湖，河川，ダムの後ろの貯水池にある。それは降雨や雪解け水によって再補填される。利用可能なブルー・ウォーターは，飲料水を含む多くの目的に使用される。また，農業用の灌漑水としても使用される。

　「グリーン・ウォーター（緑の水）」とは，地中にあって植物や土壌の微生物が利用できる水である。それは根から吸収され，植物に利用されてから，放出されて大気中に戻る水である。

イ．irrigation water for 〜「〜のための灌漑用の水」という文脈から判断して，agriculture「農業」が適切。

ロ．グリーン・ウォーターが植物の根から吸収され，植物に利用されてから，どこに放出されるかを考えると，atmosphere「大気」が適切。

したがって，イとロに入る語の組み合わせとしては，(あ)が正解。

▶問 3 ．**The situation will worsen dramatically in the decades to come**

　The situation の内容は，直前の第 4 段第 1 文（In some regions …）に述べられており，この部分を The situation につなげる形で「〜という状

況は」と和訳するとよい。その中心となるのは water scarcity「水不足」
が has already become a very serious problem「すでに非常に深刻な問
題となっている」という点。〔解答〕以外には「一部地域ですでに深刻な
問題となっている水不足という状況」とまとめることも考えられる。
worsen「悪化する」 dramatically「劇的に」 in the decades to come の
to come は時を表す単語の後ろに置かれると「この先，今後」という意味
になる。in the decades「数十年間で」

**if we continue to overuse, waste, and contaminate the resources
available at local and regional levels.**

　continue to *do*「〜し続ける」 to 不定詞の動詞は overuse「〜を過剰に
使用する」，waste「〜を浪費する」，contaminate「〜を汚染する」の 3
つ。available「利用できる，入手できる」以下は，the resources「資源」
を修飾する形となっている。at local and regional levels は，ここでは
「地元や地域ごとに，地元や地域において」という意味で用いられている。

▶問 4．A．空所の前後にある，Agriculture「農業」と，people's
everyday use and environmental needs「人々の日々の使用や環境ニー
ズ」との関係性を水不足の文脈で考えると，㋑の competes with「〜と競
合する」が正解。「環境ニーズ」とは，ここでは環境を維持するために必
要とされるもの，環境を維持するために人に求められているものなどを指
す。

B．Toxic substances in the groundwater「地下水の中の有害物質」が
this treasure「この宝物」すなわち地下水をどういう状態にするかを考え
ると，㋞の unusable「使用できない，使用に適さない」が正解。

▶問 5．㋐「デッド・ゾーン，言い換えると低酸素エリアは，農業に破滅
的影響を及ぼしている」 デッド・ゾーンとは，最終段最終文（The
number and …）に述べられているように，大河の河口近くの海域を指す
ので，農業とは関係がなく，不一致。

㋑「地球の淡水の半分以上は農業目的で使用されている」 第 2 段第 1 〜
4 文（When it comes … termed "green water."）より，淡水にはブル
ー・ウォーターとグリーン・ウォーターがあるとわかり，続く第 5 文
（The green water …）に，利用可能な淡水供給量のうち，グリーン・
ウォーターの割合は 55 ％から 80 ％の間と述べられているので，計算上は，

ブルー・ウォーターの割合は 20％から 45％になる。第 3 段第 1 文
（Agriculture is by …）に，ブルー・ウォーターの 70％が農業用とも述
べられているので，農業に利用される淡水の割合は 14％から 30％をやや
上回る程度である。よって，不一致。

(う)「水不足は近年，世界の一部の地域ではまれになっている」　第 4 段第
1 文（In some regions …）に，世界の一部の地域では，水不足がすでに
非常に深刻な問題となっていると述べられており，不一致。

(え)「二酸化炭素が水の汚染の結果として，海洋に放出されている」　最終
段第 2・3 文（Water carries many … substances from factories.）にあ
る，水が運ぶ多くの物質や農薬が海洋汚染の原因となると考えられるが，
二酸化炭素の放出に関する記述はなく，不一致。

(お)「水を大量に必要とする作物の栽培をやめることは，水問題の解決の一
助となるかもしれない」　第 4 段第 3 文（Agriculture could reduce …）
に，トウモロコシや綿花といった水を大量に必要とする作物を，乾燥しす
ぎている地域で栽培するのを避けることで，水問題を軽減することも可能
だという内容が述べられており，一致。

━━〰〰〰〰　●語句・構文●　〰〰〰〰━━

(第 1 段) after all「結局，そうは言っても」　finite「有限の，限りある」
as long as S V「S が V する限り，S が V しさえすれば」　render O C
「O を C の状態にする」　integrate *A* into *B*「*A* を *B* に組み入れる，*A*
を *B* に統合する」　have access to ～「～を利用できる」

(第 2 段) When it comes to ～「～となると」　evaporate「蒸発する」
non-beneficial「役に立たない」　transpiration「蒸散」　*A* as well as *B*
「*A* も *B* も，*B* だけでなく *A* も」は，どちらかと言うと *A* の方に重点が
あり，意味的には and に近い。　wood density は「木の密度」だが，ここ
では木材内の密度というより，その地域にどれほど木が生えているかとい
う「森林密度」の意味と解釈できる。challenge「課題」

(第 3 段) by far「圧倒的に」　watercourse「水路」　densely populated
「人口密度が高い，人口が密集している」　yield「収穫，収穫量」
threaten to *do*「～する恐れがある」　dry up ～「～を干上がらせる」

(第 4 段) water-intensive「水を大量に使用する」

(最終段) contamination「汚染，汚濁」　nutrient「栄養素」

concentration「濃縮，集中」 sewage「下水，排水」 industrial discharge「産業排水，産業廃棄物」 downstream「下流」 for entire generations「すべての世代にとって」 water body「水域」 dead zone「デッド・ゾーン（死の海域）」とは，人間の活動による過剰な富栄養化によって発生する無酸素や低酸素濃度状態のせいで，生物が生息できない湖や海の水域のこと。

Ⅲ　解答

問1．(a)—(う)　(b)—(あ)　(c)—(お)
問2．(い)
問3．あなたの具合が悪いのはあなたのせいじゃない。でも誰にも言わないというのは違うわ。
問4．クリスティーは滝に連れて行くから，車にそのまま乗っていればいいということ。
問5．(う)

━━━━━━━━━━◆全　訳◆━━━━━━━━━━

≪ドライブ前の女性たちの会話≫

「私をだませてると思ってるのね，あなた？」

一瞬，沈黙があってから，ルーシーが尋ねた。「何言ってるの，ママ？」

「隠せるわけないでしょ。また具合が悪いのね」

「具合が悪くなんかないわ，ママ。私は元気よ」

「どうして私に対してこういうことをするの，ルーシー？　いつもいつも。どうしてこういうやり方じゃなきゃだめなわけ？」

「言っていることがわかんないわ，ママ」

「私がこういう旅行を楽しみにしていないとでも思うの？　自分の娘と自由に過ごせる一日よ。それが，私は深く愛しているのに，とっても気分が悪いときに，自分は元気だって私に言う娘なの？」

「そんなの嘘よ，ママ。私は本当に元気なんだから」

しかし，私はルーシーの声に変化を聞き取ることができた。それはまるで，彼女がこの時点までしてきた努力を放棄したかのようであり，急に力尽きたという状態だった。

「どうしてそんなまねをするの，ルーシー？　私が傷つかないとでも思ってるの？」

「ママ，誓って言うけど，私は元気よ。お願いだから私たちをドライブに連れてって。クリスティーは滝に行ったことがないし，とっても楽しみにしてるんだから」

「クリスティーが楽しみにしてるの？」

「ママ」とルーシーは言った。「お願いよ，みんなで行っていいわよね？お願いだから，こういうことをしないで」

「私がこういうことが好きだとでも思ってるの？　これのどこが？　そうね，あなたは具合が悪い。それはあなたのせいじゃない。でも誰にも言わないというのは違うわ。あなたがこんなふうにそのことを自分の中にしまい込んでるから，私たちみんなで車に乗り込んでいて，これから丸一日あるのよ。それって良くないわ，ルーシー」

「十分元気ってときに，ママが，私が具合が悪いって言うのも良くないわ…」

家政婦のメアリーが，外からルーシーの横のドアを開けた。ルーシーは黙り込み，それから悲しみに満ちた顔を車の座席の端からのぞかせて私を見た。

「ごめんなさいね，クリスティー。また今度 2 人で行きましょう。約束するわ。ほんとにごめんなさい」

「大丈夫」と私は言った。「私たちはあなたにとって最善のことをしなくちゃいけないわ，ルーシー」

私も降りようとしたが，そこでルーシーの母親が言った。「ちょっと待って，クリスティー。ルーシーの言う通りよ。あなたはこれを楽しみにしてたのよね。じゃ，そのままそこに居たらどうなの？」

「すみません，話がわかりませんけれど」

「あら，簡単なことよ。ルーシーは具合が悪いから行けない。もっと早くそれを私たちに言ってくれたらよかったのでしょうに，言わないことにしてた。そう，だから彼女は後に残る。メアリーもね。でも，クリスティー，あなたと私がまだ行けないという理由はないわ」

背もたれが高かったので，私には彼女の母親の顔は見えなかった。しかし，ルーシーはまだ座席の端から私の方に顔をのぞかせていた。彼女の目はうつろになっていて，まるで何が目に入っても，もうどうでもいいという感じだった。

　「さあ，メアリー」とルーシーの母親は声を大きくして言った。「ルーシーが降りるのを手伝ってちょうだい。気をつけてあげてね，彼女は具合が悪いの，忘れないでね」

　「クリスティー？」とルーシーは言った。「ほんとにママと滝に行くつもり？」

　「あなたのお母様がそう言ってくださるのはとてもありがたいわ」と私は言った。「でも，たぶん一番いいのは，今回は…」

　「ちょっと待って，クリスティー」と，母親が割って入った。それからこう言った。「どういうことなの，ルーシー？　クリスティーのこと，どうして滝を見たことがないのかとか，気遣ってあげてるのかと思ったら。今度は彼女を家に居させようとしてるわけ？」

　ルーシーはそのまま私を見つめており，メアリーはずっと車の外に立ったまま，ルーシーがつかめるように手を差し出していた。ついにルーシーが口を開いた。「わかったわ。多分，あなたは行った方がいいわ，クリスティー。あなたとママとでね。丸一日を台無しにしても意味がないもの，たったそれだけの理由でね…ごめんなさい。私がずっと具合が悪くてごめんなさいね。私もどうしてだかわからないの…」

　その次には，涙が出そうだと思ったけれど，彼女はそれをこらえて，静かに続けた。「ごめんね，ママ。本当にごめんなさい。私ってきっと，周りの人をうんざりさせちゃう人ね。クリスティー，あなたは行ってらっしゃい。滝がとっても気に入るわよ」

　そして彼女の顔は座席の隅から消えた。

━━━━━━━◀解　説▶━━━━━━━

▶問1．選択肢の訳は以下の通り。

㋐「一方的な主張はやめて」

㋑「私を責めないで」

㋒「元気なふりをしないで」

㋓「どうして家に居ようとしているの？」

㋔「どうして考えを変えようとしているの？」

㋕「どうしてドライブに行きたいの？」

(a)第1段（"You think you …"）や第3段（"You can't hide …"）のルーシーの母親の発言から，ルーシーは，自分の体調が悪いことを隠して，一緒

にドライブに行こうとしていることがわかる。したがって,「どうして私にこういうことをするの？」という発言の「こういうこと」は元気を装っているという意味だと判断できるので, 発言の真意としては(う)が正解。

(b)ルーシーの母親は, 自分は元気だと言い張る娘の言葉に耳を貸さず, 一方的に娘は病気だという自分の判断を伝えているのに対して, ルーシーは don't do this「こういうことはしないで」と言っている。argue「口論する, 主張する」には, 相手の話に耳を貸さず, 一方的に自説を論じるという意味が込められている場合があることから, (あ)が正解。(い)だとすると, 直後の I like this? の this が「ルーシーを責めること」になる。一方で, 下線部(2)では「あなたの責任ではない」と責めるのを否定しているので, 2つは矛盾している。But 以下の内容を考慮すると, 完全に矛盾するとも言い難いが, 解答としてより無理なく筋が通るのは(あ)だと考えられる。

(c)ルーシーはあれほど母親やクリスティーと一緒にドライブに行きたがっていたのに, 第21段最終文（But no reason, …）で, 母親とクリスティーだけで出かけるような流れになったことから, 第24段第2文（"Are you really …）で, クリスティーに自分の母親と一緒に行くつもりかと確認することで, 暗に行ってほしくないという思いを伝えていると判断できる。それを母親は聞き咎めて, What is this?「これはどういうこと？」と言っており, 真意としては(お)が正解。change *one's* mind「心変わりをする」

▶問2. 選択肢の訳は以下の通り。

(あ)「彼女は母親を落ち着かせようとしたが, うまくいかなかった」

(い)「彼女はずっと自分が大丈夫に見えるように努めたが, そうすることはできなかった」

(う)「彼女はドライブに行くことを提案していたが, 母親に断られた」

(え)「彼女は車での長旅の計画を立てるのに時間と労力を注いだが, その甲斐はなかった」

　第7段第3文（A daughter I …）の発言から, ルーシーは母親が自分の嘘を見抜き, ドライブには連れて行ってもらえないことがわかったと判断でき, 下線部(1)の後続文でも, ルーシーが疲れ果てたような状態になっていることから, (い)が正解。

▶問3. **That's not your fault.**

That は前文の you're sick「あなたは具合が悪い」を受けている。That's not your fault. は「それはあなたのせいではない，それはあなたが悪いのではない」という意味の慣用表現。

But not telling anyone.

この部分は，not telling anyone という動名詞句の後に，is your fault が省略された形であり，「誰にも言わないのはあなたが悪い」ということ。

▶問 4．Why don't you *do* ～? は「～したらどう?」と相手にこの後の行為を勧める表現。stay right where you are は直訳すると「まさにあなたが居る所に留まる」という意味で，ここでは，車に乗ったままで居ることを指す。また，それは滝を見にドライブに出かけるためであることから，その点も含めるとよいだろう。

▶問 5．(あ)「ルーシーは，クリスティーが楽しみにしていた旅行に彼女を行かせることでわくわくした」 第 24 段第 2 文（"Are you really …）で，ルーシーは，自分が行けないのに，クリスティーは自分の母親と滝へ出かけるつもりかと問うており，第 26 段最終文（Now you're trying …）で母親に指摘されている通り，クリスティーには行ってほしくないのが本音だと判断できるので，不一致。

(い)「メアリーは，ルーシーを車から外に出させた。彼女はルーシーの母親の命令に従わなければならなかったからだ」 第 23 段（"Okay, Mary," …）より，メアリーは，ルーシーが車から降りるのを手伝うように彼女の母親から命じられてはいる。しかし，第 27 段第 1 文（Lucy went on …）より，メアリーは，ルーシーに手を差し伸べて車の外に立っていただけで，実際にルーシーを車から降ろしたとは述べられていないので，不一致。

(う)「ルーシーの母親は，クリスティーと一緒に滝に行くことを提案したが，クリスティーはその提案を断ろうとした」 第 21 段最終文（But no reason, …）の発言で，ルーシーの母親はクリスティーに，自分と一緒に滝へ行くことを提案している。一方，クリスティーは第 25 段（"Your mother's suggestion …）で，その提案を歓迎しながらも，「今回は…」と口ごもっており，それを断ろうとしていると判断できる。そのことは，第 26 段最終文（Now you're trying …）のルーシーの母親の発言からもわかるので，一致。

(え)「ルーシーは病気から快復したが，外出したくなかったので，自分の具

合が悪そうに見えるよう装った」　ルーシーは第4段第1文（"I'm not sick, …) 以降，繰り返し自分は病気ではないと主張したが，第 27 段後ろから 2 文目（Sorry I'm sick …）で，最終的には自分の体調が悪いことを認めており，不一致。

◆━◆─◆━◆─◆━◆　●語句・構文●　◆━◆─◆━◆━◆━◆━◆━◆━◆━◆

（第 1 段）have me fooled は使役動詞としての have の用法で，me が目的語，過去分詞 fooled「だまされた」が補語となっており，「私をだませている」という意味。

（第 7 段）happen to *do*「たまたま～する」には，相手の言動に不満や反感を持って，この表現を使う場合がある。

（第 9 段）It was as if ～「まるで～かのようだった」

（第 19 段）be about to *do*「まさに～しかけている」

（第 26 段）hold on「ちょっと待つ」　cut in「割り込む」

（第 27 段）a hand held out ～ は付帯状況を表す分詞構文。　What's the sense in ～?「（～の意味はどこにあるのか？→）～には意味がない」

（第 28 段）go on「事を続ける，旅を続ける，先に行く」

IV　**解答例**　(1)　〈解答例 1 〉 Smartphone addiction is a mental disorder people fall into when they are too dependent on their smartphones in all aspects of their lives. One of the typical characteristics is the fear of losing access to their smartphones or not having connectivity.（40 語程度）

〈解答例 2 〉 Smartphone addiction is problematic patterns and behaviors caused by the compulsive overuse of smartphones. Individuals with smartphone addiction cannot stop themselves from repeatedly checking social media sites or communication apps, and they feel uneasy or get irritated when they have no access to their smartphones.（40 語程度）

(2)　〈解答例 1 〉 I think the researchers found various negative effects of a smartphone. One of these may be a decline in academic performance because students often spend more time on social media or playing games than they do studying. They probably also found that many students rarely or never turn their smartphones off and that some sleep with the device nearby.（60 語程度）

〈解答例 2〉 I think the researchers found that many students spend more time on social media than they do interacting with real people, which may bring about a lowering of their social skills. They may also have found that overuse of their smartphones can cause them to have lower concentration, or even reduce their cognition, as well as causing eyesight deterioration, or poor sleep quality.（60 語程度）

■━━━━━━ ◀解　説▶ ━━━━━━■

研究論文の一部の全訳：スマホは非常に便利で，スマホのない生活など想像できないことも多い。しかしながら，スマホは有害ともなりうる。例えば，人々はスマホ依存症になる。他のどの依存症とも同様に，これは様々な問題につながる可能性がある。研究では，若者の生活へのマイナスの影響や，依存症の問題を反映する将来の見込みが示されている。スマホが現在の日本の学生にどのようなマイナスの影響を与えるかを明らかにするために，私たちは 3,043 人の学生にアンケートに記入するよう依頼した。

▶⑴　本文中の smartphone addiction「スマホ依存症，スマホ中毒」という語の定義を 40 語程度で述べる問題。自分の考える定義でよい。スマホ依存症とは，例えば，毎日長時間スマホを使用し続けるせいで，スマホが使えないとか，ネットにつながらないと，不安やイライラなどの様々な症状が現れる状態と考えられる。スマホの使用を自分でコントロールできず，身体あるいは精神面で不調が生じるという点を中心に述べるとよい。compulsive「強迫的な，何かに取りつかれたような」 overuse「使いすぎ」 app は application program の省略形で，携帯端末やパソコンで使用される，いわゆる「アプリ」のこと。

▶⑵　研究者は，アンケート結果からどのようなことがわかったと思うかを予想して，60 語程度で述べる問題。英文からは，スマホによるマイナスの影響についてのアンケートと考えられるので，アンケート結果の予想に関しても，マイナスの影響を述べる。視力の低下や睡眠の質の悪化，集中力の低下や成績の低下などが書きやすいが，スマホを通した付き合いばかりしていると，社会性が育たないというような面も挙げることができるだろう。academic performance「学業成績」 concentration「集中」

cognition「認識力」　eyesight deterioration「視力の低下」

❖講　評

　2023 年度は 2022 年度に続き従来の設問形式で，読解問題 3 題，条件作文の形式の自由英作文 1 題の計 4 題の出題であった。読解問題のうちの 1 題は 2021 年度の完全な会話文形式から，2 年連続で，例年どおりの会話文主体の英文に戻った。自由英作文は，例年同様，条件付きの自由英作文の出題となっており，語数が合計 100 語で，2021 年度と同じであった。配点は 2021・2022 年度と同じ。読解問題の英文量は 2021 年度より大幅な増加傾向が続いており，2023 年度も 2022 年度より微増ながら，総語数は 2,000 語近くになっている。設問は記述式の部分は例年，英文和訳と内容説明がほぼ同数出題されていたが，2023 年度は英文和訳中心となった。2022 年度と同様，やや長めの英文の和訳があり，指示語の内容を明示して訳す問題が増加した。空所補充，同意表現，内容真偽，説明文の完成など，さまざまなタイプの選択問題も多い。

　Ⅰ．読解問題。有意義な人生がテーマの英文で，設問は英文和訳（1問）が記述式，選択式は同意表現，空所補充（2問）に加えて，下線部の語句の具体例を選ぶ問題が出題された。空所補充は比較的平易。同意表現が例年より難しく，英文の内容の理解が前提となっている。

　Ⅱ．読解問題。水資源に関わる問題という，神戸大学では定番の環境問題を取り上げた英文である。設問は英文和訳（2問）が記述式，選択式は空所補充による下線部の説明文の完成と空所補充，内容真偽という構成であった。

　Ⅲ．読解問題。会話文の多い小説からの出題。母親と娘と娘の友人との，車での旅行をめぐる会話。設問は英文和訳と内容説明が記述式，下線部の内容の言い換えと内容説明，内容真偽が選択式。英文和訳は，直訳ではわかりやすい訳にならない部分からの出題で，短い英文ながら訳しにくい問題であった。

　Ⅳ．自由英作文。研究論文の一部を読んで，用語の定義を説明するものと，アンケート結果を予測して述べるという条件付きの自由英作文（40・60 語程度）が出題された。スマホ依存症というわかりやすいテーマではあったが，用語としての説明とアンケート結果の予測が，似た

ような内容になる恐れがあり，意外に苦戦した受験生も多かったのでは
ないか。

全体的に見て，この英文の量と設問の難度に対して 80 分という試験
時間は短く，ここ数年，やや難化傾向が続いている。

数学

◀理系：数学Ⅰ・Ⅱ・Ⅲ・Ａ・Ｂ▶

1 ◇発想◇ (1) $x \leqq 1$, $x > 1$ の場合に分けて示す。

(2) 数学的帰納法を用いる。

(3) $a \leqq 1$, $a > 1$ の場合に分けて求める。

解答 (1) $x \leqq 1$ のとき

$$f(x) - x = \frac{1}{2}x + \frac{1}{2} - x = \frac{1}{2}(1-x) \geqq 0$$

よって $f(x) \geqq x$

$x > 1$ のとき

$$f(x) - x = 2x - 1 - x = x - 1 > 0$$

よって $f(x) > x$

以上より，すべての実数 x について $f(x) \geqq x$ が成り立つ。   （証明終）

(2) $a \leqq 1$ のとき，すべての正の整数 n について

$$a_n \leqq 1 \quad \cdots\cdots ①$$

が成り立つことを数学的帰納法により証明する。

〔Ⅰ〕 $n = 1$ のとき

$a_1 = a \leqq 1$ より，①は成り立つ。

〔Ⅱ〕 $n = k$ のとき，①が成り立つと仮定する。

すなわち，$a_k \leqq 1$ と仮定すると

$$a_{k+1} = f(a_k) = \frac{1}{2}a_k + \frac{1}{2} \leqq \frac{1}{2} \cdot 1 + \frac{1}{2} = 1$$

よって，$n = k+1$ のときも①は成り立つ。

〔Ⅰ〕，〔Ⅱ〕より，すべての正の整数 n について $a_n \leqq 1$ が成り立つ。

         （証明終）

(3) $a \leqq 1$ のとき

(2)より, すべての正の整数 n について $a_n \leqq 1$ が成り立つので

$$a_{n+1} = f(a_n) = \frac{1}{2}a_n + \frac{1}{2}$$

変形すると

$$a_{n+1} - 1 = \frac{1}{2}(a_n - 1)$$

よって, 数列 $\{a_n - 1\}$ は, 初項 $a-1$, 公比 $\frac{1}{2}$ の等比数列であるので

$$a_n - 1 = (a-1)\left(\frac{1}{2}\right)^{n-1} \qquad a_n = (a-1)\left(\frac{1}{2}\right)^{n-1} + 1$$

$a > 1$ のとき

(1)より, すべての正の整数 n について, $f(a_n) \geqq a_n$, すなわち $a_{n+1} \geqq a_n$ が成り立つので

$$a_n \geqq a_{n-1} \geqq \cdots \geqq a_1 = a > 1$$

したがって, すべての正の整数 n について, $a_n > 1$ であるので

$$a_{n+1} = f(a_n) = 2a_n - 1$$

変形すると

$$a_{n+1} - 1 = 2(a_n - 1)$$

よって, 数列 $\{a_n - 1\}$ は初項 $a-1$, 公比 2 の等比数列であるので

$$a_n - 1 = (a-1) \cdot 2^{n-1} \qquad a_n = (a-1) \cdot 2^{n-1} + 1$$

以上より, 数列 $\{a_n\}$ の一般項は

$$a \leqq 1 \text{ のとき, } a_n = (a-1)\left(\frac{1}{2}\right)^{n-1} + 1 \quad \cdots\cdots (答)$$

$$a > 1 \text{ のとき, } a_n = (a-1) \cdot 2^{n-1} + 1 \quad \cdots\cdots (答)$$

━━━━━━ ◀解 説▶ ━━━━━━

≪漸化式で定義された数列の一般項, 数学的帰納法≫

▶(1) $x \leqq 1$, $x > 1$ の場合に分けて, $f(x) - x \geqq 0$ を示せばよい。

▶(2) 数学的帰納法により証明する。〔Ⅱ〕で, 帰納法の仮定 $a_k \leqq 1$ より,

$a_{k+1} = f(a_k) = \frac{1}{2}a_k + \frac{1}{2}$ である。

▶(3) $a \leqq 1$, $a > 1$ の場合に分けて, それぞれ漸化式から一般項を求める。

$a \leqq 1$ の場合は，(2)から，数列 $\{a_n\}$ のみたす漸化式は　　$a_{n+1} = \dfrac{1}{2}a_n + \dfrac{1}{2}$

$a > 1$ の場合は，(1)から，$f(a_n) \geqq a_n$，すなわち $a_{n+1} \geqq a_n$ が成り立つので，数列 $\{a_n\}$ は単調に増加する。したがって，すべての n について $a_n > 1$ が成り立つので，数列 $\{a_n\}$ のみたす漸化式は $a_{n+1} = 2a_n - 1$ となる。いずれの場合も，$a_{n+1} = pa_n + q$（$p \neq 1$）の形の漸化式であるので，$\alpha = p\alpha + q$ をみたす α を用いて $a_{n+1} - \alpha = p(a_n - \alpha)$ と変形でき，等比数列に帰着できる。

2 ◆発想◆ (1)　2 次関数 $y = f(x)$ のグラフの概形から条件を求める。

(2)・(3)　$f(x) = 0$ が実数解をもつ場合と虚数解をもつ場合に分ける。

解答 (1)　$f(x) = x^2 + ax + b = \left(x + \dfrac{a}{2}\right)^2 - \dfrac{a^2}{4} + b$

よって，$y = f(x)$ のグラフは，$x = -\dfrac{a}{2}$ を軸とする下に凸な放物線である。

$f(x) = 0$ の判別式を D とすると，異なる 2 つの正の解をもつ条件は

　(i) $D > 0$，(ii) 軸 $-\dfrac{a}{2} > 0$，(iii) $f(0) > 0$

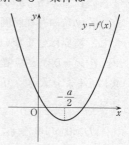

である。

(i)より

$$D = a^2 - 4b > 0, \quad b < \dfrac{a^2}{4}$$

(ii)より　　$a < 0$

(iii)より　　$f(0) = b > 0$

ゆえに，求める必要十分条件は

$$a < 0 \quad \text{かつ} \quad 0 < b < \dfrac{a^2}{4} \quad \cdots\cdots(\text{答})$$

(2)　$f(x) = 0$ が実数解をもつとき，2 つの負の解をもつ条件は

(i) $D \geqq 0$, (ii)軸 $-\dfrac{a}{2} < 0$, (iii) $f(0) > 0$

である。

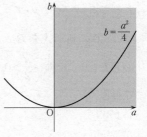

(i)より　　$a^2 - 4b \geqq 0$　　　$b \leqq \dfrac{a^2}{4}$

(ii)より　　$a > 0$

(iii)より　　$b > 0$

よって　　$a > 0$　かつ　$0 < b \leqq \dfrac{a^2}{4}$　……①

$f(x) = 0$ が虚数解をもつとき，$D < 0$ より

$$a^2 - 4b < 0 \qquad b > \dfrac{a^2}{4}$$

このとき，$f(x) = 0$ の解は

$$x = \dfrac{-a \pm \sqrt{a^2 - 4b}}{2} = -\dfrac{a}{2} \pm \dfrac{\sqrt{4b - a^2}}{2} i$$

したがって，解の実部は $-\dfrac{a}{2}$ であるので　　$-\dfrac{a}{2} < 0$　　$a > 0$

よって　　$a > 0$　かつ　$b > \dfrac{a^2}{4}$　……②

①または②が a, b のみたす条件であるので，点 $(a,\ b)$ の存在範囲は右図の網掛け部分。ただし，境界は含まない。

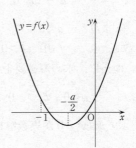

(3)　$f(x) = 0$ が実数解をもつとき，2 つの解が共に -1 より大きく 0 より小さくなるための条件は

(i) $D \geqq 0$, (ii)軸 $-1 < -\dfrac{a}{2} < 0$, (iii) $f(0) > 0$,

(iv) $f(-1) > 0$

である。

(i)より　　$a^2 - 4b \geqq 0$　　　$b \leqq \dfrac{a^2}{4}$

(ii)より　　$0 < a < 2$

(iii)より　　$b > 0$

(iv)より　　$1-a+b>0$　　$b>a-1$

よって　　$0<a<2$　かつ　$0<b\leqq\dfrac{a^2}{4}$　かつ　$b>a-1$　……③

$f(x)=0$ が虚数解をもつとき，$D<0$ より

$$b>\dfrac{a^2}{4}$$

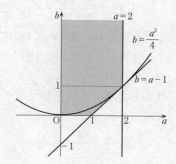

このとき，$f(x)=0$ の解の実部は $-\dfrac{a}{2}$ であ

るので

$$-1<-\dfrac{a}{2}<0\qquad 0<a<2$$

よって　　$0<a<2$　かつ　$b>\dfrac{a^2}{4}$　……④

③または④が a, b のみたす条件であるので，点 (a, b) の存在範囲は上
図の網掛け部分。ただし，境界は含まない。

━━━━◀解　説▶━━━━

≪2 次方程式の解の存在範囲，解の実部についての条件≫

▶(1)　判別式の符号，軸の位置，$f(0)$ の符号を調べ，条件を求める。

▶(2)　実数解をもつ場合は，(1)と同様にして条件を求める。虚数解をもつ
場合は，解の公式を用いて実部を求めればよい。

▶(3)　(2)と同様に，実数解をもつ場合は判別式，軸，$f(0)$，$f(-1)$ の符
号から，虚数解をもつ場合は判別式と実部から条件を求める。

3　◇発想◇　(1)　和が偶数となるのは，2 枚とも偶数または 2 枚と
も奇数の場合である。

(2)　和が偶数となるのは，3 枚とも偶数または 1 枚が偶数で 2 枚
が奇数の場合である。

(3)　大きい方の数が k $(k=n+1, n+2, \cdots, 2n)$ であるとき，
小さい方の数は何通りあるかを求める。

解答　(1)　2 枚のカードの取り出し方は全部で

$$_{2n}C_2 = \frac{2n(2n-1)}{2} = n(2n-1) \ \text{通り}$$

2 枚のカードに書かれている数の和が偶数となるのは

　(i) 2 枚とも偶数，(ii) 2 枚とも奇数

のいずれかである。

偶数と奇数はそれぞれ n 枚ずつあるので，(i)，(ii) の取り出し方は，いずれも

$$_nC_2 = \frac{n(n-1)}{2} \ \text{通り}$$

したがって，和が偶数となる取り出し方は

$$\frac{n(n-1)}{2} + \frac{n(n-1)}{2} = n(n-1) \ \text{通り}$$

求める確率は　　$\dfrac{n(n-1)}{n(2n-1)} = \dfrac{n-1}{2n-1}$　　……(答)

(2)　3 枚のカードの取り出し方は全部で

$$_{2n}C_3 = \frac{2n(2n-1)(2n-2)}{6} = \frac{2n(n-1)(2n-1)}{3} \ \text{通り}$$

3 枚のカードに書かれている数の和が偶数となるのは

　(iii) 3 枚とも偶数，(iv) 1 枚が偶数で 2 枚が奇数

のいずれかである。

(iii) の取り出し方は

$n \geqq 3$ のとき　　$_nC_3 = \dfrac{n(n-1)(n-2)}{6}$ 通り　　……①

$n = 2$ のとき，0 通り。これは①で $n = 2$ としたものと一致する。

(iv) の取り出し方は

$$_nC_1 \cdot {}_nC_2 = n \cdot \frac{n(n-1)}{2} = \frac{n^2(n-1)}{2}$$

よって，和が偶数となる取り出し方は

$$\frac{n(n-1)(n-2)}{6} + \frac{n^2(n-1)}{2} = \frac{n(n-1)\{(n-2)+3n\}}{6}$$

$$= \frac{n(n-1)(2n-1)}{3}$$

求める確率は

$$\frac{\dfrac{n(n-1)(2n-1)}{3}}{\dfrac{2n(n-1)(2n-1)}{3}} = \frac{1}{2} \quad \cdots\cdots(答)$$

(3) 取り出した 2 枚のカードに書かれている数のうち，大きい方を k とすると，和が $2n+1$ 以上となるのは

$$k = n+1, \ n+2, \ \cdots, \ 2n$$

のいずれかの場合であり，それぞれの k に対して，小さい方の数は

$$2n+1-k, \ 2n+2-k, \ \cdots, \ k-1$$

のいずれかで

$$(k-1) - (2n+1-k) + 1 = 2(k-n) - 1 \ 通り$$

ある。よって，和が $2n+1$ 以上である取り出し方は

$$\sum_{k=n+1}^{2n} \{2(k-n) - 1\} = 1 + 3 + \cdots + (2n-1)$$

$$= \frac{1}{2} n\{1 + (2n-1)\} = n^2 \ 通り$$

あり，2 枚のカードの取り出し方は，(1)より全部で $n(2n-1)$ 通りあるので，求める確率は

$$\frac{n^2}{n(2n-1)} = \frac{n}{2n-1} \quad \cdots\cdots(答)$$

別解 ＜取り出した 2 枚のカードに書かれている数のうち，小さい方に着目した解答＞

小さい方を l とすると，和が $2n+1$ 以上となるのは，次の①，②のいずれかである。

① $1 \leqq l \leqq n-1$ の場合，大きい方は，この l に対して

$$2n+1-l, \ 2n+2-l, \ \cdots, \ 2n$$

の $2n - (2n+1-l) + 1 = l \ 通り$。

② $n \leqq l \leqq 2n-1$ の場合，大きい方は，この l に対して

$$l+1, \ l+2, \ \cdots, \ 2n$$

の $2n - (l+1) + 1 = 2n - l \ 通り$。

したがって，和が $2n+1$ 以上である取り出し方は，全部で

$$\sum_{l=1}^{n-1} l + \sum_{l=n}^{2n-1} (2n-l)$$

$$= \sum_{l=1}^{n-1} l + \sum_{l=1}^{n} l$$

$$= \frac{1}{2}(n-1)n + \frac{1}{2}n(n+1) = \frac{1}{2}n \cdot 2n = n^2 \text{ 通り}$$

(以下，〔解答〕と同じ)

■■■■■ ◀解 説▶ ■■■■■

≪整数が書かれた $2n$ 枚のカードについての確率≫

▶(1) 2枚とも偶数，2枚とも奇数の場合に分けて求める。余事象は偶数，奇数が1枚ずつの場合なので

$$1 - \frac{{}_nC_1 \cdot {}_nC_1}{{}_{2n}C_2} = 1 - \frac{n^2}{n(2n-1)} = \frac{n-1}{2n-1}$$

として求めてもよい。

▶(2) 3枚とも偶数の場合，1枚が偶数で2枚が奇数の場合に分けて求めるが，$n=2$ のときは偶数は2枚しかないので，${}_nC_3$ とは書けないことに注意。

▶(3) 2枚取り出したとき，大きい方の数を k とおくと，$k \leq n$ のとき，2枚の和は $n+(n-1)=2n-1$ 以下となるので，和が $2n+1$ 以上となるのは，$k \geq n+1$ の場合である。なお，〔別解〕の通り，小さい方 l に着目して考えるのであれば，$1 \leq l \leq n-1$ と $l \geq n$ の場合に分けて考えることになる。〔解答〕の和 $\sum_{k=n+1}^{2n} \{2(k-n)-1\}$ は書き出してみれば，初項 1，末項 $2n-1$，項数 n の等差数列であることがわかる。一般に，$\sum_{k=p}^{q} f(k)$ (ただし $f(k)$ は k の1次式) は，初項 $f(p)$，末項 $f(q)$，項数 $q-p+1$ の等差数列の和 $\frac{1}{2}(q-p+1)\{f(p)+f(q)\}$ である。

4 ◇発想◇ (1) $|\overrightarrow{AB}|^2 = |\overrightarrow{OB} - \overrightarrow{OA}|^2$ を求める。

(2) OH が平面 ABC に垂直であるための条件は，OH⊥AB かつ OH⊥AC であるので，(内積)=0 を用いる。

(3) △ABC の面積，OH の長さを求める。

解答　　(1)　$\overrightarrow{OA} = \vec{a}$, $\overrightarrow{OB} = \vec{b}$, $\overrightarrow{OC} = \vec{c}$ とおく。

$$|\overrightarrow{AB}|^2 = |\vec{b} - \vec{a}|^2 = |\vec{b}|^2 - 2\vec{a} \cdot \vec{b} + |\vec{a}|^2$$
$$= 5^2 - 2 \cdot 1 + (\sqrt{13})^2$$
$$= 36$$

よって　　$|\overrightarrow{AB}| = 6$

したがって　　$AB = 6$　……(答)

(2)　OH は平面 ABC に垂直であるので

$$OH \perp AB \quad かつ \quad OH \perp AC$$

したがって　　$\overrightarrow{OH} \cdot \overrightarrow{AB} = 0$　かつ　$\overrightarrow{OH} \cdot \overrightarrow{AC} = 0$

$\overrightarrow{OH} \cdot \overrightarrow{AB} = 0$ より

$$(\overrightarrow{OA} + s\overrightarrow{AB} + t\overrightarrow{AC}) \cdot \overrightarrow{AB} = 0$$
$$\overrightarrow{OA} \cdot \overrightarrow{AB} + s|\overrightarrow{AB}|^2 + t\overrightarrow{AB} \cdot \overrightarrow{AC} = 0 \quad ……①$$

$\overrightarrow{OH} \cdot \overrightarrow{AC} = 0$ より

$$(\overrightarrow{OA} + s\overrightarrow{AB} + t\overrightarrow{AC}) \cdot \overrightarrow{AC} = 0$$
$$\overrightarrow{OA} \cdot \overrightarrow{AC} + s\overrightarrow{AB} \cdot \overrightarrow{AC} + t|\overrightarrow{AC}|^2 = 0 \quad ……②$$

ここで

$$\overrightarrow{OA} \cdot \overrightarrow{AB} = \vec{a} \cdot (\vec{b} - \vec{a}) = \vec{a} \cdot \vec{b} - |\vec{a}|^2 = 1 - 13 = -12$$
$$|\overrightarrow{AB}|^2 = 36$$
$$\overrightarrow{AB} \cdot \overrightarrow{AC} = (\vec{b} - \vec{a}) \cdot (\vec{c} - \vec{a}) = \vec{b} \cdot \vec{c} - \vec{a} \cdot \vec{b} - \vec{a} \cdot \vec{c} + |\vec{a}|^2$$
$$= -11 - 1 - 1 + 13 = 0$$
$$\overrightarrow{OA} \cdot \overrightarrow{AC} = \vec{a} \cdot (\vec{c} - \vec{a}) = \vec{a} \cdot \vec{c} - |\vec{a}|^2 = 1 - 13 = -12$$
$$|\overrightarrow{AC}|^2 = |\vec{c} - \vec{a}|^2 = |\vec{c}|^2 - 2\vec{a} \cdot \vec{c} + |\vec{a}|^2 = 5^2 - 2 \cdot 1 + 13 = 36$$

よって，①より　　　$-12 + 36s = 0$　　　$s = \dfrac{1}{3}$

②より　　　$-12 + 36t = 0$　　　$t = \dfrac{1}{3}$

以上より　　　$s = \dfrac{1}{3}$, $t = \dfrac{1}{3}$　……(答)

(3)　(2)より，$\overrightarrow{AB} \cdot \overrightarrow{AC} = 0$ であるので　　　$AB \perp AC$

よって

$$\triangle ABC = \frac{1}{2} AB \cdot AC = \frac{1}{2} \cdot 6 \cdot 6 = 18$$

また, (2)より, $\overrightarrow{OH} = \overrightarrow{OA} + \dfrac{1}{3}\overrightarrow{AB} + \dfrac{1}{3}\overrightarrow{AC}$ であるので

$$|\overrightarrow{OH}|^2 = \left|\overrightarrow{OA} + \dfrac{1}{3}\overrightarrow{AB} + \dfrac{1}{3}\overrightarrow{AC}\right|^2$$

$$= |\overrightarrow{OA}|^2 + \dfrac{1}{9}|\overrightarrow{AB}|^2 + \dfrac{1}{9}|\overrightarrow{AC}|^2$$

$$+ \dfrac{2}{3}\overrightarrow{OA}\cdot\overrightarrow{AB} + \dfrac{2}{9}\overrightarrow{AB}\cdot\overrightarrow{AC} + \dfrac{2}{3}\overrightarrow{OA}\cdot\overrightarrow{AC}$$

$$= 13 + \dfrac{1}{9}\cdot 36 + \dfrac{1}{9}\cdot 36 + \dfrac{2}{3}\cdot(-12) + \dfrac{2}{9}\cdot 0 + \dfrac{2}{3}\cdot(-12)$$

$$= 5$$

$\therefore \quad |\overrightarrow{OH}| = \sqrt{5}$

ゆえに, 四面体 OABC の体積は

$$\dfrac{1}{3}\triangle ABC \cdot |\overrightarrow{OH}| = \dfrac{1}{3}\cdot 18 \cdot \sqrt{5} = 6\sqrt{5} \quad \cdots\cdots(\text{答})$$

━━━━━ ◀解 説▶ ━━━━━

≪空間ベクトル, 四面体の体積≫

▶ (1) $\overrightarrow{OA} = \vec{a}$, $\overrightarrow{OB} = \vec{b}$, $\overrightarrow{OC} = \vec{c}$ と お く と, $|\vec{a}| = \sqrt{13}$, $|\vec{b}| = |\vec{c}| = 5$, $\vec{a}\cdot\vec{b} = \vec{a}\cdot\vec{c} = 1$, $\vec{b}\cdot\vec{c} = -11$ となる。これらを用いて計算する。

▶ (2) $\overrightarrow{OH} = \vec{a} + s(\vec{b}-\vec{a}) + t(\vec{c}-\vec{a}) = (1-s-t)\vec{a} + s\vec{b} + t\vec{c}$ で あ る が, $\overrightarrow{OH}\cdot\overrightarrow{AB} = 0$, $\overrightarrow{OH}\cdot\overrightarrow{AC} = 0$ から, s, t の連立方程式を求めることになるので, 〔解答〕のように, $\overrightarrow{OH} = \overrightarrow{OA} + s\overrightarrow{AB} + t\overrightarrow{AC}$ の形で内積を計算する方が簡単である。

▶(3) 本問では, $\overrightarrow{AB}\cdot\overrightarrow{AC} = 0$ より AB⊥AC なので, $\triangle ABC = \dfrac{1}{2}AB\cdot AC$ として求めるが, 一般に, AB と AC が垂直でない場合は,

$\triangle ABC = \dfrac{1}{2}\sqrt{|\overrightarrow{AB}|^2|\overrightarrow{AC}|^2 - (\overrightarrow{AB}\cdot\overrightarrow{AC})^2}$ を用いて求める。

━━━━━━━━━━━━━━━━━━

5 ◇発想◇ (1) $\dfrac{dx}{dt}$, $\dfrac{dy}{dt}$ を計算し, 方程式 $\dfrac{dx}{dt} = 0$, $\dfrac{dy}{dt} = 0$ を解く。

(2) t の値の変化にともない, $\dfrac{dx}{dt}$, $\dfrac{dy}{dt}$ の符号がどのように変化

するかを調べ，C 上の点 (x, y) の動きを表にする。

(3) C と x 軸との共有点のうち，原点と異なる点の x 座標を α と

すると $\alpha > 0$ であり，$y \leqq 0$ より面積は $-\displaystyle\int_0^\alpha y\,dx$ となるので，変数

t に置換して求める。積分区間の対応に注意。

解答 (1) $x = \sin t$ より $\dfrac{dx}{dt} = \cos t$

$\dfrac{dx}{dt} = 0$ とおくと $\cos t = 0$

$0 \leqq t \leqq \pi$ より $t = \dfrac{\pi}{2}$

$y = \cos\left(t - \dfrac{\pi}{6}\right)\sin t$ より

$\quad \dfrac{dy}{dt} = -\sin\left(t - \dfrac{\pi}{6}\right)\sin t + \cos\left(t - \dfrac{\pi}{6}\right)\cos t$

$\quad\quad = \cos\left\{\left(t - \dfrac{\pi}{6}\right) + t\right\}$

$\quad\quad = \cos\left(2t - \dfrac{\pi}{6}\right)$

$\dfrac{dy}{dt} = 0$ とおくと $\cos\left(2t - \dfrac{\pi}{6}\right) = 0$

$-\dfrac{\pi}{6} \leqq 2t - \dfrac{\pi}{6} \leqq \dfrac{11}{6}\pi$ より

$\quad 2t - \dfrac{\pi}{6} = \dfrac{\pi}{2}, \ \dfrac{3}{2}\pi \quad \therefore \quad t = \dfrac{\pi}{3}, \ \dfrac{5}{6}\pi$

以上より，$\dfrac{dx}{dt} = 0$ または $\dfrac{dy}{dt} = 0$ となるのは

$\quad t = \dfrac{\pi}{3}, \ \dfrac{\pi}{2}, \ \dfrac{5}{6}\pi \quad \cdots\cdots$(答)

(2) $t = 0$ のとき $(x, y) = (0, 0)$

$t = \dfrac{\pi}{3}$ のとき $(x, y) = \left(\dfrac{\sqrt{3}}{2}, \dfrac{3}{4}\right)$

$t = \dfrac{\pi}{2}$ のとき $(x, y) = \left(1, \dfrac{1}{2}\right)$

$t = \dfrac{5}{6}\pi$ のとき　　$(x,\ y) = \left(\dfrac{1}{2},\ -\dfrac{1}{4}\right)$

$t = \pi$ のとき　　$(x,\ y) = (0,\ 0)$

(1)および $\dfrac{dy}{dx} = \dfrac{\dfrac{dy}{dt}}{\dfrac{dx}{dt}}$ より，t が 0 から π まで変化するとき，C 上の点

$(x,\ y)$ の動きは下の表のようになる。

t	0	$\cdots$	$\dfrac{\pi}{3}$	$\cdots$	$\dfrac{\pi}{2}$	$\cdots$	$\dfrac{5}{6}\pi$	$\cdots$	π
$\dfrac{dx}{dt}$	(1)	$+$	$+$	$+$	0	$-$	$-$	$-$	(-1)
$\dfrac{dy}{dt}$	$\left(\dfrac{\sqrt{3}}{2}\right)$	$+$	0	$-$	$-$	$-$	0	$+$	$\left(\dfrac{\sqrt{3}}{2}\right)$
$\dfrac{dy}{dx}$	$\left(\dfrac{\sqrt{3}}{2}\right)$	$+$	0	$-$		$+$	0		$\left(-\dfrac{\sqrt{3}}{2}\right)$
$(x,\ y)$	$(0,\ 0)$	↗	$\left(\dfrac{\sqrt{3}}{2},\ \dfrac{3}{4}\right)$	↘	$\left(1,\ \dfrac{1}{2}\right)$	↙	$\left(\dfrac{1}{2},\ -\dfrac{1}{4}\right)$	↖	$(0,\ 0)$

$\left(\begin{array}{l}\bullet\ \text{矢印は点}\ (x,\ y)\ \text{の動く方向を表す}\\ \bullet\ \dfrac{dx}{dt},\ \dfrac{dy}{dt},\ \dfrac{dy}{dx}\ \text{の（ ）をつけた値はそれぞれ，}\ t \to +0,\ t \to \pi-0\ \text{のときの極}\\ \ \ \text{限である}\end{array}\right)$

また，$y = 0$ とおくと

$$\cos\left(t - \dfrac{\pi}{6}\right)\sin t = 0$$

$0 < t < \pi$ のとき，$t - \dfrac{\pi}{6} = \dfrac{\pi}{2}$ より　　$t = \dfrac{2}{3}\pi$

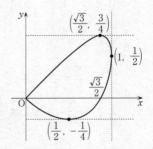

したがって，x 軸との交点は　　$\left(\dfrac{\sqrt{3}}{2},\ 0\right)$

よって，C の概形は右図のようになる。

(3)　(2)の概形より，求める図形の面積は

$$-\int_0^{\frac{\sqrt{3}}{2}} y\,dx$$

$$= -\int_\pi^{\frac{2}{3}\pi} \cos\left(t - \dfrac{\pi}{6}\right)\sin t \cdot \cos t\,dt$$

$$= \int_{\frac{2}{3}\pi}^{\pi} \left(\frac{\sqrt{3}}{2} \cos^2 t \sin t + \frac{1}{2} \sin^2 t \cos t \right) dt$$

$$= -\frac{\sqrt{3}}{2} \int_{\frac{2}{3}\pi}^{\pi} \cos^2 t \, (\cos t)' \, dt + \frac{1}{2} \int_{\frac{2}{3}\pi}^{\pi} \sin^2 t \, (\sin t)' \, dt$$

$$= -\frac{\sqrt{3}}{2} \left[\frac{1}{3} \cos^3 t \right]_{\frac{2}{3}\pi}^{\pi} + \frac{1}{2} \left[\frac{1}{3} \sin^3 t \right]_{\frac{2}{3}\pi}^{\pi}$$

$$= -\frac{\sqrt{3}}{6} \left(-1 + \frac{1}{8} \right) + \frac{1}{6} \left(0 - \frac{3\sqrt{3}}{8} \right)$$

$$= \frac{\sqrt{3}}{12} \quad \cdots\cdots (\text{答})$$

◀解　説▶

≪媒介変数表示された曲線の概形，面積≫

▶(1)　$\dfrac{dy}{dt}$ については積の微分法，加法定理を用いる。

▶(2)　$\dfrac{dx}{dt} = 0$ または $\dfrac{dy}{dt} = 0$ となる t の値，および $t = 0$，π に対応する点

$(x,\ y)$ の座標を求め，$\dfrac{dx}{dt}$，$\dfrac{dy}{dt}$，$\dfrac{dy}{dx}$ の符号を記入した表を作成する。

▶(3)　曲線の $y \leqq 0$ の部分は，$\dfrac{2\pi}{3} \leqq t \leqq \pi$ に対応している。積分の計算につ

いては，倍角の公式 $\sin 2\alpha = 2 \sin\alpha\cos\alpha$，積を和に変形する公式

$\sin\alpha\cos\beta = \dfrac{1}{2} \{ \sin(\alpha + \beta) + \sin(\alpha - \beta) \}$ を用いると，次のようになる。

$$-\int_0^{\frac{\sqrt{3}}{2}} y \, dx = -\int_\pi^{\frac{2}{3}\pi} \cos\left(t - \frac{\pi}{6} \right) \sin t \cdot \cos t \, dt$$

$$= \frac{1}{2} \int_{\frac{2}{3}\pi}^{\pi} \cos\left(t - \frac{\pi}{6} \right) \sin 2t \, dt$$

$$= \frac{1}{4} \int_{\frac{2}{3}\pi}^{\pi} \left\{ \sin\left(3t - \frac{\pi}{6} \right) + \sin\left(t + \frac{\pi}{6} \right) \right\} dt$$

$$= \frac{1}{4} \left[-\frac{1}{3} \cos\left(3t - \frac{\pi}{6} \right) - \cos\left(t + \frac{\pi}{6} \right) \right]_{\frac{2}{3}\pi}^{\pi}$$

$$= \frac{\sqrt{3}}{12}$$

❖講　評

　2023 年度は大問 5 題のうち,「数学Ⅲ」からの出題は 1 題のみであった。また, 文系との共通問題は出題されなかったが, 類似の問題が出題された（**2**）。

　1. 区間により異なる式で表される 1 次関数を用いて, 定義された数列の一般項を求める問題。(1), (2)で証明した内容を用いて, (3)で一般項を求めることになる。標準的な内容といえるだろう。

　2. 2 次方程式 $x^2 + ax + b = 0$ の解の実部が条件をみたすような点 (a, b) の存在範囲を図示する問題。(1)は基本的である。(2), (3)で実数解をもつ場合と虚数解をもつ場合に分けることがポイントとなる。

　3. 整数が書いてある $2n$ 枚のカードから, 2 枚あるいは 3 枚取り出したときの数の和についての確率。(1), (2)は基本的である。(3)で和が $2n+1$ 以上となる取り出し方を, うまく求められたかどうかで差がついたと思われる。

　4. 空間ベクトルを用いて四面体の体積を求める問題である。丁寧に誘導されているので, 解法については特に迷うことはないだろう。計算がやや繁雑であるので, うまく処理できたかどうか。

　5. 媒介変数表示された曲線の概形と, 囲まれた図形の面積を求める問題。神戸大学では頻出といえる内容で, 過去にも類似問題の出題が多くある。内容としては典型的なものであるので, 類題を解いた経験の有無と計算力で差が出たと思われる。

　全体としては, 例年通り標準的な問題が中心である。基本的な小問をミスなく確実に解くこと, 誘導の内容を理解することが大切である。

◆文系：数学Ⅰ・Ⅱ・A・B▶

1　◇発想◇　(1)・(2)　2 次関数 $y=f(x)$ のグラフの概形から条件を求める。

(3)　$f(x)=0$ が実数解をもつ場合と虚数解をもつ場合に分ける。

解答　(1)　$f(x)=x^2+ax+b=\left(x+\dfrac{a}{2}\right)^2-\dfrac{a^2}{4}+b$

よって，$y=f(x)$ のグラフは，$x=-\dfrac{a}{2}$ を軸とする下に凸な放物線である。

$f(x)=0$ の判別式を D とすると，異なる 2 つの正の解をもつ条件は

　(i)$D>0$,　(ii)軸 $-\dfrac{a}{2}>0$,　(iii)$f(0)>0$

である。

(i)より

$$D=a^2-4b>0,\quad b<\dfrac{a^2}{4}$$

(ii)より　　$a<0$

(iii)より　　$f(0)=b>0$

ゆえに，求める必要十分条件は

$$a<0\quad かつ\quad 0<b<\dfrac{a^2}{4}\quad ……(答)$$

(2)　$f(x)=0$ が異なる 2 つの実数解をもち，それらが共に -1 より大きく，0 より小さくなる条件は

　(i)$D>0$,　(ii)軸 $-1<-\dfrac{a}{2}<0$,

　(iii)$f(0)>0$,　(iv)$f(-1)>0$

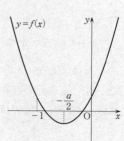

(i)より　　$a^2-4b>0$　　　$b<\dfrac{a^2}{4}$

(ii)より　　$0<a<2$

(iii)より　　$b>0$

(iv)より

$$f(-1)=1-a+b>0 \qquad b>a-1$$

よって

$$0<a<2 \quad かつ \quad 0<b<\frac{a^2}{4} \quad かつ \quad b>a-1$$

ゆえに，点 (a, b) の存在する範囲は右図
の網掛け部分。ただし，境界は含まない。

(3) $f(x)=0$ が実数解をもつとき

2 つの解が共に -1 より大きく，0 より小
さくなる条件は

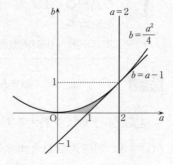

　(i) $D \geqq 0$, (ii)軸 $-1<-\dfrac{a}{2}<0$,

　(iii) $f(0)>0$, (iv) $f(-1)>0$

よって

$$0<a<2 \quad かつ \quad 0<b\leqq\frac{a^2}{4} \quad かつ \quad b>a-1 \quad \cdots\cdots①$$

$f(x)=0$ が虚数解をもつとき

$D<0$ より $\qquad a^2-4b<0 \qquad b>\dfrac{a^2}{4}$

このとき，$f(x)=0$ の解は

$$x=\frac{-a\pm\sqrt{a^2-4b}}{2}=-\frac{a}{2}\pm\frac{\sqrt{4b-a^2}}{2}i$$

したがって，解の実部は $-\dfrac{a}{2}$ であるので

$$-1<-\frac{a}{2}<0 \qquad 0<a<2$$

よって

$$0<a<2 \quad かつ \quad b>\frac{a^2}{4} \quad \cdots\cdots②$$

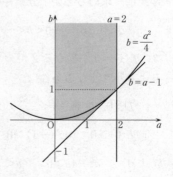

①または②が a, b のみたす条件であるの
で，点 (a, b) の存在範囲は右図の網掛け
部分。ただし，境界は含まない。

━━━━ ◆解　説▶ ━━━━

≪2次方程式の解の存在範囲，解の実部についての条件≫

▶(1)　判別式の符号，軸の位置，$f(0)$ の符号を調べ，条件を求める。

▶(2)　判別式の符号，軸の位置，$f(0)$ と $f(-1)$ の符号を調べ，条件を求める。

▶(3)　実数解をもつ場合は，(2)と同様にして条件を求める。虚数解をもつ場合は，$D = a^2 - 4b < 0$ より，$\sqrt{a^2 - 4b} = \sqrt{4b - a^2}\,i$（$i$ は虚数単位）となるので，解の公式を用いて実部を求めればよい。

2

◇発想◇　(1)　1回投げたとき，Aの表の枚数がBの表の枚数より多い場合である。

(2)　1回目で硬貨のやりとりがなく，2回目で(1)と同じことが起こる場合である。

(3)　2回の操作(P)の終了後，Aの硬貨の枚数は2枚でなければならない。

解答　1枚または2枚の硬貨を投げたとき，表の出る枚数とその確率は下の表のようになる。

1枚投げたときの表の出る枚数とその確率

枚数	0	1
確率	$\frac{1}{2}$	$\frac{1}{2}$

2枚投げたときの表の出る枚数とその確率

枚数	0	1	2
確率	$\frac{1}{4}$	$\frac{1}{2}$	$\frac{1}{4}$

A，Bがそれぞれ硬貨を x 枚，y 枚持っているという状態を (x, y) と表すと，最初の状態は $(2, 1)$ である。

(1)　1回の操作(P)で，$(2, 1) \to (3, 0)$ となるのは，「Aが2枚表（Bは1枚表，0枚表のどちらでもよい）」，または「Aが1枚表，Bが0枚表」の場合であるので

$$p_1 = \frac{1}{4} \times 1 + \frac{1}{2} \times \frac{1}{2} = \frac{1}{2} \quad \cdots\cdots(答)$$

(2)　2回の操作(P)の後，Aの硬貨が3枚となるのは

$$(2, 1) \to (2, 1) \to (3, 0)$$

となる場合である。

$(2, 1) \rightarrow (2, 1)$ となるのは，「A，Bともに1枚表」，または「A，Bともに0枚表」の場合であるので，確率は

$$\frac{1}{2} \times \frac{1}{2} + \frac{1}{4} \times \frac{1}{2} = \frac{3}{8}$$

(1)より，$(2, 1) \rightarrow (3, 0)$ となる確率は $\frac{1}{2}$ であるので

$$p_2 = \frac{3}{8} \times \frac{1}{2} = \frac{3}{16} \quad \cdots\cdots(答)$$

(3)　3回の操作(P)の後，Aの硬貨が3枚となるのは

(i) $(2, 1) \rightarrow (2, 1) \rightarrow (2, 1) \rightarrow (3, 0)$

(ii) $(2, 1) \rightarrow (1, 2) \rightarrow (2, 1) \rightarrow (3, 0)$

のいずれかの場合である。

(i)の確率は，(1)，(2)より　　$\dfrac{3}{8} \times \dfrac{3}{8} \times \dfrac{1}{2} = \dfrac{9}{128}$

(ii)について，$(2, 1) \rightarrow (1, 2)$ となるのは，「Aが0枚表，Bが1枚表」の場合であるので，確率は

$$\frac{1}{4} \times \frac{1}{2} = \frac{1}{8}$$

$(1, 2) \rightarrow (2, 1)$ となるのは，「Aが1枚表，Bが0枚表」の場合であるので，確率は

$$\frac{1}{2} \times \frac{1}{4} = \frac{1}{8}$$

$(2, 1) \rightarrow (3, 0)$ となる確率は $\frac{1}{2}$ であるから，(ii)の確率は

$$\frac{1}{8} \times \frac{1}{8} \times \frac{1}{2} = \frac{1}{128}$$

以上より　　$p_3 = \dfrac{9}{128} + \dfrac{1}{128} = \dfrac{5}{64} \quad \cdots\cdots(答)$

━━━━━◀解　説▶━━━━━

≪硬貨を投げ，表の出た枚数により硬貨をやりとりする確率≫

▶(1)　Aの表の枚数がBの表の枚数より多いのは，「Aが2枚，Bが1枚」，「Aが2枚，Bが0枚」，「Aが1枚，Bが0枚」の3つの場合である。

▶(2)　Aが3枚となる直前は，$(2, 1)$ の状態でなければならない。

▶(3)　操作(P)を 2 回繰り返したとき，(2，1) の状態でなければならないので，2 通りの場合がある。

3　◆発想◆　(1)　2 つの円の位置関係は，中心間の距離と 2 つの円の半径の和，差との大小により決まる。

(2)　2 円が 2 つの交点をもつとき，2 円の方程式から 2 次の項を消去してできる 1 次方程式は，2 つの交点を通る直線を表す。

(3)　p，q が整数となる a のうち，(1)をみたすものを求める。

解答　(1)　$C_1 : x^2 + y^2 = a$　……①

$\qquad\qquad C_2 : x^2 + y^2 - 6x - 4y + 3 = 0$　……②

C_1 は中心 (0，0)，半径 $\sqrt{a}$ の円である。

②より，$(x-3)^2 + (y-2)^2 = 10$ なので，C_2 は中心 (3，2)，半径 $\sqrt{10}$ の円である。

中心間の距離は　　$\sqrt{3^2 + 2^2} = \sqrt{13}$

よって，異なる 2 点で交わる条件は

$$|\sqrt{a} - \sqrt{10}| < \sqrt{13} < \sqrt{a} + \sqrt{10}$$

左の不等式より　　$-\sqrt{13} < \sqrt{a} - \sqrt{10} < \sqrt{13}$

$$\sqrt{10} - \sqrt{13} < \sqrt{a} < \sqrt{13} + \sqrt{10}$$　……③

右の不等式より　　$\sqrt{13} - \sqrt{10} < \sqrt{a}$　……④

③，④より　　$\sqrt{13} - \sqrt{10} < \sqrt{a} < \sqrt{13} + \sqrt{10}$

各辺は正であるので，平方して

$$23 - 2\sqrt{130} < a < 23 + 2\sqrt{130}$$　……(答)

(2)　①－②より　　$6x + 4y - 3 = a$

$\qquad 6x + 4y = a + 3$　……⑤

これは直線を表し，2 つの交点A，Bの座標はいずれも①，②をみたすことから，⑤をみたす。したがって，⑤は 2 点A，Bを通る直線の方程式である。

⑤において，$y = 0$ とすると　　$x = \dfrac{a+3}{6}$

$x = 0$ とすると　　$y = \dfrac{a+3}{4}$

ゆえに $p=\dfrac{a+3}{6}$, $q=\dfrac{a+3}{4}$ ……(答)

(3) p, q が共に整数となるとき, $\dfrac{a+3}{6}$, $\dfrac{a+3}{4}$ は共に整数であるので, $a+3$ は 6 と 4 の公倍数, したがって, 6 と 4 の最小公倍数 12 の倍数である。

(1)より $\quad 26-2\sqrt{130}<a+3<26+2\sqrt{130}$ ……⑥

ここで, $2\sqrt{130}=\sqrt{520}$ であり, $22^2=484$, $23^2=529$ より

$\qquad \sqrt{484}<\sqrt{520}<\sqrt{529} \qquad 22<2\sqrt{130}<23$

したがって $\quad 3<26-2\sqrt{130}<4$, $48<26+2\sqrt{130}<49$ ……⑦

$a+3$ は整数であるので, ⑥, ⑦より $\quad 4\leqq a+3\leqq 48$

$a+3$ は 12 の倍数であるので

$\qquad a+3=12$, 24, 36, 48 $\quad \therefore \quad a=9$, 21, 33, 45 ……(答)

━━━━━ ◀解 説▶ ━━━━━

≪2 円の交点を通る直線, 座標軸との切片が整数となる条件≫

▶(1) 一般に, 2 つの円の半径が r_1, r_2, 中心間の距離が d であるとき, 異なる 2 点で交わるための必要十分条件は, $|r_1-r_2|<d<r_1+r_2$ である。本問の場合, C_1 の中心は C_2 の外部にあるので, C_1, C_2 が外接するとき, $\sqrt{a}=\sqrt{13}-\sqrt{10}$, 内接するとき, $\sqrt{a}=\sqrt{13}+\sqrt{10}$ であることから, $\sqrt{13}-\sqrt{10}<\sqrt{a}<\sqrt{13}+\sqrt{10}$ としてもよい（図を描いてみるとよい）。

▶(2) ①−②から, x, y の 1 次方程式が得られ, これが 2 点 A, B を通る直線の方程式である。

▶(3) p, q が整数であることから, $a+3$ が 12 の倍数であることがわかるので, (1)の結論を利用して, $a+3$ のとりうる値の範囲を求める。その際, $26-2\sqrt{130}$ や $26+2\sqrt{130}$ が, どの連続する 2 つの整数の間にあるかを調べる必要がある。

❖講 評

2023 年度は, 2 次方程式, 確率, 図形と方程式, 整数の性質からの出題で, ベクトル, 数列, 微・積分法からの出題はなかった。また, 理系との共通問題は出題されなかったが, 類似問題が出題された（**1**）。

1. 2 次方程式 $x^2+ax+b=0$ の解が条件をみたすような点 (a, b)

の存在範囲を図示する問題。(1)，(2)は基本的である。(3)で実数解をもつ場合と虚数解をもつ場合に分けることがポイントとなる。

　2．2人が硬貨を投げ，表の出た枚数が少ない方が相手に1枚の硬貨を渡すという操作を繰り返すときの確率を求める問題。操作を行うことにより，2人の持っている硬貨の枚数が変化することに注意しなければならない。(2)は(1)を，(3)は(1)，(2)を利用することができるので，2人の持っている硬貨の枚数がどのように変化するか調べることになる。内容としては標準的といえる問題である。

　3．2つの円が異なる2点で交わる条件，2交点を通る直線と軸との交点の座標が整数となる条件を求める問題。(1)は基本的であるが，絶対値を含む不等式の扱いに注意が必要である。(2)は2つの円の方程式から2次の項を消去した1次方程式が，2つの交点を通る直線を表すことを知らなければ，解くことは難しい。(3)は，(2)の結果から a についての条件を求めることは難しくないが，(1)で求めた範囲の扱い方がポイントとなる。いずれにしても差がつく問題といえるだろう。

　全体としては，標準的な問題中心の出題である。基本的な小問を確実に解くこと，誘導の内容を理解することが大切である。

物理

I **解答** 問 1. 衝突直前の小球 A の速さを v_0 とする。ばねと小球 A についての力学的エネルギー保存則より

$$\frac{1}{2}kd^2 = \frac{1}{2}mv_0^2$$

$$\therefore \quad v_0 = d\sqrt{\frac{k}{m}} \quad \cdots\cdots(答)$$

衝突直後の小球 A，小球 B の速さをそれぞれ v_A，v_B とする。運動量保存則より

$$mv_0 + 0 = mv_A + mv_B$$

小球 A と小球 B は完全弾性衝突で反発係数が 1 であるから，反発係数の式より

$$1 = -\frac{v_A - v_B}{v_0}$$

これらを解くと

$$\left.\begin{array}{l} v_A = 0 \\ v_B = v_0 = d\sqrt{\dfrac{k}{m}} \end{array}\right\} \quad \cdots\cdots(答)$$

別解 〈その 1〉 質量が等しい 2 物体の完全弾性衝突では，衝突によって速度が交換されるので

$$v_A = 0, \quad v_B = v_0 = d\sqrt{\frac{k}{m}}$$

〈その 2〉 小球 A の点 O での速さは，振幅 d の単振動の振動中心での速さであるから

$$v_0 = v_{max} = d\sqrt{\frac{k}{m}}$$

問 2. 重力加速度の大きさを g，糸が角度 θ の位置に達したときの小球 B の速さを v とする。

小球 B についての力学的エネルギー保存則より

$$\frac{1}{2}mv_B{}^2 = \frac{1}{2}mv^2 + mgl\,(1-\cos\theta)$$

$$\frac{1}{2}m\left(d\sqrt{\frac{k}{m}}\right)^2 = \frac{1}{2}mv^2 + mgl\,(1-\cos\theta)$$

$$\therefore \quad v = \sqrt{\frac{kd^2}{m} - 2gl\,(1-\cos\theta)} \quad \cdots\cdots(答)$$

問3．糸の張力の大きさを T とする。小球Bの円運動の中心方向の運動方程式より

$$m\frac{v^2}{l} = T - mg\cos\theta$$

$$\therefore \quad T = m\cdot\frac{\dfrac{kd^2}{m} - 2gl\,(1-\cos\theta)}{l} + mg\cos\theta$$

$$= \frac{kd^2}{l} - mg\,(2-3\cos\theta) \quad \cdots\cdots(答)$$

問4．$\theta = 120°$ で糸の張力が $T=0$ であるから

$$0 = \frac{kd^2}{l} - mg\,(2-3\cos120°)$$

$$= \frac{kd^2}{l} - \frac{7}{2}mg$$

$$\therefore \quad d = \sqrt{\frac{7mgl}{2k}} \quad \cdots\cdots(答)$$

◀解　説▶

≪二つの小球の衝突と鉛直面内の非等速円運動≫

▶問1．質量がともに m の小球A，小球Bが完全弾性衝突をする場合，衝突直前の速さをそれぞれ v_A，v_B，衝突直後の速さをそれぞれ $v_A{}'$，$v_B{}'$ とすると，運動量保存則より

$$mv_A + mv_B = mv_A{}' + mv_B{}'$$

反発係数の式より

$$1 = -\frac{v_A{}' - v_B{}'}{v_A - v_B}$$

これらを $v_A{}'$，$v_B{}'$ について解くと

$$v_A{}' = v_B, \quad v_B{}' = v_A$$

すなわち，「質量が等しい2物体の完全弾性衝突では，衝突によって速度

が交換される」ことになる。このことは知っておくべき事項で証明問題ではないので，本問では〔別解〕〈その1〉のように答えてもよい。

小球Aがばねの自然長から長さ d だけ縮められた状態から，点Oで小球Bと衝突するまでの運動は，単振動である。点Oを原点に，ばねが伸びる向きを x 軸の正とする。小球Aが座標 x $(x<0)$ にあるときの加速度を a とすると，運動方程式より

$$ma = -kx \quad \therefore \quad a = -\frac{k}{m}x$$

よって，角振動数を ω とすると $\quad \omega = \sqrt{\dfrac{k}{m}}$

振幅を A とすると，小球Aの単振動の位置 x と速度 v は

$$x = -A\cos\omega t$$
$$v = \frac{dx}{dt} = A\omega\sin\omega t$$

点Oは振動中心で $x=0$ であるから，$\cos\omega t=0$ であり，このとき $\sin\omega t=1$ となって速度 v は最大値 v_{max} となる。

$$v_{max} = A\omega$$

すなわち，「単振動の振動中心で速度が最大値 $v_{max}=A\omega$ をとる」ことは知っておくべき事項である。このことを用いると，本問では〔別解〕〈その2〉のように答えてもよい。

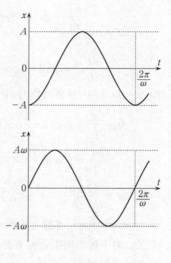

▶問2〜問4．小球の運動の接線方向を x，中心方向を y とする。小球にはたらく力の x 成分，y 成分は，角度 θ とともに変化するので，x 方向，y 方向のそれぞれの方向に加速度をもち，その大きさは変化する。加速度の x 成分，y 成分は，それぞれ $a_x = \dfrac{dv}{dt}$，$a_y = \dfrac{v^2}{l}$ であるから，

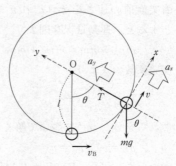

運動方程式は

- x 方向：$m \cdot \dfrac{dv}{dt} = -mg\sin\theta$ ……①

- y 方向：$m \cdot \dfrac{v^2}{l} = T - mg\cos\theta$ ……②

①を解くと，次式①′の力学的エネルギー保存則が得られる。

$$\frac{1}{2}mv_B{}^2 = \frac{1}{2}mv^2 + mgl(1-\cos\theta) \quad ……①'$$

よって，「鉛直面内の非等速円運動では，力学的エネルギー保存則①′（問2）と，中心方向の運動方程式②（問3）を用いる」ことになる。このとき，y 方向の張力 T と重力の y 成分 $mg\cos\theta$ は，運動方向と常に直角にはたらく力であって小球に仕事をしないので，力学的エネルギー保存則が成立することになる。

II 　解答

問1．導体棒に生じる誘導起電力の大きさ V_{emf} は，$V_{\mathrm{emf}} = vBL$ である。

抵抗1，抵抗2に流れる電流の大きさをそれぞれ I_1，I_2 とすると，オームの法則より

抵抗1：大きさは $I_1 = \dfrac{V_{\mathrm{emf}}}{R_1} = \dfrac{vBL}{R_1}$，向きは a → c

抵抗2：大きさは $I_2 = \dfrac{V_{\mathrm{emf}}}{R_2} = \dfrac{vBL}{R_2}$，向きは b → d

　　　　　……（答）

問2．重力加速度の大きさを g とする。

重力：大きさは mg，向きは鉛直方向下向き ……（答）

垂直抗力：垂直抗力の大きさを N とすると，レールに対して垂直方向の力のつりあいの式より

$$N = mg\cos\theta$$

よって，大きさは $mg\cos\theta$，向きはレールに対して垂直方向上向きである。……（答）

電流が磁場から受ける力：導体棒に流れる電流の大きさを I とすると

$$I = I_1 + I_2 = \frac{vBL}{R_1} + \frac{vBL}{R_2} = \frac{R_1 + R_2}{R_1 R_2}vBL$$

導体棒を流れる電流が磁場から受ける力の大きさを f とすると

$$f = IBL = \frac{R_1 + R_2}{R_1 R_2} vBL \times BL = \frac{R_1 + R_2}{R_1 R_2} vB^2 L^2$$

よって，大きさは $\dfrac{R_1 + R_2}{R_1 R_2} vB^2 L^2$，向きはレールに対して平行方向上向きである。……(答)

問3．導体棒が一定の速さで運動するとき，レールに対して平行方向の力はつりあっている。よって，電流が磁場から受ける力の大きさ f の式の v を v_f と書き換えて

$$mg\sin\theta = \frac{R_1 + R_2}{R_1 R_2} v_\mathrm{f} B^2 L^2$$

$$\therefore \quad v_\mathrm{f} = \frac{R_1 R_2}{R_1 + R_2} \cdot \frac{mg\sin\theta}{B^2 L^2} \quad ……(答)$$

問4．問3の導体棒の速さが v_f の状況では，抵抗1と抵抗2にかかる電圧はともに $v_\mathrm{f} BL$ であるから，単位時間に発生するジュール熱をそれぞれ W_1，W_2 とすると

抵抗1：

$$W_1 = \frac{(v_\mathrm{f} BL)^2}{R_1} \times 1 = \frac{1}{R_1} \times \left(\frac{R_1 R_2}{R_1 + R_2} \cdot \frac{mg\sin\theta}{B^2 L^2} \cdot BL \right)^2$$

$$= R_1 \left(\frac{R_2}{R_1 + R_2} \cdot \frac{mg\sin\theta}{BL} \right)^2 \quad ……(答)$$

抵抗2：

$$W_2 = \frac{(v_\mathrm{f} BL)^2}{R_2} \times 1 = \frac{1}{R_2} \times \left(\frac{R_1 R_2}{R_1 + R_2} \cdot \frac{mg\sin\theta}{B^2 L^2} \cdot BL \right)^2$$

$$= R_2 \left(\frac{R_1}{R_1 + R_2} \cdot \frac{mg\sin\theta}{BL} \right)^2 \quad ……(答)$$

問5．導体棒が失う重力による位置エネルギー

━━━━━━■ ◀解　説▶ ■━━━━━━

≪傾いたレール上を滑る導体棒に生じる誘導起電力≫

▶問1．導体棒に生じる誘導起電力の向きはレンツの法則による。

導体棒がレールと平行に下向きに動くと，導体棒と抵抗1を含む閉回路 pacq には，これを貫くレールに垂直上向きの磁束 Φ が減少する。この変化を妨げるレールに垂直上向きの磁束 Φ_emf をつくるように，右ねじの法則に従う向き（導体棒の q→p の向き）に大きさ $V_\mathrm{emf} = vBL$ の誘導起電

力が生じる。抵抗 1 と抵抗 2 は導体棒に対して並列であるから,抵抗 1 には a → c の向きに,抵抗 2 には b → d の向きに電流が流れる。

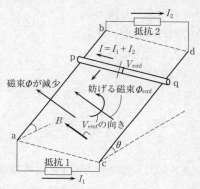

参考 導体棒に生じる誘導起電力は,ローレンツ力を用いて求めることもできる。

速さ v で運動する導体棒 pq 中の電気量 $-e$ $(e>0)$ の自由電子が,磁束密度 B の磁場から受けるローレンツ力の大きさ f_L は,$f_L = evB$ であり,力の向きはフレミングの左手の法則より p → q の向きである。この力を受けた自由電子が q 端に偏ることで p → q の向きに電場が生じ,その強さを E とすると,自由電子がこの電場から受ける力の大きさ f_E は,$f_E = eE$ であり,力の向きは q → p の向きである。

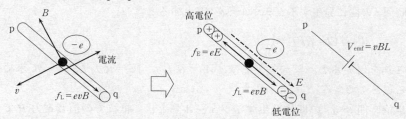

これらの力がつりあうことにより

$$eE = evB \quad \therefore \quad E = vB$$

よって,長さ L の導体棒に生じる電位差（誘導起電力）V_{emf} は,p 端を高電位として

$$V_{emf} = E \times L = vBL$$

▶問 2. 導体棒を流れる電流が磁場から受ける力の向きは,フレミングの

左手の法則による。

導体棒にはたらく力を，重力，垂直抗力，

電流が磁場から受ける力の合力と捉える。

レールに対して垂直方向には力がつりあっ

ているから，これら3力の合力はレールに

対して平行方向の力の和 F である。よっ

て，下向きを正として

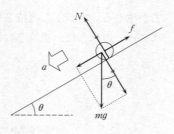

$$F = mg\sin\theta - f = mg\sin\theta - \frac{R_1 + R_2}{R_1 R_2} vB^2 L^2$$

である。

▶問3．導体棒のレールに対して平行方向下向きの加速度を a とする。運動方程式 $ma = F$ より

$$ma = mg\sin\theta - \frac{R_1 + R_2}{R_1 R_2} vB^2 L^2$$

$a = 0$ のとき，$v = v_f$ であるから

$$0 = mg\sin\theta - \frac{R_1 + R_2}{R_1 R_2} v_f B^2 L^2$$

$$\therefore \quad v_f = \frac{R_1 R_2}{R_1 + R_2} \cdot \frac{mg\sin\theta}{B^2 L^2}$$

▶問4．抵抗値 R の抵抗にかかる電圧が V で強さ I の電流が流れるとき，時間 t の間に発生するジュール熱を W とすると

$$W = IVt = RI^2 t = \frac{V^2}{R} t$$

これを用いると，ジュール熱は，$W_1 = R_1 I_1^2 t$，$W_2 = R_2 I_2^2 t$ によって求めることもできる。

単位時間 $t = 1\text{s}$ の間に発生するジュール熱とは，抵抗での消費電力 P であり

$$P = \frac{W}{t} = IV = RI^2 = \frac{V^2}{R}$$

▶問5．(i)　抵抗1と抵抗2で単位時間に発生するジュール熱の和 W は，問4の結果より

$$W = W_1 + W_2$$

$$= R_1\left(\frac{R_2}{R_1+R_2}\frac{mg\sin\theta}{BL}\right)^2 + R_2\left(\frac{R_1}{R_1+R_2}\frac{mg\sin\theta}{BL}\right)^2$$

$$= \frac{R_1R_2}{R_1+R_2}\left(\frac{mg\sin\theta}{BL}\right)^2$$

$$= mg\sin\theta\times v_{\mathrm{f}}\quad\left(\because\quad v_{\mathrm{f}}=\frac{R_1R_2}{R_1+R_2}\cdot\frac{mg\sin\theta}{B^2L^2}\right)$$

(ⅱ)　導体棒にはたらく力は，問 2 より重力 mg，垂直抗力 N，電流が磁場
から受ける力 f であり，これらの力が単位時間にした仕事をそれぞれ W_{G},
W_{N}，W_{B} とする。

• 重力がした仕事：導体棒が単位時間に移動した距離 x は，$x=v_{\mathrm{f}}\times1$ であ
るから

$$W_{\mathrm{G}}=mg\times x\sin\theta=mg\times v_{\mathrm{f}}\sin\theta$$

これは，レールに対して垂直方向の成分 $mg\cos\theta$ は仕事をしないので，
平行方向の成分 $mg\sin\theta$ によって距離 x 移動したとして，
$W_{\mathrm{G}}=mg\sin\theta\times x$ と捉えてもよい。

• 垂直抗力がした仕事：この力の向きと導体棒が移動した向きは常に垂直
であるから，垂直抗力は仕事をしない。よって

$$W_{\mathrm{N}}=0$$

• 電流が磁場から受ける力がした仕事：この力の向きと導体棒が移動した
向きが逆向きなので仕事は負であることに注意し，導体棒の速さが一定値
v_{f} になったとき，導体棒を流れる電流も $I=\dfrac{R_1+R_2}{R_1R_2}v_{\mathrm{f}}BL$ で一定値になる
ので，これを I_{f} とおくと

$$W_{\mathrm{B}}=-f\times x=-I_{\mathrm{f}}BL\times v_{\mathrm{f}}\times1=-I_{\mathrm{f}}\cdot v_{\mathrm{f}}BL$$

(ⅲ)　導体棒には誘導起電力が生じ，回路に電流を流す仕事をしている。誘
導起電力が単位時間にした仕事を W_{emf} とすると

$$W_{\mathrm{emf}}=I_{\mathrm{f}}V_{\mathrm{emf}}t=I_{\mathrm{f}}\times v_{\mathrm{f}}BL\times1=I_{\mathrm{f}}\cdot v_{\mathrm{f}}BL$$

(ⅰ)〜(ⅲ)より，これらの関係は

$$W=W_{\mathrm{G}}+W_{\mathrm{N}}+W_{\mathrm{B}}+W_{\mathrm{emf}}$$

$$=W_{\mathrm{G}}\quad(\because\quad W_{\mathrm{N}}=0,\ W_{\mathrm{B}}=-W_{\mathrm{emf}})$$

すなわち，抵抗で発生するジュール熱 W は，重力がした仕事 W_{G} に由来
するものであり，この仕事 W_{G} によって導体棒の重力による位置エネルギ

ーは減少する。

また，W_B と W_{emf} が相殺されるが，これは，電磁誘導が力学的な仕事を電磁気学的な仕事に変換する現象であることを表している。

Ⅲ 　**解答**　問1．$\lambda = \dfrac{v}{f}$　……(答)

問2．m を自然数（$m = 1,\ 2,\ 3,\ \cdots$）として

$$L + l = m \times \frac{1}{2}\lambda - \frac{1}{4}\lambda$$

$$= \frac{2m-1}{4} \cdot \frac{v}{f}$$

$$\therefore \quad f = \frac{2m-1}{4} \cdot \frac{v}{L+l} \quad (m = 1,\ 2,\ 3,\ \cdots) \quad ……(答)$$

別解　m を負でない整数（$m = 0,\ 1,\ 2,\ \cdots$）とすると

$$L + l = \frac{1}{4}\lambda + m \times \frac{1}{2}\lambda$$

$$= \frac{2m+1}{4} \cdot \frac{v}{f}$$

$$\therefore \quad f = \frac{2m+1}{4} \cdot \frac{v}{L+l} \quad (m = 0,\ 1,\ 2,\ \cdots)$$

問3．図2の同一の曲線上の L と f の関係は同じ次数 m のものである。問2の結果に，図2の左下の曲線上の $L = 34\,\text{cm}$ で $f = 700\,\text{Hz}$，$L = 40\,\text{cm}$ で $f = 600\,\text{Hz}$ を代入すると

$$700 = \frac{2m-1}{4} \cdot \frac{v}{34+l}$$

$$600 = \frac{2m-1}{4} \cdot \frac{v}{40+l}$$

よって

$$(34+l) \times 700 = (40+l) \times 600$$

$$\therefore \quad l = 2\,[\text{cm}]\quad ……(答)$$

問4．図2の隣り合う曲線は次数 m が1つ異なるものである。振動数 $f = 700\,\text{Hz}$ が等しい隣り合う曲線上の2点を選び，左下の曲線上で $L = 34\,\text{cm}$ の次数を m_0 とすると，中央の曲線上で $L = 58\,\text{cm}$ の次数は

m_0+1 である。$l=2$ cm であるから

$$700=\frac{2m_0-1}{4}\cdot\frac{v}{34+2}$$

$$700=\frac{2(m_0+1)-1}{4}\cdot\frac{v}{58+2}$$

よって

$$\frac{2m_0-1}{4}\cdot\frac{1}{36}=\frac{2m_0+1}{4}\cdot\frac{1}{60}$$

$$\therefore\quad m_0=2$$

したがって

$$700=\frac{2\times2-1}{4}\cdot\frac{v}{34+2}$$

$$\therefore\quad v=33600\,(\mathrm{cm/s})\fallingdotseq3.4\times10^2\,(\mathrm{m/s})\quad\cdots\cdots(答)$$

━━━━ ◀解　説▶ ━━━━

≪気柱の共鳴≫

▶問 1．波の式 $v=f\lambda$ を用いる。

▶問 2．気柱が共鳴するとき，音波はピストンの位置で固定端反射をして定常波の節が，管口から開口端補正だけ外に出た位置で自由端反射をして定常波の腹が生じる。基本振動では管内に $\frac{1}{4}\lambda$ の定常波が生じ，2 倍振動，3 倍振動，…では定常波の長さが $\frac{1}{2}\lambda$ ずつ長くなっていく。m の選び方は任意であるので，〔別解〕のようにすることもできる。この m を次数という。

▶問 3．気柱の長さ L と音波の振動数 f の関係がグラフの交点を通るのは次図の 5 点である。これらから任意の組み合わせを用いて，l，v を求めることができる。

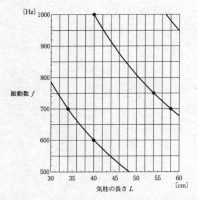

図 2 の中央の曲線上の $L=40\,\mathrm{cm}$ で $f=1000\,\mathrm{Hz}$, $L=54\,\mathrm{cm}$ で $f=750\,\mathrm{Hz}$, $L=58\,\mathrm{cm}$ で $f=700\,\mathrm{Hz}$ を用いると

$$1000 = \frac{2m-1}{4}\cdot\frac{v}{40+l}$$

$$750 = \frac{2m-1}{4}\cdot\frac{v}{54+l}$$

$$700 = \frac{2m-1}{4}\cdot\frac{v}{58+l}$$

これらから 2 式を選んで解いても, $l=2\,\mathrm{cm}$ が得られる。

▶問 4. 図 2 の隣り合う曲線は次数 m が 1 つ異なるものであるから, 問 3 の〔解説〕より, 5 点から隣り合う曲線上でどの組み合わせを選んでもよい。

例えば, 長さ $L=40\,\mathrm{cm}$ が等しい 2 点を選び, 左下の曲線上で $f=600\,\mathrm{Hz}$ の次数を m_0 とすると, 中央の曲線上で $f=1000\,\mathrm{Hz}$ の次数は m_0+1 である。$l=2\,\mathrm{cm}$ であるから

$$600 = \frac{2m_0-1}{4}\cdot\frac{v}{40+2}$$

$$1000 = \frac{2(m_0+1)-1}{4}\cdot\frac{v}{40+2}$$

よって

$$600\times\frac{4}{2m_0-1} = 1000\times\frac{4}{2m_0+1}$$

$$\therefore\quad m_0=2$$

したがって

$$600 = \frac{2 \times 2 - 1}{4} \cdot \frac{v}{40 + 2}$$

$$\therefore \quad v = 33600 \,[\mathrm{cm/s}] \doteqdot 3.4 \times 10^2 \,[\mathrm{m/s}]$$

参考　問 3 の題意である「問 2 の結果を用いる」必要がなければ，次のように解くこともできる。

スピーカーが一定の振動数 $f = 700\,\mathrm{Hz}$ の音波を出しながら，左下の曲線上の $L = 34\,\mathrm{cm}$ で共鳴し，さらに中央の曲線上の $L = 58\,\mathrm{cm}$ で共鳴するとき，$L = 34\,\mathrm{cm}$ と $L = 58\,\mathrm{cm}$ の間に共鳴点はないから，これらの共鳴点の間隔は $\frac{\lambda}{2}$ である。このときの管内に生じる定常波は次図のようになる。

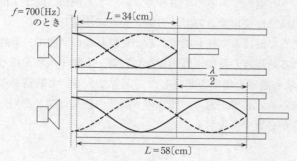

よって

$$\frac{\lambda}{2} = 58 - 34 \quad \therefore \quad \lambda = 48 \,[\mathrm{cm}] = 0.48 \,[\mathrm{m}]$$

上図より

$$l + 34 = \frac{3}{4} \times 48 \quad \therefore \quad l = 2 \,[\mathrm{cm}]$$

波の式より

$$v = f\lambda = 700 \times 0.48 = 336 \,[\mathrm{m/s}] \doteqdot 3.4 \times 10^2 \,[\mathrm{m/s}]$$

❖講　評

　2023 年度も，すべての大問において「解答の導出過程も示しなさい。必要な物理量があれば定義して明示しなさい」の指示があった。問題に与えられていない物理量で解答に必要なものは，Ⅰ・Ⅱでの重力加速度の大きさ g であった。導出過程に必要で定義されていない物理量はかな

り多くあるが，これらは教科書に用いられている一般的な物理量を定義
して使用すればよい。

　例年出題されていた描図問題が出題されず，理由を説明する論述問題
も比較的易しめで，難易度は 2022 年度に比べてやや易化した。問題量
はやや少なめと感じるが，全問が導出過程を必要とする上，物理量の定
義忘れがないかなどの点検で時間不足にならないようにしたい。

　Ⅰ．二つの小球の衝突と小球の鉛直面内での非等速円運動で，頻出の
典型的な問題であり完答したい。問 1 の計算結果を最後まで使用するの
で，雪崩式失点に注意したい。

　Ⅱ．傾いたレール上を滑る導体棒による電磁誘導の問題で，磁場の向
きがレールと垂直であるので解きやすい。Ⅰと同様，問 1・問 2 の計算
結果を最後まで使用するので，雪崩式失点に注意したい。

　Ⅲ．閉管における気柱共鳴であるが見慣れない問題で，共通テストで
も扱われる新課程の特徴「既知でない資料・事物・現象を扱った考察問
題」「実験や観察の場面を想定した問題」である。実験結果のグラフを
的確に読み取る必要がある。問 3 の「問 2 の結果と図 2 を用いること」
にも注意が必要である。

化学

I 　**解答**　問1．A
　　　　　　問2．塩化カリウム：① 　硫酸ナトリウム：①
塩化銅：② 　塩化銀：③ 　硝酸銅：② 　硝酸銀：②
問3．化学式：Na_2SO_4 　電子の物質量：1×10^{-3} mol
問4．陽極：酸素，塩素　陰極：銅，銀
問5．8.62×10^2 秒

━━━━━━━━━ ◀解　説▶ ━━━━━━━━━

≪さまざまな物質の電気分解≫

▶問1．反応物から生成物に変化する際に電気エネルギーを受け取っていることから，吸熱反応であるとわかる。また，電源の正極に接続された陽極では，酸化反応が生じることで電子が正極に向かって移動する。電源の負極に接続された陰極では，電源の負極から移動してきた電子を受け取る還元反応が生じる。

▶問2．まず，難溶性の塩である塩化銀は水中で電離しないとみなせるので，純水中にイオンが存在しない（水の電離も無視できる）。よって，電気分解が起こりにくいので③，すなわち両極で気体が発生しないと考えられる。

それ以外の5種類については，それぞれ以下のような反応が生じる。

＊陰極

塩化銅・硝酸銅：$Cu^{2+} + 2e^- \longrightarrow Cu$

硝酸銀：$Ag^+ + e^- \longrightarrow Ag$

塩化カリウム・硫酸ナトリウム：$2H_2O + 2e^- \longrightarrow H_2 + 2OH^-$

＊陽極

塩化銅・塩化カリウム：$2Cl^- \longrightarrow Cl_2 + 2e^-$

硝酸銅・硝酸銀・硫酸ナトリウム：$2H_2O \longrightarrow O_2 + 4H^+ + 4e^-$

これより，陽極ではどの試薬も気体が発生するとわかる。ゆえに，陰極で気体が発生する塩化カリウム・硫酸ナトリウムが①であり，金属が析出する塩化銅・硝酸銅・硝酸銀が②である。

▶問 3 ．①に分類された 2 種類のうち，陽極周辺が酸性になるのは水素イオンが生成する硫酸ナトリウムの水溶液である。

電極の周囲 100mL に生成した水素イオンが広がり，そこでの pH が 2 であった。ここから，周囲 100mL の水素イオン濃度が 1×10^{-2} mol/L であり，生成した水素イオンが $1 \times 10^{-2} \times \dfrac{100}{1000} = 1 \times 10^{-3}$ mol であるとわかる。

問 2 の反応式より，このとき流れた電子の物質量も 1×10^{-3} mol である。

▶問 4 ．②に分類された塩化銅・硝酸銅・硝酸銀の電気分解で生成する物質は，問 2 の反応式より陽極では塩素と酸素，陰極では銀と銅である。

陽極：水溶液の電気分解において，塩化物イオンが存在するときは，酸素の発生より塩素の発生が優先されることから，塩素生成に必要な電圧は，酸素生成に必要な電圧より低いと考えられる。

陰極：イオン化傾向が Cu＞Ag より，イオンを単体に還元するのは銀の方が容易であり，必要な電圧は低いと考えられる。

▶問 5 ．水酸化ナトリウム水溶液の電気分解では，陽極で $4OH^- \longrightarrow O_2 + 2H_2O + 4e^-$ の反応が起こる。これより，標準状態で 1.00L，すなわち $\dfrac{1.00}{22.4}$ mol の酸素を回収する際に流れる電子は $\dfrac{1.00}{22.4} \times 4$〔mol〕である。

必要な時間を t〔秒〕とおくと，電子の持つ電気量の関係と電流・電気量の関係より

$$20.0 \times t = \dfrac{1.00}{22.4} \times 4 \times 9.65 \times 10^4$$

$$\therefore \quad t = 8.616 \times 10^2 \fallingdotseq 8.62 \times 10^2 \text{〔秒〕}$$

II 解答

問 1 ．96.0 ％

問 2 ．化学式：$PbSO_4$ 色：白色

問 3 ．$K_3[Fe(CN)_6]$

問 4 ．$Al(OH)_3 + NaOH \longrightarrow Na[Al(OH)_4]$

問 5 ．番号：③ 化学式：CdS 色：黄色

問 6 ．Ag^+，Fe^{3+} （Cd^{2+} を含んでも可。）

問 7 ．$AgCl + 2NH_3 \longrightarrow [Ag(NH_3)_2]Cl$

問 8 ． $\dfrac{W_C + W_A}{1.204 \times 10^3 (R_C + R_A)^3}$ 〔g/cm³〕

━━━━━━━◀解　説▶━━━━━━━

≪陽イオン定性分析，溶解度積，結晶格子≫

▶問 1 ． Pb^{2+} と Cl^- の溶解度積は，以下のように与えられる。

　　　$[Pb^{2+}][Cl^-]^2 = 1.00 \times 10^{-4}$〔(mol/L)³〕

平衡状態で $[Cl^-] = 5.00 \times 10^{-1}$〔mol/L〕なので，$[Pb^{2+}] = 4.00 \times 10^{-4}$〔mol/L〕である。もとの Pb^{2+} を含む水溶液の体積を V〔L〕とするとき，はじめに溶液中に存在した Pb^{2+} は $1.20V \times 10^{-2}$〔mol〕である。また，平衡状態では体積が $1.20V$〔L〕であることに注意すると，溶液中の Pb^{2+} は $4.80V \times 10^{-4}$〔mol〕である。

よって，Pb^{2+} として存在する割合が

　　　$4.80V \times 10^{-4} \div (1.20V \times 10^{-2}) \times 100 = 4.00$〔%〕

であり，$PbCl_2$ として沈殿した割合が 96.0% となる。

▶問 2 ～問 5 ．この操作で，以下のように分離される。

まず，希塩酸を加えると，沈殿①に $AgCl$ と $PbCl_2$，ろ液①に Cd^{2+} と Fe^{3+} と Al^{3+} のように分かれる。この沈殿①に熱水を加えると，沈殿②に $AgCl$ が残り，ろ液②に Pb^{2+} が溶出する。この Pb^{2+} は硫酸イオンを含む溶液を加えると白色の $PbSO_4$ として沈殿する。（問 2 ）

ろ液①は塩酸を加えたので酸性になっている。ここに硫化水素を通すと，沈殿③に黄色の CdS（問 5 ），ろ液③に Al^{3+} と硫化水素により，Fe^{3+} が還元された Fe^{2+} にそれぞれ分かれる。このろ液③に含まれる Fe^{2+} は，$K_3[Fe(CN)_6]$ と反応して濃青色沈殿をつくる。（問 3 ）

ろ液③から硫化水素を除いて硝酸を加えると，Fe^{2+} が酸化され Fe^{3+} に戻る。その上でアンモニア水を加えると，沈殿④として $Fe(OH)_3$ と $Al(OH)_3$ が得られ，ろ液④には最初にあった 5 種類の陽イオンは含まれない。この沈殿④に過剰の水酸化ナトリウム水溶液を加えると，沈殿⑤に $Fe(OH)_3$ が，ろ液⑤に $[Al(OH)_4]^-$ が分離される。（問 4 ）

▶問 6 ． Ag^+ が 11 族，Pb^{2+} が 14 族，Cd^{2+} が 12 族，Al^{3+} が 13 族，Fe^{3+} が 8 族である。周期表において 3 族～11 族が遷移元素であるので，Ag^+ と Fe^{3+} が遷移元素にあたる。なお，12 族を遷移元素に含める場合もあるので Cd^{2+} も正解に含めうる。

▶問7. これらの陽イオンの中では，Ag^+ のみがアンモニアと錯イオンをつくる。

▶問8. 塩化ナトリウム型の結晶構造は，右図のように陽イオンと陰イオンが交互に配列したものである。そして，それぞれのイオンに注目すると，面心立方格子の構造をとる。

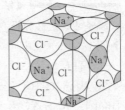

この結晶格子の一辺に注目すると，一辺の長さは $2(R_C+R_A)$〔nm〕，すなわち $2(R_C+R_A)\times10^{-7}$〔cm〕であり，結晶格子の体積は $8(R_C+R_A)^3\times10^{-21}$〔$cm^3$〕である。密度を d〔g/cm^3〕とおくと，結晶格子の質量は $8(R_C+R_A)^3d\times10^{-21}$〔g〕である。

他方，結晶格子中に陽イオン・陰イオンは4個ずつ含まれるのでアボガドロ定数を N_A〔/mol〕とおくと，結晶格子の質量は $(W_C+W_A)\times\dfrac{4}{N_A}$〔g〕である。これらより

$$8(R_C+R_A)^3d\times10^{-21}=(W_C+W_A)\times\frac{4}{N_A}$$

であり，$N_A=6.02\times10^{-23}$〔/mol〕を代入すると

$$d=\frac{W_C+W_A}{1.204\times10^3(R_C+R_A)^3}\text{〔g/cm}^3\text{〕}$$

である。

Ⅲ **解答** 問1. 炭素：c　水素：d　酸素：f

問2.
```
CH=CH
  |      \O
CH-C
  |    ‖
CH₃  O
```

問3. 構造式：H-C-CH₂-CH-C-OH
```
     ‖       |   ‖
     O      CH₃  O
```

沈殿 **X**：Cu_2O

問4. HO-C-CH₂-CH-C-OH
```
      ‖       |   ‖
      O      CH₃  O
```

問 5．
$$\text{HO} \overset{\|}{\underset{\text{O}}{-\text{C}}} - \text{CH} \overset{\text{CH}_3}{-} \overset{\|}{\underset{\text{O}}{\text{C}}} - \text{OH}$$

問 6．

（他の書き方もあり。〔解説〕中の鏡像異性体を参照。）

問 7．**B，C，D，F**

━━━━━◀ 解　説 ▶━━━━━━

≪$C_5H_6O_2$ の構造決定≫

▶問 1．a は塩素，b は窒素，e は硫黄の検出法である。一般に，分析の際には酸素を取り入れて完全燃焼させるので，酸素については試料中のものか燃焼の際に取り入れたものかの区別がつかなくなる。したがって，酸素の存在は示しにくい。

▶問 2．炭素を 5 つ含む飽和炭化水素は C_5H_{12} なので，化合物 A は飽和の状態から水素原子が 6 つ少ない，すなわち二重結合または環状構造を合わせて 3 つもつとわかる。化合物 A は五員環，すなわち原子 5 つからなる環状構造であるため，二重結合が 2 つ，または三重結合が 1 つあると考えられる。

化合物 A を酸条件で加水分解することで化合物 B が得られることより，化合物 A のエステル結合が加水分解されたと推定されるが，化合物 A に酸素原子が 2 つしかないので，エステル結合は 1 カ所しか含まれない。これより，化合物 A から化合物 B に変化する際に，環状構造が開いて鎖状構造になったと考えられる。さらに，化合物 B が還元性をもつので，化合物 B にはホルミル基があると推定できる。エステル結合の加水分解では，カルボ

キシ基とヒドロキシ基が生じるが，このヒドロキシ基が二重結合をつくっている炭素原子に直結している場合，下のように変化することでホルミル基に変化する。

$$\begin{matrix} R_1 \\ R_2 \end{matrix} C=C \begin{matrix} H \\ OH \end{matrix} \longrightarrow R_2-\overset{\overset{R_1}{|}}{\underset{\underset{H}{|}}{C}}-\overset{}{\underset{O}{C}}-H$$

（R_1，R_2 は H またはアルキル基）

これより，化合物 **A** は右のような五員環構造をもつとわかる。これは，二重結合を 2 つ，環状構造を 1 つもつことに矛盾しない。ここから，化合物 **A** としては以下の 3 種類が考えられる。

$$\begin{matrix} C=C \\ | \quad \ \searrow O \\ C-C \\ \quad\ \ \parallel \\ \quad\ \ O \end{matrix}$$

$$\begin{matrix} CH=CH \\ \ \ | \ast \quad\ \searrow O \\ H-C \quad\ C \\ \ \ | \quad\ \ \ \parallel \\ CH_3 \quad O \end{matrix} \qquad \begin{matrix} H_3C-C=CH \\ \quad\ \ | \quad\quad \searrow O \\ \quad\ \ CH_2-C \\ \quad\quad\quad\ \parallel \\ \quad\quad\quad\ O \end{matrix} \qquad \begin{matrix} CH=C \searrow^{CH_3} \\ \ \ | \quad\quad\ \searrow O \\ CH_2-C \\ \quad\quad\ \parallel \\ \quad\quad\ O \end{matrix}$$

このうち，不斉炭素原子をもつものは左端のもの（不斉炭素原子は * をつけた炭素原子）なので，これが化合物 **A** である。

▶問 3．化合物 **A** が加水分解を受けたあと，問 2 の〔解説〕で示したように，二重結合している炭素原子に結合しているヒドロキシ基がホルミル基に変化した物質が化合物 **B** である。また，フェーリング液の還元反応では酸化銅（Ⅰ）が得られる。

▶問 4．アルデヒドに硫酸酸性下で二クロム酸カリウム水溶液を加えて加熱すると，ホルミル基が酸化されてカルボキシ基になる。よって，化合物 **B** のホルミル基をカルボキシ基に変えれば化合物 **C** となる。

▶問 5．一般に，炭素間二重結合にオゾンおよび亜鉛を作用させると，二重結合が切断されカルボニル基をもつ物質が得られる。

$$\begin{matrix} R_1 \\ R_2 \end{matrix} C=C \begin{matrix} R_3 \\ R_4 \end{matrix} \longrightarrow \begin{matrix} R_1 \\ R_2 \end{matrix} C=O + O=C \begin{matrix} R_3 \\ R_4 \end{matrix}$$

（$R_1 \sim R_4$ は H またはアルキル基）

これより，化合物 **A** にオゾン・亜鉛を作用させると，以下の物質が得られる。

$$\begin{array}{c}\text{CH=CH} \\ \text{CH}_3 \end{array}\!\!\!\bigg\rangle\!\!\!\begin{array}{c}\\ \text{O} \\ \text{O} \end{array} \longrightarrow \text{H–C–CH–C–O–C–H}$$

$$\underset{\text{O}}{\text{H–C–CH–C–O–C–H}}\;\;\underset{\text{O\;CH}_3\;\text{O}}{}\;\;\underset{\text{O}}{}$$

これを加水分解させると，ギ酸と化合物 **D** が得られる。

$$\underset{\text{O}}{\text{H–C–OH}}\qquad\underset{\text{O\;CH}_3\;\text{O}}{\text{H–C–CH–C–OH}}$$

ギ酸　　　　　　　化合物 **D**

この化合物 **D** はホルミル基をもつので，フェーリング液の還元反応を示すという記述と矛盾しない。そして，化合物 **D** を加熱酸化させると，化合物 **D** のホルミル基が酸化されてカルボキシ基に変化した化合物 **E** が得られる。

▶問 6．まず化合物 **A** に含まれる五員環をつくる 5 つの原子は，2 つの二重結合により，ほぼ同一平面上に存在する。そして，ここに含まれるメチル基と水素原子が，下図のようにこの平面の上と下に分かれて存在する。化合物 **A** は下図のいずれかの構造と考えられる。

ここで，炭素間二重結合に臭素分子が付加する場合，2 つともメチル基がある側に付加する，2 つとも水素原子がある側に付加する，メチル基がある側と水素原子がある側に 1 つずつ付加するという 3 つの場合が考えられる。ただし，1 つずつ付加する場合は炭素原子が 2 つあることから，2 通りに分かれる。これを踏まえると，〔解答〕のような 4 通りとなる。なお，化合物 **A** には，メチル基を五員環を含む平面の上に書く場合と下に書く場合の両方があり得るが，次図の上段は，化合物 **A** が平面の上にメチル基が存在したときの臭素付加生成物を示している。下段で上段と同じ番号を付けたものが平面の下にメチル基が存在したときの生成物を示し，鏡像異性体の組となる。

Br Br
CH — CH
H₃C CH O
C
O
①

Br Br
CH — CH
H₃C CH O
C
O
②

Br Br
CH — CH
H₃C CH O
C
O
③

Br Br
CH — CH
H₃C CH O
C
O
④

Br Br
CH — CH
H₃C CH O
C
O
①

Br Br
CH — CH
H₃C CH O
C
O
②

Br Br
CH — CH
H₃C CH O
C
O
③

Br Br
CH — CH
H₃C CH O
C
O
④

▶問 7．化合物 **B・C・D・F** では，化合物 **A** で不斉炭素原子であった炭素原子が，そのまま不斉炭素原子となる。ただ，化合物 **E** には不斉炭素原子が存在しない。

IV **解答** 問 1．ア．アミロース　イ．らせん
ウ．アミロペクチン　エ．マルトース（麦芽糖も可）
オ．マルターゼ　カ．セルラーゼ　キ．セロビオース
問 2．スクロース（トレハロースも可）
問 3．(1)　$C_6H_{12}O_6 \longrightarrow 2C_2H_5OH + 2CO_2$
(2)　46 g
問 4．ク．グリコシド（β-グリコシド，β-1,4-グリコシドも可）
ケ．直鎖（直鎖状，直線も可）
問 5．マテリアルリサイクル，ケミカルリサイクル，サーマルリサイクルなど（から 2 つ）

━━━━━━ ◀解　説▶ ━━━━━━

≪糖類の性質・反応，プラスチックの再利用≫
▶問 1．一般に，アミロースのほうがアミロペクチンより小さな分子であるので，アミロースであれば熱水に溶けるが，アミロペクチンは溶けにくい。
▶問 2．スクロース，トレハロースは，いずれも，還元性を示す部分どうしでグリコシド結合をしているため，還元性を示さない。

▶問 3 ．(1)　エタノールのほか，二酸化炭素が生じることに注意する。

(2)　デンプンの加水分解が $(C_6H_{10}O_5)_n + nH_2O \longrightarrow nC_6H_{12}O_6$ であるので，81 g のデンプン（分子量 $162n$）からグルコース（分子量 180）が

$$81 \times \frac{1}{162n} \times n \times 180 = 90 \,[\,g\,]$$

得られる。このグルコースは 0.50 mol なので，反応式よりエタノール（分子量 46）は 1.0 mol 得られ，これは 46 g である。

▶問 4 ．直鎖構造を持つセルロースが上下に重なることで，水素結合によるより強い結びつきができる。

▶問 5 ．マテリアルリサイクルでは，回収したプラスチックを別のプラスチックなどの原料にする。ケミカルリサイクルでは，プラスチックを分解して単量体や化学原料を得る。サーマルリサイクルでは，廃プラスチックを焼却する際に発生する熱をエネルギーとして用いる。

❖講　評

　例年通り大問 4 題の出題であるが，2022 年度より歯ごたえのある問題が多く出題された。また，従来出題されていたグラフや図の描画，計算過程の記述は，2022 年度に続いてなかった。容易な問題を確実におさえた上で，間違えやすい問題を注意深く解かねばならないものであった。

　Ⅰ．さまざまな水溶液の電気分解に関する問題である。問 1 は，空欄アを正しく理解できたかどうかがポイントになる。問 2 は，塩化銀が水に溶けないので，電気分解されないことに気づけたかどうかが問われる。問 3 は「電極周囲の水 100 mL が pH＝2」という条件から水素イオンの生成量を求められたかどうかが山場となった。問 4 では陽極・陰極で発生する物質の指摘は容易であるが，理論分解電圧の大小の判断は受験生には難しかったと考えられる。問 5 は生じている反応自体は把握しやすいので，ミスなく計算できることが求められている。

　Ⅱ．陽イオン系統分析を中心として，化学平衡や結晶格子の理解も問われる問題である。問 1 では溶解度積の式を書く際に塩化物イオンの濃度を 2 乗せねばならないこと，溶解している鉛（Ⅱ）イオンではなく沈殿している鉛（Ⅱ）イオンの割合が問われていることがポイントである。問

２〜問 7 の陽イオン系統分析は，いずれも典型的なものである。ただ，分析の表が本問では関係のないところまで記されているところ，典型元素・遷移元素のいずれにも分類されうるカドミウムについて，遷移元素になるか否かが問われているところが難しい。問 8 では，塩化ナトリウムの結晶構造を知っていたかどうかで出来不出来が分かれる。

Ⅲ．$C_5H_6O_2$ という分子式をもつエステルに関する問題である。エステルを加水分解した上で構造決定をするという流れ自体は典型的なものである。ただ，本問では環状エステルが加水分解されて鎖状構造をとるようになること，および加水分解で得られたヒドロキシ基が二重結合をもつ炭素原子に結合しているので，直ちにホルミル基に変化することを，与えられた文章から読み取らねばならないので，難しかったのではないだろうか。しかも，この点が理解できなければ，問 1 と問 3 の沈殿物 X 以外が解けないので，一定以上の力がなければ厳しかったと想定される。

Ⅳ．2022 年度は糖類から出題されたが，2023 年度も続けて糖類から出題された。糖類について一通り学習した受験生にとっては，問 5 以外はいずれも典型的な問題であったので，取り組みやすかったと考えられる。それゆえ，高分子化合物まできちんと学習しきれたか否かで得点差がついたものと考えられる。また，問 5 では実社会での技術について関心があるかどうかが問われている。

生物

Ⅰ　**解答**　問1．シアノバクテリア
　　　　　　問2．ア．細胞内共生　イ．DNA　ウ．生体膜

問3．タンパク質複合体の名称：光化学系Ⅱ

化学反応式：$2H_2O \longrightarrow O_2 + 4H^+ + 4e^-$

問4．エ．アルコール発酵　オ．呼吸　カ．19　キ．ミトコンドリア

ク．内膜　ケ．水

問5．$\dfrac{3.60}{180} \times 6 \times 32.0 = 3.84$〔g〕　……(答)

問6．上空で酸素が変化してオゾン層が形成され，生物に有害な紫外線が吸収されて地表に届く量が減少したから。(50字以内)

◀解　説▶

≪生物の進化と地球環境の変化，光合成，呼吸≫

▶問1．シアノバクテリアは他の光合成細菌と異なり，光合成の過程で水を分解して酸素を発生する酸素発生型の光合成を行う原核生物である。約27億年前にシアノバクテリアが出現して大量の酸素が生成され，地球上に蓄積していった。

▶問2．ア．細胞内共生説では，シアノバクテリアが他の細胞に取り込まれて葉緑体に，好気性細胞が他の細胞に取り込まれてミトコンドリアになったと考えられている。

▶問3．シアノバクテリアは，葉緑体と同様にチラコイド膜上に光合成色素とタンパク質から構成される光化学系Ⅰ，光化学系Ⅱという色素タンパク質複合体をもつ。光化学系Ⅱでは，水から電子 e^- を引き抜いて反応中心のクロロフィルに受け渡し，この反応に伴って水が分解されて，酸素 O_2 と水素イオン H^+ が生じる。

▶問4．エ・オ．酵母菌は酸素が少ないときはアルコール発酵を行い，酸素が多くなると呼吸を行うことで ATP を合成する。

カ．アルコール発酵では，グルコース1分子から解糖系で2分子の ATP が合成される。呼吸ではグルコース1分子から解糖系で2分子，クエン酸

回路で 2 分子，電子伝達系で最大 34 分子の，合計で最大 38 分子の ATP が合成される。よって，呼吸はアルコール発酵に比べ最大 $\dfrac{38}{2} = 19$ 倍の効率で ATP を生産できる。

キ～ケ．呼吸では，ミトコンドリアの内膜にある電子伝達系を流れた電子が最終的に酸素に受け渡され，さらに水素イオンと結合して水を生じる。

▶問 5．グルコースを基質とする呼吸の化学反応式は次のように表され，グルコース 1 分子当たり 6 分子の酸素が消費される。

$$C_6H_{12}O_6 + 6H_2O + 6O_2 \longrightarrow 6CO_2 + 12H_2O + エネルギー$$

グルコース $C_6H_{12}O_6$ の分子量は 180，酸素 O_2 の分子量は 32.0 である。よって，グルコース 3.60 g を分解するときに消費される酸素は

$$\dfrac{3.60}{180} \times 6 \times 32.0 = 3.84 〔g〕$$

▶問 6．「生物の陸上への進出を妨げていた要因」は生物に有害な紫外線であり，オゾン層の形成によって紫外線の量が減少したという内容を説明する。次の 3 つの内容を解答に含めるとよい。①酸素濃度の上昇により，酸素の一部がオゾンに変化し，上空にオゾン層が形成された。②オゾン層は，生物に有害な紫外線を吸収する。③地表に届く紫外線の量が減少した。

Ⅱ 解答

問 1．ア．ペプチド　イ．DNA ヘリカーゼ　ウ．半保存的複製　エ．α ヘリックス　オ．システイン

問 2．コドンが違っても同じアミノ酸が指定される場合があるから。（30字以内）

問 3．イントロン領域で突然変異が生じた場合，スプライシングで取り除かれるから。（40 字以内）

問 4．②

問 5．6.25 ％

◀解　説▶

≪DNA の塩基配列の変化とタンパク質の構造，DNA の複製≫

▶問 1．イ．複製開始点（複製起点）で塩基間の水素結合が切れると，DNA ヘリカーゼという酵素が結合して二重らせん構造がほどかれる。

エ．タンパク質の二次構造は，1 本のポリペプチドで離れた位置にあるア

ミノ酸間に水素結合が形成されたものであり，らせん状になった構造を α ヘリックス，じぐざぐに折れ曲がったシート状の構造を β シートという。

オ．S-S 結合（ジスルフィド結合）は，システインの側鎖にある SH 基の間で 2 つの水素原子が取れてつながる結合である。

▶問 2．タンパク質を構成するアミノ酸は 20 種類であり，3 つの塩基配列からなるコドンは，$4 \times 4 \times 4 = 64$ 種類ある。そのため，複数のコドンが同じアミノ酸を指定する場合がある。その結果，塩基の置換でコドンが変化しても指定されるアミノ酸が変化しない場合があり，同義置換とよばれる。

▶問 3．真核生物の遺伝子領域には，翻訳される領域のエキソンと翻訳されない領域のイントロンがあり，転写後のスプライシングの過程でイントロンが除かれ，エキソンがつながれることで mRNA ができる。よって，突然変異がイントロン領域に生じた場合，mRNA の塩基配列は変化しない。

▶問 4．DNA の 2 本のヌクレオチド鎖は互いに逆向きになっており，DNA ポリメラーゼは鋳型鎖を $3' \to 5'$ 方向に移動して，新生鎖を $5' \to 3'$ 方向にだけ伸長する。その際，DNA ポリメラーゼは，鋳型鎖の $3'$ 末端側に結合した相補的な短いプライマーから新生鎖の伸長を開始するので，①〜④の中で正しく複製されるのは，2 本の鋳型鎖の $3'$ 末端にともにプライマーが結合している②だけである。

▶問 5．遺伝子 X のホモ接合体 XX と遺伝子 X′ のホモ接合体 X′X′ の間に生まれる子は，ヘテロ接合体の XX′ となる。そのため，子では遺伝子 X から発現するタンパク質 A と遺伝子 X′ から発現するタンパク質 A′ が同量ずつ合成され，それらがランダムに集合して 4 量体を形成する。酵素活性を持つのはタンパク質 A のみからなる 4 量体だけである。よって，発現するタンパク質が A である確率は $\dfrac{1}{2}$ であるから，4 つとも A となる割合は

$$\left(\dfrac{1}{2}\right)^4 \times 100 = 6.25 \ (\%)$$

Ⅲ　**解答**　問 1．ア．分裂組織　イ．ジベレリン　ウ．微小管
　　　　　　　エ．横　オ．エチレン　カ．縦

問 2．細胞膜にあるプロトンポンプを活性化し，細胞内から細胞壁へ水素
イオンを移動させる。(40 字以内)

問 3．(1)―(f)　(2)―(b)・(e)

問 4．細胞小器官の名称：アミロプラスト

一般的な特徴：デンプンを貯蔵する。

平衡細胞における特徴：細胞内で重力方向に沈降する。

問 5．オーキシンの最適濃度は茎では高く根では低い。茎ではオーキシン
濃度の高い下側の伸長成長が上側よりも促進されるが，根ではオーキシン
濃度の高い下側の伸長成長が上側よりも抑制されるため。(100 字以内)

━━━━━━━◀解　説▶━━━━━━━

≪植物ホルモンと成長の調節≫

▶問 1．ア．茎や根の先端には，活発に体細胞分裂を行う茎頂分裂組織や
根端分裂組織がある。

イ〜エ．オーキシンは細胞壁のセルロース繊維どうしの結合をゆるめ，吸
水による細胞の成長を促進する。ジベレリンとブラシノステロイドは，細
胞壁のセルロース繊維を横方向にそろえることで細胞の横方向への成長
（肥大成長）を抑え，縦方向への成長（伸長成長）を促進する。その際，
細胞壁のセルロース繊維の並び方は，植物細胞の表面近くにある微小管の
並び方で決まり，ジベレリンとブラシノステロイドは微小管の方向を横方
向に制御することでセルロース繊維の向きを横方向にそろえる。

オ・カ．エチレンは微小管の方向を縦方向に制御することで，セルロース
繊維の向きを縦方向にそろえる。そのため，細胞の伸長成長が抑えられ，
肥大成長が促進される。

▶問 2．オーキシンは細胞膜にあるプロトンポンプを活性化し，細胞内か
ら細胞壁中への水素イオンの移動を促進することで，細胞壁を酸性化する。
教科書レベルでは学習しない内容だが，pH が水素イオン濃度で決まるの
で，細胞壁が酸性化される＝細胞壁の水素イオン濃度が高まると考え，水
素イオンを能動輸送するポンプによって，細胞内から細胞壁へ水素イオン
が移動すると考えればよい。

▶問 3．(1)　光屈性では，フォトトロピンという青色光を受容する光受容

体によって光の方向が認識される。

(2)　(a)・(c)・(f)誤り。光発芽種子の発芽，芽生えの緑化，植物の花芽形成
に関与する光受容体は，赤色光を受容するフィトクロムである。

(d)誤り。茎の伸長成長は，クリプトクロムが青色光を吸収すると抑制され
る。

▶問4．重力屈性では，平衡細胞内のアミロプラストが重力方向に移動す
ることで重力方向が感知され，オーキシンを輸送する PIN タンパク質の
配置が変化してオーキシンが下側に輸送されるようになる。アミロプラス
トは，葉緑体に似た構造をもつ白色体の一種で，一般的には根・地下茎・
種子でデンプンを貯蔵するはたらきを持つ細胞小器官である。

▶問5．指定字数が比較的多いので，以下の①〜③のようにポイントを整理
した上で答案を組み立てるとよい。①オーキシンが成長を促進する最適濃
度（オーキシンに対する感受性）は植物の器官によって異なり，茎と根で
は根のほうが最適濃度が低い（感受性が高い）。②オーキシンは濃度が高
すぎると逆に成長を抑制する。③茎ではオーキシン濃度が高い（最適濃度
に近い）下側の成長が促進されて上向きに屈曲するが，根では同じオーキ
シン濃度でも最適濃度より高いため下側の成長が抑制されて下向きに屈曲
する。

Ⅳ　解答

問1．ア．個体群密度　イ．資源　ウ．密度効果

問2．・食物を効率的に見つけて獲得することができる。

・外敵に対する警戒能力や防衛能力が向上する。

・配偶相手を見つけやすく，繁殖活動が容易になる。

問3．縄張りをもつ習性や，競争などによって他個体を避ける習性。

問4．(1)標識再捕法　(2)$\dfrac{N_1 N_2}{n}$ 匹　(3)—(c)　(4)区画法

問5．環境収容力

問6．次図。

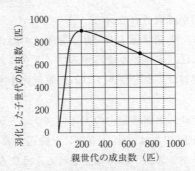

◀解　説▶

≪個体群の成長と個体群密度≫

▶問 1．ア・ウ．個体群の単位面積や単位体積当たりの個体数を個体群密度といい，個体群密度の変化に伴って個体の発育や生理などが変化することを密度効果という。

イ．食物や生息場所など，生物の生存や繁殖に必要な要素を資源という。

▶問 2．生存や繁殖に特に関わる①餌の獲得，②外敵からの防御，③配偶相手の 3 点から群れをつくる利益を考えるとよい。①は群れで狩りを行うことで食物を効率的に獲得できること，②は群れで捕食者を警戒することでより早く外敵を発見できること，③は配偶相手が見つけやすく，求愛・交尾・育児などの繁殖活動が容易になることなどを考えるとよいだろう。

▶問 3．一様分布は各個体が一定の間隔をおいて規則的に分布する様式である。他個体に近づきすぎると資源をめぐる競争が起こり，競争によって他個体を避ける性質をもつ生物や，縄張りをもつ生物などでみられる。

▶問 4．(1)・(2)　標識再捕法では，標識個体と未標識個体が十分に混ざり合ったとき，標識個体の割合はどの生息域でも同じであると考えるので，「個体群の全個体数：1 回目の捕獲個体数 N_1 ＝ 2 回目の捕獲個体数 N_2：再捕獲した標識個体数 n」と立式できる。よって，全個体数は $\dfrac{N_1 N_2}{n}$ 匹となる。

(3)　標識再捕法は，個体群内をよく動いて分散する動物に適した方法であり，イワガキのように固着生活する動物には適用できない。

(4)　動きが遅く，あまり移動しない動物や植物では，一定面積の区画内の個体数から全体の個体数を推定する区画法が適している。

▶問５．ある環境の資源には限りがあるため，存在できる個体数には上限があり，ある一定の個体数に達するとそれ以上は増加しなくなる。このときの上限の個体数を環境収容力という。

▶問６．２番目の結果から，親世代の成虫数が 200 匹のときの子世代の成虫数は 900 匹で，これが子世代の成虫数の最大値である。したがって，１番目の結果の３行目の「ある値」は 200 であり，親世代の成虫数が 200 匹以下のときは，親世代の成虫数が多いほど子世代の成虫数が増加し，親世代の成虫数が 200 以上になると，親世代の成虫数が多いほど子世代の成虫数が減少する。３番目の結果で，子孫世代の成虫数が 700 匹に収束したことから，これらが成虫になり 700 匹の新しい親世代となるため，親世代と子世代の成虫数が同じになると考えられる。以上のことをもとにグラフを作成すると〔解答〕のようになる。

❖講　評

　大問数は 2022 年度までと同じ４題であった。すべての大問で論述問題が出題され，論述量は 2022 年度と同程度であった。指定字数は 100 字が１問あった以外は 50 字以下の短い論述で，字数の指定のないものも出題された。計算問題が複数の大問で出題され，グラフを描く描図問題も出題された。教科書レベルの標準的な問題を中心に，思考力を試す考察型の問題も出題され，総合的な実力が試される問題である。出題分野は動物の反応以外の「生物」の全項目から出題されており，偏りのない学習が求められる。全体的な難易度は標準レベルで，やや易化した 2022 年度と同程度であった。

　Ⅰ．生物の進化と地球環境の関係と，代謝に関する理解を問う総合的な問題。光合成で酸素が生成する部位と化学反応式を答える問３は「タンパク質複合体」が何を指すか理解が問われる。問５の呼吸に関する計算問題や，生物の陸上進出に関する問６の論述は定番型の標準的な問題で，確実に得点したい。標準レベルである。

　Ⅱ．遺伝情報の変化とタンパク質に関する総合的な理解を試す問題。塩基の置換や突然変異の影響に関する問２，問３の論述は，標準的な理解を試す定番型の問題。プライマーが結合する位置を問う問４は，DNA の複製に関する正確な理解が必要で，思考力が試される。突然変

異体との交配で生まれる子がもつ 4 量体に関する問 5 の計算は，遺伝の考え方をもとにして考えるやや応用的な問題で，思考力が試される。標準レベルである。

Ⅲ．植物ホルモンと茎や根の成長に関する問題で，2021・2022 年度と同じ植物の反応からの出題であった。細胞の伸長と微小管の方向に関する知識が必要な問 1 のウ・エ・カ，オーキシンによって細胞壁が酸性化する仕組みを問う問 2 の論述は，一部の教科書しか記載がない発展的な内容で，やや難しい。光受容体に関する問 3 はやや細かい知識が求められる。アミロプラストの特徴を答える問 4 は，細胞分野の知識と結びつけて考える必要があり，答えにくい。茎と根の重力屈性の違いに関する問 5 の論述は，定番型の問題だが，100 字でまとめる論述力が試される。やや難のレベルである。

Ⅳ．個体群の成長や個体群密度に関する総合的な問題で，2021・2022 年度と同じく生態からの出題であった。群れをつくる利益を答える問 2 の論述は典型的な問題だが，具体的な利益を答える必要がある。個体の分布様式に関する問 3 は「習性」として何を答えるべきかやや迷うだろう。個体群密度の推定法に関する問 4 は，イワガキが固着生活することに気づけるかどうかがポイントになる。親世代と子世代の個体数の関係をグラフで表す問 6 の描図問題は，問題文の設定を正確に読み取ってグラフにする必要があり，思考力・読解力と表現力が試される問題である。標準レベルである。

地学

Ⅰ 解答

問1．ア．地層累重　イ．断層　ウ．褶曲（しゅう曲）
　　　エ．花こう岩（他に閃緑岩，はんれい岩，流紋岩，玄武
岩など）

問2．埋没した粒子が堆積物の重さで圧縮され，脱水して粒子間の隙間が
狭くなるのが圧密作用である。一方，粒子間に沈殿物が生じてかたく固結
するのがセメント化作用である。

問3．地層の走向とは，地層の層理面と水平面の交線の方向であり，傾斜
とは，走向と垂直な断面で測った層理面と水平面のなす角と，その下がっ
ていく方向である。

問4．①

	走向	傾斜
礫岩	なし	水平
砂岩	NS	W
安山岩	NS	E

②走向：NS　傾斜：90°　東側が落ちている

③泥岩砂岩互層→砂岩→泥岩砂岩互層→安山岩→礫岩→断層

◀解　説▶

≪露頭観察，地質図≫

▶問1．ア．地層は重力の作用によって下方から上方に順次堆積するので，
前に堆積した地層の上に新しい地層が重なっていく。これを地層累重の法
則という。

イ．地層に力が加わって破断し，破断面を境に両側の地層が互いにすべっ
てずれた構造を断層という。

ウ．地層に長期的に力が加わり続け，一度に破断するのではなく徐々に変
形して屈曲した構造を褶曲（しゅう曲）という。

エ．火成岩はマグマが冷えて固まった岩石である。冷える速さによって組

織に違いが生じ，急に冷えた火山岩とゆっくり冷えた深成岩に大別される。本問の解答としては火山岩の流紋岩や玄武岩，あるいは深成岩の花こう岩，閃緑岩，はんれい岩のいずれでもよい。

▶問 2．堆積物が地中に埋没すると，上にのった堆積物の荷重によって圧縮され，粒子間の水が絞り出されると同時に粒子間の隙間が狭くなっていく。これが圧密作用である。それと同時に，隙間には二酸化ケイ素や炭酸カルシウムなどの化学成分が沈殿して粒子間の隙間を埋めて固着するセメント化作用（膠結作用，セメンテーションともいう）が生じる。

▶問 3．図を用いて解答する場合は，下のような図を描けばよい。傾斜は，傾斜角とその方向を合わせて表記される。

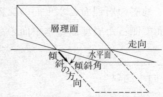

▶問 4．①　礫岩は，その下位の地層との境界線が地質図の等高線と平行なので，水平に堆積している。したがって，走向はなく，傾斜は水平あるいは 0°である。砂岩の走向線は次図の a，b のようになり，走向は南北（NS）である。また，110 m の走向線 a の方が 120 m の走向線 b より西側にあるので，西に傾斜している。安山岩は走向線が次図の c，d のようになるので，走向は南北（NS）であり，110 m の走向線 d の方が 120 m の走向線 c より東側にあるので，東に傾斜している。

②　断層は地質図上で等高線と無関係に直線で表されているので，傾斜は 90°である。また，断層線を境に，西側の礫岩は 140 m までの分布であるのに対し，東側の礫岩分布の下限は 130 m に下がっているので，東側が落ちている。

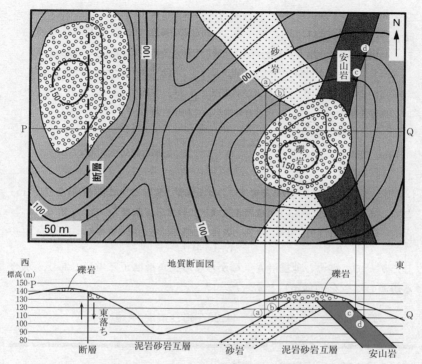

③　地質断面図と地層累重の法則より，泥岩砂岩互層→砂岩→泥岩砂岩互層の堆積の後，安山岩が貫入して砂岩層を切っている。さらにその上位に礫岩がほぼ水平に不整合に覆っている。断層はその礫岩層を切っているので，礫岩層よりも新しい。

Ⅱ　解答

問1．ア．海溝　イ．標準　ウ．フリーエア
　　　エ．ジオイド　オ．ブーゲー

問2．記号：ウ

理由：フリーエア重力異常は，アイソスタシーが成立している場合に0になり，地下が高密度ならば正，低密度ならば負となる。⒜の重力異常はアイソスタシーが成立している日本海西方で全般に0である。また，ア の部分では下方への力が働いてアイソスタシーが成立しておらず，溝状地形を密度の小さな物質が埋めているために負の重力異常値となっている。さらに，東北地方陸域からやや西方にかけては沈み込んだリソスフ

ェアが高密度であるために正の重力異常を示していると考えられる。

問3．(1)　下図。

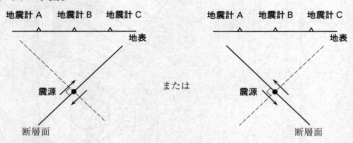

(2)　震源と地震計Aや地震計Cとの距離は等しく，この距離を L〔km〕とすると，P波とS波の到着時間の差が5秒であるから

$$\frac{L}{4.0}-\frac{L}{6.5}=5 \quad \therefore \quad L=\frac{4.0\times6.5}{6.5-4.0}\times5=52〔km〕$$

したがって，震源と地震計A，Cからなる三角形は正三角形であり，求める震源の深さを D〔km〕とすると

$$D=52\times\frac{\sqrt{3}}{2}≒26\times1.73≒44.98≒45〔km〕 \quad \cdots\cdots(答)$$

━━━━━◀解　説▶━━━━━

≪沈み込み帯，重力異常，地震波≫

▶問1．ア．日本列島付近には4枚のプレートがひしめき合っている。東北地方は北アメリカプレートに属しており，その東方沖から太平洋プレートが沈み込んで日本海溝を形成している。また，西南日本はユーラシアプレートに属しており，南方からフィリピン海プレートが沈み込んで南海トラフを形成している。

イ．地球の形を完全な回転楕円体で近似すると，緯度ごとの遠心力が計算できるので，緯度に応じた重力の理論値を決めることができる。この重力を標準重力という。各種の重力異常は，この標準重力と実測値との差に様々な補正を加えて決定している。

ウ～オ．地球の形状は，海域においては平均海水面を基準にし，陸域では仮想的な運河によって海水を導いた場合の平均海水面を想定した面を考える。このようにしてできた曲面をジオイドと呼び，重力測定の基準面として用いる。このジオイド面にもっとも近い形状の回転楕円体を地球楕円体

とよぶ。重力の主な要素は万有引力であるため，地球の中心から離れるにしたがって重力の大きさは小さくなる。この高度の影響を補正するために，ジオイド面からの高さに応じて，1 m あたり 3.086×10^{-6} m/s² だけ実測値に加える変換をフリーエア補正という。また，重力の測定点とジオイド面の間に存在する物質（岩石）にも質量があるので重力に影響を及ぼす。したがって，フリーエア補正に加えて実測値から地殻の平均的な岩石の密度に応じた重力の影響を取り除く変換をブーゲー補正という。フリーエア補正やブーゲー補正を施しても標準重力との差が生じる場合があり，この差をそれぞれフリーエア重力異常，ブーゲー重力異常とよんでいる。

▶問 2．(a)の重力異常図と(b)の標高図は，一見すると正の相関があるように見える。一般に，ブーゲー重力異常は高度と負の相関を示すので妥当ではない。これは，通常の陸域ではアイソスタシーによって地殻が深くまで入り込むので，ジオイド面より下の物質の密度を反映するブーゲー重力異常が小さくなり，逆に海洋では，ジオイド面近くまで密度の大きなマントルが存在するので，大きな値となるからである。

したがって，本問の(a)はフリーエア重力異常を示していると考えられるが，フリーエア重力異常はアイソスタシーが成立している場合に 0 になる点に留意して根拠を解答する。

陸域の西方で重力異常が 0 になっているところは，アイソスタシーが成立していると述べればよい。

次に，　ア　の日本海溝付近であるが，ここは太平洋プレートが沈み込むことにより下方への力が加わって，アイソスタシーが成立していない部分である。海溝という巨大な窪地を密度の小さな未固結の堆積物や海水が占めているために重力が小さくなっている。

海溝の西方から陸域，さらに陸の 100 km 西方までの正の重力異常の理由は，海溝から沈み込んだ密度の大きなプレート（リソスフェア）の存在である。このリソスフェアはこの地域の下部に動的に付け加わっており，ここでもアイソスタシーが成立していない。

これらの理由から，(a)の重力異常が　ウ　のフリーエア重力異常であるといえる。

▶問3. (1) 震源位置と地震を起こした断層
面と観測される地震波の「押し」「引き」の
関係は右図のようになる。震源から断層面に
垂直に伸ばした方向（図の破線）によってつ
くられる4つの象限に「押し」と「引き」が
分布するので，地震計A～Cのすべてが「押
し」の象限に入るように描く。

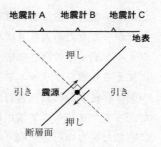

(2) 震源から地震計AとCに同時に地震波が到達したので，震源Oから地
震計AやCの距離 OA = OC = L 〔km〕とすると，速度6.5km/s のP波が
到達してから速度4.0m/s のS波が到達するまでの時間（初期微動継続時
間）t 秒は

$$t = \frac{L}{4.0} - \frac{L}{6.5}$$

本問では $t = 5$ 秒を代入して L を計算すると，$L = 52$〔km〕となるので，
OA = OC = AC = 52 km，すなわち，三角形 OAC は正三角形となる。
したがって，震源の深さは三角形 OAC において，AC を底辺とする高さ
D に相当するので

$$D = 52 \times \frac{\sqrt{3}}{2} \fallingdotseq 26 \times 1.73 = 44.98 \fallingdotseq 45 \text{〔km〕}$$

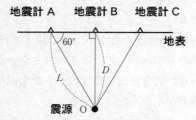

Ⅲ **解答**

問1. 7

問2. ア. タイタン　イ. メタン　ウ. スーパーアース

問3. 半径，質量，密度（などから2つ）

問4. 濃い二酸化炭素の大気による温室効果のため。（20字程度）

問5. 単位面積あたりの大気の重さ

問6. (1) スーパーローテーション

(2)　金星の地表面が動く速さが最大になるのは赤道であるから，求める速さを v〔m/s〕とすると

$$v = \frac{2 \times 3.14 \times 6000 \times 10^3}{200 \times 24 \times 60 \times 60} = 2.18 \cdots \fallingdotseq 2 \text{〔m/s〕} \quad \cdots\cdots \text{(答)}$$

問7.　(1)　ウィーンの変位則

(2)　答：$30 \mu\text{m}$

理由：ウィーンの変位則によると，天体が放射するエネルギーが最大となる波長 λ〔μm〕と天体表面の絶対温度 T〔K〕は反比例の関係にあり，$\lambda T = 2900$ となる。

天体の表面温度が $-180℃$ のとき，絶対温度 T は $-180 + 273$〔K〕なので

$$\lambda(-180 + 273) = 2900 \quad \therefore \quad \lambda = 31.1\cdots \fallingdotseq 30 \text{〔}\mu m\text{〕}$$

━━━━━━◀解　説▶━━━━━━

≪地球に似た天体≫

▶問1.　現在の地球は表面の約7割が海で覆われており，陸地面積は約3割である。火星の半径は地球の約 0.53 倍であり，その表面積を地球と比較すると $0.53^2 \fallingdotseq 0.3$，すなわち地球表面の約3割となるから，Bさんの言う内容と一致する。

▶問2.　ア・イ．土星の衛星タイタンは，太陽系で2番目に大きな衛星であり，惑星である水星よりも大きい。そのため，豊富な大気を持ち，大気の主成分はメタン，水蒸気，窒素などである。タイタンの表面温度は $-180℃$ 程度で，この温度はちょうどメタンの融点と沸点の間にあたるため，タイタンでは液体のメタンが地球での水のように地表を流れることができる。

ウ．観測技術の進歩に伴って，太陽系外の惑星も多数見つかっている。中でも，地球質量の数倍から 10 倍以下程度の質量をもつスーパーアースとよばれる天体は，生命が存在する可能性の観点から注目されている。

▶問3.　金星は半径（直径）が地球の約 95％ であり，地球とよく似ている。また，質量も地球の約 82％ で同程度であることから，密度も類似点になる。

▶問4.　金星の厚い大気の主成分は二酸化炭素であり，その温室効果のために表面温度が約 460℃ にもなる。

▶問5.　気圧とは大気の及ぼす圧力のことであり，その地点に加わる力を

面積で割った「単位面積あたりの力」が気圧となる。その地点より上にある大気の重さがその地点に加わる力であるから，「単位面積あたりの大気の重さ」が気圧である。

▶問 6．(1)　金星大気の上空では，スーパーローテーションとよばれる風速約 100 m/s の高速な風が吹いている。

(2)　自転による表面速度の最大値を求めるので，赤道における回転速度を求める。赤道の全周は半径の 2π 倍であり，これを地球の自転周期 $24 \times 60 \times 60$ 秒の 200 倍で割ると速度の最大値が求められる。〔解答〕では円周率 $\pi = 3.14$ で計算したが，有効数字 1 桁で求めればよいので，$\pi = 3$ で計算してもよい。

▶問 7．(1)　物体から放射されるエネルギーが最大となる波長（μm）は物体の表面温度（K）と反比例の関係にある。この関係は物体が天体であっても成立し，ウィーンの変位則とよばれる。

(2)　〔解答〕のように，ウィーンの変位則の関係式は $\lambda T = 2900$ であるが，この反比例の比例定数 2900 の値は本問では与えられていない。しかし，太陽の表面温度約 6000 K と可視光線のピークの波長値 $0.5\,\mu m$ を記憶していれば，

$\lambda T = 0.5 \times 6000 = 3000$ と算出できる。

また，天体の表面温度の絶対温度 T は $-180 + 273$〔K〕$= 93$〔K〕なので，$T = 93 \fallingdotseq 100$〔K〕と概算し，$\lambda \times 100 = 3000$ より $\lambda = 30\,\mu m$ と解答しても，理由として十分である。

❖講　評

　2023 年度も試験時間は 2 科目で 120 分，大問が 3 題という構成であり，例年どおりであった。内容は論述問題に加えて描図や計算もあるものの，解答しやすいものが多く，2022 年度より易化している。

　Ⅰの問 4 は礫岩が水平層なので，走向や傾斜の解答にとまどった受験生がいたかもしれない。地層の形成順序は，おおまかでよいので地質断面図を描いて考えるとよい。

　Ⅱの問 2 は重力異常についての理解を問う問題であった。測定地点の上下にある物質の密度との関係を押さえておきたい。問 3 の震源の深さを求める問題は平易ではあるが，$\sqrt{3}$ の値が与えられておらず，記憶に

頼るしかない。

　Ⅲの問 7 は，ウィーンの変位則の関係式を記憶していると平易であるが，定数を記憶するのは本筋ではないので，可視光線の波長と太陽の表面温度から推測することができたかどうかで差がついたかもしれない。

　例年，教科書内容の理解を中心に問われているので，教科書に載っている図や関係式の意味を常に考える習慣をつけておきたい。地学は自然科学の一分野であり，単純な知識よりも論理的な思考力が問われるのだと心得て学習に取り組むことが大切である。

解答編

■英語■

I　**解答**　問 1．(あ)　問 2．(あ)・(え)　問 3．(え)
　　　　　　問 4．全訳下線部(3)参照。
問 5．全訳下線部(4)参照。
問 6．(あ)・(う)

◆全　訳◆

≪光害が夜行性の生物に与える影響≫

　電灯は私たちの世界を変えつつある。世界の人口の約 80 ％が，今では夜空が人工の光で汚染されている場所に住んでいる。人類の 3 分の 1 がもはや銀河を見ることはできない。しかし夜間の光はさらに深刻な影響を及ぼしている。人だと，夜間の光害は，睡眠障害，うつ病，肥満，さらには一部のがんとも関連づけられてきた。研究によると，夜行性動物は夜間の光レベルがわずかに変化しただけでも行動を変えることがわかっている。フンコロガシは，光害によって星が見えなくなると，あたりを移動する際に方向感覚を失ってしまう。光はまた，生物種間の相互作用をも変えてしまうことがある。蛾のような昆虫は，光のせいで捕食生物からうまく逃れることができなくなると，コウモリに食べられる恐れが高まるのだ。

　海や海岸の生き物がどう対処しているかについては，比較的わずかなことしか知られていない。光害にさらされたクマノミはうまく生殖できない。卵が孵化するには暗さが必要だからである。ほかにも，光がありすぎると，夜間もずっと活動的な魚もいて，昼間に身を隠している場所から普段より早く出てしまい，捕食生物に身をさらすことが増えてしまう。こうした影響は，海岸沿いの家や，遊歩道，ボートや港から発せられる人工の光に直接さらされている場所で観測されており，夜行性海洋生物への光害の影響は，かなり限られていることを示唆するかもしれない。

　ただし，街灯からの光が上向きに出ている場合は，大気中に拡散してか
ら，地面に反射してくる。夜間に田舎で屋外にいる人なら誰でも，遠くの
都市や町の上空の明るさとして，この効果に気づくだろう。このような形
の光害は，人工的な夜空の明るさとして知られており，直射光による光害
からすると約 100 倍薄暗いものだが，はるかに広い範囲に拡散する。それ
は今では世界の 4 分の 1 の海岸線の上で見られ，そこから数百キロメート
ル沖の海にまで及ぶこともある。人間はあまり夜間に物を見るようにはで
きていないので，夜空の明るさの影響は無視できる程度に思われるかもし
れない。しかし海や海岸の生物の多くは微光に対して非常に敏感である。
夜空の明るさはそういう生き物たちの夜空の知覚の仕方を変え，最終的に
はその生息に影響を与えていることもありうるのだ。

　私たちは，夜間に餌を探して動き回る道標として月を利用することで知
られている，海岸に生息する小さな甲殻類のハマトビムシを使ってこの考
えを検証した。ハマトビムシは体長 1 インチに満たないが，ヨーロッパ全
域の砂浜でよく見られ，空中に数インチもジャンプする能力があることか
ら，そういう名前がついている。彼らは昼間は砂の中にもぐり，夜になる
と腐りかけの海藻を餌にするために姿を現す。彼らは海岸に打ち上げられ
た藻類から栄養素を分解し，再利用することで，その生態系において重要
な役割を果たしているのだ。

　私たちの研究では，19 夜にわたり海岸に均一な薄暗い光の層を投げか
ける，光を拡散する球体に入れた白色の LED ライトを使って，人工的な
夜空の明るさの影響を再現した。満月が出ている晴れた夜間ならば，ハマ
トビムシは，ごく自然に海藻が見つかりそうな岸辺に向かって進むだろう。
私たちの人工的な夜空の明るさの下では，彼らの動きははるかにもっとば
らばらだった。

　(3)ハマトビムシは移動する頻度が下がって，餌を食べる機会を逃すこと
になったが，そのことは，彼らには栄養素を再循環させる生物としての役
割があることから，生態系に，より広範囲にわたる影響を及ぼすかもしれ
ない。人工的な夜空の明るさは，ハマトビムシが迷わず進むための月の利
用の仕方を変えてしまう。しかし，羅針盤として月や星を利用するのは，
アシカや鳥類，は虫類，両生類，さらには昆虫も含む，さまざまな海洋動
物や陸上動物の間に共通する特性なので，さらに多くの生き物が夜空の明

るさに対して脆弱である可能性が高い。しかも，夜間の地球がますます明るさを増しているという証拠もある。科学者たちによると，2012 年から 2016 年までに，地球上の，人工の光で照らされた屋外の範囲が，毎年 2.2 ％ずつ増加していることがわかったのだ。

　私たちは，研究者として，光害がどのようにして海岸や海の生態系に影響を及ぼしているかを，さまざまな動物の生育に及ぼす影響や生物種間の相互作用，さらには分子レベルでの影響にも焦点を当てることによって，明らかにすることを目標としている。(4)光害が夜行性の生物に影響するのかどうか，（するのであれば）それはいつ，どのようにしてなのかを理解することによってはじめて，私たちはその影響を和らげる方法を見つけることができるのだ。

■━━━━━◀解　説▶━━━━━■

▶問 1．㈠「コウモリは蛾を食べているときは，捕食者からうまく逃れることができない」　第 1 段最終文（Insects such as …）に，蛾は光があると捕食動物から逃れにくくなり，コウモリに食べられる恐れが高まると述べられているが，コウモリが捕食動物から逃れるわけではないので，本文の内容に合致せず，これが正解。

㈡「クマノミは夜間の繁殖上の問題を経験する」　第 2 段第 2 文 （Clownfish exposed to …）に，光害にさらされたクマノミはうまく繁殖できないと述べられており，一致。

㈢「フンコロガシは混乱して，どこへ向かったらいいかわからなくなる」 第 1 段第 7 文（Dung beetles become …）に，フンコロガシは光害によって方向感覚を失ってしまうと述べられており，一致。

㈣「魚は自分たちを餌とする他の魚に食べられる危険性が高まる」　第 2 段第 3 文（Other fish stay …）に，クマノミ以外の魚も，光がありすぎると捕食生物に身をさらすことが増えてしまうと述べられており，一致。

▶問 2．選択肢における It はいずれも artificial skyglow「人工的な夜空の明るさ」を指している。

㈠「それは，科学者によってハマトビムシと LED ライトを使って調査されている」　第 4 段第 1 文（We tested this …）と第 5 段第 1 文（In our study, …）に，筆者を含む科学者たちが，ハマトビムシと LED ライトを使って行った調査の手順が述べられており，一致。

(い)「それは，海のはるか沖でしか見つけられない」 第3段第4文（It's currently detectable …）に，それは世界の4分の1の海岸線の上で見られ，そこから数百キロメートル沖の海にまで及ぶことがあると述べられており，不一致。

(う)「それは，遠く離れた田舎の上空で輝きを放つ都市からでも容易に気づくことができる」 そもそも，「田舎の上空で輝きを放つ都市」は意味が通らない。また，第3段第2文（Anyone out in …）に，夜間に田舎で屋外にいる人なら誰でも，遠くの都市や町の上空の明るさとして，その効果に気づくと述べられており，artificial skyglow は都市ではなく田舎から見て気づくものだとわかるので，不一致。

(え)「それは，夜間に人工の光が拡散することで作られる」 第3段第1文 （Except, when light …）および同段第3文（This form of …）に，街灯から出る光が大気中に拡散して，地面に反射する仕組みと，それが人工的な夜空の明るさとして知られる現象となっていることが述べられており，一致。

▶問3．(あ)　A．「魅力的な」　　　　B．「無感覚な」

　　　　(い)　A．「重要ではない」　　B．「抵抗力のある」

　　　　(う)　A．「目に見えない」　　B．「引きつけられて」

　　　　(え)　A．「無視できるほどの」 B．「敏感な」

A．空所を含む文の前半で，人間はあまり夜間に物を見るようにはできていないと述べられており，夜空の明るさの影響もあまり受けないはずなので，選択肢の中では(い)か(え)に絞られる。

B．空所直後の文（Skyglow could be …）に，夜空の明るさが海や海岸の生き物たちの夜空に対する知覚の仕方を変えてしまうと述べられているため，それらの生き物は夜間の光に敏感だと考えられる。

　　よって，(え)が正解。

▶問4．**They migrated less often,**

　　この They は第4・5段（We tested this … much more random.）で調査対象となっている sand hopper「ハマトビムシ」を指す。migrate 「移動する」 less often は migrate する頻度に関して述べた部分なので，migrate less often で「移動する頻度が下がる〔減る〕，それほど頻繁に移動しなくなる」などの訳が考えられる。

missing out on feeding opportunities

この部分は分詞構文で，and missed ～ と考えて訳すとよい。miss out on ～「～の機会を逃す，～を取り損なう」 feeding opportunities「餌を食べる機会」

which, due to their role as recyclers, could have wider effects on the ecosystem.

この which は直前に述べられた内容を先行詞とする関係代名詞。普通は前にコンマがあり，継続用法となる。「このために～，これが～」というように訳を補うとよい。due to ～「～のために，～のせいで」recyclers は文字通りだと「リサイクル業者」だが，第 4 段最終文（They play an …）に，ハマトビムシが海藻の栄養素を分解し，再循環させることで，生態系において重要な役割を果たしていると述べられていることから，「栄養素を再循環させる生物」というような訳が考えられる。could は現在，あるいは未来のことに対する推量を表す用法で「～ということもあり得る，～かもしれない」という意味。have wider effects on ～「～により広範囲の影響を与える，～により広い範囲の影響を及ぼす」ecosystem「生態系」

▶ 問 5．**Only by understanding if, when and how light pollution affects nocturnal life（can we find）**

文全体が，Only by *doing* で始まり，主文が can we find のように倒置形となっている点に注目する。直訳すると「～することによってのみ S が V する」となるが，「～することによってはじめて〔ようやく〕S は V する」とするのが日本語として自然。understanding 以下の節は understand の目的語となる名詞節。if はここでは「～かどうか」の意味。if, when and how にはいずれも light pollution affects nocturnal life が続くので，「光害が夜行性の生物に影響するのかどうか，それはいつ，どのようにしてなのか」とすると，訳の繰り返しを避けることができる。light pollution「光（ひかり）害」 nocturnal life「夜行性の生物」

can we find ways to mitigate the impact.

find の目的語である ways「方法」の後に ways を修飾する to 不定詞句が続く形。mitigate「～を和らげる，～を軽減する」 impact「影響」

▶問 6．(あ)「世界の人々の 3 分の 1 が人工の光に邪魔されて，銀河を見る

ことができない」　第1段第2・3文（Around 80% of … the Milky
Way.）に，世界の人口の約80％が，夜空が人工の光に汚染された場所に
住み，人類の3分の1が銀河を見ることができないと述べられているので，
一致。

㈑「長い時間をかけて，海洋動物は最終的に人工の光に慣れる」　第2段
第1文（Relatively little is …）に，海や海岸の生き物がどう対処してい
るかについてはわずかなことしか知られていないと述べられており，海洋
動物がやがて人工の光に慣れると判断はできないはず。また，この対処の
中身については同段第2文（Clownfish exposed to …）に，光害にさら
されると生殖できなくなるクマノミの例があり，海洋動物が人工の光にう
まく対処できないこともわかるので，不一致。

㈒「研究者は世界中で人工の光が増えていることを明らかにしている」
第6段最終文（From 2012 to …）に，科学者たちによると地球上の，人
工の光で照らされた屋外の範囲が毎年2.2％ずつ増加していることがわか
ったと述べられており，一致。

㈓「ハマトビムシは，自然の月の光に比べて，人工的な夜空の明るさの下
ではより用心深くなった」　第5段最終2文（During clear nights …
much more random.）には，ハマトビムシは月の光があれば餌である海
藻の見つかりそうな岸辺に自然に向かうだろうに，人工的な夜空の明るさ
の下では，動きがばらばらだったと述べられている。用心深くなっている
わけではないので，不一致。

㈔「ハマトビムシは，打ち上げられた魚を食べて，海洋生態系の栄養素の
循環に貢献している」　第4段最終2文（They bury in … on the beach.）
から，ハマトビムシは，魚ではなく海藻を餌にして，その栄養素の循環に
貢献しているとわかるので，不一致。

㈕「夜空の明るさは，海や海岸の生き物がその光によって深刻な影響を受
けるほど，海岸に直接当たる光よりもさらに明るく輝くことがある」　第
3段第3文（This form of …）に，人工的な夜空の明るさとして知られ
ている光害は直射光によるものより約100倍薄暗いと述べられており，不
一致。

◆━◆━◆━◆━◆　●語句・構文●　◆━◆━◆━◆━◆

（第1段）be linked to ～「～と関連がある」　sleep disorder「睡眠障害」

depression「うつ病」　obesity「肥満」　modify「～を変更する」　disorient「～の方向感覚を失わせる」　navigate「～を移動する」　interact with each other「相互に作用する」　moth「蛾」　vulnerable to being *done*「～される恐れがある，～されやすい」　evade「～を避ける，～から逃れる」　predator「捕食動物」

（第2段）fail to *do*「～できない」　reproduce「生殖する，繁殖する」　promenade「遊歩道，散歩道」

（第3段）except「ただし」　the atmosphere「大気」　dim「薄暗い」　direct light「直射光，直射日光」　detectable「見つけられる」　be well adapted to ～「～にうまく適応している」　organism「生命体，生物」　ultimately「最終的に」

（第4段）nightly「夜間の」　emerge「現れる」　feed on ～「～を餌にする」　rotting「腐りかけの」　seaweed「海藻，海草」　break down ～「～を分解する」　nutrient「栄養，栄養素」　stranded「打ち上げられた，座礁した」

（第5段）recreate「～を再現する」　diffuse「拡散する」　sphere「球体」　even「均一な」　random「でたらめの」

（第6段）compass「羅針盤」　trait「特性」　diverse「さまざまな」　seal「アシカ，アザラシ」　reptile「は虫類」　evidence「証拠」の後の that 節は evidence の内容を表す同格の節。by「～ぶん」

（最終段）aim to *do*「～することを目指す」　unravel「～を解明する」　molecular「分子の」

Ⅱ　**解答**　問1．(い)または(う)※
　　　　　　　　問2．全訳下線部参照。

問3．(い)　問4．(い)

問5．共通言語をもたない人々が，すでに知っている言語の断片から新たに作り上げたリンガ・フランカの一種で，厳格な構造がなく予測不能な変化をする言語。（70字以内）

問6．(あ)

※問1については，複数の正答が存在したため，全員正解の措置が取られたことが大学から公表されている。

━━━━━━━━━◆全　訳◆━━━━━━━━━━━━━

≪リンガ・フランカとは≫

　私たちにはそれぞれ母語があり，それを自分たちの言語社会の中で話す。しかし，もし互いに相手の言語を話さない2つの社会が交わるようになり，話をする必要があるとすると，どうなるだろう？　両者が何とかやっていける程度には相互の言語を身につけることができることもあるが，それが無理なこともある——例えば，もし交わりをもつ社会が3つとか，5つとか，あるいはそれ以上あるとすればどうなるだろう？　多くの場合，その人たちはリンガ・フランカ，つまり，それぞれの集団の母語とは異なる媒介語のようなものを使う。近現代史からの例がフランス語で，17世紀から第一次世界大戦後まで，ヨーロッパの外交用の言語として用いられた。古代中国の漢文は，さらに長期間にわたって，中国に隣接する国々で外交上のリンガ・フランカとしての役割を果たした。今日のリンガ・フランカの最たる例は，間違いなく英語で，航空産業からビジネスやロック音楽に及ぶ分野で国際的な意思の疎通を支えている。

　となると，リンガ・フランカはどのようにして生まれるのだろう？　約1万年前，農業と家畜の飼育が次第に狩猟や採集に取って代わるにつれ，人間の集団はますます大きく，かつ階級組織となり，また異なる母語をもつ近隣集団と交わる機会も増えた。おそらく，場合によっては，そのような集団同士は何らかの支配的な勢力——ある地域の実力者とか初期の帝国のような——によって接触させられることもあっただろう。また，市場のネットワークが出現するにともない，その接触が自然発生的に生じる場合もあったかもしれない。その後，もしかすると5千年前から，集団間の接触を求めるまた別の動機が生まれた。熱意ある宗教信者たちが，精神的生活の貴重な知識を見知らぬ人々に伝えるのが自分たちの義務だと考えたのだ。それで，帝国主義者や商人や伝道者たちはこれまでみな，自分たちと母語が同じ集団を超えて意思の疎通をはかろうという気になっていたのだ。<u>リンガ・フランカは，大きすぎる——あるいは一つにまとまってあまりに日が浅い——ために共通言語がない複数の集団のひとかたまり全体に及ぶ言葉の壁を乗り越えるのに役立つ，技術的な解決策なのだ。</u>その解決策を実行に移すのは，このあたりの時期に現れるようになったに違いない，新種の専門家の仕事である。それが通訳で，彼らは自分の母語に

加えて，その地域のリンガ・フランカを身につけ，それを使って他の集団の通訳と意思の疎通をはかったのだ。

　ときに，リンガ・フランカが橋渡しをする母語に取って代わることもある。例えば，ラテン語は兵士たちがローマ帝国内に定住することによって遠くまで広範囲に広まった。ラテン語は次第に西ヨーロッパ全体の母語となったのである。しかし，ラテン語がそれほど広い地域にわたる共通言語であり続けるには，ラテン語を母語として話す集団が引き続き交流を続ける必要があっただろう。が，そうはならなかった。5世紀以降のゲルマン民族の征服によって，ローマ帝国はお互いにほとんど関係をもたない異なる地域に分裂したために，ラテン語は最終的に，異なる方言や言語，例えばフランス語，イタリア語，スペイン語，カタロニア語といったものに分かれたのである。

　リンガ・フランカとは，ラテン語やサンスクリット語のように，厳格なルールにのっとって教えられることで，何世紀もの間，ほとんど変わることなく生き残ることができる言語なのかもしれない。その一方で，それが十分に発達した言語である必要はまったくない。リンガ・フランカの重要な下位範疇の一つがピジン語で，それは共通言語をもたない人々が，自分たちがすでに知っている言語の断片から新たな言語を作り上げる結果として生まれるものだ。明確に「リンガ・フランカ」だと知られる最初の言語は，こういう類の媒介言語だった。それは単純化され，高度に混合したイタリア語の一種で，1000年頃に地中海東部で貿易商をはじめとする人々が使っていた。そういう大まかな構成の言語は予測不能な変化をするかもしれない。また，意思の疎通は，明確に共有された文法や語彙よりむしろ，協調的な想像力とお互いの善意に左右されるのである。

━━━━◀解　説▶━━━━

▶問1．下線部(1)はリンガ・フランカがどのようにして生まれるかを問うており，その答えは下線部直後の第2段第2～6文（About ten thousand … their mother-tongue groups.）で述べられている。come about「生じる，発生する」

㋐「複数の社会に，共通言語がなかった」第2段第2文（About ten thousand …）に，人間の集団，つまり社会が，異なる母語をもつ近隣の集団と交わる機会が増えたと述べられており，異なる母語をもつ人たちと

の意思の疎通のためにリンガ・フランカが生まれたと考えられるので，本文の内容に一致。

(い)「帝国が他の帝国に征服されることが多かった」　第2段第3文（In some cases, …）に，母語の異なる集団が初期の帝国のような支配的な勢力によって接触させられることもあっただろうと述べられてはいるが，帝国同士の争いの頻度に関する記述はなく，本文の内容に一致しているとは言えない。よって，正解の一つと考えられる。

(う)「宗教の指導者たちは自分たちの言語を使うよう主張した」　第2段第5文（Later on—since …）に，熱心な宗教信者たちが，見知らぬ人たちへも自分たちの知識を伝えるのが義務だと考えたと述べられており，宗教を広めるためにリンガ・フランカが生まれたとは考えられるが，自分たちの言語を使うよう主張したという記述はなく，本文の内容に一致しているとは言えない。よって，これも正解の一つと考えられる。

(え)「通商の相手国は，新興市場で意思の疎通をはかる必要があった」　第2段第4文（In others the …）に，市場のネットワークが出現するにともない，自然発生的に（リンガ・フランカを必要とする）接触が生まれる場合もあったかもしれないと述べられており，本文の内容に一致。

▶問2．この文は lingua franca の説明文であり，英文全体の構造としては，fix に続く that 節は fix を先行詞とする関係代名詞節，その節中に，a set of groups を先行詞とする that 節が続く形となっている。

A lingua franca is a technical fix

　lingua franca は日本語訳としては「（異なる言語を話す人同士の）共通語，補助言語，媒介言語，通商語」などが考えられるが，ここでは英文全体がこの単語の説明になっているので，そのまま「リンガ・フランカ」でよい。fix はここでは「解決策，応急処置」という意味で用いられているが，文脈から判断して訳すことになるだろう。

that helps overcome language barriers across a set of groups

　that 以下の部分は fix を先行詞とする関係代名詞節。help *do*「～するのに役立つ」　overcome「～を克服する，～を乗り越える」　language barrier「言葉の壁，言語障壁」　across「～（全体）にわたって，～のいたるところで」　a set of groups は「ひとかたまりとなった複数の集団，一連の集団」などの訳が考えられるが，この後に続く関係代名詞節中の動詞

が is となっていることから，意味の中心としては set なので「複数の集団のひとかたまり」という訳がよいだろう。

that is too large — or too recently united — to have a common language.

　この that 以下は a set of groups を先行詞とする関係代名詞節だが，is となっていることから，いくつかの集団をひとかたまりとして見た場合の記述とわかる。too 〜 to *do* は「あまりに〜なので…できない，…するには〜すぎる」という表現。large は集団の規模が大きいという意味。recently united は文字通りに訳すと「最近一つにまとまった」だが，ここでは「一つにまとまって日が浅い」とする方が一般論として述べるのによいだろう。また，複数の集団が一つの国家となったという意味とは限らないので「国家統一された」といった表現は避けるとよい。to have 以下は「〜をもてない，〜がない」などの訳が考えられる。common language「共通言語」

▶問 3．1 つ目の空所直後の who 以下に，自分の母語に加えて，その地域のリンガ・フランカを身につけて互いの意思の疎通をはかる人のことだと説明されているので，(い)interpreters「通訳」が正解。空所を含む文の前半（Performing that fix … around this time）に specialist「専門家」とあるが，(あ)imperialists「帝国主義者」，(う)invaders「侵略者，侵入者」，(え)inventors「発明者」はいずれも言語の専門家ではないため，不適。

▶問 4．(あ)「ゲルマン民族の征服の結果として，人々は代わりにドイツ語を話すようになった」

(い)「ラテン語を話す複数の地域社会が，自分たち自身のそれぞれの地域に分かれてしまい，接触しなくなった」

(う)「ローマ帝国の兵士がラテン語の使用を強要しなかったので，人々は自分たちの地域の方言を話した」

(え)「ローマ帝国はその地域の文化的多様性を後押しすることを望んだ」

　ラテン語が西ヨーロッパで使われなくなった理由については第 3 段最終文（Germanic conquests after …）に，ゲルマン民族の征服によってローマ帝国が分裂し，最終的にはいくつかの言語に分かれたという経緯が述べられており，(い)が正解。

▶問 5．pidgins「ピジン語，ピジン言語」の説明は，直後の which

result 以下に述べられている。which は pidgins を先行詞とする関係代名詞で，継続用法なので「そしてそれ（ピジン語）は~」と考える。result「（結果として）生じる」　lack「~がない」　make up ~「~を作り上げる」　one は common tongue を指す。なお，下線部を含む段の最終文（Such a loosely …）にも pidgins に関する説明があり，この部分を加えるとより詳しい内容となるが，70 字以内で説明する必要があるので簡単に触れる程度でよいだろう。loosely structured「大まかに構成された，ゆるい構造の」は「厳格な構造のない」と訳すとわかりやすい。unpredictably「意表をついて，予測できないほどに」

▶問 6．㋐　B.「協調的な想像力」　　　　C.「お互いの善意」
　　　　㋑　B.「環境管理」　　　　　　C.「持続可能な発展」
　　　　㋒　B.「集団としての同一性」　C.「年上の世代，旧世代」
　　　　㋓　B.「階層的権力」　　　　　C.「民族の結束」

　リンガ・フランカを介した，母語の異なる集団同士の意思の疎通が何に左右されるかを問うている。人間同士の意思の疎通に必要なものを考えれば，㋐が正解とわかるだろう。また，clearly shared grammar and vocabulary「明確に共有された文法や語彙」と対比されていることから，明確に共有される性質のものではないこともヒントになる。

◆━◆━◆━◆━◆━●語句・構文●━◆━◆━◆━◆━◆

（第 1 段）mother tongue「母国語，母語，祖語」　come into contact「接触する，知り合う」　get by「うまくやっていく」　what if ~?「もし~だとしたらどうなるだろう」　resort to ~「~を使う，~に訴える」　bridge language「媒介語」　distinct from ~「~とは異なる」　written Classical Chinese「漢文，古代中国の文語文」　serve「役割を果たす」　diplomatic「外交上の」　border on ~「~に隣接する」　range from *A* to *B*「*A* から *B* に及ぶ，*A* から *B* にわたる」

（第 2 段）stock-breeding「家畜の飼育，畜産」　gathering「採集」　hierarchical「階級組織の」　bring *A* into contact「*A* を接触させる」　spontaneously「自然発生的に」　come into existence「出現する」　later on「その後」　in addition to ~「~に加えて」

（第 3 段）bridge「~を橋渡しする」　dialect「方言」

（最終段）on the other hand「その一方で」　subcategory「下位範疇」

specifically「明確に」

Ⅲ　**解答**　　問1．(1)—(い)　(2)—(お)　(3)—(え)　(4)—(う)
　　　　　　　　問2．A—(う)　B—(え)　C—(い)　D—(あ)　E—(お)
問3．全訳下線部参照。

━━━━━━◆全　訳◆━━━━━━━━━━━━━━━

≪留学をめぐる幼なじみの男女の会話≫

(次の一節で，マリアンとケンはアイルランドの同じ小さな町で育った長年の友人である)

　マリアンは今やシャワーからあがり，青いバスタオルに身を包む。鏡は一面，湯気で曇っている。彼女がドアを開け，ケンは振り返り彼女を見る。

　「どうかしたの？」とマリアンが言う。

　「このメールを受け取ったばかりなんだ」

　「あら？　誰から？」

　ケンはノートパソコンを無言で見つめ，それから視線を彼女に戻す。彼の目は赤く，眠そうに見える。彼は膝を毛布の下で立てたまま座っており，ノートパソコンが彼の顔にうっすら光を当てている。

　「ケン，誰からなの？」と彼女は言う。

　「ニューヨークにあるこの大学からだよ。僕を芸術の修士課程に入れてくれようとしてるみたい。ほら，クリエイティブ・ライティングの課程だよ」

　マリアンはそこに立つ。髪の毛はまだ濡れたままで，ブラウスの生地にじわじわとしみ込んでいる。「それに申し込むなんて話してくれなかったわね」と彼女は言う。

　ケンは彼女を見つめるだけだ。

　「って言うか，おめでとう」とマリアンは言う。「大学があなたの入学を認めてくれるとしても驚かないわ。あなたがその話をしなかったことに驚いただけよ」

　ケンはうなずくが，顔は無表情で，それから視線をノートパソコンに戻す。「よくわからないんだ」と彼は言う。「君に言うべきだったけど，そんなのあまりにも大きな賭けだと本気で思ったからさ」

　「まあ，それって，私に言わない理由にはならないわね」

「どうでもいいよ」とケンは言い添える。「僕が行くつもりってわけじゃ
ないし。なぜ応募したのか，自分でもわからないくらいだよ」

マリアンは衣装ダンスの扉からタオルを持ち上げ，それを使ってゆっく
りと毛先のもみほぐしを始める。彼女はデスクチェアに腰を下ろす。

「君に言わなくてごめん，これでいいよね？」とケンは言う。「時々，君
にそういう話をするのが照れくさくなることがあるんだ。だって，単にバ
カみたいだし。正直に言って，僕は今も君をとっても尊敬してる。君に僕
のことを，よくわかんないけど，頭がおかしいって思われたくないんだ」

マリアンはタオルの上から髪の毛を握りしめたが，一つ一つの髪の房の
ごわごわ，ザラザラした手触りを感じていた。「あなたは行くべきよ」と
彼女は言う。「ニューヨークにってこと。その申し出を受けるべき。行く
べきだわ」

ケンは何も言わない。彼女は顔を上げる。彼の背後の壁はバターのよう
に黄色い。「いいや」と彼は言う。

「きっとあなたなら学資の援助もしてもらえると思うわ」

「君がなんでそんなこと言うのかわかんないよ。君は来年もここに居た
がってると思ってた」

「私は残れるし，あなたは行ける」とマリアンは言う。「たかが１年じゃ
ない。あなたはそうすべきだと思うわ」

ケンは妙な，意味不明の声を出すが，それはほとんど笑い声に近いもの
だ。彼は首に手をやる。マリアンはタオルを下に置き，ブラシで髪のもつ
れをゆっくりほぐし始める。

「そんなのばかげてる」とケンは言う。「僕は君を置いてニューヨークに
行くつもりなんてない。僕はもし君が居なきゃ，ここにだって居ないだろ
うさ」

彼の言う通りだわ，とマリアンは思う。彼なら居ないだろうと。彼なら
どこかまったくほかのところに居て，まったく別の生活をしているだろう。

「君がいないと寂しすぎるよ」とケンは言う。「病気になってしまう，ほ
んとだよ」

「最初はね。でも治っていくわよ」

二人はそのまま黙って座り，マリアンはブラシを念入りに髪の毛に通し，
髪のもつれを探りながら，ゆっくりと根気強くそのもつれをほぐしていく。

もうこれ以上イライラしていても意味がない。

　「僕が君のことを愛してるのはわかってるよね」とケンは言う。「ほかの誰に対しても同じように感じることなんて決してないよ」

　マリアンはうなずく。わかってる。彼は本当のことを言っている。

　「正直に言うと，どうしたらいいかわからないんだ」とケンは言う。「君が僕に居てほしいって言ってくれたら，そうする」

　マリアンは目を閉じる。彼はたぶん帰ってこないだろうと思う。あるいは，帰ってくるにしても，別人になってだ。今，二人が手にしているものは二度と取り戻すことはできない。<u>しかし，彼女にとって寂しさの痛みなど，自分がかつて感じていた，自分には何の価値もないという痛みに比べれば，なんでもないことだろう。</u>彼は自分に贈り物のようないいものを持ってきてくれたし，今ではそれは自分のものだ。そうこうする間に彼の人生が目の前で一気にあらゆる方向に向かって開くのだ。二人はお互いのためになることをたくさんやってきた。本当に，と彼女は思う。本当にそうだ。人は本当にお互いを変えることができるのだ。

　「あなたは行くべきよ」とマリアンは言う。「私はずっとここに居るつもり。わかってるでしょう」

■━━━━━━◀解　説▶━━━━━━■

▶問１．⑴　Is something up?は会話文で用いられる表現で「どうかしたの？」という意味であり，㈰Are you okay?「大丈夫？」が近い。

⑵　a long shot は「大きな賭け，大ばくち」という意味で，うまくいく見込みは低いものの成功すれば大きな成果が得られる場合に用いる表現。選択肢の中では，㈭a small chance of success「わずかな成功の見込み」が意味的に近い。

⑶　look up to ～ は「～を尊敬する」という意味のイディオムで，㈓respect「～を尊敬する」が近い。

⑷　out of my mind は out of *one's* mind の形で「頭がおかしい，どうかしている，まともじゃない」という意味のイディオムで，㈩foolish「愚かな，ばかげた」が近い。

▶問２．㈲「彼の言う通りだわ」

㈰「君がなんでそんなこと言うのかわかんないよ」

㈱「って言うか，おめでとう」

㈎「君に言わなくてごめん」

㈏「わかってるでしょう」

A．ケンがニューヨークの大学の修士課程に進学できるらしいという話を聞いたあとなので，自分の驚きはさておき，それを祝福したはずであり，congratulations「おめでとう」という表現を含む㈒が正解。

B．マリアンに，ケンが留学を申し込んだ話をしなかったことを問い詰められている状況であり，そのことを詫びる㈎が正解。

C．空所の直後の発言（I thought …）から，ケンは，マリアンは自分に留学せず残ってほしいはずだと思い込んでいたことがわかる。よって，そのマリアンから逆に留学を後押しされたことで戸惑っていると考えられ，㈑が正解。

D．空所のあとに続く he wouldn't be（here if it wasn't for me が省略されている）や He would be somewhere else entirely という文から，マリアンは，ケンがマリアンが居なければここに居ないだろうと言ったことを，正直な気持ちだと感じていることがわかる。したがって，彼の言う通りだという内容の，㈐が正解。

E．ケンがマリアンに留学の話をしなかった理由が，彼女が現在居る場所から離れるつもりはないとケンもわかっていたからだと，会話を通して互いに了解しあった状況であり，I'll always be here. という言葉に続く発言としては，相手もそれを知っていると確認する内容となる㈏が正解。

▶問3．**But for her the pain of loneliness will be nothing**

　But for her「しかし，彼女にとっては」という前置詞句のあとに，主語の the pain of loneliness「寂しさの痛み，孤独の痛み」が続く。will be nothing の will は推量を表す用法で，be nothing はこのあとの to に続いており，be nothing to ～ で「～に比べて何でもない，～に比べればなんということもない」という意味になる。

to the pain that she used to feel, of being unworthy.

　that she used to feel は pain を先行詞とする関係代名詞節で，さらにそのあとの of being unworthy も pain の内容を説明する同格の句となっている。used to *do*「以前は～したものだった，よく～したものだ」unworthy「値打ちのない，価値のない」

◆━◆━◆━◆━◆　●語句・構文●　◆━◆━◆━◆━◆━◆━◆━◆━◆━◆

（第 1 段）climb out of 〜「〜から抜け出す」

（第 5 段）dumbly「無言で」 with his knees raised up は付帯状況を表す with の用法で「膝を立てて」という意味。glow「柔らかく輝く」

（第 7 段）offer me a place は，ここでは大学院への入学を認めるという内容となっている。 creative writing「クリエイティブ・ライティング，創作」とは「文芸創作」と訳されることもあるが，文学だけでなく，芸術，学術などさまざまな範囲のライティングのこと。

（第 8 段）soak「しみ込む，濡れる」

（第 13 段）It doesn't matter.「それはどうでもいいことだ」 It's not like 〜「〜というわけではない」

（第 15 段）feel embarrassed「照れくさい，ばつが悪い」

（第 16 段）squeeze「〜を握る」 coarse「粗い，硬い」 grainy「ザラザラした」 texture「手触り，触感」 individual「個々の」 strand「髪の房」

（第 21 段）knot「結び目，固いもつれ」

（第 26 段）methodically「念入りに」 There's no point in *doing*「〜しても意味がない，〜しても仕方がない」

IV　解答例

(1) 〈解答例 1 〉 "Level playing field" means a situation where students are given equal opportunities in their school activities and can focus on their studies without being influenced by their socioeconomic differences, which may arise from their parents' social and financial status. (40 語程度)

〈解答例 2 〉 In a "level playing field," every student is treated equally and has the same opportunity regardless of their parents' income level. It is a fair situation, which allows all students to concentrate on their studies and school activities. (40 語程度)

(2) 〈解答例 1 〉 I am for school uniforms. When all students are dressed alike, there will be no competition among students over clothing choices. Since my school has school uniforms, I do not have to

waste time every morning worrying about what to wear or how I look. Moreover, I once attended my cousin's wedding in my school uniform, which saved my parents a lot of money for my ceremonial costume.（70 語程度）

〈解答例 2 〉 I am against school uniforms, which restrict students' freedom of expressing themselves freely. For this reason, I chose a high school which did not require school uniforms. For me, fashion is an important way to express my own preference for colors or design. Some people say that it is expensive to buy clothes that can be worn every day to school, but I can easily find high-quality clothes at low prices.（70 語程度）

━━━━━━━━ ◀解　説▶ ━━━━━━━━

設問の英文の全訳：制服は，伝統的に私立学校の支持を受けているが，米国の公立学校から採用される数が増えている。2020 年の報道記事によると，制服の着用を求める公立学校の割合は，1999〜2000 年度の 12 ％から，2017〜2018 年度の 20 ％へと跳ね上がっている。

制服を支持する人たちは，制服によって，社会経済的不平等を軽減し，子供たちが服装より学習に集中することを奨励する「平らな競技場（公平な条件）」が作り出されると言う。

反対する人たちは，制服は生徒が自分の個性を表現できないようにしており，行動や学業成績にプラスの効果などないと言う。

▶(1)　本文の中にある "level playing field" という語句の意味を本文の内容に基づいて 40 語程度で述べる問題。この語句の簡単な意味は第 2 段の that reduces … に 16 語で説明されているが，40 語程度での説明が求められているので，socioeconomic inequalities といったやや抽象的な表現を，具体的に言い換える必要がある。また，同段中の focus on 〜「〜に集中する」という表現はそのまま利用してもよいし，concentrate on 〜 という表現に変えてもよいだろう。

▶(2)　学校の制服の是非について，自分の意見を賛成，反対のいずれかの立場で，個人的な経験に基づく理由を添えて 70 語程度で述べる問題。〈解答例 1 〉は賛成の立場で，理由としては，服装に気を使わずにすむから勉強に集中できるという点をあげ，個人的な経験については，制服は式服と

しても着ることができてお金の節約になった，と述べている。ほかにも理由としては，制服着用によって，学校内での sense of unity「一体感」や community spirit「共同体意識」が高まるという点も考えられるだろう。〈解答例 2〉は反対の立場で，理由としては，自由な自己表現が制限されるという点をあげている。個人的な経験については，自分にとってはファッションが色やデザインの好みを表現する重要な方法であること，制服がないことが高校選びの基準となったことを述べている。また，私服は高くつくという意見も紹介した上で，高品質のものを低価格で買えると反論している。

❖講　評

　2022 年度の大問構成は，読解問題 3 題，英作文 1 題の計 4 題の出題であった。読解問題のうちの 1 題は，2021 年度の完全な会話文形式から，例年どおりの会話文主体の英文に戻った。英作文は，2021 年度と同様，条件つきの自由英作文の出題となっており，語数が合計約 110 語で，2021 年度より 10 語増加となった。配点は 2021 年度と同じで，従来より少なめである。読解問題の英文量は例年より 200 語程度増加して約 1,900 語となった。記述式の設問は，2021 年度に続き，内容説明に字数制限があるものや，難度の高いものがあり，英文和訳も 2021 年度と同様，例年に比べると長めの英文の和訳で，文法的に判断に迷う部分もあった。空所補充，同意表現，内容真偽など，さまざまなタイプの選択問題も多い。

　Ⅰ．読解問題。光害が夜行性の生物に与える影響がテーマで，近年頻出の環境問題を取り上げた英文となっている。設問は，記述式が英文和訳（2 問），選択式が内容真偽と空所補充という構成だが，内容真偽は本文の内容に合致しないものを選ぶ問題と合致するものを選ぶ問題の 2 種類あり，後者では合致するものをすべて選ばせるという新たな形式もあった。空所補充は平易。英文和訳は 2021 年度同様，やや構造の把握が難しい上，前後を含めた文脈的な理解が必要であった。

　Ⅱ．読解問題。リンガ・フランカという媒介言語に関する英文で，やや耳慣れない語が中心テーマだったため，最初は戸惑った受験生もいたかもしれないが，全体の内容としては理解しやすい英文であった。設問

は，記述式が英文和訳と字数制限つきの内容説明，選択式が内容真偽，空所補充（2問），内容説明という構成であった。空所補充問題のうち問6は，一般論として考えても解ける問題。字数制限つきの内容説明は説明の範囲が絞りにくい問題であった。

Ⅲ．読解問題。会話文の多い小説からの出題。若い男女が留学をめぐって相手の気持ちを汲み取りながらやりとりをしており，受験生にとって会話の流れが理解しやすい英文であった。設問は，記述式が英文和訳，選択式が同意表現と空所補充というシンプルな形で，標準的なレベルの問題であった。

Ⅳ．英作文。英文を読んで，その一部の語句について意味を説明するものと，テーマに関する自分の意見を個人的な経験を踏まえて述べるという条件つきの自由英作文が2問（40・70語程度）出題された。制服の是非という身近なテーマではあったが，説明すべき語句の内容がわかりにくく，前半で苦戦した受験生が多かったかもしれない。

　全体的に見て，この英文の量と設問の難度に対して80分という試験時間は短く，2021年度に続き難度の高い出題が続いている。

数学

◀理系：数学Ⅰ・Ⅱ・Ⅲ・Ａ・Ｂ▶

1　◇**発想**◇　(1)　結論の分母を払うと $a_{n+1}\sqrt{a_n}=2$ であるので，与えられた漸化式の両辺に $\sqrt{a_{n+1}}$ をかける。

(2)　(1)で示した隣接 2 項間の漸化式の両辺の自然対数をとる。

(3)　a_n を n で表す。

解答　(1)　条件より，任意の n で $a_n>0$ である。$a_{n+2}=\sqrt{a_{n+1}a_n}$ の両辺に $\sqrt{a_{n+1}}$ をかけると

$$a_{n+2}\sqrt{a_{n+1}}=a_{n+1}\sqrt{a_n}$$

よって，数列 $\{a_{n+1}\sqrt{a_n}\}$ は定数の数列であり，$a_1=1$，$a_2=2$ より，初項は

$$a_2\sqrt{a_1}=2$$

ゆえに　　$a_{n+1}\sqrt{a_n}=2$

よって

$$a_{n+1}=\frac{2}{\sqrt{a_n}}\quad\cdots\cdots①\qquad\qquad（証明終）$$

(2)　①の両辺は正であるので，両辺の自然対数をとると

$$\log a_{n+1}=\log\frac{2}{\sqrt{a_n}}$$

$$\log a_{n+1}=-\frac{1}{2}\log a_n+\log 2$$

$b_n=\log a_n$ より　　$b_{n+1}=-\frac{1}{2}b_n+\log 2$

変形すると　　$b_{n+1}-\frac{2}{3}\log 2=-\frac{1}{2}\left(b_n-\frac{2}{3}\log 2\right)$

よって，数列 $\left\{b_n-\frac{2}{3}\log 2\right\}$ は公比 $-\frac{1}{2}$ の等比数列であり，初項は

$$b_1 - \frac{2}{3}\log 2 = \log a_1 - \frac{2}{3}\log 2 = -\frac{2}{3}\log 2$$

ゆえに

$$b_n - \frac{2}{3}\log 2 = \left(-\frac{2}{3}\log 2\right)\left(-\frac{1}{2}\right)^{n-1}$$

$$b_n = \frac{2}{3}\left\{1 - \left(-\frac{1}{2}\right)^{n-1}\right\}\log 2 \quad \cdots\cdots(答)$$

(3) (2)より　　$\log a_n = \frac{2}{3}\left\{1 - \left(-\frac{1}{2}\right)^{n-1}\right\}\log 2 = \log 2^{\frac{2}{3}\left\{1-\left(-\frac{1}{2}\right)^{n-1}\right\}}$

したがって　　$a_n = 2^{\frac{2}{3}\left\{1-\left(-\frac{1}{2}\right)^{n-1}\right\}}$

$\left|-\dfrac{1}{2}\right| < 1$ であるので　　$\displaystyle\lim_{n\to\infty}\left(-\frac{1}{2}\right)^{n-1} = 0$

よって　　$\displaystyle\lim_{n\to\infty} a_n = \lim_{n\to\infty} 2^{\frac{2}{3}\left\{1-\left(-\frac{1}{2}\right)^{n-1}\right\}} = 2^{\frac{2}{3}} = \sqrt[3]{4} \quad \cdots\cdots(答)$

◀解　説▶

≪隣接 3 項間の漸化式をみたす数列，極限≫

▶(1)　与えられた漸化式の両辺に $\sqrt{a_{n+1}}$ をかけることにより，数列 $\{a_{n+1}\sqrt{a_n}\}$ の漸化式が得られる。

▶(2)　(1)で示した漸化式の両辺の自然対数をとると，数列 $\{b_n\}$ のみたす漸化式は $b_{n+1} = -\dfrac{1}{2}b_n + \log 2$ となる。なお，(1)を用いず，与えられた漸化式の両辺の自然対数をとると，$b_{n+2} = \dfrac{1}{2}b_{n+1} + \dfrac{1}{2}b_n$ となり，この隣接 3 項間の漸化式から求めることもできる。

▶(3)　〔解答〕では a_n を n で表してから極限を求めたが，$\displaystyle\lim_{n\to\infty} b_n = \log 2^{\frac{2}{3}}$ から $\displaystyle\lim_{n\to\infty} a_n$ を求めてもよい。

2　◇発想◇　(1)　r_n と r_{n+1} の関係式を図を描いて求める。

(2)　数列 $\{s_n\}$ は等比数列であるので，$f(m)$ は無限等比級数である。

(3)　$m\to\infty$ のとき $\theta\to 0$ であるので，$\displaystyle\lim_{\theta\to 0}\frac{\sin\theta}{\theta} = 1$ と与えられた

極限が利用できる形に $f(m)$ を変形する。

解答　(1)　正 m 角形 P_n の隣り合う 2 つの頂点を A，B，円 C_n の中心を O とすると

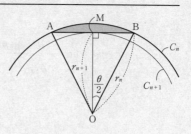

$$\angle \text{AOB} = \frac{2\pi}{m} = \theta$$

△OAB は二等辺三角形であるので，AB の中点を M とすると

$$\text{OM} \perp \text{AB}, \quad \angle \text{AOM} = \angle \text{BOM} = \frac{\theta}{2}$$

$\text{OA} = \text{OB} = r_n$，$\text{OM} = r_{n+1}$ であるので

$$r_{n+1} = r_n \cos\frac{\theta}{2}$$

よって，数列 $\{r_n\}$ は公比 $\cos\dfrac{\theta}{2}$ の等比数列であり，初項 $r_1 = 1$ より

$$r_n = 1 \cdot \left(\cos\frac{\theta}{2}\right)^{n-1} = \cos^{n-1}\frac{\theta}{2} \quad \cdots\cdots (\text{答})$$

また

$$s_n = (\text{円 } C_n \text{ の面積}) - (\text{正 } m \text{ 角形 } P_n \text{ の面積})$$

$$= \pi r_n{}^2 - m \times \triangle\text{OAB}$$

$$= \pi r_n{}^2 - \frac{2\pi}{\theta} \cdot \frac{1}{2} r_n{}^2 \sin\theta \quad \left(m = \frac{2\pi}{\theta} \text{ より}\right)$$

$$= \frac{\pi(\theta - \sin\theta)}{\theta}\left(\cos^2\frac{\theta}{2}\right)^{n-1} \quad \cdots\cdots (\text{答})$$

(2)　(1)より $\displaystyle\sum_{n=1}^{\infty} s_n$ は，初項 $\dfrac{\pi(\theta - \sin\theta)}{\theta}$，公比 $\cos^2\dfrac{\theta}{2}$ の無限等比級数である。

$m \geqq 3$ より　　$0 < \theta \leqq \dfrac{2\pi}{3}$　　$0 < \dfrac{\theta}{2} \leqq \dfrac{\pi}{3}$

したがって，$0 < \cos^2\dfrac{\theta}{2} < 1$ であるので $\displaystyle\sum_{n=1}^{\infty} s_n$ は収束する。ゆえに

$$f(m) = \sum_{n=1}^{\infty} s_n = \frac{\dfrac{\pi(\theta - \sin\theta)}{\theta}}{1 - \cos^2\dfrac{\theta}{2}} = \frac{\pi(\theta - \sin\theta)}{\theta\sin^2\dfrac{\theta}{2}} \quad \cdots\cdots (\text{答})$$

(3)　$\theta = \dfrac{2\pi}{m}$ より，$m \to \infty$ のとき　　$\theta \to 0$

よって

$$\lim_{m \to \infty} f(m) = \lim_{\theta \to 0} \frac{\pi(\theta - \sin\theta)}{\theta \sin^2 \dfrac{\theta}{2}} = \lim_{\theta \to 0} 4\pi \cdot \frac{\theta - \sin\theta}{\theta^3} \cdot \frac{1}{\left(\dfrac{\sin\dfrac{\theta}{2}}{\dfrac{\theta}{2}}\right)^2}$$

$$= 4\pi \cdot \frac{1}{6} \cdot \frac{1}{1^2} = \frac{2\pi}{3} \quad \cdots\cdots（答）$$

━━━━━◀解　説▶━━━━━

≪正多角形とその外接円で挟まれた部分の面積，和の極限≫

▶(1)　C_n の中心と P_n の隣り合う 2 頂点でできる二等辺三角形に着目し，r_{n+1} と r_n の関係式を求める。s_n は円 C_n と正 m 角形 P_n の面積の差である。

▶(2)　初項 a（$\neq 0$），公比 r の無限等比級数は $|r| < 1$ のとき収束して，和は $\dfrac{a}{1-r}$ である。収束条件を確認すること。

▶(3)　変形を詳しく書くと

$$\frac{\pi(\theta - \sin\theta)}{\theta \sin^2 \dfrac{\theta}{2}} = \pi \cdot \left(\frac{\theta - \sin\theta}{\theta^3} \cdot \underset{\smile}{\theta^2}\right) \cdot \frac{1}{\dfrac{\sin^2 \dfrac{\theta}{2}}{\left(\dfrac{\theta}{2}\right)^2} \cdot \underset{\smile}{\left(\dfrac{\theta}{2}\right)^2}}$$

計算ミスのないようにしたい。

━━━━━━━━━━━━━━━━━━━━

3　◇発想◇　(1)　微分し，増減を調べる。
　　　(2)　$f(1) = 0$ より a の値が決まる。グラフの概形を描き，積分して求める。

━━━━━━━━━━━━━━━━━━━━

解答　(1)　$f(x) = \log(1 + x^2) - ax^2$ より

$$f'(x) = \frac{2x}{1 + x^2} - 2ax = \frac{2x(1 - a - ax^2)}{1 + x^2}$$

$f'(x) = 0$ とおくと　　$x = 0$，$x = \pm\sqrt{\dfrac{1-a}{a}}$　$\left(0 < a < 1 \text{ より，} \dfrac{1-a}{a} > 0\right)$

よって，$f(x)$ の増減表は次のようになる。

x	$\cdots$	$-\sqrt{\dfrac{1-a}{a}}$	$\cdots$	0	$\cdots$	$\sqrt{\dfrac{1-a}{a}}$	$\cdots$
$f'(x)$	$+$	0	$-$	0	$+$	0	$-$
$f(x)$	↗	極大	↘	極小	↗	極大	↘

$$f\left(\pm\sqrt{\frac{1-a}{a}}\right) = \log\left(1 + \frac{1-a}{a}\right) - a \cdot \frac{1-a}{a}$$

$$= a - \log a - 1$$

$$f(0) = 0$$

より　　極大値 $a - \log a - 1$ $\left(x = \pm\sqrt{\dfrac{1-a}{a}}\right)$, 極小値 0 $(x = 0)$ ……(答)

(2) $f(1) = 0$ より　　　$\log 2 - a = 0$　　　$a = \log 2$

よって　　$f(x) = \log(1 + x^2) - x^2 \log 2$

$f(-x) = f(x)$ より，$f(x)$ は偶関数であり，$f(1) = 0$ と(1)の増減表より $y = f(x)$ の概形は右のようになる。

求める面積を S とすると

$$S = 2\int_0^1 f(x)\,dx$$

$$= 2\int_0^1 \{\log(1 + x^2) - x^2 \log 2\}\,dx$$

$$= 2\int_0^1 \log(1 + x^2)\,dx - 2\log 2\int_0^1 x^2 dx$$

ここで

$$\int_0^1 \log(1 + x^2)\,dx = \left[x\log(1 + x^2)\right]_0^1 - \int_0^1 x \cdot \frac{2x}{1 + x^2}\,dx$$

$$= \log 2 - \int_0^1 \left(2 - \frac{2}{1 + x^2}\right)dx$$

$$= \log 2 - \left[2x\right]_0^1 + 2\int_0^1 \frac{1}{1 + x^2}\,dx$$

$$= \log 2 - 2 + 2\int_0^1 \frac{1}{1 + x^2}\,dx$$

$\displaystyle\int_0^1 \frac{1}{1 + x^2}\,dx$ において，$x = \tan\theta$ $\left(-\dfrac{\pi}{2} < \theta < \dfrac{\pi}{2}\right)$ と置換すると

$$dx = \frac{1}{\cos^2\theta}\,d\theta, \quad \begin{array}{c|c} x & 0 \to 1 \\ \hline \theta & 0 \to \dfrac{\pi}{4} \end{array}$$

より

$$\int_0^1 \frac{1}{1+x^2}\,dx = \int_0^{\frac{\pi}{4}} \frac{1}{1+\tan^2\theta}\cdot\frac{1}{\cos^2\theta}\,d\theta = \int_0^{\frac{\pi}{4}} d\theta = \Big[\theta\Big]_0^{\frac{\pi}{4}} = \frac{\pi}{4}$$

$$\int_0^1 \log(1+x^2)\,dx = \log 2 - 2 + 2\cdot\frac{\pi}{4} = \log 2 - 2 + \frac{\pi}{2}$$

$$\int_0^1 x^2\,dx = \Big[\frac{x^3}{3}\Big]_0^1 = \frac{1}{3}$$

よって

$$S = 2\Big(\log 2 - 2 + \frac{\pi}{2}\Big) - 2\log 2 \cdot \frac{1}{3}$$

$$= \frac{4}{3}\log 2 + \pi - 4 \quad \cdots\cdots(答)$$

━━━━━■ ◀解　説▶ ■━━━━━

≪対数を含む関数の極値，曲線と x 軸で囲まれた部分の面積≫

▶(1)　微分し，$0 < a < 1$ に注意して $f'(x) = 0$ の解を求め，増減表を作成する。

▶(2)　$f(x)$ は偶関数であるので，$y = f(x)$ のグラフは y 軸に関して対称である。$f(1) = 0$ と(1)の増減表からグラフの概形がわかる。積分の計算は，対数関数については部分積分，$\displaystyle\int_0^1 \frac{1}{1+x^2}\,dx$ については，置換積分を用いて計算する。

4　◇発想◇　(1)　双曲線と直線の方程式から y を消去してできる x の 2 次方程式が，異なる 2 つの実数解をもつ条件を求める。

(2)　(1)で得られた 2 次方程式の解と係数の関係を用いる。

(3)　s は a の分数関数であるので，グラフを利用する。

(4)　(2)の結果から a を消去する。

|解答|　(1)　$\dfrac{x^2}{4} - \dfrac{y^2}{4} = 1$ より　　$x^2 - y^2 = 4$

$y=\sqrt{a}x+\sqrt{a}$ を代入すると

$$x^2-(\sqrt{a}x+\sqrt{a})^2=4 \qquad (1-a)x^2-2ax-a-4=0 \quad \cdots\cdots\text{①}$$

$a=1$ のとき

$$-2x-5=0 \qquad x=-\frac{5}{2}$$

①の実数解が 1 つなので不適。

$0<a<1,\ 1<a$ のとき

①の判別式を D とすると，異なる 2 つの実数解をもつので　　$D>0$

よって

$$\frac{D}{4}=(-a)^2-(1-a)(-a-4)>0 \qquad -3a+4>0 \qquad a<\frac{4}{3}$$

したがって　　$0<a<1,\ 1<a<\dfrac{4}{3}$　$\cdots\cdots$(答)

(2)　①の 2 つの実数解を $\alpha,\ \beta$ とおくと

$$\mathrm{P}(\alpha,\ \sqrt{a}\alpha+\sqrt{a}),\ \mathrm{Q}(\beta,\ \sqrt{a}\beta+\sqrt{a})$$

であるので

$$s=\frac{\alpha+\beta}{2},\quad t=\frac{(\sqrt{a}\alpha+\sqrt{a})+(\sqrt{a}\beta+\sqrt{a})}{2}=\sqrt{a}\cdot\frac{\alpha+\beta}{2}+\sqrt{a}$$

(1)より $a\neq1$ であり，①の解と係数の関係より

$$\alpha+\beta=\frac{2a}{1-a}$$

よって

$$\left.\begin{array}{l} s=\dfrac{a}{1-a} \\[3mm] t=\sqrt{a}\cdot\dfrac{a}{1-a}+\sqrt{a}=\dfrac{\sqrt{a}}{1-a} \end{array}\right\} \cdots\cdots\text{(答)}$$

(3)　$s=\dfrac{a}{1-a}=\dfrac{-1}{a-1}-1$ より，グラフは右図の

ようになるので，$0<a<1,\ 1<a<\dfrac{4}{3}$ より

$$s<-4,\ 0<s \quad \cdots\cdots\text{(答)}$$

(4)　$s=\dfrac{a}{1-a}$ より　　$s-sa=a$　　$(s+1)a=s$

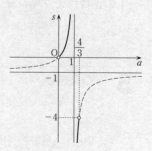

$s+1 \neq 0$ より　　$a = \dfrac{s}{s+1}$

よって　　$t = \dfrac{\sqrt{a}}{1-a} = \dfrac{\sqrt{\dfrac{s}{s+1}}}{1 - \dfrac{s}{s+1}} = (s+1)\sqrt{\dfrac{s}{s+1}}$

$s > 0$ のとき，$s+1 = \sqrt{(s+1)^2}$ であるので

$$(s+1)\sqrt{\dfrac{s}{s+1}} = \sqrt{(s+1)^2}\sqrt{\dfrac{s}{s+1}} = \sqrt{\dfrac{(s+1)^2 s}{s+1}} = \sqrt{s^2+s}$$

$s < -4$ のとき，$s+1 = -\sqrt{(s+1)^2}$ であるので

$$(s+1)\sqrt{\dfrac{s}{s+1}} = -\sqrt{(s+1)^2}\sqrt{\dfrac{s}{s+1}} = -\sqrt{\dfrac{(s+1)^2 s}{s+1}} = -\sqrt{s^2+s}$$

したがって　　$t = \begin{cases} \sqrt{s^2+s} & (s > 0) \\ -\sqrt{s^2+s} & (s < -4) \end{cases}$　……(答)

━━━━◀解　説▶━━━━

≪双曲線と直線が異なる 2 点で交わる条件，2 交点の中点の軌跡≫

▶(1)　「異なる 2 点で交わる」$\Longleftrightarrow$「①が異なる 2 つの実数解をもつ」$\Longleftrightarrow$「①が 2 次方程式かつ（①の判別式）>0」である。

▶(2)　①の 2 つの解を α，β とすれば，$s = \dfrac{\alpha+\beta}{2}$，$t = \sqrt{a}\dfrac{\alpha+\beta}{2} + \sqrt{a}$ となるので，①の解と係数の関係を用いる。

▶(3)　$s = \dfrac{a}{1-a} = \dfrac{-a}{a-1} = \dfrac{-(a-1)-1}{a-1} = \dfrac{-1}{a-1} - 1$ と変形すれば，グラフは $a = 1$，$s = -1$ を漸近線とする直角双曲線であることがわかる。

▶(4)　一般に，実数 p について $\sqrt{p^2} = |p|$ であるので，〔解答〕のように，$s+1$ の正負により場合分けしないと，$(s+1)\sqrt{\dfrac{s}{s+1}}$ を計算することはできない。

5　◇発想◇　(1)　条件式の各辺の自然対数をとる。

(2)　方程式の分母を払い，$(\quad)(\quad) = (定数)$ の形に変形する。

(3)　(1)，(2)を利用する。

解答　(1)　$1 < a < b$ より，$a^x = b^y = (ab)^z$ の各辺は正であるので，各辺の自然対数をとると

$$\log a^x = \log b^y = \log (ab)^z$$

$$x \log a = y \log b = z (\log a + \log b)$$

x, y, z は 0 でなく，$1 < a < b$ より $\log a > 0$，$\log b > 0$ なので

$$\frac{1}{x} = \frac{\log a}{z (\log a + \log b)}, \quad \frac{1}{y} = \frac{\log b}{z (\log a + \log b)}$$

$$\frac{1}{x} + \frac{1}{y} = \frac{\log a}{z (\log a + \log b)} + \frac{\log b}{z (\log a + \log b)} = \frac{1}{z}$$

ゆえに　　$\dfrac{1}{x} + \dfrac{1}{y} = \dfrac{1}{z}$

（証明終）

(2)　$\dfrac{1}{m} + \dfrac{1}{n} = \dfrac{1}{p}$ の両辺に pmn をかけて

$$pn + pm = mn \qquad mn - pm - pn = 0 \qquad (m-p)(n-p) = p^2 \quad \cdots\cdots①$$

ここで，$\dfrac{1}{m} = \dfrac{1}{p} - \dfrac{1}{n} = \dfrac{n-p}{pn} > 0$ より　　$n - p > 0$

したがって，$m > n$ より　　$m - p > n - p > 0$

p は素数であるので，①をみたす整数は

$$m - p = p^2, \quad n - p = 1$$

ゆえに　　$m = p^2 + p, \quad n = p + 1$　　$\cdots\cdots$（答）

(3)　$a^m = b^n = (ab)^p$ なので，(1)より　　$\dfrac{1}{m} + \dfrac{1}{n} = \dfrac{1}{p}$

また，$1 < a < b$ より　　$b^n > a^n$

$b^n = a^m$ であるので　　$a^m > a^n$

$a > 1$ より　　$m > n$

m, n は自然数であり，$m > n$ かつ $\dfrac{1}{m} + \dfrac{1}{n} = \dfrac{1}{p}$ をみたすので，(2)より

$$m = p^2 + p, \quad n = p + 1$$

よって　　$a^{p^2+p} = b^{p+1} = (ab)^p$　　$\cdots\cdots②$

$a^{p^2+p} = b^{p+1}$ より　　$(a^p)^{p+1} = b^{p+1}$

$a^p > 0$，$b > 0$ であるので　　$b = a^p$

このとき，$(ab)^p = (a \cdot a^p)^p = (a^{p+1})^p = a^{p^2+p}$ となり，②をみたす。

ゆえに　　$b = a^p$　　$\cdots\cdots$（答）

━━━━━━━━━━ ◀解　説▶ ━━━━━━━━━━

≪指数・対数関数と等式の証明，不定方程式の解≫

▶(1)　〔解答〕からわかるように，各辺の対数をとるとき，底は 1 でない正の数であれば何でもよい。

▶(2)　$m>n>0$ より $m-p>n-p>-p$ であり，p が素数であることから，①をみたすのは $m-p=p^2$，$n-p=1$ としてもよい。

▶(3)　(1)から $\dfrac{1}{m}+\dfrac{1}{n}=\dfrac{1}{p}$ が成り立つが，(2)は $m>n$ が仮定されているので，(2)を利用するには $m>n$ を示さなければならないことに注意。

❖講　評

　2022 年度は大問 5 題のうち，「数学Ⅲ」からの出題は 4 題であった。また，文系との共通問題は出題されなかったが，類似問題が出題された（**4**，**5**）。

　1．隣接 3 項間の漸化式をみたす数列の問題。小問により誘導されているが，(1)がうまくできたかどうか。内容としては標準的である。

　2．相似な図形の数列と極限についての問題。(1)は円の中心と正多角形の隣り合う 2 頂点でできる二等辺三角形に着目すること，(2)は収束条件の確認，(3)は与えられた極限の利用がポイントとなる。

　3．関数の極値，囲まれた部分の面積を求める典型的な問題である。(1)・(2)とも計算ミスやケアレスミスのないようにして確実に解きたい。

　4．双曲線が扱われているが，実質的には「図形と方程式」の軌跡に関する問題である。丁寧に誘導されており，標準的なレベルであるが，文字のとりうる値の範囲や式の変形において注意すべきことが多く，差がつく問題といえるだろう。

　5．指数・対数と不定方程式の問題。(1)・(2)は頻出のタイプであるが，(3)で(1)・(2)がきちんと利用できたかどうか。m，n の大小関係を調べることがポイントとなる。

　全体としては，標準的な問題が中心である。基本的な小問を確実に解くこと，誘導の内容を的確に理解することが大切である。

◀文系：数学 I・II・A・B▶

1 ◆発想◆ (1) $y=x^2$ $(x\geqq0)$ と直線 l, $y=-x^2$ $(x<0)$ と直線 l の共有点の個数をそれぞれ調べ，それらを合わせる。

(2) 共有点の x 座標を求め，グラフの概形から積分により求める。

解答 (1) 曲線 C の $x\geqq0$ の部分を C_1，$x<0$ の部分を C_2 とする。

(i) $x\geqq0$ のとき

$y=x^2$ と $y=2ax-1$ から y を消去すると

$$x^2=2ax-1 \qquad x^2-2ax+1=0$$

これの判別式を D とし，$D=0$ とすると

$$\frac{D}{4}=a^2-1=0$$

$a>0$ より　　$a=1$

よって，C_1 と直線 l は $a=1$ のとき接する。

l は点 $(0, -1)$ を通り，傾き $2a$ の直線であるので，図 (i)より C_1 と l の共有点の個数は

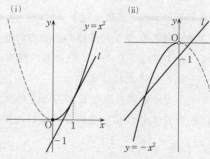

$$0<a<1 \text{ のとき } 0 \text{ 個, } a=1 \text{ のとき } 1 \text{ 個, } a>1 \text{ のとき } 2 \text{ 個}$$

(ii) $x<0$ のとき

図(ii)において，l の傾き $2a>0$ より，C_2 と l の共有点の個数は　　1 個

(i), (ii)より，C と l の共有点の個数は

$$0<a<1 \text{ のとき } 1 \text{ 個, } a=1 \text{ のとき } 2 \text{ 個, } a>1 \text{ のとき } 3 \text{ 個}$$

　　　　　　　　　　　　　　　　　　　　　　　　　　……(答)

(2) (1)より　　$a=1$, $l:y=2x-1$

C_1 と l の共有点の x 座標は

$$x^2-2x+1=0 \qquad (x-1)^2=0 \qquad \therefore \quad x=1$$

C_2 と l の共有点の x 座標は

$$-x^2=2x-1 \qquad x^2+2x-1=0 \qquad \therefore \quad x=-1\pm\sqrt{2}$$

$x<0$ より　　$x=-1-\sqrt{2}$

C と l で囲まれた図形は右図の網かけ部分である

ので，求める面積は

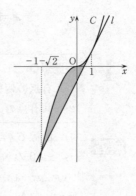

$$\int_{-1-\sqrt{2}}^{0}\{(-x^2)-(2x-1)\}dx$$

$$+\int_{0}^{1}\{x^2-(2x-1)\}dx$$

$$=\int_{-1-\sqrt{2}}^{0}\{-(x+1)^2+2\}dx+\int_{0}^{1}(x-1)^2dx$$

$$=\left[-\frac{1}{3}(x+1)^3+2x\right]_{-1-\sqrt{2}}^{0}+\left[\frac{1}{3}(x-1)^3\right]_{0}^{1}$$

$$=\left(-\frac{1}{3}\right)-\left(\frac{2\sqrt{2}}{3}-2-2\sqrt{2}\right)+0-\left(-\frac{1}{3}\right)$$

$$=\frac{4\sqrt{2}}{3}+2 \quad\cdots\cdots(答)$$

━━━━━━━━━━ ◀解　説▶ ━━━━━━━━━━

≪2次関数のグラフと直線の共有点の個数，囲まれた部分の面積≫

▶(1)　l は定点 $(0, -1)$ を通り，傾き $2a$ (>0) の直線であるので，グラフを描いて考えればよい。

▶(2)　C と l の共有点が2個のときのグラフの概形，共有点の x 座標を求め，積分により面積を求めればよい。積分の計算について，〔解答〕では，公式 $\displaystyle\int(x-\alpha)^2dx=\frac{1}{3}(x-\alpha)^3+C$ （C は積分定数）が利用できる形に変形している。

2　◆発想◆　(1)　円と直線の方程式から y を消去してできる x の2次方程式が，異なる2つの実数解をもつ条件を求める。円の中心と直線との距離を用いてもよい。

(2)　(1)で得られた2次方程式の解と係数の関係を用いる。円の中心を通り，与えられた直線に垂直な直線と，もとの直線の交点が R であることを用いてもよい。

(3)　a のとりうる値の範囲から不等式を変形して，s のとりうる値の範囲を求める。

(4)　(2)の結果から a を消去する。

解答

(1)　$x^2 + y^2 = 1$ に $y = \sqrt{a}\,x - 2\sqrt{a}$ を代入すると

$$x^2 + (\sqrt{a}\,x - 2\sqrt{a})^2 = 1$$

$$(a+1)x^2 - 4ax + 4a - 1 = 0 \quad \cdots\cdots①$$

$a > 0$ より　　$a + 1 \neq 0$

円と直線が異なる 2 点で交わることより，①の判別式を D とすると

$$D > 0$$

よって

$$\frac{D}{4} = (-2a)^2 - (a+1)(4a-1) > 0 \qquad -3a + 1 > 0$$

$a > 0$ より　　$0 < a < \dfrac{1}{3}$　……(答)

(2)　①の 2 つの実数解を α, β とおくと

$$\mathrm{P}(\alpha, \ \sqrt{a}\,\alpha - 2\sqrt{a}), \ \mathrm{Q}(\beta, \ \sqrt{a}\,\beta - 2\sqrt{a})$$

であるので

$$s = \frac{\alpha + \beta}{2}, \quad t = \frac{(\sqrt{a}\,\alpha - 2\sqrt{a}) + (\sqrt{a}\,\beta - 2\sqrt{a})}{2} = \sqrt{a} \cdot \frac{\alpha + \beta}{2} - 2\sqrt{a}$$

①の解と係数の関係より　　$\alpha + \beta = \dfrac{4a}{a+1}$

よって

$$\left.\begin{array}{l} s = \dfrac{2a}{a+1} \\[2mm] t = \sqrt{a} \cdot \dfrac{2a}{a+1} - 2\sqrt{a} = -\dfrac{2\sqrt{a}}{a+1} \end{array}\right\} \ \cdots\cdots(答)$$

(3)　$s = \dfrac{2a}{a+1} = 2 - \dfrac{2}{a+1}$

$0 < a < \dfrac{1}{3}$ より　　$1 < a + 1 < \dfrac{4}{3}$

各辺の逆数をとると　　$1 > \dfrac{1}{a+1} > \dfrac{3}{4}$

各辺に -2 をかけて　　$-2 < -\dfrac{2}{a+1} < -\dfrac{3}{2}$

各辺に 2 を加えて　　$0 < 2 - \dfrac{2}{a+1} < \dfrac{1}{2}$

よって　　$0 < s < \dfrac{1}{2}$　……(答)

(4)　$s = \dfrac{2a}{a+1}$ より　　$sa + s = 2a$　　$(2-s)a = s$

$2 - s > 0$ なので　　$a = \dfrac{s}{2-s}$

よって

$$t = -\frac{2\sqrt{a}}{a+1} = -\frac{2\sqrt{\dfrac{s}{2-s}}}{\dfrac{s}{2-s}+1}$$

$$= -\frac{2\sqrt{\dfrac{s}{2-s}}\,(2-s)}{s+(2-s)}\quad (\text{分母，分子に } 2-s \text{ をかける})$$

$$= -\sqrt{s(2-s)}\quad (2-s > 0 \text{ より})$$

ゆえに　　$t = -\sqrt{s(2-s)}$　……(答)

別解　(1)　円の中心 $(0, 0)$ と直線 $\sqrt{a}\,x - y - 2\sqrt{a} = 0$ の距離は半径 1 より小さいので

$$\frac{|-2\sqrt{a}\,|}{\sqrt{(\sqrt{a})^2 + (-1)^2}} < 1 \qquad 2\sqrt{a} < \sqrt{a+1}$$

両辺正なので平方して　　$4a < a+1$　　$\therefore\ a < \dfrac{1}{3}$

$a > 0$ より　　$0 < a < \dfrac{1}{3}$

(2)　円 の 中 心 $(0, 0)$ を 通 り，直 線 $y = \sqrt{a}\,x - 2\sqrt{a}$　……② と垂直な直線の方程式は

$$y = -\frac{1}{\sqrt{a}}x \quad ……③$$

②，③の交点がR であるので，y を消去して

$$\sqrt{a}\,x - 2\sqrt{a} = -\frac{1}{\sqrt{a}}x$$

$$(a+1)x = 2a$$

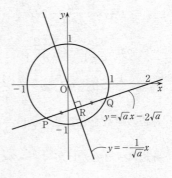

$$\therefore \quad x = \frac{2a}{a+1}$$

これを③に代入して

$$y = -\frac{1}{\sqrt{a}} \cdot \frac{2a}{a+1} = -\frac{2\sqrt{a}}{a+1}$$

よって　　$s = \dfrac{2a}{a+1}, \quad t = -\dfrac{2\sqrt{a}}{a+1}$

■━━━━━━ ◀解　説▶ ━━━━━━━━━━

≪円と直線が異なる 2 点で交わる条件，2 交点の中点の軌跡≫

▶(1)　「異なる 2 点で交わる」⟺「①が異なる 2 つの実数解をもつ」⟺「①が 2 次方程式かつ（①の判別式）>0」である。図形的に考え，〔別解〕のように，点と直線の距離の公式を用いてもよい。

▶(2)　(1)で判別式を用いた場合，〔解答〕のように，解と係数の関係を利用し，円の中心と直線との距離を用いた場合，〔別解〕のように，OR⊥PQ であることを利用するとよいだろう。

▶(3)　不等式を変形する際，「$a<b \Longleftrightarrow a+c<b+c$」「$c<0, \ a<b \Longrightarrow ac>bc$」「$0<a<b \Longrightarrow \dfrac{1}{a}>\dfrac{1}{b}$」を用いる。不等号の向きが変わる場合に注意。

▶(4)　a を s で表し，t に代入する。$2-s>0$ であるので

$$\sqrt{\frac{s}{2-s}}(2-s) = \sqrt{\frac{s}{2-s}} \cdot \sqrt{(2-s)^2} = \sqrt{\frac{s(2-s)^2}{2-s}} = \sqrt{s(2-s)}$$

と変形できる。

3

◇発想◇　(1)　条件式の各辺の対数をとる。

(2)　方程式の分母を払い，(　　)(　　)＝(定数) の形に変形する。

(3)　(1), (2)を利用する。

解答　(1)　$1<a<b$ より，$a^x = b^y = (ab)^z$ の各辺は正であるので，各辺の底を 2 とする対数をとると

$$\log_2 a^x = \log_2 b^y = \log_2 (ab)^z$$

$$x\log_2 a = y\log_2 b = z(\log_2 a + \log_2 b)$$

x, y, z は 0 でなく，$\log_2 a > 0$，$\log_2 b > 0$ より $\log_2 a + \log_2 b \neq 0$ なので

$$\frac{1}{x} = \frac{\log_2 a}{z(\log_2 a + \log_2 b)}, \quad \frac{1}{y} = \frac{\log_2 b}{z(\log_2 a + \log_2 b)}$$

$$\frac{1}{x} + \frac{1}{y} = \frac{\log_2 a}{z(\log_2 a + \log_2 b)} + \frac{\log_2 b}{z(\log_2 a + \log_2 b)} = \frac{1}{z}$$

ゆえに　　$\dfrac{1}{x} + \dfrac{1}{y} = \dfrac{1}{z}$　　　　　　　　　　　　　　　（証明終）

(2)　$\dfrac{1}{m} + \dfrac{1}{n} = \dfrac{1}{5}$ の両辺に $5mn$ をかけて

$$5n + 5m = mn \qquad mn - 5m - 5n = 0 \qquad (m-5)(n-5) = 25 \quad \cdots\cdots①$$

ここで，$\dfrac{1}{m} = \dfrac{1}{5} - \dfrac{1}{n} = \dfrac{n-5}{5n} > 0$ より　　$n - 5 > 0$

したがって，$m > n$ より　　$m - 5 > n - 5 > 0$

よって，①をみたす整数は

$$m - 5 = 25, \quad n - 5 = 1$$

ゆえに　　$m = 30$，$n = 6$　$\cdots\cdots$（答）

(3)　$a^m = b^n = (ab)^5$ なので，(1)より　　　$\dfrac{1}{m} + \dfrac{1}{n} = \dfrac{1}{5}$

また，$1 < a < b$ より　　$b^n > a^n$

$b^n = a^m$ であるので　　$a^m > a^n$

$a > 1$ より　　$m > n$

m, n は自然数であり，$m > n$ かつ $\dfrac{1}{m} + \dfrac{1}{n} = \dfrac{1}{5}$ をみたすので，(2)より

$$m = 30, \quad n = 6$$

よって　　　$a^{30} = b^6 = (ab)^5$　$\cdots\cdots②$

$a^{30} = b^6$ より　　$(a^5)^6 = b^6$

$a^5 > 0$，$b > 0$ であるので　　$b = a^5$

このとき，$(ab)^5 = (a \cdot a^5)^5 = (a^6)^5 = a^{30}$ となり，②をみたす。

ゆえに　　$b = a^5$　$\cdots\cdots$（答）

━━━━━◀解　説▶━━━━━

≪指数・対数関数と等式の証明，不定方程式の解≫

▶(1)　〔解答〕からわかるように，各辺の対数をとるとき，底は 1 でない正の数であれば何でもよい。

▶(2)　$m>n\geqq1$ より $m-5>n-5\geqq-4$ であることから，
$(m-5)(n-5)=25$ をみたすのは $m-5=25$，$n-5=1$ としてもよい。

▶(3)　(1)から $\dfrac{1}{m}+\dfrac{1}{n}=\dfrac{1}{5}$ が成り立つが，(2)は $m>n$ が仮定されているので，(2)を利用するには $m>n$ を示さなければならないことに注意。

❖講　評

　2022 年度は，2 次関数，積分法，図形と方程式，指数・対数関数，整数の性質からの出題で，確率，ベクトル，数列からの出題はなかった。また，理系との共通問題は出題されなかったが，類似問題が出題された（**2**，**3**）。

　1．2 次関数のグラフと直線の共有点の個数，囲まれた部分の面積についての標準的な問題。内容としては基本的だが，区間により 2 次関数が異なること，積分区間の下端が無理数であることなどに注意しなければならない。

　2．内容としては，円と直線の 2 つの交点の中点の軌跡を扱う問題。小問がなければやや難しい問題といえるが，丁寧に誘導されているので，それに従って解いていけばよい。

　3．(1)，(2)はそれぞれ指数・対数関数，不定方程式についての典型的な問題である。(3)で(1)，(2)を利用する際，(2)の仮定「$m>n$」を示せたかどうかがポイントとなるだろう。

　全体として，標準的な問題中心の出題である。小問を確実に解いていくと同時に，誘導となっていることを理解しなければならない。

物理

Ⅰ **解答** 問1. 衝突前の二つの小球の運動量の和

x 成分：$\dfrac{1}{\sqrt{2}}(m_A + m_B)v_0$

y 成分：$\dfrac{1}{\sqrt{2}}(-m_A + m_B)v_0$

衝突後の二つの小球の運動量の和

x 成分：$m_A v_A \cos\theta_A + m_B v_B \cos\theta_B$

y 成分：$m_A v_A \sin\theta_A - m_B v_B \sin\theta_B$

問2. x 成分：$\dfrac{1}{\sqrt{2}}(m_A + m_B)v_0$

y 成分：$\dfrac{1}{\sqrt{2}}(-m_A + m_B)v_0$

問3. 二つの小球の運動量の和の x 成分が保存するので，問1・問2の答えより

$$m_A v_A \cos\theta_A + m_B v_B \cos\theta_B = \frac{1}{\sqrt{2}}(m_A + m_B)v_0 \quad \cdots\cdots ①$$

y 成分が保存するので，同様にして

$$m_A v_A \sin\theta_A - m_B v_B \sin\theta_B = \frac{1}{\sqrt{2}}(-m_A + m_B)v_0 \quad \cdots\cdots ②$$

小球Aと小球Bが衝突するときに互いに受ける力は y 軸方向であるため，衝突前後で，小球A，小球Bのそれぞれの運動量の x 成分が変化しないから

$$m_A v_A \cos\theta_A = \frac{1}{\sqrt{2}}m_A v_0 \quad \cdots\cdots ③$$

$$m_B v_B \cos\theta_B = \frac{1}{\sqrt{2}}m_B v_0 \quad \cdots\cdots ④$$

小球Aと小球Bの衝突は完全弾性衝突であるから，衝突前後の速度の y 成分が反発係数の式の関係を満たすので

$$1 = -\frac{v_A \sin\theta_A - (-v_B \sin\theta_B)}{\left(-\dfrac{1}{\sqrt{2}}v_0\right) - \dfrac{1}{\sqrt{2}}v_0} \quad \cdots\cdots ⑤$$

$$\therefore \quad v_A \sin\theta_A + v_B \sin\theta_B = \frac{2}{\sqrt{2}}v_0$$

この両辺に m_B をかけて

$$m_B v_A \sin\theta_A + m_B v_B \sin\theta_B = \frac{2}{\sqrt{2}}m_B v_0 \quad \cdots\cdots ⑥$$

②, ⑥の両辺の和をとって $m_B v_B \sin\theta_B$ を消去すると

$$(m_A + m_B)\, v_A \sin\theta_A = \frac{3}{\sqrt{2}}m_B v_0 - \frac{1}{\sqrt{2}}m_A v_0 \quad \cdots\cdots ⑦$$

③で⑦の両辺を割ると

$$\frac{(m_A + m_B)\, v_A \sin\theta_A}{m_A v_A \cos\theta_A} = \frac{\dfrac{3}{\sqrt{2}}m_B v_0 - \dfrac{1}{\sqrt{2}}m_A v_0}{\dfrac{1}{\sqrt{2}}m_A v_0}$$

$$\therefore \quad \tan\theta_A = \frac{m_A}{m_A + m_B} \cdot \frac{3m_B - m_A}{m_A}$$

$$= \frac{3m_B - m_A}{m_A + m_B} \quad \cdots\cdots (答)$$

問4. 衝突直後に, 一体となった二つの小球が x 軸から角度 θ の向きに速さ v で進んだとする。衝突前後の二つの小球の運動量の和の x 成分, y 成分が保存するので

$$x\,成分：(m_A + m_B)\, v\cos\theta = \frac{1}{\sqrt{2}}(m_A + m_B)v_0$$

$$y\,成分：(m_A + m_B)\, v\sin\theta = \frac{1}{\sqrt{2}}(-m_A + m_B)v_0$$

$\sin^2\theta + \cos^2\theta = 1$ を用いて

$$(m_A + m_B)^2 v^2 = \left\{\frac{1}{\sqrt{2}}(-m_A + m_B)v_0\right\}^2 + \left\{\frac{1}{\sqrt{2}}(m_A + m_B)v_0\right\}^2$$

$$= (m_A{}^2 + m_B{}^2)\,v_0{}^2$$

$$\therefore \quad \frac{1}{2}(m_A + m_B)\,v^2 = \frac{1}{2}\cdot\frac{(m_A{}^2 + m_B{}^2)\,v_0{}^2}{m_A + m_B}$$

したがって, 運動エネルギーの和の変化 ΔK は

$$\Delta K = \frac{1}{2}(m_A + m_B)v^2 - \left(\frac{1}{2}m_Av_0{}^2 + \frac{1}{2}m_Bv_0{}^2\right)$$

$$= \frac{1}{2} \cdot \frac{m_A{}^2 + m_B{}^2}{m_A + m_B}v_0{}^2 - \left(\frac{1}{2}m_Av_0{}^2 + \frac{1}{2}m_Bv_0{}^2\right)$$

$$= -\frac{m_A m_B}{m_A + m_B}v_0{}^2$$

すなわち，$\dfrac{m_A m_B}{m_A + m_B}v_0{}^2$ だけ減少する。 ……(答)

━━━━━━◀解　説▶━━━━━━

≪二つの小球の斜め衝突≫

▶問 1. 物体の衝突しあう面がなめらかなとき，衝突面に平行な方向（x 軸方向で，球の接線方向）には力積がはたらかず，衝突面に垂直な方向（y 軸方向）にのみ互いに力積 $\overline{F}\Delta t$ をおよぼし合う。小球 A，小球 B の衝突前後の運動量の x 成分，y 成分，力積の関係は，次図のようになる。

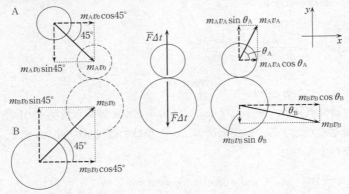

このとき，運動量はベクトル量であるから，運動量保存則はベクトルで考えるのがわかりやすい。衝突前の小球 A，小球 B の速度を $\vec{v_{A0}}$，$\vec{v_{B0}}$，衝突後の速度をそれぞれ $\vec{v_A}$，$\vec{v_B}$ とすると，運動量保存則は，衝突前の運動量のベクトル和 $m_A\vec{v_{A0}} + m_B\vec{v_{B0}}$ と，衝突後の運動量のベクトル和 $m_A\vec{v_A} + m_B\vec{v_B}$ が等しいことを表しているので，はじめに，このことを作図するとよい。次に，衝突後の小球 A と小球 B の運動量を，平行四辺形の法則によって分解して $m_A\vec{v_A}$，$m_B\vec{v_B}$ を求めると，次図のようになる。

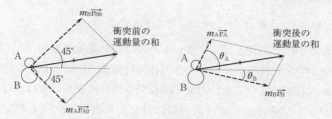

この二つの物体の衝突において，運動量の変化と力積の関係は

〔小球A〕x 成分：$m_A v_A \cos\theta_A - m_A v_0 \cos 45° = 0$　……(あ)

　　　　　y 成分：$m_A v_A \sin\theta_A - (-m_A v_0 \sin 45°) = \overline{F}\Delta t$　……(い)

〔小球B〕x 成分：$m_B v_B \cos\theta_B - m_B v_0 \cos 45° = 0$　……(う)

　　　　　y 成分：$(-m_B v_B \sin\theta_B) - m_B v_0 \sin 45° = -\overline{F}\Delta t$　……(え)

である。

(あ)より　　　$m_A v_A \cos\theta_A = \dfrac{1}{\sqrt{2}} m_A v_0$　（…③）

(う)より　　　$m_B v_B \cos\theta_B = \dfrac{1}{\sqrt{2}} m_B v_0$　（…④）

(あ)，(う)の両辺の和を求めて変形すると，x 方向の運動量保存則となり

$$m_A v_A \cos\theta_A + m_B v_B \cos\theta_B = \dfrac{1}{\sqrt{2}}(m_A + m_B)v_0 \quad (…①)$$

(い)，(え)の両辺の和を求めて変形すると，y 方向の運動量保存則となり

$$m_A v_A \sin\theta_A - m_B v_B \sin\theta_B = \dfrac{1}{\sqrt{2}}(-m_A + m_B)v_0 \quad (…②)$$

▶問 2．衝突後の二つの小球の運動量の和の x 成分と y 成分は，衝突前の二つの小球の運動量の和の x 成分と y 成分に等しいので，問 1 の答えの v_0 を含む式を書き写せばよい。

▶問 3・問 4．完全弾性衝突（または単に弾性衝突という）であるから，反発係数 e は，$e=1$ である。

二つの小球が斜め方向の完全弾性衝突をするとき，(i)直交する x, y 成分の運動量保存則(…①，②)と，(ii)力学的エネルギー保存則の式を連立することが多いが，(ii)の代わりに(iii)反発係数が 1 の式(…⑤)を用いることもある。本問では，(ii)の代わりに(iii)を用いるように誘導されている。

完全弾性衝突の力学的エネルギー保存則は

$$\frac{1}{2}m_A v_0{}^2 + \frac{1}{2}m_B v_0{}^2 = \frac{1}{2}m_A v_A{}^2 + \frac{1}{2}m_B v_B{}^2$$

と表されるが，この式と反発係数が 1 の式は同じ意味をもつ。

この衝突が完全弾性衝突でないとき（非弾性衝突，$0 \leqq e < 1$），(ii)力学的エネルギー保存則は成立しないので，(iii)反発係数の式を用いなければならない。ただし，反発係数の式は衝突面に対して垂直な方向（本問では y 方向）の速度成分について定義されている式であることに注意が必要である。衝突によって減少した力学的エネルギーは，おもに熱や変形のためのエネルギーとして消費される。

二つの小球が完全非弾性衝突（$e = 0$）をするとき，衝突後二つの小球は一体となる。このときも運動量保存則が成立し，衝突後の二つの小球の速度を $\vec{v}$ とすると，衝突前の運動量のベクトル和 $m_A\overrightarrow{v_{A0}} + m_B\overrightarrow{v_{B0}}$ と，衝突後の運動量 $(m_A + m_B)\vec{v}$ が等しい。このことを作図すると，次のようになる。

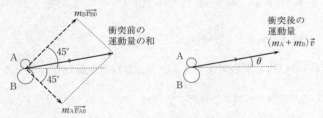

参考　大きさのある二つの物体の斜め衝突の例として，静止した質量 m_B の物体Bに，速さ v で進んできた質量 m_A の物体Aがそれらの中心線をずらして衝突する場合を考える。

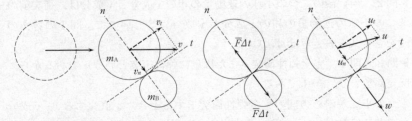

衝突面に平行な方向（接線方向）を t，それに垂直な方向を n として，衝突直前の物体Aの速度の t 成分を v_t，n 成分を v_n とする。衝突後に物体Aは速さ u で，物体Bは速さ w で進んだとする。物体の衝突面がなめらかなとき，衝突面に垂直な方向にのみ互いに力積 $\overline{F}\varDelta t$ をおよぼし合い，

反発係数を e とする。

衝突の際に二つの物体は，t 方向に力積を受けないので，運動量の変化と力積の関係より

　　　物体A：$m_A u_t - m_A v_t = 0$　　∴　$u_t = v_t$

　　　物体B：衝突前後の運動量の t 成分はともに 0

n 方向には力積 $\overline{F}\varDelta t$ を受けるので，運動量の変化と力積の関係より

　　　物体A：$m_A u_n - m_A v_n = -\overline{F}\varDelta t$

　　　物体B：$m_B w - 0 = \overline{F}\varDelta t$

n 方向の式で $\overline{F}\varDelta t$ を消去すると運動量保存則が得られ

　　　$m_A u_n + m_B w = m_A v_n$

n 方向には反発係数の式が成立し

$$e = -\frac{u_n - w}{v_n}$$

II　**解答**　問1．電場の大きさ：$k\dfrac{q}{r^2}$　電位：$k\dfrac{q}{r}$

問2．

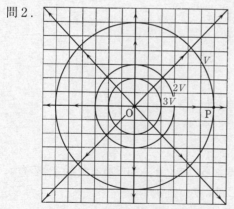

問3．小球に外力がする仕事を W とすると，無限遠での電位は 0 であるから

　　　$W = QV - Q \times 0 = QV$　……(答)

または，$V = k\dfrac{q}{r}$ を用いると

$$W = QV = k\frac{qQ}{r} \quad \cdots\cdots(\text{答})$$

小球が無限遠に達したときの速さを v とする。小球は，点Pで静電気力による位置エネルギー QV をもつから，エネルギー保存則より

$$QV = \frac{1}{2}mv^2 \quad \therefore \quad v = \sqrt{\frac{2QV}{m}} \quad \cdots\cdots(\text{答})$$

または，$V = k\dfrac{q}{r}$ を用いると

$$v = \sqrt{\frac{2QV}{m}} = \sqrt{\frac{2kqQ}{mr}} \quad \cdots\cdots(\text{答})$$

問 4. 点A，点Bの点電荷が点Cに作る電場の大きさを E_A，E_B とすると

$$E_A = k\frac{q}{(\sqrt{2}\,a)^2} = k\frac{q}{2a^2}$$

$$E_B = k\frac{q'}{(\sqrt{2}\,a)^2} = k\frac{q'}{2a^2}$$

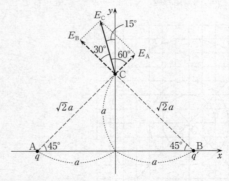

二つの点電荷による合成電場はそれらのベクトル和であるから，その合成電場の大きさを E_C とすると，上図より

$$E_A : E_B : E_C = 1 : \sqrt{3} : 2$$

よって

$$E_A : E_B = k\frac{q}{2a^2} : k\frac{q'}{2a^2} = 1 : \sqrt{3}$$

$$\therefore \quad q : q' = 1 : \sqrt{3} \quad \cdots\cdots(\text{答})$$

問 5 ．問 4 の関係より　　　　$E_C = 2E_A = k\dfrac{q}{a^2}$

点 C に置いた小球が大きさ E_C の電場から受ける力の大きさを F_C とすると

$$F_C = QE_C = k\frac{qQ}{a^2}$$

小球の加速度を α とすると，運動方程式より

$$m\alpha = k\frac{qQ}{a^2} \quad \therefore \quad \alpha = \frac{kqQ}{ma^2} \quad \cdots\cdots(\text{答})$$

点 A，点 B の点電荷による点 C の電位を V_A，V_B とする。

二つの点電荷による合成電位はそれらのスカラー和であるから，その合成電位を V_C とすると

$$V_C = V_A + V_B = k\frac{q}{\sqrt{2}\,a} + k\frac{q'}{\sqrt{2}\,a}$$

小球が無限遠に達したときの速さを u とする。小球は，点 C で静電気力による位置エネルギー QV_C をもつから，エネルギー保存則より

$$Q\left(k\frac{q}{\sqrt{2}\,a} + k\frac{q'}{\sqrt{2}\,a}\right) = \frac{1}{2}mu^2$$

$$\therefore \quad u = \sqrt{\frac{\sqrt{2}\,kQ\,(q+q')}{ma}} \quad \cdots\cdots(\text{答})$$

または，問 4 より，$q : q' = 1 : \sqrt{3}$ を用いて q' を消去すると

$$u = \sqrt{\frac{\sqrt{2}\,kQ\,(q+\sqrt{3}\,q)}{ma}} = \sqrt{\frac{\sqrt{2}\,(1+\sqrt{3})\,kqQ}{ma}} \quad \cdots\cdots(\text{答})$$

━━━━━━━ ◀解　説▶ ━━━━━━━

≪点電荷が作る電場と電位≫

▶問 1 ．点電荷による電場と電位の関係は

(i) 電位 V-距離 r グラフの傾きの大きさは，電場の大きさ E を表す。

(ii) 電場 E-距離 r グラフの面積は，電位差 V を表す。

▶問 2 ．題意より，$V = k\dfrac{q}{r}$ であるから，電位 V が一定である等電位線は，中心が O で，半径が $\overline{\text{OP}}$ の円である。

点 O から電位が $2V$，$3V$ の点までの距離をそれぞれ r'，r'' とすると

$$2V = k\frac{q}{r'} \qquad \therefore \quad r' = \frac{1}{2}r$$

$$3V = k\frac{q}{r''} \qquad \therefore \quad r'' = \frac{1}{3}r$$

よって、電位が $2V$, $3V$ の等電位線は、中心がOで、半径が $\frac{1}{2}\overline{\mathrm{OP}}$, $\frac{1}{3}\overline{\mathrm{OP}}$ の円である。

電場の様子は電気力線で表し、電気力線の向きが電場の向きであり、単位面積当たりの電気力線の本数が電場の大きさに比例する。電場の大きさが $1\mathrm{N/C}$ のところでは電気力線を 1 本/m^2 の割合で描く。

電気力線は、正の点電荷からは無限遠に向かって放射状に出て、等電位線と直交する。

▶問3・問5. 電荷 Q に外力を加えて電位 V_C の点から電位 V_D の点まで運ぶとき、外力がした仕事 W は、$W = Q(V_\mathrm{D} - V_\mathrm{C})$ である。ここで、$\Delta V = V_\mathrm{D} - V_\mathrm{C}$ とすると、ΔV は、AB間の電位差または電圧である。

電荷 Q にはたらく静電気力 F に逆らって加えた外力が仕事 W をすると、電荷は静電気力による位置エネルギー U をもつ。基準点 $V = 0$ に対して電位 V の点にある点電荷 Q がもつ静電気力による位置エネルギー U は、$U = QV$ である。

静電気力は保存力であり、保存力以外の力が仕事をしない場合、エネルギーは保存する。すなわち、「運動エネルギー K」+「静電気力による位置エネルギー U」=「一定」である。

▶問4. 電場はベクトルであるから、x 成分、y 成分に分解して考えることが多い。

別解　点A、点Bの点電荷が点Cに作る電場を $\overrightarrow{E_\mathrm{A}}$, $\overrightarrow{E_\mathrm{B}}$, それらの合成電場を $\overrightarrow{E_\mathrm{C}}$ として、$\overrightarrow{E_\mathrm{A}}$, $\overrightarrow{E_\mathrm{B}}$, $\overrightarrow{E_\mathrm{C}}$ のそれぞれの x 成分、y 成分の大きさを、E_Ax, E_Ay, E_Bx, E_By, E_Cx, E_Cy とすると

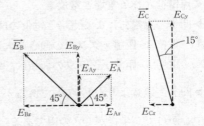

$$E_\mathrm{Ax} = \frac{1}{\sqrt{2}}E_\mathrm{A} = k\frac{q}{2\sqrt{2}\,a^2}$$

$$E_{Ay} = \frac{1}{\sqrt{2}} E_A = k \frac{q}{2\sqrt{2}\,a^2}$$

$$E_{Bx} = -\frac{1}{\sqrt{2}} E_B = -k \frac{q'}{2\sqrt{2}\,a^2}$$

$$E_{By} = \frac{1}{\sqrt{2}} E_B = k \frac{q'}{2\sqrt{2}\,a^2}$$

$$E_{Cx} = -E_C \sin 15°$$

$$E_{Cy} = E_C \cos 15°$$

$\overrightarrow{E_C} = \overrightarrow{E_A} + \overrightarrow{E_B}$ であるから

$$E_{Cx} = E_{Ax} + E_{Bx}$$

$$\therefore \quad -E_C \sin 15° = k \frac{q}{2\sqrt{2}\,a^2} - k \frac{q'}{2\sqrt{2}\,a^2}$$

$$E_{Cy} = E_{Ay} + E_{By}$$

$$\therefore \quad E_C \cos 15° = k \frac{q}{2\sqrt{2}\,a^2} + k \frac{q'}{2\sqrt{2}\,a^2}$$

両辺をそれぞれ割ると　　　$\tan 15° = \dfrac{q' - q}{q + q'}$

ここで，$\tan 15°$ に加法定理を用いて

$$\tan 15° = \frac{\sin 15°}{\cos 15°} = \frac{\sin (45° - 30°)}{\cos (45° - 30°)}$$

$$= \frac{\sin 45° \cos 30° - \cos 45° \sin 30°}{\cos 45° \cos 30° + \sin 45° \sin 30°}$$

$$= \frac{\dfrac{1}{\sqrt{2}} \cdot \dfrac{\sqrt{3}}{2} - \dfrac{1}{\sqrt{2}} \cdot \dfrac{1}{2}}{\dfrac{1}{\sqrt{2}} \cdot \dfrac{\sqrt{3}}{2} + \dfrac{1}{\sqrt{2}} \cdot \dfrac{1}{2}} = \frac{\sqrt{3} - 1}{\sqrt{3} + 1}$$

よって

$$\frac{q' - q}{q + q'} = \frac{\sqrt{3} - 1}{\sqrt{3} + 1} \qquad \frac{q'}{q} = \sqrt{3} \qquad \therefore \quad q : q' = 1 : \sqrt{3}$$

▶問 5．y 軸上の電位 V は，次図のようになる。
ここで

$$V_C = V_A + V_B = k \frac{q}{\sqrt{2}\,a} + k \frac{q'}{\sqrt{2}\,a}$$

仮に，小球が y 軸上でしか動くこ
とができなければ，点 C に静かに
置いた小球は，点 C から電位の低
い無限遠に向かって動く。また，
点 C で y 軸の負の向きに初速度を
与えて原点 O を通過させるために
は，点 C で OC 間の位置エネルギ

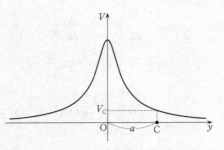

ーの差に等しい運動エネルギーが必要である。

別解　問 4 より，$\overrightarrow{E_C} = \overrightarrow{E_A} + \overrightarrow{E_B}$ であり，$\overrightarrow{E_A}$ と $\overrightarrow{E_B}$ のなす角が $90°$ である
から，三平方の定理により

$$E_C = \sqrt{E_A{}^2 + E_B{}^2} = \sqrt{\left\{ k \frac{q}{(\sqrt{2}\,a)^2} \right\}^2 + \left\{ k \frac{q'}{(\sqrt{2}\,a)^2} \right\}^2}$$

$$= \frac{k}{2a^2} \sqrt{q^2 + q'^2}$$

運動方程式 $m\alpha = QE_C$ より

$$m\alpha = Q \times \frac{k}{2a^2} \sqrt{q^2 + q'^2} \qquad \therefore \quad \alpha = \frac{kQ}{2ma^2} \sqrt{q^2 + q'^2}$$

これに問 4 の関係 $q : q' = 1 : \sqrt{3}$ を用いると

$$\alpha = \frac{kQ}{2ma^2} \sqrt{q^2 + (\sqrt{3}\,q)^2} = \frac{kqQ}{ma^2}$$

Ⅲ　解答　問 1．$E = \dfrac{3}{2} nRT$　……①　……（答）

$$P = \frac{nRT}{L^3} \quad \text{……②}\quad \text{……（答）}$$

問 2．単原子分子理想気体の内部エネルギー E は，気体分子の運動エネ
ルギーの和である。容器中に存在する気体分子の数は nN_A 個であるから

$$E = nN_A \times \frac{1}{2} m \overline{v^2} = \frac{1}{2} nN_A m \overline{v^2} \quad \text{……③}\quad \text{……（答）}$$

②に①，③を代入すると

$$P = \frac{\dfrac{2}{3} E}{L^3} = \frac{\dfrac{2}{3} \times \dfrac{1}{2} nN_A m \overline{v^2}}{L^3} = \frac{nN_A m \overline{v^2}}{3L^3} \quad \text{……（答）}$$

問 3 ．①，③より

$$E = \frac{3}{2}nRT = \frac{1}{2}nN_{\mathrm{A}}m\overline{v^2} \qquad \therefore\quad \overline{v^2} = \frac{3RT}{N_{\mathrm{A}}m} \quad\cdots\cdots④\quad\cdots\cdots（答）$$

問 4 ．④より

$$\sqrt{\overline{v^2}} = \sqrt{\frac{3RT}{N_{\mathrm{A}}m}} = \sqrt{\frac{3\times8.3\times600}{6.0\times10^{23}\times6.6\times10^{-27}}} = \sqrt{\frac{8.3}{2.2}\times10^{6}}$$

$$\fallingdotseq 2\times10^{3}\,〔\mathrm{m/s}〕 \quad\cdots\cdots（答）$$

問 5 ．気体分子が壁に衝突して運動量が変化し，壁はその反作用として分子から力積を受けることで圧力が生じる。(50 字以内)

■━━━━━━━━ ◀解　説▶ ━━━━━━━━

≪気体分子の運動，内部エネルギーと圧力≫

▶問 1 ・問 2 ．気体の内部エネルギーは，気体分子の並進の運動エネルギー，回転等の運動エネルギーと分子間力による位置エネルギーの和である。理想気体では分子間力による位置エネルギーは無視し，単原子分子では回転等の運動エネルギーは存在しない。よって，単原子分子理想気体の内部エネルギーは，気体分子の並進の運動エネルギーのみとなり，気体分子 1 個あたり $\frac{1}{2}m\overline{v^2}$ である。

理想気体の状態方程式で，体積 V は $V = L^3$ であるから

$$PL^3 = nRT \qquad \therefore\quad P = \frac{nRT}{L^3}$$

別解 　問 2 ．問 3 の内容を先取りすることになるが，次のように考えることもできる。

ボルツマン定数を k とすると，$k = \dfrac{R}{N_{\mathrm{A}}}$ である。気体分子がもつエネルギーは 1 方向あたり $\frac{1}{2}kT$ であり，3 方向ではエネルギー等分配則より

$$\frac{1}{2}m\overline{v^2} = 3\times\frac{1}{2}kT$$

よって

$$\frac{1}{2}m\overline{v^2} = \frac{3}{2}\frac{R}{N_{\mathrm{A}}}T \qquad \therefore\quad RT = \frac{1}{3}N_{\mathrm{A}}m\overline{v^2}$$

したがって，①より

$$E = \frac{3}{2}nRT = \frac{3}{2}n \times \frac{1}{3}N_A m\overline{v^2} = \frac{1}{2}nN_A m\overline{v^2}$$

②より　　　$P = \frac{nRT}{L^3} = \frac{n}{L^3} \times \frac{1}{3}N_A m\overline{v^2} = \frac{nN_A m\overline{v^2}}{3L^3}$

▶問 3．①，③を用いれば，$\overline{v^2} = \dfrac{3RT}{N_A m}$ が得られる。

▶問 4．この気体 1 mol の質量は

$$N_A m = 6.0 \times 10^{23} \times 6.6 \times 10^{-27} = 3.96 \times 10^{-3}\,[\text{kg/mol}]$$
$$= 3.96\,[\text{g/mol}]$$

よって，この気体はヘリウム（He）と考えられる。

身近な気体として，空気の成分である分子量 28 の窒素（N_2）が温度 15℃
にあるとき，2 乗平均速度 $\sqrt{\overline{v^2}}$ は

$$\sqrt{\overline{v^2}} = \sqrt{\frac{3RT}{N_A m}} = \sqrt{\frac{3 \times 8.3 \times 288}{28 \times 10^{-3}}}$$
$$= 5.06 \times 10^2$$
$$\fallingdotseq 500\,[\text{m/s}]$$

▶問 5．気体分子は壁に衝突する際に壁から力積を受け，その反作用とし
て壁は気体分子から力積を受ける。数多くの気体分子が壁に次々と力積を
与え続けることで，圧力が発生することを述べればよい。

❖講　評

　2022 年度も，すべての大問において「問題の解答に必要な物理量が
あれば，それらを表す記号は全て各自が定義して解答欄に明示しなさ
い」とあり，解答の導出過程が必要な小問には，その旨の指示があった。
各小問の答えに，各自が定義した物理量を必要とする問題はなかったが，
解答の導出過程に，問題に与えられていない物理量を使用する場合は注
意が必要である。

　試験時間に対して問題量・難易度とも適当である。大問 3 題とも，一
つのテーマを異なる二つの場面で考えさせる内容で，物理の本質をつい
た基本〜標準問題ではあるが，受験生が苦手としている分野もうまく問
われている。描図問題は 2021 年度の 5 問から 2022 年度は 1 問へと減少

し，理由を説明する論述問題 1 問，数値計算の問題 1 問は，2021 年度と同じ出題数であった。全体に難易度の傾斜もしっかりとつけられているので，前半の問題でミスするようであれば合格はおぼつかない。

　Ⅰ．二つの小球の衝突で運動量保存則を成分で解く問題で，完全弾性衝突と完全非弾性衝突が問われた。問 3 では，それぞれの小球の運動量の x 成分が変化しないこと，y 成分に反発係数が 1 の式を用いることがポイントであり，計算がやや煩雑である。

　Ⅱ．一つの点電荷，および，二つの点電荷が作る電場と電位，電場中での小球の運動のエネルギー保存則の典型的な問題であった。等電位線と電気力線の作図，電場中で小球を動かすときのエネルギーと仕事の関係を苦手とする受験生がいるが，日頃から基本事項を疎かにしないように注意したい。

　Ⅲ．気体分子の運動によって生じる内部エネルギーと圧力を，気体の温度と気体分子の 2 乗平均速度という二つの異なる物理量で記述させる問題で，理解度の深さが問われている。教科書の基本事項であっても，いろいろな立場で説明できるようにしておきたい。

■■■ ■化学■ ■■

Ⅰ **解答** 問1．沸点上昇　問2．0.300 mol/kg　問3．T_C〔K〕
問4．0.0520 K

問5．水の蒸発にともない，溶液の濃度が大きくなるため。

問6．81.2 g

━━━━━ ◀解　説▶ ━━━━━

≪希薄溶液の沸点上昇≫

▶問1．純粋な溶媒に比べ，溶液では蒸気圧が小さくなる。これにより沸点，すなわち大気圧と同じ蒸気圧になる温度が高くなる。これを沸点上昇という。

▶問2．エチレングリコールの分子量は 62.0 であるので 1.86 g のエチレングリコールの物質量は $\dfrac{1.86}{62.0} = 3.00 \times 10^{-2}$〔mol〕

溶媒の質量が 100 g = 0.100 kg であるので質量モル濃度は

$$\frac{3.00 \times 10^{-2}}{0.100} = 0.300 〔\text{mol/kg}〕$$

▶問3．エチレングリコールは水中で電離しないので，沸点上昇度を考える際の質量モル濃度は問2のとおり 0.300 mol/kg である。これに対し塩化ナトリウム（式量 58.5）1.17 g は NaCl ⟶ Na$^+$ + Cl$^-$ と完全に電離するので，溶液の全粒子の質量モル濃度は

$$\frac{1.17}{58.5} \times \frac{1}{0.100} \times 2 = 0.400 〔\text{mol/kg}〕$$

これより，塩化ナトリウム水溶液は沸点上昇度が一番大きな**C**であり，純水が**A**，エチレングリコール水溶液が**B**であると分かる。

▶問4．水のモル沸点上昇を K_b〔K·kg/mol〕とおくと，T_B と T_A の温度差が 0.156 K であることから

$$0.300 K_b = 0.156 \qquad K_b = 0.520 〔\text{K·kg/mol}〕$$

である。これより，T_C と T_A の差は　$0.520 \times 0.400 = 0.208$〔K〕

したがって，T_C と T_B の差は　$0.208 - 0.156 = 0.0520$〔K〕

▶問 5．沸点上昇度は質量モル濃度に比例するが，質量モル濃度は溶質の量が増える場合のほか溶媒の量が減る場合にも大きくなる。沸騰が進むことで溶媒である水だけが蒸発し，溶質の量は変化しないので質量モル濃度が増加していき，これにともない沸点がさらに上昇する。

▶問 6．時刻 f における水溶液 C の，塩化ナトリウムの電離を考慮した質量モル濃度 x〔mol/kg〕は，沸点上昇度より

$$0.520x = 0.260 \qquad x = 0.500 \text{〔mol/kg〕}$$

である。これより，塩化ナトリウム水溶液そのもののモル濃度はこの半分の 0.250 mol/kg である。加熱の過程で塩化ナトリウムは 2.00×10^{-2} mol のまま変化しないので，時刻 f で水の量は

$$\frac{2.00 \times 10^{-2}}{0.250} = 8.00 \times 10^{-2} \text{〔kg〕} = 80.0 \text{〔g〕}$$

である。したがって，時刻 f での水溶液 C の質量は，溶質の質量 1.17 g を合わせて

$$80.0 + 1.17 = 81.17 \fallingdotseq 81.2 \text{〔g〕}$$

II 解答

問 1．ア．2　イ．8　ウ．3
問 2．エ．両性金属　オ．アルマイト　カ．テルミット
キ．陰　コ．ボーキサイト　サ．陰
問 3．H_2
問 4．溶融塩電解（融解塩電解）
問 5．$2Al + Fe_2O_3 \longrightarrow 2Fe + Al_2O_3$
問 6．(i) $Al^{3+} + 3e^- \longrightarrow Al$　(ii) 1.93×10^4 C　(iii) 5.36 A

◀解　説▶

≪アルミニウムの性質，溶融塩電解≫

▶問 1．K 殻・L 殻には収容できる上限まで電子が入り，残りが M 殻に入る。

▶問 2．オ．このとき，表面が不動態の状態になっている。
キ・サ．電源から電子が流れ込んで還元反応が起こるのは陰極である。
コ．ボーキサイトは酸化アルミニウムを主成分とする鉱物である。

▶問 3．$2H_2O + 2e^- \longrightarrow H_2 + 2OH^-$ という反応による。

▶問 4．水溶液の電気分解では金属単体が得られないので，塩を融解して

電気分解を行う。

▶問 5．酸化鉄（Ⅲ）は Fe_2O_3，酸化アルミニウムが Al_2O_3 である。これを踏まえて反応式の係数を求める。

▶問 6．(ⅰ)　反応式より，Al が 1 mol 析出するとき e^- が 3 mol 必要である。

(ⅱ)　Al の原子量が 27.0，1 mol の e^- がもつ電気量が 9.65×10^4 C であることから

$$1.80 \times \frac{1}{27.0} \times 3 \times 9.65 \times 10^4 = 1.93 \times 10^4 〔C〕$$

(ⅲ)　電流が 1 秒間に流れる電気量であることと，1 時間が 3600 秒であることから

$$\frac{1.93 \times 10^4}{3600} = 5.361 \fallingdotseq 5.36 〔A〕$$

Ⅲ　**解答**　問 1．**B**．塩化ベンゼンジアゾニウム　**C**．窒素
　　　　　　問 2．ジアゾ化

問 3．

問 4．アセトン

問 5．

問 6．

━━━━◀解　説▶━━━━

≪$C_{11}H_{12}O_2$ の構造決定，フェノールの性質≫

▶問 1・問 2．実験 1 では次の反応により化合物 **B**（塩化ベンゼンジアゾニウム）が生じる。この反応をジアゾ化という。

これは 5 ℃以上で次のように分解してフェノールと窒素になる。

（ベンゼン環）$-N_2Cl + H_2O \longrightarrow$（ベンゼン環）$-OH + N_2 + HCl$

よって，化合物 **A** はフェノール，気体分子 **C** は N_2 である。

▶問 3・問 4．クメン法によるフェノールの製造では，まずベンゼンとプロペンが反応してクメンが生成する。

（ベンゼン環）$+ CH_2=CH-CH_3 \longrightarrow$（ベンゼン環に $CH_3-CH-CH_3$ が結合）

クメンを空気酸化するとクメンヒドロペルオキシドが生成し，これを硫酸で分解するとフェノールとアセトンになる。

$$CH_3-CH-CH_3\text{（フェニル）} \xrightarrow{O_2} CH_3-C-CH_3 \ (O-OH)\text{（フェニル）} \xrightarrow{H_2SO_4} \text{（}OH\text{フェノール）} + CH_3-\underset{O}{C}-CH_3$$

▶問 5．フェノールを水酸化ナトリウムで中和するとナトリウムフェノキシドになる。ナトリウムフェノキシドと塩化ベンゼンジアゾニウムは次のように反応して *p*-ヒドロキシアゾベンゼン（*p*-フェニルアゾフェノール）になる。

（ベンゼン環）$-ONa +$（ベンゼン環）$-N_2Cl \longrightarrow$（ベンゼン環）$-N=N-$（ベンゼン環）$-OH + NaCl$

▶問 6．$C_{11}H_{12}O_2$ を加水分解してフェノール（C_6H_6O）とカルボン酸が生じたことから，このカルボン酸の分子式を X とおくと

$$C_{11}H_{12}O_2 + H_2O \longrightarrow C_6H_6O + X \qquad X = C_5H_8O_2$$

である。炭素数 5 個の有機物に水素は最大で 12 個結合することから，このカルボン酸にはカルボキシ基に含まれる $C=O$ 結合のほか，炭素-炭素二重結合または環構造のいずれかが 1 つ含まれると分かる。

二重結合を含むものとしては以下の 8 通りが考えられる（炭素原子のみを記す。矢印をつけた炭素間結合が二重結合であるとする）。このうち，不斉炭素原子をもつのは 4 のものに限られる。

$$\underset{1\ \ 2\ \ 3}{C\uparrow C\uparrow C\uparrow C-\underset{O}{C}-OH} \qquad \underset{4\ \ 5C6O}{C\uparrow C\uparrow C\leftarrow C=C-OH} \qquad \underset{7C8\ \ O}{C\uparrow C\uparrow C-C-OH}$$

また，環構造をもつものは以下の 3 通りである。このうち，3 だけが不

斉炭素原子をもつ。

$$
\begin{array}{c}
CH_2-CH_2 \\
| \qquad | \\
CH_2-CH-C-OH \\
| \\
O
\end{array}
\qquad
\begin{array}{c}
CH_2 \\
| \\
CH_2-C-C-OH \\
| \quad | \\
CH_3 \, O
\end{array}
\qquad
\begin{array}{c}
CH_2 \\
| \\
CH_3-CH-CH-C-OH \\
| \\
O
\end{array}
$$

$\qquad\qquad 1 \qquad\qquad\qquad 2 \qquad\qquad\qquad\qquad 3$

IV　解答

問1．ア．フルクトース　イ．アミラーゼ
　　　ウ．マルターゼ

問2．(i)―(a)・(e)　(ii)―(c)　(iii)無し　(iv)―(f)

問3．A―②・③・⑤　　　B―②・③

問4．4.2×10^3 個

問5．$H_3N^+-CH-COO^-$
　　　　　　CH_2
　　　　　　COO^-

━━━━━━━◀解　説▶━━━━━━━

≪糖類の性質，アミノ酸の電気泳動≫

▶問1．イ・ウ．一般的に，糖の名称の語尾の ose を ase に変えると酵素の名称になる。

▶問2．(i)　銀鏡反応を示す文章である。これは単糖類やスクロースを除く二糖類などに存在するホルミル基（アルデヒド基）を検出するので，(a)と(e)が該当する。

(ii)　ヨウ素デンプン反応を示す文章である。この反応ではアミロースは濃青色，アミロペクチンは赤紫色を示すので，(c)だけが該当する。

(iii)　ビウレット反応を示す文章である。この反応はトリペプチド以上のポリペプチドやタンパク質を検出するので，この中に該当する物質はない。

(iv)　ニンヒドリン反応を示す文章である。アミノ酸やポリペプチド，タンパク質中のアミノ基を検出するので，(f)が該当する。

▶問3．以下のアミロペクチン（グルコース分子1つを○で示す）をメチル化する。なお，図の右側に①のヒドロキシ基があるとする。

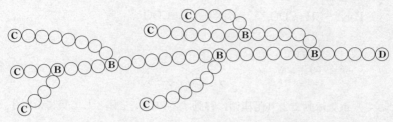

　このとき，○だけのグルコースは①と④のヒドロキシ基でグリコシド結合を行い，残った②・③・⑤のヒドロキシ基がメチル化する。これを加水分解すると 3 カ所がメチル化された化合物 **A** になる。枝分かれ部にある **B** と書かれたグルコースは，①と④のほか，⑤のヒドロキシ基で分かれていくグルコースの①と結合する。よって，メチル化すると残った②・③のヒドロキシ基がメチル化されるので，これを加水分解すると 2 カ所がメチル化された化合物 **B** になる。

　なお，末端であるが，④がグリコシド結合に使われないもの（**C** と書いた）は①だけがグリコシド結合しているので②・③・④・⑤がメチル化される。よって，これが化合物 **C** となる。また，④がグリコシド結合に使われるもの（**D** と書いた）は①・②・③・⑤がメチル化されるが，加水分解の際に反応性の大きい①は，加水分解されヒドロキシ基に戻るので，結果的に化合物 **A** と同じになる。

▶問 4．問 3 の図より，アミロペクチンにおいては 1 本の分枝に対して枝分かれとなる **B** 1 分子と，④が空いている **C** 1 分子が存在する。加水分解後，**A** と **B** が $0.24 : 0.012 = 20 : 1$ の割合で存在するので，**C** も含めると **A** : **B** : **C** = 20 : 1 : 1 で存在することになる。また，**D** はアミロペクチン全体を通して 1 つだけなので，重合度 9.3×10^4 もあれば無視できる。よって，分枝の数は

$$9.3 \times 10^4 \times \frac{1}{22} = 4.22 \times 10^3 \fallingdotseq 4.2 \times 10^3 \ 個$$

▶問 5．アスパルテームを加水分解すると，メタノールのほか，アスパラギン酸・フェニルアラニンが得られる。このうちアミノ酸は中性条件では以下のように帯電する。

$$H_3N^+-CH-COO^- \qquad H_3N^+-CH-COO^-$$
$$\quad\ \ CH_2 \qquad\qquad\qquad CH_2$$
$$\quad\ \ COO^-$$

　　アスパラギン酸　　　　　　　　　フェニルアラニン

よって，電気泳動でより陽極側に移動するのは，全体として負に帯電する
アスパラギン酸である。

❖講　評

　　例年通り大問 4 題の出題であるが，2021 年度より容易に取り組める
問題が多く出題された。また，従来出題されていたグラフや図の描画，
計算過程の記述は 2021 年度に続いて出題されなかった。とはいえ，間
違えやすい問題も一部含まれているので，油断なく取り組まねば手痛い
失点をしてしまうだろう。

　　Ⅰ．希薄溶液の沸点上昇に関する問題である。電解質の場合，電離し
たイオンを別々に数えた形での質量モル濃度を考えなければならないが，
このことも含めて教科書や問題集によく取り上げられるテーマである。
この塩化ナトリウム水溶液の質量モル濃度を，沸点上昇を考える際に 2
倍にすることを忘れなければ，問 4 まではスムーズに進む。問 5 は水溶
液を凍らせるとき，純水と異なり，凍りながら温度が低下する現象と同
じと気づけたかで差がつく。問 6 は水の量自体は求めやすいが，問われ
ているのは溶質を含めた量であることを見落とさなかったかで差がつく。

　　Ⅱ．アルミニウムの性質を中心として，電気分解に関する計算も問わ
れた。アルミニウムに関する性質や知識は，おおむね基本的なものでは
あるが，アルマイトやテルミット反応，ボーキサイトなど教科書の本文
を丁寧に学んできたかどうかも問われている。溶融塩電解に関する計算
問題は電子を含む反応式を書くところを含めて基本的なものであり，確
実に正解したい問題である。

　　Ⅲ．$C_{11}H_{12}O_2$ という分子式をもつエステルに関する問題である。た
だ，このエステル自身の構造は問 6 でのみ問われており，問 1 から問 5
まではフェノールやアゾ染料に関する典型的な問題であった。それだけ
に，問 5 までを確実に押さえた上で問 6 を取れたかどうかで勝負がつい

た問題であるといえる。カルボン酸の分子式が $C_5H_8O_2$ であるところまでは分かっても，ここから考えられる構造をすべて確認した上で不斉炭素原子をもつ物質を 2 つ指摘することは，特に環構造をもつほうが難しかったのではないかと思われる。

　Ⅳ．2020・2021 年度はアミノ酸やタンパク質が主題であったが，2022 年度は主に糖類から出題された。問 1 は基本的な知識であり確実に正解したい。問 2 は(ⅱ)でアミロースとアミロペクチンでヨウ素デンプン反応の色が異なることを見落とすと思わぬ失点をしてしまう。問 3 はメチル化された末端の反応が①と④で異なることは高校レベルを超えた知識ではあるが，問われている A と B は末端ではないので，ここでは差し支えない。一方，問 4 では末端の扱いもきちんとしなければならないので，ここで差がついたと思われる。問 5 はアミノ酸の水溶液での状態を問うものであり，典型的な問題である。

生物

I 　**解答**　問1．ア．ストロマ　イ．電子（e^-）
ウ．水素イオン（H^+）　エ．カルビン・ベンソン
オ．ルビスコ（リブロースビスリン酸カルボキシラーゼ／オキシゲナーゼ，
RubisCO）　カ．ホスホグリセリン酸
問2．葉緑体はシアノバクテリアが別の宿主細胞に取り込まれ，共生して
できたから。（40字以内）
問3．電子供与体として水ではなく，硫化水素などを用いて光合成を行う
から。（35字以内）
問4．細胞小器官：ミトコンドリア　存在する部位：内膜（クリステ）
問5．(e)

◀解　説▶

≪光合成のしくみ≫
▶問1．ウ．光合成では，電子が電子伝達系を移動する過程でストロマか
らチラコイド内腔に H^+ が輸送され，チラコイド膜を隔てた H^+ の濃度勾
配がつくられる。
オ・カ．カルビン・ベンソン回路では，CO_2 は C_5 化合物のリブロース二
リン酸（RuBP，リブロースビスリン酸）と結合し，2分子の C_3 化合物
であるホスホグリセリン酸（PGA）ができる。この反応を触媒する酵素
をルビスコ（リブロースビスリン酸カルボキシラーゼ／オキシゲナーゼ，
RubisCO）という。
▶問2．細胞内共生説では，原始的なシアノバクテリアが別の宿主細胞に
取り込まれて共生し，葉緑体になったと考えられている。葉緑体が独自の
環状 DNA をもつことは，その根拠とされる特徴である。
▶問3．植物が行う光合成では，水の分解によって生じる e^- によって光
化学系Ⅱの反応中心クロロフィルが還元され，この水の分解に伴って酸素
が生じる。それに対し，光合成細菌は水を分解する機構をもたないので酸
素を発生せず，水の代わりに硫化水素（H_2S）などから電子を得ているの
で硫黄（S）などが生じる。

▶問４．葉緑体では，チラコイド内腔に蓄積した H^+ が ATP 合成酵素内部を通ってストロマに受動輸送されるときに放出されるエネルギーで ATP が合成される。この光リン酸化と類似したしくみには，呼吸における酸化的リン酸化がある。呼吸の過程のうち，電子伝達系では，ミトコンドリアの膜間腔に輸送された H^+ が内膜に存在する ATP 合成酵素内部を通ってマトリックスに受動輸送されるときに放出されるエネルギーで ATP が合成される。

▶問５．CO_2 はこの酵素反応の基質なので，O_2 が全く存在しない条件でのグラフは基質濃度と反応速度の関係になる。よって，CO_2 濃度を高くするにしたがって反応速度は上昇し，CO_2 濃度が一定以上になると反応速度は一定になる。問題文にこの反応は「O_2 により競争的に阻害される」とあるので，一定濃度の O_2 が存在する条件では競争的阻害を表したグラフを選ぶ。競争的阻害では，基質（CO_2）と阻害物質（O_2）が酵素の活性部位を奪い合うため，CO_2 濃度が低いときは O_2 による阻害の影響が大きいが，CO_2 濃度が十分に高くなると O_2 による阻害の影響はほとんどみられなくなる。

Ⅱ　**解答**　問１．(A)中胚葉誘導　(B)神経誘導
　　　　　　問２．(C)予定内胚葉の細胞
(D)原口背唇部（背側の中胚葉）の細胞
問３．外胚葉：(a)，(d)　中胚葉：(b)，(f)，(g)　内胚葉：(c)，(e)，(h)，(i)
問４．表皮に加えて，脊索や体節などの中胚葉性の組織が生じる。(30 字以内)
問５．(1)　神経板が形成されず，予定神経域の外胚葉は表皮に分化する。(30 字以内)
(2)　表皮が形成されず，予定表皮域の外胚葉は神経に分化する。(30 字以内)

━━━━━━━◀解　説▶━━━━━━━

≪細胞の分化と誘導≫

▶問１．(A)　胞胚期に植物極側の予定内胚葉が動物極側に隣接する予定外胚葉にはたらきかけて中胚葉を誘導する現象を中胚葉誘導とよぶ。

(B)　原腸胚期に原口背唇部（背側の中胚葉）が隣接する外胚葉にはたらき

かけて神経組織を誘導する現象を神経誘導とよぶ。

▶問 2 ．(C)　中胚葉誘導の誘導物質としてはたらくノーダルタンパク質は予定内胚葉の細胞から分泌され，将来の背側から腹側にかけて濃度勾配をつくる。ノーダルタンパク質の濃度が高い背側で形成体を誘導する。

(D)　神経誘導の誘導物質としてはたらくコーディンタンパク質は原口背唇部（背側の中胚葉）の細胞から分泌され，隣接する外胚葉に作用する。

▶問 3 ．(a)角膜は外胚葉から分化した表皮から，(d)脊髄は外胚葉から分化した神経管から形成される。(b)骨格筋は中胚葉から分化した体節から，(f)腎臓は中胚葉から分化した腎節から，(g)心臓は中胚葉から分化した側板から形成される。(c)肺，(e)肝臓，(h)すい臓，(i)腸管上皮は内胚葉から分化した腸管から形成される。

▶問 4 ．1969 年に行われたニューコープの実験を踏まえて考える。予定内胚葉領域と接触していない予定外胚葉領域からは，単独で培養したときと同様に表皮が分化するので，単に「中胚葉性の組織が生じる」ではなく，「表皮に加えて，中胚葉性の組織が生じる」と答える必要がある。

▶問 5 ．外胚葉の細胞はもともと神経に分化する運命にあるが，BMP タンパク質が細胞の受容体に結合すると表皮に分化するようになる。問題文にもあるように，コーディンタンパク質やノギンタンパク質は BMP タンパク質と結合するタンパク質で，これらは BMP タンパク質の受容体への結合を阻害することで，外胚葉を神経に分化させる。

(1)　BMP タンパク質を過剰に発現させた場合，コーディンタンパク質やノギンタンパク質の BMP タンパク質に対する阻害がほとんど効かなくなり，すべての外胚葉の細胞に BMP タンパク質が結合するようになる。そのため，神経板が形成されず，すべての外胚葉の細胞は表皮に分化する。

(2)　BMP タンパク質の発現を抑制した場合，外胚葉の細胞に BMP タンパク質が結合することがなくなる。そのため，すべての外胚葉の細胞がもともとの運命に従って神経に分化するので，表皮が形成されなくなる。

Ⅲ　解答

問 1 ．ア．短日　イ．長日　ウ．光中断　エ．フィトクロム

問 2 ．限界暗期

問 3 ．イネは短日植物であり，夜間に人工照明が当たることで暗期が限界

暗期より短くなるから。(45 字以内)

問4.(d)

問5.(1)　220 個体

(2)　期待値：0 個体

理由：枯死しなかった個体がもつ病原菌抵抗性のS遺伝子は，花芽誘導に約 80 日を要する優性のF遺伝子と完全連鎖しているから。(60 字以内)

◀解　説▶

≪花芽形成と光周性≫

▶問1.　ウ.暗期の途中に一時的に光を照射して暗期を中断することを光中断という。

エ.　短日植物の花芽形成ではフィトクロムが光受容体としてはたらく。フィトクロムは赤色光を吸収すると遠赤色光吸収型（Pfr 型）に，遠赤色光を吸収すると赤色光吸収型（Pr 型）に相互に変換し，Pfr 型が花芽形成の抑制にはたらく。

▶問2.　長日植物では限界暗期以下の長さの暗期で花芽形成が起こり，短日植物では限界暗期以上の長さの暗期で花芽形成が起こる。

▶問3.　人工照明の近くで栽培されると花芽誘導が遅延する＝暗期が短くなると花芽が形成されなくなると考えればよいので，イネは短日植物であるとわかる。〔解答〕では①イネが短日植物であることと，②夜間の人工照明によって暗期が限界暗期より短くなり，花芽形成に必要な長さの連続した暗期が得られなくなることを説明する。

▶問4.　フロリゲンとして，シロイヌナズナではFT タンパク質が，イネでは Hd3a タンパク質が葉で合成され，これが師管を通って茎頂分裂組織に達することが確認されている。

▶問5.(1)　品種Xと品種Yを交配したF₁の花芽誘導に要する日数が約 80 日であることから，F遺伝子に関して，花芽誘導に要する日数を約 80 日にする遺伝子をF，約 150 日にする遺伝子を f とすると，Fが f に対して優性であることがわかる。この場合，遺伝子型は品種Xが FF，品種Yが ff で，F₁が Ff となるので，F₁と品種Yを交配して得られる個体では Ff：ff＝1：1 となる。したがって，花芽誘導に約 150 日を要する個体数

(ff)の期待値は　$440 \times \frac{1}{2} = 220$

(2) 品種 X は病原菌 α に対する抵抗性を示し，品種 Y は抵抗性を示さないことから，S 遺伝子に関して，病原菌抵抗性を与える遺伝子を S，与えない遺伝子を s とすると，S は花芽誘導に要する日数を約 80 日にする F と連鎖し，s は花芽誘導に要する日数を約 150 日にする f と連鎖していることがわかる。また，品種 X と品種 Y を交配した F₁ がすべて抵抗性を示すことから，S が s に対して優性である。この場合，遺伝子型は品種 X が FFSS，品種 Y が ffss で，F₁ が FfSs となり，F と f，S と s が完全連鎖しているので，F₁ と品種 Y を交配して得られる個体では FfSs（花芽誘導に約 80 日を要し，病原菌抵抗性をもつ個体）：ffss（花芽誘導に約 150 日を要し，病原菌抵抗性をもたない個体）＝1：1 となる。したがって，枯死しなかった個体はすべて花芽誘導に約 80 日を要する個体で，花芽誘導に約 150 日を要する個体数の期待値は 0 となる。理由として，①枯死しなかった個体は病原菌抵抗性を与える優性の S 遺伝子をもち，この S 遺伝子は花芽誘導に要する日数を約 80 日にする優性の F 遺伝子と完全連鎖しているという説明と，②花芽誘導に要する日数を約 150 日にする f 遺伝子は劣性で，病原菌への抵抗性を与えない劣性の s 遺伝子と完全連鎖しているので，花芽誘導に約 150 日を要する個体はすべて枯死するという説明の 2 通りが考えられるが，60 字以内なので①の説明のしかたのほうがまとめやすいだろう。

IV **解答**　問 1．ア．相利共生　イ．片利共生　ウ．寄生
　　　　　　エ．被食者　オ．食物連鎖　カ．間接効果
キ．キーストーン種
問 2．ヒトデ，ラッコなどから 1 つ
問 3．(A)—(f)　(B)—(e)　(C)—(g)
問 4．ゾウリムシとヒメゾウリムシの混合飼育：(c)
ゾウリムシとミドリゾウリムシの混合飼育：(a)
問 5．利用する資源が異種間では異なり，同種間では同じであるから。
（30 字以内）
問 6．シジュウカラはミズナラの葉を食べる昆虫を捕食するため，その個体数が減少すると昆虫の個体数が増加するから。（60 字以内）

■■■■■■■■■■■■■　◀解　説▶　■■■■■■■■■■■■■

≪異種個体群間の関係≫

▶問 1．ア～ウ．共生している生物で，双方が利益を得る関係が相利共生，一方が利益を受けて他方は利益も不利益も受けない関係が片利共生，一方が利益を受けて他方は不利益を受ける関係が捕食と寄生である。

カ．2種の生物間の関係が2種以外の生物の影響で変化する場合に，その影響を間接効果とよぶ。

キ．食物連鎖の上位捕食者の存在が生態系のバランスを保つ役割をしている場合に，その生物種をキーストーン種とよぶ。

▶問 2．教科書ではヒトデやラッコをキーストーン種の例としていることが多いが，他の例でもよい。海岸の岩礁潮間帯では，ヒトデが種間競争に強いイガイなどを捕食することで他の多くの種が共存できていると考えられている。沿岸部海中のジャイアントケルプ（褐藻類）の林では，ラッコがジャイアントケルプを食べるウニを捕食することで生態系のバランスが保たれている。

▶問 3．(a)　コバンザメはサメに付着することで移動にかかるエネルギーを抑えており，両者の関係は片利共生であるが，利益を受けるのはコバンザメなので，種 X と種 Y が逆である。

(b)　ヤドリギはブナなどの落葉広葉樹に寄生する寄生植物であり，両者の関係は寄生である。

(c)　チーターはアフリカ大陸，ジャガーは南アメリカに生息する大型の肉食獣で，両者は生態的同位種であるが，生息地が離れているため競争の関係にはない。

(d)　ナミハダニは植食性，カブリダニは肉食性で，両者は被食者と捕食者の関係にある。

(e)　カクレウオはナマコの消化管を隠れ家として利用し，ナマコは利益も不利益も受けないので，両者の関係は片利共生である。

(f)　クマノミはイソギンチャクを隠れ家として利用する一方，イソギンチャクを捕食する魚を攻撃するので，両者の関係は相利共生である。

(g)　イワナとヤマメはともに水生昆虫などを食物とする淡水魚で，競争の関係にあるが，すみわけによって共存することも多い。

▶問 4．ゾウリムシとヒメゾウリムシの混合飼育では激しい競争が生じる。

これは両者が利用する資源に共通する部分が多いためで，この場合，一方
の種が増えれば，他方の種は利用できる資源が減って個体数が減少する。
そのため，最終的には一方の種がいなくなる競争的排除が起こる。ゾウリ
ムシとミドリゾウリムシの混合飼育では弱い競争が生じる。これは両者が
利用する資源に共通する部分が少ないためで，どちらも単独のときより個
体数は減少するが，両者は共存する。

▶問 5．競争は利用する資源に共通部分が多いほど激しくなる。異種間で
は，利用する資源が類似していてもある程度は異なる。それに対し，同種
の個体どうしは同一の資源を利用するため，種内の競争のほうが異種との
競争よりも激しくなり，個体群密度に及ぼす影響が大きいと考える。

▶問 6．シジュウカラは植物の葉を食べないので，ミズナラの葉を食べる
昆虫の幼虫がいて，シジュウカラはその昆虫を捕食すると考える。その場
合，シジュウカラによる捕食は昆虫の個体数を減少させ，間接的にミズナ
ラが受ける食害を減少させる間接効果がある。シジュウカラの個体数が減
少すると，昆虫の個体数が増加してミズナラの葉の食害が増加する。

❖講　評

　大問数は 2021 年度までと同じ 4 題であった。各大問に複数の論述問
題が出題されることは変わらないが，制限字数がすべて 60 字以下の短
い論述になり，論述量は 2021 年度よりもさらに減少した。どの大問も
教科書レベルの知識を踏まえて理解力，思考力，論述力を問う標準レベ
ルの問題で，各大問の最後に考察型の問題が出題されていた。全体的な
難易度は標準レベルで，2021 年度と比較すると昨年並み〜やや易化と
いったところである。

　Ⅰ．光合成に関する理解を問う標準的な問題で，2021 年度と同じく
代謝から出題された。論述は，細胞内共生説に関する問 2，光合成細菌
の光合成で酸素が発生しない理由を問う問 3 とも標準的。O_2 によるル
ビスコの阻害について考察する問 5 はやや応用的で，酵素の反応速度や
競争的阻害に関する理解が試された。標準レベルの大問である。

　Ⅱ．発生のしくみや誘導に関する理解を問う標準的な問題。中胚葉誘
導に関する問 4 の論述は基本的だが，内胚葉と隣接していない領域は中
胚葉に誘導されないことに注意が必要である。神経誘導と BMP タンパ

ク質のはたらきに関する問5は理解力や思考力が試される問題であった。
標準レベルの大問である。

Ⅲ. 花芽形成と光周性に関する標準的な問題で，2021 年度と同じく
植物の反応から出題された。人工照明によってイネの花芽誘導が遅れる
理由を説明する問3の論述はやや思考力が試される。花芽誘導に要する
日数が異なる2つの品種の交配実験に関する問5は論理的な思考力が試
される遺伝問題で，この大問のポイントになる問題である。問5(2)の理
由説明は制限字数内でまとめることが難しい。全体では標準レベルの大
問である。

Ⅳ. 異種個体群間の関係に関する標準的な問題で，2021 年度と同じ
く生態から出題された。種間関係に当てはまる生物の組み合わせを選ぶ
問3はやや間違いやすい選択肢が含まれ，注意が必要である。3種のゾ
ウリムシの競争と共存に関する問4は教科書にもあるグラフだが，思考
力が求められる。種内競争と種間競争を比較した問5は考察型の論述で，
資源がキーワードになることに気づけるかがポイントになる。シジュウ
カラの個体数とミズナラの食害に関する問6の論述もやや応用的な考察
問題であるが，比較的考えやすい。標準レベルの大問である。

地学

I **解答** 問1．ア．cm　イ．ひずみ（エネルギー）
ウ．GPS（GNSS, VLBI）　エ．低　オ．大き
カ．高　キ．低　ク．高　ケ．小さ　コ．プルーム

問2．地震発生前は，西北西方向に向かって沈み込む太平洋プレートが東北地方を載せた大陸プレートをたわませており，たわみの量は太平洋側で大きく，日本海側に向かうにつれて小さくなっていた。地震発生時に，たわんでいた大陸プレートが東南東方向に跳ね上がったため，たわみの変位量が大きかった太平洋側に向かうにつれて移動量が大きな地殻変動が起こった。

問3．右図のように震源をA，地球中心をOとし，∠AOB＝θ となる地表の点をBとすると，Bが角距離 θ の地点となる。

O から AB に下ろした垂線の足をMとすると

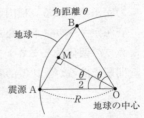

$$AB = 2AM = 2R\sin\frac{\theta}{2}$$

直線距離 AB を速さ v で伝わるのに要する時間がその地震の走時 t となるので

$$t = \frac{AB}{v} = \frac{2R}{v}\sin\frac{\theta}{2} \quad \cdots\cdots（答）$$

走時曲線の概形は以下の通り。

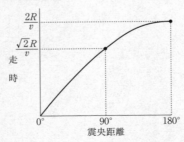

問 4．求める深さを d〔km〕とすると，地下増温率は $\dfrac{520-20\,〔℃〕}{d\times 10^{3}\,〔m〕}$ となるため，与えられた式より

$$0.06=\frac{520-20}{d\times 10^{3}}\times 3.0 \qquad \therefore \quad d=2.5\times 10\,〔km〕 \quad \cdots\cdots(答)$$

━━━━━━━ ◀解　説▶ ━━━━━━━

≪固体地球，走時曲線，地殻熱流量≫

▶問 1．ア．最も移動速度の大きい太平洋プレートで 10 cm/年を超える報告もあるが，標準的な海洋プレートの移動速度は数 cm/年である。

イ．沈み込み帯において，海洋プレートは沈み込むときに大陸プレートを変形させ，ひずみ（弾性エネルギー）を蓄積する。

ウ．GPS は米国の衛星測位システムで，最も一般的に知られている測量法である。正確には，日本の衛星も含めて世界各国で共同して補完しあうシステムを利用しており，これを GNSS という。また，遠方のクェーサーからの電波を受信して，地表の 2 地点間の距離を精密に求める VLBI という手法を解答してもよいだろう。

エ～カ．中央海嶺で生産された海洋プレートは，拡大とともに海水によって冷却されるため，中央海嶺から離れるにつれて低温になって密度が大きくなる。地震波は密度が大きいほど速く伝わるので，冷えて重くなったプレートが沈み込むと，地震波トモグラフィーでは高速度領域として確認できる。

キ～コ．地震波トモグラフィーで確認される低速度領域は，周囲のマントル物質より高温で密度が小さいと推定される。このことから，低速度領域の物質はマントル中を上昇していると予想され，この上昇流はプルームとよばれている。

▶問 2．西北西に沈み込む太平洋プレートが地震前は東北地方を載せた大陸プレートを西北西方向にたわませていた。地震で大陸プレートが跳ね上がると，太平洋側に向かうにつれて大きくなる東南東方向の移動量が地表で観測された。

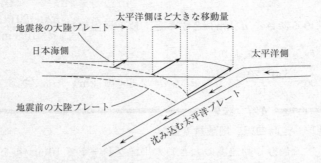

▶問 3．走時曲線は，〔解答〕の式をグラフ化すればよい。下図のように角距離 90°の地点 C を考えると，直線距離 $AC = \sqrt{2}R$，直線距離 $AD = $ 地球の直径 $= 2R$ とすぐにわかるので，角距離 90°と 180°の地点の走時はそれぞれ $\dfrac{\sqrt{2}R}{v}$，$\dfrac{2R}{v}$ となる。

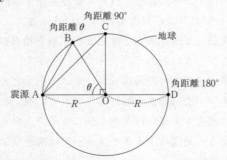

▶問 4．地下深度に対する温度上昇率のことを，地下増温率（地温勾配）という。520℃になる深さを d〔km〕とすると，地下増温率〔℃/m〕は $\dfrac{520 - 20}{d \times 10^3}$ となる。

Ⅱ **解答**　問 1．ア．原生　イ．酸素同位体　ウ．ミランコビッチ
エ．貿易　オ．偏西　カ．炭酸カルシウム
キ．石灰岩　ク．炭酸塩補償　ケ．チャート
問 2．$CaCO_3 + CO_2 + H_2O \longrightarrow Ca(HCO_3)_2$
問 3．北半球の海上で風が吹くと，表層の海水は風の進行方向から右側に 45°ずれた向きに動かされる（下図の①）。この海水の流れは深くなるにつれて流速が減り，風向となす角が増加していく（下図の②，③，④，

……)。

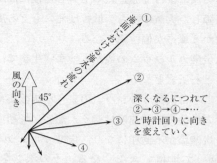

問４．(1)　北半球で東寄りの貿易風と西寄りの偏西風にはさまれた亜熱帯域では，エクマン輸送によって海水が収束して海面が高くなる。このとき，大洋の外側に向かう圧力傾度力とつりあう転向力は海面の高まりの中心向きであり，北半球の転向力は海水の流れに対して右向きにはたらくため，亜熱帯域の海面を時計回りに取り巻く環流が形成される。

(2)　亜熱帯環流にはたらく転向力は，高緯度ほど強くはたらく。これが要因となって，高緯度側を東へ流れる海流は大洋の東岸に達するまでに広く南向きの流れになって分散する。一方，転向力が弱い低緯度側を西へ流れる海流は，北側へ曲げられることなく速度を増して大洋の西岸へぶつかり，その速度の大きい海流が大洋の西岸にみられることになる。

問５．^{14}C（放射性炭素）法

━━━━━━━◀解　説▶━━━━━━━

≪地球の歴史，海水の流れ≫

▶問１．ア．先カンブリア時代は 46 億年前〜40 億年前の冥王代，40 億年前〜25 億年前の始生代，25 億年前〜5.4 億年前の原生代に区分される。

イ．海水が蒸発するとき，軽い ^{16}O は重い ^{18}O よりも蒸発しやすいため，蒸発した水の酸素同位体の比率 $^{18}O/^{16}O$ は小さくなる。一方，気候が寒冷化した氷期には，蒸発した水が降雪となって高緯度地域などで氷床として固定され，海水には ^{18}O が多く含まれたままになるので，海洋堆積物の酸素同位体の比率は大きくなる。

ウ．第四紀には氷期と間氷期が周期的にくり返されており，この周期は地球の軌道要素の周期的な変動であるミランコビッチサイクルによるものと考えられている。

エ・オ．ハドレー循環によって赤道域で上昇した後に高緯度側に移動し，亜熱帯高圧帯で下降した大気のうち，低緯度側にもどる風系が貿易風となり，高緯度側に向かう風系が偏西風となる。

カ・キ．有孔虫は炭酸カルシウムの殻をもつ海洋生物で，遺骸が海底に堆積して岩石化すると石灰岩となる。

ク．大洋の浅いところは炭酸カルシウムのような炭酸塩で飽和しているため，炭酸カルシウムの殻の溶解速度は遅く，海底に堆積する。しかし，ある深さを超えると炭酸塩が不飽和になり，炭酸カルシウムの殻は溶解速度が堆積速度を上回って堆積できなくなる。その深さを炭酸塩補償深度（CCD）という。一般に海洋における溶解度は温度，pH，圧力などに依存するが，圧力の影響が大きく，太平洋や大西洋の CCD は深さ2000〜3000m とされる。

ケ．炭酸塩補償深度より深い海底には，二酸化ケイ素を主成分とする殻をもつ放散虫や珪藻の遺骸が堆積し，それらが岩石化するとチャートとなる。

▶問2．石灰岩の主要鉱物は方解石（化学式 $CaCO_3$）であり，二酸化炭素を含んだ雨水（$CO_2 + H_2O$）によって炭酸水素イオン（$HCO_3{}^-$）をつくって石灰岩を溶食する。

$$CaCO_3 + CO_2 + H_2O \longrightarrow Ca^{2+} + 2HCO_3{}^-$$

化学的風化の他の例としては，二酸化炭素を含む雨水によってカリ長石がカオリナイトという粘土鉱物になる反応がある。

$$\underset{\text{カリ長石}}{2KAlSi_3O_8} + CO_2 + 2H_2O \longrightarrow K_2CO_3 + \underset{\text{カオリナイト}}{Al_2Si_2O_5(OH)_4} + 4SiO_2$$

▶問3．海面付近の水は，その上を吹く風にひきずられるが，その力は深くなるにつれて弱くなっていく。したがって，風による流速は海面付近が最大で，深くなるほど減少する。また，風が海面をひきずる力の向きは風の向きに一致するが，流れる海水には北半球では進行方向に向かって右向きに転向力がはたらく。その結果，表面付近の海水は風向きに対して約45°右向きに流れる。この流れの下層にある海水は風向きに対して45°の向きにひきずられるが，その流れに対しても転向力がはたらくので，海水は下層にいくにつれて次々に右へ向きを変えていく。そのため，深さ方向へ時計回りに向きを変化させていくことになる。

▶問4．(1) 北半球の赤道域では北東の貿易風が吹く。エクマンの吹送流

は深さ方向に向きが変化するが，全体として風向きに対して右側へ海水が流れるようになるため，貿易風によって海面下では高緯度方向へ海水が集まる。逆に偏西風帯の海面下では低緯度方向へ海水が集まって，亜熱帯高圧帯付近の海面は周囲に比べて高くなる。高くなった海面が重力によって低い方へ流れようとする圧力傾度力がはたらくが，この場合も低い方へ流れる海水には転向力がはたらく。そして，最終的には圧力傾度力と転向力がつりあって，海面の高くなった海域を取り巻くように時計回りの環流となる。

(2)　地球の自転による転向力の大きさは高緯度ほど強く，赤道域では 0 になる。このため，環流のうち赤道近くを流れる西向きの海流にはほとんど転向力がはたらかず，直進して速度を増しやすい。一方，環流の中緯度を流れる部分には転向力がはたらくため，進行方向に対して右向き，すなわち南向きに曲げられる力がはたらく。その結果，東向きの流れは大洋の東端に達するまでに分散して南へ向きを変え，強い流れになりにくい。最終的に，水位の高い領域の西側は急こう配になって，圧力傾度力が大きく，それとつりあう転向力も大きくなければならず，転向力の大きさは流速に比例するので，海流も速くなっている。これが西岸強化とよばれる現象である。

問 5．海洋の大循環の周期は約 2000 年であり，この程度の年代測定には半減期が 5730 年の放射性炭素（^{14}C）が適している。

III　**解答**　問 1．ア．地球型惑星　イ．日食　ウ．ガリレオ衛星
　　　　　　　　　エ．火山　オ．液体の水

問 2．木星と土星は巨大ガス惑星と呼ばれ，水素やヘリウムを主体とする。天王星と海王星は巨大氷惑星と呼ばれ，水やアンモニア，メタンの氷を主体とする。

問 3．(1)　1.1 倍

(2)　太陽の直径を S，地球の直径を E，M−M′ の長さを D，地球の軌道長半径を L，月の近地点距離を l とする。S，E，D に対し L，l は十分大きいので，以下のような図を描くことができる。

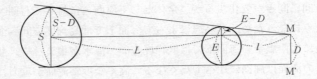

上図から

$$(L+l) : l = (S-D) : (E-D) \quad \text{より} \qquad D = E - \frac{l}{L}(S-E) \quad \cdots\cdots\text{①}$$

ここで　　$l = 3.8 \times 10^5 \times (1 - 5.5 \times 10^{-2}) \fallingdotseq 3.59 \times 10^5$

E, L, S, l を①に代入して

$$D = 1.3 \times 10^4 - \frac{3.59 \times 10^5}{1.5 \times 10^8} \times (1.4 \times 10^6 - 1.3 \times 10^4) \fallingdotseq 9.68 \times 10^3 \text{〔km〕}$$

D よりも月の直径分短い距離を月が移動する時間が，皆既月食の継続時間 T であるから

$$T = \frac{9.68 \times 10^3 - 3.5 \times 10^3}{1.0} = 6.18 \times 10^3 \fallingdotseq 6.2 \times 10^3 \text{〔s〕} \quad \cdots\cdots\text{(答)}$$

(3)　理由 1 ：実際には，月の公転軌道は太陽—地球を結ぶ直線上を通らず，本影の直径部分からはずれた短い距離を通過するから。

理由 2 ：実際には，スーパームーン時の月の移動速度は，ケプラーの第二法則より，平均公転速度よりも速いから。

■━━━━━━━━■◀解　説▶■━━━━━━━━■

≪太陽系の惑星と衛星≫

▶問 1．ア．太陽系の惑星は，金属核と岩石からなる地球型惑星と，ガスや氷を主体とする木星型惑星に分類され，構成物質以外にも大きさ，自転速度などさまざまな違いがみられる。

	地球型惑星	木星型惑星
	水星，金星，地球，火星	木星，土星，天王星，海王星
大きさ	小	大
密度	大	小
質量	小	大
自転速度	遅い	速い
成分	岩石，金属核	ガス，氷
衛星数	0～2	多数

イ．太陽―月―地球の順に一直線に並ぶと日食になり，太陽―地球―月の順に並ぶと月食になる。

ウ．木星の衛星のうち，特に大きな 4 つの衛星は小さな望遠鏡でも確認でき，イタリアの科学者ガリレオ=ガリレイが 1610 年に観測したことから，ガリレオ衛星とよばれる。

エ・オ．木星と衛星の間には強い潮汐力がはたらき，潮汐力による変形がくり返されることによって，衛星内部には常に熱が発生している。

▶問 2．木星型惑星のうち，木星と土星は岩石核の外側に金属水素があり，そのまわりを大量の水素とヘリウムが取り巻く構造をしていて，巨大ガス惑星とよばれる。一方，天王星と海王星は岩石核の外側に水・アンモニア・メタンからなる氷の層が厚く存在するため，巨大氷惑星とよばれる。

▶問 3．(1) 月は地球を 1 つの焦点とする楕円軌道を描き，その楕円の長半径を a，楕円の中心と地球の距離を f とすると，月の離心率 e は次の式で表される。

$$e = \frac{f}{a}$$

地球から見た月の視直径は有効数字 2 桁の精度では距離に反比例すると見なせるので，求める見かけの大きさの倍率を x とすると

$$x = \frac{a+f}{a-f} = \frac{a(1+e)}{a(1-e)} = \frac{1+e}{1-e} = \frac{1+5.5 \times 10^{-2}}{1-5.5 \times 10^{-2}} = 1.11 \fallingdotseq 1.1 \; 倍$$

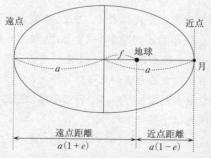

(2) M―M′の長さは，右図をもとに距離との関係から求めればよい。本問は，スーパームーン時の皆既月食についての問題であるから，地球と月との距離は近地点距離となる。また，皆既月食は，本影に月が入り切ったところから，出始めるまでを

指すから，継続時間が M－M′ から月の直径分を引いた距離を月が移動する時間となることにも注意する必要がある。

(3)　実際に観測される時間の長さは，(2)の 2 つの仮定と実際の相違を考えればよい。

仮定 1：図 1 において，月の公転軌道面は紙面にある，となっている。しかし，実際には同一平面にないので，月が実際に通過する軌道は本影の直径部分からずれた位置になる。直径部分より，ずれた部分の方が距離が短いので，皆既月食が観測される時間は(2)で計算したものと比較して短くなる。

仮定 2：図 1 において，M－M′ の間は，平均公転速度で公転する，となっている。しかし，実際にはスーパームーン時には楕円軌道の近地点を通過するため，ケプラーの第二法則より公転速度は最大である。したがって，同じ M－M′ の距離を通過するとしても，皆既月食が観測される時間は(2)で計算したものと比較して短くなる。

別解　実際に日本から観測すると，☆の位置から見るよりも距離が遠くなるため，月を観測できる範囲が広がる。したがって，☆の位置では本影にすべて入っていても，日本からだとまだ影に入っていない部分がわずかに見えているため，皆既月食の時間が短くなる。

❖講　評

　ここ数年，問題構成に変化はなく，2022 年度も 2 科目で 120 分，大問 3 題であった。例年論述問題が多く，2022 年度も深く理解できていないと解答が難しいものがみられた。また，Ⅲの計算問題に時間がかかり，時間配分にも留意する必要があった。

　Ⅰ．問 2 は変位量の変化と方向について明確に記述したい。問 4 の計算は単位に留意すれば平易であろう。

　Ⅱ．問 3 はエクマン吹送流についての出題であった。深さ方向の変化が問われているので，流れの速さと向きの変化について答えればよい。問 4 は転向力の向きと強さについての理解が問われている。

　Ⅲ．問 3(1)は平易であるが，(2)の計算はやや煩雑であり，適切に近似計算をできたかどうかで差がついたのではないか。

　2022 年度の論述問題も，教科書に載っている内容ではあるが，しっ

かりとした理解ができていないと難しい。計算もかなり時間がかかるものが出題され，とまどった受験生も多かっただろう。教科書を中心に，入念な準備が必要である。

//////////////////// · **memo** · ////////////////////

2021
年度

解

答

編

解答編

英語

I　**解答**　問1．(A)—(イ)　(B)—(エ)　(C)—(ウ)　(D)—(イ)
　　　　　　問2．ミツバチをダニから守るため，遺伝子操作したバクテリアの菌株を作る研究。(35 字以内)
問3．方策がどの程度効果的かを静観すべきだという態度。(25 字以内)
問4．全訳下線部参照。

◆全　訳◆

≪ミツバチの減少を食い止める方策≫

　国連食糧農業機関（FAO）は，世界中の食料の 90 ％を供給する作物種が 100 種あって，このうちの 71 種はミツバチから受粉していると述べている。ヨーロッパだけでも，264 の作物種の 84 ％と 4,000 の植物種はミツバチによる受粉のおかげで生存しているのだ。

　ヨーロッパでは，ミツバチの個体数と蜂蜜の貯蔵量が 2015 年以来，激減している──1 年あたり 30 ％減という地域もある。しかもアメリカ合衆国の養蜂家から得られた最新の統計では，安心できない状況に変わりはなく，養蜂情報組合の調査によると，昨年の冬はミツバチの蜂群の 37 ％が死に，それは例年の冬季死の平均値を 9 ％上回っている。しかし，なぜこれらの昆虫は姿を消しているのだろうか？

　オレゴンでは，5 万匹のミツバチが，殺虫剤が引き起こした影響のせいで死んだが，これはさまざまな物質がどのような影響を与える可能性があるかを示す例である。欧州食品安全機関（EFSA）は，ヨーロッパにおけるミツバチの大量死の背後にある原因は特に，ネオニコチノイドと呼ばれる特定の種類の肥料の使用であることを正式に認めた。さまざまな物質が混じり合うと，昆虫の脳内の学習回路が阻害される。それらの物質のせいでミツバチは物覚えが悪くなったり，例えば花の香りと食べ物とを結びつけるといった，生存のための基本的な連想を完全に忘れたりする。ミツバ

チは餌を採ることができないので死んでしまうのだ。

　2018 年に，欧州連合は，トウモロコシ，綿花，ヒマワリなどの作物に世界中で使用される頻度の高い，3 種類のネオニコチノイド系殺虫剤の屋外での使用を完全に禁止する決定をした。さらに，欧州議会は，これらの殺虫剤の使用を削減することが，今後，共通農業政策（CAP）の重要な目標となるよう，すでに提言をおこなっている。

　ミツバチヘギイタダニはミツバチの最も手ごわい敵の一つで，ミツバチが姿を消した最大要因の一つである。そのダニは昆虫の体内に侵入して，その血液を餌にし，また，巣にいる他のミツバチたちに，羽変形病ウイルスなどの致死性のウイルスを伝染させる外部寄生虫である。このダニは今までのところ，オーストラリアを除く，世界のほとんどの地域に広がっている。

　米国のテキサス大学オースティン校の科学者のグループは，他に先駆けて遺伝子工学を利用し，ミツバチの健康を改善するためのプロジェクトを立案した。そのプロジェクトは，ミツバチの消化器官に棲みついて，蜂群の崩壊を引き起こすこの破壊的なダニからミツバチを守る，遺伝子操作をしたバクテリアの菌株を作り出すことを視野に入れている。

　その研究によると，遺伝子操作をしたバクテリアを持つミツバチは羽変形病ウイルスに感染しても生き延びる可能性が 36.5 ％高くなる。こういうミツバチを餌にするダニは，何の処置も受けていないミツバチを餌にするダニよりも，死ぬ可能性が 70 ％高くなるのである。

　大気汚染も花から放出される化学信号の強度を低下させ，これによってミツバチや他の昆虫も花のありかを探し出すのが一層難しくなる。気候変動によって状況はさらに悪化しているのだが，それは気候変動が雨季によって開花期や植物の量を変化させるためである。そのせいで花蜜の量と質に影響が出ている。

　上記の点を踏まえると，ミツバチが姿を消せばまさしく食料危機を招くことになるだろう。商品作物の約 84 ％がミツバチの授粉に頼っている。例えば，アンダルシア（スペイン）では，1987 年に，ヒマワリの豊作が期待されていたが，ミツバチの群れがいなくて，豊作とはならなかった。これはミツバチヘギイタダニによるミツバチの減少に起因するものだった。

　ミツバチヘギイタダニの駆除と殺虫剤の禁止に関しては，私たちもその

方策がミツバチの減少を抑えるのにどの程度有効か，じっくり様子を見る必要があるだろう。気候変動や汚染と戦う対策を講じることで，日々の生活においてこの問題に立ち向かうことは可能だ。たとえそうしたとしても，私たちは次のような疑問に直面している。私たちは手遅れにならないうちにその問題を解決できるのだろうか，また，この現象を未然に防ぐことにも取り組むべきなのだろうか。最初はなくてはならないものとは思えないものの，その活動がなければ私たちが生活を思い描くことができないようなその他の動物たちも，姿を消しつつあるのだろうか。

━━━━━━━━━━◀解　説▶━━━━━━━━━━

▶問 1．(A)直前の第 2 段第 1 文（In Europe, bee …）ではヨーロッパにおけるミツバチの減少について述べられており，空所を含む第 2 文では米国でも状況は同様だと述べていると判断できる。空所直前の not much more ～「あまり大差なく～でない」に注目すると，(イ)の reassuring であれば「安心させる，安心感を与える」という意味になり，文脈上適切。(ア)の depressing「気の滅入るような」，(ウ)の suggestive「示唆に富む」，(エ)の trustworthy「信頼できる」はいずれも文脈上不適。

(B)ミツバチの減少の原因について述べている部分であり，ミツバチの学習回路がどうなると生存できないかを考える。空所直後の with に注目すると，(エ)の interferes であれば interfere with ～ で「～を妨げる」という意味になり，文脈上適切。(ア)の accords「一致する」，(イ)の cooperates「協力する」，(ウ)の copes「対処する」はいずれも文脈上不適。

(C)空所から insecticides までは that 節の主語となる動名詞句であり，殺虫剤の使用をどうすることが共通農業政策の目標となるかを考えると，(ウ)の reducing「～を減らすこと」が文脈上適切。(ア)の assuring「～を保証すること」，(イ)の developing「～を開発すること」，(エ)の supporting「～を支援すること」はいずれも文脈上不適。

(D)空所前後の In と of に注目すると，(イ)の light であれば in light of ～ で「～の観点から，～を踏まえると」という意味になり，文脈上適切。the above は「上述のこと」という意味。(ア)の advance だと in advance of ～で「～に先立って」，(ウ)の order だと in order of ～ で「～の順で」，(エ)の spite だと in spite of ～ で「～にもかかわらず」という意味になり，文脈上不適。

▶問 2．the study「その研究」の具体的な内容については，第 6 段第 2
文（The project involves …）の creating 以下の動名詞句に述べられてい
る。かなり長い部分であり，目的と方法を 35 字という字数制限内に収め
るには，どの部分を取りあげるべきかの判断が難しい。目的としては，ミ
ツバチの蜂群を崩壊させるダニからミツバチを守ること，方法としては遺
伝子を操作したバクテリアの菌株を作るという点を中心に，最後は「〜研
究」で終わる形で，可能な限りの内容を取り入れる工夫をすること。

▶問 3．「さまざまな方策」とは最終段第 1 文（As for the elimination
…）の中の the measures を指すと考えられるので，筆者の態度について
は，同文の we will have to 以下に述べられている内容をまとめるとよい。
wait and see は「〜を静観する，〜の成り行きを見守る」という意味で，
その目的語が how effective 以下の疑問詞節である。25 字という制限上，
in 以下は入れずに how effective the measures are の部分のみの説明で
よい。

▶問 4．**Are other animals disappearing**
　文全体の構造としては，この部分が中心であるが，主語の other
animals が that 以下と without whose activity 以下の 2 つの関係代名詞節
を伴って長いため，主語と関係代名詞節の間に述語動詞の disappearing
が置かれた形となっている。この進行形は「姿を消しつつある」や「姿を
消そうとしている」という訳が考えられる。
that at first do not seem to be essential
　この部分は 1 つ目の関係代名詞節。at first「最初は」 seem to be 〜
「〜のように思われる」 essential「不可欠な，なくてはならない」
yet without whose activity we could not conceive life?
　この部分が 2 つ目の関係代名詞節。yet はその前の部分と逆接的に後続
部分をつないでおり，「けれども，それにもかかわらず」という意味。
without whose activity の whose は other animals' のことであり，この部
分が条件節のはたらきをしているため，we could 以下が仮定法の帰結節
の形となっている。activity は「活動，営み」という意味。conceive life
は「生活を思い描く，生活（すること）を考える」という意味だが，主語
と併せて「私たちの生活を思い描く」というような訳も可能。

◆━◆━◆━◆━◆　●語句・構文●　◆━◆━◆━◆━◆━◆

（第 1 段）plant variety「植物種」　thanks to ～「～のおかげで」

（第 2 段）reserve「（複数形で）保存物，（石油などの）埋蔵量」　latest「最新の」　beekeeper「養蜂家」　poll「世論調査」

（第 3 段）due to ～「～が原因で」　pesticide「殺虫剤」　have an impact「影響を与える」　specifically「特に，具体的には」　neonicotinoid「ネオニコチノイド」　association「連想」　floral「花の」

（第 4 段）the European Parliament「欧州議会」　key objective「重要な目標，主要な目的」　common agricultural policy「共通農業政策」

（第 5 段）disappearance「消滅，姿を消すこと」　external parasite「外部寄生虫」　feed on ～「～を餌にする」　lethal「致死性の」　hive「ミツバチの巣」　so far「今までのところ」

（第 6 段）pioneer「～の先駆けとなる」　involve はここでは「～を視野に入れている」という意味。genetically modified「遺伝子を操作した，遺伝子組み換えの」　destructive「破壊的な，極めて有害な」　collapse「崩壊する」

（第 7 段）survive「～を切り抜けて生き残る」

（第 8 段）causing 以下は and causes … と考えて訳すとよい。locate「～のある所を探し出す」　flowering「開花（期）」

（第 9 段）a good harvest「豊作」

（最終段）as for ～「～に関しては，～はどうかというと」　elimination「駆除，除去」　ban「禁止」　take steps「対策を講じる」　work on ～「～に取り組む」

Ⅱ　解答　問 1．(a)—(あ)　(b)—(い)　(c)—(い)
　　　　　問 2．イ．女性は数学では男性より能力が劣る
ロ．女性が数学の試験を受けると，成績を正当に評価されないのではないかとか，成績が悪いとそのステレオタイプが裏付けられてしまう
問 3．(え)
問 4．全訳下線部参照。
問 5．(あ)・(え)

━━━━━━━━━◆全　訳◆━━━━━━━━━━━━━━━━━

≪理数系分野で女性が活躍するには≫

　女性や女の子は，科学，技術，工学，数学（STEM）の教育や職業では少数派である。STEM 分野で女性の数が少なすぎることに対するよくある説明の一つが，数学の成績における男女間の格差であり，特に空間能力では男性が優位に立つというものだ。研究では，数学の成績における男女間の格差は中学校や高校で表面化することを示唆している。しかし，メタ分析は，この格差がなくなったことを示している。

　メタ分析から得られる証拠を考え合わせると，STEM 分野における女性の数が少ないことに対して，能力で説明づけるのはあまり妥当ではない。広範囲に及ぶ状況的要因（社会からの期待，親や仲間の影響，STEM 分野の専攻学科や STEM 分野の団体における風潮）や，女性の意欲，数学の能力の自己評価，さらには様々な選択を含む，他の多くの説明は，十分に根拠のあるものだ。社会文化的視点から，研究によって，男性が多数派を占める環境が，いかに女性や女の子たちに対する脅威となりかねないか，さらには，ステレオタイプによる脅威を生じさせかねないかが立証されており，その脅威によって女性たちのその分野への帰属意識が下がり，疎外感や孤立感を高め，結果的にその分野から身を引いてしまうことにつながりかねないのだ。

　ステレオタイプによる脅威とは，ステレオタイプの枠にはめられた集団の構成員が，評価が行われる課題に対する自分たちの成績が，その分野における劣性を示す，負の集団ステレオタイプによって判断されるのではないかと心配する現象のことである。STEM 教育に関連するステレオタイプとは，女性や女の子は数学では男性や男の子ほど能力がないというものである。したがって，女性や女の子が数学の試験を受けると，自分たちの成績がこのステレオタイプによって評価されるのではないかと心配するかもしれないし，もし成績が悪いとそのステレオタイプを裏付けることになるのではないかと懸念するかもしれない。この脅威は，テスト成績の不振やその分野から離れるといったマイナスの結果につながりかねない。

　ほぼ間違いないことだが，ステレオタイプによる脅威に関する文献において最も幅広い研究がなされた女性の学業成績結果は，数学のテスト成績である。それほどの頻度ではないが，他にも，その分野に対してさらに消

極的な姿勢になっているとか，その分野の教育や専門職をそのまま続けよ
うという思いがもっと低くなっているというような結果を研究したものも
ある。例えば，数学のテストを受けている女性は，そのテストが数学の能
力の診断に役立つものだと言われた場合，そのテストは能力を診断するも
のではないと言われた場合より成績が悪くなることがわかった。能力を診
断するテストという状況では，「女性は男性ほど数学ができない」という
ステレオタイプを裏付けることになるのではないかと懸念したために，成
績が悪かったのだ。女性は，ある数学のテストで性別による差は出ていな
いと言われた場合，そのような情報が与えられなかった場合より，成績が
良くなった。このようにして，ステレオタイプによる脅威は，数学で女性
が実力を十分に発揮できない一因となっている。もし女性が，女性の数学
の能力に関する性差によるステレオタイプを実証することになるのを心配
しているなら，この余分の認知的負荷がかかることで，成績が下がり，数
学分野では場違いに感じ，その領域から離れるという結果になるかもしれ
ない。

　これらの結果に見られるように，ステレオタイプによる脅威の研究で検
証されている重要な変数が，性同一性，つまり，より大きな自己概念の一
部として人が性に置いている中心性，重要性である。成人間の性同一性に
関する研究によって，自分の性に対して強い一体感を持っている女性の方
が，ステレオタイプによる脅威の悪影響を受けやすいことがわかっている
が，それはおそらく，そういう人たちは女性全体のイメージを悪くするよ
うなステレオタイプを裏付けることになるのを，一体感を持っていない人
よりも心配するからだろう。成績へのプレッシャーや，女性の集団が面目
を失うようなことをしたくない思いとか，集団レベルでのステレオタイプ
による脅威が，性に対して高い同一感を持つ女性の成績不振につながるの
である。

　しかしながら，最近の研究では，ステレオタイプによる脅威は，教育と
いう状況の中で生じるので，数学や科学の教育を推進する目的で介入する
ことによって軽減することができるし，そうすることで教育の場でのパイ
プラインを改善し，STEM 分野における良い仕事につながる。教育者，
親，専門家，政策立案者たちは，多くの公的にアクセス可能な情報源を通
してステレオタイプによる脅威についてもっと多くのことを学び，社会科

学者と手を組んでこういう介入を大規模に行うことができるのである。

━━━━━━━━ ◀解 説▶ ━━━━━━━━

▶問 1．⒜ prevalent は「広く行き渡った，よく見られる」という意味であり，㋐の common「一般的な，誰でも知っている」が意味的に近い。㋑ exclusive「排他的な」㋒ immediate「即時の」㋓ possible「可能な」⒝ elicit は「～を引き起こす，～を生じさせる」という意味であり，㋑の give rise to「～を引き起こす」が意味的に近い。㋐ get rid of「～を取り除く」㋒ put up with「～を我慢する」㋓ be concerned about「～を心配している」⒞ vulnerable to は「～の影響を受けやすい，～に弱い」という意味であり，㋑の easily influenced by「～に簡単に影響される」が意味的に近い。㋐ highly resistant to「～に対して高耐性の」㋒ relatively indifferent to「～に比較的無関心な」㋓ strongly encouraged by「～に強く勇気づけられる」

▶問 2．This threat とは stereotype threat「ステレオタイプ（固定観念）による脅威」のこと。

［イ］はステレオタイプの内容であり，第 3 段第 2 文（The stereotype relevant …）の that 節で説明されているので，この部分をまとめる。be competent in ～「～に能力がある」

［ロ］は同段第 3 文（Thus, when women …）中の，they may worry に続く that 節と they may fear に続く動名詞句で述べられている 2 つの不安の内容をまとめる。1 つ目の不安は自分の数学の成績の評価についてであるが，according to this stereotype「このステレオタイプに沿って（評価される）」というのは，ステレオタイプの影響がある状態で評価される，つまり不当に評価されるということである。「ステレオタイプの影響によって」と問題文に書いてあるので，この箇所は入れずに「成績が不当に評価される」などとすればよいだろう。2 つ目については，もし成績が悪いと，そのステレオタイプが裏付けられてしまうのではないかと懸念するということである。confirm「～を裏付ける」

▶問 3．女性の数学の能力に関するステレオタイプ（女性は数学では男性より能力が低いという固定観念）を実証することになるのではないか，という懸念が負担となって，どういう結果につながるかを考える。第 2 段第

2 文（From a sociocultural …）の which can lower 以下の内容も参考に
なる。

A．performance はここでは数学の「成績」のこと。女性がステレオタイ
プに関する懸念を抱けば成績は下がるはずであり，lower が適切。

B．belonging「帰属意識」とは，ここでは自分が数学に合っているとい
う意識のことであり，女性が懸念を抱けばそういう意識はなくなっていく
はずなので，lack が適切。前述の第 2 段第 2 文の which can lower 以下
の内容 1 つ目が参考になる。

C．domain「分野，領域」とは，ここでは数学分野のこと。成績が悪か
ったり自分に合わないと思うとそこから離れるはずであり，leaving が適
切。前述の第 2 段第 2 文の which can lower 以下の内容 3 つ目が参考に
なる。

したがって，正しい組み合わせは㋐となる。

　なお，㋒も A．「劣った」，B．「失敗」までは当てはまるように見える
かもしれないが，C が「拒絶する」では，第 2 段第 2 文にある disengage-
ment from「～から離れる，撤退する」の言い換えとしてふさわしくない。

▶問 4．**because stereotype threat is triggered within educational
contexts,**

　stereotype「固定観念」や threat「脅威」については問 2 の問題文でそ
れぞれ「ステレオタイプ」や「脅威」と表記されており，そのまま使って
よい。stereotype threat は「ステレオタイプによる脅威，ステレオタイ
プの脅威」などの訳が考えられる。trigger「～を引き起こす，～をもた
らす」 educational contexts「教育という状況，教育環境」

**it can be reduced through interventions to promote mathematics
and science education**

　it は stereotype threat を指すが，主語が同じなので訳さなくてもよい。
reduce「～を軽減する，～を弱める」 through「～によって，～を通し
て」 intervention「介入」 to promote 以下は目的を表すと考えられるが，
「～するための介入（措置）」というように interventions を修飾する形で
訳してもよいだろう。promote「～を促進する」

▶問 5．㋐「教育への介入によって，女性が STEM 分野でやりがいのあ
る仕事に就こうとする道を開くことができる」 最終段第 1 文（However,

a recent …）に，数学や科学の教育を推進するよう介入することによっ
て，パイプラインを改善し，STEM 分野における良い仕事につながると
述べられており，一致。

(い)「STEM 分野における女性の数の少なさを説明する，ありうる要因は，
比較的予想可能である」 第1段第2文（One prevalent explanation …）
や第2段第1文（Given the evidence …）に女性が STEM 分野で少数派
である説明として，複数の説が挙がっているが，それらが予想可能だとは
述べられておらず，不一致。

(う)「幼児教育で表面化する数学の成績における男女間の格差は，時間と共
に広がる傾向がある」 第1段最終文（Research suggests that …）に，
男女間の格差は中学校や高校で表面化するが，この差はなくなったと述べ
られており，不一致。

(え)「男性優位の環境はステレオタイプによる脅威につながる可能性があり，
女性の数学の成績が下がる結果となる」 第2段第2文（From a
sociocultural …）の how 以下より，男性優位の環境が女性に対してステ
レオタイプによる脅威を引き起こすとわかる。また，第3段第3・4文
（Thus, when women … from the domain.）に，女性は男性ほど数学が
できないというステレオタイプによる脅威が要因となって，女性の数学の
成績が悪くなるという内容が述べられており，一致。

(お)「疎外感を減らすことは，STEM 分野の専攻や仕事に対して女性が消
極的な姿勢を身につけるのに極めて重要である」 第2段第2文（From a
sociocultural …）には，ステレオタイプによる脅威が STEM 分野におけ
る疎外感を増すと述べられており，第4段第1文（Arguably, the most
…）に，この脅威の結果として女性の消極的な姿勢が挙げられている。疎
外感が増した結果，消極的になるということが読み取れる。この文脈であ
れば，疎外感を減らすことは積極的な姿勢を身につけるのに重要，となる
はずなので，消極的とあるのはおかしい。不一致。

(か)「女性は自分の数学の能力が評価されていると知らされている場合，数
学のテストで良い成績をとる可能性が高くなる」 第4段第2文（For
example, it …）に，数学のテストが能力を評価するものだと言われると，
成績が悪くなると述べられており，不一致。

◆━◆━◆━◆━◆　●語句・構文●　◆━◆━◆━◆━◆━◆

（第1段）underrepresented「不当に数が少ない，比率が少ない，少数の」　career「（専門的）職業」　favoring「～に都合がよい，～に有利に働く」　spatial skill「空間能力」

（第2段）Given「～を考えると」　plausible「説得力がある，妥当な」　contextual factor「状況的要因」　climate「風潮」　major「専攻学科，専攻学生」　self-assessment「自己評価」　well-supported「十分に根拠がある，信頼できる」　From a sociocultural perspective「社会文化的視点から（見れば）」　document「～を立証する」　dominated by ～「～が多数派を占める，～に偏っている」　threatening「脅迫的な」　disengagement「離脱，撤退」　domain「分野，領域」

（第3段）evaluative「評価が行われる」　competent「能力がある」　confirm「～を裏付ける」

（第4段）arguably「ほぼ間違いなく」　literature「文献，論文」　diagnostic「診断に役立つ」　underperformance「十分に実力を発揮しないこと，伸び悩み」　cognitive「認知の」

（第5段）As shown by ～「～に見られるように」　variable「変数」　gender identity「ジェンダー・アイデンティティ，性同一性（本人が自分の性別をどう認識しているかという概念のこと）」　centrality「中心性，重要性」　self-concept「自己概念」　identify with ～「～に対して一体感を持つ」　reflect poorly on ～「～のイメージを悪くする」

（最終段）practitioner「実行者，専門家」　partner with ～「～と手を結ぶ，～と組む」　on a large scale「大規模に」

Ⅲ　**解答**　問1．全訳下線部参照。

問2．かつての環境への配慮と同様に，AI技術の使用に企業が責任を持ち始めるという変化。（40字以内）

問3．(a)─(い)　(b)─(え)　(c)─(え)

問4．(う)・(か)

◆━◆━◆　◆全　訳◆　◆━◆━◆━◆━◆━◆━◆━◆

≪大学院のデジタル・トランスフォーメーションの授業にて≫

学生Ａ：人工知能，つまり AI は強力な技術です。もし人類が AI を倫理

的に規制して利用する方法を見つけることができれば，この技術は私たちの生活様式に比類なき進歩と恩恵をもたらすことになると，私は本心から信じています。

教授：一つ問題があって，それはそのたった一語の使用に付随している。それが，倫理的に，だよ。AI には驚くべき可能性があるかもしれないが，進歩の速い技術は，注意深く，よく考えて使う必要があるんだ。

学生A：AI を規制しなければ，多くの害が出る可能性がありますからね。

教授：<u>約30年の間，デジタル技術は歩みを止めることなく進歩し続け，多岐にわたる産業を作りかえ，潰しもしてきた。</u>今日，デジタル方向に変身を遂げるための，さまざまな組織の努力を目の当たりにして，ここでは AI の倫理を調査したいくつかの事例を検証しようとしているんだ。

助教授：それは時宜にかなったテーマですよ。一般市民はアルゴリズムや AI の影響をますます自覚するようになっていると思います。デジタル・トランスフォーメーションは顧客の要望だけでなく，それが社会にもたらす結果に対しても敏感に対応すべきなんです。

学生B：AI はごく近い将来，事業経営の仕方を劇的に変えることになると思います。大企業，それに世界の人たちも，それ（＝AI）を広めるなら必ず責任を持ってやってほしいものです。

助教授：私たちはよく考えるべき段階にあるのです。動きはあります。企業は自分たちがこの技術をどう利用するかという点に責任を持つ必要があることに気づき始めています。この動きを持続可能性になぞらえてみましょう。約20年前に，企業は顧客の関心が高まってきたことで，自分たちが環境に与える影響について考えるようになりました。企業は持続可能性に目を向けなければなりませんでした。それは，企業が自社を売り込む方法の一部になったのです。私たちは技術面でも同様の変化を目にしようとしているわけです。

教授：それでも，いろいろ懸念はあるよ。一例として，さまざまな偏った見方がアルゴリズムに紛れ込むことがある。自動運転の車を支えている技術では，白人の歩行者を，白人以外の歩行者より簡単に識別することができるけど，それだと，白人以外の歩行者が衝突される危険性が高くなる。人種差別が銀行のアルゴリズムに織り込まれていて，有

色の人たちの方が融資を受けるのが難しくなる可能性もある。

助教授：これらのシステムに組み込まれた自律性がその危険を増大させている。そういう自律性は，ある種の倫理的枠組みで構築されなければなりません。

教授：技術は非常に急速に進歩しているので，そこに影響力を及ぼすのは難しいかもしれない。

学生Ｂ：自分の中の楽観的な部分では，ほとんどの企業が，責任を持って技術を利用することで，消費者に対して大きな価値があるという点を理解していると思っていますが，法律がついていけそうにありません。

助教授：今回の議論はとてもうまく進みましたね。私は，うちの学生諸君は，社会的な責任やビジネスモデル設計を熟知しているから，今後表面化するこれらの問題について考えられるところまで，独自に来ていると信じていますよ。

学生Ａ：私はほんとうにワクワクしていますし，私たちが AI を善いことのために使うことができると楽観しています。でも，どんな技術もただの道具にすぎません。それは人類を隷属化させることも，あるいは人類に力を与えることもできる能力を持つ，諸刃の剣ですからね。

━━━━━━◀解　説▶━━━━━━

▶問 1．**For some three decades, digital technology has continued its never-ending march of progress,**

For some three decades の some は「約，およそ」という意味。continue its never-ending march of progress は，直訳すると「終わることのない進歩という行進を続ける」だが，「歩みを止めることなく進歩し続ける」というような訳が考えられる。

remaking and disrupting a wide range of industries.

この部分は分詞構文であり，付帯状況を表す用法ととらえて，「〜しながら」というように述語動詞より先に訳すことも可能だが，〜, remade and disrupted … と考えて，述語動詞の後に続ける形で訳しても自然な訳になる。remake「〜を作りかえる」disrupt「〜を破壊する，〜を混乱させる」a wide range of 〜「広範囲に及ぶ〜，多岐にわたる〜」

▶問 2．「技術における同様の変化」で，「同様の」と述べられているのは，助教授の同発言の第 4 文（Let me liken …）にある「持続可能性（のと

き）」と比較してのことと考えられる。変化の具体的な内容は，第 3 文
（Companies are starting …）にあるように，この技術，つまり AI 技術
の使い方に責任を持たなければならないと気づき始めたことである。「同
様の変化」なので，「環境への影響〔持続可能性〕に配慮し始めたときと
同様の変化」というまとめ方にしてもよいだろう。

▶問 3．(a) unparalleled は「比類のない，前例のない」という意味であ
り，(い)の exceptional「並外れた」が意味的に近い。(あ) comparable「比較
可能な」 (う) expected「予想された」 (え) explanatory「説明的な」
(b) stakes は raise the stakes で「危険を増大させる」という意味になり，
(え)の risks「危険」が意味的に近い。(あ) charges「義務，料金」 (い)
interests「利益」 (う) profits「収益，利益」
(c) legislation は「法律，立法行為」という意味であり，(え)の law「法律」
が意味的に近い。(あ) court「法廷，宮廷，裁判」 (い) government「政府」
(う) justice「正義，司法」

▶問 4．(あ)「人は AI 技術の未来については楽観的になる必要がある」
教授の第 1 発言第 2 文（AI may have …）で，AI の可能性について言及
しているが，その技術は注意深く，よく考えて使う必要があると述べてお
り，楽観的な発言はしていないので，不一致。
(い)「政府は AI 技術を規制する規則を制定する際は，もっと慎重になるべ
きだ」 学生 A の第 2 発言（If AI is not …）で，AI を規制しないと，害
が出る可能性があると述べているが，規則の制定に関して慎重になるべき
という発言はなされておらず，不一致。
(う)「人は AI 技術を適切に利用する際に，必ず倫理を自覚しているべき
だ」
学生 A の第 1 発言第 2 文（If humankind can …）で AI を倫理的に規制
して利用する必要性にふれており，教授の第 1 発言第 1 文（There is a
…）でも「倫理的に」をキーワードにしているので，一致。
(え)「AI 技術は人種差別のさまざまな問題の解決に貢献することになって
いる」 教授の第 3 発言第 3・4 文（The technology behind … to obtain
loans.）で，AI 技術の導入で，人種差別が生じる可能性について具体例を
挙げて言及している。AI 技術は人種差別問題を解決するというよりはむ
しろ助長する可能性があることがわかるので，不一致。

㈠「AI 技術を利用しようとする企業の努力は，結果的に環境への配慮を促すことになる」　助教授の第 2 発言第 3 ～ 6 文（Companies are starting … look at sustainability.）で，約 20 年前に，企業は顧客の関心が高まったために環境への影響を考えるようになったと述べられているが，これは sustainability「持続可能性」のことである。liken からわかるように，たとえ話で持ち出されているもので，AI 技術を利用しようとする企業の努力が環境へ配慮する結果になるわけではないので，不一致。

㈡「AI 技術には人間社会への影響という面では，マイナス面と同様にプラス面もある」　学生 A の第 3 発言最終文（It's a double-edged …）で，AI 技術には人を隷属させる能力も，人に力を与える能力もあると述べられており，一致。

◆━◆━◆━◆━●語句・構文●━◆━◆━◆━◆━◆

（名称の後の数字は各人物の何回目の発言かを表す）

（学生 A 1）artificial intelligence（＝ AI）「人工知能」　regulate「～を規制する」　ethically「倫理的に」

（教授 1）come with ～「～に付随している」　potential「可能性，潜在能力」　fast-moving「進歩の速い，移り変わりの激しい」

（教授 2）transform *oneself*「変身する」　case「事例」

（助教授 1）responsive「敏感に反応する」

（学生 B 1）drastically「劇的に」　roll out ～「（新製品）を製造〔公開・発売〕する」　responsibly「責任を持って」

（助教授 2）reflection「熟考」　phase「段階，局面」　liken *A* to *B*「*A* を *B* にたとえる，*A* を *B* になぞらえる」　sustainability「持続可能性」　concern「懸念，関心」　present *oneself*「自分を売り込む」

（教授 3）bias「偏見，先入観」　for one「ひとつには，一例として」　creep into ～「～に紛れ込む，～に忍び込む」　pedestrian「歩行者」　be baked into ～「～に織り込まれている」

（助教授 3）autonomy「自律性」　framework「枠組み」

（教授 4）reign in ～「～に影響を及ぼす」本文では in と it の位置が入れ替わっている。

（学生 B 2）there is no way ～「～する可能性はない，～するわけがない」　keep up「同じ速度で進む，ついて行く」

（助教授 4 ）be versed in ～「～を熟知している」　uniquely「独自に，他に類を見ないほどに」　be positioned to *do*「～するところまで来ている」（学生 A 3 ）use *A* for good「*A* を善いことのために使う」　double-edged sword「諸刃の剣」　enslave「～を隷属させる」

IV　解答

(1)〈解答例 1 〉 "Inward-oriented tendency" among Japanese youth refers to their unwillingness to go into an unfamiliar situation. Nowadays, many students tend to go on to a local university because they are familiar with the area where the campus is located, thus clearly exhibiting this tendency.（40 語程度）

〈解答例 2 〉 The term "inward-oriented tendency" is used here to mean that Japanese young people are reluctant to take the risk of doing something new. For example, they prefer to talk only with a small group of friends than to make new friends.（40 語程度）

(2)〈解答例 1 〉 I agree with the experts' idea. Japanese young people are less willing to go into unfamiliar situations especially when they have linguistic anxiety. However, I think it is recommended for them to go abroad and acquire the ability to make their ideas known to the international community in a foreign language because they will face and have to survive greater globalization in future.（60 語程度）

〈解答例 2 〉 I disagree with the idea expressed by the experts. I think the decline in the number of young Japanese studying abroad is due to the fact that they have lost interest in studying abroad. Today, they can learn almost everything, including foreign languages, online, and they no longer find it necessary to pay a lot of money to study abroad.（60 語程度）

◀解　説▶

記事の抜粋の全訳：中国や韓国といった隣国の学生に比べて，日本の学生は留学にあまり興味を示さない。ユネスコのデータベースによると，日本は，2012 年に 33,494 人の高校卒業後の学生が留学していて，23 位だった。これと同年に，中国と韓国から留学した学生はそれぞれ，698,395 人と 121,437 人だった。多くの専門家は，留学する日本の若者の数が減ってい

るのは，彼らに深く根差した「inward-oriented tendency」（日本語で「内向き志向」）に原因があるとしてきた。一部の学者はこの特徴は日本の若者だけに限ったことではないと主張するが，日本の学者や政治家の間で，日本の若者の間のこの傾向を理解することに強い関心が集まっている。

▶(1)　日本の若者の間の「内向き志向」の説明を留学以外の例を挙げて，40 語程度で説明する問題。「内向き志向」の説明としては，自分に馴染みのない状況や新しい環境を避けようとする，というような説明がよいだろう。具体例として，〈解答例 1〉では，学生が，よく知った地域にある地元の大学への進学を目指すという例を挙げた。〈解答例 2〉では，新しい友だちをつくるより，少数の友人とだけ話したがる例を挙げている。refer to〜「〜のことをいう」　be reluctant to *do*「〜したがらない」

▶(2)　記事の下線部で述べられた考え方について，自分の意見を 60 語程度で述べる問題。〈解答例 1〉は専門家の意見に賛成の立場である。内向き志向を脱して海外に行き，自分の意見を外国語で述べる能力を身につける必要があるという意見を述べている。〈解答例 2〉は専門家の意見に反対の立場で，内向き志向が原因ではないとするもの。留学する日本の若者が減っている理由として，今では，留学しなくても何でもオンラインで学べる点を挙げている。

❖講　評

　2020 年度は英作文が読解問題の中で出題され大問 3 題であったが，2021 年度は 2019 年度までと同じ構成に戻り，読解問題 3 題，英作文 1 題の計 4 題の出題であった。読解問題のうちの 1 題は，例年だと会話文主体の英文であったが，2021 年度は完全な会話文形式となった。ただし，会話文形式とはいっても，大学院での授業における議論の一部を取り上げたものであった。英作文は，2016〜2020 年度と同様，条件付きの自由英作文の出題となっており，語数が合計約 100 語で，2020 年度より 30 語減少し，配点も例年より少なめであった。読解問題の英文量は，例年とほぼ同程度の約 1,700 語であった。設問は，記述式では英文和訳と内容説明がほぼ同数出題されている。内容説明に字数制限があるなど難度の高いものもある。空所補充，同意表現，内容真偽など，さまざまなタイプの選択問題も多い。

　Ⅰ．読解問題。ミツバチの数の減少がテーマで，神戸大学では頻出の環境問題を取り上げた英文となっている。設問は内容説明（2問）と英文和訳が記述式，選択式は空所補充という構成だが，内容説明は字数制限があり，どの部分まで解答に組み込むべきかの判断が難しい問題となっている。英文和訳は 2020 年度より長めで，文法力も必要であった。空所補充は標準的。

　Ⅱ．読解問題。理数系の分野で女性の数が少ないという現状をステレオタイプの影響という観点から論じた英文。設問は空所補充形式の内容説明 1 問と英文和訳が記述式，選択式の同意表現，空所補充，内容真偽が 1 問ずつという構成であった。内容説明は文脈の理解がカギとなる設問である。英文和訳では，日本語になりにくい箇所がある部分が出題されている。

　Ⅲ．会話文問題。大学院での授業で，教授，助教授，学生 2 人の議論という形式となり，ややとまどった受験生もいただろう。話題はデジタル・トランスフォーメーションや AI に関するもので，よく取り上げられるテーマである。設問は英文和訳と内容説明が記述式で，内容説明では字数制限があるうえ，記述に盛り込むべき内容を特定しづらかった。同意表現と内容真偽が選択式となっている。

　Ⅳ．英作文。記事を抜粋した英文を読んで，その内容に関する条件付きの自由英作文が 2 問出題された。「内向き志向」がテーマで，具体例や自分の意見が浮かびにくく，苦戦した受験生も多かったかもしれない。

　全体的に見て，この英文の量と設問の難度に対して 80 分という試験時間は短く，2020 年度に続きやや難度の高い出題が続いている。

■ 数学 ■

◀理系：数学 Ⅰ・Ⅱ・Ⅲ・A・B▶

1 ◆発想◆ (1) $(2+i)^n = (2+i)^{n-1}(2+i)$ を用いて順に計算する。
(2) (1)から実部，虚部をそれぞれ 10 で割った余りが推測できるので，数学的帰納法を用いてそのことを証明する。

解答 　(1) $(2+i)^2 = 4 + 4i + i^2 = 3 + 4i$ ……(答)

$(2+i)^3 = (2+i)^2(2+i) = (3+4i)(2+i)$
$= 6 + 11i + 4i^2 = 2 + 11i$ ……(答)

$(2+i)^4 = (2+i)^3(2+i) = (2+11i)(2+i)$
$= 4 + 24i + 11i^2 = -7 + 24i$ ……(答)

$(2+i)^5 = (2+i)^4(2+i) = (-7+24i)(2+i)$
$= -14 + 41i + 24i^2 = -38 + 41i$ ……(答)

虚部の整数を 10 で割った余りは，順に　　4, 1, 4, 1 ……(答)

(2) 正の整数 n について

「$(2+i)^n$ の実部，虚部はいずれも整数であり，10 で割った余りは

n が奇数のとき，実部は 2，虚部は 1

n が偶数のとき，実部は 3，虚部は 4

である」……①

が成り立つことを数学的帰納法で証明する。

［Ⅰ］$n=1$ のとき

$2+i$ の実部は 2，虚部は 1 であるので，①は成り立つ。

［Ⅱ］$n=k$（k は正の整数）のとき，①が成り立つと仮定する。

(i) k が奇数のとき

$(2+i)^k$ の実部，虚部を 10 で割った余りはそれぞれ 2，1 であるので，

a, b を整数として，$(2+i)^k = (10a+2) + (10b+1)i$ とおくと

$(2+i)^{k+1} = (2+i)^k(2+i) = \{(10a+2)+(10b+1)i\}(2+i)$

$$= (20a+4) + (10a+20b+4)i + (10b+1)i^2$$
$$= (20a-10b+3) + (10a+20b+4)i$$
$$= \{10(2a-b)+3\} + \{10(a+2b)+4\}i$$

よって，$k+1$ は偶数で $(2+i)^{k+1}$ の実部，虚部はいずれも整数であり，10 で割った余りは，実部は 3，虚部は 4 であるので，$n=k+1$ のときも①は成り立つ。

(ii) k が偶数のとき

$(2+i)^k$ の実部，虚部を 10 で割った余りはそれぞれ 3，4 であるので，c，d を整数として，$(2+i)^k = (10c+3) + (10d+4)i$ とおくと

$$(2+i)^{k+1} = (2+i)^k(2+i) = \{(10c+3) + (10d+4)i\}(2+i)$$
$$= (20c+6) + (10c+20d+11)i + (10d+4)i^2$$
$$= (20c-10d+2) + (10c+20d+11)i$$
$$= \{10(2c-d)+2\} + \{10(c+2d+1)+1\}i$$

よって，$k+1$ は奇数で $(2+i)^{k+1}$ の実部，虚部はいずれも整数であり，10 で割った余りは，実部は 2，虚部は 1 であるので，$n=k+1$ のときも①は成り立つ。

(i)，(ii)から，$n=k$ のとき①が成り立つならば，$n=k+1$ のときも①は成り立つ。

[Ⅰ]，[Ⅱ]より，正の整数 n について①が成り立つ。

したがって，$(2+i)^n$ の虚部は 0 ではないので，$(2+i)^n$ は虚数である。

(証明終)

━━━━━━━━━ ◀解　説▶ ━━━━━━━━━

≪複素数の虚部の整数を 10 で割った余り，$(2+i)^n$ が虚数であることの証明≫

▶(1)　順に求めていけばよい。

▶(2)　(1)の結果から，虚部の整数を 10 で割った余りは，n が奇数のとき 1，n が偶数のとき 4 であると推測されるが，数学的帰納法により証明するので，実部についてもあわせて推測して，そのことを証明する。証明の[Ⅱ]については，k が奇数，偶数の場合に分けて $n=k+1$ のときも成り立つことを示す。

2

◇発想◇　(1)　$x=\sin\theta$ と置換する。

　　　　　(2)　まず，$x^2+1=t$ と置換し，部分積分法を用いる。

解答　(1)　$I=\displaystyle\int_0^1 x^2\sqrt{1-x^2}\,dx$ において $x=\sin\theta$ とおくと

$$dx=\cos\theta d\theta,\quad \begin{array}{c|c} x & 0\to 1 \\ \hline \theta & 0\to\dfrac{\pi}{2} \end{array}$$

また，$\sqrt{1-\sin^2\theta}=\sqrt{\cos^2\theta}=|\cos\theta|=\cos\theta\ \left(0\leqq\theta\leqq\dfrac{\pi}{2}\ \text{より}\ \cos\theta\geqq 0\right)$ なので

$$I=\int_0^{\frac{\pi}{2}}\sin^2\theta\sqrt{1-\sin^2\theta}\,\cos\theta d\theta=\int_0^{\frac{\pi}{2}}\sin^2\theta\cos^2\theta d\theta$$

$$=\int_0^{\frac{\pi}{2}}\left(\frac{1}{2}\sin 2\theta\right)^2 d\theta=\frac{1}{4}\int_0^{\frac{\pi}{2}}\sin^2 2\theta d\theta$$

$$=\frac{1}{4}\int_0^{\frac{\pi}{2}}\frac{1-\cos 4\theta}{2}\,d\theta=\frac{1}{8}\left[\theta-\frac{1}{4}\sin 4\theta\right]_0^{\frac{\pi}{2}}$$

$$=\frac{\pi}{16}\quad\cdots\cdots\text{(答)}$$

(2)　$J=\displaystyle\int_0^1 x^3\log(x^2+1)\,dx=\int_0^1 x^2\log(x^2+1)\cdot xdx$ において $x^2+1=t$ とおくと

$$2xdx=dt$$

$$xdx=\frac{1}{2}dt,\quad \begin{array}{c|c} x & 0\to 1 \\ \hline t & 1\to 2 \end{array}$$

$$J=\int_0^1 x^2\log(x^2+1)\cdot xdx=\int_1^2 (t-1)\log t\cdot\frac{1}{2}dt$$

$$=\left[\frac{1}{2}\left(\frac{1}{2}t^2-t\right)\log t\right]_1^2-\int_1^2\frac{1}{2}\left(\frac{1}{2}t^2-t\right)\cdot\frac{1}{t}\,dt$$

$$=-\frac{1}{2}\int_1^2\left(\frac{1}{2}t-1\right)dt=-\frac{1}{2}\left[\frac{1}{4}t^2-t\right]_1^2$$

$$=\frac{1}{8}\quad\cdots\cdots\text{(答)}$$

別解 (2)　$\displaystyle J = \int_0^1 x^3 \log(x^2+1)\,dx = \int_0^1 \left\{ \frac{1}{4}(x^4-1) \right\}' \log(x^2+1)\,dx$

$\displaystyle = \left[\frac{1}{4}(x^4-1) \log(x^2+1) \right]_0^1 - \int_0^1 \frac{1}{4}(x^2+1)(x^2-1)\frac{2x}{x^2+1}\,dx$

$\displaystyle = -\frac{1}{2}\int_0^1 (x^3-x)\,dx = -\frac{1}{2}\left[\frac{1}{4}x^4 - \frac{1}{2}x^2 \right]_0^1$

$\displaystyle = \frac{1}{8}$

━━━━━━ ◀解　説▶ ━━━━━━

≪定積分の計算≫

▶(1)　一般に，$\sqrt{a^2-x^2}$ を含む定積分については，$x = a\sin\theta$ と置換し，積分区間については，$-\dfrac{\pi}{2} \le \theta \le \dfrac{\pi}{2}$ の範囲で置き換える。

▶(2)　$x^2+1 = t$ と置換し，部分積分法を用いるが，〔別解〕のように $x^3 = \left(\dfrac{x^4-1}{4} \right)'$ と考えれば，部分積分法のみで求めることができる。

3　◇**発想**◇　(1)　内積 $(\vec{a}+\vec{b})\cdot(\vec{a}+3\vec{b}) = |\vec{a}+\vec{b}||\vec{a}+3\vec{b}|\cos\theta$ から $\cos\theta$ を求める。図形的に考え，三角形の面積を利用してもよい（別解）。

(2)　$\sin^2\theta$ が x, y の分数式であるので，相加平均と相乗平均の関係を利用できるように変形する。

解答　(1)　$\vec{a} \perp \vec{b}$ より　$\vec{a}\cdot\vec{b} = 0$

また，$|\vec{a}| = x$, $|\vec{b}| = y$ より

$|\vec{a}+\vec{b}|^2 = |\vec{a}|^2 + 2\vec{a}\cdot\vec{b} + |\vec{b}|^2 = x^2 + y^2$

$|\vec{a}+3\vec{b}|^2 = |\vec{a}|^2 + 6\vec{a}\cdot\vec{b} + 9|\vec{b}|^2 = x^2 + 9y^2$

$(\vec{a}+\vec{b})\cdot(\vec{a}+3\vec{b}) = |\vec{a}|^2 + 4\vec{a}\cdot\vec{b} + 3|\vec{b}|^2 = x^2 + 3y^2$

$x > 0$, $y > 0$ であるので

$\displaystyle \cos\theta = \frac{(\vec{a}+\vec{b})\cdot(\vec{a}+3\vec{b})}{|\vec{a}+\vec{b}||\vec{a}+3\vec{b}|} = \frac{x^2+3y^2}{\sqrt{x^2+y^2}\sqrt{x^2+9y^2}}$ ……①

$\displaystyle \sin^2\theta = 1 - \cos^2\theta = 1 - \frac{(x^2+3y^2)^2}{(x^2+y^2)(x^2+9y^2)}$

$$= \frac{(x^2+y^2)(x^2+9y^2)-(x^2+3y^2)^2}{(x^2+y^2)(x^2+9y^2)}$$

$$= \frac{4x^2y^2}{(x^2+y^2)(x^2+9y^2)} \quad \cdots\cdots(答)$$

(2)　(1)より

$$\sin^2\theta = \frac{4x^2y^2}{x^4+10x^2y^2+9y^4} = \frac{4}{\dfrac{x^2}{y^2}+9\dfrac{y^2}{x^2}+10} \quad (x>0,\ y>0)$$

相加平均と相乗平均の大小関係より

$$\frac{x^2}{y^2}+9\frac{y^2}{x^2} \geqq 2\sqrt{\frac{x^2}{y^2}\cdot 9\frac{y^2}{x^2}} = 6$$

等号成立は，$\dfrac{x^2}{y^2}=9\dfrac{y^2}{x^2}$ のとき。

このとき，$x^4=9y^4$，$x>0$，$y>0$ より　　　$x=\sqrt{3}\,y$

よって　　$\sin^2\theta \leqq \dfrac{4}{6+10} = \dfrac{1}{4}$

$\sin^2\theta$ は，$x=\sqrt{3}\,y$ のとき，最大値 $\dfrac{1}{4}$ をとる。

①より $\cos\theta>0$ であるので　　$0\leqq\theta<\dfrac{\pi}{2}$，$\sin\theta\geqq0$

ゆえに，$\sin\theta$ は，$x=\sqrt{3}\,y$ のとき，最大値 $\dfrac{1}{2}$ をとる。

このとき，θ も最大となり，最大値は　　$\theta=\dfrac{\pi}{6}$　$\cdots\cdots$(答)

別解　(1)　$\vec{a}\perp\vec{b}$，$|\vec{a}|=x$，$|\vec{b}|=y$ より，$\vec{a}+\vec{b}$，$\vec{a}+3\vec{b}$
は右図のようなベクトルを表す。
右図において

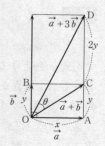

$$OC = |\vec{a}+\vec{b}| = \sqrt{x^2+y^2}$$
$$OD = |\vec{a}+3\vec{b}| = \sqrt{x^2+9y^2}$$
$$\angle COD = \theta$$

よって，△OCD の面積に着目することにより

$$\frac{1}{2}OC\cdot OD\sin\theta = \frac{1}{2}CD\cdot OA$$

$$\frac{1}{2}\sqrt{x^2+y^2}\sqrt{x^2+9y^2}\sin\theta=\frac{1}{2}\cdot2y\cdot x$$

$$\sin\theta=\frac{2xy}{\sqrt{x^2+y^2}\sqrt{x^2+9y^2}}$$

よって　　　$\sin^2\theta=\dfrac{4x^2y^2}{(x^2+y^2)(x^2+9y^2)}$

―――――◀解　説▶―――――

≪2つのベクトルのなす角の最大値≫

▶(1)　ベクトルの内積から $\cos\theta$ を x, y で表し，$\sin^2\theta$ を求める。$\vec{a}\perp\vec{b}$ で あるので，〔別解〕のように図形的に考えれば，三角形の面積を2通りに表 すことにより，直接 $\sin\theta$ を x, y で表すことができる。

▶(2)　$\sin^2\theta$ は x, y の分数式で表され，分母，分子を x^2y^2 で割ることに より，相加平均，相乗平均の関係を用いることができる。

4　◇発想◇　(1)　放物線と直線の方程式から y を消去してできる x の2次方程式の2つの解がA，Bの x 座標であるので，解と係数 の関係を利用する。

(2)　(1)より円の中心は AB の中点である。

(3)　放物線と円の方程式から y を消去してできる x の4次方程式 の解のうちの3つはO，A，Bの x 座標であるので，もう1つの 解を求める。

解答　(1)　$y=x^2$ と $y=mx+1$ より y を消去すると

$$x^2=mx+1$$

$x^2-mx-1=0$　……①

判別式を D とすると　　$D=m^2+4>0$

よって，①は異なる2つの実数解をもつ ので，それらを α, β $(\alpha<\beta)$ とし，

A $(\alpha,\ \alpha^2)$, B $(\beta,\ \beta^2)$ とする。

①において，解と係数の関係より

$$\alpha+\beta=m,\ \alpha\beta=-1\quad\text{……②}$$

$\alpha\neq0$, $\beta\neq0$ であり，OA，OB の傾きの 積は

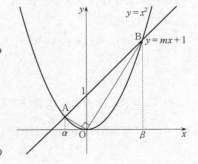

$$\frac{\alpha^2}{\alpha}\cdot\frac{\beta^2}{\beta}=\alpha\beta=-1$$

よって，$\angle\mathrm{AOB}=\dfrac{\pi}{2}$ である。　　　　　　　　　　　　　　（証明終）

(2)　(1)より，3 点 A，B，O を通る円の中心は AB の中点である。

したがって，中心の x 座標は，②より　　　$\dfrac{\alpha+\beta}{2}=\dfrac{m}{2}$

中心は直線 $y=mx+1$ 上にあるので，中心の y 座標は

$$m\cdot\frac{m}{2}+1=\frac{m^2+2}{2}$$

よって，中心の座標は　　　$\left(\dfrac{m}{2},\ \dfrac{m^2+2}{2}\right)$

半径は，O を通ることより $\sqrt{\left(\dfrac{m}{2}\right)^2+\left(\dfrac{m^2+2}{2}\right)^2}$ であるから，求める円の方

程式は

$$\left(x-\frac{m}{2}\right)^2+\left(y-\frac{m^2+2}{2}\right)^2=\left(\frac{m}{2}\right)^2+\left(\frac{m^2+2}{2}\right)^2$$

すなわち　　　$x^2+y^2-mx-(m^2+2)y=0$　……(答)

(3)　$y=x^2$ を $x^2+y^2-mx-(m^2+2)y=0$ に代入すると

$$x^2+x^4-mx-(m^2+2)x^2=0$$

$$x^4-(m^2+1)x^2-mx=0$$

$$x(x^2-mx-1)(x+m)=0$$

$$x=0,\ \alpha,\ \beta,\ -m$$

よって，A，B，O 以外に共有点をもたないのは，

$-m=0$ または，$-m$ が $x^2-mx-1=0$ の解であるときである。

$-m$ が $x^2-mx-1=0$ の解であるとき

$$(-m)^2-m(-m)-1=0\qquad m^2=\frac{1}{2}\qquad m=\pm\frac{1}{\sqrt{2}}$$

ゆえに　　　$m=0,\ \pm\dfrac{1}{\sqrt{2}}$　……(答)

━━━━━━━━◀解　説▶━━━━━━━━

≪放物線と円の共有点≫

▶(1)　A$(\alpha,\ \alpha^2)$，B$(\beta,\ \beta^2)$ で，$\alpha,\ \beta$ は 2 次方程式 $x^2-mx-1=0$ の解

であるので，OA，OB の傾きの積を α，β で表し，解と係数の関係を用いる。ベクトルの内積 $\overrightarrow{OA} \cdot \overrightarrow{OB}$ を α，β で表してもよい。

▶(2)　AB の中点の座標を(1)を用いて m で表す。半径は中心と原点との距離である。

▶(3)　y を消去してできる 4 次方程式 $x^4 - (m^2+1)x^2 - mx = 0$ は 0，α，β を解にもつので，左辺は $x(x-\alpha)(x-\beta) = x(x^2 - mx - 1)$ を因数にもつ。このことを利用して左辺を因数分解すればよい。

5　◆発想◆　(1)　OP^2 を計算し，$\sin^2 t + \cos^2 t = 1$ を用いて簡単にする。

(2)　商の微分法を用いて計算する。$|\vec{v}|$ については(1)を用いて簡単にできる。

(3)　(2)から，$0 \leqq t \leqq \pi$ のときに点 P の描く曲線の長さを求めることに帰着できる。

解答　(1)　$OP^2 = \left(\dfrac{4+5\cos t}{5+4\cos t}\right)^2 + \left(\dfrac{3\sin t}{5+4\cos t}\right)^2$

$$= \frac{16 + 40\cos t + 25\cos^2 t + 9\sin^2 t}{(5+4\cos t)^2}$$

$$= \frac{25 + 40\cos t + 16\cos^2 t}{(5+4\cos t)^2} = \frac{(5+4\cos t)^2}{(5+4\cos t)^2} = 1$$

$OP \geqq 0$ より　　$OP = 1$　……(答)

(2)　$x = \dfrac{4+5\cos t}{5+4\cos t}$ より

$$\frac{dx}{dt} = \frac{(-5\sin t)(5+4\cos t) - (4+5\cos t)(-4\sin t)}{(5+4\cos t)^2}$$

$$= \frac{-9\sin t}{(5+4\cos t)^2}$$

$y = \dfrac{3\sin t}{5+4\cos t}$ より

$$\frac{dy}{dt} = \frac{3\cos t(5+4\cos t) - 3\sin t(-4\sin t)}{(5+4\cos t)^2}$$

$$= \frac{12(\cos^2 t + \sin^2 t) + 15\cos t}{(5+4\cos t)^2}$$

$$= \frac{3\left(4+5\cos t\right)}{\left(5+4\cos t\right)^2}$$

よって $\quad \vec{v} = \left(\dfrac{-9\sin t}{\left(5+4\cos t\right)^2}, \ \dfrac{3\left(4+5\cos t\right)}{\left(5+4\cos t\right)^2} \right)$ ……(答)

また，$\vec{v} = \dfrac{3}{5+4\cos t}\left(\dfrac{-3\sin t}{5+4\cos t}, \ \dfrac{4+5\cos t}{5+4\cos t} \right)$ であり，$5+4\cos t > 0$ である

ので，(1)の計算から

$$|\vec{v}| = \frac{3}{5+4\cos t}\sqrt{\left(\frac{-3\sin t}{5+4\cos t}\right)^2 + \left(\frac{4+5\cos t}{5+4\cos t}\right)^2}$$

$$= \frac{3}{5+4\cos t} \quad ……(答)$$

(3) (2)より $\quad \displaystyle\int_0^\pi \frac{dt}{5+4\cos t} = \frac{1}{3}\int_0^\pi |\vec{v}|\,dt$

$\displaystyle\int_0^\pi |\vec{v}|\,dt$ は，$t=0$ から $t=\pi$ までに点Pが動いた道のりを表す。

(1)より，Pは原点中心，半径 1 の円周上を動く。

$t=0$ のとき $\quad$ P$(1, \ 0)$

$t=\pi$ のとき $\quad$ P$(-1, \ 0)$

$0 \leqq t \leqq \pi$ の と き，$\dfrac{dx}{dt} = \dfrac{-9\sin t}{\left(5+4\cos t\right)^2} \leqq 0$ よ

り，x 座標は単調に減少し，$y = \dfrac{3\sin t}{5+4\cos t}$

$\geqq 0$ であることから，P は $(1, \ 0)$ から

$(-1, \ 0)$ まで右図の半円上を動く。

よって，Pが動いた道のりは

$$\frac{1}{2}\cdot 2\pi = \pi$$

ゆえに $\quad \displaystyle\int_0^\pi \frac{dt}{5+4\cos t} = \frac{\pi}{3} \quad ……(答)$

◀解 説▶

≪媒介変数表示された平面上を動く点の速度，速さ，道のり≫

▶(1) $\mathrm{OP}^2 = x^2 + y^2$ を計算し，$\cos t$ で表せばよい。

▶(2) 商の微分法を用いて計算すると，$\vec{v} = \dfrac{3}{5+4\cos t}(-y, \ x)$ となるの

で，$\dfrac{3}{5+4\cos t}>0$ より $|\vec{v}|=\dfrac{3}{5+4\cos t}\sqrt{(-y)^2+x^2}$ となり，(1)の結果が利

用できる。

▶(3)　(2)から，点 P の描く曲線の長さを求める問題となる。(1)により P は

単位円周上を動き，$t=0$，π のときの P の位置と $\dfrac{dx}{dt}\leqq0$，$y\geqq0$ であること

から，この曲線が半円であることがわかる。

❖講　評

　2021 年度は大問 5 題のうち，「数学Ⅲ」からの出題は 2 題であった。
また，文系との共通問題は出題されなかったが，類似問題が出題された
（**1**）。

　1．複素数の n 乗が虚数であることの証明。(1)で虚部の整数を 10 で
割った余りに着目するよう誘導されており，数学的帰納法により証明す
る。実部を 10 で割った余りも同時に考えること，偶数，奇数で場合を
分けることが必要である。

　2．定積分の計算。(1)は置換積分法，(2)は部分積分法を用いる基本的
な問題である。確実に解いておきたい。

　3．2 つのベクトルのなす角の最大値を求める問題。(1)は基本的であ
る。(2)で相加平均，相乗平均の大小関係を用いることがポイントとなる。

　4．放物線と円の共有点に関する問題。(1)・(2)で丁寧に誘導されてい
るので，誘導に従って解けばよい。標準的な問題といえるだろう。

　5．平面上を動く点について，速度ベクトル，速さ，道のりを求める
問題。(3)で点が動いて描く曲線を求めるが，(1)の誘導がポイントとなる。

　全体としては，標準的な問題が中心である。基本的な小問を確実に解
くこと，誘導の内容を的確に理解することが大切である。

◀文系：数学 I ・ II ・ A ・ B▶

1　**◇発想◇**　(1)　$(3+i)^n = (3+i)^{n-1}(3+i)$ を用いて順に計算する。
(2)　(1)から実部，虚部をそれぞれ 10 で割った余りが推測できるので，数学的帰納法を用いて，そのことを証明する。

解答　(1)　$(3+i)^2 = 9+6i+i^2 = 8+6i$ ……(答)

$$(3+i)^3 = (3+i)^2(3+i) = (8+6i)(3+i)$$
$$= 24+26i+6i^2 = 18+26i \quad ……(答)$$

$$(3+i)^4 = (3+i)^3(3+i) = (18+26i)(3+i)$$
$$= 54+96i+26i^2 = 28+96i \quad ……(答)$$

$$(3+i)^5 = (3+i)^4(3+i) = (28+96i)(3+i)$$
$$= 84+316i+96i^2 = -12+316i \quad ……(答)$$

また，これらの虚部の整数を 10 で割った余りは，いずれも

　　6　……(答)

(2)　2 以上の整数 n について

「$(3+i)^n$ の実部，虚部はいずれも整数であり，実部，虚部を 10 で割った余りはそれぞれ 8，6 である」……①

が成り立つことを数学的帰納法で証明する。

［ I ］$n=2$ のとき

$(3+i)^2 = 8+6i$ の実部は 8，虚部は 6 であるので，①は成り立つ。

［ II ］$n=k$　$(k=2, 3, 4, \cdots)$ のとき，①が成り立つと仮定する。

このとき，a, b を整数として，$(3+i)^k = (10a+8)+(10b+6)i$ とする

$$(3+i)^{k+1} = (3+i)^k(3+i) = \{(10a+8)+(10b+6)i\}(3+i)$$
$$= (30a+24)+(10a+30b+26)i+(10b+6)i^2$$
$$= (30a-10b+18)+(10a+30b+26)i$$
$$= \{10(3a-b+1)+8\}+\{10(a+3b+2)+6\}i$$

よって，$(3+i)^{k+1}$ の実部，虚部はいずれも整数であり，実部，虚部を 10 で割った余りはそれぞれ 8，6 であるので，$n=k+1$ のときも①は成り立つ。

［Ⅰ］，［Ⅱ］より，2 以上の整数 n について①が成り立つ。

したがって，n が 2 以上の整数のとき，$(3+i)^n$ の虚部は 0 ではないので，$(3+i)^n$ は虚数である。

また，$n=1$ のとき，$3+i$ は虚数であるので，n を正の整数とするとき，$(3+i)^n$ は虚数である。　　　　　　　　　　　　　　　　　　　（証明終）

─────◀解　説▶─────

≪複素数の虚部の整数を 10 で割った余り，$(3+i)^n$ が虚数であることの証明≫

▶(1)　順に求めていけばよい。

▶(2)　(1)の結果から，$n \geqq 2$ のとき虚部を 10 で割った余りはつねに 6 と予想されるが，数学的帰納法を用いて証明するので，実部を 10 で割った余りが 8 であることもあわせて証明する。なお，$n=5$ のとき，実部 -12 $=10 \times (-2) + 8$ であるので，10 で割った余りは 8 である。$n=1$ のときは別であるので注意すること。

2

◇発想◇　(1)　完全平方式に変形する。

(2)　全体を $\dfrac{1}{2}$ でくくって変形する。あるいは，1 つの文字に着目し，平方完成する。

(3)　左辺を k の関数とみて(1)・(2)を利用する。x, y, z について平方完成をして示すこともできる。

解答

(1)　$k=2$ のとき
$$x^2 + y^2 + z^2 + 2(xy + yz + zx) = (x+y+z)^2 \geqq 0$$
（証明終）

等号成立は，$x+y+z=0$ のとき。　……（答）

(2)　$k=-1$ のとき

$$x^2 + y^2 + z^2 - (xy + yz + zx) = \frac{1}{2}(2x^2 + 2y^2 + 2z^2 - 2xy - 2yz - 2zx)$$

$$= \frac{1}{2}\{(x^2 - 2xy + y^2) + (y^2 - 2yz + z^2)$$

$$+ (z^2 - 2zx + x^2)\}$$

$$= \frac{1}{2}\{(x-y)^2 + (y-z)^2 + (z-x)^2\} \geqq 0$$

よって　　　$x^2+y^2+z^2-(xy+yz+zx) \geqq 0$　　　　　　　　（証明終）

等号成立は，$x-y=0$ かつ $y-z=0$ かつ $z-x=0$，

すなわち，$x=y=z$ のとき。　……（答）

(3)　$x^2+y^2+z^2+k(xy+yz+zx)$ を k の関数と

みて

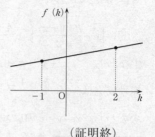

$$f(k) = (xy+yz+zx)k+x^2+y^2+z^2$$

とおくと，$f(k)$ のグラフは直線であり

(1)，(2)より，$f(2) \geqq 0$，$f(-1) \geqq 0$ であるので

$-1 < k < 2$ のとき　　　$f(k) \geqq 0$

よって　　　$x^2+y^2+z^2+k(xy+yz+zx) \geqq 0$　　　　（証明終）

等号成立は，$f(2)=0$ かつ $f(-1)=0$ のとき。

したがって，$x+y+z=0$ かつ $x=y=z$，

すなわち，$x=y=z=0$ のとき。　……(答)

別解　(1)　$x^2+y^2+z^2+2(xy+yz+zx) = x^2+2(y+z)x+(y+z)^2$

$$= (x+y+z)^2 \geqq 0$$

等号成立は，$x+y+z=0$ のとき。

(2)　$x^2+y^2+z^2-(xy+yz+zx)$

$$= x^2-(y+z)x+y^2-yz+z^2$$

$$= \left(x-\frac{y+z}{2}\right)^2 - \frac{(y+z)^2}{4}+y^2-yz+z^2$$

$$= \left(x-\frac{y+z}{2}\right)^2 + \frac{3(y-z)^2}{4} \geqq 0$$

等号成立は，$x-\dfrac{y+z}{2}=0$ かつ $y-z=0$ のとき，すなわち $x=y=z$ のとき。

(3)　$x^2+y^2+z^2+k(xy+yz+zx)$

$$= x^2+k(y+z)x+y^2+kyz+z^2$$

$$= \left\{x+\frac{k(y+z)}{2}\right\}^2 - \frac{k^2(y+z)^2}{4}+y^2+kyz+z^2$$

$$= \left\{x+\frac{k(y+z)}{2}\right\}^2 + \frac{1}{4}\{(4-k^2)y^2+2k(2-k)zy+\frac{4-k^2}{4}z^2\}$$

$$= \left\{ x + \frac{k(y+z)}{2} \right\}^2 + \frac{4-k^2}{4} \left(y + \frac{k}{2+k}z \right)^2 - \frac{(4-k^2)k^2}{4(2+k)^2}z^2 + \frac{4-k^2}{4}z^2$$

$$= \left\{ x + \frac{k(y+z)}{2} \right\}^2 + \frac{4-k^2}{4} \left(y + \frac{k}{2+k}z \right)^2 + \frac{(2-k)(1+k)}{2+k}z^2$$

$-1 < k < 2$ のとき，$\dfrac{4-k^2}{4} > 0$，$\dfrac{(2-k)(1+k)}{2+k} > 0$ より

$$\left\{ x + \frac{k(y+z)}{2} \right\}^2 + \frac{4-k^2}{4} \left(y + \frac{k}{2+k}z \right)^2 + \frac{(2-k)(1+k)}{2+k}z^2 \geqq 0$$

すなわち　$x^2 + y^2 + z^2 + k(xy + yz + zx) \geqq 0$

等号成立は，$x + \dfrac{k(y+z)}{2} = 0$ かつ $y + \dfrac{k}{2+k}z = 0$ かつ $z = 0$ のとき，

すなわち，$x = y = z = 0$ のとき。

━━━━━━━◀解　説▶━━━━━━━

≪4つの文字を含む2次不等式の証明≫

▶(1)　$a^2 + b^2 + c^2 + 2ab + 2bc + 2ca = (a+b+c)^2$ は公式に準ずる等式である。

▶(2)　〔別解〕のように1つの文字に着目して平方完成してもよいが，重要な因数分解 $x^3 + y^3 + z^3 - 3xyz = (x+y+z)(x^2+y^2+z^2-xy-yz-zx)$ にも登場する2次式であるので，〔解答〕のような変形も知っておくべきだろう。

▶(3)　x, y, z についての2次式であるので，〔別解〕のように平方完成を用いて示すこともできるが，k については1次式であるので，k の関数とみて(1)・(2)を利用するとよい。

━━━━━━━━━━━━━━━━━━━━

3　◇発想◇　(1)　$\angle ABH = \theta$ とおき，$\triangle ABH$，$\triangle CBH$ について余弦定理を用いる。

(2)　AH，BH，CH を PH で表し，(1)の等式を用いる。

(3)　(2)から，AH，BH，AB がわかるので，$\cos\theta$ を求めることができる。

━━━━━━━━━━━━━━━━━━━━

解答　(1)　$\angle ABH = \theta$ とおく。

$\triangle ABH$ において余弦定理より

$$AH^2 = AB^2 + BH^2 - 2AB \cdot BH\cos\theta \quad \cdots\cdots ①$$

$\triangle CBH$ において余弦定理より

$$CH^2 = BC^2 + BH^2 - 2BC \cdot BH\cos(180° - \theta)$$

$BC = 2AB$, $\cos(180° - \theta) = -\cos\theta$ より

$$CH^2 = 4AB^2 + BH^2 + 4AB \cdot BH \cos\theta$$

$$\cdots\cdots②$$

①×2＋② より

$$2AH^2 + CH^2 = 6AB^2 + 3BH^2$$

よって　　$2AH^2 - 3BH^2 + CH^2 = 6AB^2$

（証明終）

(2)　$AH \tan 45° = PH$ より　　　$AH = PH$

$BH \tan 60° = PH$ より　　　$\sqrt{3}\,BH = PH$　　　$BH = \dfrac{1}{\sqrt{3}} PH$

$CH \tan 30° = PH$ より　　　$\dfrac{1}{\sqrt{3}} CH = PH$　　　$CH = \sqrt{3}\,PH$

これらと $AB = 100$ を(1)の等式に代入すると

$$2PH^2 - 3 \cdot \frac{1}{3} PH^2 + 3PH^2 = 60000$$

$$PH^2 = 15000$$
$$PH = \sqrt{15000} = 50\sqrt{6}$$

ここで，$122^2 = 14884$，$123^2 = 15129$ より

$$122 < \sqrt{15000} < 123$$

すなわち　　$122 < PH < 123$

よって，PH の整数部分は　　　122　……(答)

(3)　(2)より　　　$AH = PH = 50\sqrt{6}$，$BH = \dfrac{1}{\sqrt{3}} PH = 50\sqrt{2}$

$AB = 100$ であるので，①に代入すると

$$(50\sqrt{6})^2 = 100^2 + (50\sqrt{2})^2 - 2 \cdot 100 \cdot 50\sqrt{2} \cos\theta$$

$$15000 = 15000 - 10000\sqrt{2} \cos\theta$$

$$\cos\theta = 0$$

よって　　$\theta = 90°$

したがって，H と道の距離は　　　$BH = 50\sqrt{2}$

$50\sqrt{2} = \sqrt{5000}$ であり，$70^2 = 4900$，$71^2 = 5041$ より

$$70 < 50\sqrt{2} < 71$$

ゆえに，H と道との距離の整数部分は　　　70　……(答)

━━━━ ◀解　説▶ ━━━━

≪塔の高さ，塔と道との距離の測量≫

▶(1)　∠ABH＝θ とおき，△ABH，△CBH において余弦定理を用い，θ を消去すればよい。

▶(2)　50√6 の整数部分については，$\sqrt{15000}$ を平方して，15000 に近い数を計算する。

▶(3)　①を用いて cosθ を求める。本問では cosθ＝0 となり θ＝90° であったが，cosθ＝0 でなくても，H と道との距離は BHsinθ である。

❖講　評

2021 年度は，整数，数列，不等式の証明，図形と計量からの出題で，微・積分法，ベクトルからの出題はなかった。また，理系との共通問題は出題されなかったが，類似問題が出題された（**1**）。

1．複素数の n 乗が虚数であることの証明。(1)で虚部の整数を 10 で割った余りに着目するよう誘導されており，数学的帰納法により証明する。標準的ではあるが，実部を 10 で割った余りも同時に考える必要がある。

2．不等式の証明。(1)・(2)は基本的である。(3)で k の関数とみて，(1)・(2)を利用することに気付くかどうかがポイントとなる。(3)の出来・不出来で差がついたと思われる。

3．塔の高さや距離を三角比を用いて求める図形と計量についての標準的な問題である。整数部分を求める計算も特に問題ないだろう。

全体として，標準的な問題中心の出題である。小問を確実に解いていくと同時に，誘導となっていることを理解しなければならない。

物理

I 解答

問1．ばねの伸びを x とする。おもりの加速度の鉛直成分は0であるから，運動方程式の鉛直成分は

$$0 = kx\cos\theta - mg$$

$$\therefore \quad x = \frac{mg}{k\cos\theta} \quad \cdots\cdots ① \quad \cdots\cdots (答)$$

ばねの伸び x と角度 θ の関係を表すグラフは，右図の通りである。

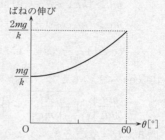

ばねの伸び

問2．おもりの等速円運動の角速度を ω とする。おもりの等速円運動の半径を r とすると，$r = (L+x)\sin\theta$ であるから，運動方程式の水平成分は

$$m\cdot(L+x)\sin\theta\cdot\omega^2 = kx\sin\theta$$

①を代入すると

$$m\cdot\left(L + \frac{mg}{k\cos\theta}\right)\sin\theta\cdot\omega^2 = \frac{mg}{\cos\theta}\sin\theta$$

$$\therefore \quad \omega = \sqrt{\frac{kg}{kL\cos\theta + mg}} \quad \cdots\cdots(答)$$

問3．おもりの等速円運動の速さを v とすると，$v = r\omega = (L+x)\sin\theta\cdot\omega$ であるから，おもりの運動エネルギー K は，①と問2の結果を用いて

$$K = \frac{1}{2}mv^2 = \frac{1}{2}m\{(L+x)\sin\theta\cdot\omega\}^2$$

$$= \frac{1}{2}m\left(L + \frac{mg}{k\cos\theta}\right)^2 \sin^2\theta \cdot \frac{kg}{kL\cos\theta + mg}$$

$$= \frac{1}{2}m\frac{(kL\cos\theta + mg)^2}{k^2\cos^2\theta}\sin^2\theta \cdot \frac{kg}{kL\cos\theta + mg}$$

$$= \frac{mg}{2k}(kL\cos\theta + mg)\tan^2\theta \quad \cdots\cdots② \quad \cdots\cdots(答)$$

ばねの弾性エネルギー U は，①を用いて

$$U = \frac{1}{2}kx^2 = \frac{1}{2}k\left(\frac{mg}{k\cos\theta}\right)^2$$

$$= \frac{1}{2k}\left(\frac{mg}{\cos\theta}\right)^2 \quad\cdots\cdots ③ \quad\cdots\cdots (答)$$

問 4 ．求める条件は $U > K$ であるから，②，③と，$\sin^2\theta + \cos^2\theta = 1$ を用いて

$$\frac{1}{2k}\left(\frac{mg}{\cos\theta}\right)^2 > \frac{mg}{2k}(kL\cos\theta + mg)\tan^2\theta$$

$$mg > (kL\cos\theta + mg)\sin^2\theta$$

$$mg > (kL\cos\theta + mg)\cdot(1 - \cos^2\theta)$$

$$\therefore \quad \cos^2\theta + \frac{mg}{kL}\cos\theta - 1 > 0 \quad\cdots\cdots④$$

$0 < \cos\theta < 1$ のもとで，$\cos\theta$ の 2 次不等式を解くと

$$\frac{mg}{2kL}\left\{\sqrt{1 + \left(\frac{2kL}{mg}\right)^2} - 1\right\} < \cos\theta < 1 \quad\cdots\cdots (答)$$

問 5 ．$U = K$ のとき，④より

$$\cos^2\theta + \frac{mg}{kL}\cos\theta - 1 = 0$$

$$\therefore \quad m = \frac{kL(1 - \cos^2\theta)}{g\cos\theta}$$

問題文の数値を代入すると

$$m = \frac{20 \times 0.10 \times \left\{1 - \left(\frac{\sqrt{3}}{2}\right)^2\right\}}{9.8 \times \frac{\sqrt{3}}{2}} = \frac{20 \times 0.10 \times \frac{1}{4} \times \sqrt{3}}{9.8 \times \frac{\sqrt{3}}{2} \times \sqrt{3}}$$

$$= \frac{0.5 \times 1.73}{4.9 \times 3} = 0.0588$$

$$\fallingdotseq 5.9 \times 10^{-2}\,[\text{kg}] \quad\cdots\cdots (答)$$

━━━━━◀解　説▶━━━━━

≪ばねにつながれたおもりの円錐振り子≫

▶問 1 ．ばねの伸び x と角度 θ の関係を表すグラフは，$x = \dfrac{mg}{k\cos\theta}$ であるから，x は $\cos\theta$ に反比例する。ただし，$0° < \theta < 60°$ であるから

・$\theta = 0°$ のとき　　$x = \dfrac{mg}{k\cos 0°} = \dfrac{mg}{k}$

・$\theta = 60°$ のとき　　　$x = \dfrac{mg}{k\cos 60°} = \dfrac{2mg}{k}$

▶問 2・問 3. ばねの伸びが x のとき，おもりの等速円運動の半径 r は $r = (L+x)\sin\theta$，速さ v は $v = r\omega = (L+x)\sin\theta \cdot \omega$ であることに注意が必要である。

▶問 4. 2 次不等式であるから，解の公式が必要である。

④の左辺を y とおいて平方完成すると

$$y = \cos^2\theta + \frac{mg}{kL}\cos\theta - 1$$

$$= \left(\cos\theta + \frac{mg}{2kL}\right)^2 - \left\{\left(\frac{mg}{2kL}\right)^2 + 1\right\}$$

このグラフは，頂点座標が $\cos\theta = -\dfrac{mg}{2kL}$，$y = -\left\{\left(\dfrac{mg}{2kL}\right)^2 + 1\right\}$ で，下に凸の放物線である。

$y = 0$ のとき　　　$\cos\theta = -\dfrac{mg}{2kL} \pm \sqrt{\left(\dfrac{mg}{2kL}\right)^2 + 1}$

$0 < \cos\theta < 1$ のもとでは

$$\cos\theta = -\frac{mg}{2kL} + \sqrt{\left(\frac{mg}{2kL}\right)^2 + 1}$$

$$= \frac{mg}{2kL}\left\{\sqrt{1 + \left(\frac{2kL}{mg}\right)^2} - 1\right\}$$

▶問 5. 問題文の数値を代入する場合，分母の無理数は有理化してから代入する。

II　**解答**　問 1. 図 1 のコンデンサーが充電されると，左側極板には正電荷が，右側極板には負電荷が蓄えられる。このとき，極板間には一様な電界が生じ，正電荷から出る電気力線はすべて負電荷に入るので

極板間の電界の強さ：$\dfrac{V}{5d}$　　　　　$\left.\rule{0pt}{28pt}\right\}$　……(答)

2 枚の極板の外側における電界の強さ：0

問 2. 導体内部は等電位であり，導体中に電位差は生じないし，電界も 0 である。よって，図 2 のコンデンサーは，極板間隔が $2d$ のコンデンサー

とみなせるから，極板と導体間の電界の強さは $\dfrac{V}{2d}$ である。グラフは下図。

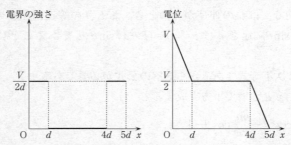

問 3．コンデンサーの極板の幅（紙面に垂直な方向の長さ（奥行き））を l，極板間の物質の誘電率を ε とすると，図 1 のコンデンサーの電気容量 C は

$$C = \varepsilon \frac{y_0 l}{5d}$$

図 3 の，導体が挿入された部分のコンデンサーは，極板間隔が $2d$ のコンデンサーとみなせるから，電気容量を C_1 とすると

$$C_1 = \varepsilon \frac{yl}{2d} = \frac{5y}{2y_0}C$$

導体が挿入されていない部分のコンデンサーの電気容量を C_2 とすると

$$C_2 = \varepsilon \frac{(y_0 - y)\, l}{5d} = \frac{y_0 - y}{y_0}C$$

図 3 のコンデンサーの電気容量は，これらの並列接続の合成容量であるから，これを C_S とすると

$$C_S = C_1 + C_2 = \frac{5y}{2y_0}C + \frac{y_0 - y}{y_0}C = \frac{3y + 2y_0}{2y_0}C$$

図 1 の状態でコンデンサーを充電したとき，極板に蓄えられた電気量を Q とすると

$$Q = CV$$

図 3 では，スイッチを開いてから，導体をコンデンサーに入れたから，極板に蓄えられた電気量 Q は変化しない。よって，コンデンサーに蓄えられている静電エネルギーを U とすると

$$U = \frac{Q^2}{2C_S} = \frac{(CV)^2}{2 \cdot \dfrac{3y + 2y_0}{2y_0} C}$$

$$= \frac{y_0}{3y + 2y_0} CV^2 \quad \cdots\cdots(答)$$

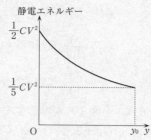

y と静電エネルギー U の関係は，y の増加と
ともに，U は単調に減少し，傾きの大きさ
も減少する。グラフは右図。

問4．導体とコンデンサーの間にはたらく力：引力

エネルギーと仕事の関係より，静電エネルギーの変化は，導体を挿入する
外力がした仕事に等しい。導体をゆっくりとコンデンサーに入れるとき，
導体にコンデンサーからはたらく引力と，導体を挿入するために加えた外
力はつり合い，大きさが等しく向きが反対である。

問3のグラフより，静電エネルギー U の変化量は y の増加につれて減少
する。よって，導体とコンデンサーの間にはたらく力は，y の増加につれ
て減少する。

問5．図1の状態でコンデンサーを充電し，図3のように，スイッチを開
いてから，Q_1 を与えた導体をコンデンサーに完全に入れても，コンデン
サーの左側極板に蓄えられた電気量 CV は変化しない。このとき，導体の
左側表面には $-CV$ の電荷が現れる。その結果，導体の右側表面には
$Q_1 + CV$ の電荷が現れ，コンデンサーの右側極板には接地点から移動した
電荷により $-(Q_1 + CV)$ の電荷が現れる。

コンデンサーの左側極板と導体の左側表面，導体の右側表面とコンデンサ
ーの右側極板間の距離はともに d であるから，それぞれの電気容量を C'
とすると

$$C' = \varepsilon \frac{y_0 l}{d} = 5C$$

導体を入れた後の静電エネルギーの和 U' は

$$U' = \frac{(CV)^2}{2 \cdot 5C} + \frac{(Q_1 + CV)^2}{2 \cdot 5C}$$

導体を入れる前の静電エネルギー U_0 は，$U_0 = \dfrac{1}{2} CV^2$ であったから，静電
エネルギーの変化量 ΔU は

$$\Delta U = U' - U_0 = \left\{ \frac{(CV)^2}{2 \cdot 5C} + \frac{(Q_1 + CV)^2}{2 \cdot 5C} \right\} - \frac{1}{2}CV^2$$

$$= \frac{1}{10C} \left[(CV)^2 + \{Q_1{}^2 + 2CV \cdot Q_1 + (CV)^2\} - 5(CV)^2 \right]$$

$$= \frac{1}{10C} \{Q_1{}^2 + 2CV \cdot Q_1 - 3(CV)^2\}$$

静電エネルギーが増加する条件は，$\Delta U > 0$ であるから

$$Q_1{}^2 + 2CV \cdot Q_1 - 3(CV)^2 > 0$$

$$\therefore \quad (Q_1 + 3CV)(Q_1 - CV) > 0$$

よって　　$Q_1 < -3CV$　または　$Q_1 > CV$　……(答)

━━━━━━━━ ◀解 説▶ ━━━━━━━━

≪極板間に導体を挿入したコンデンサー≫

▶問 1．極板間の物質の誘電率を ε，
極板面積を S，極板に蓄えられた電荷
の大きさを Q とする。

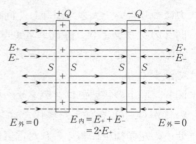

極板に蓄えられた電荷 $+Q$ がつくる
電界の強さを E_+ とすると，極板から
図の左右に出る電気力線の総本数は
$E_+ \cdot 2S$ であるから，ガウスの法則よ
り

$$E_+ \cdot 2S = \frac{Q}{\varepsilon} \quad \therefore \quad E_+ = \frac{Q}{2\varepsilon S}$$

同様に，極板に蓄えられた電荷 $-Q$ がつくる電界の強さを E_- とすると，
極板に向かって図の左右から入ってくる電気力線の総本数は $E_- \cdot 2S$ であ
るから

$$E_- = \frac{Q}{2\varepsilon S}$$

これらの電界を合成すると，極板間の電界の強さ $E_内$ は

$$E_内 = \frac{Q}{2\varepsilon S} + \frac{Q}{2\varepsilon S} = \frac{Q}{\varepsilon S}$$

2 枚の極板の外側の電界の強さ $E_外$ は

$$E_外 = \frac{Q}{2\varepsilon S} - \frac{Q}{2\varepsilon S} = 0$$

図 1 の極板間隔 $5d$ のコンデンサーの電気容量が C であるから

$$C = \varepsilon \frac{S}{5d}$$

極板間の電圧が V で電気量 Q が蓄えられているから

$$Q = CV$$

よって

$$E_{\text{内}} = \frac{Q}{\varepsilon S} = \frac{CV}{\varepsilon S} = \frac{\varepsilon \dfrac{S}{5d} \cdot V}{\varepsilon S} = \frac{V}{5d}$$

▶問 2．極板と導体間の電界は一様であり，電界の強さを E_1 とすると，電位差は $E_1 d$ である。よって，極板間の電位差の関係は

$$E_1 d + 0 + E_1 d = V$$

$$\therefore \quad E_1 = \frac{V}{2d}$$

電位は

- 接地されている $x = 5d$ で，0
- 電池に接続されている $x = 0$ で，V
- 左右の極板と導体のそれぞれの間で等しい電位差が生じるので，導体中の $d \leqq x \leqq 4d$ のすべての部分で，$\dfrac{V}{2}$

▶問 3．$U = \dfrac{y_0}{3y + 2y_0} CV^2$，$0 \leqq y \leqq y_0$ であるから

$$y = 0 \text{ で} \qquad U = \frac{y_0}{3 \times 0 + 2y_0} CV^2 = \frac{1}{2} CV^2$$

$$y = y_0 \text{ で} \qquad U = \frac{y_0}{3y_0 + 2y_0} CV^2 = \frac{1}{5} CV^2$$

であり，U は y の増加とともに減少する。

また，U を y で微分すると

$$\frac{dU}{dy} = -\frac{y_0}{3\left(y + \dfrac{2y_0}{3}\right)^2} CV^2$$

よって，U は単調に減少し，U の傾きの大きさ $\left| \dfrac{dU}{dy} \right|$ は y の増加とともに減少する。

▶問4．導体の表面には，静電誘導によって，極板に蓄
えられている電荷と反対符号の電荷が現れる。よって，
極板上の電荷と導体表面の電荷は互いに引き合い，導体
はコンデンサー極板内に引き込まれる。
このとき，導体を挿入するために加えた外力は導体を挿
入する向きと反対向きであり，この外力がした仕事は負
である。

▶問5．導体中の電荷は導体表面だけに分布し，
導体内部には存在しない。導体をコンデンサーに
完全に入れたとき，導体全体の電荷は，左側表面
の $-CV$ と，右側表面の Q_1+CV の和で，Q_1 で
ある。

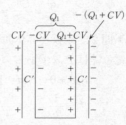

Ⅲ **解答**　問1．状態Bでの気体の圧力を P_1 とすると，ピストン
とおもりにはたらく力のつり合いの式より

$$P_1S = P_0S + Mg$$

A→Bの過程は，温度 T_0 の等温変化であるから，ボイルの法則より

$$P_0V_0 = P_1h_1S \quad \cdots\cdots①$$

$$P_0V_0 = (P_0S + Mg)h_1$$

$$\therefore \quad h_1 = \frac{P_0V_0}{P_0S + Mg} \quad \cdots\cdots(答)$$

問2．B→Cの過程は，圧力 P_1 の定圧変化であるから，シャルルの法則
より

$$\frac{h_1S}{T_0} = \frac{h_2S}{T_1} \quad \cdots\cdots②$$

$$\therefore \quad h_2 = \frac{T_1}{T_0}h_1$$

$$= \frac{P_0V_0}{P_0S + Mg} \cdot \frac{T_1}{T_0} \quad \cdots\cdots(答)$$

問3．B→Cの定圧変化の過程で，体積が h_1S から h_2S へ増加している
から，仕事 W_{BC} は

$$W_{BC} = P_1(h_2S - h_1S) = P_1S \cdot (h_2 - h_1)$$

$$= (P_0 S + Mg) \cdot \left(\frac{P_0 V_0}{P_0 S + Mg} \cdot \frac{T_1}{T_0} - \frac{P_0 V_0}{P_0 S + Mg} \right)$$

$$= P_0 V_0 \left(\frac{T_1}{T_0} - 1 \right) \quad \cdots\cdots (答)$$

気体定数を R，気体の物質量を n とする。状態 A で，理想気体の状態方程式より

$$P_0 V_0 = nRT_0$$

$$\therefore \quad nR = \frac{P_0 V_0}{T_0}$$

定圧変化の過程で，気体に熱量 Q_{BC} が与えられ，気体の温度が T_0 から T_1 まで上昇しているから，単原子分子理想気体の定圧モル比熱 $\frac{5}{2}R$ を用いて

$$Q_{BC} = n \cdot \frac{5}{2} R \cdot (T_1 - T_0) = \frac{5}{2} \cdot \frac{P_0 V_0}{T_0} (T_1 - T_0)$$

$$= \frac{5}{2} P_0 V_0 \left(\frac{T_1}{T_0} - 1 \right)$$

$$= \frac{5}{2} W_{BC} \quad \cdots\cdots (答)$$

問 4． 状態 D での気体の圧力を P_2 とすると，ピストンとおもりにはたらく力の，ピストンに垂直な方向の力のつり合いの式より

$$P_2 S = P_0 S + Mg \cos\theta$$

C→D の過程は，温度 T_1 の等温変化であるから，状態 A と状態 D の間でボイル・シャルルの法則より

$$\frac{P_0 V_0}{T_0} = \frac{P_2 V_0}{T_1} \quad \cdots\cdots ③$$

$$\frac{P_0}{T_0} = \frac{P_0 + \dfrac{Mg \cos\theta}{S}}{T_1}$$

$$\therefore \quad \cos\theta = \frac{P_0 S}{Mg} \left(\frac{T_1}{T_0} - 1 \right) \quad \cdots\cdots (答)$$

問 5． 状態 A〜D の気体の圧力，体積，温度は次のようになる。

状態	圧力	体積	温度	状態変化
A	P_0	V_0	T_0	
B	$2P_0$	$\dfrac{1}{2}V_0$	T_0	温度 T_0 の等温変化
C	$2P_0$	$\dfrac{T_1}{2T_0}V_0$ または h_2S	T_1	圧力 $2P_0$ の定圧変化
				温度 T_1 の等温変化
D	$\dfrac{T_1}{T_0}P_0$	V_0	T_1	

よって，P-V グラフは右図の通りである。
また，C→D の過程で気体が外部にした仕事
W_{CD} は，過程を表す P-V グラフと V 軸で囲ま
れた網かけ部分の面積である。

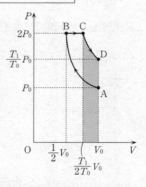

◀解　説▶

≪気体の状態変化（等温変化と定圧変化）≫
問1〜問4では各状態での気体の圧力，体積，温度を求めるのに，ボイ
ル・シャルルの法則を用いたが，理想気体の状態方程式を用いることもで
きる。

　状態A：$P_0V_0 = nRT_0$

　状態B：$P_1h_1S = nRT_0$

　状態C：$P_1h_2S = nRT_1$

　状態D：$P_2V_0 = nRT_1$

▶問1．気体の圧力 P_1 を用いる場面では，P_1S（これを全圧力といい，
力を表す）をひとまとめにして

$$P_1S = P_0S + Mg$$

を代入した。もちろん

$$P_1 = P_0 + \frac{Mg}{S} = \frac{P_0S + Mg}{S}$$

を代入することもできる。このとき，圧力と力を混同して，$P_1 = P_0 + Mg$ と誤らないように注意が必要である。

▶問 3．B→C の過程で気体の内部エネルギーの増加を ΔU_{BC} とすると，単原子分子理想気体の定積モル比熱 $\dfrac{3}{2} R$ を用いて

$$\Delta U_{BC} = n \cdot \frac{3}{2} R (T_1 - T_0) = \frac{3}{2} (nRT_1 - nRT_0)$$

$$= \frac{3}{2} (P_1 h_2 S - P_1 h_1 S) = \frac{3}{2} W_{BC}$$

よって，気体に与えられた熱量 Q_{BC} は，熱力学第一法則より

$$Q_{BC} = \Delta U_{BC} + W_{BC} = \frac{3}{2} W_{BC} + W_{BC} = \frac{5}{2} W_{BC}$$

すなわち，単原子分子理想気体の定圧変化では

$$Q_{BC} : \Delta U_{BC} : W_{BC} = 5 : 3 : 2$$

である。このとき，単原子分子理想気体の内部エネルギーの変化 ΔU_{BC} は，気体の状態変化の種類（定圧変化，定積変化，断熱変化など）とは無関係に，気体の温度が T_0 から T_1 まで変化したとき，$\Delta U_{BC} = n \cdot \dfrac{3}{2} R (T_1 - T_0)$ で表されることに注意が必要である。

▶問 4．C→D の過程は，温度 T_1 の等温変化であるから，ボイルの法則を用いて次のように求めてもよい。

$$P_1 h_2 S = P_2 V_0$$

$$\left(P_0 + \frac{Mg}{S}\right) \frac{T_1 \cdot S h_1}{T_0} = \left(P_0 + \frac{Mg \cos\theta}{S}\right) V_0$$

$$\left(P_0 + \frac{Mg}{S}\right) \frac{T_1}{T_0} \cdot \frac{S \cdot P_0 V_0}{P_0 S + Mg} = \left(P_0 + \frac{Mg \cos\theta}{S}\right) V_0$$

$$\therefore \quad \cos\theta = \frac{P_0 S}{Mg}\left(\frac{T_1}{T_0} - 1\right)$$

▶問 5．状態 B の気体の圧力 P_1 は，①に，問題文の $h_1 S = \dfrac{1}{2} V_0$ を用いると

$$P_0 V_0 = P_1 \cdot \frac{1}{2} V_0$$

$$\therefore \quad P_1 = 2P_0$$

状態Cでの気体の体積 $h_2 S$ は，②に，問題文の $h_1 S = \dfrac{1}{2} V_0$ を用いると

$$\frac{\dfrac{1}{2} V_0}{T_0} = \frac{h_2 S}{T_1}$$

$$\therefore \quad h_2 S = \frac{T_1}{2 T_0} V_0$$

状態Dでの気体の圧力 P_2 は，③より

$$\frac{P_0 V_0}{T_0} = \frac{P_2 V_0}{T_1}$$

$$\therefore \quad P_2 = \frac{T_1}{T_0} P_0$$

このとき，$P_0 < \dfrac{T_1}{T_0} P_0 < 2 P_0$，$\dfrac{1}{2} V_0 < \dfrac{T_1}{2 T_0} V_0 < V_0$ である。

◆講　評

2021 年度も，例年通り，すべての大問において「解答の導出過程も示しなさい」の指示が，さらにⅡ，Ⅲには「必要な物理量があれば定義して明示しなさい」の指示があった。これらは神戸大学の特徴であるから対策はしていたであろう。描図問題が 2020 年度より増加してⅠ〜Ⅲで計 5 問，Ⅱで理由を説明する論述問題が 1 問，Ⅰで数値計算の問題が 1 問出題された。全体に難易度の傾斜もしっかりとつけられ，思考力を必要とする問題や，2 次不等式を解く問題も含まれ，出題に工夫がなされている。60 分という試験時間では余裕はないだろう。

Ⅰ．ばねにつながれたおもりの等速円運動で，おもりの運動方程式，運動エネルギーと弾性エネルギーの計算という基本的出題。問 4 は問 3 の結果を用いて $\cos\theta$ の 2 次不等式を解き，問 5 は問 4 の 2 次不等式を 2 次方程式に書き換えて数値を代入する問題であり，計算力で差がつくであろう。

Ⅱ．問 1・問 2 はコンデンサーの極板間に導体を挿入したときの電場と電位についての基本的出題であるが，日頃からグラフを描く練習を積んでおかないとつまずく。問 3・問 5 では，コンデンサーを充電した後，スイッチを開いて導体を挿入するわけであるが，問 3 は導体が電荷をも

たない場合，問5は導体に電荷が与えてある場合で，挿入後の電荷の分布の違いが区別できていなければ厳しい。

　Ⅲ．単原子分子理想気体の等温変化と定圧変化の問題である。「解答に必要な物理量」として，気体の物質量 n と気体定数 R を定義して解答するが，これらを定義しなくても解答することはできる。A〜Dの状態の気体の圧力，体積，温度は，ピストンに対する力のつり合いの式，ボイル・シャルルの法則または状態方程式を用いて丁寧に計算していけばよい。問3は定圧変化における熱量であるから，定圧モル比熱と定積モル比熱の使い方が理解できていれば，熱力学第一法則を用いなくても解くことができる。計算量がやや増えるが，熱力学第一法則を用いてひとつずつ処理するのもよい。問4はおもりにはたらく力の，ピストンに垂直な方向の成分が $Mg\cos\theta$ であることを間違わなかったかがポイントである。

化学

I **解答** 問1. k_1：2.0×10^3 L/(mol·s)　k_2：8.0×10 L/(mol·s)
問2. 3.0 mol/L

問3. I_2：3.0 mol　H_2：2.0 mol

問4. 全圧：8.3×10^5 Pa　H_2 の分圧：5.5×10^4 Pa

問5. ア. 平衡定数　イ. I_2 および H_2　ウ. HI　エ. 発熱

◀解　説▶

≪ヨウ化水素の反応に関する速度と平衡≫

▶問1. 実験1と反応速度式より，反応開始直後について

$$v_1 = k_1[I_2][H_2] = 4.00 k_1$$

である。また HI の生成速度 v_{HI} が 1.60×10^4 mol/(L·s) であることと，
$v_{HI} = 2v_1$ であることより

$$1.60 \times 10^4 = 2 \times 4.00 k_1$$

∴　$k_1 = 2.0 \times 10^3$〔L/(mol·s)〕

次に，正反応の平衡定数を K とおく。平衡状態では正反応と逆反応の速
度が等しいので $v_1 = v_2$ である。これより以下の関係式が成り立つ。

$$K = \frac{[HI]^2}{[H_2][I_2]} = \frac{\dfrac{v_2}{k_2}}{\dfrac{v_1}{k_1}} = \frac{k_1}{k_2}$$

∴　$k_2 = \dfrac{k_1}{K}$

実験3より，1000 K において $K = 25$ であるので，k_1 の値より

$$k_2 = \frac{2.0 \times 10^3}{25} = 8.0 \times 10〔L/(mol·s)〕$$

▶問2. 実験2と反応速度式より，反応開始直後について

$$v_2 = k_2[HI]^2 = 80x^2$$

である。また，I_2 の生成速度が 7.20×10^2 mol/(L·s) であることと，
$v_{I_2} = v_2$ であることより

$$7.20 \times 10^2 = 80x^2$$

$\therefore$　$x=3.0$〔mol/L〕

▶問 3．I_2 は分子量が 254 であるので，762 g の I_2 は

　　　$762 \div 254 = 3.0$〔mol〕

また，H_2 は 303 K において 50 L の容器に 1.01×10^5 Pa になるように充填したので，物質量を n〔mol〕とおくと，気体の状態方程式より

　　　$1.01 \times 10^5 \times 50 = n \times 8.3 \times 10^3 \times 303$

　$\therefore$　$n = 2.00 \fallingdotseq 2.0$〔mol〕

▶問 4．平衡状態までに H_2 と I_2 が x〔mol〕ずつ反応したとする。このとき，H_2 は $2.0-x$〔mol〕，I_2 は $3.0-x$〔mol〕，HI は $2x$〔mol〕存在している。これを平衡定数の式に代入すると

$$K = \frac{\left(\dfrac{2x}{50}\right)^2}{\dfrac{2.0-x}{50} \times \dfrac{3.0-x}{50}} = 25 \qquad 21x^2 - 125x + 150 = 0$$

　$\therefore$　$x = \dfrac{5}{3}, \ \dfrac{30}{7}$

最初の I_2 と H_2 の量より $0<x<2.0$ であるから，$x=\dfrac{5}{3}$〔mol〕である。これより，H_2 は $\dfrac{1}{3}$ mol，I_2 は $\dfrac{4}{3}$ mol，HI は $\dfrac{10}{3}$ mol 存在し，気体は計 5.0 mol 存在する。

全圧を P〔Pa〕とおくと，気体の状態方程式より

　　　$P \times 50 = 5.0 \times 8.3 \times 10^3 \times 1000$

　$\therefore$　$P = 8.3 \times 10^5$〔Pa〕

また，気体全体に占める H_2 の物質量の割合は $\dfrac{1}{15}$ なので，H_2 の分圧も全圧の $\dfrac{1}{15}$ である。これより，H_2 の分圧は

　　　$\dfrac{8.3 \times 10^5}{15} = 5.53 \times 10^4 \fallingdotseq 5.5 \times 10^4$〔Pa〕

▶問 5．実験 3，実験 4 より，温度上昇にともない平衡定数が減少したとわかる。なお，反応速度定数は一般的に温度上昇にともない正反応・逆反応ともに上昇する。また，活性化エネルギーは反応に固有の定数で，温度

とは無関係である。平衡定数が減少するのは分母の $[H_2]$，$[I_2]$ が大きくなり，分子の $[HI]$ が小さくなるからであり，温度上昇にともない逆反応が進むことがわかる。一般に，温度上昇があればそれを打ち消すために吸熱反応が起こるので，逆反応が吸熱反応であり，正反応は発熱反応であるとわかる。

Ⅱ 解答

問1．$2F_2 + 2H_2O \longrightarrow O_2 + 4HF$

問2．物質名：次亜塩素酸　酸化数：$+1$

問3．C_2H_6

問4．I_3^-

問5．$MnO_2 + 4HCl \longrightarrow 2H_2O + Cl_2 + MnCl_2$

問6．**A**．水　（理由）塩化水素を取り除くため。（14字以内）

B．濃硫酸　（理由）水蒸気を取り除くため。（14字以内）

問7．ア．下方　イ．陽イオン交換

問8．陰極：$2H_2O + 2e^- \longrightarrow H_2 + 2OH^-$

陽極：$2Cl^- \longrightarrow Cl_2 + 2e^-$

問9．9.65×10^2 秒

━━━━━━ ◀解　説▶ ━━━━━━

≪ハロゲンの性質，食塩水の電気分解≫

▶問1．この反応を電子を含む反応式で示せば，以下2つの反応になる。

　　$F_2 + 2e^- \longrightarrow 2F^-$

　　$2H_2O \longrightarrow O_2 + 4H^+ + 4e^-$

▶問2．塩素を水に溶かすと以下の反応が起こる。

　　$Cl_2 + H_2O \longrightarrow HCl + HClO$

塩素原子の酸化数は，塩化水素では -1，次亜塩素酸では $+1$ である。

▶問3．塩素や臭素は有機物に含まれる炭素間不飽和結合に付加することができる。与えられた物質の中では，C_2H_4（エチレン）には二重結合，C_2H_2（アセチレン）には三重結合があるので付加することができる。しかし，C_2H_6（エタン）には不飽和結合がないので臭素と反応しない。

▶問4．ヨウ素は有機溶媒には溶けるが水には溶けない。ただ，ヨウ化カリウム水溶液に対してはヨウ化物イオンとヨウ素が反応して三ヨウ化物イオンが生成し，これが水に溶ける。

$$I_2 + I^- \longrightarrow I_3^-$$

▶問 5．この反応を電子を含む反応式で示せば，以下の 2 つの反応になる。

$$2Cl^- \longrightarrow Cl_2 + 2e^-$$

$$MnO_2 + 4H^+ + 2e^- \longrightarrow Mn^{2+} + 2H_2O$$

▶問 6．この反応は加熱しながら行うので，濃塩酸から塩化水素が揮発してしまう。その塩化水素を水に溶かすことによってまず除去する。その上で塩素とともに含まれる水蒸気を取り除くために濃硫酸に通す。

▶問 7．ア．塩素は水に溶け，空気よりも比重が大きな気体であるので，下方置換で集める。

イ．問 8 の反応式の陽極で残った Na^+ が陽イオンのみを通す性質のある陽イオン交換膜を通って陰極側に移ると，陰極で生成した OH^- と合わさり $NaOH$ が得られる。また Cl^- が陰極側に移らないので，陰極側の生成物の純度が高まる。

▶問 8．陰極の反応について，酸の溶液ではないので $[H^+]$ が極めて小さく，「$2H^+ + 2e^- \longrightarrow H_2$」という形は不適切である。

▶問 9．生成した $NaOH$（式量 40.0）が 800 mg なので 2.00×10^{-2} mol である。陰極の反応より，生成した $NaOH$ の物質量と流れた電子の物質量が等しいとわかるので，流れた電子も 2.00×10^{-2} mol である。
電流を流した時間を t〔秒〕とおくと，電気量について以下の式が成り立つ。

$$2.00t = 2.00 \times 10^{-2} \times 9.65 \times 10^4$$

$$\therefore \quad t = 9.65 \times 10^2 \text{ 秒}$$

III　解答

問 1．CHI_3

問 2．ホルミル基（アルデヒド基）

問 3．$C_9H_{10}O$

問 4．$C_5H_{10}O$

問 5．$CH_3-CH_2-CH_2-\underset{\underset{O}{\|}}{C}-CH_3$ $CH_3-\underset{\underset{CH_3}{|}}{CH}-\underset{\underset{O}{\|}}{C}-CH_3$

問 6．$CH_3-CH_2-\underset{\underset{O}{\|}}{C}-CH_2-CH_3$

問7．D．E．F．

━━━━◀解　説▶━━━━

≪$C_{14}H_{20}$ の構造決定≫

▶問1．ヨードホルム反応において生成する黄色特異臭の物質である。

▶問2．下線部は銀鏡反応について述べられたものであり，これはホルミル基（アルデヒド基）の還元性によって起こるものである。

▶問3．質量組成と分子量より，D，E，Fに含まれる炭素および水素の原子数は以下の通りである。

　炭素：$134×0.806÷12≒9$

　水素：$134×0.075÷1≒10$

これより，酸素の原子数は以下のように求められる。

　　　$(134-12×9-1×10)÷16=1$

以上より，分子式は $C_9H_{10}O$ である。

▶問4．オゾン分解では分解前後で炭素原子数，水素原子数の総数は変わらない。問3より，炭素間二重結合で切れた一方が C_9H_{10} であり，切れたところに酸素が結合して $C_9H_{10}O$ になった。それゆえ，もう一方は C_5H_{10} であり，切れたところに酸素が結合して $C_5H_{10}O$ になったとわかる。

▶問5・問6．G，Hはともにオゾン分解生成物なので，問題文の（補足）の通りカルボニル化合物である。なおかつ，いずれも銀鏡反応を示さないので，アルデヒドではなくケトンであるとわかる。$C_5H_{10}O$ で示されるケトンは，次のア〜ウの3通りが考えられる。

ア〜ウのうち，ア・イの□で囲んだ部分はヨードホルム反応を起こす部分である。これより，Gとして考えられるのは上のア・イ，Hとして考

えられるのは上のウである。

▶問 7．D，E，F はいずれもホルミル基をもつが，実験 4 の二クロム酸カリウムによる酸化によりホルミル基はカルボキシ基に変化する。これを式で示すと次のようになる。

$$C_8H_9CHO \longrightarrow C_8H_9COOH$$

これが芳香族化合物であることから，C_8H_9COOH の示性式は $C_6H_4(C_2H_5)COOH$ か $C_6H_3(CH_3)_2COOH$ のいずれかである。その上で過マンガン酸カリウムと反応させると，問題文の（補足）のようにベンゼン環に結合した炭化水素基がカルボキシ基に変化する。その際，$C_6H_4(C_2H_5)COOH$ は $C_6H_4(COOH)_2$ に，$C_6H_3(CH_3)_2COOH$ は $C_6H_3(COOH)_3$ に変化する。

このとき，210 mg の I は 1.00×10^{-3} mol，120 mg の NaOH（式量 40.0）は 3.00×10^{-3} mol なので，I と 1 価の塩基である NaOH は 1：3 で反応する。よって，I にはカルボキシ基が 3 つ含まれるとわかる。これより，芳香族化合物である I，J，K の示性式は $C_6H_3(COOH)_3$ であるとわかる。このI，J，K として考えられる構造には 3 つのカルボキシ基の位置により 3 種の構造が考えられ，実験 5 にあるベンゼン環に直接結合した水素の性質の違いを H_a，H_b，H_c と区別すると，以下の通りになる。

これより，I と J はともにオ，K はエであるとわかる。D，E，F は I，J，K のカルボキシ基のうち 1 つをホルミル基，あと 2 つをメチル基に置き換えた化合物であるが，F は対称性より〔解答〕の 1 つのみが該当する。これに対し，I と J は以下の 2 通りの置き換え方がある。

性質の異なる水素原子の数の条件より，D がキ，E がクである。

Ⅳ 解答

問1．ア．硫黄　イ．ベンゼン環　ウ．ニトロ
　　　エ．カルボキシ　オ．エステル　カ．ヒドロキシ

問2．C，Y

問3．45

問4．28

問5．アスパラギン酸とグルタミン酸が1つずつ含まれるとわかる。（30字以内）

問6．310

問7．A-C-Y-E-D

◀解　説▶

≪ペンタペプチドのアミノ酸配列決定≫

▶問1．ア．硫黄を含むアミノ酸が PbS の黒色沈殿をつくる反応である。
イ・ウ．キサントプロテイン反応を説明したものであり，ベンゼン環を含むアミノ酸を検出するものである。
エ・オ．エタノールとペプチド（カルボキシ基とアミノ基を含む）の反応を考えると，カルボキシ基と反応してエステルをつくる反応が考えられる。なお，エタノールとアミノ基は反応しない。
カ．乳酸は下のような構造をもつ物質である。ここから，アラニンのアミノ基をヒドロキシ基に置き換えると乳酸になるとわかる。

$$\begin{array}{c} CH_3 \\ | \\ HO-CH-COOH \end{array}$$

▶問2．実験1より，ペプチド②には硫黄原子を含むアミノ酸であるシステインが含まれ，ペプチド①と③にはシステインが含まれないとわかる。また実験2より，ペプチド①と②にはベンゼン環を含むアミノ酸であるチロシンが含まれ，ペプチド③にはチロシンが含まれないとわかる。

▶問3．ニトロ化では水素原子（式量 1.00）がニトロ基（NO_2，式量 46.0）に置き換わるので，分子量はその差である 45 だけ増加する。

▶問4．カルボキシ基がエタノールによりエステル化されるとき，以下のような反応が起こる。

$$R-COOH \longrightarrow R-COO-C_2H_5$$

これより，分子全体としては炭素原子2個，水素原子4個が増えたことになり，分子量は 28 増えることになる。

▶問 5 . ペプチドの側鎖にカルボキシ基がない場合には，ペプチドのカルボキシ基は C 末端の 1 つである。ペプチド②に比べ，ペプチド①では 2 倍，ペプチド③では 3 倍の分子量増加数であったことから，ペプチド②は側鎖にカルボキシ基がなくペプチド①では 1 つ，ペプチド③では 2 つ含まれているとわかる。なお，ペプチド②の側鎖にカルボキシ基を含む可能性もありうるが，ペプチド③がジペプチドまたはトリペプチドであることから，カルボキシ基の数は最大でも 4 つであるので「ペプチド②の 3 倍」含むという条件を満たしえない。

与えられた 8 種類のアミノ酸のうち，側鎖にカルボキシ基を含むものはアスパラギン酸とグルタミン酸である。設問のペンタペプチドはすべて異なるアミノ酸からなるので，ペプチド③はこれらを 1 つずつ含むといえる。

▶問 6 . 実験 1 ～ 3 の結果をまとめると以下のようになる。

　実験 1 ：②は C を含み，①と③は C を含まない。

　実験 2 ：①と②は Y を含み，③は Y を含まない。

　実験 3 ：③は D と E を含み，①は D と E の一方のみを含み，②は D と E の両方を含まない。

また，実験 4 はビウレット反応を示した文章であり，ここで赤紫色を発色した場合はトリペプチド以上のペプチド，しなければジペプチドである。よって，ペプチド②はトリペプチド，ペプチド①と③はジペプチドである。ここまでの結果から，以下のことがいえる。

　ペプチド①：Y を含み，なおかつ D と E の一方を含む。

　ペプチド②：C と Y を含み，もう 1 つは D・E 以外のものである。

　ペプチド③：D と E である。

これより，ペプチド③の分子量は 　　133 + 147 − 18 = 262

実験 5 より，ペプチド①の分子量は

　　　　262 + 48 = 310 　または　 262 − 48 = 214

ペプチド①の一方は Y（分子量 181）なので，他方は

　　　　310 + 18 − 181 = 147 　または　 214 + 18 − 181 = 51

分子量が 51 であるアミノ酸は存在せず，147 であるのは E である。これは「D と E の一方を含む」という条件に矛盾しない。

以上より，ペプチド①は Y と E を含み，分子量は 310 である。

▶問 7 . 問 6 より，このペンタペプチドには C・D・E・Y が含まれると

わかる。そして実験 6 より，このペンタペプチドの N 末端が A であるとわかる。すなわち，ペンタペプチドの構成アミノ酸は A・C・D・E・Y であり，ペプチド②の C・Y 以外の構成アミノ酸は A であるとわかる。

以下，N 末端を左側に書く。ペプチド②の配列は A-C-Y と A-Y-C の 2 通りが考えられるが，ペプチド①が Y-E または E-Y であることからペプチド②は A-C-Y であり，ペプチド①が Y-E であるとわかる。さらにペプチド③は D-E または E-D であるが，ペプチド①とのつながりよりペプチド③は E-D であり，ペンタペプチド全体としては A-C-Y-E-D である。

❖講　評

　例年通り，大問 4 題の出題である。質や量の面では 2020 年度とほぼ同様であるが，グラフや図の描画，計算過程の記述はなかった。60 分の試験時間の中で解きにくい問題も一部含まれるので，解く順序の戦略が問われる。

　Ⅰ．ヨウ化水素の生成と分解に関する反応速度と化学平衡に関する問題である。この反応自体は教科書に必ずといっていいほど例示されているものであるし，演習問題を解いたことのある受験生も多いと考えられる。ただ，反応開始直後の正反応の速度と HI の生成速度が別であることや，その関係式を読み落とすと，問 1 と問 2 の両方で失点することになる。また，この記述に引っかかって手が止まってしまうと，問 3 以降の典型的な問題にかける時間を失ってしまうことにもなるので，可逆反応のイメージを正しくもつことが求められる問題であった。

　Ⅱ．塩素をはじめとするハロゲンの性質を中心として，電気分解に関する計算も問われた問題である。ハロゲンの性質については，ヨウ素がヨウ化カリウム水溶液に溶ける際に三ヨウ化物イオンを生成すること以外は，実験法も含めて典型的な問題である。また，イオン交換膜法による水酸化ナトリウムの生成についても，生成量に関する計算も含めて典型的な問題である。

　Ⅲ．$C_{14}H_{20}$ という分子式をもつ有機物に関する問題であり，オゾン分解された後の 2 つの分子の構造をそれぞれ決定する。オゾン分解により得られた 2 つの物質のうち，ベンゼン環をもたないほうについては分子

式さえ正しく把握できれば構造式を書き出すことは比較的容易であろう。これに対し，ベンゼン環をもつほうについては把握しにくいと考える受験生がいたかもしれない。オゾン分解やベンゼン環に直接結合する水素結合の性質の違いなど，高校の教科書ではなじみのない事項は丁寧に説明されているが，試験時間の厳しさから，説明文をきちんと読み取れたかどうかで差がついたと考えられる。

　Ⅳ．2020 年度に続き，アミノ酸・タンパク質に関する知識が問われている。問 1 ～問 4 はアミノ酸の反応に関する知識をきちんと身につけていれば解ける問題である。問 5 の論述は実験 3 だけでなくペンタペプチドを構成する 5 つのアミノ酸がすべて異なるという冒頭の条件も使わないと正しく書けないので，やや難しい。また，問 6 は問 5 ができた上で「分子量の差が 48」という条件がどちらが多いのかの判断もしなければならないので，より難しいものであった。

生物

I **解答** 問1. (1) 名称：ヘモグロビン

構造：α 鎖と β 鎖が 2 本ずつ結合した，計 4 本のポリペプチドからなる四次構造をもち，α 鎖と β 鎖のそれぞれが 1 個のヘムという色素を含んでいる。(70 字以内)

(2) 鉄イオン

問2. (1) 鎌状赤血球貧血症（かま状赤血球症）

(2) ウラシル

問3. (1) 16.8 mL

(2) 変化：右方向にシフトする。

理由：筋肉での呼吸が盛んになり，血中の二酸化炭素濃度が上昇して pH が低下するので，ヘモグロビンの酸素と結合する力が弱くなる。さらに，体温の上昇によっても，ヘモグロビンが酸素を離しやすくなるから。

(3) 名称：ミオグロビン 組織名：骨格筋（筋組織）

問4. 消費したグルコース：180 g 得られるエネルギー：686 kcal

━━━━━━━ ◀解 説▶ ━━━━━━━

≪ヘモグロビンのはたらきと呼吸≫

▶問1. (1) ヘモグロビンの構造については，①α 鎖と β 鎖が 2 本ずつ結合した四次構造をもつこと，②各鎖がヘム色素を含むことの 2 点を説明する。

(2) ヘムの中心には鉄イオンがあり，これに 1 分子の酸素が結合する。

▶問2. (1) 鎌状赤血球貧血症は，中央アフリカに多く見られる遺伝病で，低酸素状態になると赤血球が鎌状に変形し，貧血を起こす。

(2) 図1の塩基配列は mRNA のものである点に注意する。鎌状赤血球貧血症では，ヘモグロビン β 鎖の遺伝子の 1 カ所で A が T に置換している。そのため，6 番目のアミノ酸を指定する mRNA のコドンが，グルタミン酸を指定する GAG からバリンを指定する GUG に変化する。

▶問3. (1) 肺胞での酸素分圧は 100 mmHg，二酸化炭素分圧は 30 mmHg なので，図2あるいは表1のグラフ a から，肺胞での酸素飽和度

は 98 ％ である。同様に，組織での酸素分圧は 20 mmHg，二酸化炭素分圧
は 40 mmHg なので，グラフ b から，組織での酸素飽和度は 14 ％ である。
したがって，組織で酸素を放出するヘモグロビンの割合は

$$98 - 14 = 84 \%$$

「血液 100 mL 中には飽和度 100 ％ で，酸素 20 mL が溶ける」とあるので，
組織で放出される酸素は，血液 100 mL あたり

$$20 \times \frac{84}{100} = 16.8 \,〔\text{mL}〕$$

となる。

(2) ヘモグロビンは，①二酸化炭素分圧が高いほど，② pH が低いほど，
③温度が高いほど，酸素と結合する力が弱くなり，酸素を解離しやすい。
有酸素運動を行うと，筋肉での呼吸が盛んになる結果，血中の二酸化炭素
濃度が上昇し，体温が上昇するので，ヘモグロビンから酸素が離れやすく
なり，酸素解離曲線が右方向にシフトする。本問では「血中の二酸化炭素
濃度が上昇する」ことと，「体温が上昇する」ことの両方を盛り込みたい。

(3) 脊椎動物の骨格筋にはミオグロビンという呼吸色素が含まれる。ミオ
グロビンはヘモグロビンより酸素との結合能が高く，筋肉に多くの酸素を
貯える役割を担っている。

▶問 4．呼吸により最大量の ATP が生成されるものとして考える。呼吸
では 1 mol のグルコースから最大で 38 mol の ATP が生成される。ATP
1 mol の生成に必要なエネルギーは 30.5 kJ であり，1 kJ は 0.239 kcal なの
で，呼吸での ATP の生成に利用されるエネルギーは，グルコース 1 mol
あたり

$$30.5 \times 38 \times 0.239 = 277.0 \fallingdotseq 277 \,〔\text{kcal}〕$$

である。問題文の「細胞が利用できるエネルギー」は ATP のエネルギー
を指していると考えられるので，277 kcal のエネルギーを生成するのに消
費されたグルコースの量は $277 \div 277 = 1 \,〔\text{mol}〕$ となる。
グルコース（$C_6H_{12}O_6$）の分子量は

$$12 \times 6 + 1.0 \times 12 + 16 \times 6 = 180$$

なので，消費されたグルコースは $1 \times 180 = 180 \,〔\text{g}〕$ である。また，呼吸
によりグルコース 1 mol から放出されるエネルギーは

$$2870 \times 0.239 = 685.9 \fallingdotseq 686 \,〔\text{kcal}〕$$

なので，得られるエネルギーは 686 kcal である。

Ⅱ **解答**　問 1．ア．プロモーター　イ．RNA ポリメラーゼ
ウ．リボソーム　エ．tRNA（運搬 RNA，転移 RNA）

オ．セントラルドグマ

問 2．(1)　取り除かれる部分：イントロン

取り除かれない部分：エキソン

(2)　現象：すべてのエキソンをつながずに，特定のエキソンだけを選択し
てつなげることで，1 つの mRNA 前駆体から複数種類の機能的 mRNA
をつくり出す現象。（70 字以内）

意義：発生段階や細胞の種類に応じて，1 つの遺伝子から異なるタンパク
質を合成できる。（40 字以内）

問 3．2 つの塩基の並びの組合せは 16 通りしかなく，20 種類のアミノ酸
をすべて指定できないから。（50 字以内）

問 4．(1)　開始コドン―アルギニン―トレオニン―グリシン―ロイシン―
ヒスチジン―終止コドン

(2)　コドンの読み枠がずれるフレームシフトが起こり，以降のアミノ酸配
列が本来とは異なるように変化するから。（50 字以内）

◀解　説▶

≪遺伝情報の発現≫

▶問 1．ア・イ．DNA のプロモーターとよばれる領域に RNA ポリメラ
ーゼが結合することで転写が開始される。真核生物では，転写の開始に基
本転写因子を必要とし，RNA ポリメラーゼは基本転写因子と複合体をつ
くってプロモーターに結合する。

ウ．リボソームは，タンパク質合成の場となる細胞小器官である。

エ．特定のアミノ酸と結合して，それをリボソームに運搬する RNA を
tRNA（運搬 RNA，転移 RNA）とよぶ。

オ．「遺伝情報は，DNA→RNA→タンパク質の一方向に流れる」という
原則をセントラルドグマという。

▶問 2．(2)　選択的スプライシングの現象の説明では，①すべてのエキソ
ンがつながれず，特定のエキソンだけが選択してつながれる（取り除かれる
部分が変化する）ことと，② 1 つの mRNA 前駆体から複数種類の

mRNA ができることの 2 点を述べる。選択的スプライシングの意義としては，単に「1 つの遺伝子から異なるタンパク質を合成できる」だけでは不十分で，「発生段階や細胞の種類に応じて」という記述が必要だろう。

▶問 3．①タンパク質を構成するアミノ酸は 20 種類ある。②塩基は 4 種類なので，塩基 2 つの並びの組合せは 4×4＝16 通りしかない。この 2 点から，塩基 2 つの並びではすべてのアミノ酸を指定できないことを説明する。

▶問 4．(1)　図 1 の塩基配列をセンス鎖として考えると，途中に ATG（開始コドンに相当するトリプレット）があることがわかる。つまりこの配列の T を U に置き換えると mRNA の塩基配列となる。開始コドンに対応する ATG から 3 塩基ずつで区切ると，7 番目のコドンが終止コドン UGA に対応する TGA であることがわかる。

(2)　1 塩基の欠失や挿入が起きると，3 塩基ごとのコドンの読み枠がずれるフレームシフトが起こるため，それ以降のアミノ酸配列が本来のものとまったく異なるように変化する。そのため，合成されるタンパク質の機能は失われ，形質に大きく影響する可能性が高い。

Ⅲ　解答

問 1．ア．赤色　イ．遠赤色　ウ．フィトクロム
　　　エ．ジベレリン　オ．アブシシン酸

問 2．小さい種子は栄養分の蓄えが少ないため，地中深くで発芽すると，地表に出て光合成を行えるようになる前に枯死してしまうから。（60 字以内）

問 3．上部に他の植物が存在すると，遠赤色光の割合が高くなった光が照射されて発芽が抑制され，上部に他の植物がない環境で，赤色光が届いた場合にのみ発芽できるから。（80 字以内）

問 4．光受容体：クリプトクロム　受容する光の種類：青色光

問 5．(C)糊粉層　(D)アミラーゼ

◀解　説▶

≪光発芽種子≫

▶問 1．ア・イ．光発芽種子の発芽は，赤色光（波長 660 nm 付近）によって促進され，遠赤色光（波長 730 nm 付近）によって抑制される。

ウ．光発芽種子では種子内のフィトクロムが光受容体としてはたらく。

エ．赤色光を吸収したフィトクロムは Pfr 型に変換され，Pfr 型のフィトクロムは種子の発芽を促進するジベレリンの合成を誘導する。

オ．種子の休眠はアブシシン酸の蓄積によって維持される。

▶問2．下線部の「小さい種子」と「地中深く」という部分を押さえて説明する。①小さい種子は栄養分の蓄えが少ないので，発芽後すぐに光合成を行う必要がある。②地中深くで発芽すると，伸長して地表に達するまでに多くの栄養を必要とする。本問では上記2点について盛り込みたい。

▶問3．「周囲の植物とのかかわりをふまえて」とある点を押さえて，光発芽種子にとって遠赤色光と赤色光がどういう意味をもつかを説明する。①植物の葉は赤色光をよく吸収し，遠赤色光をあまり吸収しない。そのため，葉を透過した光は遠赤色光の割合が高い。②上部に葉が茂った環境（光発芽種子の発芽に適さない環境）では遠赤色光の割合が高くなり，発芽が抑制される。③上部に他の植物がない環境（光発芽種子の発芽に適した環境）では赤色光の割合が高くなり，発芽が促進される。本問では上記3点について盛り込みたい。

▶問4．フィトクロム以外の光受容体としては，光屈性や気孔の開口に関与するフォトトロピンと，茎の伸長抑制などに関与するクリプトクロムがあり，どちらも青色光を受容する。

▶問5．ジベレリンは，胚乳の外側にある糊粉層でアミラーゼ遺伝子の発現を誘導し，アミラーゼは胚乳に分泌され，デンプンを糖に分解する。この糖が胚に吸収され，吸水や呼吸が活発になり発芽が開始される。

Ⅳ　解答　問1．ア．遺伝的浮動　イ．自然選択　ウ．0.5 $\left(\dfrac{1}{2}\right)$

問2．a．有利でも不利でもない　b．有利な　c．不利な

問3．個体群の個体数が極めて少ない時。（20字以内）

問4．オスが一倍体である場合，母娘間の血縁度は 0.5 であるが，姉妹は父親のゲノムをすべて共有するので，姉妹間の血縁度は 0.75 となる。したがって，ワーカーは自身が繁殖して子を残すより女王の産んだ子を世話して姉妹を増やすほうが，自分と同じ遺伝子を多くもつ個体を増やすことになるから。（140字以内）

■━━━ ◆解　説▶ ━━━■

≪進化のしくみ，血縁度と包括適応度≫

▶問１．ア．次世代に伝えられる遺伝子頻度が偶然によって変化すること
を遺伝的浮動という。

イ．生存や繁殖に有利な形質をもつ個体が次代により多くの子孫を残すこ
とを自然選択という。

ウ．二倍体の生物は２組のゲノムをもち，子は両親それぞれのゲノムを１
組ずつ共有する。

▶問２．中立説とは次のような考え方である。突然変異のうち，生存に有
利なものは非常にまれであり，大半は生存に不利なものか有利でも不利で
もない中立なものが占める。そのうち，不利なものは自然選択によって排
除されるので，残るのは遺伝的浮動によって偶然定着した中立な変異がほ
とんどとなる。

▶問３．遺伝的浮動の影響は，小さな集団であるほど大きくなる。問題文
の「どのような時」を，どのような変化があった時という意味で捉えるこ
ともでき，びん首効果を想定して次の①，②のような解答も考えられる。
①環境の急変で集団の個体数が激減した時。②少数の個体が別の新集団を
形成した時。

▶問４．ワーカーが自分の子を残した場合の母娘間の血縁度と，姉妹であ
るワーカーどうしの血縁度を示し，メスが二倍体，オスが一倍体である場
合に姉妹間の血縁度が母娘間より高くなることをもとに説明する。①母と
娘はゲノムの半分を共有するので，母娘間の血縁度は 0.5 である。②姉妹
は父親のゲノムをすべて共有する。そのため，姉妹が母由来のある遺伝子
をともにもつ確率は 0.5 であるが，父由来のある遺伝子をともにもつ確率
は１であり，姉妹間の血縁度は $0.5 \times 0.5 + 0.5 \times 1 = 0.75$ となる。③よっ
て，メスは娘を産んで育てるよりも妹を育てるほうが，自分と同じ遺伝子
を多くもつ個体を増やすことになる。本問では上記３点について盛り込み
たい。

❖講　評

　2021 年度も大問 4 題の出題であった。論述問題の出題が多いことは変わらないが，2020 年度と比べると論述量は減少した。また，2021 年度は実験考察型の問題は見られず，論述問題，計算問題とも，標準的なものであった。知識問題でやや細かいものも出題されているが，そこで失点しないことも重要である。全体的な難易度は 2020 年度と比べやや易化した。

　Ⅰ．ヘモグロビンと呼吸に関するオーソドックスな問題。論述問題は，ヘモグロビンの構造を説明する問 1⑴，酸素解離曲線に関する問 3⑵とも答えやすい内容である。計算問題は，問 3⑴は酸素解離曲線に関する典型的なもので易しい。呼吸に関する問 4 は，計算としては難しくないが，問題文の内容を正しく読み取ることと，kJ と kcal の換算に注意が必要である。標準レベルの大問である。

　Ⅱ．遺伝情報の発現に関するオーソドックスな問題。論述問題が 4 問あるが，いずれも典型的な頻出問題で，字数的にも 40〜70 字とまとめやすい設定であった。問 4⑴は図 1 がセンス鎖の塩基配列であると判断できるかどうかがポイントになる。標準レベルの大問である。

　Ⅲ．光発芽種子に関する知識中心のオーソドックスな問題。埋土種子が発芽しない理由を説明する問 2 の論述はやや思考力が問われる。赤色光と遠赤色光で発芽が促進，抑制される意義を問う問 3 の論述は頻出項目だが，80 字でどうポイントを押さえてまとめるかセンスが問われる。標準レベルの大問である。

　Ⅳ．進化のしくみと血縁度に関するオーソドックスな問題。遺伝的浮動の影響に関する問 3 の論述は，20 字と短いので簡潔に答えればよい。血縁度から社会性昆虫のアリやハチのワーカーについて考える問 4 の論述は，過去にセンター試験にも出題されたテーマであるが，具体的な血縁度の数値を挙げる必要があり，字数制限がある中で数値の根拠をどこまで説明すればよいかやや迷った受験生もいるだろう。標準レベルの大問である。

地学

I　**解答**　問1．ア．玄武岩　イ．チャート　ウ．続成作用
　　　　　　エ．水

問2．中央海嶺：マントルが上昇することで圧力が低下するため，マント
ル物質が部分溶融する。
プレート沈み込み帯：マントルに水が加わることでマントル物質の融点が
低下して部分溶融する。

問3．名称：混濁流（乱泥流）
特徴：堆積物の粒径が下方ほど粗粒で上方ほど細粒になる級化構造が見ら
れる。また，クロスラミナやリプルマークが見られることもある。

問4．続成作用は，堆積物が圧縮によって粒子の間隙にあった水が押し出
される圧密作用に加え，粒子間に炭酸カルシウムや二酸化ケイ素が沈殿す
ることで粒子どうしが固着するセメント化作用を受けて堆積岩となる作用
である。一方，変成作用は，岩石が高温や高圧の状態にさらされ，岩石を
構成していた鉱物がその温度と圧力で安定な鉱物へと再結晶し，変成岩と
なる作用である。

◀解　説▶

≪海洋プレートと地史≫

▶問1．ア．高温のマントル物質の主成分であるかんらん岩が部分溶融す
ると玄武岩質のマグマができる。これが冷却固化して形成された海洋プレ
ートは主に玄武岩からなる。

イ．海洋には炭酸カルシウムや二酸化ケイ素の殻をもつプランクトンが生
息しており，その遺骸が海底に堆積する。陸地から十分に離れた遠洋では
水深が炭酸塩補償深度より深いため，炭酸カルシウムは溶けてしまい，チ
ャートのもととなる二酸化ケイ素質の放散虫の遺骸が特徴的に堆積する。

ウ．砕屑粒子からなる堆積物が，圧密作用やセメント化作用によって堆積
岩となる作用を続成作用という。

エ．海洋プレートの堆積物は多くの水を含み，鉱物に取り込まれる形で沈
み込むが，深さ100〜200kmに達すると鉱物に含まれていた水が放出さ

れ，マントルに供給される。

▶問2．中央海嶺は海洋プレートが開いて，その空隙を埋めるように高温のマントル物質が上昇してくる場所である。上昇して地表に近づくと，主にかんらん岩からなるマントル物質の圧力が低下する。一般に，岩石の融点は高圧で高く，低圧になると下がる。したがって，上昇して減圧したかんらん岩の温度が融点よりも高くなって部分溶融が起こり，マグマが発生する。

一方，プレート沈み込み帯では，沈み込むプレートの温度が低く，沈み込んでいくプレートは圧力が高くなっていくので，そのままでは融点に達することが難しい。しかし，沈み込み帯では，堆積物やプレートの鉱物に含まれていた水が地下 100〜200 km 付近でマントルのかんらん岩に供給されるため，岩石の融点が低下し，比較的低い温度であっても部分溶融が起こり，マグマが発生する。

▶問3．大陸斜面のように急傾斜で不安定な場所に堆積した土砂は，海溝型地震で大きく揺れると崩壊し，重力によって大陸斜面を流れ下る。このような流れを混濁流または乱泥流という。水中で大小さまざまな粒径の混ざった土砂が再堆積する際，粒径の大きなものほど先に沈み，上位のものほど細粒な構造となる。このような構造を級化構造といい，混濁流による堆積層（これをタービダイトという）に特徴的な構造である。また，層理面と斜交した細かな縞模様である斜交葉理（クロスラミナ）や，水底に波形の模様が残ったリプルマークが見られることもある。

▶問4．堆積物が地下に沈み込むと，深度に応じて圧力が増していく。圧力がそれほど高くない場合は，圧密作用によって堆積物を構成する粒子間の間隙が小さくなるとともに，水に溶けていた炭酸カルシウムや二酸化ケイ素などの成分が粒子間を接着するセメント化作用によって堆積岩へと変化していく。これが続成作用である。さらに圧力が高くなると，隣り合う粒子どうしで元素の移動をしたり，結晶の構造を変化させたりしながらその温度と圧力で安定な鉱物へと再結晶し，変成岩となる。このように，比較的高温・高圧の状態で岩石の構成鉱物が安定な鉱物へと再結晶する作用を変成作用という。

II　解答　問 1．ア．可視光　イ．赤外　ウ．対流

問 2．地表に入る熱を正，地表から出る熱を負とすると，その総和は 0 になるので

$$54 - 7 - 31 + \boxed{エ} - 117 = 0$$

∴　$\boxed{エ} = 101$　……(答)

問 3．太陽放射を示す矢印 a，b，c，d のうち，大気に入る熱を正，大気から出る熱を負とすると，その総和が大気によって吸収される太陽放射エネルギーであるから，求めるエネルギーの大きさを x とすると

$$x = 100 - 54 + 7 - 30 = 23$$　……(答)

問 4．温室効果ガス

問 5．惑星名：火星

理由：矢印 e は大気から地表への放射であるから，温室効果の大きさを示している。地球の場合はその値が 101 であり，図 2 の値が 19 であるから，図 2 の惑星は地球よりも温室効果が小さい惑星だと考えられる。まず，水星には大気がなく，温室効果もないので不適。また，金星は二酸化炭素を主成分とする厚い大気に覆われ，地球よりもはるかに温室効果が大きいので不適。火星は二酸化炭素を主成分とする薄い大気があるので，地球ほどではなくとも温室効果が生じていることから，図 2 のエネルギー収支は火星のものである。

別解　問 3．大気に入る熱と出る熱のエネルギー収支はつりあっている。太陽放射のうち大気が吸収するエネルギーを x とすると，問 2 の答えが 101 であることに注意して

$$x + 31 - 101 + 117 - 70 = 0$$

∴　$x = 23$

━━━━━━━━━ ◀解　説▶ ━━━━━━━━━

≪地球のエネルギー収支≫

▶問 1．ア・イ．物体表面の絶対温度 T〔K〕と，その物体から放射されるエネルギーが最大になる波長 λ〔μm〕には次の関係がある。

$$\lambda T = 2900$$

これをウィーンの変位則という。ウィーンの変位則で，たとえば太陽の表面温度を 5800 K として計算すると，$\lambda = 0.5$〔μm〕となる。これは可視光線の領域であり，太陽は可視光線を中心にした電磁波を放射していること

がわかる。一方，たとえば地球の表面温度を 290 K とすると，放射される電磁波のエネルギーが最大になるのは $\lambda = 10 \, [\mu m]$ となって，これは赤外線の領域となる。

ウ．一般に，熱の伝わり方には 3 つの種類があり，それは放射，伝導，対流である。さらに，地表と大気の間では，地表に含まれていた水が蒸発することで，水蒸気が潜熱という形でエネルギーを保持して熱のやりとりが行われている。

▶問 2．地表に入る熱と地表から出る熱のエネルギー収支はつりあっているので，入る熱を正，出る熱を負としたエネルギーの総和は 0 になる。

▶問 3．宇宙から大気に入るエネルギーを 100 としたとき，大気表面で反射されるエネルギーが 30 あるので，大気に入るエネルギーは実質 100 − 30 = 70 である。一方，大気から地表に向けて放射されるエネルギーが 54 であるのに対し，逆に地表から大気へ反射される量を差し引きすると 54 − 7 = 47 が大気から地表へ出ることになる。したがって，大気が吸収する太陽放射のエネルギーは 70 − 47 = 23 となる。つまり，太陽放射に関する矢印 a，b，c，d のみに着目して，大気に入る熱の総和を考えると，a + b + c + d = 23 となる。

▶問 4．大気に含まれる気体のうち，地表からの赤外線放射をいったん吸収し，それを地表と宇宙に向けて再放射する性質をもつものを温室効果ガスという。温室効果ガスは水蒸気や二酸化炭素のほか，メタン，フロン，一酸化二窒素などが知られている。

▶問 5．温室効果ガスを含む大気が地表に赤外線を放射することで，地表が暖められる効果を温室効果という。したがって，図の矢印 e の熱エネルギー量が温室効果の大きさに対応する。図 2 の矢印 e の値は 19 であり，問 2 で求めた地球の温室効果の大きさ 101 に比べてかなり小さく，かつ 0 ではない。金星は温室効果ガスである二酸化炭素を主成分とする厚い大気に覆われて温室効果が大きく，水星は大気が存在せず温室効果がないことから，この惑星は火星だと考えられる。火星には二酸化炭素を主成分とする希薄な大気の存在が知られている。

III　**解答**　問1．ア．衛星　イ．内惑星　ウ．小惑星
　　　　　　　エ．巨大ガス惑星　オ．太陽系外縁天体

問2．(1)　水星の半径を R，金属球核の半径を r とする。水星の平均密度が 5.4 g/cm³ であることから，次の式が成り立つ。

$$\frac{4}{3}\pi R^3 \times 5.4 = \frac{4}{3}\pi r^3 \times 7.8 + \frac{4}{3}\pi (R^3 - r^3) \times 3.0$$

これより

$$5.4R^3 = 7.8r^3 + 3.0R^3 - 3.0r^3$$
$$2.4R^3 = 4.8r^3$$
$$\left(\frac{r}{R}\right)^3 = \frac{1}{2}$$

$$\therefore \quad \frac{r}{R} = \frac{1}{\sqrt[3]{2}} = \frac{1}{1.26} = 0.793 \fallingdotseq 7.9 \times 10^{-1} \quad \cdots\cdots(答)$$

(2)　6.1 倍

問3．(1)　1.3 パーセク

(2)　見かけの等級が m_1 等と m_2 等の恒星1と恒星2の明るさをそれぞれ L_1，L_2 とすると，5等級の変化で明るさが 100 倍変わることから

$$\frac{L_2}{L_1} = 100^{\frac{m_1 - m_2}{5}}$$

また，恒星1と恒星2までの距離をそれぞれ d_1，d_2 とすると，恒星の見かけの明るさが距離の2乗に反比例することから

$$\frac{L_2}{L_1} = \left(\frac{d_1}{d_2}\right)^2$$

したがって　　$\left(\dfrac{d_1}{d_2}\right)^2 = 100^{\frac{m_1 - m_2}{5}}$

ここで，距離 10 パーセクの位置にある恒星の明るさを絶対等級と定義していることから，$d_2 = 10$ パーセクのとき，$m_2 = M$ とし，$m_1 = m$，$d_1 = d$ とすると

$$\left(\frac{d}{10}\right)^2 = 100^{\frac{m - M}{5}}$$

両辺の対数をとると　　$2\log_{10}\dfrac{d}{10} = \dfrac{m - M}{5}\log_{10}100$

整理すると　　$M = m + 5 - 5\log_{10}d$

(3)　求める絶対等級を M とする。プロキシマ・ケンタウリの見かけの等級 $m = 11$ 等であり，(1)より，その距離は $d = \dfrac{1}{0.77}$ パーセクとして(2)の式に代入すると

$$M = 11 + 5 - 5 \log_{10} \frac{1}{0.77}$$

$$= 16 - 5 \log_{10} \frac{100}{77}$$

$$= 16 - 5 \log_{10} 100 + 5 \log_{10} 77$$

$$= 16 - 10 + 5 \times 1.89 = 15.45$$

$$\fallingdotseq 1.5 \times 10 \ 等級 \quad \cdots\cdots(答)$$

(4)　恒星周辺で，生命の存在に必要な液体としての水が存在しうる領域をハビタブルゾーンという。

(3)より，プロキシマ・ケンタウリの絶対等級は約 15 等であり，太陽（5等級）と比べた明るさは

$$100^{\frac{5-15}{5}} = \frac{1}{10000}$$

太陽系の場合，ハビタブルゾーンは地球の軌道を含む半径約 1 天文単位前後の領域であるが，プロキシマ・ケンタウリ周辺で地球と同程度の放射エネルギーを得られる領域はおよそ $\dfrac{1}{\sqrt{10000}} = \dfrac{1}{100}$ 天文単位前後の距離になり，太陽系に比べるとかなり小さく恒星に近い領域がハビタブルゾーンとなる。

◀解　説▶

≪太陽系，恒星の明るさ≫

▶問 1．太陽系は中心となる太陽とそのまわりを公転する惑星のほか，惑星を公転する衛星，小惑星，彗星などで構成されている。8 つの惑星のうち，地球よりも太陽に近い公転軌道をもつのは水星と金星であり，これらを内惑星という。一方，地球より外側の公転軌道をもつ惑星を外惑星という。外惑星のうち，水素とヘリウムが主体である木星や土星を巨大ガス惑星といい，水素とヘリウムに加えて水，アンモニア，メタンの氷を主体とする天王星と海王星を巨大氷惑星という。火星と木星の軌道の間には，数多くの小惑星が存在し，近年は「はやぶさ」などの探査機によって岩石試

料が採取されるなど，太陽系の起源の研究材料として期待されている。また，海王星より外側にも冥王星，エリスなど多くの天体があり，太陽系外縁天体とよばれている。太陽系外縁天体には主に氷と塵からなるものがあり，このうち何らかのきっかけで太陽に近づく軌道になったものは彗星となる。

▶問 2．(1)　半径 r の球体の体積が $\dfrac{4}{3}\pi r^3$ で表されることと，体積×密度＝質量であることを用いて，水星全体の質量についての式を立てればよい。

(2)　金星の見かけの大きさ（視直径）は金星との距離に反比例するので，求める倍率は

$$\frac{最も遠くなる距離}{最も近づいた距離}=\frac{1+0.72}{1-0.72}=\frac{1.72}{0.28}=6.14 \fallingdotseq 6.1\ 倍$$

▶問 3．(1)　年周視差が 1 秒角のときの距離が 1 パーセクである。また，距離 d パーセクと年周視差 p 〔″〕が反比例の関係にあることから，$d=\dfrac{1}{p}$ となる。よって

$$d=\frac{1}{0.77}=1.29 \fallingdotseq 1.3\ パーセク$$

(2)　見かけの等級が m 等の恒星を距離 10 パーセクの位置に移動させたと仮定した明るさを絶対等級といい，その等級を M と表す。恒星の等級は差が 5 等であれば明るさが 100 倍異なるので，m 等級の恒星より 10 パーセクの位置にあると仮定した恒星の方が $100^{\frac{m-M}{5}}$ 倍明るいことになる。また，恒星の光は全方位に広がっていくので，その明るさは距離の 2 乗に反比例して暗くなっていく。したがって，距離 d パーセクにある恒星よりも，それが 10 パーセクにあると仮定した場合の方が $\left(\dfrac{d}{10}\right)^2$ 倍明るいことになる。

(3)　(2)で絶対等級 M と見かけの等級 m，その恒星までの距離 d の関係式が与えられているので，(1)で年周視差から求めた距離が $d=\dfrac{1}{0.77}$ パーセクであることに注意して数値を代入すればよい。

(4)　一般に，生命が存在するためには液体の水が必要だと考えられている。恒星のまわりを公転する惑星があったとしても，恒星に近すぎると水はす

べて水蒸気となってしまい，遠すぎると氷になってしまう。惑星に生命が存在するためには恒星からほどよい距離に位置することが必要であり，そのような領域をハビタブルゾーンという。太陽系の場合，ハビタブルゾーンは絶対等級が 5 等級の太陽から 0.95〜1.4 天文単位の領域であるとされている。プロキシマ・ケンタウリの絶対等級は(3)から約 15 等であるから，太陽よりも 10 等級も暗い。恒星から放出されるエネルギー量が恒星の明るさに対応すると考えると，5 等級で明るさが 100 倍変わることから，10 等級では $100^2 = 10000$ 倍の放射エネルギーの差となる。このような太陽の $\dfrac{1}{10000}$ の明るさの恒星の周囲で地球と同程度の環境を得るための距離は，放射エネルギーが距離の 2 乗に反比例することに注意すると，$\dfrac{1}{\sqrt{10000}} = \dfrac{1}{100}$ 天文単位付近だと考えられる。

❖講　評

　2021 年度も例年どおり 2 科目で 120 分，大問 3 題という構成であった。論述問題が多く，内容は教科書の範囲で答えられるものであるが，時間内に要求された事項を的確に表現する力が必要である。Ⅲの天文分野に計算問題が数問あり，時間に余裕はないだろう。

　Ⅰ．問 4 はプレートの沈み込みがテーマであるから，圧力の違いに着目して論述できたかどうかがポイントであろう。

　Ⅱ．どの教科書にも載っている地球の熱収支が与えられ，その理解を問う一方，地球以外の惑星の場合にどうなるかを考察させる良問であった。矢印 e が温室効果を表すことに気づけたかどうかで差がついたであろう。

　Ⅲ．やや煩雑な密度計算や対数を用いた計算もあったが，内容的には基本的なものである。ただし，時間配分には気をつけたい。問 3(4)では，太陽の絶対等級が与えられており，それを考慮した解答を作成すべきである。それまでの設問の解答を踏まえた定量的な考察が求められる。

　2021 年度の論述問題も，教科書の内容を正しく把握した上で，しっかりとした考察力と表現力が求められている。また，地学では指数・対数の計算も必須であり，計算力も含めて十分な対策が必要である。

解答編

英語

Ⅰ **解答**　問1．自然界には多様な生物がいるが，その中のわずか数種類の種が総個体数の大半を占めているということ。
（50字以内）

問2．a seemingly contradictory conclusion

問3．全訳下線部(3)・(4)参照。

問4．A―(い)　B―(う)　C―(お)　D―(あ)

問5．〈解答例1〉 When considering the conservation of living creatures, we must not forget the fact that common species are disappearing at a much faster pace than we can imagine. So we must pay enough attention not only to rare species but also to common ones. We must also bear in mind that both national and international governmental efforts are required to protect the environment. （60 語程度）

〈解答例2〉 Major threats to wildlife include habitat destruction, over exploitation, pollution or climate change, all of which lead to the extinction of rare species and common ones as well. Actually, as recent studies show, common species are disappearing in incredibly large numbers. So, when it comes to the conservation of living creatures on earth, we must pay much more attention to common species. （60 語程度）

◆全　訳◆

≪一般的な種の保護の重要性≫

　自然界はグラノーラのようなものだ。素材のリストは長々としたものだが，ボウルを一杯にしているのは，大部分がそのうちのわずか数種類の素材だ。例えば，イギリスは，野生動物を1匹ずつ数えるほどに動物や鳥た

ちのことで頭がいっぱいなのだが，同国内 58 種の陸生哺乳動物の個体数
の概算は，見慣れたものから全く馴染みのないものに至るまで，合計で約
1 億 7300 万匹となっている。しかし，わずか 3 種，つまり，どこにでも
いるトガリネズミとウサギとモグラが，その個体数の半数を占めていた。
結局のところ，イギリスに生息する哺乳動物種のうち，最も一般的な 25
パーセントの種で，総個体数の 97 パーセントに達するのだ。陸上でも海
でも同じようなパターンとなっており，それは，地元の公園だろうが大陸
全体だろうが，また，カブト虫，甲殻類，熱帯の木のいずれを数えていよ
うが同じなのだ。米国やカナダで最もよく目にする陸鳥は，春告げ鳥とも
呼ばれるコマツグミである。コマツグミだけでも，両国に生息する 277 種
の最も珍しい鳥類を合わせた数と同じだけいるのである。

　その信じられないほど個体数の多い種が，ベンガルハゲワシと同じくら
いの速さで数を減らしうるという事実は，(3)一般的な種も希少種と全く同
じくらい保護する必要があるかもしれないという，保護という面では経験
則に合わない考えを示唆している。

　一般的な種の保護を最初に提唱した科学者は，ほぼ完璧にそうだといえ
るのだが，『希少性』という名の本の著者である。英国にあるエクセター
大学の生態学者であるケビン=ガストンは，一部の種が希少種となった原
因を 20 年にわたって研究したことで，なぜ他の種は広く分布し，数も多
いのかを疑問に思うようになった。彼はほどなく，一見矛盾するように思
われる結論に至った。それは，「どこにでもいるという状態が珍しい」と
いうものである。一般的な種ならどれも多くの個体数からなるのだが，一
般的だといえるのはごく少数の種だけなのだ。

　ガストンの研究は，2011 年に『バイオサイエンス』誌上に掲載された
「一般生態学」という論文へと結実したが，そこでは，一般的であるとい
うことは十分な研究がなされた現象ではなく，「多くの一般的な種は，多
くの希少種と同様にほとんど研究されていない」ということが明らかにさ
れた。その論文は，研究が静かな広がりをみせるきっかけとなった。2014
年の研究は，これまで見落とされてきたのがどれくらいの規模かを示唆す
るものとなっている。その著者たちが明らかにしたのは，ヨーロッパで巣
作りをする鳥の数は，1980 年以来，4 億 2100 万羽減少したが，それは大
陸にいる鳥の個体数のまるまる 5 分の 1 に相当するという点と，こうした

鳥類単体にみられる減少は，一般的な種にほぼすべてを占められており，そこにはヒバリのように誰でもよく知っている名前の種が含まれているという点である。

　(4)ヨーロッパで鳥が姿を消しつつある責任の多くは工業型農業にある。「生け垣を取り除き，木を引き抜き，農地を拡大して，ますます多くの農薬を投入してきたのですからね。それは本質的に，野生生物がそういう環境で生きるチャンスをなくしていく行為なのです」とガストンは私に語った。「私たちはまさに莫大な喪失の話をしているのですよ」

　しかし，ムクドリやイエスズメのように最も人間社会に適応し都会に住む鳥たちでさえ，急速に数を減らしている。実際，その2種類のまさに一般的といえる鳥が，個体数が減少している上位5種の鳥の中に入っているのだ。ヨーロッパで最も希少な鳥の大半は，まだ人目にはつかないものの，今のところ，保護努力がうまくいっているおかげで，実は数が増えている。その一方で，一般的な鳥の大半が希少となる方向に向かって数を減らしつつある。「最終的に行きつく先は，すべてが希少であるということなのです」とガストンは語った。

■━━━━━ ◀解　説▶ ━━━━━■

▶問1．Nature is like granola「自然界はグラノーラのようなものだ」の具体的な内容については，直後のグラノーラがどういうものかを説明する文（The list of …）に続いて，第1段第2～5文（Take England, for … or tropical trees.）で，生物に関してさらに具体的な内容の説明がなされている。そこから，「少数の種が，実に多くの個体数を占めている」という趣旨をとらえることがポイント。50字という字数制限があることから，グラノーラには多くの素材が入っているが，中身の大部分はそのうちのわずか数種類の素材だというシンプルな表現を利用する形で，自然界の仕組みに置き換えて説明するとよい。グラノーラの説明にある多くの種類のingredients「原材料，素材」は，自然界では多くの種の wildlife「野生生物」に相当し，the bowl is mostly filled with just a few of them「（グラノーラの入った）ボウルを一杯にしているのは，大部分がそのうちのわずか数種類の素材だ」という部分が，第4文（All told, the …）の内容に相当しているという点を押さえて説明すること。all told「結局のところ，全体で」　add up to ～「合計～になる，結局～になる」

▶問 2．a counter-intuitive idea「直観と相容れない考え，経験則にそぐわない考え」に近い意味を持つ語句を本文中から抜き出す問題。in conservation の後の that 節が a counter-intuitive idea の具体的な内容（普通種を保護することの必要性）であることがわかる。第 3 段第 3 文（He soon came …）には，このことに最初に気づいた生態学者のケビン＝ガストンがたどりついた結論として a seemingly contradictory conclusion「一見相反するように思える結論」という語句があり，これが正解。

▶問 3．⑶ **common species may need protection**

　この文の主語である common species は「一般的な種，普通種，普通にいる種」などの訳が考えられる。need protection「保護を必要としている，保護が必要である」

just as much as rare ones do

　rare ones の ones は species を指すので，「希少種」という訳が適切。do は代動詞で，直前の need protection の繰り返しを避けるために用いられており，「希少種と全く同じくらい（十分に）」というような訳が適切。

⑷ **Industrial agriculture carries much of the blame for Europe's disappearing birds.**

　まず，この文全体が，主語が原因を表し，for 以下に結果が述べられているという点を押さえておく必要がある。industrial agriculture は「工業型農業，産業農業」などの訳が考えられ，農作物を工業的に生産する近代的農業を指す。blame には「責任，責め，非難」などの意味があるので，carry much of the blame for ～ で「～に対する責め〔責任〕の多くを負っている」という意味になるが，本文では鳥の数が減っているという点を問題にしているので，「～に対する責任の多くは工業型農業にある」という訳がわかりやすい。Europe's disappearing birds は直訳すると「ヨーロッパの姿を消しつつある鳥」となるが，この部分は結果を述べていることから，「ヨーロッパで鳥が姿を消しつつある」という訳が考えられる。

▶問 4．選択肢の訳は以下の通り。

㋐「すべてが希少である」

㋑「多くの一般的な種は，多くの希少種と同様にほとんど研究されていない」

(う)「ヨーロッパで巣作りをする鳥の数は，1980 年以来，4 億 2100 万羽減少したが，それは大陸にいる鳥の個体数のまるまる 5 分の 1 に相当する」

(え)「種は正常な状態に戻っている」

(お)「こうした鳥類単体にみられる減少は，一般的な種にほぼすべてを占められており，そこにはヒバリのように誰でもよく知っている名前の種が含まれている」

A．まず，空所を含む文の found の目的語が 2 つの that 節である点を押さえておくこと。1 つ目の that 節は found 直後の commonness was not a well-studied phenomenon「一般的であるということは十分な研究がなされた現象ではない」。この節と，続く that 節は等位接続詞の and でつながれているので，同様の内容が入ると予測できる。一般的な種の研究がなされていない点に触れている(い)が正解。

B．直前の第 4 段第 3 文（A study from …）では，一般的な種において大規模な減少が生じていることを示唆する 2014 年の研究に触れている。この文脈から，ヨーロッパで巣作りをする鳥の数の減少数を述べている(う)が正解。

C．この部分は空所 B に続く 2 つ目の that 節。B と同じく，鳥の数の減少について触れた 2014 年の研究内容に言及した(お)が正解。(お)の冒頭の this decline もヒントになる。

D．この部分は，空所を含む文の The inevitable place you end up という主語に対する補語となる that 節の内容。主語は直訳すると「あなたがそれで終わる必然的な場所」だが，ここでは「最終的に行きつく先は，どうしても行きつくところは」というような訳が考えられる。本文の主旨に相当する内容であることから，希少種はもちろん一般的な種を含めて everything「すべて」が主語となっている(あ)が正解。

▶問 5．種の保護についてどう行うべきかについて自分の意見を述べる形の自由英作文だが，「本文の内容をふまえ」という条件がついていることから，希少種だけでなく一般的な種の保護の必要性について述べなければならない。〈解答例 1〉では，普通種の数が急速に減少している点について触れ，種の保護のためには，各国の政府が国の枠組みを越えて取り組む必要があると述べている。〈解答例 2〉では，種の数が減っている要因を挙げ，それが希少種だけでなく普通種の減少にもつながる点を述べている。

60 語程度という条件なので, 55 語以上, 65 語以下が望ましい。threats to wildlife「野生生物にとっての脅威, 野生生物を脅かすもの」 habitat destruction「生息地の破壊」 over exploitation「過剰な開発」 pollution「汚染」

◆━◆━◆━◆━◆ ●語句・構文● ◆━◆━◆━◆━◆━◆━◆

(第 1 段) ingredient「原材料, 素材」 be obsessed with ～「～を絶えず心配する, ～で頭がいっぱいである」 to count 以下は直前の is obsessed enough with … の enough からつながるので,「…を心配するあまり～を数える」という訳が考えられる。population「個体数」 estimate for ～「～の見積もりをする, ～の概算をする」 mole「モグラ」 account for ～「～を占める」 shellfish「甲殻類」 American robin「コマツグミ」

(第 2 段) point to ～「～の証拠となる」

(第 3 段) ecologist「生態学者」 come to a conclusion「結論に至る」 any given ～「任意の～, どの～」

(第 4 段) culminate in ～「～に至る, ～となる」

(第 5 段) hedgerow「生け垣」 squeeze out ～「～を締め出す」

(最終段) human-adapted「人間（社会）に適合した」 meanwhile「その一方で」

II **解答** 問 1. ミュリエルがアリス役をするには髪は金髪でないといけないという問題。(30 字程度)

問 2. A―(あ) B―(え) C―(か) D―(う)

問 3. Mrs. Spear：ミュリエルの母親は他の母親と違い, 協力的で助かると考えた。(30 字程度)

Muriel：金髪にして変に目立つのは嫌だからアリス以外の役でいいと考えた。(30 字程度)

問 4. 全訳下線部参照。

問 5. (お)・(か)

━━━◆全 訳◆━━━━━━━━━━━━━━

≪役柄に合う髪色に染める話にとまどう少女≫

　私は一度に 2 段ずつ, 玄関ポーチをトントンと駆け上がり, 網戸をバタンと開けて, 中へ転がり込んだ。

「ママ！　ママ！　ちょっと聞いて！」

「何なの，ミュリエル？　ドアをバタンバタンやらないでほしいわ」

「私，学校のオペレッタでアリスの役に選ばれたの！」

「まあすごいわ！」　ママは計算途中だった帳簿から顔を上げ，メガネを人差し指で押し上げた。ママはぎこちなく私の肩をポンとたたいた。「ほんとによくやったわね。あなたはとっても素敵な声をしてるから，これでみんなにあなたの歌声を聴いてもらえるわ。お父さんにも電話しなくちゃね」

「明日，放課後に母親向けの集まりがあるの。大丈夫？」　私は一房の髪の毛を軽くかんだ。

「もちろんよ，あなた」とママは言った。「時間きっかりに行くわ」

ママは，よそ行きのハンドバッグにパンプスといういでたちで，時間きっかりにやって来た。髪をカーラーで巻いていたから，大きく膨らんだカールのせいで，髪の毛が実際より 2 倍はかさばって見えた。眉毛はあらたに引っこ抜いて，ペンシルでもとの色よりも濃く描いていた。

「お越しくださって本当にありがとうございます，トン=カス夫人。私たちはミュリエルちゃんを本当に誇りに思っていますの。とっても素晴らしい歌声ですわ。本当に思いもよりませんでした」　スピア先生はママに輝くばかりの笑顔を見せた。彼女はママの肘を引っ張って，脇に引き寄せた。それから白目をくるくる動かしてあちこち横目で見回し，声をひそめてささやいた。私は少しずつにじり寄った。

「お母様にお話ししたい，ちょっと扱いの難しい問題がありますの」

「よろしいですよ」と，ママは微笑みながら答えた。

「ええとですね，それはお嬢様の髪の毛の問題なんです。ほら，彼女が演じようとしている役ですが，お母様は『不思議の国のアリス』というお話はご存知ですよね？」

ママは申し訳なさそうに首を横に振った。

「それがその，アリスはイギリス人の女の子のお話でしてね。きれいな金髪のイギリス人の女の子なわけで。それで，劇に忠実にやろうとしますと，ご理解いただけますよね，ミュリエルは金髪でなければならないでしょうし，でないと，誰も彼女がどの役を演じてるかわからないでしょう。ともかくアリスが黒髪というわけにはいきませんものね」

「当然ですわ」と，ママはうなずき，私はだんだん怖くなってきた。「それは，劇場とか衣装からすると当然そうなる，ってことですよね？」

「おっしゃる通り！」と，スピア先生は顔を輝かせた。「私は，お母様ならご理解いただけるものとわかっていましたわ。私，素敵な金髪のカツラはどうかなと思っていましたの。最近のカツラはとってもよくできていて，誰もカツラだと気づかないでしょう。もちろん，みんな，スターになれる逸材の新入生が学校にいると思うでしょうね！　お母様も本当に自慢に思うに違いありません」

「うちであの子の髪を染めることもできますわ。たしか，数カ月かそこらで洗い落とせる毛染めがいろいろあると思いますし。そうすれば，ミュリエルは本当の意味でアリスの役になりきることができます。上演初日の夜を迎えるまでには，実生活でもアリスになれていますわ！」

「トン=カス夫人！　あなたは本当に協力的でいらっしゃる。他のお母様方も，もっとあなたのようだといいのですけれど。なんとまあ，ロゴスキー夫人なんて，おたくのお嬢さんは劇が始まるまでに少なくとも 10 ポンドはやせるべきですよと申し上げていただけですのに，怒って席を立って出て行かれました。お嬢さんを引きずるようにして。かわいそうに，あの子は劇に出るのを本当に楽しみにしていたところでしたのに」

私はぞっとした。ママとスピア先生はぺちゃくちゃおしゃべりしながら，私のきれいな黒髪を金髪に染めようとしてるわけ？　金髪の私がアリスの役で生活する？　この町で？　ママはいったい何を考えてるの？　私は滑稽に見えて，奇人変人のように人目につくだろう。

「ママ！」と私はささやいた。「ママ，私，気が変わったの。もうアリスはやりたくない。マッド・ハッターになるわ，そうすれば帽子をかぶるだけでいいもの。そうじゃなきゃ，チェシャー・キャット！　ネコって斜視よね。それならうまくいくわ。ねえママ？」

彼女は私を全く無視して，スピア先生と，衣装や毛染めや俳優向きの食事の話をしていた。学校からの帰り道，ママはドラッグストアに立ち寄り，私を店内に引っ張り込んで，その店のオーナーのポッツ夫人と，ヘナよりもヘアーリンスの方がいろいろ利点があるのではないかと話し合った。

━━━━━◀ 解　説 ▶━━━━━

▶問 1．a delicate matter は直訳すると「微妙な問題，扱いの難しい問

題」という意味。第 4 段 （"I've been chosen …"）で，ミュリエルがアリ
ス役に選ばれていることを確認しておく。下線部以下を読み進めると，第
12 段第 1 文 （"Well, it's the …"）で，問題なのはミュリエルの髪の毛だと
わかる。さらに第 14 段 （"Well, Alice is …"）で，スピア先生は「アリス
は金髪なので，黒髪のミュリエルがアリス役をするには金髪である必要が
ある」という旨を述べている。以上の点を 30 字程度に要領よくまとめる
こと。

▶問 2．選択肢の訳は以下の通り。

㋐「ちょっと聞いて！」

㋑「見つけた！」

㋒「あなたならご理解いただけるものとわかっていました」

㋓「ほんとによくやったわね」

㋔「それは残念です」

㋕「いったい誰がそんなことを考えたでしょう」

A．ミュリエルは急いで帰宅しており，このあと，自分がアリス役に選ば
れたことを母親に伝えていることから判断して，㋐が正解。

B．自分の娘が学校のオペレッタの主役に選ばれたとわかった母親の発言
であることから，㋓が正解。I'm so proud of you. は直訳すると「私はあ
なたのことをとても誇りに思う」だが，子どもをほめるときによく使われ
る表現で，「よくやったわ，えらかったわね」という意味。

C．スピア先生はミュリエルの歌声をほめた直後に空所の発言をしている
ことに着目。㋕の Who would have thought? は仮定法を用いた反語の修
辞疑問文で，「いったい誰がそんなことを考えたでしょう（いや，誰も考
えなかった）」という驚きを伝える表現。ミュリエルの歌声の素晴らしさ
は誰も想像していなかった，となるのでこれが適切。

D．第 15 段 （"Of course," Mom …）でミュリエルの母親は，スピア先生
の発言を全面的に支持していることから判断して，スピア先生が理解して
もらえたことを喜んでいる発言となる㋒が正解。

▶問 3．Mrs. Spear：ミュリエルの母親は，自分から娘の髪を染めるとい
う提案をしている。スピア先生は，第 18 段第 2 〜 4 文 （You are so …
left in anger.）で，ミュリエルの母親が協力的であること，他の母親もそ
うあってほしいと述べたあと，怒って帰った母親の話もしていることなど

から判断して，その心情をまとめるとよい。

Muriel：第19段（I was horrified, …）にはミュリエルの心の動きが述べられており，金髪にして目立つのを嫌がっていることがわかる。第20段（"Mom！" I hissed. …）では，母親に自分はアリス以外の役でいいと伝えている点も加味しながらまとめること。

▶問4．**Muriel can really grow into her role as Alice**

問題文では個人名は英語表記のままだが，和訳する際はカタカナ表記にした方が無難であろう。grow into ～ は「～に成長する，成長して～になる」という意味だが，あとに続く語が her role as Alice「アリスとしての役，アリスの役」なので，「～になりきる，～の役ができるようになる」というような訳が考えられる。grow は時の経過とともに何らかの状態になる場合に用いるので，「だんだん～になりきる」という訳も可能。

▶問5．(あ)「ポッツ夫人は，ミュリエルがイギリス人の女の子に見えるよう，髪の毛を金髪に染めることを勧めている」 第17段（"We could dye …）から，金髪に染めることを提案したのはミュリエルの母親なので，不一致。最終段第2文（On the way …）では，ミュリエルの母親とポッツ夫人が2種類の毛染め剤について話をしていることは述べられているが，ポッツ夫人が金髪にするよう勧めている記述はない。

(い)「ロゴスキー夫人は自分の娘が劇に出る前に減量する必要があるという点に同意している」 第18段第4文（Why, I was …）から，ロゴスキー夫人はスピア先生から娘が減量する必要があると告げられて怒って出て行ったことがわかるので，不一致。

(う)「スピア先生は学校のオペレッタに出演する予定の生徒たちの母親と楽に意思の疎通をはかっている」 第18段第2・3文（You are so … more like you.）で，スピア先生は，ミュリエルの母親が協力的だと言いつつ，他の母親たちもそうあってくれればとも語っているので，他の母親たちはそれほど協力的ではないと判断でき，不一致。

(え)「ミュリエルはチェシャー・キャットという役柄が好きなので，アリスを演じることについては考え直す」 第19段（I was horrified, …）から，アリス役をするためには自分の黒髪を金髪に染めなければならないという状況にぞっとしており，第20段（"Mom！" I hissed. "Mom, …）では，そういう事態を避けようと，マッド・ハッターやチェシャー・キャットの役

へ変わりたいと述べていることがわかるので，不一致。

(お)「ミュリエルは美声の持ち主で，学校のオペレッタで歌うことを楽しみにしていた」　第１段～第４段にかけて，ミュリエルは自分が学校のオペレッタでアリス役に選ばれたことを喜び勇んで母親に伝えている。彼女は第５段第５文（You have such …）では母親から，第９段第３文（Such a lovely …）ではスピア先生からも美しい歌声をほめられていることから，一致。

(か)「ミュリエルの母親は，ワクワクしつつ不安でもあるので，着飾って学校の会合に時間きっかりにやってくる」　第５段（"Oh how wonderful !"）以降のミュリエルの母親の反応から，娘が学校のオペレッタの主役に選ばれたことに有頂天になっている様子がうかがえる。第８段第１文（Mom came right …）には，母親がよそ行きのハンドバッグとパンプスで時間通りに学校に来たことが述べられている。また，第13段（Mom shook her …）から，母親は実は，劇の原作である『不思議の国のアリス』を知らないことがわかり，不安も感じているものと判断できるので，一致。

◆━◆━◆━◆━◆━◆　●語句・構文●　━◆━◆━◆━◆━◆━◆

（第１段）thump は「ドシンドシンと歩く」という意味だが，ここでは階段を１段とばしに駆け上がっている様子を述べている。at a time「一度に」　slam「～をバタンと開ける，バタンと閉める」　screen door「網戸」　tumble inside「転がり込む」

（第５段）account「会計（の計算）」　awkwardly「ぎこちなく」

（第６段）nibble「～をかじる，口に運ぶ」

（第７段）on time「時間通りに」

（第８段）going-out「外出用の」　pluck「～の毛をむしりとる」

（第９段）beam at ～「～に輝くような笑顔を見せる」　tug「～を強く引く」　look sideways「横目で見る」　edge in「少しずつ詰め寄る」

（第13段）apologetically「申し訳なさそうに，弁解がましく」

（第19段）ridiculous「おかしい，滑稽な」　stand out「目立つ」　freak「変人，奇人，薬物中毒者」

（第20段）hiss「ささやく」

Ⅲ　**解答**　問 1．禅宗の高僧自身が禅画や書の制作をしたということ。(25 字程度)

問 2．(2)―(え)　(3)―(う)　(5)―(あ)　(7)―(あ)　(8)―(え)

問 3．全訳下線部参照。

問 4．A―(え)　B―(あ)　C―(う)　D―(お)

問 5．〈解答例 1〉 I would interpret this expression as a message implying that there are things in our life we cannot achieve, however hard we may try. Since a human being is a small and helpless creature in this world, we should not have a misleading sense of confidence that we can achieve anything if only we do our very best. It is important to know our own limitations and try to avoid reckless actions. (70 語程度)

〈解答例 2〉 In my opinion, "The Mosquito" symbolizes a human being and "The Iron Bull" a tough condition that seems impossible to overcome. Literally, this expression seems to tell us that we sometimes try to achieve what is beyond our ability. But I think this calligraphy can be interpreted as a message that we should not give up tackling a difficult problem in life regardless of however hard solving it may seem. (70 語程度)

〰〰〰〰〰◆全　訳◆〰〰〰〰〰〰〰〰〰〰〰〰〰〰〰〰〰

≪日本の禅の歴史と書画との関係≫

　禅画や書は，千年以上前となると作品は残っていないものの，禅の歴史のごく初期に始まった。それ以前の文書による記録が，中国の禅の高僧が実際に画と書の両方を描いていたことを裏付けている。それは，ときには紙に筆で，ときには地面に棒切れで，ときには空中に身振りでということさえあった。禅が日本にもたらされるにともない，中国王朝の宋と元から中国の禅の作品が輸入されたことが，今日にいたるまで力強く綿々と受け継がれている，日本における禅の画法の伝統へとつながった。15 世紀と 16 世紀の間に，禅画の人気が日本の社会で非常に高まったので，主要な僧院では工房を構えるようになり，一部の僧が絵のスペシャリストとなったことで，禅の美術はやや専門化した。

　しかしながら，1600 年以降，禅に対する幕府の支援が弱まるにつれ，

僧院の工房がもはや必要とされなくなったので，主だった禅の高僧自身が，通常は信者への贈り物として，禅画や書を制作するようになった。西洋美術にはこれに類似するものはない。もし，教皇ユリウス2世が，システィーナ礼拝堂の天井に絵を描いてくれるようミケランジェロに依頼せずに，自分でそれを描いたとしたらどうか思い浮かべてみなさい。大きな違いは，禅の高僧は子どもの頃に読み書きを学んだとき，筆の使い方も教わっていたので，絵を描く手段を握っていたのに対し，教皇ユリウスはフレスコ画法の手ほどきなど受けていなかったという点である。

禅の高僧が独自の美術を創り出した結果として，その作品は，禅の教えに触発された画家たちが描いた初期の優雅な水墨山水画に比べて，一般的にはより簡素で，個人的，かつ力強いものとなった。もう一つの結果は，日本の禅における主要な歴史的な流れが禅の美術にますます繰り返し反映されるようになったことである。例えば，幕府からの支援がなくなったことに対する僧侶側の反応は基本的に3つあった。1つ目は，日本社会の位の高い人たちと，多くの場合，茶道を通してつながりを持ち続けることだった。京都の大徳寺の禅の高僧たちの手による作品は，宮中と強いつながりがあったことから，玉舟の手による一幅の書の「蚊子咬鐵牛（ぶんすてつぎゅうをかむ）」のように，茶会で飾るものとして特に人気があった。それは人の想像をかき立てる禅書であるだけでなく，その力強い筆使いは，泡立てられた緑茶を儀式的にすする間に交わされる話題ともなっていたのだろう。

17世紀の間の禅における2つ目の流れは，社会に対する政府の制約を無視して，自らが為すことに集中することだった。この実例となっているのが，自分の寺を出て山中の洞穴に住んだ風外慧薫である。彼が描いた，放浪する僧である布袋の肖像画は，その極めて簡素な構図と布袋本人への劇的な焦点化を通して，風外の並外れた精神統一ぶりを伝えている。

しかしながら，3つ目の流れは，後の日本の禅において最も重要なものとなった。それは，<u>それ以前にはなかったほど日本社会のあらゆる側面に及んだということ</u>である。白隠慧鶴は，一般にはここ500年間で最も重要な禅の高僧とみなされており，あらゆる階層の人々と心を通わせる非凡な才能があった。例えば，彼は多くの弟子たちを指導しただけでなく，世人にも教えを授け，その人たちに自作の「片手ではどんな音がするか」とい

う禅問答を投げかけた。

　白隠はまた，日本のいたる所で大衆向けの禅の集会において説話をし，そして彼が記した幾多の書物の中には，自伝的な物語や，禅書の注釈，尼僧から商人にいたるまで誰彼なしに送った手紙，漢詩や日本語の詩，禅歌などがあった。彼はまた，驚くべき量の禅画や書を残した。白隠は，禅の創始者の菩提達磨のように昔からよく知られた禅の題目を描いただけでなく，禅を伝えるための全く新しい視覚的な表現手段を編み出した。この中には，人間の状態を様々に表現したもの，民話，鳥や昆虫や動物の絵，自らが考案した様々なユーモラスな主題などがある。白隠は自らの教えの中で，禅の修行を日常生活のあらゆる面に取り入れる重要さを強調した。

　白隠の教えは臨済禅や黄檗禅の伝統のどちらにも広範囲に影響を及ぼし，画家としての彼の手本も同様に，後の僧侶たちに大きな影響を及ぼした。仙厓のような禅の高僧はその後もずっと，新たな，往々にしてユーモラスな画題を編み出した。一方，白隠や蘇山の直弟子や又弟子は白隠が自らの画法において磨きあげた，洗練された方向性に倣った。南天棒のような20世紀の僧侶の画家も，引き続き白隠の影響を受けたが，それは南天棒が手を墨の中に浸して，紙に手形を押し，その上に「さあ聞け」と記した作品に見て取ることができる。

━━━━━━◀解　説▶━━━━━━

▶問1．this は直前の第2段第1文（After 1600, however, …）後半の it became から calligraphy までを指す。下線部を含む文（There is no …）では，ヨーロッパではカトリック最高位の教皇が礼拝堂を飾る絵を自ら描くことなどあり得ない，という内容が述べられている。ここから，西洋美術には類するものがないという日本の禅画の特殊性は，絵画や書の制作を画家や書家に依頼したのではなく，禅宗の高僧自身が描いたという点であることを押さえる。it became ～ who created … は強調構文の一種と考えるとよい。Zen master は「禅の指導者，禅宗の高僧」などの訳が考えられる。Zen painting「禅の絵画，禅画」 calligraphy「書，書跡」

▶問2．(2) medium には「媒体，伝達手段」などの意味があるが，ここでは，禅僧が禅画や書を描くときの手段のことであり，(え)の「美術作品用の道具や素材」が正解。

(3) echoed はここでは受動態なので，「～を反響させる，～をそのまま繰

り返す」という意味の他動詞の echo だとわかる。禅美術の中に日本の禅の精神が反映されているという内容なので，(う)の「双方で同様の効果が生じるように繰り返されて」が正解。both は Japanese Zen と Zen art を指す。

(5) sipping の sip は「～を少しずつ飲む，～をすする」という意味で，(あ)の「一度にほんの少しずつ口に入れるようにして飲むこと」が正解。

(7) language は「言語」という意味だが，ここでは白隠が伝統的な禅画とは異なる独自の禅画の手法を編み出したという文脈なので，(あ)の「特有の形式，あるいは表現の型」が正解。whole new「全く新しい」 visual「視覚的な，視覚に訴える」

(8) pervasive は「(いたる所に) 広がる」という意味の形容詞であり，(え)の「ある分野や人々の集団に広く広がっている」が正解。

▶問 3．**to reach out as never before to every aspect of Japanese society**

　この to 不定詞は，直前の the most significant in later Japanese Zen の内容を具体的に述べた部分。reach out は「(ある人や集団に) 接触する，訴える，手を伸べる」という意味で，to every aspect of Japanese society につながっているが，ここではこの部分全体が，直後の文中の connect with people of all ranks of life とほぼ同意であることがわかるので，その点を反映させた「日本社会の全階層の人々と接すること」という訳も可能。as never before「それ以前にはないほど，かつてないほど」

▶問 4．(あ)「例えば，彼は多くの弟子たちを指導しただけでなく，世人にも教えを授け，その人たちに自作の『片手ではどんな音がするか』という禅問答を投げかけた」

(い)「さらに，筆跡は技術的な熟練ぶりを示すより，むしろそれを隠している場合が多いが，高僧一人一人の個性を通して，経典の神髄を非常に明確に表現している」

(う)「この中には，人間の状態を様々に表現したもの，民話，鳥や昆虫や動物の絵，自らが考案した様々なユーモラスな主題などがある」

(え)「この実例となっているのが，自分の寺を出て山中の洞穴に住んだ風外慧薫である。彼が描いた，放浪する僧である布袋の肖像画は，その極めて簡素な構図と布袋本人への劇的な焦点化を通して，風外の並外れた精神統

一ぶりを伝えている」

㈠「南天棒のような 20 世紀の僧侶の画家も，引き続き白隠の影響を受けたが，それは南天棒が手を墨の中につけて，紙に手形を押し，その上に『さあ聞け』と記した作品に見て取ることができる」

A．この段落では 17 世紀の禅の 2 つ目の傾向を述べている。空所の直前の concentrate on one's own practice「自分が為すことに集中する」に注目すると，集中力の高さを有する人物の例が挙げられている㈡が正解。

B．空所の直前の his abilities to connect with people of all ranks of life「あらゆる階層の人々と心を通わせる彼の能力」に注目すると，弟子だけでなく，世人も教え導いた人物像を述べている㈠が正解。

C．空所の直前の a whole new visual language「全く新しい視覚的な表現手段」に注目すると，その表現手段の様々な実例が挙げられている㈡が正解。

D．最終段第 1 文末尾の a great influence on later monks「後の僧侶たちに与えた大きな影響」に注目すると，白隠の影響を受けた 20 世紀の僧侶の画家である南天棒について述べている㈠が正解。

▶問 5．玉舟の書「蚊子咬鐵牛（ぶんすてつぎゅうをかむ）」の解釈を 70 語程度で書くという形の自由英作文。この書は，自分の実力を考えずに無謀な行動をすることのたとえであるが，解釈としては，常識や分別に縛られず，不可能に思えることにもあきらめずに挑戦すべきだ，という教えととることも可能。〈解答例 1 〉では，文字通り，無謀な行動は避けるべきだ，と解釈している。〈解答例 2 〉では，文字通りの解釈を示しつつも，ときには無謀と思えることにも挑戦すべきだというメッセージとも受け取れると述べている。have a misleading sense of confidence「過信する」literally「文字通りに（言うと）」

◆━━◆━━━●語句・構文●━━━◆━━◆

（第 1 段）Zen painting「禅の絵画，禅画」 calligraphy「書，書道，書跡」 confirm「〜を裏付ける」 Zen Master「禅の高僧，禅師」brushwork「画法，筆遣い」

（第 2 段）decline「衰退，減少」 pope「教皇，法王」

（第 3 段）ink landscape「水墨山水画」 imperial court「宮中，皇室」whisk「〜を泡立てる」

（第 4 段）exemplify「～の実例を挙げる」

（第 5 段）lay people「俗人，一般人」 riddle「なぞなぞ」は，ここでは「禅問答（公案）」のこと。

（第 6 段）voluminous「大量の」 autobiographical「自伝的な」narration「物語」 array「大量」

（最終段）direct pupil「直弟子」 as can be seen in ～「～からわかるように」 dip「～を浸す」

❖講 評

　例年は独立した大問であった英作文が，2020 年度は意見論述の形で 2 問が読解問題 2 題の中にそれぞれ組み込まれ，全体としては読解問題 3 題という構成となった。意見論述は，過年度と同様，条件付きの自由英作文であり，語数が合計 130 語であった。配点としては，読解問題全体の配点から考えて，例年並みであったと考えられる。読解問題の英文量は 2019 年度より 300 語近く増加して約 1,680 語となり，英文の内容もやや難解なものが多かった。設問は記述式の部分は英文和訳と内容説明がほぼ同数出題されているが，2020 年度は内容説明に字数制限があったり，難度の高いものがある一方で，和文英訳は非常に短い箇所の和訳ばかりとなった。空所補充，同意表現，内容真偽など，様々なタイプの選択問題も多くみられた。

　Ⅰ．読解問題。一般的な種の保護の重要性がテーマで，あまりよく知られていない視点から環境問題を取り上げた英文となっている。設問は内容説明と同意表現，英文和訳（2 箇所），意見論述が記述式，空所補充が選択式という構成だが，内容説明はどの部分まで解答に組み込むべきか迷う設問となっている。英文和訳は構文的にもシンプルで訳しやすく，空所補充も標準的だが，意見論述は，「本文の内容をふまえ」「あなたの意見」を述べる，という 2 つの条件を 60 語程度で満たすのはかなり難しく，いずれもシンプルに答えるしかないだろう。

　Ⅱ．読解問題。例年であれば，第 3 問になる会話文の多い英文である。せっかくオペレッタの主役に選ばれたのに，母親と教師の間で自分の髪を役に合う色に染める話が進んでいく事態にとまどう少女の物語。設問は内容説明 2 問と英文和訳 1 問が記述式，選択式の空所補充と内容真偽

が1問ずつという構成であった。空所補充はその場の状況の読み取りが
カギとなる設問である。英文和訳は短いながら日本語になりにくい箇所
が出題されている。

　Ⅲ．読解問題。禅の美術史という非常に高度な内容の英文で，抽象的
な表現や難解な固有名詞が多いこともあって，面食らった受験生も多か
ったかもしれない。設問は内容説明と英文和訳および意見論述を求める
自由英作文が記述式，同意表現と空所補充が選択式となっている。空所
補充がかなり長い英文の補充であり，空所の前のキーワードを素早くと
らえる必要があった。意見論述は，難解な禅の解釈を英語で書くという
もので，様々な解答が考えられ，どう書こうか迷っているうちに時間切
れになる恐れもある。

　全体的にみて，この英文の量と設問の難度に対して80分という試験
時間はあまりに短く，近年では最も難度の高い出題となった。

数学

◀理系：数学Ⅰ・Ⅱ・Ⅲ・Ａ・Ｂ▶

1　◆発想◆　(1) $f(x) = (x-\alpha)^2 g(x) + ax + b$ とおき，条件(ii)から $a = b = 0$ を示す。

(2) $f(\alpha+2) = 0$ より $f(x)$ は $(x-\alpha-2)$ を因数にもち，条件(i) から $f(x)$ を α で表すことができる。

(3) $y = f(x)$, $y = f'(x)$ の交点の x 座標を求め，積分して求める。

解答　(1) $f(x)$ を $(x-\alpha)^2$ で割った商を $g(x)$，余りを $ax + b$ $(a,\ b$ は実数) とおくと

$$f(x) = (x-\alpha)^2 g(x) + ax + b$$
$$f'(x) = 2(x-\alpha)g(x) + (x-\alpha)^2 g'(x) + a$$

$f(\alpha) = 0$ より　　$a\alpha + b = 0$　……①

$f'(\alpha) = 0$ より　　$a = 0$

したがって，①より　　$b = 0$

よって，余りが 0 となるので，$f(x)$ は $(x-\alpha)^2$ で割り切れる。

（証明終）

(2) $f(\alpha+2) = 0$ より $f(x)$ は $(x-\alpha-2)$ を因数にもち，$f(x)$ の x^3 の係数が 1 であることから

$$f(x) = (x-\alpha)^2(x-\alpha-2)$$
$$f'(x) = 2(x-\alpha)(x-\alpha-2) + (x-\alpha)^2 \cdot 1$$
$$= (x-\alpha)(3x-3\alpha-4)$$

$f'(x) = 0$ となるのは　　$x = \alpha,\ \alpha + \dfrac{4}{3}$ $\left(\alpha \neq \alpha + \dfrac{4}{3}\right)$

よって，$f'(x) = 0$ かつ $x \neq \alpha$ をみたす x は

$$x = \alpha + \frac{4}{3}　\cdots\cdots（答）$$

(3) $\alpha = 0$ のとき，(2)より

$$f(x) = x^2(x-2) = x^3 - 2x^2$$
$$f'(x) = x(3x-4) = 3x^2 - 4x$$

$f(x) = f'(x)$ とおくと

$$x^3 - 2x^2 = 3x^2 - 4x$$
$$x^3 - 5x^2 + 4x = 0$$
$$x(x-1)(x-4) = 0$$

$\therefore$ $x = 0,\ 1,\ 4$

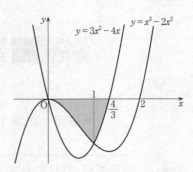

$y \geqq x^3 - 2x^2$ かつ $y \geqq 3x^2 - 4x$ かつ $y \leqq 0$ の表す部分は上図の網かけ部分のようになるので，求める面積は

$$-\int_0^1 (x^3 - 2x^2)\,dx - \int_1^{\frac{4}{3}} (3x^2 - 4x)\,dx$$

$$= -\left[\frac{1}{4}x^4 - \frac{2}{3}x^3\right]_0^1 - \left[x^3 - 2x^2\right]_1^{\frac{4}{3}}$$

$$= -\left(\frac{1}{4} - \frac{2}{3}\right) - \left\{\left(\frac{64}{27} - \frac{32}{9}\right) - (1-2)\right\}$$

$$= \frac{65}{108} \quad \cdots\cdots (答)$$

━━━━━━ ◀解 説▶ ━━━━━━

≪整式が $(x-\alpha)^2$ で割り切れることの証明，不等式の表す部分の面積≫

▶(1) 商を $g(x)$，余りを $ax + b$ とおくと

$$f(x) = (x-\alpha)^2 g(x) + ax + b$$

と表せるので，$f(\alpha) = f'(\alpha) = 0$ から余りが 0 となることを示す。$f'(x)$ については積の微分法を用いる。

▶(2) $f(\alpha + 2) = 0$ であるから，因数定理より $f(x)$ は $x - (\alpha + 2)$ を因数にもつ。仮定より $f(x)$ は 3 次式で，x^3 の係数が 1 であることから

$$f(x) = (x-\alpha)^2(x - \alpha - 2)$$

となる。積の微分法を用いて $f'(x)$ を求めればよい。

▶(3) $y = f(x)$，$y = f'(x)$ のグラフの概形を描き，積分により面積を求める。

2　◇発想◇　(1)　内心は角の二等分線の交点であるので，角の二等分線と線分の比の関係などを用いる。

(2)　P(x, y) とすると，θ が 0 から $\dfrac{\pi}{2}$ まで変化するとき，x は 1 から 0 まで変化し，$y \geqq 0$ であることから，点 P が描く曲線の概形がわかる。回転体の体積は $\pi \displaystyle\int_0^1 y^2 dx$ を計算する。

解答　(1)　AB の中点を M とする。OA＝OB＝1 より OM は∠AOB の二等分線であるので，点 P は OM 上にある。

また，∠OMA＝$\dfrac{\pi}{2}$，∠AOM＝θ であるので

$$OM = \cos\theta, \quad AM = \sin\theta$$
AP は∠OAM の二等分線であるので
$$OP : PM = OA : AM = 1 : \sin\theta$$
よって　　$OP = \dfrac{1}{1+\sin\theta}OM = \dfrac{\cos\theta}{1+\sin\theta}$

P(x, y) とおくと
$$x = OP\cos\theta = \frac{\cos^2\theta}{1+\sin\theta} = \frac{1-\sin^2\theta}{1+\sin\theta}$$
$$= \frac{(1+\sin\theta)(1-\sin\theta)}{1+\sin\theta} = 1-\sin\theta$$
$$y = OP\sin\theta = \frac{\cos\theta}{1+\sin\theta}\cdot\sin\theta = \frac{\sin\theta\cos\theta}{1+\sin\theta}$$

ゆえに，点 P の座標は $\left(1-\sin\theta, \ \dfrac{\sin\theta\cos\theta}{1+\sin\theta}\right)$ で表される。　（証明終）

(2)　(1)より，P(x, y) について

$$x = 1-\sin\theta \ \cdots\cdots① \qquad y = \frac{\sin\theta\cos\theta}{1+\sin\theta} \ \cdots\cdots②$$

$\theta=0$ のとき　　$(x, y)=(1, 0)$

$\theta=\dfrac{\pi}{2}$ のとき　　$(x, y)=(0, 0)$

また，①より θ が 0 から $\dfrac{\pi}{2}$ まで変化するとき，x は 1 から 0 まで変化し，

②より $0<\theta<\dfrac{\pi}{2}$ のとき，$y>0$ である。

よって，点Pが描く曲線の概形は右図のようにな

り，D は網かけ部分である。

求める回転体の体積を V とすると

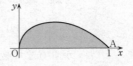

$$V=\pi\int_0^1 y^2 dx$$

①より $\sin\theta=1-x$ であるので

$$\begin{aligned}
y^2 &= \frac{\sin^2\theta\cos^2\theta}{(1+\sin\theta)^2}=\frac{\sin^2\theta(1-\sin^2\theta)}{(1+\sin\theta)^2}\\
&= \frac{\sin^2\theta(1-\sin\theta)}{1+\sin\theta}=\frac{(1-x)^2 x}{2-x}\\
&= -\frac{x^3-2x^2+x}{x-2}=-\left(x^2+1+\frac{2}{x-2}\right)
\end{aligned}$$

したがって

$$\begin{aligned}
V &= -\pi\int_0^1\left(x^2+1+\frac{2}{x-2}\right)dx\\
&= -\pi\left[\frac{1}{3}x^3+x+2\log|x-2|\right]_0^1\\
&= -\pi\left(\frac{1}{3}+1-2\log2\right)\\
&= \pi\left(2\log2-\frac{4}{3}\right)\quad\cdots\cdots\text{(答)}
\end{aligned}$$

参考　(2)の積分を θ に置換すると次のようになる。

$$V=\pi\int_0^1 y^2 dx \text{ において}$$

$x=1-\sin\theta$ より　　　$dx=-\cos\theta d\theta$,

x	$0\to1$
θ	$\dfrac{\pi}{2}\to0$

よって

$$\begin{aligned}
V &= \pi\int_{\frac{\pi}{2}}^0\left(\frac{\sin\theta\cos\theta}{1+\sin\theta}\right)^2(-\cos\theta)\,d\theta\\
&= \pi\int_0^{\frac{\pi}{2}}\frac{\sin^2\theta(1-\sin^2\theta)}{(1+\sin\theta)^2}\cos\theta d\theta
\end{aligned}$$

$$= \pi \int_0^{\frac{\pi}{2}} \frac{\sin^2\theta (1 - \sin\theta)}{1 + \sin\theta} \cos\theta d\theta$$

$1 + \sin\theta = t$ とおくと　　　$\cos\theta d\theta = dt$,

θ	$0 \to \dfrac{\pi}{2}$
t	$1 \to 2$

よって

$$V = \pi \int_1^2 \frac{(t-1)^2(2-t)}{t} dt$$

$$= -\pi \int_1^2 \left(t^2 - 4t + 5 - \frac{2}{t} \right) dt$$

$$= -\pi \left[\frac{1}{3} t^3 - 2t^2 + 5t - 2\log t \right]_1^2$$

$$= \pi \left(2\log 2 - \frac{4}{3} \right)$$

━━━━━━ ◀解　説▶ ━━━━━━

≪媒介変数表示された曲線，回転体の体積≫

▶(1)　OA = OB であるので，AB の中点を M とすれば，P は OM 上にあり，∠AOP = θ であるので，P の座標は (OP$\cos\theta$, OP$\sin\theta$) となる。AP が ∠OAM の二等分線であることから，OP : PM = OA : AM であるので，このことから OP を θ で表せばよい。M$\left(\dfrac{1 + \cos 2\theta}{2}, \dfrac{\sin 2\theta}{2} \right)$ であるので，2 倍角の公式を用いて求めてもよい。

▶(2)　$x = 1 - \sin\theta$, $y = \dfrac{\sin\theta\cos\theta}{1 + \sin\theta}$ より，$0 < \theta < \dfrac{\pi}{2}$ のとき，P(x, y) は第 1 象限にあり，$\theta = 0, \dfrac{\pi}{2}$ のときの (x, y) から，点 P が描く曲線の概形がわかる。積分については，通常は〔参考〕のように θ に置換するが，本問の場合，容易に y^2 を x で表すことができる。

3　◆発想◆　(1)　$x + y = 30$ をみたす自然数の組 (x, y) を具体的に数える。

(2)　$x + y + z = 30$ をみたす自然数の組 (x, y, z) について，$x = k$ を固定すれば，(1)と同様に，組 (y, z) の個数を k で表すことが

できる。

(3) (2)のうち，同じ数を含むものの個数を求め，並べ替えによる重複を考える。

解答 (1) 2つの自然数を x, y とすると $x+y=30$

これをみたす組 (x, y) は

$(x, y) = (1, 29), (2, 28), (3, 27), \cdots, (29, 1)$

の 29 個。

よって，求める順列の総数は 29 ……(答)

(2) 3つの自然数を x, y, z とすると $x+y+z=30$

$x=k$ $(k=1, 2, 3, \cdots, 28)$ のとき $y+z=30-k$

これをみたす組 (y, z) は

$(y, z) = (1, 29-k), (2, 28-k), \cdots, (29-k, 1)$

の $29-k$ 個。

よって，$x+y+z=30$ をみたす組 (x, y, z) の個数は

$$\sum_{k=1}^{28} (29-k) = \frac{1}{2} \cdot 28 \cdot (28+1) = 406$$

したがって，求める順列の総数は 406 ……(答)

(3) (2)で求めた順列において

3つの数が等しい組合せは，$\{10, 10, 10\}$ の 1 個。

3つの数のうち，2つの数だけが等しい組合せは

$\{1, 1, 28\}, \{2, 2, 26\}, \{3, 3, 24\}, \cdots, \{14, 14, 2\}$

の 14 個から $\{10, 10, 10\}$ を除いた 13 個あり，順列としては

$13 \times 3 = 39$ 個

よって，(2)で求めた順列のうち，3つの数が異なるものの個数は

$406 - 1 - 39 = 366$

したがって，3つの数が異なる組合せは $\dfrac{366}{3!} = 61$ 個

以上より，求める組合せの総数は

$1 + 13 + 61 = 75$ ……(答)

別解 (1) 30 個の○を 1 列に並べ，○と○の間 29 箇所のうちの 1 箇所に┃を入れると，和が 30 となる 2 つの自然数からなる順列が 1 つ得られ，┃を入れる箇所が異なれば異なる順列となる。

例えば，右のように｜を入れるとき，順列 $(3, 27)$

を表していると考える。

$$\underbrace{\bigcirc\bigcirc\bigcirc}_{3個}\,|\,\underbrace{\bigcirc\bigcirc\cdots\bigcirc}_{27個}$$

よって，求める順列の総数は　　$_{29}C_1 = 29$

(2)　(1)と同様に，30 個の○の間 29 箇所のうちの異なる 2 箇所に｜を入れ

ると考えればよいので，求める順列の総数は　　$_{29}C_2 = 406$

(3)　x, y, z を自然数とするとき，$x+y+z=30$，$x \leqq y \leqq z$ をみたす組

(x, y, z) の総数が，求めるものである。

$x+x+x \leqq x+y+z = 30$ より　　$3x \leqq 30$

したがって　　$1 \leqq x \leqq 10$

(ⅰ)　$x = 2k$ $(k = 1, 2, 3, 4, 5)$ のとき

　　　　$y+z = 30-2k$

　であるので

$y+y \leqq y+z = 30-2k$ より　　$y \leqq 15-k$

　よって　　$2k \leqq y \leqq 15-k$

この範囲の y に対して条件をみたす z が決まるので，組 (y, z) の個

数は

　　　　$(15-k) - 2k + 1 = 16-3k$

(ⅱ)　$x = 2k-1$ $(k = 1, 2, 3, 4, 5)$ のとき

　　　　$y+z = 30-(2k-1) = 31-2k$

　であるので

$2y \leqq 31-2k$ より　　$y \leqq \dfrac{31}{2} - k$

　y は自然数であるので　　$2k-1 \leqq y \leqq 15-k$

　よって，組 (y, z) の個数は

　　　　$(15-k) - (2k-1) + 1 = 17-3k$

(ⅰ)，(ⅱ)より，求める総数は

$$\sum_{k=1}^{5}(16-3k) + \sum_{k=1}^{5}(17-3k) = \sum_{k=1}^{5}(33-6k)$$

$$= \frac{1}{2} \cdot 5 \cdot (27+3) = 75$$

━━━━━━ ◀解　説▶ ━━━━━━

≪和が 30 になる 3 つの自然数の順列と組合せの総数≫

▶(1)　具体的に数えればよい。〔別解〕のように○と┃の並べ方として考えることもできる。

▶(2)　$x = k$ を固定して，$y + z = 30 - k$ をみたす組 (y, z) の個数を k で表し，$k = 1$, 2, $\cdots$, 28 についての和を Σ の計算で求めればよい。なお，$\displaystyle\sum_{k=1}^{28}(29 - k)$ については，$29 - k$ が k の 1 次式であることから等差数列の和であるので，公式 $\dfrac{1}{2} \times (項数) \times \{(初項) + (末項)\}$ を用いるとよい。〔別解〕のように○と┃の並べ方として考える方法もある。

▶(3)　(2)で求めた順列において，3 数のうち同じ数がいくつあるかにより，並べ替えによる重複を考えて求める。〔別解〕は $x + y + z = 30$, $x \leqq y \leqq z$ をみたすものを，〔解答〕(2)と同様に x を固定して求めているが，x の偶奇により場合分けが必要となる。

4

◆発想◆　(1)　微分して増減を調べる。$f'(x)$ の符号を調べる際，分母は正なので分子を $g(x)$ とおき，$g(x)$ の符号の変化を調べる。

(2)　x_n は $g(x) = 0$ の解であることと，はさみうちの原理を用いる。

解答　(1)　$f(x) = \dfrac{\sin x}{x}$ より　　$f'(x) = \dfrac{x \cos x - \sin x}{x^2}$

$g(x) = x \cos x - \sin x$ とおくと

$\qquad g'(x) = 1 \cdot \cos x + x(-\sin x) - \cos x = -x \sin x$

$2n\pi < x < (2n + 1)\pi$ のとき，$\sin x > 0$, $x > 0$ であるので　　$g'(x) < 0$

よって，$2n\pi \leqq x \leqq (2n + 1)\pi$ において，$g(x)$ は単調に減少し

$\qquad g(2n\pi) = 2n\pi > 0$, $g((2n + 1)\pi) = -(2n + 1)\pi < 0$

より，$g(x) = 0$ は $2n\pi < x < (2n + 1)\pi$ にただ 1 つの実数解をもつ。

その解を α とすると

$2n\pi < x < \alpha$ のとき　　$g(x) > 0$

$\alpha < x < (2n+1)\pi$ のとき　　$g(x) < 0$

$g(x)$ と $f'(x)$ の符号は一致するので，$f(x)$ の増減表は次のようになる。

x	$2n\pi$	$\cdots$	α	$\cdots$	$(2n+1)\pi$
$f'(x)$		$+$	0	$-$	
$f(x)$	0	↗	極大 かつ 最大	↘	0

よって，$f(x)$ が最大となる x の値がただ 1 つ存在する。　　　（証明終）

(2)　x_n は(1)の $g(x) = 0$ の解であるので

$$x_n \cos x_n - \sin x_n = 0 \qquad x_n \cos x_n = \sin x_n$$

$\cos x_n = 0$ とすると $\sin x_n \neq 0$ であり，これをみたさない。

よって，$\cos x_n \neq 0$ であり

$$x_n = \frac{\sin x_n}{\cos x_n} \qquad \text{すなわち} \qquad x_n = \tan x_n$$

$2n\pi < x_n < (2n+1)\pi$ より　　$\dfrac{n}{(2n+1)\pi} < \dfrac{n}{x_n} < \dfrac{n}{2n\pi}$

したがって　　$\dfrac{n}{(2n+1)\pi} < \dfrac{n}{\tan x_n} < \dfrac{1}{2\pi}$

$$\lim_{n\to\infty} \frac{n}{(2n+1)\pi} = \lim_{n\to\infty} \frac{1}{\left(2+\dfrac{1}{n}\right)\pi} = \frac{1}{2\pi}$$

ゆえに，はさみうちの原理より

$$\lim_{n\to\infty} \frac{n}{\tan x_n} = \frac{1}{2\pi} \quad \cdots\cdots(\text{答})$$

━━━━━━━━ ◀解　説▶ ━━━━━━━━

≪関数が最大となる x の値とその値に関する極限≫

▶(1)　商の微分法を用いて $f'(x)$ を求めるが，そのままでは符号がわからないので，分子を $g(x)$ とおき，$g'(x)$ を求めて $g(x) = 0$ の解の存在と $g(x)$ の符号を調べる。

▶(2)　x_n は(1)の $g(x) = 0$ の解であるので，$g(x_n) = 0$ である。これより，$x_n = \tan x_n$ がわかる。極限については，$2n\pi < x_n < (2n+1)\pi$ であることから，はさみうちの原理を用いる。

5　◇発想◇　　(1)　漸化式を用いて x_2, x_3, … を計算してみる。

(2)　$2 \leqq n \leqq p+1$ のとき x_n を推測し，数学的帰納法により証明する。

解答　(1)　$p=3$ のとき　　$x_1 = \dfrac{1}{2^3+1} = \dfrac{1}{9}$

$$x_2 = |2x_1 - 1| = \left| \dfrac{2}{9} - 1 \right| = \dfrac{7}{9}$$

$$x_3 = |2x_2 - 1| = \left| \dfrac{14}{9} - 1 \right| = \dfrac{5}{9}$$

$$x_4 = |2x_3 - 1| = \left| \dfrac{10}{9} - 1 \right| = \dfrac{1}{9} = x_1$$

よって，数列 $\{x_n\}$ は周期 3 で $\dfrac{1}{9}$, $\dfrac{7}{9}$, $\dfrac{5}{9}$ を繰り返す。

ゆえに，m を自然数として

$$x_n = \begin{cases} \dfrac{1}{9} & (n = 3m-2 \text{ のとき}) \\[2mm] \dfrac{7}{9} & (n = 3m-1 \text{ のとき}) \quad \cdots\cdots(\text{答}) \\[2mm] \dfrac{5}{9} & (n = 3m \text{ のとき}) \end{cases}$$

(2)　$2 \leqq n \leqq p+1$ のとき　　$x_n = \dfrac{2^p - (2^{n-1} - 1)}{2^p + 1}$　……①

が成り立つことを数学的帰納法により証明する。

(i)　$n=2$ のとき

$$x_2 = |2x_1 - 1| = \left| \dfrac{2}{2^p + 1} - 1 \right| = \left| \dfrac{1 - 2^p}{2^p + 1} \right|$$

$p \geqq 2$ より $2^p \geqq 4$ であるから　　$1 - 2^p < 0$

したがって　　$x_2 = \dfrac{2^p - 1}{2^p + 1}$

①において，$n = 2$ とすると

$$(\text{右辺}) = \dfrac{2^p - (2^1 - 1)}{2^p + 1} = \dfrac{2^p - 1}{2^p + 1}$$

よって，$n = 2$ のとき，①は成り立つ。

(ii)　$n=k$　$(2 \leqq k \leqq p)$　のとき，①が成り立つと仮定する。

　　　すなわち，$x_k = \dfrac{2^p - (2^{k-1} - 1)}{2^p + 1}$　とすると

$$x_{k+1} = |2x_k - 1| = \left| 2 \cdot \frac{2^p - (2^{k-1} - 1)}{2^p + 1} - 1 \right|$$

$$= \left| \frac{2 \cdot 2^p - 2^k + 2 - 2^p - 1}{2^p + 1} \right| = \left| \frac{2^p - (2^k - 1)}{2^p + 1} \right|$$

　　ここで，$2 \leqq k \leqq p$　より

$$2^p > 2^k - 1 \qquad 2^p - (2^k - 1) > 0$$

　　よって，$x_{k+1} = \dfrac{2^p - (2^k - 1)}{2^p + 1}$　となり，$n = k+1$　のときも①は成り立つ。

(i)，(ii)より，$2 \leqq n \leqq p+1$　のとき，$x_n = \dfrac{2^p - (2^{n-1} - 1)}{2^p + 1}$　が成り立つ。

　　ゆえに　　　$x_{p+1} = \dfrac{2^p - (2^p - 1)}{2^p + 1} = \dfrac{1}{2^p + 1} = x_1$　　　　　　　（証明終）

━━━━━━━━━━ ◀解　説▶ ━━━━━━━━━━

≪絶対値を含む漸化式で定義された数列の一般項，周期性の証明≫

▶(1)　x_1 の値が具体的にわかるので，x_2, x_3, … を順に求めていけば周期性に気づくだろう。

▶(2)　順に求めていくと

$$x_2 = \frac{2^p - 1}{2^p + 1}, \quad x_3 = \frac{2^p - 3}{2^p + 1}, \quad x_4 = \frac{2^p - 7}{2^p + 1}, \quad x_5 = \frac{2^p - 15}{2^p + 1}, \quad \cdots$$

であるので，数列 1，3，7，15，… の一般項を推測すればよい。n の範囲は $2 \leqq n \leqq p+1$ であることに注意。

❖講　評

　　2020 年度は大問 5 題のうち，「数学Ⅲ」からの出題が 3 題であった。また，文系との共通問題は 1 題であった。

　　1．(1)は $f(x)$ が $(x-\alpha)^2$ で割り切れることを示す問題で，典型的なものである。(3)の面積についても基本的といえる。確実に解いておきたい。

　　2．(1)の内心の座標を θ で表す問題では，角の二等分線と線分の比の関係がうまく使えたかどうかがポイントとなる。(2)は曲線の概形が理解

できていたかどうか，積分の計算が正確にできたかどうかで差がついたと思われる。

3．和が 30 になる自然数の順列，組合せについては，(1)，(2)は標準的である。(3)は，順列と組合せの違いをきちんと理解した上で，(2)を同じ数の個数により場合分けすることができたかどうかがポイントとなる。

4．(1)の $f(x)$ が最大となる x の値がただ 1 つであることの証明は，$f'(x)$ の分子の符号を調べればよいことに気づけたかどうかがポイントであった。典型的な問題であるが，出来，不出来がはっきりとする問題である。(2)の極限については，はさみうちの原理を用いる基本的な内容である。

5．漸化式で定義された周期性をもつ数列に関する問題。(1)は具体的に求めていけばよいが，(2)は $2 \leqq n \leqq p+1$ において x_n を推測し，数学的帰納法により証明する問題で，やや難しい問題といえるだろう。

全体としては，標準的な問題が中心である。中には完答が難しい問題もあるが，基本的な小問を確実に解くことが大切である。

◀文系：数学 I・II・A・B▶

1　◇**発想**◇　(1)　$x^3 + ax^2 + bx + c$ を $(x-p)^2$ で実際に割り算し，商と余りを求める。

(2)　(1)より，$f(x)$ を a, p で表し，$f'(x)$ を求める。

(3)　$y = f'(x)$ は 2 次関数であるので，公式 $\displaystyle\int_\alpha^\beta (x-\alpha)(x-\beta)\,dx = -\dfrac{1}{6}(\beta - \alpha)^3$ を用いることができる。x^2 の係数に注意。

解答　(1)　$f(x) = x^3 + ax^2 + bx + c$ を $(x-p)^2 = x^2 - 2px + p^2$ で割ると商は $x + a + 2p$，余りは $(b + 2ap + 3p^2)x + c - ap^2 - 2p^3$ となる。

$(x-p)^2$ で割り切れることより

$$b + 2ap + 3p^2 = 0 \quad \text{かつ} \quad c - ap^2 - 2p^3 = 0$$

よって

$$b = -2ap - 3p^2, \quad c = ap^2 + 2p^3 \quad \cdots\cdots(\text{答})$$

(2)　(1)より

$$f(x) = x^3 + ax^2 - (2ap + 3p^2)x + ap^2 + 2p^3$$
$$f'(x) = 3x^2 + 2ax - 2ap - 3p^2$$

よって

$$f'\!\left(p + \frac{4}{3}\right) = 3\left(p + \frac{4}{3}\right)^2 + 2a\left(p + \frac{4}{3}\right) - 2ap - 3p^2$$

$$= \frac{8}{3}a + 8p + \frac{16}{3}$$

$f'\!\left(p + \dfrac{4}{3}\right) = 0$ より

$$\frac{8}{3}a + 8p + \frac{16}{3} = 0 \qquad \therefore \quad a = -3p - 2 \quad \cdots\cdots(\text{答})$$

(3)　$p = 0$ とすると，(1)，(2)より

$$a = -2, \quad b = 0, \quad c = 0$$
$$f(x) = x^3 - 2x^2, \quad f'(x) = 3x^2 - 4x$$

$f(x) = f'(x)$ とおくと

$$x^3 - 2x^2 = 3x^2 - 4x \qquad x^3 - 5x^2 + 4x = 0$$

$$x(x-1)(x-4) = 0 \qquad \therefore \quad x = 0,\ 1,\ 4$$

よって　　A $(0,\ 0)$，B $(1,\ -1)$，C $(4,\ 32)$

直線 AB の方程式は　　$y = -x$

直線 BC の方程式は　　$y = 11x - 12$

$y = 3x^2 - 4x$ の概形は下図のようになるので

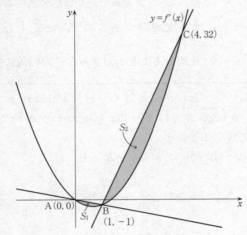

$$S_1 + S_2 = \int_0^1 \{-x - (3x^2 - 4x)\}\, dx + \int_1^4 \{(11x - 12) - (3x^2 - 4x)\}\, dx$$

$$= -3 \int_0^1 x(x-1)\, dx - 3 \int_1^4 (x-1)(x-4)\, dx$$

$$= -3 \left\{ -\frac{1}{6}(1-0)^3 \right\} - 3 \left\{ -\frac{1}{6}(4-1)^3 \right\}$$

$$= 14 \quad \cdots\cdots (答)$$

◀解　説▶

≪整式の除法，微分の計算，放物線と直線で囲まれた部分の面積≫

▶(1)　割り算を実行すると余りが x の 1 次式

$$(b + 2ap + 3p^2)x + c - ap^2 - 2p^3$$

となる。割り切れるということは

$$(b + 2ap + 3p^2)x + c - ap^2 - 2p^3 = 0$$

が x の恒等式となることであるので，2 つの等式

$$b + 2ap + 3p^2 = 0,\ \ c - ap^2 - 2p^3 = 0$$

をみたす。

▶(2)　(1)より，$f(x)$ は a と p で表すことができるので，それを微分して，$f'\left(p+\dfrac{4}{3}\right)$ を計算すればよい。

▶(3)　$f(x)=f'(x)$ を解き，交点 A，B，C の座標，直線 AB，BC の方程式を求める。

$$S_1=\int_0^1\{-x-(3x^2-4x)\}\,dx=\int_0^1(-3x^2+3x)\,dx$$

$$=-3\int_0^1 x\,(x-1)\,dx$$

となるので，$\displaystyle\int_\alpha^\beta(x-\alpha)(x-\beta)\,dx=-\dfrac{1}{6}(\beta-\alpha)^3$ を用いるとき，x^2 の係数が -3 であることに注意しなければならない。S_2 についても同様である。

2　◆発想◆　(1)　数学的帰納法を用いる。

(2)　(1)の計算から，数列 $\{b_n\}$ についての漸化式が得られる。

(3)　(1)，(2)から，数列 $\{a_n\}$ についての漸化式が得られる。

解答　(1)　すべての自然数 n について

$$a_n>0 \quad かつ \quad b_n>0 \quad \cdots\cdots①$$

であることを，数学的帰納法により証明する。

〔I〕　$n=1$ のとき

条件(i)より，$a_1=b_1=1>0$ であるので，①は成り立つ。

〔II〕　$n=k$ のとき，①が成り立つと仮定する。

すなわち，$a_k>0$ かつ $b_k>0$ であると仮定すると

条件(ii)より

$$f_k(x)=a_k(x+1)^2+2b_k$$

であるので，$a_k>0$ であることから，$y=f_k(x)$ は下に凸な放物線で，軸は $x=-1$ である。

よって，$-2\leqq x\leqq1$ における $f_k(x)$ は

最大値が　　$f_k(1)=4a_k+2b_k$

最小値が　　$f_k(-1)=2b_k$

ゆえに　　$a_{k+1}=4a_k+2b_k,\ b_{k+1}=2b_k$

$a_k>0$ かつ $b_k>0$ であるので　　$a_{k+1}>0$　かつ　$b_{k+1}>0$

　したがって，$n=k+1$ のときも①は成り立つ。

〔Ⅰ〕，〔Ⅱ〕より，すべての自然数 n について，$a_n>0$ かつ $b_n>0$ である。

(証明終)

(2)　(1)より，数列 $\{b_n\}$ は

$$b_1=1, \quad b_{n+1}=2b_n$$

をみたすので，初項 1，公比 2 の等比数列である。

よって，一般項は　　$b_n=2^{n-1}$　……(答)

(3)　(1)より，数列 $\{a_n\}$ は

$$a_1=1, \quad a_{n+1}=4a_n+2b_n$$

をみたし，$b_n=2^{n-1}$ であることから

$$a_{n+1}=4a_n+2^n \quad ……②$$

②の両辺を 2^{n+1} で割ると

$$\frac{a_{n+1}}{2^{n+1}}=2\cdot\frac{a_n}{2^n}+\frac{1}{2}$$

よって　　　$c_{n+1}=2c_n+\frac{1}{2}$

変形すると　　　$c_{n+1}+\frac{1}{2}=2\left(c_n+\frac{1}{2}\right)$

ゆえに，数列 $\left\{c_n+\frac{1}{2}\right\}$ は公比 2 の等比数列であり，初項は

$$c_1+\frac{1}{2}=\frac{a_1}{2^1}+\frac{1}{2}=1$$

したがって

$$c_n+\frac{1}{2}=2^{n-1} \quad \therefore \quad c_n=2^{n-1}-\frac{1}{2} \quad ……(答)$$

━━━━◀解　説▶━━━━

≪2 次関数の最大値・最小値，漸化式と数列の一般項≫

▶(1)　数学的帰納法により証明する。帰納法の仮定 $a_k>0$ かつ $b_k>0$ において，$a_k>0$ より $y=f_k(x)$ は下に凸な放物線であるので，軸が $x=-1$ であることから，$x=1$ で最大，$x=-1$ で最小であるといえる。また，$b_k>0$ であることから，いずれの値も正であるといえる。

▶(2)　(1)の〔Ⅱ〕により，漸化式 $b_{n+1}=2b_n$ が成り立つことがわかる。

▶(3)　(1)の〔Ⅱ〕により，$a_{n+1}=4a_n+2b_n$ が成り立ち，$b_n=2^{n-1}$ を代入して，$\{a_n\}$ についての漸化式 $a_{n+1}=4a_n+2^n$ が得られる。両辺を 2^{n+1} で割ることにより，$\{c_n\}$ の漸化式 $c_{n+1}=2c_n+\dfrac{1}{2}$ が得られる。

一般に，$a_{n+1}=pa_n+q$　$(p\neq1)$　の形の漸化式は，$\alpha=p\alpha+q$ をみたす α を用いて，$a_{n+1}-\alpha=p(a_n-\alpha)$ と変形できるので，等比数列に帰着させることができる。

3 ◀理系：数学Ⅰ・Ⅱ・Ⅲ・A・B▶ **3** に同じ。

❖講　評

　2020 年度は，微・積分法，2 次関数と数列，場合の数からの出題で，ベクトルからの出題はなかった。また，理系との共通問題は **3** のみであった。

　1．整式の割り算と微分法，放物線と直線で囲まれた部分の面積を求める標準的な問題である。割り算の計算，積分の計算でミスのないようにしたい。

　2．2 次関数の最大値・最小値により，数列が定められる問題である。(1)で数学的帰納法による証明がきちんとできたかどうかがポイントとなる。(1)ができれば，(2)，(3)の漸化式は典型的であるから難しくないだろう。

　3．和が 30 になる自然数の順列，組合せについては，(1)，(2)は標準的である。(3)は，順列と組合せの違いをきちんと理解した上で，(2)を同じ数の個数により場合分けすることができたかどうかがポイントとなる。

　全体として，標準的な問題が中心であり，基本的な小問をミスなく確実に解いていくことが大切である。

物理

I **解答**　問1. 時刻 t でのおもりの速度を v とすると
$$v = A\omega\cos(\omega t)$$
であるから，おもりの運動量 p は
$$p = mv = mA\omega\cos(\omega t) \quad \cdots\cdots(答)$$
問2. ばね振り子の角振動数 ω とばね定数 k の間には
$$k = m\omega^2$$
の関係がある。

おもりの運動エネルギーを K，ばねの弾性力による位置エネルギーを U，
力学的エネルギーを E とすると

$$E = K + U = \frac{1}{2}mv^2 + \frac{1}{2}kx^2$$

$$= \frac{1}{2}m\{A\omega\cos(\omega t)\}^2 + \frac{1}{2}(m\omega^2)\{A\sin(\omega t)\}^2$$

$$= \frac{1}{2}mA^2\omega^2\{\cos^2(\omega t) + \sin^2(\omega t)\}$$

$$= \frac{1}{2}mA^2\omega^2 = \frac{1}{2}kA^2 = 一定$$

よって，力学的エネルギーは保存される。　　　　　　　　　　（証明終）

問3. 与えられた $x = A\sin(\omega t)$ と，問1の結果 $p = mA\omega\cos(\omega t)$ を
$$\sin^2(\omega t) + \cos^2(\omega t) = 1$$
に代入すると

$$\left(\frac{x}{A}\right)^2 + \left(\frac{p}{mA\omega}\right)^2 = 1$$

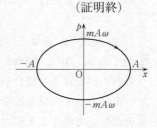

これは，x 軸半径が A，p 軸半径が $mA\omega$ の楕円の方程式である。よって，
概略は上図のようになる。

問4. 問3の結果の式と，楕円の方程式 $\dfrac{x^2}{a^2} + \dfrac{y^2}{b^2} = 1$ とを比較すると

$$a = A, \quad b = mA\omega$$

楕円の「面積」を S とすると

$$S = \pi ab = \pi \times A \times mA\omega = \pi mA^2 \sqrt{\frac{k}{m}}$$

$$= \pi A^2 \sqrt{km} \quad \cdots\cdots (答)$$

力学的エネルギー E は，問2より

$$E = \frac{1}{2}mA^2\omega^2 = \frac{1}{2}kA^2$$

周期を T とすると

$$T = \frac{2\pi}{\omega} = 2\pi\sqrt{\frac{m}{k}}$$

それらの積は

$$E \times T = \frac{1}{2}kA^2 \times 2\pi\sqrt{\frac{m}{k}} = \pi A^2 \sqrt{km}$$

これは，曲線（楕円）の囲む「面積」S が力学的エネルギー E と周期 T の積に等しいことを表している。   （証明終）

問5．「力学的エネルギーと周期の積」が，ばね定数が k' でおもりの振幅が A' のときと，ばね定数が k でおもりの振幅が A のときとで等しいから，問4の結果を用いて

$$\pi A^2 \sqrt{km} = \pi A'^2 \sqrt{k'm}$$

$\dfrac{k'}{k} = \dfrac{1}{2}$ を用いると

$$\frac{A'}{A} = \sqrt[4]{\frac{k}{k'}} = \sqrt[4]{2} \quad \cdots\cdots (答)$$

$E = \dfrac{1}{2}kA^2,\ E' = \dfrac{1}{2}k'A'^2$ より

$$\frac{E'}{E} = \frac{k'}{k} \cdot \left(\frac{A'}{A}\right)^2 = \frac{1}{2} \cdot (\sqrt[4]{2})^2 = \frac{1}{\sqrt{2}} \quad \cdots\cdots (答)$$

$T = 2\pi\sqrt{\dfrac{m}{k}},\ T' = 2\pi\sqrt{\dfrac{m}{k'}}$ より

$$\frac{T'}{T} = \sqrt{\frac{k}{k'}} = \sqrt{2} \quad \cdots\cdots (答)$$

━━━━ ◀解　説▶ ━━━━

≪水平面に置かれたばね振り子の運動≫

▶問1．時刻 t でのおもりの位置 x が

$x = A \sin(\omega t)$

で表されるとき，おもりの速度 v は，位置 x の時間微分であるから

$$v = \frac{dx}{dt} = A\omega \cos(\omega t)$$

である。

単振動するおもりの速さは，振動中心で最大となる。振動中心（原点 O，ばねが自然長のとき）でのおもりの速さを v_0 とすると，振動中心とばねが最も伸びた位置 $x = A$ との間で力学的エネルギー保存則より

$$\frac{1}{2}kA^2 = \frac{1}{2}mv_0{}^2 \qquad \therefore \quad v_0 = A\sqrt{\frac{k}{m}} = A\omega$$

おもりの運動は

$t = 0$ のとき　　　$x = 0,\ v = A\omega$

$t = \dfrac{T}{4}$ のとき　　　$x = A,\ v = 0$

となり，時刻 t における速度 v は，cos の関数で表される。

▶問 2．おもりが位置 x にあるときの加速度を a とすると，運動方程式より

$$ma = -kx \qquad \therefore \quad a = -\frac{k}{m}x$$

加速度が，角振動数 ω を用いて $a = -\omega^2 x$ で表されるとき，物体の運動は単振動である。比較すると

$$\omega^2 = \frac{k}{m} \qquad \therefore \quad k = m\omega^2 \quad \left(\text{または } \omega = \sqrt{\frac{k}{m}}\right)$$

▶問 3．ばね振り子の周期を T とすると

$t = 0$ のとき　　　$x = 0,\ p = mA\omega$

$t = \dfrac{T}{4}$ のとき　　　$x = A,\ p = 0$

であるから，x と p の関係は，楕円を右回り（時計回り）に運動する向きである。

▶問 4．xy 平面上の曲線の式 $\dfrac{x^2}{a^2} + \dfrac{y^2}{b^2} = 1$ は楕円の方程式であり，x 軸半径が a，y 軸半径が b，楕円の面積は πab である。

▶問 5．問題には E，T が定義されていないが，「このとき（＝ばね定数

が k' のとき）の力学的エネルギーを E' および周期を T' とする」とあるので，ばね定数が k のときの力学的エネルギーを E および周期を T と考えるのが妥当であるが，問題の解答に必要な物理量であるので，各自で定義しておいた方が無難である。

（注）　問題では，おもりの質量 m，ばね定数 k，等速円運動の角速度 ω が与えられており，これらの間に $k = m\omega^2$ の関係がある。問 2 〜問 4 では，k を用いた解や証明と，ω を用いた解や証明が考えられるが，どちらを用いてもよい。

問 2 のエネルギー保存則は

$$E = K + U = \frac{1}{2}mv^2 + \frac{1}{2}kx^2$$

であるが，$m = \dfrac{k}{\omega^2}$ を用いて書き換えると

$$E = \frac{1}{2}\frac{k}{\omega^2}\{A\omega\cos(\omega t)\}^2 + \frac{1}{2}k\{A\sin(\omega t)\}^2$$

$$= \frac{1}{2}kA^2 = \text{一定}$$

問 3 の楕円の方程式は

$$\left(\frac{x}{A}\right)^2 + \left(\frac{p}{mA\omega}\right)^2 = 1$$

であるが，$\omega^2 = \dfrac{k}{m}$ を用いて書き換えると

$$\left(\frac{x}{A}\right)^2 + \left(\frac{p}{A\sqrt{mk}}\right)^2 = 1$$

となる。このときは，x 軸の交点座標は A，$-A$ であり，p 軸の交点座標は $A\sqrt{mk}$，$-A\sqrt{mk}$ である。

Ⅱ　**解答**　問 1．運動エネルギーと仕事の関係より

$$\frac{1}{2}mv_0{}^2 - 0 = q(-V_0) \quad \cdots\cdots①$$

$$\therefore \quad v_0 = \sqrt{\frac{2q(-V_0)}{m}} \quad \cdots\cdots② \quad \cdots\cdots(\text{答})$$

問 2. 磁場の向きは右図。

粒子の円運動の回転半径を R_0 とすると，円運動の中心方向
の運動方程式より

$$m\frac{v_0{}^2}{R_0} = qv_0B \qquad \therefore \quad R_0 = \frac{mv_0}{qB} \quad \cdots\cdots ③$$

よって，周期 T_0 は

$$T_0 = \frac{2\pi R_0}{v_0} = \frac{2\pi\dfrac{mv_0}{qB}}{v_0} = \frac{2\pi m}{qB} \quad \cdots\cdots ④ \quad \cdots\cdots (答)$$

問 3. 粒子は，電極 D_1D_2 間では等加速
度直線運動を行い，D_1，D_2 内では等速
円運動を行う。粒子は電極間の隙間を通
過するたびに $q(-V_0)$ の仕事を受ける
ので，D_1 内を円運動する半径は，D_2 内
を円運動する半径の $\sqrt{2}$ 倍となる。した
がって，求める軌跡の概略は右図。

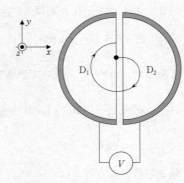

3 回目に隙間を通過する直前の粒子がも
つ運動エネルギーは，隙間を 2 回通過し
た直後の運動エネルギーに等しいので，これを E_2 とすると

$$E_2 = q(-V_0) + q(-V_0)$$
$$= -2qV_0 \quad \cdots\cdots (答)$$

問 4. 粒子が隙間を通過した回数を n，通過直後の粒子の速さを v_n とす
ると，円運動の中心方向の運動方程式より

$$m\frac{v_n{}^2}{r} = qv_nB \qquad \therefore \quad v_n = \frac{qBr}{m}$$

よって，粒子がもつ運動エネルギー E は

$$E = \frac{1}{2}mv_n{}^2 = \frac{1}{2}m\left(\frac{qBr}{m}\right)^2 = \frac{(qBr)^2}{2m} \quad \cdots\cdots ⑤ \quad \cdots\cdots (答)$$

粒子が，隙間を n 回通過したとき，電場から受けた仕事は $n \times q(-V_0)$
であるから，運動エネルギーと仕事の関係より

$$\frac{(qBr)^2}{2m} = n \times q(-V_0) \qquad \therefore \quad n = \frac{q(Br)^2}{2m(-V_0)}$$

粒子が⑤の運動エネルギーをもつためには，隙間を $n-1$ 回通過すればよ

い。粒子が電極内を半回転する時間は $\dfrac{T_0}{2}$ であるから，求める時間を

T_{n-1} とすると

$$T_{n-1} = (n-1)\frac{T_0}{2} = \left\{\frac{q\,(Br)^2}{2m\,(-V_0)} - 1\right\}\frac{\pi m}{qB} \quad \cdots\cdots(\text{答})$$

問5．⑤より

$$E = \frac{(qBr)^2}{2m} = \frac{(1.6\times10^{-19}\times1.0\times10^{-1}\times1.0\times10^{-1})^2}{2\times1.6\times10^{-27}}$$

$$= 8.0\times10^{-16}\,(\text{J}) \quad \cdots\cdots(\text{答})$$

━━━━━ ◀解　説▶ ━━━━━

≪サイクロトロン≫

▶問1．粒子の運動エネルギーは，電位差 V_0 の電場から受けた仕事の量
だけ増加する。$V_0 < 0$ に注意が必要である。

▶問2．粒子は，磁場から受けるローレンツ力を
向心力として，xy 平面内において円運動をする。
このとき，粒子が受けるローレンツ力は常に円運
動の中心を向き，粒子は円運動の接線方向には力
を受けないので，等速円運動となる。

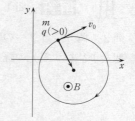

粒子が z 軸正方向から見て時計回りの円運動をす
るとき，$q > 0$ に注意して，磁場の向きは，フレミングの左手の法則より，
z 軸正方向である。

▶問3．$q > 0$ であるから，粒子が隙間を D_1 から D_2 に向かって1回目に
通過するときに加速されるためには，D_2 が低電位でなければならない。
このとき，粒子が電場から受けた仕事は $q\,(-V_0)$ であり，粒子の運動エ
ネルギーが増加して，速度が増す。粒子が D_2 に入ったときの速さは②と
同様であり，D_2 内での円運動の半径は③と同様である。

次に，粒子が隙間を D_2 から D_1 に向かって2回目に通過するときに加速
されるためには，D_1 が低電位でなければならない。粒子が隙間を2回目
に通過するときの D_1 の D_2 に対する電位は $-V_0$ で，粒子が隙間を1回目
に通過するときの D_1 の D_2 に対する電位 V_0 と同じ大きさで反対符号であ
るから，粒子が隙間を2回目に通過するときに電場から受けた仕事も
$q\,(-V_0)$ である。

したがって，粒子が隙間を 2 回目に通過した直後を，1 回目に通過した直後と比較すると，①より，運動エネルギーは 2 倍，速さは $\sqrt{2}$ 倍となり，③より，円運動の半径は $\sqrt{2}$ 倍となる。

▶問 4．問題文に「電極間には十分狭い隙間」とあるので，粒子がこの隙間を通過する時間は無視するのが妥当である。

粒子は，隙間を n 回通過した後，電極 D_1 または D_2 内で半径 r の円運動をするから，隙間を $n-1$ 回通過した直後に，粒子は⑤の運動エネルギーをもつことになる。

④より，周期 $T_0 = \dfrac{2\pi m}{qB}$ は，粒子が電極 D_1 または D_2 内を円運動する時間が，粒子の速さ v_n によらないことを表している。

Ⅲ　**解答**　問 1．光の速さ：$\dfrac{c}{n}$　波長：$\dfrac{\lambda}{n}$

問 2．隣り合う 2 つの暗線について，平板ガラス A と平板ガラス B との隙間を 1 往復する光の経路差がちょうど 1 波長であるから

$$\frac{b}{L} = \frac{\dfrac{\lambda}{2}}{a} \quad \therefore \quad a = \frac{L\lambda}{2b} \quad \cdots\cdots (答)$$

問 3．溝のない部分と溝の部分で，隙間の長さ y_m が等しい暗線間の距離を Δx とすると，整数 M を用いて，右図の関係より

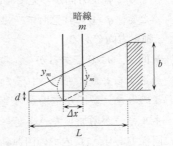

$$\frac{b}{L} = \frac{d}{\Delta x}$$

$$\Delta x = \left(M + \frac{3}{4}\right)a \quad (M = 0,\ 1,\ 2,\ \cdots)$$

よって

$$d = \frac{b}{L}\Delta x = \frac{b}{L}\cdot\left(M + \frac{3}{4}\right)a = \left(M + \frac{3}{4}\right)\frac{b}{L}\cdot\frac{L\lambda}{2b}$$

$$= \left(M + \frac{3}{4}\right)\frac{\lambda}{2} \quad \cdots\cdots ① \quad \cdots\cdots (答)$$

問 4．溝のない部分と溝の部分で，隙間の長さ $y_m{}'$ が等しい暗線間の距離を $\Delta x'$ とすると，整数 M' を用いて，次図の関係より

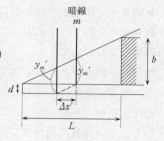

暗線
m

$$\frac{b}{L}=\frac{d}{\Delta x'}$$

$$\Delta x'=(M'+1)\frac{3}{4}a \quad (M'=0,\ 1,\ 2,\ \cdots)$$

よって

$$d=\frac{b}{L}\Delta x'=\frac{b}{L}\cdot(M'+1)\frac{3}{4}a$$

$$=(M'+1)\frac{b}{L}\cdot\frac{3}{4}\cdot\frac{L\lambda}{2b}$$

$$=(M'+1)\frac{3}{4}\cdot\frac{\lambda}{2} \quad \cdots\cdots②$$

①，②より

$$\left(M+\frac{3}{4}\right)\frac{\lambda}{2}=(M'+1)\frac{3}{4}\cdot\frac{\lambda}{2}$$

$$\therefore\ 4M=3M'$$

すなわち，M' は 4 の倍数であるから，考え得る溝の深さ d は，整数 N を
用いると，②で $M'=4N$ とおいて

$$d=(M'+1)\frac{3}{4}\cdot\frac{\lambda}{2}=(4N+1)\frac{3\lambda}{8} \quad \cdots\cdots(答)$$

問 5 ．溝の深さが 2 番目に浅いときは $N=1$ であるから，②より

$$d=\frac{b}{L}\cdot(M'+1)\frac{3}{4}a=\frac{b}{L}\cdot(4N+1)\frac{3}{4}a$$

$$=\frac{6.0\times10^{-5}}{3.0\times10^{-1}}\times(4\times1+1)\times\frac{3}{4}\times(1.5\times10^{-3})$$

$$=1.125\times10^{-6}\fallingdotseq1.1\times10^{-6}〔m〕 \quad \cdots\cdots(答)$$

━━━◀ 解　説 ▶━━━

≪段差のある平面ガラスによるくさび形薄膜での光の干渉≫

▶問 1 ．ガラス中での光の速さを v_G，波長を λ_G とする。空気に対するガ
ラスの相対屈折率を $n_{A\to G}$ とすると，屈折の法則より

$$n_{A\to G}=\frac{n}{1.0}=\frac{c}{v_G}=\frac{\lambda}{\lambda_G}$$

$$\therefore\ v_G=\frac{c}{n}, \quad \lambda_G=\frac{\lambda}{n}$$

▶問2．干渉縞が現れるのは，ガラスの真上から当てられた光のうち，平板ガラスBの下面で反射した光と，平板ガラスAの上面で反射した光が干渉するからである。

光が，平板ガラスBの下面で反射するときは，屈折率が大きい媒質から小さい媒質に向かって入射して反射するときの自由端反射に相当し，位相は変化しない。平板ガラスAの上面で反射するときは，屈折率が小さい媒質から大きい媒質に向かって入射して反射するときの固定端反射に相当し，位相が π 変化する。

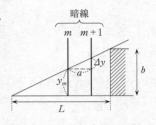

平板ガラスAの左端から m 番目（$m=0$, 1, 2, …。ただし，平板ガラスAと平板ガラスBが接触している左端の位置は暗線であり，この暗線を $m=0$ とし，その隣を1番目（$m=1$）とする）の暗線の位置での平板ガラスAと平板ガラスBの隙間の長さを y_m とすると，この隙間の往復の距離 $2y_m$ に波がちょうど m 個あるとき，ガラス面での反射の位相差が π であるから，干渉光は打ち消し合い暗線が現れる。よって，暗線条件は

$$2y_m = m\lambda$$

この外側の暗線の位置での隙間の長さを $y_m + \Delta y$ とすると

$$2(y_m + \Delta y) = (m+1)\lambda$$

差をとると $\Delta y = \dfrac{\lambda}{2}$

図の関係より $\dfrac{b}{L} = \dfrac{\Delta y}{a}$

よって $\dfrac{b}{L} = \dfrac{\dfrac{\lambda}{2}}{a}$ $\therefore$ $a = \dfrac{L\lambda}{2b}$

▶問3．溝のない部分で，m 番目の暗線の平板ガラスAと平板ガラスBの隙間の長さを y_m とする。この暗線から，溝の部分での平板ガラスBの下面から平板ガラスAの溝底までの隙間の長さが同じく y_m である暗線までの距離が Δx である。

▶問4．溝のない部分で，m 番目の暗線の平板ガラスAと平板ガラスBの隙間の長さを $y_m{}'$ とする。この暗線から，溝の部分での平板ガラスBの

下面から平板ガラスＡの溝底までの隙間の長さが同じく y_m' である暗線までの距離が $\Delta x'$ である。ここで，y_m' は，次で証明するように，$\lambda' = \dfrac{3}{4}\lambda$ であるから，$y_m' = \dfrac{3}{4}y_m$ である。

平板ガラスの隙間を満たした媒質の屈折率を n' とする。ガラスの屈折率 n に対して，$n > n'$ ならば，隙間が空気のときと同じで，光が平板ガラスＢの下面で反射するときは位相は変化しないが，平板ガラスＡの上面で反射するときは位相が π 変化する。$n' > n$ ならば，光が平板ガラスＢの下面で反射するときは位相が π 変化し，平板ガラスＡの上面で反射するときは位相が変化しないので，媒質の屈折率 n' がガラスの屈折率 n に対して大きくても小さくても，暗線が現れる条件は同じである。

媒質中での光の波長を λ' とすると，屈折の法則より

$$n' = \frac{\lambda}{\lambda'} \qquad \therefore \quad \lambda' = \frac{\lambda}{n'}$$

隙間の間隔が $\dfrac{3}{4}a$ であるから，問２と同様にして

$$\frac{3}{4}a = \frac{L\dfrac{\lambda}{n'}}{2b} = \frac{a}{n'} \qquad \therefore \quad n' = \frac{4}{3}$$

よって $\lambda' = \dfrac{\lambda}{\dfrac{4}{3}} = \dfrac{3}{4}\lambda$

考え得る溝の深さ d は，$4M = 3M'$ を同時に満たす整数 M，M' の組合せであるから，$M = 0$，$M' = 0$ を含めて，M が３の倍数，M' が４の倍数のときで，例えば

- $M = 0$，$M' = 0$ のとき $d = \dfrac{3}{8}\lambda$

- $M = 3$，$M' = 4$ のとき $d = \dfrac{15}{8}\lambda$

- $M = 6$，$M' = 8$ のとき $d = \dfrac{27}{8}\lambda$

となる。

▶問５. 問４の条件のうち，溝の深さが最も浅いときが $N = 0$ である。

❖講 評

2020 年度は，2019 年度と同様に，「問題の解答に必要な物理量があれば，それらを表す記号はすべて各自が定義し，解答欄に明示しなさい」や，「解答欄には答えのみでなく導出過程も示しなさい」といった指示があった。Ⅰ，Ⅱでは描図問題が計 3 問出題され，Ⅱ，Ⅲでは数値計算の問題が計 2 問出題された。計算問題は 2 問とも前問の答えに与えられた数値を代入する形式であるので，雪崩式の失点に注意しなくてはならない。

Ⅰ．水平面上のばね振り子（単振動）の問題である。誘導に沿って進めていけばよいが，問 3 の位置 x と運動量 p の関係が楕円になること，問 4 の楕円の面積が力学的エネルギーと周期の積に等しいことなど，見慣れない設定である。題意を的確に読み取れたかどうかで差がつくだろう。

Ⅱ．サイクロトロンの典型的な問題である。しかし，加速電圧が V_0 であるが，電荷が $q>0$ であるために，荷電粒子が隙間を 1 回通過するときの運動エネルギーの増加が $q(-V_0)$ であることや，円運動の周期は粒子の速さ v_n によらないこと，また問 4 では回転半径が r である運動エネルギーが，隙間を 1 回前に通過した直後のエネルギーであることなど，細心の注意が必要である。

Ⅲ．段差のある平面ガラスを用いたくさび形薄膜での光の干渉問題である。問 3 までは典型的問題で，失点してはならない。問 4 では，問 3 の M のとびとびの値の位置に，干渉縞のずれがなくなる位置が現れることで N が決まることが難しい。

化学

Ⅰ **解答**　問1．AB 間：①　BC 間：④　CD 間：②
DE 間：⑥

問2．融解熱：$\dfrac{E_C - E_B}{n}$〔J/mol〕　蒸発熱：$\dfrac{E_E - E_D}{n}$〔J/mol〕

問3．$\dfrac{WT(E_B - E_A)}{Mn(T_2 - T_1)}$〔J〕

問4．純物質が状態変化するときには，加えられた熱の全てが状態変化に用いられるため。

問5．氷：低くなる　ドライアイス：高くなる

問6．混ざった後の温度を t〔℃〕とすると，$H_2O = 18.0$ より，氷が受け取った熱量は

$$6.0 \times 10^3 \times \frac{36}{18.0} + 4.2 \times 36 \times t \, \text{〔J〕}$$

また 50℃ の水が失った熱量は

$$4.2 \times 100 \times (50 - t) \, \text{〔J〕}$$

これらの熱量は等しいので

$$6.0 \times 10^3 \times 2.0 + 4.2 \times 36 \times t = 4.2 \times 100 \times (50 - t)$$

これより　$t = 15.7 \fallingdotseq 16$〔℃〕　……(答)

◀解　説▶

≪状態変化と熱の出入り≫

▶問1．与えられたのが分子結晶，即ち固体であることから AB 間は固体であるとわかる。また，グラフが縦軸に平行になっているところは熱を加えても温度変化がみられない区間である。ここで状態変化が起こっていると判断する。

▶問2．状態変化の始まりと終わりのエネルギーの差が，状態変化に際して必要となるエネルギーである。状態変化の熱は絶対値で与えられるので，大きな値から小さな値を引くこと，また，図では n〔mol〕の結晶を加熱しているので 1 mol あたりの値になおすことに注意する。

▶問 3．分子結晶を加熱していることと状態変化が起こっていないことから，AB 間のデータを用いる。n〔mol〕の分子結晶を 1℃温度上昇させるのに必要な熱は $\dfrac{E_B - E_A}{T_2 - T_1}$〔J/K〕であり，1 mol の分子結晶を 1℃温度上昇させるのに必要な熱は $\dfrac{E_B - E_A}{T_2 - T_1} \times \dfrac{1}{n}$〔J/(mol·K)〕である。$W$〔g〕の分子結晶の物質量は $\dfrac{W}{M}$〔mol〕であることから，T〔℃〕温度上昇させるのに必要な熱量は

$$\frac{W}{M} \times T \times \frac{E_B - E_A}{T_2 - T_1} \times \frac{1}{n} = \frac{WT(E_B - E_A)}{Mn(T_2 - T_1)} \text{〔J〕}$$

▶問 4．状態変化をしているときは，加えられた熱量は温度変化には使われない。

▶問 5．物質の状態は，温度だけでなく圧力によっても変化しうるものであり，温度・圧力によりどの状態になるかを示したものが状態図である。ドライアイスをはじめとする一般的な物質では次の図 1 のように融解曲線の傾きが正であり，圧力が上がるとより高温でなければ融解しなくなる。しかし，水の場合は図 2 のように融解曲線の傾きが負であり，圧力が上がるとより低温で融解するようになる。

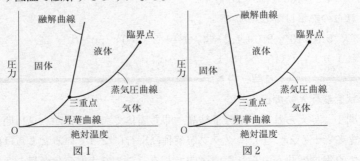

図 1　　　　　　　　　　　　　図 2

▶問 6．液体の水の比熱は 1 g あたり，融解熱は 1 mol あたりで与えられていることに注意する。

II 解答

問1．(1)陽　(2)陰

問2．$Cu \longrightarrow Cu^{2+} + 2e^-$

問3．2種類の元素：Ag，Pb

理由：・Ag は Cu よりイオン化傾向が小さいので溶出せず，単体のまま沈殿する。

・Pb は Cu よりイオン化傾向が大きいので Pb^{2+} として溶出するが，電解液中の $SO_4{}^{2-}$ と反応して水に溶けない $PbSO_4$ として沈殿する。

問4．この電気分解で流れる電子の物質量は

$$\frac{150 \times (2 \times 60 \times 60 + 40 \times 60 + 50)}{9.65 \times 10^4} = 15.0 \,(mol)$$

純銅の析出を表す反応式は $Cu^{2+} + 2e^- \longrightarrow Cu$ であるので，この電気分解で生じる銅の質量は

$$15.0 \times \frac{1}{2} \times 63.5 = 476.25 \fallingdotseq 4.76 \times 10^2 \,(g) \quad \cdots\cdots (答)$$

問5．減少する

理由：陽極・陰極でやりとりされる電子の量は同じである。陰極ではその電子の量に相当する銅が析出するが，陽極では同じ電子の量で銅以外の金属も溶出する。これより，陽極で溶出する銅イオンよりも陰極で反応する銅イオンのほうが多くなり，その差に相当する溶液中の銅イオンが消費されるため。

━━━━━━━━━ ◀解　説▶ ━━━━━━━━━

≪銅の電解精錬≫

▶問1・問2．一般に，陽極で酸化反応，陰極で還元反応が起こる。銅の電解精錬では，粗銅を不純物ごと Cu^{2+} として溶出させ，陰極で Cu^{2+} だけを Cu として析出させている。

▶問3．銅よりもイオン化傾向が小さい金属は，それ自身が陽イオンになるわけではないが，周囲の金属原子が溶出することにより結晶から脱落して陽極泥として沈殿する。また，電解液が硫酸酸性の硫酸銅(II)水溶液であるので，$SO_4{}^{2-}$ が多く含まれており，これと反応・沈殿するのは Pb^{2+} だけである。

▶問5．陽極では，Cu 以外の不純物の溶出にも電子が使われる。なお，イオン化傾向が Cu よりも小さい Ag はイオン化せず，そのまま粗銅板からはがれて，陽極泥として沈殿する。

Ⅲ **解答** 問1.

問2. **F・G・H・I**

問3. **F**

問4. **G・H**

問5. **F**

問6.

問7.

━━━━━━━━━━ ◀解　説▶ ━━━━━━━━━━

≪$C_{11}H_{14}O_3$ の構造決定≫

▶問1. 本文のナトリウムフェノキシドから化合物 **J** を得る反応は次のようになる。

▶問2～問6. 化合物 **A**～**D** を加水分解する反応を分子式で示すと以下のようになる。

$$C_{11}H_{14}O_3 + H_2O \longrightarrow C_7H_6O_3 + C_4H_{10}O$$

これより，化合物 **F**～**I** は分子式が $C_4H_{10}O$ であるアルコールであるとわかる（エーテルではサリチル酸とエステル結合しない）。そして，これらとサリチル酸はいずれもサリチル酸のカルボキシ基とエステル結合している。よって，**A**～**D** のベンゼン環にはヒドロキシ基が直接結合しており，**A**～**D** が塩化鉄(Ⅲ)水溶液で呈色したという記述と矛盾しない。

F～**I** はいずれもアルコールであるので，金属ナトリウムと反応して水素を発生する。そして，**F**～**I** の可能性がある $C_4H_{10}O$ の異性体のうち，アルコールは以下の4種類である。

　　ア. $CH_3-CH_2-CH_2-CH_2-OH$　　イ. $CH_3-CH_2-\overset{*}{C}H-CH_3$
　　　　　　　　　　　　　　　　　　　　　　　　　　　　　 $\underset{OH}{|}$

ウ．$CH_3-\underset{\displaystyle CH_3}{\underset{|}{CH}}-CH_2-OH$　　エ．$CH_3-\overset{\displaystyle CH_3}{\overset{|}{\underset{\displaystyle OH}{\underset{|}{C}}}}-CH_3$

硫酸酸性の二クロム酸カリウムと反応させると，第１級アルコールであるアとウはアルデヒドを経由してカルボン酸に，イはケトンになるがエは反応しない。これより，イが**F**，エが**I**であるとわかる。

また，濃硫酸で加熱して分子内反応を起こしたとあるが，この分子内反応はアルケンの生成である。**F**については，右のように二重結合のできる位置として矢印の部分の２つの可能性があり，さらにシス・トランス異性体も生じるので，問６の〔解答〕のように３通りのアルケンを生じる。**I**については，右のアルケンを生じる。これが**L**であるが，**H**からも**L**が生じることから**H**はウであるとわかる。これに対し，**G**からは問６の答えにも含まれるアルケン**K**を生じるが，**G**が残ったアであるとすると右のアルケンを生じるので矛盾しない。

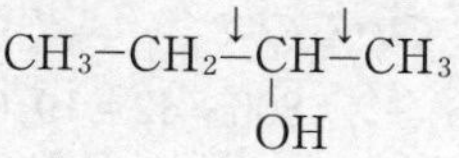

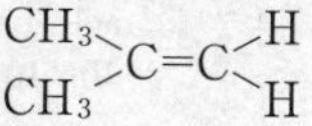

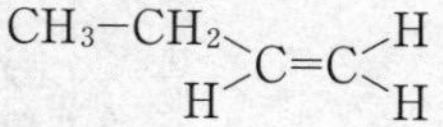

以上より**F**～**I**の構造が特定できたが，これらのうち不斉炭素原子はイで＊印をつけた炭素原子だけである。よって，不斉炭素原子を有する化合物は**F**だけである。また，銀鏡反応はホルミル基（アルデヒド基）を検出する反応であるので，第１級アルコールの**G**と**H**が酸化の途中で銀鏡反応を示す物質であるといえる。

さらに，ヨードホルム反応はCH_3CHOH-の構造をもつ**F**だけが示す。

▶問７．**M**は置換基を２つもつ芳香族化合物である。この**M**のベンゼン環上の水素原子を塩素原子に置換した化合物が何通りあるかを，２つの置換基が同じか異なるか，そして置換基どうしの位置関係により分類して示すと，以下のようになる（同じ数字は裏返すなどすると同じ化合物になるものである）。よって，塩素原子に置換したとき３通りの異性体が得られるのは，同じ官能基２つがメタ位に存在する場合（下段中央）に限られる。その上で，**E**も塩化鉄（Ⅲ）により呈色することから，右のXはフェノール基であるといえる。

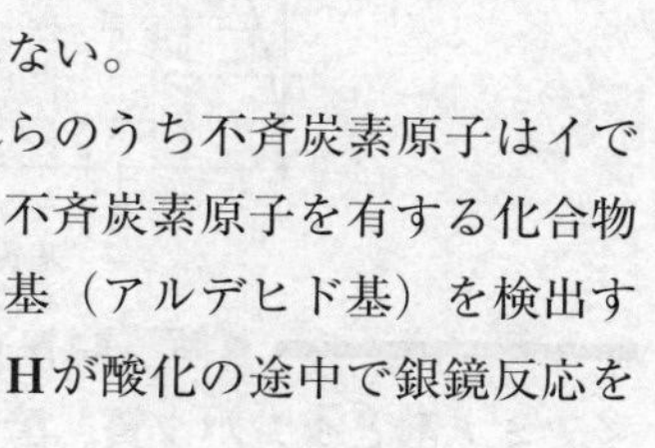

Ⅳ 解答

問1．ア．酸　イ．塩基　ウ．双性　エ．ペプチド

問2．a．0　b．−1　c．+1

問3．$R'-NH_2 + CH_3-\underset{\underset{O}{\|}}{C}-O-\underset{\underset{O}{\|}}{C}-CH_3 \longrightarrow R'-NH-\underset{\underset{O}{\|}}{C}-CH_3 + CH_3-\underset{\underset{O}{\|}}{C}-OH$

問4．問3の反応式より，アミノ基1つが無水酢酸と反応することによって，分子量は42だけ増加するとわかる。この反応で分子量が800増加しているので

$$800 \div 42 = 19.0 \fallingdotseq 19 \text{ 個} \quad \cdots\cdots(答)$$

問5．$V_{max} = k_3[E]_T$

問6．$2.0 \times 10^{-6} \text{mol/L}$

問7．

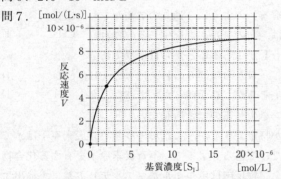

―◀解 説▶―

≪アミノ酸とタンパク質，酵素が関わる反応の反応速度≫

▶問1・問2．カルボキシ基は中性・塩基性条件で電離して負の電荷をもち，アミノ基は酸性・中性条件で電離して正の電荷をもつ。一般的なアミノ酸であれば，正負の電気が打ち消し合っている双性イオン（正味の電荷は0）となる。しかし，負の電荷であるカルボキシ基を2つもつグルタミン酸の正味の電荷は−1であり，正の電荷であるアミノ基を2つもつリシンの正味の電荷は+1である。

▶問3．縮合反応であるが，無水酢酸との反応なので取れるのは水分子ではなく酢酸分子であることに注意する。

▶問4．1カ所で反応すると，原子団としては $CO-CH_2$ が増加すると考える。

▶問5．$[S]$ だけが変化するので，分母と分子各々を $[S]$ で割ると，式

(2)より

$$V=\frac{k_3[\mathrm{E}]_\mathrm{T}}{1+\dfrac{K_\mathrm{M}}{[\mathrm{S}]}}<k_3[\mathrm{E}]_\mathrm{T}$$

である。[S] が増すと，V は単調増加するので，[S] を無限大に取った
ときの極値をもって最大値とみなす。

▶問 6. K_M の式に代入すると

$$K_\mathrm{M}=\frac{1000+10}{5.05\times10^8}=2.00\times10^{-6}\fallingdotseq2.0\times10^{-6}\,[\mathrm{mol/L}]$$

である。なお，K_M の単位は直接計算するほか，式(2)の分母に $K_\mathrm{M}+[\mathrm{S}]$
という計算があることから [S] と同じ単位，すなわちモル濃度であると
も判断できる。

▶問 7. V_max は問 5 の式より $10\times1.0\times10^{-6}=1.0\times10^{-5}\,[\mathrm{mol/(L\cdot s)}]$ で
あるとわかる。そして，V のグラフは

$$V=k_3[\mathrm{E}]_\mathrm{T}\times\left(1-\frac{K_\mathrm{M}}{K_\mathrm{M}+[\mathrm{S}]}\right)$$

より，$V=k_3[\mathrm{E}]_\mathrm{T}$ を漸近線とする双曲線の一部であるとわかる。このグ
ラフが通過する点だが，$[\mathrm{S}]=0\,[\mathrm{mol/L}]$ のとき，$V=0\,[\mathrm{mol/(L\cdot s)}]$ で
ある。また，定義域の端である $[\mathrm{S}]=20\times10^{-6}\,[\mathrm{mol/L}]$ のとき，
$V=9.1\times10^{-6}\,[\mathrm{mol/(L\cdot s)}]$ である。このほか，V が V_max の半分となる
$5.0\times10^{-6}\,[\mathrm{mol/(L\cdot s)}]$ のとき，$[\mathrm{S}]=K_\mathrm{M}=2.0\times10^{-6}\,[\mathrm{mol/L}]$ であるこ
とを指摘するとより丁寧である。

❖講　評

　　例年通り，大問 4 題の出題である。2020 年度はグラフの描図問題が
出題された。60 分の試験時間の中では解きにくい問題も一部含まれる
ので，解く順序の戦略が問われる。

　　Ⅰ．加熱による状態変化を主題とした問題である。このグラフは一般
的には横軸に時間変化，すなわち加えたエネルギー量をとり，縦軸にそ
れに伴う温度変化をとることが多いが，本問では逆になっているので戸
惑ったかもしれない。計算問題は，いずれも問われていること自体は基
本的な内容であるが，条件を注意深く整理しなければミスを招くような

問題である。特に問 3 では，分子結晶という条件から固体の状態にあるときの変化をみることを判断するよう求められている。問 5 では，一般的な物質の状態図と例外としての水の状態図を知っていることが前提となる。

Ⅱ．銅の電解精錬自体は大学入試問題では頻出のテーマであり，誰もが解いた経験がある問題であろう。それだけに，問 1・問 2・問 4 ではミスが許されないといえる。問 3 は，Ag は陽極泥の知識から容易に指摘できただろう。ただ，もう 1 つについては電解液が硫酸酸性の $CuSO_4$ 水溶液であることから，SO_4^{2-} が多く含まれているということに気づけないと $PbSO_4$ と指摘できず，差がついたと考えられる。問 5 は，何となくはわかっていても言葉を尽くして説明しようとすると難しい。

Ⅲ．$C_{11}H_{14}O_3$ という分子式が与えられた上で構造を決定する問題である。ただ，化合物 A ～ D については，化合物 J がサリチル酸であると正しく判断できたことが前提になるが，実質的には分子式が $C_4H_{10}O$ である 4 種類のアルコールについての問題である。これについては，演習を積んでいると想定されるのでミスは避けなければならない。化合物 E については，化合物 M が同じ官能基をもつベンゼンの二置換体であることに気づけるかどうかが難しい。

Ⅳ．アミノ酸とタンパク質に関する知識問題と，反応速度に関する問題を合わせた形になっている。知識部分については基本的なものであるだけにミスが許されない。問 3 の反応式を誤ると問 4 の計算も連動して誤るので，特に注意したい。反応速度の部分については，高校化学で直接扱わない酵素が関わる反応に関する速度式（ミカエリス・メンテン式）が主題となっている。問 6 は与えられた式に代入するだけだが，このことに気づけたかどうかで差がつくと思われる。問 5 は，[S] が大きくなると V も単調増加するので，高校生の感覚であれば最大値がないと考えてしまい迷ったのではないだろうか。逆に，ここを乗り越えたら問 7 も正解できるであろう。

生物

Ⅰ **解答** 問１．DNA 鎖は 5′ 末端側から 3′ 末端側の方向に合成さ
れるので，一方の鎖では，<u>DNA ヘリカーゼ</u>による開裂
方向とは逆方向に<u>岡崎フラグメント</u>が合成され，<u>DNA リガーゼ</u>によって
連結されてラギング鎖が伸張する。（100 字以内）

問２．㋐—B，H　㋑—D，F　㋒—E

問３．(1)—㋕

(2)　2.5×10^6 塩基対

(3)　26 分

(4)　逆転写酵素

問４．•塩基の置換によって，あるコドンが終止コドンに変化し，短いポ
リペプチド鎖が生じる。（50 字以内）

•塩基の挿入や欠失によってフレームシフトが起こり，アミノ酸配列が大
きく変化したタンパク質が生じる。（50 字以内）

◀解　説▶

≪DNA の複製，突然変異とその影響≫

▶問１．DNA の２本のヌクレオチド鎖は互いに逆向きに結合している。
DNA ヘリカーゼは２本鎖を開裂させる酵素である。DNA ヘリカーゼに
よって開裂した２本の鋳型 DNA 鎖に対して新しい DNA 鎖が合成される
が，DNA 鎖の合成は 5′ 末端側から 3′ 末端側にしか起こらないので，一方
の鎖は２本鎖の開裂方向とは逆方向に合成されることになる。このとき，
開裂が進んだ部分に新たに合成される短い DNA 鎖を岡崎フラグメントと
いい，DNA リガーゼによって岡崎フラグメントが連結される。このよう
な不連続な DNA 複製が行われる側の新生ヌクレオチド鎖をラギング鎖と
いう。

▶問２．大腸菌の保持する DNA は環状であり，複製開始点は１カ所であ
る。鋳型となる DNA ２本鎖は放射性同位元素で標識されており，新生ヌ
クレオチド鎖は標識されていないヌクレオチドを材料に合成される。した
がって，図１−２の太線がまだ複製されていない部分を示し，細線が新し

く複製された部分を示している。DNA の複製は複製開始点から両方向に進むので，新しく合成された 2 本鎖 DNA を示す細線の中央部に複製開始点があると判断できる。よって，(ア)の複製起点はBとHである。(イ)の複製中の DNA ポリメラーゼは，DNA の開裂部分の近傍に存在するのでDとFである。図 1 - 2 の太線がまだ複製されていない部分であり，その両側から中央に複製が進んでいくので，(ウ)の複製終結点はEである。

▶問 3 . (1)　DNA ポリメラーゼが DNA 複製の際に基質とするヌクレオチドの糖は，デオキシリボースである。デオキシリボースは，2' の炭素に −H が 2 つ付加している。(ア)〜(カ)の中で，糖の部分がデオキシリボースであるのは(イ)と(オ)である。また，DNA 合成の際にはエネルギーが必要となるので，基質として用いられるヌクレオチドは，高エネルギーリン酸結合をもつデオキシヌクレオチド 3 リン酸である。よって最適なものは，リン酸を 3 つもつ(オ)である。

(2)　ゲノムの分子量が 1.6×10^9 であり，ヌクレオチドの平均分子量が 3.2×10^2 なので，ゲノムを構成するヌクレオチド数を求めると以下のようになる。

$$1.6 \times 10^9 \div (3.2 \times 10^2) = 5.0 \times 10^6$$

DNA は 2 本鎖なので塩基対数はこれを 2 で割った値となる。

$$5.0 \times 10^6 \div 2 = 2.5 \times 10^6 \text{ 塩基対}$$

(3)　DNA ポリメラーゼの合成速度は 800 ヌクレオチド/秒なので，1 分間での速度は 48000 ヌクレオチド/分である。複製は両方向に進むので，全ゲノム 2.5×10^6 塩基対の半分の 1.25×10^6 塩基対が合成された時点で，複製は完了することに留意すると

$$1.25 \times 10^6 \div 48000 = 26.0 \fallingdotseq 26 \text{〔分〕}$$

(4)　RNA を鋳型として DNA を合成する酵素は逆転写酵素とよばれる。遺伝物質として RNA をもち，逆転写酵素をもつ RNA ウイルスはレトロウイルスとよばれ，エイズを引き起こす HIV はレトロウイルスであることを知っておこう。

▶問 4 . DNA の塩基配列が変化することでアミノ酸配列を指定するコドンが変化する例としては，次のようなものがある。
①塩基の置換によって，あるコドンがもととは異なるアミノ酸を指定するコドンになり，アミノ酸が 1 つだけ変化する。

②塩基の置換によって，あるコドンが終止コドンになり，短いポリペプチドが生じる。

③塩基の挿入や欠失によって，塩基の読み枠がずれるフレームシフト突然変異が起こり，その部位以降のアミノ酸配列が大きく変化したタンパク質が生じる。

これらの中から，2つ答えればよい。

Ⅱ 　**解答**　問1．溶液中の大部分の基質が酵素と複合体を形成し，分解されたため。(30 字以内)

問2．胃内腔で働き，タンパク質をポリペプチドに分解する活性をもち，最適 pH は約2である。(40 字以内)

問3．pH3〜6では可逆的な構造変化が起こり，それ以外では変性により活性が低下する。(40 字以内)

━━━━━━━━━ ◀解　説▶ ━━━━━━━━━

≪酵素反応と pH≫

▶問1．基質である *p*NPP の濃度が高い 6.4mg/ml のときには，酵素濃度が高くなるのに比例して反応速度が上昇している。これは基質濃度が十分高く，酵素濃度が上昇しても基質が5分以内に消費され尽くすことはないということを示している。一方，*p*NPP の濃度が低い 0.2mg/ml のときには，酵素濃度が高くなると，*p*NPP の濃度が 6.4mg/ml の場合と比べて *p*NP 生成量が低下している。これは，5分より短い時間で溶液中の大部分の基質が酵素と複合体を形成し，分解されたことを示している。

▶問3．実験3（図2）で，この酵素をさまざまな pH で前処理したのち，pH5.6 で作用させると，前処理の pH が3〜6の範囲では高い活性を示していることから，この範囲で酵素の構造変化が起こっても，その変化は可逆的であり，pH5.6 の条件では正常な立体構造に戻り，活性を示すことがわかる。一方で，前処理の pH が3〜6の範囲外では酵素タンパク質が不可逆的に変性し，活性が低下する。

III **解答** 問1．ア．0.4 イ．0.6 ウ．0.36
問2．表現型の違いによって，生存力に差が生じない。
（30字以内）
〔別解〕 表現型の違いによって，自然選択を受けない。（30字以内）
問3．3年目に生き残った遺伝子型 Aa の個体間で交配が起こり，4年目
に遺伝子型 aa の個体が生じたから。（50字以内）
問4．調節遺伝子Ⅱ
問5．(イ)
根：調節遺伝子Ⅰが発現し，調節タンパク質Ⅰが調節遺伝子Ⅱの発現を抑
制する。その結果，調節タンパク質Ⅱによる遺伝子Ｓの発現の抑制が起こ
らず，Ｓが合成される。（80字以内）
葉：調節遺伝子Ⅰが発現せず，調節タンパク質Ⅰが調節遺伝子Ⅱの発現を
抑制しない。その結果，調節タンパク質Ⅱが生じ，遺伝子Ｓの発現の抑制
が起こるため，Ｓが合成されない。（80字以内）

━━━━◀解 説▶━━━━

≪ハーディー・ワインベルグの法則，遺伝子発現の制御≫

▶問1．本文にある「遺伝子平衡が成立するとき」は，ハーディー・ワイ
ンベルグの法則が成立するときを意味している。葉でＳを合成しない個体
と葉でＳを合成する個体を交配して得られた F_1 では，すべての個体が葉
でＳを合成しなかったので，葉でＳを合成しない遺伝子が優性Ａであり，
葉でＳを合成する遺伝子が劣性ａであるとわかる。遺伝子Ａの頻度を p，
遺伝子ａの頻度を q （ただし， $p+q=1$ ）とおくと，ハーディー・ワイン
ベルグの法則が成り立つ集団では

$$p^2 AA + 2pq Aa + q^2 aa = 1$$

となる。葉でＳを合成する個体の遺伝子型は aa であり，この形質を示す
個体の割合は， $\dfrac{252}{700} = 0.36$ であるから， $q^2 = 0.36$ であり， $q = 0.6$ となる。
よって，イの解答は 0.6 である。また， $p = 1 - 0.6 = 0.4$ より，アの解答
は 0.4 である。遺伝子平衡が成立する集団では，葉でＳを合成する個体が
2年目にも同じ割合で存在するはずなので，葉でＳを合成する表現型の頻
度 (q^2) は 0.36 である。よって，ウの解答は 0.36 である。

▶問2．3年目の調査に入る前に，葉でＳを合成する個体のみが病原菌に

感染して，すべて枯死した。これは，葉でSを合成する個体と葉でSを合成しない個体との間で，生存に有利・不利が生じており，葉でSを合成する個体が自然選択を受けたことを意味している。ハーディー・ワインベルグの法則が成り立つためには，表現型の違いにより生存力に差が生じない（自然選択が働かない）という前提条件が必要であるが，3年目の調査に入る前には，この前提条件が崩れたと判断できる。

▶問3．葉でSを合成しない個体の遺伝子型にはAAとAaがある。3年目の調査時には，この2種類の遺伝子型の個体が生き残っている。したがって，3年目に生き残った遺伝子型Aaの個体間において交配が起こると，4年目に遺伝子型aaの個体が生じる。

▶問4．遺伝子型BBccとbbccの個体では，葉でもSが合成されているので，遺伝子CはSの合成を抑制する作用をもつことが予想できる。また，bbCCでは根でSの合成が起こらなくなっていることから，遺伝子Cによる遺伝子Sの発現抑制を遺伝子Bが抑制することが考えられる。遺伝子Xが発現しないと葉でSが合成されるようになることから，遺伝子Xに対応するのは遺伝子C，つまり調節遺伝子Ⅱであるとわかる。

▶問5．遺伝子Bは調節遺伝子Ⅰに対応し，遺伝子Cは調節遺伝子Ⅱに対応するので，問4の解説で述べた内容に対応する関係を表したモデルは(イ)である。野生型の根では調節遺伝子Ⅰが発現し調節タンパク質Ⅰが調節遺伝子Ⅱの発現を抑制するため，調節タンパク質Ⅱが生じず，調節タンパク質Ⅱによる遺伝子Sの発現の抑制が起こらないので，遺伝子SからSが合成される。一方葉では，Sの合成がみられない。これは，調節遺伝子Ⅰが発現しておらず，調節遺伝子Ⅱから調節タンパク質Ⅱが生じ，調節タンパク質Ⅱが遺伝子Sの発現を抑制するためである。

Ⅳ　解答

問1．ア．シアノバクテリア　イ．クロロフィルa

問2．シアノバクテリアの光合成により放出された酸素と海水中の鉄イオンが反応して酸化鉄が析出し，これが堆積して形成された。（60字以内）

問3．被食量，枯死量，呼吸量（順不同）

問4．樹木は幹や根などの非同化器官の割合が大きいが，草本は非同化器官の割合が小さい。（40字以内）

問5. ④

問6. 特徴：生産量は生産者の方が<u>消費者</u>よりも大きいので，生産力ピラミッドは<u>ピラミッド型</u>となる。一方，<u>現存量</u>は生産者の方が消費者よりも小さいので，生物量ピラミッドはピラミッド型にならない。（100 字以内）

原因：浅海域の生産者である植物プランクトンは生産効率が高く，被食率も高いため。（40 字以内）

━━━━━━━━ ◀解 説▶ ━━━━━━━━

≪シアノバクテリアと葉緑体，海洋生態系の物質収支≫

▶問1. ア．真核生物のもつ葉緑体は，細菌ドメインに属するシアノバクテリアが原始細胞（古細菌）に取り込まれ，共生することによって生じたと考えられている。イ．シアノバクテリアとすべての真核性藻類は光合成色素としてクロロフィルaをもつ。これは，シアノバクテリアが葉緑体の起源であることの根拠の1つである。

▶問2. シアノバクテリアは，水を炭酸同化の水素源として用いた酸素発生型の光合成を行うことができるようになった最初の生物である。シアノバクテリアが繁栄するまでは地球上に酸素分子はほとんどなく，海水中には鉄イオンが豊富に存在していたが，シアノバクテリアの光合成によって放出された酸素と海水中の鉄イオンが反応し，多量の酸化鉄が析出した。これが堆積して形成されたものが，縞状鉄鉱層である。一般に鉄鉱石とよばれているものの多くは，この縞状鉄鉱層を採掘して得られたものである。

▶問3. 生産者の総生産量の多くは光合成量に相当する。総生産量は，被食量，枯死量，呼吸量，成長量の4つからなることを覚えておこう。

▶問4. 森林を構成する樹木は幹や根などの非同化器官の割合が大きいため，現存量が非常に大きく，呼吸量が大きくなる。そのため，現存量に対する純生産量の比率が小さくなる。一方，草本は非同化器官の割合が小さいため，呼吸量の割合が小さく，現存量に対する純生産量の比率が大きくなる。

▶問5. ウに関して，本文末尾に浅海域の方が，外洋域に比べて栄養塩類が豊富であり，純生産量の平均値が高いという記述がある。したがって，栄養塩類が乏しい外洋域の方が浅海域よりも生産者の現存量の平均値が小さい値となるはずである。よって，選択肢の③と④が解答の候補となる。エに関して，世界全体の外洋域の純生産量を求めるには，外洋域の面積を

考慮する必要がある。そのために，海洋全体と外洋域，浅海域の純生産量の平均値を利用して，外洋域と浅海域の面積比を求める。外洋域の面積を x〔m^2〕，浅海域の面積を y〔m^2〕とすると，以下のような式を立てることができる。

$$\frac{0.13x + 0.36y}{x + y} = 0.15$$

これを整理すると，$x = 10.5y$ となり，外洋域は浅海域の 10.5 倍の面積であることがわかる。これを利用して

$$\frac{9.6}{0.36} : \frac{エ}{0.13} = 1 : 10.5 \qquad \therefore \quad エ = 36.4 \fallingdotseq 40$$

よって，④が解答となる。

▶問 6．浅海域の生産者は主に植物プランクトンであり，同化器官の割合が高いため生産効率が高い。一次消費者は生産者が生産した有機物を利用して生活するので，生産量は生産者の方が消費者よりも必ず大きくなる。よって，生産力ピラミッドはピラミッド型となる。一方，水界生態系において，現存量（生物量）は，消費者よりも生産者の方が小さくなることが多々ある。これは，生産者の被食率が高いからである。しかし，水界生態系では，生産者（＝植物プランクトン）が被食されて現存量が消費者より小さくなっても，増殖率が高いので生態系を維持することができる。したがって，表 1 の浅海域において生物量ピラミッドはピラミッド型にならない。

❖講　評

　2020 年度も大問 4 題と，例年と同じ出題数である。
　Ⅰ．DNA の複製のメカニズムを問う問題である。問 1．ラギング鎖の合成に関しての論述である。丁寧に学習しているかどうかで点差がつくだろう。問 2．大腸菌における DNA 複製の過程の全体像を理解できているかが問われている。問 3．(1)はデオキシリボースの構造が理解できているか，DNA 合成にどのようなエネルギーが用いられるかが問われている。DNA 合成に用いられるヌクレオチドがリン酸をいくつもつかに関しては，知らなかった受験生も多かったのではないだろうか。(2)は標準的な計算問題である。確実に得点できるようにしたい。(3)も比較

的標準的な計算問題であるが，環状 DNA の合成は両方向に進むので，それを踏まえて計算する必要がある。(4)は標準的な知識問題である。問4．コドンの変化がアミノ酸配列に及ぼす影響を，具体例をあげて説明する基本的な問題である。教科書をきちんと学習していれば易しい問題である。

Ⅱ．酵素反応に関する実験を扱った出題である。問1．酵素の反応速度は単位時間あたりの生成物量であることをきちんと理解しているかどうかが問われている。問2．ペプシンに関する説明を求める問題であり，基本的な内容なので，確実に得点したい。問3．異なる pH で前処理した後の酵素の活性を，酵素の立体構造の変化に注目して解答する。冷静に取り組めば比較的解きやすい問題であるといえる。

Ⅲ．遺伝子平衡の成立条件下と非成立条件下における，遺伝子頻度に関する問題と，調節遺伝子の発現調節経路に関する問題である。問1．ハーディー・ワインベルグの法則を理解できているかどうかを問う，基本的な空所補充問題である。確実に得点したい。問2．ハーディー・ワインベルグの法則が成り立つ条件に関する理解を問う，基礎的知識問題である。これも確実に得点したい設問である。問3．生き残った個体にヘテロが存在することと，その子孫に関して説明する，標準的な論述である。問4．表1の結果から，調節遺伝子Ⅰと調節遺伝子Ⅱ，遺伝子Sの関係性を考える必要がある。論理的な思考力が必要になる問題なので，時間を要した受験生も多かったと思われる。問5．問4の内容をしっかり論述に利用できるかどうかが試されている。表1の結果を論理的に正確に把握していれば確実に得点できるが，やや難度は高い。

Ⅳ．シアノバクテリアに関連した問題と，さまざまな生態系における物質収支を扱った問題である。問1．基本的な空所補充である。問2．教科書に記された内容を論述する基本的な設問である。確実に得点したい。問3．物質収支に関する基礎的な空所補充である。問4．森林と草原の現存量と純生産量の比率を植物体の構造から答える問題である。字数が少ないので類題を解いたことがあるかどうかで得点差が出やすいと思われる。問5．ウは本文中の記述をもとに選べばよい。エは外洋域と浅海域の面積比を求めなければならない。純生産量の平均値に注目して，海洋全体の数値と外洋域の数値，浅海域の数値から，外洋域と浅海域の

面積比を求め，その値を用いてエを求める。深い思考力が必要であり，また，計算が煩雑なので，細かなミスに気をつけなければならない問題である。

　2019 年度同様に取り組みやすい問題が多かったが，深い思考力を必要とする問題もあった。正解できる問題は確実に得点できるようにすることが何より重要である。

地学

Ⅰ　**解答**　問 1．ア．70　イ．中央海嶺　ウ．花こう岩
　　　　エ．カルデラ

問 2．大陸地殻の大部分を構成する花こう岩は SiO_2 含有率が高く，密度の低い石英や長石と黒雲母を主体としている。一方，海洋地殻のほとんどを構成する玄武岩には石英が含まれず，Fe や Mg を多く含む密度の高い塩基性鉱物が卓越する。したがって，海洋地殻の方が大陸地殻よりも密度が高くなる。

問 3．今から約 1600 万年以前は東北日本と西南日本はアジア大陸に隣接していたが，約 1500 万年前頃に，北西—南東方向に引き伸ばす力がはたらくようになった。その結果，東北日本はその北東端（北海道付近）を中心に反時計回りに，西南日本はその南西端（九州付近）を中心に時計回りに，約 1400 万年前まで回転移動して，大陸地殻が引き伸ばされて日本海が形成された。その後，東北日本の南西端と西南日本の東端の接合部で折れ曲がった形の日本列島が形成された。

問 4．紀伊半島は西南日本の東端付近にあり，日本海の形成にともなって大陸から大きく南東方向に引き伸ばされたため，断層が発達して，圧力が低下しやすい状態であった。そこに，若くて高温のフィリピン海プレートが沈み込み，水の供給も加わることで，通常の沈み込み帯よりもマグマ発生に有利な条件がそろったため，トラフに比較的近い（浅い）場所で大量のマグマが発生した。さらに，そのマグマが大量に大陸地殻を部分溶融させることでカルデラを形成するような酸性の火成活動が活発に起きたと考えられる。

◀解　説▶

≪日本列島と日本海の形成過程≫
▶問 1．イ・ウ．海洋地殻は中央海嶺のようなプレート生産（発散）境界で生成され，海溝のようなプレート消費（収束）境界では海洋地殻が失われていく一方で，大陸地殻が生産されている。問 2 で扱われるように，大陸地殻は比較的密度の低い花こう岩を主体とし，海洋地殻は密度の高い玄

武岩から成る。

エ．大規模な火山噴火で大量のマグマが放出されると，地下にあったマグマが急激になくなるのを埋めるように大規模な陥没地形が生じる。このような地形をカルデラという。

▶問 2．大陸地殻は主に花こう岩から成り，その化学組成は SiO_2 が 70 ％程度である。そして，残りの大部分を K や Na に富み，Al を多く含む長石や黒雲母が占める。一方，海洋地殻を主に構成する玄武岩の化学組成は SiO_2 が 50 ％程度であり，その他の部分は Fe，Mg を多く含む輝石やかんらん石と Ca に富む斜長石が占める。一般に花こう岩を構成する石英やカリ長石，斜長石，黒雲母の密度はおよそ 2.6〜2.8g/cm^3 程度なのに対し，玄武岩に多く含まれる輝石やかんらん石の密度は 3.2〜3.3g/cm^3 程度であるから，玄武岩を主たる構成物とする海洋地殻の方が，主に花こう岩から成る大陸地殻よりも密度が高くなる。

▶問 3．西南日本に分布する第三紀の岩石の古地磁気を調べると，西南日本は時計回りに回転したことがわかり，東北日本の調査によると，東北日本は反時計回りに回転したことがわかっている。これらの回転は，日本海が形成されるときに西南日本や東北日本の元となった大陸地殻が，回転しながら大陸からはなれたと考えれば合理的に説明できる（下図参照）。

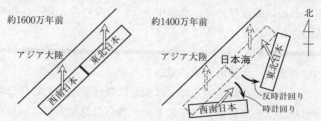

▶問 4．地下の岩石が溶けてマグマが発生するために有利な条件は，温度が上昇すること，圧力が低下すること，水が供給されて融点が下がることの 3 つが考えられる。一般的に海洋プレートが海溝から沈み込んだ場合，海洋プレートは海水に冷やされているので高温の条件を満たさないが，含水鉱物から多量の水が供給されて融点が低下するためにマグマが発生する。このとき必要な条件を満たすのはプレートが沈み込んで深さが約 100 km 以深になったときである。そして，その海溝寄りの限界線が火山フロントに対応する。ところが約 1500 万年前の紀伊半島の下に沈み込みを開始し

たフィリピン海プレートは，できてから 100 万年程度しか経っておらず，かなり高温の状態であった。さらに，日本海が開いて形成される張力場にあったために圧力低下の条件も加わって，マグマの発生に有利な条件がそろったことで，100 km よりもかなり浅いところでマグマが発生したと考えられる。

Ⅱ 解答

問1．ア．温室効果　イ．マグマオーシャン　ウ．コンドライト　エ．カリウム　オ．地殻熱流量

問2．密度の高い鉄が地球の中心部に移動する過程で，鉄の重力による位置エネルギーが熱に変換されるので，地球内部の温度は上昇した。

問3．太陽光スペクトルのフラウンホーファー線を調べると，各元素によって吸収される光の波長が決まっているので，その波長と強度から，太陽大気に含まれる元素とその存在量を調べることができる。

問4．小惑星のように小さな天体は，重力が小さいので大気を表面に保持することができない。したがって，微惑星が衝突して熱が発生しても，大気の温室効果がはたらかず，すぐに冷えてしまうため。

問5．地球で遠くまで地震波が伝わるような大きな地震が起こったとき，角距離 103° 以遠に地震波の S 波が観測されず，143° 以遠に P 波だけが観測される。S 波は横波であり，液体中を伝わらないことから，地球内部に液体の核の存在が推定できる。

━━━━━◀解　説▶━━━━━

≪地球内部の温度，太陽の大気組成≫

▶問1．ア・イ．誕生直後の地球には頻繁に微惑星が衝突し，その運動エネルギーが熱となって地表を高温にした。さらに原始大気には多量の水蒸気が含まれており，その温室効果によって熱が閉じ込められたので，気温が岩石の融点を超えるほどであった。こうして原始の地球は地表面がすべて融解したマグマオーシャンと呼ばれる状態だったと考えられている。

ウ．地球に落下する隕石の大部分は小惑星のかけらである。小惑星の多くは太陽系が形成された初期の物質がそのまま残存しており，一度も溶融などの変質を経験していないコンドライトは太陽の大気組成とほぼ同じ化学組成を示す。

エ・オ．地球の熱源は，形成時に微惑星によってもたらされたものに加え

て，岩石中の放射性同位元素の崩壊熱がある。地球の岩石に含まれる代表的な放射性同位元素はウラン・トリウム・カリウムである。そして，これらの元素が放出する熱が現在も内部から地球を温めているためにマントル対流も継続し，プレートを動かす原動力となっている。

▶問2．原始地球の表層は問1のイのようにマグマオーシャンの状態であった。その中で溶融した金属成分（主に鉄）はマグマオーシャンの最下部に沈降し，固体マントルの表面からさらに重力によって地球中心に向かって浸透，あるいは塊となって移動していく。そのとき，周囲の物質との摩擦によって熱が発生するので地球内部の温度は上昇する。これは上部にあった重いものが持つ重力による位置エネルギーが，下方に移動するときに熱エネルギーに変換される過程であると考えることができる。

▶問3．原子に含まれている電子は固有の軌道を持っており，その軌道ごとにエネルギーが決まっている。原子に光を当てると，電子の軌道が変化し，そのエネルギーの差に相当する特定の波長の光のみを吸収する。このことから，どの波長の光が吸収されるかを調べることで，そこにどの元素が存在するかを調べることができる。太陽の光球面から発せられた光は太陽大気に含まれる元素によって特定の波長の光が吸収されるので，地球で太陽光スペクトルを観測すると無数の吸収線（暗線）が見られる。この吸収線をフラウンホーファー線とよんでいる。したがって，この吸収線の波長を調べることで太陽大気の元素の構成がわかる。また，吸収線の強さを調べることで元素の量がわかり，これらのことから元素組成を知ることができる。

▶問4．本文にあるように，地球は温室効果のある水蒸気を含んだ大気を保持し，マグマオーシャンの中で溶融した金属成分が重力によって中心に移動するときにも熱エネルギーを得て高温になったと考えられている。逆に，重力の小さな小惑星では，これらのことが実現しないために高温になりにくい。また，一般に小さい天体ほど体積に対する表面積の割合が大きくなるので，熱が表面から逃げやすいということを指摘してもよい。

▶問5．外核が液体であることを推定しているので，液体中を伝わるP波と液体中を伝わらないS波の観測事実を根拠に解答する。大きな地震であれば，地球の各地でその地震波を観測することができるが，地球の中心にはS波が伝わらない液体の核があるため，震源からの角距離にして103°

段から約 2.8 万

〜143°では P 波も S 波も観測できず，143°より遠いところでは P 波は観測できても S 波は観測できない。

Ⅲ　**解答**　問 1 ．ア．円盤　イ．バルジ　ウ．球状　エ．ハロー　オ．ビッグバン

問 2 ．銀河系の円盤部に位置する太陽系から周囲を見ると，太陽系を取り巻く円盤の面は天球上では大円を描き，その方向には奥行き数万光年にわたって恒星が多く重なって見られ，これが天の川として観察される。

問 3 ．求める年数を t とする。

$\pi = 3.14$

回転半径：2.8×10^4〔光年〕$= 2.8 \times 10^4 \times 9.5 \times 10^{15}$〔m〕

回転速度：220〔km/s〕$= 220 \times 10^3 \times 3.2 \times 10^7$〔m/年〕

これらを用いて

$$t = \frac{2 \times 3.14 \times 2.8 \times 10^4 \times 9.5 \times 10^{15}}{220 \times 10^3 \times 3.2 \times 10^7}$$

$$= 2.37 \times 10^8 \fallingdotseq 2.4 \times 10^8 \text{ 年} \quad \cdots\cdots\text{(答)}$$

問 4 ．この変光星の絶対等級 M は，$P = 31.4$ 日より

$$M = -2.8 \log_{10}(31.4) - 1.4 = -2.8 \times 1.5 - 1.4 = -5.6 \text{ 等}$$

したがって，アンドロメダ銀河までの距離を d〔パーセク〕とすると，$m = 18.6$ 等より

$$-5.6 = 18.6 + 5 - 5\log_{10}(d)$$

$$\log_{10}(d) = 5.84 = 0.84 + 5$$

$$\therefore \quad d = 10^{0.84} \times 10^5 = 6.9 \times 10^5 \text{〔パーセク〕} \quad \cdots\cdots\text{(答)}$$

━━━━━◀解　説▶━━━━━

≪銀河系，変光星の距離測定≫

▶問 1 ．オ．遠方の銀河は，距離に比例する速度で遠ざかっており，これを逆にもどすと約 138 億年前には宇宙は 1 点に集まっていたことになる。その最初の超高温高密度の状態から宇宙が開始されたとする考えをビッグバンと呼ぶ。

▶問 2 ．帯状に見える理由を答えるのであるから，銀河系における太陽系の位置と天球上に観測される恒星の分布との関係を説明すればよい。問題文中にあるように，太陽系は円盤部にあって，銀河系の中心から約 2.8 万

光年の位置にある。円盤部の半径が約 5 万光年であるから，最も奥行きが短い銀河系の中心方向と逆方向でも約 2.2 万光年の距離にわたって恒星が分布する。この距離に対し，円盤部の厚さ 1000 光年は非常に小さいので，天球上の角度にして数度以内の幅に天の川が収まってしまう。銀河系は最も厚みのあるバルジ部分でも厚さが 1.5 万光年ほどであるから，2.8 万光年はなれた太陽系からバルジ方向を見ても，角度にしてせいぜい 30° 程度の範囲にしか恒星は密集しない。

▶問 3．太陽系が半径 2.8 万光年の円周上を速さ 220 km/s で動くので，円周の距離を速さで割って時間を求めればよい。ただし，光年や km を m に，秒を年に換算して計算しなければならない。

▶問 4．まず，周期 P は 31.4 日であるから，周期—光度関係の式に代入して変光星の平均絶対等級を求める。さらに，その絶対等級を与えられた式に代入して距離 d を求める。

❖講　評

　試験時間は 2 科目で 120 分，大問が 3 題という構成は例年どおりであった。難易度は，ほとんどが論述であることを考えても比較的解答しやすいものが多く，2019 年度よりさらに易化しているといえるだろう。

　Ⅰ．問 2 は化学組成の観点から説明する問題だが，〔解答〕ではその組成を含む鉱物についても記述した。問 4 は「異常」という言葉の意味をどのようにとらえるかで差がついたかもしれない。問われている内容はマグマの生成条件という頻出内容である。条件をおさえて解答をまとめたい。

　Ⅱ．問 2・問 3 は基本的な問題。問 4 は本文と問 2 を踏まえて考えれば難しくない。問 5 も基本的な頻出内容であった。

　Ⅲ．問 2 は，太陽系が銀河系の円盤部に位置することと関連づけて「帯状」であることをうまく説明できたかどうか。問 3・問 4 の計算も，式や必要な数値を与えられているので平易な問題となっている。対数計算のミスがないようにしたい。

　例年，教科書にある内容の本質をいかに正しく理解しているかが問われている。一見，はじめて見るような題材でも必ず教科書の地学的な基本原理から正答が得られるように作られているので，落ち着いて学習した内容を思い出すことで対応可能である。

神戸大学

理系−前期日程

国際人間科〈理科系〉・
理・医・工・農・海洋政策科〈理系〉学部

別冊問題編

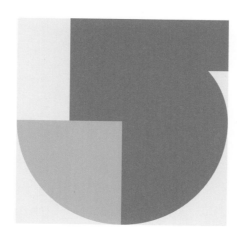

2025

矢印の方向に引くと
本体から取り外せます →

目　次

問題編

前 期 日 程

問 題 編

▶**試験科目・配点**

学部・学科等		教　科	科　　　目		配　点
国際人間科	発達コミュニティ，子ども教育	外国語	コミュニケーション英語基礎・Ⅰ・Ⅱ・Ⅲ，英語表現Ⅰ・Ⅱ，英語会話		175 点
		数　学	数学Ⅰ・Ⅱ・A・B		75 点
		理　科	「物理基礎・物理」，「化学基礎・化学」，「生物基礎・生物」，「地学基礎・地学」から 2 科目選択	から 1 教科選択	150 点
		国　語〈省略〉	国語総合・現代文 B・古典 B		
	環境共生	文科系受験	外国語	コミュニケーション英語基礎・Ⅰ・Ⅱ・Ⅲ，英語表現Ⅰ・Ⅱ，英語会話	200 点
			数　学	数学Ⅰ・Ⅱ・A・B	100 点
			国　語〈省略〉	国語総合・現代文 B・古典 B	150 点
		理科系受験	外国語	コミュニケーション英語基礎・Ⅰ・Ⅱ・Ⅲ，英語表現Ⅰ・Ⅱ，英語会話	200 点
			数　学	数学Ⅰ・Ⅱ・Ⅲ・A・B	150 点
			理　科	「物理基礎・物理」，「化学基礎・化学」，「生物基礎・生物」，「地学基礎・地学」から 2 科目選択	200 点

理	数	外国語	コミュニケーション英語基礎・Ⅰ・Ⅱ・Ⅲ，英語表現Ⅰ・Ⅱ，英語会話	125点
		数　学	数学Ⅰ・Ⅱ・Ⅲ・A・B	180点
		理　科	「物理基礎・物理」，「化学基礎・化学」，「生物基礎・生物」，「地学基礎・地学」から2科目選択	150点
	物　理	外国語	コミュニケーション英語基礎・Ⅰ・Ⅱ・Ⅲ，英語表現Ⅰ・Ⅱ，英語会話	125点
		数　学	数学Ⅰ・Ⅱ・Ⅲ・A・B	150点
		理　科	「物理基礎・物理」必須。「化学基礎・化学」，「生物基礎・生物」，「地学基礎・地学」から1科目選択	150点
	化	外国語	コミュニケーション英語基礎・Ⅰ・Ⅱ・Ⅲ，英語表現Ⅰ・Ⅱ，英語会話	125点
		数　学	数学Ⅰ・Ⅱ・Ⅲ・A・B	150点
		理　科	「化学基礎・化学」必須。「物理基礎・物理」，「生物基礎・生物」，「地学基礎・地学」から1科目選択	150点
	生物，惑星	外国語	コミュニケーション英語基礎・Ⅰ・Ⅱ・Ⅲ，英語表現Ⅰ・Ⅱ，英語会話	125点
		数　学	数学Ⅰ・Ⅱ・Ⅲ・A・B	150点
		理　科	「物理基礎・物理」，「化学基礎・化学」，「生物基礎・生物」，「地学基礎・地学」から2科目選択	150点

医		医	外国語	コミュニケーション英語基礎・Ⅰ・Ⅱ・Ⅲ, 英語表現Ⅰ・Ⅱ, 英語会話	150 点
			数　学	数学Ⅰ・Ⅱ・Ⅲ・A・B	150 点
			理　科	「物理基礎・物理」,「化学基礎・化学」, 「生物基礎・生物」から2科目選択	150 点
			その他	面接	＊1
	保健	看護学	外国語	コミュニケーション英語基礎・Ⅰ・Ⅱ・Ⅲ, 英語表現Ⅰ・Ⅱ, 英語会話	150 点
			数　学	数学Ⅰ・Ⅱ・A・B	100 点
			理　科	「物理基礎・物理」,「化学基礎・化学」, 「生物基礎・生物」から1科目選択	100 点
			その他	面接	＊2
		理学療法学, 作業療法学	外国語	コミュニケーション英語基礎・Ⅰ・Ⅱ・Ⅲ, 英語表現Ⅰ・Ⅱ, 英語会話	150 点
			数　学	数学Ⅰ・Ⅱ・A・B	100 点
			理　科	「物理基礎・物理」,「化学基礎・化学」, 「生物基礎・生物」から1科目選択	100 点
		検査技術 科学	外国語	コミュニケーション英語基礎・Ⅰ・Ⅱ・Ⅲ, 英語表現Ⅰ・Ⅱ, 英語会話	150 点
			数　学	数学Ⅰ・Ⅱ・Ⅲ・A・B	100 点
			理　科	「物理基礎・物理」,「化学基礎・化学」, 「生物基礎・生物」から1科目選択	100 点

工	建築，市民工，電気電子工	外国語	コミュニケーション英語基礎・Ⅰ・Ⅱ・Ⅲ，英語表現Ⅰ・Ⅱ，英語会話	150 点
		数　学	数学Ⅰ・Ⅱ・Ⅲ・A・B	200 点
		理　科	「物理基礎・物理」，「化学基礎・化学」	150 点
	機械工	外国語	コミュニケーション英語基礎・Ⅰ・Ⅱ・Ⅲ，英語表現Ⅰ・Ⅱ，英語会話	170 点
		数　学	数学Ⅰ・Ⅱ・Ⅲ・A・B	180 点
		理　科	「物理基礎・物理」，「化学基礎・化学」	180 点
	応用化，情報知能工	外国語	コミュニケーション英語基礎・Ⅰ・Ⅱ・Ⅲ，英語表現Ⅰ・Ⅱ，英語会話	150 点
		数　学	数学Ⅰ・Ⅱ・Ⅲ・A・B	200 点
		理　科	「物理基礎・物理」，「化学基礎・化学」	200 点
農		外国語	コミュニケーション英語基礎・Ⅰ・Ⅱ・Ⅲ，英語表現Ⅰ・Ⅱ，英語会話	150 点
		数　学	数学Ⅰ・Ⅱ・Ⅲ・A・B	150 点
		理　科	「物理基礎・物理」，「化学基礎・化学」，「生物基礎・生物」，「地学基礎・地学」から2科目選択	150 点
海洋政策科	文系科目重視型	外国語	コミュニケーション英語基礎・Ⅰ・Ⅱ・Ⅲ，英語表現Ⅰ・Ⅱ，英語会話	200 点
		数　学	数学Ⅰ・Ⅱ・A・B	150 点
		国　語〈省略〉	国語総合・現代文B（古文，漢文を除く）	150 点
	理系科目重視型	外国語	コミュニケーション英語基礎・Ⅰ・Ⅱ・Ⅲ，英語表現Ⅰ・Ⅱ，英語会話	150 点
		数　学	数学Ⅰ・Ⅱ・Ⅲ・A・B	150 点
		理　科	「物理基礎・物理」必須。「化学基礎・化学」，「生物基礎・生物」，「地学基礎・地学」から1科目選択	200 点

▶備　考

- 数学Bでは，「数列」及び「ベクトル」の2分野を出題範囲とする。
- 各教科・科目の試験の配点は，外国語125点，数学（理系）150点，数学（文系）75点，理科1科目75点である。ただし，各学部・学科等の入学者選抜のための配点は，上の表に示した傾斜配点による点数を使用する。
- ＊1　面接の結果によって，医師及び医学研究者になる適性に大きく欠けると判断された場合は，筆記試験の得点にかかわらず不合格とする。
- ＊2　面接の結果によって，医療人になる適性に大きく欠けると判断された場合は，筆記試験の得点にかかわらず不合格とする。

英　語

（80分）

Ⅰ　次の文章は，人の意見の持ち方に関する調査について書かれたものである。この文
章を読んで，問1～5に答えなさい。（配点35点）

　　Do you ever feel like everyone on social media has a more extreme viewpoint than
your own?　We often blame social media companies for the flood of politically extreme
opinions around us.　After all, these companies are generally motivated to promote the
most emotionally potent and attention-grabbing content and perspectives.

　　But my colleagues and I have conducted research that suggests these platforms'
users share some of the responsibility.　In several studies, we found that people prefer
　　　　　　　　　　　　　　　(1)
connecting with others who are, on average, more politically extreme than themselves.

　　Until recently, researchers believed that the main principle involved in how we
select our social ties has been what the ancient Greeks called *homophily*, or love of the
　　　　　　　　　　　　(a)
similar.　Political homophily — love of those who are politically similar — is one of the
strongest and best-documented phenomena in social science.　It influences how we
choose the city we live in, our schools, our partners, our hobbies and even our music.
Homophily leads to political segregation, which in turn intensifies hostility and
polarization*.

　　But homophily is not the only driver of this segregation.　In our research, we found
　　　　　　　　　　　　　　　　　(b)
that people are not only attracted by those who are politically similar but also attracted
by those who hold more politically extreme versions of their views.　This tendency is
called *acrophily*, or love of extremes.

　　In a series of studies, we asked more than 1,200 Americans to rate their responses
to diverse political situations.　For example, participants reported their emotions upon
seeing pictures of police brutality and expressed their views on topics such as gun
control, hunting and increasing military spending.　In between each prompt*, we asked

participants for their emotional response. Then we showed them the responses of six "peers." These responses came from a pool of separate participants with varied political views who had talked about these topics and images in an earlier study. We then asked participants to choose the peers whose viewpoints they would like to see in subsequent rounds of the experiment. Results suggested that people generally prefer to read about the emotional responses of those with similar views (political homophily) and are attracted to extremes (political acrophily). Whether liberal or conservative, participants tended to choose peers whose views were more extreme than their own.

Many factors may drive attraction to extremity. Individuals who hold zealous or intensely felt views may provide us with sharper arguments for the next online political discussion or Thanksgiving dinner debate. In addition, people who are more extreme may be more vocal and seem more coherent — that is, they have opinions across a range of issues (c) that are more consistently in line with a single political ideology. Those traits can be attractive. In research published last year, Argentine social scientist Federico Zimmerman and his colleagues asked 2,632 people to have a political discussion with a stranger and then rate how much they liked that person. Participants showed a strong preference for conversation partners who expressed more confident and ideologically (2) consistent political views as opposed to those who did not hold firm opinions.

We have found an additional pattern that could help explain political acrophily. In (3) one of our studies, we asked people to identify the viewpoints that they believed were most typical of their political group. The participants with a greater tendency to prefer people who possess extreme opinions also tended to think that the typical member of their political group was much more extreme than themselves. These participants may be attracted to extremes because they believe those intense viewpoints are more representative of their political group overall.

These findings suggest that correcting people's biased impressions about their own political leanings might help reduce acrophily. In the big picture, we know that the (d) most extreme members of a given group are unlikely to reflect the "average" perspective within that community. Yet some people in our study genuinely believed that to be the case.

出典追記：Extreme Views Are More Attractive Than Moderate Ones, Scientific American on April 19, 2023 by Amit Goldenberg

注　polarization　二極化，分裂
　　prompt　刺激

問1　下線部(1)の表す内容を，日本語で具体的に説明しなさい。

問2　下線部(a)～(d)の語(句)について，本文中における意味に最も近いものを，それ
　　ぞれの選択肢から一つ選び，記号で答えなさい。

(a)　ties
　　(あ)　media
　　(い)　functions
　　(う)　issues
　　(え)　connections

(b)　driver of
　　(あ)　motorist in
　　(い)　example of
　　(う)　cause behind
　　(え)　hit within

(c)　a range of issues
　　(あ)　a variety of debates
　　(い)　a number of volumes
　　(う)　a period of time
　　(え)　a matter of fact

(d)　In the big picture
　　(あ)　In the meantime
　　(い)　In the future
　　(う)　On the one hand
　　(え)　On the whole

問 3　1,200 名以上のアメリカ人を対象に行われた心理実験の手順をまとめた以下の
　　　(a)〜(c)を正しい順序に並べ替えなさい。

(a)　The researchers showed the participants the political opinions of people which had been collected in an earlier study.

(b)　The researchers requested the participants to choose the people whose opinions they would like to hear more of.

(c)　The researchers measured the participants' stances by asking them to react to photos and talk about political topics.

問 4　下線部(2)を日本語に訳しなさい。

問 5　下線部(3)が指す内容を 70 字程度の日本語で説明しなさい。ただし，句読点も
　　　1 字に数えます。

Ⅱ　次の文章は，音楽と認知能力の関係について書かれたものである。この文章を読ん
　　で，問 1 〜 5 に答えなさい。(配点 35 点)

　　From strumming a guitar next to a campfire to entertaining guests with a piano piece at a formal dinner, being able to play a musical instrument is unquestionably rewarding. Yet, evidence suggests that the rewards go far beyond the elation of
(a)
performing well in front of others — those who play instruments have often been found to perform better on cognitive tests too.

　　Enhanced cognition is well known to be linked to a range of positive life outcomes
(b)
such as getting a better job and enjoying better health. However, it has remained unclear whether these enhanced cognitive skills are just temporary. New research published in *Psychological Science* suggests that the benefits of musical instruments remain for decades.

　　Studies comparing the mental abilities of musicians and non-musicians often show that musical training is related to small, but significant, cognitive benefits even when other factors, such as socioeconomic status, are accounted for. Findings from experimental studies with children have also lent （ A ） to the idea that musical training might cause an improvement in cognitive ability. Indeed, there is evidence that just two years of such training enhances cognition.

Unfortunately, a major limitation of these studies is their duration. They almost always have short monitoring periods. This is not because psychologists do not yearn to monitor their participants for longer. It is more a matter of time and resources. Running experiments over the course of several decades is challenging and expensive. (1) This has made it impossible to determine if cognitive changes associated with learning how to play an instrument remain throughout a person's lifetime.

In their latest study, Judith Okely at Edinburgh University and her colleagues, Ian Deary and Katie Overy, identified a solution to that age-old problem: the Lothian Birth Cohort*. On a single day in 1947, the Scottish government tested the intelligence of almost every 11-year-old child who attended school in the country. In 1997 Dr. Deary contacted 1,091 of those people and tested them once more between 2004 and 2007. The study is still ongoing (c) with participants returning for further cognitive testing every three years.

Although information about musical ability was not initially collected as part of the study, while pondering (d) the question of how learning an instrument shaped cognition over time in early 2017, Dr. Overy, a researcher at Edinburgh University's Reid School of Music, realized it was not too late to ask the original participants about their musical experiences.

The researchers worked together to develop a questionnaire that collected information about lifetime musical experience. This was （ B ） by the surviving cohort members who returned to the study for further testing at age 82. The participants were asked how many instruments they played and what their training was like. They were also asked to record how many years of regular practice they had and what performance level (for example beginner, intermediate or advanced) they had reached. A total of 366 cohort members responded and 117 revealed that they had some degree of experience with musical instruments.

Overall, the researchers found that a significant positive relationship existed between playing an instrument and change in cognitive ability over time. (2) More specifically, the more years and more hours of practice with an instrument that a person had, the more likely they were to show a positive cognitive change over the course of their life. The effect was small but it remained significant even when the findings were adjusted to take into account other factors like years of education and socioeconomic status.

Precisely why learning to play a musical instrument has these effects remains unclear. The researchers theorize that driving people to regularly use a mix of focused attention, co-ordination, auditory-motor skills and memory results in (　C　) cognitive changes. Yet another reward, then, from a love of music.

注　birth cohort　同じ出生年の人の集団

問 1　下線部(a)～(d)の語について，本文中における意味に最も近いものを，それぞれの選択肢から一つ選び，記号で答えなさい。

(a)　elation
　　(あ)　hope
　　(い)　value
　　(う)　stress
　　(え)　joy

(b)　Enhanced
　　(あ)　determined but destined
　　(い)　restricted but related
　　(う)　increased and improved
　　(え)　encouraged and engaged

(c)　ongoing
　　(あ)　in demand
　　(い)　in progress
　　(う)　under construction
　　(え)　under review

出典追記：Playing an instrument is linked to better cognition, The Economist on September 14, 2022
© The Economist Group Limited, London

(d) <u>pondering</u>

　(あ)　thinking over

　(い)　arguing about

　(う)　finding out

　(え)　shooting at

問 2　本文中の（　A　）〜（　C　）の空所に入る最も適切な単語の組み合わせはどれ
　　　か。選択肢(あ)〜(え)から一つ選び，記号で答えなさい。

	（ A ）	（ B ）	（ C ）
(あ)	evidence	criticized	successive
(い)	funds	supported	remarkable
(う)	space	distributed	predictable
(え)	support	completed	advantageous

問 3　下線部(1)を，This の内容を明らかにしたうえで，日本語に訳しなさい。

問 4　下線部(2)を日本語に訳しなさい。

問 5　本文の内容と合致する文を選択肢の中から二つ選び，記号で答えなさい。

　(あ)　Playing a guitar next to a campfire is far more entertaining than playing a
　　　　piano at a formal dinner.

　(い)　The researchers at Edinburgh University found that higher education and
　　　　socioeconomic status are strongly associated with higher levels of musical
　　　　performance.

　(う)　In 1997 Dr. Deary got in touch with 1,091 eleven-year-old children.

　(え)　Information about the cohort members' musical abilities was originally
　　　　collected in 1947 to investigate the relationship between musical experiences and
　　　　cognitive abilities.

　(お)　Nearly a third of the respondents to the questionnaire developed by the researchers at Edinburgh University reported that they had musical experience to some extent.

(か)　The researchers have yet to discover the exact reason why musical training produces long-term positive cognitive changes.

Ⅲ　次の文章は，ある物語の一節である。これを読んで，問 1 ～ 4 に答えなさい。
（配点 30 点）

For reasons I still didn't understand, <u>my parents hadn't been nearly as thrilled as I thought they'd be when I'd called to tell them about the trip.</u>
(1)

"Oh, really?" my mother asked in that special way of hers that implied so much more than those two little words really meant. "You're going to Paris now?"

"(　　a　　)"

"Well, it just doesn't seem like the best time to be jetting off to Europe, is all," she said vaguely, although I could tell that an avalanche of mother guilt was ready to begin its slide in my direction.

"And why is that? (　　b　　)"

"Don't get upset, Emma. It's just that we haven't seen you in months — not that we're complaining, Dad and I both understand how demanding your job is — but don't you want to see your new nephew? He's a few months old already and you haven't even met him yet!"

"Mom! Don't make me feel guilty. I'm dying to see Isaac, but you know I can't just —"

"You know Dad and I will pay for your ticket to Houston, right?"

"Yes! You've told me four hundred times. I know it and I appreciate it, but it's not the money. I can't get any time off work and now with Jane out, I can't just up and leave — even on weekends. Does it make sense to you to fly across the country only to have to come back if my boss Linda calls me on Saturday morning to pick up her dry cleaning? (　　c　　)"

"Of course not, Emma, I just thought — we just thought — that you might be able to visit them in the next couple weeks, because Linda was going to be away and all, and if you were going to fly out there, then Dad and I would go also. But now you're going to Paris."

She said it in the way that implied what she was really thinking. "But now you're
(2)
going to Paris" translated to "But now you're jetting off to Europe to escape all of your family obligations."

"Mother, let me make something very, very clear here. I am not going on vacation. I have not chosen to go to Paris rather than meet my baby nephew. It's not my decision at all, as you probably know but are refusing to accept. It's really simple: either I go to Paris with Linda in three days or I get fired. (d   ) Because if so, I'd love to hear it."

She was quiet for a moment before she said, "No, of course not, honey. You know we understand. I just hope — well, I just hope that you're happy with the way things are going."

"What's that supposed to mean?" I asked nastily.

"Nothing, nothing," she rushed to say. "It doesn't mean anything other than just what I said: your dad and I only care that you're happy, and it seems that you've really been, um, well, uh, pushing yourself lately. (e   )"

I softened a bit since she was clearly trying so hard. "Yeah, Mom, everything's fine. I'm not happy to be going to Paris, just so you know. It's going to be a week of sheer hell, twenty-four-seven. But my year will be up soon, and I can put this kind of living behind me."

"I know, sweetie, I know it's been a tough year for you. I just hope this all ends up being worth it for you. That's all."

"I know. So do I."
(3)

問1　下線部(1)を日本語に訳しなさい。

問2　空所(a)〜(e)に入れるのに最も適切なものを，下からそれぞれ一つ選び，記号で答えなさい。ただし，同じ記号は一度しか使えません。

(あ)　Do you see a choice here?

(い)　When *would* be a good time?

(う)　Is everything OK?

(え)　Does it?

(お)　What do you mean, 'now'?

問 3　下線部(2)の内容を日本語で具体的に説明しなさい。

問 4　下線部(3)を，So do の内容を明らかにして，日本語に訳しなさい。

Ⅳ　The figure below shows the food supply chain, and where loss and wastage of food takes place. (配点 25 点)

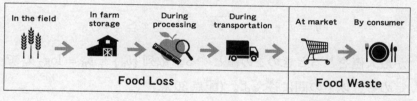

(1)　Choose one of the types of **food loss**. Based on your own ideas, give reasons why this loss might happen. Write in English (around 40 words).

(2)　What can people do to reduce **food waste**? Write a paragraph suggesting one or more examples to support your opinion. Write in English (around 60 words).

数　学

◀理系：数学Ⅰ・Ⅱ・Ⅲ・A・B▶

（120 分）

1. c を正の実数とする。各項が正である数列 $\{a_n\}$ を次のように定める。a_1 は関数

$$y = x + \sqrt{c - x^2} \qquad (0 \leqq x \leqq \sqrt{c})$$

が最大値をとるときの x の値とする。a_{n+1} は関数

$$y = x + \sqrt{a_n - x^2} \qquad (0 \leqq x \leqq \sqrt{a_n})$$

が最大値をとるときの x の値とする。数列 $\{b_n\}$ を $b_n = \log_2 a_n$ で定める。以下の問に答えよ。(配点 30 点)

(1) a_1 を c を用いて表せ。

(2) b_{n+1} を b_n を用いて表せ。

(3) 数列 $\{b_n\}$ の一般項を n と c を用いて表せ。

2. a, b, c は実数で，$a \neq 0$ とする。放物線 C と直線 ℓ_1, ℓ_2 をそれぞれ

$$C : y = ax^2 + bx + c$$

$$\ell_1 : y = -3x + 3$$

$$\ell_2 : y = x + 3$$

で定める。ℓ_1, ℓ_2 がともに C に接するとき，以下の問に答えよ。
(配点30点)

(1) b を求めよ。また c を a を用いて表せ。

(2) C が x 軸と異なる2点で交わるとき，$\dfrac{1}{a}$ のとりうる値の範囲を求めよ。

(3) C と ℓ_1 の接点を P，C と ℓ_2 の接点を Q，放物線 C の頂点を R とする。a が (2) の条件を満たしながら動くとき，$\triangle$PQR の重心 G の軌跡を求めよ。

3. n を自然数とする。以下の問に答えよ。(配点30点)

(1) 1個のサイコロを投げて出た目が必ず n の約数となるような n を小さい順に3つ求めよ。

(2) 1個のサイコロを投げて出た目が n の約数となる確率が $\dfrac{5}{6}$ であるような n を小さい順に3つ求めよ。

(3) 1個のサイコロを3回投げて出た目の積が160の約数となる確率を求めよ。

4. 1辺の長さが $\sqrt{2}$ の正方形 ABCD を底面にもち，高さが1である
直方体 ABCD-EFGH を，頂点の座標がそれぞれ

$$A(1,0,0), \ B(0,1,0), \ C(-1,0,0), \ D(0,-1,0),$$
$$E(1,0,1), \ F(0,1,1), \ G(-1,0,1), \ H(0,-1,1)$$

になるように xyz 空間内におく。以下の問に答えよ。(配点30点)

(1) 直方体 ABCD-EFGH を直線 AE のまわりに1回転してできる
回転体を X_1 とし，また直線 AB のまわりに1回転してできる
回転体を X_2 とする。X_1 の体積 V_1 と X_2 の体積 V_2 を求めよ。

(2) $0 \leqq t \leqq 1$ とする。平面 $x = t$ と線分 EF の共有点の座標を求
めよ。

(3) 直方体 ABCD-EFGH を x 軸のまわりに1回転してできる回転
体を X_3 とする。X_3 の体積 V_3 を求めよ。

5. 0以上の実数 x に対して，

$$f(x) = \frac{1}{2} \int_{-x}^{x} \frac{1}{1+u^2} \, du$$

と定める。以下の問に答えよ。(配点30点)

(1) $0 \leqq \alpha < \dfrac{\pi}{2}$ を満たす実数 α に対して，$f(\tan\alpha)$ を求めよ。

(2) xy 平面上で，次の連立不等式の表す領域を図示せよ。

$$0 \leqq x \leqq 1, \quad 0 \leqq y \leqq 1, \quad f(x) + f(y) \leqq f(1)$$

またその領域の面積を求めよ。

◀文系：数学Ⅰ・Ⅱ・A・B▶

（80 分）

1. 各項が正である数列 $\{a_n\}$ を次のように定める。a_1 は関数

$$y = \frac{1}{3}x^3 - 10x \qquad (x \geqq 0)$$

が最小値をとるときの x の値とする。a_{n+1} は関数

$$y = \frac{1}{3}x^3 - 10a_n x \qquad (x \geqq 0)$$

が最小値をとるときの x の値とする。数列 $\{b_n\}$ を $b_n = \log_{10} a_n$ で定める。以下の問に答えよ。(配点 25 点)

(1) a_1 と b_1 を求めよ。

(2) a_{n+1} を a_n を用いて表せ。

(3) b_{n+1} を b_n を用いて表せ。

(4) 数列 $\{b_n\}$ の一般項を求めよ。

(5) $\dfrac{a_1 a_2 a_3}{100}$ の値を求めよ。

2. n を自然数とする。以下の問に答えよ。(配点25点)

(1) 1個のサイコロを投げて出た目が必ず n の約数となるような n で最小のものを求めよ。

(2) 1個のサイコロを投げて出た目が n の約数となる確率が $\dfrac{5}{6}$ であるような n で最小のものを求めよ。

(3) 1個のサイコロを3回投げて出た目の積が20の約数となる確率を求めよ。

3. a, b, c は実数で，$a \neq 0$ とする。放物線 C と直線 ℓ_1, ℓ_2 をそれぞれ

$$C : y = ax^2 + bx + c$$
$$\ell_1 : y = -3x + 3$$
$$\ell_2 : y = x + 3$$

で定める。ℓ_1, ℓ_2 がともに C に接するとき，以下の問に答えよ。(配点25点)

(1) b を求めよ。また c を a を用いて表せ。

(2) C が x 軸と異なる2点で交わるとき，$\dfrac{1}{a}$ のとりうる値の範囲を求めよ。

(3) C と ℓ_1 の接点を P，C と ℓ_2 の接点を Q，放物線 C の頂点を R とする。a が (2) の条件を満たしながら動くとき，△PQR の重心 G の軌跡を求めよ。

物 理

(1科目：60分　2科目：120分)

Ⅰ　図1のように，質量がそれぞれ m の小物体 A と B を，質量が M で半径が r の薄い円筒の内側に固定し，水平な机の上で滑らないよう転がした。小物体 A と B を結ぶ線は点 O で円筒の中心軸と直角に交わり，点 O は一定の速度 $\vec{v_0}$ で水平に動いている。鉛直下向きにはたらく重力加速度の大きさを g とする。以下の問 1 〜 5 に答えなさい。解答の導出過程も示しなさい。必要な物理量があれば定義して明示しなさい。(配点 25 点)

問 1　机から円筒にはたらく力の向きと大きさを答えなさい。

問 2　ある時刻で，点 O に対する小物体 A の相対速度が $\vec{v_{OA}}$ であった。このとき，小物体 B の速度 $\vec{v_B}$ を求めなさい。また，相対速度 $\vec{v_{OA}}$ の大きさ $|\vec{v_{OA}}|$ を求めなさい。

問 3　小物体 A の運動エネルギーは時間変化する。その最小値と最大値を求めなさい。

時刻 $t = 0$ で小物体 A が最も高い位置にあった。

問 4　その後，円筒が 1 回転して小物体 A が再び最も高くなる時刻 $t = T$ を求めなさい。

問 5　小物体 A の位置エネルギー U_A と，小物体 B の位置エネルギー U_B の和 $U_A + U_B$ を求めなさい。また，時刻 $t = 0$ から $t = T$ までの間の，小物体 A の位置エネルギー U_A の時間変化を，解答欄のグラフに描きなさい。ただし，机の上面を重力による位置エネルギーの基準面とする。

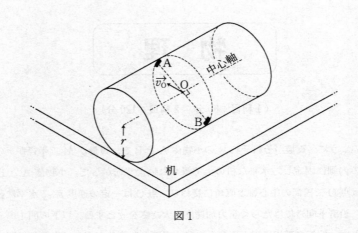

図1

Ⅱ　質量分析器の原理について考える。図1のようにイオン源Sで電荷 $q(q>0)$，質量 M の陽イオンを発生し，電位差 V で加速する。加速された陽イオンは，磁束密度の大きさ B の一様な磁場中で円軌道を描いた後に，直進して検出器Dで検出される。陽イオンは紙面内で運動するものとする。SおよびDは十分に小さく，重力は無視できるものとして以下の問1～5に答えなさい。解答の導出過程も示しなさい。必要な物理量があれば定義して明示しなさい。（配点25点）

問 1　図1の運動をするための磁場の向きを答えなさい。

問 2　一様な磁場がかけられた領域に入射する直前の陽イオンの速さ v を求めなさい。

問 3　陽イオンの円軌道の半径を求めなさい。ここでは v を用いてよい。

　磁束密度の大きさを B' に変化させると，Sから出た電荷 q，質量 M' の陽イオンが検出された。

問 4　$\dfrac{M'}{M}$ を求めなさい。ここでは v を用いないで表しなさい。

問 5 磁束密度の大きさを 1.00×10^{-1} T から 2.00×10^{-1} T まで変化させること
　　 ができる装置を考える。1.00×10^{-1} T の磁場をかけたときに質量数 50 の陽
　　 イオンが検出された。この装置で測定可能な質量数の下限と上限を求めなさ
　　 い。また，磁束密度の大きさが 2.00×10^{-1} T のときに検出される陽イオンの
　　 質量数と，1.99×10^{-1} T のときに検出される陽イオンの質量数との差を求め
　　 なさい。ただし，考える陽イオンはすべて同じ電荷 q をもつものとする。

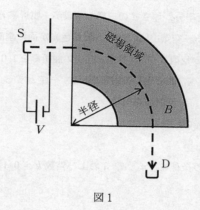

図 1

Ⅲ   波について以下の問 1 ～ 6 に答えなさい。解答の導出過程も示しなさい。必要な
物理量があれば定義して明示しなさい。(配点 25 点)

問 1   異なる媒質の境界面で生じる固定端反射について考える。図 1 に示すような
        入射波があるとき,反射波を破線で,合成波を実線で,ともに一波長分を解答
        欄のグラフに描きなさい。

    図 2 に示すように屈折率 n_1,厚さ d の一様な薄膜が,屈折率 n_2 の平坦で十分に厚
い基板上に広がっている。空気中での波長 λ の単色光が面に垂直に入射すると,境
界面 A と境界面 B で光が反射して干渉する。空気の屈折率を 1.0 とし,$1.0 < n_1 < n_2$
の場合を考える。また,n_1,n_2 は光の波長によらず一定とする。

問 2   薄膜を通過する光の波長を求めなさい。

問 3   反射光が弱め合う条件を,n_1,d,λ および整数 $k = 0, 1, 2, 3, \cdots$ を用いて表
        しなさい。

    薄膜の屈折率は $n_1 = 1.7$ であることがわかっている。様々な波長の単色光を発
生できる光源を用いて反射光を観測し,強め合う波長や弱め合う波長を用いて d を
求めたい。図 3 に可視光線を用いた測定結果を示す。

問 4   反射光が最も弱め合う波長を有効数字 2 桁で読み取りなさい。

問 5   問 4 で読み取った波長に対し,問 3 で考えた k の値を求めなさい。

問 6 d の値を有効数字 2 桁で求めなさい。

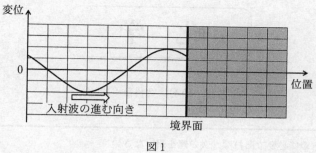

図 1

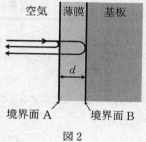

図 2

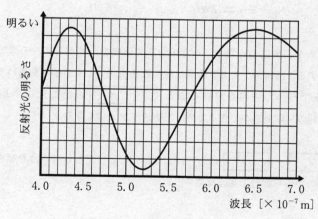

図 3

化　学

（1科目：60分　2科目：120分）

> 計算のために必要であれば，次の値を用いなさい。
>
> 原子量：H 1.00　C 12.0　O 16.0
>
> ファラデー定数：9.65×10^4 C/mol，アボガドロ定数：6.02×10^{23} /mol

Ⅰ　次の文章を読んで，問1～4に答えなさい。（配点19点）

　　窒素と水素からアンモニアを合成する反応は，アンモニア生成に伴い発熱する可逆反応であり，反応式は以下となる。

$$N_2 + 3H_2 \rightleftarrows 2NH_3 \qquad\qquad (1)$$

　　式(1)の反応が平衡にある場合，一定圧力下で温度を上げるとアンモニアの量は　ア　する。通常アンモニア合成は酸化鉄を主成分とする触媒を用いて高温・高圧条件下で行う。触媒を用いることで，　イ　，活性化エネルギーが　ウ　別の反応経路ができるため，反応速度が大きくなる。

問1　　ア　～　ウ　にあてはまる語句として正しい組み合わせを選択肢①～⑧の中から番号で答えなさい。

選択肢	ア	イ	ウ
①	増加	反応熱が低下し	大きい
②	減少	反応熱が低下し	大きい
③	増加	反応熱が低下し	小さい
④	減少	反応熱が低下し	小さい
⑤	増加	反応熱は変わらず	大きい
⑥	減少	反応熱は変わらず	大きい
⑦	増加	反応熱は変わらず	小さい
⑧	減少	反応熱は変わらず	小さい

問 2　式(1)について，以下の問いに答えなさい。ただし，気体定数は $R[\text{Pa·L/} (\text{mol·K})]$ とし，全ての気体は理想気体としてふるまうものとする。

(i)　ある温度 $T[\text{K}]$ のときの窒素，水素，アンモニアの分圧がそれぞれ $p_{N_2}[\text{Pa}]$，$p_{H_2}[\text{Pa}]$，$p_{NH_3}[\text{Pa}]$ である場合の圧平衡定数 K_P を答えなさい。

(ii)　濃度平衡定数を K_C としたときに，圧平衡定数 K_P と K_C の間に成り立つ関係を式で答えなさい。

問 3　反応容器の容積と温度が一定の条件で，窒素 3.00 mol と水素 3.00 mol を反応させた。系が平衡状態となった後の容器の圧力は元の圧力の 0.700 倍であった。このときの水素の分圧が 1.00×10^7 Pa であった場合に，圧平衡定数を単位も含めて有効数字 3 桁で答えなさい。

問 4　アンモニアを水に溶解させるとアンモニウムイオンが生成する。その際の反応式は以下である。ただし，水のイオン積は $1.0 \times 10^{-14}(\text{mol/L})^2$，$\log_{10}2 = 0.30$ とする。

$$\text{NH}_3 + \text{H}_2\text{O} \rightleftharpoons \text{NH}_4^+ + \text{OH}^- \qquad (2)$$

(i)　式(2)において，0.10 mol/L アンモニア水溶液の pH を有効数字 2 桁で答

えなさい。ただし，アンモニアの電離度は 0.010 とする。

(ii)　(i)の水溶液 20 mL に 0.010 mol/L 塩酸を 10 mL 加えた水溶液の pH を有効数字 2 桁で答えなさい。

> ※問 4 (ii)については，正答を導くために必要な条件が定義されていなかったことから，全員正解として扱う措置が取られたことが大学から公表されている。

Ⅱ　第 4 周期までのアルカリ金属の性質について，以下の文章を読んで，問 1～7 に答えなさい。（配点 19 点）

　　アルカリ金属のイオン化エネルギーは同一周期の他の原子と比べると　ア　。アルカリ金属の同族内でイオン化エネルギーを比べると，　イ　＞　ウ　＞　エ　の順である。一方，アルカリ金属のイオン化傾向は　オ　＞　カ　＞　キ　の順である。アルカリ金属の単体は溶融塩電解で得られ，それらの密度は　ク　＞　ケ　＞　コ　の順である。アルカリ金属の塩の多くは水に対する溶解度が高いため，沈殿生成反応でアルカリ金属の存在を確認することは難しい。そこでアルカリ金属イオンの存在を確認する簡便な方法として，　サ　が用いられている。
(A)
(B)
(C)

問 1　　ア　に入る適切な言葉として，（大きい，小さい）のいずれかを答えなさい。

問 2　　イ　～　エ　ならびに　オ　～　キ　のそれぞれにあてはまる第 4 周期までのアルカリ金属を元素記号で答えなさい。

問 3　第 4 周期までのアルカリ金属の単体は体心立方格子の結晶構造をとり，いずれの原子も中性子が陽子より一つ多い同位体からなるとする。また，第 2 周期のアルカリ金属の原子半径を r とすると，第 3 周期と第 4 周期のアルカリ金属の原子半径はそれぞれおよそ 1.2r と 1.5r である。これらの条件に基づいて，　ク　～　コ　にあてはまる第 4 周期までのアルカリ金属を元素

記号で答えなさい。

問 4　　サ　にあてはまる適切な語句を答えなさい。

問 5　下線部(A)に関して，(i)，(ii)の問いに答えなさい。

（i）反応熱は，反応経路によらず，反応のはじめの状態と終わりの状態で決まる。この法則は何の法則と呼ばれるかを答えなさい。

（ii）アルカリ金属の原子を M と表記すると，アルカリ金属のイオン化傾向は式(1)の熱化学方程式の反応熱 Q の大きさの順に対応している。(i)の法則に基づき，式(2)〜(7)を用いることで，式(1)の反応熱 Q[kJ]を答えなさい。さらに，式(1)の化学反応が発熱反応か吸熱反応かもあわせて答えなさい。

$$M(固) + H^+aq = M^+aq + \frac{1}{2}H_2(気) + Q\,[kJ] \tag{1}$$

$$M(固) = M(気) - 161\,kJ \tag{2}$$

$$M(気) = M^+(気) + e^- - 513\,kJ \tag{3}$$

$$M^+(気) = M^+aq + 519\,kJ \tag{4}$$

$$H_2(気) = 2H(気) - 436\,kJ \tag{5}$$

$$H(気) = H^+(気) + e^- - 1312\,kJ \tag{6}$$

$$H^+(気) = H^+aq + 1085\,kJ \tag{7}$$

問 6　下線部(B)に関して，アルカリ金属の塩化物を MCl とすると，MCl の溶融塩電解において陽極と陰極で起こる反応を，それぞれ e^- を含むイオン反応式で答えなさい。

問 7　下線部(C)に関して，ソーダ石灰ガラスの製造に用いられるアルカリ金属塩を工業的に製造するアンモニアソーダ法（ソルベー法）は複数の工程からなる。その一つの工程に塩化ナトリウムの飽和水溶液からの沈殿生成反応が含まれている。この沈殿生成の化学反応式を答えなさい。

Ⅲ　次の文章を読んで，問1〜7に答えなさい。なお，構造式は以下の例にならって書きなさい。（配点 19 点）

構造式の記入例（＊印は不斉炭素原子を示す。）

分子式 $C_{10}H_{12}O_2$ で表されるエステル A，B，C は，互いに構造異性体の関係にある。

エステル A を水酸化ナトリウム水溶液中で加水分解（けん化）したのち中和すると，芳香族カルボン酸 D と分子式 C_3H_8O で表される化合物 E が生成した。化合物 E を硫酸酸性のニクロム酸カリウムと反応させるとカルボン酸 F が生成した。

エステル B を水酸化ナトリウム水溶液中で加水分解（けん化）したのち中和すると，カルボン酸 F と芳香族化合物 G が生成した。芳香族化合物 G のベンゼン環の炭素原子に結合している水素原子の一つを塩素原子で置換したとすると，得られる構造異性体は 2 種類である。

エステル C を水酸化ナトリウム水溶液中で加水分解（けん化）したのち中和すると，酢酸と芳香族化合物 H が生成した。芳香族化合物 H をヨウ素と水酸化ナトリウムを含む水溶液に加えたところ，特有の臭気を持つ黄色の沈殿として化合物 I が生じた。

問 1　芳香族カルボン酸 D の名称を書きなさい。

問 2　カルボン酸 F の構造式を書きなさい。

問 3　芳香族化合物 G の構造式を書きなさい。

問 4 化合物 I の名称と分子式を書きなさい。

問 5 芳香族化合物 H の構造式を書きなさい。不斉炭素原子が含まれている場合には、その炭素原子に＊印を付けなさい。

問 6 エステル A，B，C の構造式を書きなさい。不斉炭素原子が含まれている場合には、その炭素原子に＊印を付けなさい。

問 7 化合物 A〜I のうち，不斉炭素原子を有する化合物の記号をすべて答えなさい。該当する化合物がない場合は「なし」と書きなさい。

Ⅳ 次の文章を読んで、問1〜4に答えなさい。（配点18点）

　タンパク質を構成するアミノ酸のうち、分子内のアミノ基とカルボキシ基が同じ炭素原子に結合しているアミノ酸は ┃ ア ┃ と呼ばれる。以下にこうしたアミノ酸の一般的な構造式といくつかの例を示す。

$$R-\underset{\underset{NH_2}{|}}{CH}-COOH$$

一般的な構造式

$$CH_3-\underset{\underset{NH_2}{|}}{CH}-COOH$$

アラニン

$$HOOC-(CH_2)_2-\underset{\underset{NH_2}{|}}{CH}-COOH$$

グルタミン酸

$$H_2N-(CH_2)_4-\underset{\underset{NH_2}{|}}{CH}-COOH$$

リシン

$$HO-CH_2-\underset{\underset{NH_2}{|}}{CH}-COOH$$

セリン

　アラニンは側鎖 R がメチル基であり、分子内に不斉炭素原子を持つため、この
(a)

アミノ酸には　　イ　　異性体が存在する。タンパク質を構成する主要な 20 種類のアミノ酸のうち，　　イ　　異性体が存在しないのはグリシンのみであり，その側鎖 R は　　ウ　　である。

　水溶液中でアミノ酸は，H^+ がカルボキシ基からアミノ基へ移動して分子内に正と負の両方の電荷がある　　エ　　イオンとなり，電離平衡の状態で存在する。アミノ酸由来の各イオンの割合は pH によって変化するため，アミノ酸の水溶液は<u>少量の酸や塩基を加えても pH があまり変化しない</u>という　　オ　　作用を示す。^(b)また，アミノ酸由来の各イオンの電荷の総和が 0 となる pH は<u>等電点</u>と呼ばれる。^(c)

問 1　　　ア　　〜　　オ　　にあてはまる語句，または化学式を答えなさい。

問 2　下線部(a)について，同じ方向にそろえた 2 枚の偏光板の間に試料を置き，白熱電球から発せられ，試料を透過した光の明るさを目視で観察するという，以下の図 1 に示すような実験を行った。試料には，アラニンのどちらか一方の　　イ　　異性体を純水に溶解させたもの（**水溶液 A**）と，グリシンを純水に溶解させたもの（**水溶液 B**）を用意した。試料の透過光の明るさは試料の代わりに純水を置いたときと比較して調べた。ただし，偏光板なしに観察したときの明るさは**水溶液 A** と**水溶液 B** と純水でどれも同じであった。このとき，試料の透過光の明るさを正しく表している組み合わせを選択肢①〜⑥の中から番号で答えなさい。

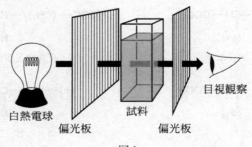

白熱電球　　偏光板　　試料　　偏光板　　目視観察

図 1

選択肢	水溶液 A のときの明るさ	水溶液 B のときの明るさ
①	明るくなった	同じであった
②	明るくなった	暗くなった
③	同じであった	明るくなった
④	同じであった	暗くなった
⑤	暗くなった	明るくなった
⑥	暗くなった	同じであった

問 3　下線部(b)について，以下の(i)，(ii)の問いに答えなさい。

（i）　アラニン，グルタミン酸，ならびにリシンをそれぞれ 50 mL の 0.1 mol/L
塩酸に溶解させて 0.05 mol/L の溶液をつくった。各溶液に対して 0.1 mol/L
水酸化ナトリウム水溶液を滴下して滴下量と pH の関係を調べたところ，以
下の図 2 のグラフに示される滴定曲線①～③が得られた。アラニンの溶液の
滴定曲線を①～③の中から番号で答えなさい。

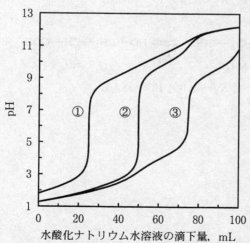

水酸化ナトリウム水溶液の滴下量，mL
アラニン，グルタミン酸，リシンの溶液の滴定曲線

図 2

(ii)　スルホ基を官能基としてもつ陽イオン交換樹脂を詰めた円筒(カラム)を用い，(i)で滴定曲線①と③を与えたアミノ酸がともに0.05 mol/L で0.1 mol/L 塩酸に溶解している混合溶液からそれらの分離(クロマトグラフィー)を試みた。混合溶液をカラムへ流し込んだのち，まず塩酸と水酸化ナトリウム水溶液でpH 7に調整した0.1 mol/L塩化ナトリウム水溶液を十分な量流し，つぎにpH 10に調整した同じ濃度の塩化ナトリウム水溶液を十分な量流した。各pHの溶液を流したときにカラムから流出するアミノ酸の名称を答えなさい。

問4　下線部(c)について，セリンの水溶液中では以下に示す2つの電離平衡が成りたち，それぞれの電離定数K_1，K_2は各イオン反応式の下に示す値とする。セリンの等電点を有効数字2桁で答えなさい。

$$HO-CH_2-CH(NH_3^+)-COOH \rightleftharpoons HO-CH_2-CH(NH_3^+)-COO^- + H^+$$

$$K_1 = 1.0 \times 10^{-2.2}\ mol/L$$

$$HO-CH_2-CH(NH_3^+)-COO^- \rightleftharpoons HO-CH_2-CH(NH_2)-COO^- + H^+$$

$$K_2 = 1.0 \times 10^{-9.2}\ mol/L$$

生　物

（1科目：60分　2科目：120分）

Ⅰ　次の文章を読んで，問1〜5に答えなさい。（配点19点）

　　生物は，酵素のはたらきによって糖などの分子を代謝して，エネルギーを作り出
す。生物がエネルギー代謝に用いる代表的な糖であるグルコースは，　ア　な
分子であるため細胞膜をほとんど透過しないが，　イ　と呼ばれる細胞膜を貫
通するタンパク質の内部を通って細胞内に取り込まれる。細胞内に取り込まれたグ
ルコースは，解糖系と呼ばれる種々の酵素が関わる一連の代謝経路によってピルビ
ン酸に分解され，その過程でATPと，還元型の補酵素（補助因子）である
　ウ　が生成される。ピルビン酸は，他の代謝経路ではたらく酵素によってさ
らに分解・変換される。

　　上に述べたように，生物における代謝は酵素によって成り立っている。酵素を含
めたタンパク質は，アミノ酸配列すなわち一次構造に応じてαヘリックスやβ
シートなどの二次構造を形成し，それらが組み合わさった三次構造を取る。場合に
よっては，さらに複数のポリペプチド鎖が組み合わさって四次構造を形成する。こ
のようなタンパク質の立体構造は，酵素の機能的な特性とも密接に関連している。

問1　空欄　ア　〜　ウ　にあてはまる最も適切な語句を答えなさい。た
　　　だし，空欄　ア　には，「親水的」あるいは「疎水的」のいずれかの語句
　　　を答えなさい。

問2　下線部(A)のように，複雑な分子を単純な分子に分解してエネルギーを得る代
　　　謝のことを何と呼ぶか答えなさい。

問3　下線部(B)のαヘリックスにおいて，ポリペプチドを構成するアミノ酸の主

鎖間で形成されているペプチド結合以外の化学結合の名称を答えなさい。また，種々の化学結合を介して，酵素タンパク質が特定の立体構造を形成することによって生み出される，酵素が持つ機能的な特徴を1つ答えなさい。

問4 解糖系は多段階の酵素反応からなり，1段階目の酵素反応は下記の反応1となる。

反応1(酵素反応)：グルコース + ATP → リン酸化されたグルコース + ADP

下に述べる3つの事項を踏まえて，なぜ解糖系では，グルコースをリン酸化する反応を起こすことができるのかを75字以内で説明しなさい。ただし，句読点も字数に含める。

・上記の酵素反応を理解するために，下記の反応2と反応3の化学反応を考える。

反応2：グルコース + リン酸 → リン酸化されたグルコース + 水

反応3：ATP + 水 → ADP + リン酸

・標準的な条件下において，反応2すなわちグルコースのリン酸化を起こすためにはエネルギーを加える必要がある。そのため，反応2は自発的にはほとんど起こらない。

・ここで反応3を反応2と組み合わせると，反応式の左辺と右辺から水とリン酸が相殺され，反応1となる。

問5 体積が2000 μm^3 で，細胞質中のグルコース濃度が1 mmol/L の細胞を考える。この細胞内のグルコースをすべて解糖系が代謝すると，何 g のピルビン酸が生成されるか，計算式とともに答えなさい。ただし，1 μm^3 は $10^{-18} m^3$，1 mmol は 10^{-3} mol，1 L は $10^{-3} m^3$ であり，ピルビン酸の分子量を88として，有効数字は2桁として計算すること。なお，細胞内は細胞質で一様に満たされており，細胞内外からのグルコースの追加供給はなく，細胞膜の厚みや細胞中に存在する細胞内小器官の体積は無視することとする。

Ⅱ　次の問1〜4に答えなさい。（配点18点）

問1　以下の文章中の空欄　ア　〜　カ　にあてはまる最も適切な語句を
答えなさい。

　遺伝子が発現する際，DNAの二重鎖の片方を　ア　として，
　ア　と相補的な塩基配列をもつRNAが合成される過程を，　イ　
という。翻訳に使われるRNAは，　ウ　内でスプライシングなどを受け
てmRNAとなる。その後，mRNAは　エ　を通って　ウ　の外に移
動する。mRNAの連続した3つの塩基はコドンと呼ばれ，1つのアミノ酸を
指定する。　オ　は，アンチコドンと呼ばれる部位をもち，アミノ酸と結
合している。翻訳の際には，　カ　上において，mRNAのコドンと
　オ　のアンチコドンが結合し，遺伝情報にもとづいたタンパク質合成が
行われる。

問2　ある生物がもつ遺伝情報の1セットのことで，生物の個体形成や，生命活動
の維持に必要な一通りの遺伝情報のことを何と呼ぶか，3文字で答えなさい。

問3　図1と図2の塩基配列情報と表1の遺伝暗号表を参考にして，以下の問(1)，
(2)に答えなさい。

(1)　図1はある遺伝子のDNA配列とmRNA配列の一部を示している。解答
欄のDNA配列中のイントロン部分を囲みなさい。

〔解答欄〕図1のDNA配列と同じ。

(2)　図1のイントロンの5′末端の1塩基目が突然変異によりアデニンに置換
された場合，mRNAの配列は図2のようになる。図1の正常な遺伝子から
発現したものと比較するとき，突然変異が生じた遺伝子から合成されたペプ
チドのアミノ酸配列にはどのような変化が生じると考えられるか。突然変異
が翻訳に与える影響がわかるように50字以内で説明しなさい。ただし，句
読点も字数に含める。なお，図1・図2のmRNA配列の最初のAUGを開
始コドンとする。

DNA 配列　5'- ATGAAGTTGC CTATTATATT CTTAACTCTA TTAATTTTTG TTTCTTCATG
TAAGTCTAAA TTATTTAATT AGGATAATGT GTCAGTATTA TAATCATTAT
AAAAACTGTT TAAGAATTTG ATATATCTTT TAAAAAAAAA ATTTGATAGA
TACATCAACA CTTATAAATG GTTACTGTTT TGATTGCGCA AGAGCTTGTA
TGAGACGGGG TAAGTATATT CGTACATGTA GTTTTGAAAG AAAACTTTGT
CGTTGCAGTA TTAGTGATAT TAAATAA -3'

mRNA 配列　5'- AUGAAGUUGC CUAUUAUAUU CUUAACUCUA UUAAUUUUUG UUUCUUCAUA
UACAUCAACA CUUAUAAAUG GUUACUGUUU UGAUUGCGCA AGAGCUUGUA
UGAGACGGGG UAAGUAUAUU CGUACAUGUA GUUUUGAAAG AAAACUUUGU
CGUUGCAGUA UUAGUGAUAU UAAAUAA -3'

図 1

突然変異後の　5'- AUGAAGUUGC CUAUUAUAUU CUUAACUCUA UUAAUUUUUG UUUCUUCAUA
mRNA 配列　UAAAUACAUC AACACUUAUA AAUGGUUACU GUUUUGAUUG CGCAAGAGCU
UGUAUGAGAC GGGGUAAGUA UAUUCGUACA UGUAGUUUUG AAAGAAAACU
UUGUCGUUGC AGUAUUAGUG AUAUUAAAUA A -3'

図 2

表 1

			2番目の塩基								
			U		C		A		G		
1番目の塩基	U	UUU	フェニルアラニン	UCU	セリン	UAU	チロシン	UGU	システイン	U	3番目の塩基
		UUC		UCC		UAC		UGC		C	
		UUA	ロイシン	UCA		UAA	終止コドン	UGA	終止コドン	A	
		UUG		UCG		UAG		UGG	トリプトファン	G	
	C	CUU	ロイシン	CCU	プロリン	CAU	ヒスチジン	CGU	アルギニン	U	
		CUC		CCC		CAC		CGC		C	
		CUA		CCA		CAA	グルタミン	CGA		A	
		CUG		CCG		CAG		CGG		G	
	A	AUU	イソロイシン	ACU	トレオニン	AAU	アスパラギン	AGU	セリン	U	
		AUC		ACC		AAC		AGC		C	
		AUA		ACA		AAA	リシン	AGA	アルギニン	A	
		AUG	メチオニン	ACG		AAG		AGG		G	
	G	GUU	バリン	GCU	アラニン	GAU	アスパラギン酸	GGU	グリシン	U	
		GUC		GCC		GAC		GGC		C	
		GUA		GCA		GAA	グルタミン酸	GGA		A	
		GUG		GCG		GAG		GGG		G	

問 4　次の文章を読んで問いに答えなさい。

　　Nさんは，花弁が赤い植物に対して外来の遺伝子を導入した。この外来の

遺伝子は，植物の花弁の赤色の色素を作る酵素の遺伝子(遺伝子 X) の mRNA
と相補的な配列をもつ小分子 RNA を発現するように設計されたものである。
このトランスジェニック植物は赤色の色素を合成できなくなり，花弁の色が白
色になった。赤色の色素が合成できなくなった原因を，40 字以内で説明しな
さい。ただし，句読点も字数に含める。

Ⅲ　次の文章を読んで，問 1 ～ 5 に答えなさい。(配点 19 点)

　図 1 のように，水槽に入れたザリガニの後方から，腹部末端の付属肢(尾扇肢)に
スポイトで水を吹きかけると，ザリガニはすぐさま腹部を強く屈曲させ反転して逃
げた。この水流刺激を一定の間隔で繰り返すと，逃避行動は起こらなくなった。こ
の状態は　　ア　　と呼ばれ，時間経過や別の部位への刺激などで解除される。
　　ア　　は単純な　　イ　　の一種である。

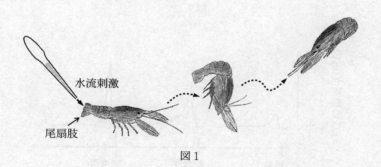

水流刺激

尾扇肢

図 1

　ザリガニの中枢神経系には，巨大な軸索をもつ介在神経(LG)があり，この LG
が興奮すると図 1 のような逃避行動が起こる。そこで，水流刺激の代わりに，感覚
神経を直接，電気刺激したときの LG の応答を記録した。図 2 のように，生理塩類
溶液の中でザリガニの腹部中枢神経系を露出して，LG にガラス管微小電極を刺入
したところ，－50 mV の静止電位が記録できた。
(A)
　LG にガラス管微小電極を刺入した状態で，刺激用電極 1 を使って感覚神経の軸
索が通る神経束 N1 を電気刺激すると，図 3 のように LG は脱分極した。この興奮
(B)

性シナプス後電位の振幅は，刺激強度に応じて刺激①から刺激②のように大きくなり，閾値に達すると刺激③のように活動電位に変わった。また，刺激③の強度で，(C)N1 を 1 秒間隔で繰り返し電気刺激すると，LG は活動電位を生じなくなった。次に，刺激用電極 2 を使い，神経束 N2 を電気刺激すると，LG は N1 を刺激した場(D)合とよく似た応答を示した。

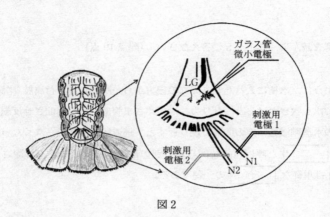

図 2

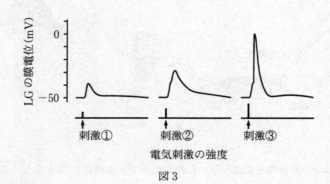

図 3

問 1　空欄　ア　，　イ　に当てはまる最も適切な語句を答えなさい。

問 2　下線部(A)について，次の文章の　ウ　～　キ　に当てはまる最も適切な語句を答えなさい。

　　　　静止電位は，細胞内外のイオンの濃度差で生じる。　ウ　と　エ　の移動に着目すると，主に　オ　のはたらきで　ウ　が細胞外に　カ　的に排出され，　エ　が細胞内に取り込まれる。また細胞膜には常に開いている　キ　が存在し，一部の　エ　は　キ　を通って細胞外に漏れ出る。

問 3　下線部(B)について，まず，ザリガニの腹部を通常の生理塩類溶液の中に浸して実験を行った。閾値をわずかに下回る刺激②の強度で神経束 N1 を電気刺激すると，LG は常に一定の振幅の興奮性シナプス後電位を発生した。次に，生理塩類溶液を，通常のものから，カルシウムイオンの濃度を 10 ％に減らした塩類溶液に置換することで，細胞外液のカルシウムイオン濃度が通常の 10 ％に減った状態で実験を行った。この状態で，刺激②の強度で神経束 N1 を電気刺激する実験を行うと，LG で記録される興奮性シナプス後電位の振幅は小さくなった。なぜこのようなことが起こるのか，その理由を 50 字以内で答えなさい。ただし，句読点も字数に含める。

問 4　下線部(C)の状態になると，同じ強度で電気刺激を繰り返しても LG は活動電位を発生しなかった。この現象は，刺激に対する感覚神経の応答が変化したことにより LG が活動電位を発生しなくなったと考えることで説明可能である。このように仮定した場合は，感覚神経にはどのような変化が起きたと考えられるか，40 字以内で説明しなさい。ただし，句読点も字数に含める。

問 5　下線部(D)に関して，神経束 N1 及び N2 を刺激する強度をそれぞれ閾値以下にして，神経束を片方ずつ電気刺激すると，それぞれに対して LG は興奮性シナプス後電位を発生する。ところが，神経束 N1 と N2 を同時に刺激すると，LG は活動電位を発生した。このように，神経束 N1 と N2 を刺激する強度はどちらも閾値以下であるにもかかわらず活動電位が発生した理由を 20 字以内で答えなさい。ただし，句読点も字数に含める。

Ⅳ 次の文章を読んで，問1〜5に答えなさい。(配点19点)

　生物の分布は，約40億年前の誕生以降，長期にわたって水中に限定されていた。生物の陸上進出を可能にしたのは，地球の大気組成の変化である。約27億年前以降に繁栄したとされるシアノバクテリアなどの　ア　を行う生物によって，大量に放出された酸素が大気中に蓄積したことで，オルドビス紀までには安定した　イ　の形成がみられ，生物の陸上への進出を促進したと考えられている。

　オルドビス紀に，まず植物が陸上へ進出したと考えられている。シルル紀には，　ウ　を持つシダ植物が誕生した。デボン紀において　ウ　植物の多様化がみられ，裸子植物も出現している。最も遅く出現した被子植物は，白亜紀初期までには誕生していたと考えられている。被子植物の多様化やそれに伴う分布の拡大は，白亜紀に始まり，新生代に入っても続いた。被子植物は，現在では最も繁栄する生産者として陸上生態系を支えている。

　一方，動物においては，デボン紀に，節足動物の陸上での多様化がみられ，昆虫はこの時期に出現した。石炭紀には，飛翔力を持った昆虫が現れている。脊椎動物においても，デボン紀末に魚類の一部から原始的な両生類が誕生し，石炭紀には両生類からハ虫類が進化した。ハ虫類は，三畳紀以降から白亜紀まで大いに繁栄し，陸上のみならず海中や空中へと多様な生息環境へ分布を広げた。三畳紀には　エ　と哺乳類が誕生したが，中生代になると，陸上では　エ　が繁栄した。小型　エ　の一部から　オ　が進化した。白亜紀末における大型の　エ　などのハ虫類の大量絶滅後，新生代に入ると，陸上や海中，空中において哺乳類や　オ　が急速に繁栄した。

問1　空欄　ア　〜　オ　にあてはまる最も適切な語句を答えなさい。

問2　下線部(A)について，イチョウおよびソテツの受精様式と，マツやスギなどの針葉樹類の受精様式の違いを答えなさい。

問 3 　下線部(B)について，以下の問(1)，(2)に答えなさい。

　　(1)　被子植物のつける花は，基本的に 4 つの花器官から構成される。これらの
　　　　花器官の形成は，3 つのクラスの遺伝子(群)で調節されていることが明らか
　　　　になっている。花器官の形成に関する分子機構モデルは，ABC モデルと呼
　　　　ばれている。ABC モデルで説明される 4 つの花器官の形成のしくみを，
　　　　120 字以内で説明しなさい。ただし，句読点も字数に含める。

　　(2)　被子植物の多様化や繁栄は，陸上動物との共生関係によって促進されたと
　　　　考えられている。被子植物は，陸上動物とどのような共生関係をもったこと
　　　　で多様化し，繁栄したと考えられるか，60 字以内で説明しなさい。ただ
　　　　し，句読点も字数に含める。

問 4 　下線部(C)について，中生代に繁栄した後，白亜紀末までに絶滅し，現在はみ
　　　られないハ虫類の仲間を 2 つ答えなさい。ただし，　オ　は　エ　の
　　　仲間の 1 つとされることがあるため，　エ　は含まないこととする。

問 5 　下線部(D)について，この大量絶滅と哺乳類の多様化がどのように関係したと
　　　考えられるか，50 字以内で説明しなさい。ただし，句読点も字数に含める。

地　学

（2科目：120分）

I　ある崖に図1に示す地層が露出していた。この露頭に関する以下の説明と解説を
　読み，問1〜4に答えなさい。なお，この地層断面は奥行き方向にそのまま続くも
　のとする。（配点25点）

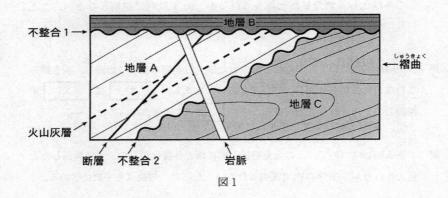

図1

<説明>

　地層Aは浅海性の堆積岩からなり，広域に分布する特徴的な火山灰層を含む。
地層Bは湖沼性の堆積物である。地層Cは結晶片岩からなり，内部に褶曲が発
達している。岩脈は安山岩からなる。

<解説>

　地層Aに含まれている火山灰層のように，広い範囲の地層を対比することに役
立っている地層を　ア　という。安山岩の岩脈は　イ　が地層に貫入して
冷え固まったものである。また，この露頭の断層のようなずれの方向を持つ断層を
　ウ　という。

　地層Cは，以下のようにして形成されたと考えられる。地球の表層を覆う海洋
プレートは，　エ　で生成され，長い時間をかけて移動し，沈み込み帯で地球

内部へと沈み込んでいる。このような場所では，沈み込むプレートがもう一方のプレートに押し付けられて，一部が剥ぎ取られて　オ　が形成されることがある。沈み込み帯の深部では，温度と圧力の上昇に伴い，含まれる鉱物の再結晶や結晶構造の変化が起こる。このように岩石が，地下の温度圧力条件で安定な鉱物からなる岩石に変化する現象を　カ　という。　カ　を受けた地域でよく見られる岩石には結晶片岩の他に　キ　がある。

問 1　文中の空欄　ア　～　キ　に入る適切な語句を答えなさい。

問 2　この露頭では地層 B が最後に形成されている。その他の地層 A，地層 C，断層，岩脈，褶曲（しゅうきょく），不整合 1，不整合 2 を形成された順に並べなさい。

問 3　地層 B と岩脈の古地磁気方位（過去の地磁気の方向）を測定することにした。堆積物と火成岩が残留磁気を保持する仕組みをそれぞれ説明しなさい。

問 4　日本列島，特に西南日本では，細長く帯状に分布する地質体の形成年代が日本海側から太平洋側へ向かって新しくなる傾向がある。このような傾向が見られる理由を，フィリピン海プレートとユーラシアプレートという語句を用いて答えなさい。

Ⅱ　次の文章を読んで，問 1 ～ 5 に答えなさい。（配点 25 点）

　　地球表層の水の総量は約 1.4×10^{21} kg と見積もられ，その　　ア　　% 以上が
海洋に存在する。海洋に存在する水を海水，陸上に存在する水を陸水と呼ぶ。陸水
の大部分は　　イ　　として存在し，次に　　ウ　　が多く，これらに比べれば
　エ　　として存在する水は，量としてはずっと少ない。

　　地球表層の水として大気中に水蒸気や雲粒として存在する水もあり，その量は
1.3×10^{16} kg と見積もられている。これは，地球表層の水の総量のわずか 0.001%
程度にすぎず，水の蒸発と降水を頻繁に繰り返している。海洋全体でみると蒸発量
が降水量を上回っている。その余剰分は陸上での降水を増やし，河川などにより再
び海洋に戻っている。このように地球表層の水は，氷・水・水蒸気と状態を変えな
がら自然界を循環している。

問 1　空欄　　ア　　に入る最も適切な数字を以下から選び，A ～ D の記号で答え
　　なさい。
　　　A）25　　　　B）45　　　　C）67　　　　D）97

問 2　空欄　　イ　　，　　ウ　　，　　エ　　に入る適切な語句の組合せを，以
　　下のA ～ Fの中から 1 つ選び，記号で答えなさい。
　　　A）イ：河川水や湖沼水　　ウ：地下水　　　　　エ：氷床や氷河
　　　B）イ：河川水や湖沼水　　ウ：氷床や氷河　　　エ：地下水
　　　C）イ：地下水　　　　　　ウ：河川水や湖沼水　エ：氷床や氷河
　　　D）イ：地下水　　　　　　ウ：氷床や氷河　　　エ：河川水や湖沼水
　　　E）イ：氷床や氷河　　　　ウ：地下水　　　　　エ：河川水や湖沼水
　　　F）イ：氷床や氷河　　　　ウ：河川水や湖沼水　エ：地下水

問 3　水の蒸発や降水に伴う熱輸送は，地球表層における熱輸送のかなりの部分を
　　担っている。以下のA ～ Cは，このことについて関連することがらを述べたも
　　のである。この中から内容に明らかな誤りを含む文を 1 つ選び，記号で答えな
　　さい。

A) 水が蒸発するときには周囲から蒸発熱を奪い，水蒸気が凝結して雲を作る際には潜熱を放出する。

B) 水の蒸発や降水に伴う大気への熱輸送があるために，太陽放射を受ける地表の温度変化は小さくおさえられている。

C) 太陽放射により暖められた地表から大気へ熱伝導により移動する熱輸送量は，水の蒸発や降水に伴う熱輸送の量に比べて大きい。

問 4　海洋と陸上における 1 年間の降水量は，それぞれ 3.9×10^{17} kg，1.1×10^{17} kg と見積もられている。地球表層における水の循環において，水が大気中に滞留する平均の日数を計算により求めなさい。ただし有効数字は 1 桁とし，計算の過程がわかるように解答欄に示しなさい。

問 5　水が海洋に滞留する時間は，問 4 で考えた大気中に滞留する時間に比べてはるかに長く 1000 年程度と考えられている。こうした長い時間をかけて海水が海洋を循環するしくみについて述べた次の文章を読み，空欄　オ，カ，キ に入る適切な語句を答えなさい。

　　海洋表層を水平方向に循環する強い流れとして，海上を吹く風によって生じる　オ　がある。一方，海洋深層の流れはそれに比べるときわめて遅い。これは，深層海水の移動が，海洋表層から深層へ沈み込む海水に押し出されることによって起こるためである。このような海洋の鉛直方向の流れは，水温や塩分の違いに基づく海水の密度差によって引き起こされ，　カ　循環と呼ばれる。現在の地球で，海洋表層から深層への沈み込みが起こっているのは　キ　などの海域に限られている。

Ⅲ　次の文章を読んで，問 1 ～ 3 に答えなさい。（配点 25 点）

　　ジョン・ミッチェルは 1784 年に出版された論文の中で，太陽と同じ密度で半径
が 500 倍の天体からの光は我々に届かないだろうと述べている。これがブラック
ホールの概念が公に記された，知られている限り最古のものである。この計算には
ニュートン力学が用いられていたが，正確な計算はアルバート・アインシュタイン
の一般相対性理論の完成により可能になった。

　　現在，ほとんど全ての銀河には一般的な恒星の質量を遥かに上回る，太陽の質量
の数百万倍から数百億倍にもなる超大質量ブラックホールが存在していると考えら
れている。我々の住む天の川銀河（銀河系）も例外ではなく，その中心に超大質量ブ
ラックホールを有していると考えられている。天の川銀河では 1970 年代に電波干
渉計を用いた観測により，いて座の方向に強くコンパクトな電波源，いて座 A*
（SgrA*）が見出された。いて座 A* は天の川銀河中心部にある超大質量ブラック
ホールに付随していると考えられ，1990 年代には近赤外線を用いた大型望遠鏡に
よるいて座 A* 周辺のモニター観測が始まった。大型望遠鏡による近赤外線観測で
はいて座 A* 周辺の複数の恒星の位置を精密に測定することができる。現在 100 個
程度の恒星の運動がモニターされていて，特に周期が短い恒星についてはその軌道
が正確にわかっている。そしてそれらによって，恒星の運動している領域より内側
に含まれる質量が，極めて大きいことが示された。

　　2020 年のノーベル物理学賞は，ブラックホールに関する研究をした研究者 3 名
に贈られた。そのうち 2 名は，天の川銀河中心部の大質量かつコンパクトな天体を
発見したラインハルト・ゲンツェルとアンドレア・ゲーズである。

問 1　下線部(A)に関連した次の問いに答えなさい。

　　　物体が，ある天体の表面から出発しその重力を振り切り無限遠方まで到達す
　　ることのできる最小限の速度を脱出速度という。式で表すと次のようになる。

$$v_{\mathrm{esc}} = \sqrt{\frac{2\,GM}{R}}$$

　　ここで v_{esc} は脱出速度の大きさ，M と R は天体の質量と半径，また G は万有

引力定数である。今，太陽と同じ密度をもち半径が 500 倍大きい天体を考える
と，その天体表面からの脱出速度が光速度（3.00×10^5 km/s）を越えることを
示しなさい。なお太陽表面からの脱出速度が 6.18×10^2 km/s であることを
使ってよい。

問 2　下線部(B)に関連した次の 2 つの問いに答えなさい。

（ア）　見かけの等級と絶対等級の間には，途中の空間における光の吸収の効果
　　　も考慮すると，

$$m_\lambda - M_\lambda = 5 \log_{10} d - 5 + A_\lambda$$

　　　という関係がある。ここで m_λ は見かけの等級，M_λ は絶対等級，また d
　　　は天体までの距離（pc 単位；pc ＝ パーセク）である。吸収の効果は等級
　　　で A_λ と表される。天の川銀河の中心部に見つかったある天体の，ある近
　　　赤外線波長域での見かけの等級を 14 等級，絶対等級を -3.0 等級，吸収
　　　による減光を 2.5 等級とする。このとき，この天体までの距離を有効数
　　　字 1 桁で求めなさい。常用対数の計算には以下の表を参照してよい。

$\log_{10} x$	x
0.1	1.26
0.2	1.58
0.3	2.00
0.4	2.51
0.5	3.16
0.6	3.98
0.7	5.01
0.8	6.31
0.9	7.94
1.0	10.0

（イ）　天の川銀河の中心部を可視光で観測するには困難がある。これはどのよ
　　　うな理由によるかを簡単に述べなさい。

問 3　下線部(C)に関連した以下の問いに答えなさい。

　　いて座 A* 周辺で長期間モニターされている恒星に S2 と呼ばれるものがあ
　る。この S2 は，これまでの精密観測により近点距離 120 au(au ＝ 天文単位)，
　離心率 0.88，周期 16 年の楕円軌道を持つことが知られている。S2 が超大質量
　ブラックホールの重力のもとで運動しているとして，このブラックホールの質
　量が太陽質量の何倍になるかを有効数字 1 桁で求めなさい。計算にあたって
　は，ケプラーの第三法則を適用し，かつ超大質量ブラックホールの質量は S2
　よりも十分大きいとみなしてよい。また計算の過程を必ず示しなさい。

///////////////////// · **memo** · /////////////////////

/////////////////// · **memo** · ///////////////////

2023
年度

問題編

■前期日程

問題編

▶試験科目・配点

学部・学科等		教　科	科　　　目	配　点
国際人間科	発達コミュニティ，子ども教育	外国語	英語，ドイツ語，フランス語，中国語から1科目選択	175 点
		数　学	数学 I・II・A・B	75 点
		理　科	「物理基礎・物理」，「化学基礎・化学」，「生物基礎・生物」，「地学基礎・地学」から2科目選択 〈から1教科選択〉	150 点
		国　語〈省略〉	国語総合・現代文 B・古典 B	
	環境共生	文科系受験	外国語	英語，ドイツ語，フランス語，中国語から1科目選択	200 点
		数　学	数学 I・II・A・B	100 点
		国　語〈省略〉	国語総合・現代文 B・古典 B	150 点
		理科系受験	外国語	英語，ドイツ語，フランス語，中国語から1科目選択	200 点
		数　学	数学 I・II・III・A・B	150 点
		理　科	「物理基礎・物理」，「化学基礎・化学」，「生物基礎・生物」，「地学基礎・地学」から2科目選択	200 点

理	数	外国語	英語	125 点
		数 学	数学 I・II・III・A・B	180 点
		理 科	「物理基礎・物理」,「化学基礎・化学」,「生物基礎・生物」,「地学基礎・地学」から 2 科目選択	150 点
	物 理	外国語	英語	125 点
		数 学	数学 I・II・III・A・B	150 点
		理 科	「物理基礎・物理」必須。「化学基礎・化学」,「生物基礎・生物」,「地学基礎・地学」から 1 科目選択	150 点
	化	外国語	英語	125 点
		数 学	数学 I・II・III・A・B	150 点
		理 科	「化学基礎・化学」必須。「物理基礎・物理」,「生物基礎・生物」,「地学基礎・地学」から 1 科目選択	150 点
	生物, 惑星	外国語	英語	125 点
		数 学	数学 I・II・III・A・B	150 点
		理 科	「物理基礎・物理」,「化学基礎・化学」,「生物基礎・生物」,「地学基礎・地学」から 2 科目選択	150 点
医	医	外国語	英語	150 点
		数 学	数学 I・II・III・A・B	150 点
		理 科	「物理基礎・物理」,「化学基礎・化学」,「生物基礎・生物」から 2 科目選択	150 点
		その他	面接	*
	保健 看護学, 理学療法学, 作業療法学	外国語	英語, ドイツ語, フランス語, 中国語から 1 科目選択	150 点
		数 学	数学 I・II・A・B	100 点
		理 科	「物理基礎・物理」,「化学基礎・化学」,「生物基礎・生物」から 1 科目選択	100 点
	保健 検査技術科学	外国語	英語, ドイツ語, フランス語, 中国語から 1 科目選択	150 点
		数 学	数学 I・II・III・A・B	100 点
		理 科	「物理基礎・物理」,「化学基礎・化学」,「生物基礎・生物」から 1 科目選択	100 点

工	建築，市民工，電気電子工	外国語	英語	150 点
		数　学	数学Ⅰ・Ⅱ・Ⅲ・Ａ・Ｂ	200 点
		理　科	「物理基礎・物理」，「化学基礎・化学」	150 点
	機械工	外国語	英語	170 点
		数　学	数学Ⅰ・Ⅱ・Ⅲ・Ａ・Ｂ	180 点
		理　科	「物理基礎・物理」，「化学基礎・化学」	180 点
	応用化	外国語	英語	125 点
		数　学	数学Ⅰ・Ⅱ・Ⅲ・Ａ・Ｂ	150 点
		理　科	「物理基礎・物理」，「化学基礎・化学」	150 点
	情報知能工	外国語	英語	150 点
		数　学	数学Ⅰ・Ⅱ・Ⅲ・Ａ・Ｂ	200 点
		理　科	「物理基礎・物理」，「化学基礎・化学」	200 点
農		外国語	英語	150 点
		数　学	数学Ⅰ・Ⅱ・Ⅲ・Ａ・Ｂ	150 点
		理　科	「物理基礎・物理」，「化学基礎・化学」，「生物基礎・生物」，「地学基礎・地学」から２科目選択	150 点
海洋政策科	文系科目重視型	外国語	英語	200 点
		数　学	数学Ⅰ・Ⅱ・Ａ・Ｂ	150 点
		国　語〈省略〉	国語総合・現代文Ｂ（古文，漢文を除く）	150 点
	理系科目重視型	外国語	英語	150 点
		数　学	数学Ⅰ・Ⅱ・Ⅲ・Ａ・Ｂ	150 点
		理　科	「物理基礎・物理」必須。「化学基礎・化学」，「生物基礎・生物」，「地学基礎・地学」から１科目選択	200 点

▶備　考

• 英語以外の外国語は省略。

• 英語は，「コミュニケーション英語基礎・Ⅰ・Ⅱ・Ⅲ，英語表現Ⅰ・Ⅱ，英語会話」を出題範囲とする。

• 数学Ｂでは，「数列」及び「ベクトル」の２分野を出題範囲とする。

- 各教科・科目の試験の配点は，外国語 125 点，数学（理系）150 点，数学（文系）75 点，理科 1 科目 75 点である。ただし，各学部・学科等の入学者選抜のための配点は，上の表に示した傾斜配点による点数を使用する。

＊面接の結果によって，医師及び医学研究者になる適性に大きく欠けると判断された場合は，筆記試験の得点にかかわらず不合格とする。

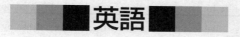

英語

（80 分）

Ⅰ　次の文章は，"meaningful life" について書かれた記事である。この文章を読んで，
問 1 ～ 5 に答えなさい。（配点 35 点）

　　When we think about lives filled with meaning, we often focus on people whose
grand contributions benefited humanity. Abraham Lincoln, Martin Luther King, Jr., and
Nelson Mandela surely felt they had a worthwhile life. However, how about us ordinary
people?

　　Many scholars agree that a subjectively meaningful existence often boils down to
<u>   </u>
　　　　　　　　　　　　　　　　　　　　　　　　　　　　　　(a)
three factors: the feeling that one's life is coherent and "makes sense," the possession of
clear and satisfying long-term goals, and the belief that one's life matters in the grand
scheme of things. Psychologists call these three things coherence, purpose, and
<u>   </u>
　　　　　　　　　　　　　　　　　　　　　　　　　　　　　　(1)
<u>existential mattering</u>.

　　However, we believe that there is another element to consider. Think about the first
butterfly you stop to admire after a long winter, or imagine the scenery on top of a hill
after a fresh hike. Sometimes existence delivers us small moments of beauty. When
people are open to appreciating such experiences, these moments may enhance how they
view their life. We call this element experiential appreciation. The phenomenon reflects
the feeling of a deep connection to events as they occur and the ability to extract value
from that link. It represents the detection of and admiration for life's <u>inherent</u> beauty.
　　　　　　　　　　　　　　　　　　　　　　　　　　　　　　　　　　　(b)
　　We recently set out to better understand this form of appreciation in a series of
studies that involved more than 3,000 participants. Across these studies, we were
interested in whether experiential appreciation was related to a person's sense of
meaning even when we <u>accounted for</u> the effects of the classic trio of coherence,
　　　　　　　　　　　　(c)
purpose, and existential mattering. If so, experiential appreciation could be a unique
contributor to meaningfulness and not simply a product of these other variables.

　　As an initial test of our idea, during the early stages of the COVID pandemic, we had participants rate to what extent they agreed with different coping strategies to relieve their stress. We found that people who managed stress by focusing on their appreciation for life's beauty also reported experiencing life as highly meaningful. In the next study, we asked participants to rate how much they agreed with various statements, such as "I have a great appreciation for the beauty of life" and "I appreciate a wide variety of experiences," as well as other statements that related to coherence, purpose, existential mattering, and a general sense of meaning in life. Our results showed that the more people indicated that they were "appreciating life" and its many experiences, the more they felt their existence was valuable. In fact, these two elements were strongly related to each other. In subsequent studies, we further explored the connection between these concepts. For example, we found that participants asked to （　A　） the most meaningful event of the past week generally reported （　B　） experiential appreciation in those moments.

　　Finally, we conducted a series of experiments in which we gave people specific tasks and, once more, asked them to report how strongly they identified with statements linked to coherence, purpose, and existential mattering. In one case, we found that participants who watched an awe-inspiring video, such as the opening sequence of the BBC documentary *Planet Earth*, reported having a greater sense of experiential appreciation and meaning in life, compared with participants who watched more neutral videos, such as an instructional woodworking video. Similarly, participants who wrote about a recent experience for which they were grateful had a greater sense of meaning and experiential appreciation afterward when compared with participants who simply wrote about a common place they had visited in the past week.

　　The results confirmed our original theory: [　　C　　]. However, applying that insight can be difficult. Our modern, fast-paced, project-oriented lifestyles fill the day with targets and goals. We are always on the go, and we attempt to maximize output both at work and at leisure. This focus on future outcomes makes it all too easy to miss what is happening right now. Yet life happens in the present moment. We should slow down, let life surprise us, and embrace the significance in the everyday. As former Indian prime minister Jawaharlal Nehru wrote in 1950, "We live in a wonderful world . . . .

There is no end to the adventures that we can have if only we seek them with our eyes open."

問 1　下線部(a)〜(e)を，本文の内容に合致するように，別の表現で置き換えるとすれ
　　　ば，どのような表現が最も適切か。それぞれの選択肢の中から一つ選び，記号で
　　　答えなさい。

(a)　<u>boils down to</u>

 (あ)　collects

 (い)　complements

 (う)　comprises

 (え)　contradicts

(b)　<u>inherent</u>

 (あ)　fundamental

 (い)　long-term

 (う)　multiple

 (え)　satisfying

(c)　<u>accounted for</u>

 (あ)　figured out

 (い)　gave an explanation for

 (う)　made up

 (え)　took into consideration

(d)　<u>on the go</u>

 (あ)　busy and active

 (い)　living in a progressive society

 (う)　relying on each other

 (え)　self-indulgent and uncritical

出典追記：A New Dimension to a Meaningful Life, Scientific American on April 15, 2022 by Joshua Hicks and Frank Martela

(e) <u>embrace</u>

 (あ) eagerly generate

 (い) constantly change

 (う) steadily accumulate

 (え) willingly accept

問 2　下線部(1)について，（イ）coherence，（ロ）purpose，（ハ）existential mattering それぞれの例として適切なものを選択肢の中から選び，記号で答えなさい。ただし，同じ記号は一度しか使えない。

 (あ) George, a young teacher, feels that his actions and life have value to others when students and parents express their appreciation to him.

 (い) Julia, a junior public officer, applies what she learned in sociology courses at college to her service to the community.

 (う) Naomi, who would like to be a novelist, commits herself to writing 100 words every morning to complete a 100,000-word novel.

問 3　下線部(2)を日本語に訳しなさい。

問 4　空所（　A　）と（　B　）に入る最も適切な単語の組み合わせはどれか。選択肢の中から一つ選び，記号で答えなさい。

	（　A　）	（　B　）
(あ)	attend	deep
(い)	memorize	vivid
(う)	recall	high
(え)	remind	stable

問 5　空所［　C　］に入る最も適切な表現を，選択肢の中から一つ選び，記号で答えなさい。

 (あ) appreciating small things can make life feel more meaningful

 (い) a meaningful life has to do with enjoyment of work and leisure

  (う)   your life becomes meaningful when you are meaningful to other people

  (え)   coherence, purpose, and existential mattering can constitute a meaningful life

Ⅱ   次の文章は，水資源について書かれた報告書の一部である。この文章を読んで，問 1 〜 5 に答えなさい。（配点 35 点）

    Water is getting scarce — but what does this actually mean? After all, the Earth never loses a single drop of H_2O. Although water is a finite resource, it will not be used up as long as we do not render it permanently unusable. However, it is important to integrate human water usage into the natural hydrological cycle* and to use the locally available water in an adequate, effective, sustainable, and fair way. Despite significant progress in this area, there are still millions of people who do not have access to safe drinking water. Everyday, millions of women and children have to walk long, and often dangerous, distances in order to collect water and carry it home. As is the case for food and land, access to clean drinking water and water for agricultural usage is unequally distributed.
<u>(1)</u>

    When it comes to freshwater most people think of water in rivers and lakes, groundwater and glaciers, the so-called "blue water." Only part of the rainfall feeds this freshwater supply. The majority of rainfall comes down on the Earth's surface and either evaporates directly as "non-beneficial evaporation" or, after being used by plants, as "productive transpiration." This second type of rainwater is termed "green water." The green water proportion of the total available freshwater supply varies between 55% and 80%, depending on the region of the world, as well as local wood density. The biggest opportunity and challenge for future water management is to store more green water in soil and plants, as well as storing it as blue water.

    Agriculture is by far the largest consumer of the Earth's available freshwater: 70% of "blue water" withdrawals from watercourses and groundwater are for agricultural usage, three times more than 50 years ago. By 2050, the global water demand of agriculture is estimated to increase by a further 19% due to irrigational* needs. Approximately 40% of the world's food is currently cultivated in artificially irrigated areas. Especially in the densely populated regions of Southeast Asia, the main factor for increasing yields were huge investments in additional irrigation systems between the 1960s and 1980s. It is disputed where it would be possible to expand irrigation further and obtain additional water from rivers and groundwater in the future, how this can take place, and whether it makes sense. Agriculture already (A) people's everyday use and environmental needs, particularly in the areas where irrigation is essential, thus threatening to literally dry up ecosystems. In addition, in the coming years, climate change will bring about enormous and partly unpredictable changes in the availability of water.

In some regions of the world, water scarcity has already become a very serious problem. The situation will worsen dramatically in the decades to come if we continue to overuse, waste, and contaminate the resources available at local and regional levels. (4) Agriculture could reduce water problems by avoiding the cultivation of water-intensive crops such as corn and cotton in areas which are too dry for them, as well as by improving inefficient cultivation and irrigation systems that also cause soil salinization*. Other practices that could be avoided include the clearance of water-storing forests, evaporation over temporarily unused land, and the dramatic overuse of groundwater sources in some parts of the world.

The pollution and contamination of entire watercourses is another grave problem. Water carries many substances: fertile soil that has been washed out, as well as nutrients which in high concentrations over-fertilize watercourses and deprive them of oxygen. Water can also contain pesticides*, salts, heavy metals, and sewage from households, as well as an enormous variety of chemical substances from factories. While many rivers and lakes in Europe are slowly recovering from direct pollution through industrial discharges, the problem is massively increasing in densely populated regions of Asia and other developing areas. The use of water further downstream is becoming increasingly risky and expensive, sometimes impossible. Toxic substances in the groundwater can make this treasure (B) for entire generations. Agriculture is polluting water bodies with pesticides and huge amounts of nitrogen*. The number and size of so-called "dead zones" near the mouths of large streams, where marine life is suffocating due to over-fertilization, are expanding.

出典追記：Agriculture at a Crossroads : IAASTD findings and recommendations for future farming. Foundation on Future Farming, 2016.

注 hydrological cycle 水循環；   irrigational 灌漑(かんがい)の

salinization 塩害；   pesticide 殺虫剤，除草剤；   nitrogen 窒素

問 1 下線部(1)を日本語に訳しなさい。

問 2 次の文は，下線部(2) blue water と下線部(3) green water について説明したもの
である。空所[イ]と[ロ]に入る最も適切な語の組み合わせはどれか。選
択肢の中から一つ選び，記号で答えなさい。

"Blue water" is found in lakes, rivers, and reservoirs behind dams. It is
recharged by either rainfall or snowmelt. Available blue water is used for
many purposes, including drinking water. It is also used as irrigation water for
[イ].

"Green water" is the water available in the soil for plants and soil micro-
organisms. It is the water absorbed by roots, used by plants, and released
back to the [ロ].

Source : American Society of Agronomy

	[イ]	[ロ]
(あ)	agriculture	atmosphere
(い)	plants	river
(う)	evaporation	air
(え)	cultivation	groundwater

問 3 下線部(4)を，The situation の内容を明らかにして，日本語に訳しなさい。

問 4 空所(A)，(B)に入る最も適切な表現を，それぞれの選択肢の中から
一つ選び，記号で答えなさい。

(A) (あ) competes with

　　　　　(い)　gives in to

　　　　　(う)　makes up for

　　　　　(え)　turns to

(　B　)　(あ)　feasible

　　　　　(い)　massive

　　　　　(う)　possible

　　　　　(え)　unusable

問 5　本文の内容と合致する文を選択肢の中から二つ選び，記号で答えなさい。

　(あ)　Dead zones, or low-oxygen areas, have a destructive effect on agriculture.

　(い)　More than half of the Earth's freshwater is used for agricultural purposes.

　(う)　Water scarcity has become rare in some regions of the world in recent years.

　(え)　Carbon dioxide is released into the ocean as a result of water contamination.

　(お)　Giving up the cultivation of water-intensive crops may help to solve water

　　　problems.

※問 5 については，二つの正答のうち一つは本文の記述から導き出せないことが判明したため，正答を導き出せない選択肢について，全員に加点する措置が取られたことが大学から公表されている。

Ⅲ　次の文章は，ある小説の一部である。Lucy，Lucy の母，Lucy の友人 Kristi（語り手）の三人は，滝までドライブするために自動車に乗り込んだところである。この文章を読んで，問 1 〜 5 に答えなさい。（配点 30 点）

"You think you have me fooled, don't you, girl?"

There was a silence, then Lucy asked: "What are you saying, Mom?"

"You can't hide it. You're sick again."

"I'm not sick, Mom. I'm fine."

"(a)Why do you do this to me, Lucy? Always. Why does it have to be this way?"

"I don't know what you're saying, Mom."

"You think I don't look forward to a trip like this? My one free day with my daughter. A daughter I happen to love very dearly, who tells me she's fine when she's really feeling sick?"

"That's not true, Mom. I really am fine."

But I could hear the change in Lucy's voice. It was as if (1)the effort she'd been making until this point had been abandoned, and she was suddenly exhausted.

"Why do you pretend, Lucy? You think it doesn't hurt me?"

"Mom, I swear I'm fine. Please drive us. Kristi's never been to a waterfall and she's so looking forward to it."

"Kristi's looking forward to it?"

"Mom," Lucy said. "Please can we go? Please (b)don't do this."

"Do you think I like this? Any of this? Okay, you're sick. That's not your fault. But (2)not telling anyone. Keeping it to yourself this way, so we all get in the car, the whole day before us. That's not nice, Lucy."

"It's not nice you telling me I'm sick when I'm easily strong enough . . . ."

Mary, the housekeeper, opened the door beside Lucy from the outside. Lucy fell silent, then her face, full of sadness, looked round the edge of the car seat at me.

"I'm sorry, Kristi. We'll go another time. I promise. I'm really so sorry."

"It's all right," I said. "We must do what's best for you, Lucy."

I was about to get out also, but then Lucy's mother said: "Just a second, Kristi. Like Lucy says. You were looking forward to this. Well, (3)why don't you stay right where you

<u>are?"</u>

"I'm sorry. I don't understand."

"Well, it's simple. Lucy's too sick to go. She might have told us that earlier, but she chose not to. Okay, so she stays behind. Mary too. But no reason, Kristi, why you and I can't still go."

I couldn't see her mother's face because the seat backs were high. But Lucy's face was still peering round the edge of her seat at me. Her eyes had become dull, as if they no longer cared what they saw.

"Okay, Mary," Lucy's mother said in a louder voice. "Help Lucy out. Careful with her. She's sick, remember."

"Kristi?" Lucy said. "Are you really going with her to the falls?"

"Your mother's suggestion is very kind," I said. "But perhaps it would be best if this time . . . ."

"Hold on, Kristi," her mother cut in. Then she said: "<u>What is this</u>, Lucy? One moment you're concerned about Kristi, how she's never seen a waterfall. Now you're trying to make her stay home?"
_(c)

Lucy went on looking at me, and Mary continued to stand outside the car, a hand held out for Lucy to take. Finally Lucy said: "Okay. Maybe you should go, Kristi. You and Mom. What's the sense in the whole day getting spoiled just because . . . . I'm sorry. Sorry I'm sick all the time. I don't know why . . . ."

I thought tears would come then, but she held them back and went on quietly: "Sorry, Mom. I really am. I must be such a downer. Kristi, you go on. You'll love the waterfall."

Then her face disappeared from the edge of the seat.

問 1　下線部(a)～(c)が意味する内容として最も適切なものを，それぞれ選択肢の中から一つ選び，記号で答えなさい。ただし，同じ記号は一度しか使えない。

(あ)　Don't argue.

(い)　Don't blame me.

(う)　Don't pretend to be fine.

(え)　Why are you trying to stay home?

(お)　Why are you changing your mind?

(か)　Why do you want to go for a drive?

問 2　下線部(1)の内容を最もよく表す文を選択肢の中から一つ選び，記号で答えなさい。

(あ)　She had tried to calm her mother down but was not successful.

(い)　She had tried to keep looking like she was okay but wasn't able to do so.

(う)　She had suggested going out for a drive, but it was rejected by her mother.

(え)　She had put her time and energy into planning a road trip, but it didn't pay off.

問 3　下線部(2)を，That が指している内容を明らかにして，日本語に訳しなさい。

問 4　下線部(3)の表現によって母親が Kristi に言いたいことは何か。日本語で説明しなさい。

問 5　本文の内容と合致する文を選択肢の中から一つ選び，記号で答えなさい。

(あ)　Lucy was excited to let Kristi go on the trip because Kristi was looking forward to it.

(い)　Mary made Lucy come out of the car as she had to obey the order from Lucy's mother.

(う)　Lucy's mother suggested going with Kristi to the waterfall, but Kristi tried to turn down the proposal.

(え)　Lucy recovered from illness, but she pretended to make herself look sick because she did not want to go out.

Ⅳ　The following is a part of a research paper.　Read the passage and answer the
questions in English.（配点 25 点）

　　Smartphones are very useful and often we cannot imagine life without them.
However, they could be harmful as well.　For example, people suffer from
(1)smartphone addiction.　As with any other addiction, this can lead to various
problems.　Studies have demonstrated the negative impact on young people's lives
and future prospects which mirror those of addiction.　To find out in what ways
smartphones negatively affect present-day students in Japan, we asked 3,043
(2)students to complete a questionnaire.

---

(1)　What is "smartphone addiction"?　Write your definition in approximately 40 words.

(2)　What do you think the researchers found out through the questionnaire?　Write
　　your answer in approximately 60 words.

数学

◀理系：数学 I・II・III・A・B▶

（120 分）

1. 関数 $f(x)$ を

$$f(x) = \begin{cases} \dfrac{1}{2}x + \dfrac{1}{2} & (x \leqq 1) \\ 2x - 1 & (x > 1) \end{cases}$$

で定める．a を実数とし，数列 $\{a_n\}$ を

$$a_1 = a, \quad a_{n+1} = f(a_n) \quad (n = 1, 2, 3, \cdots\cdots)$$

で定める．以下の問に答えよ．（配点 30 点）

(1) すべての実数 x について $f(x) \geqq x$ が成り立つことを示せ．

(2) $a \leqq 1$ のとき，すべての正の整数 n について $a_n \leqq 1$ が成り立つことを示せ．

(3) 数列 $\{a_n\}$ の一般項を n と a を用いて表せ．

2. a, b を実数とする．整式 $f(x)$ を $f(x) = x^2 + ax + b$ で定める．
以下の問に答えよ．ただし，2次方程式の重解は2つと数える．
(配点 30 点)

(1) 2次方程式 $f(x) = 0$ が異なる2つの正の解をもつための a と
b がみたすべき必要十分条件を求めよ．

(2) 2次方程式 $f(x) = 0$ の2つの解の実部が共に0より小さくな
るような点 (a, b) の存在する範囲を ab 平面上に図示せよ．

(3) 2次方程式 $f(x) = 0$ の2つの解の実部が共に -1 より大きく，
0より小さくなるような点 (a, b) の存在する範囲を ab 平面上
に図示せよ．

3. n を2以上の整数とする．袋の中には1から $2n$ までの整数が1つ
ずつ書いてある $2n$ 枚のカードが入っている．以下の問に答えよ．
(配点 30 点)

(1) この袋から同時に2枚のカードを取り出したとき，そのカー
ドに書かれている数の和が偶数である確率を求めよ．

(2) この袋から同時に3枚のカードを取り出したとき，そのカー
ドに書かれている数の和が偶数である確率を求めよ．

(3) この袋から同時に2枚のカードを取り出したとき，そのカー
ドに書かれている数の和が $2n + 1$ 以上である確率を求めよ．

4. 四面体 OABC があり，辺 OA，OB，OC の長さはそれぞれ $\sqrt{13}$，5，5である．$\overrightarrow{OA} \cdot \overrightarrow{OB} = \overrightarrow{OA} \cdot \overrightarrow{OC} = 1$，$\overrightarrow{OB} \cdot \overrightarrow{OC} = -11$ とする．頂点 O から △ABC を含む平面に下ろした垂線とその平面の交点を H とする．以下の問に答えよ．(配点 30 点)

(1) 線分 AB の長さを求めよ．

(2) 実数 s，t を $\overrightarrow{OH} = \overrightarrow{OA} + s\overrightarrow{AB} + t\overrightarrow{AC}$ をみたすように定めるとき，s と t の値を求めよ．

(3) 四面体 OABC の体積を求めよ．

5. 媒介変数表示

$$x = \sin t, \quad y = \cos\left(t - \frac{\pi}{6}\right)\sin t \quad (0 \le t \le \pi)$$

で表される曲線を C とする．以下の問に答えよ．(配点 30 点)

(1) $\dfrac{dx}{dt} = 0$ または $\dfrac{dy}{dt} = 0$ となる t の値を求めよ．

(2) C の概形を xy 平面上に描け．

(3) C の $y \le 0$ の部分と x 軸で囲まれた図形の面積を求めよ．

◀文系：数学Ⅰ・Ⅱ・Ａ・Ｂ▶

(80 分)

1. a, b を実数とする．整式 $f(x)$ を $f(x) = x^2 + ax + b$ で定める．以下の問に答えよ．(配点 25 点)

(1) 2 次方程式 $f(x) = 0$ が異なる 2 つの正の解をもつための a と b がみたすべき必要十分条件を求めよ．

(2) 2 次方程式 $f(x) = 0$ が異なる 2 つの実数解をもち，それらが共に -1 より大きく，0 より小さくなるような点 (a, b) の存在する範囲を ab 平面上に図示せよ．

(3) 2 次方程式 $f(x) = 0$ の 2 つの解の実部が共に -1 より大きく，0 より小さくなるような点 (a, b) の存在する範囲を ab 平面上に図示せよ．ただし，2 次方程式の重解は 2 つと数える．

2. A，Bの2人が，はじめに，Aは2枚の硬貨を，Bは1枚の硬貨を
持っている．2人は次の操作(P)を繰り返すゲームを行う．

(P) 2人は持っている硬貨すべてを同時に投げる．それぞれが投
げた硬貨のうち表が出た硬貨の枚数を数え，その枚数が少な
い方が相手に1枚の硬貨を渡す．表が出た硬貨の枚数が同じ
ときは硬貨のやりとりは行わない．

操作(P)を繰り返し，2人のどちらかが持っている硬貨の枚数が
3枚となった時点でこのゲームは終了する．操作(P)を n 回繰り
返し行ったとき，Aが持っている硬貨の枚数が3枚となってゲー
ムが終了する確率を p_n とする．ただし，どの硬貨も1回投げたと
き，表の出る確率は $\dfrac{1}{2}$ とする．以下の問に答えよ．(配点25点)

(1) p_1 の値を求めよ．

(2) p_2 の値を求めよ．

(3) p_3 の値を求めよ．

3. a を正の実数とする．2つの円

$$C_1 : x^2 + y^2 = a, \qquad C_2 : x^2 + y^2 - 6x - 4y + 3 = 0$$

が異なる2点 A，B で交わっているとする．直線 AB が x 軸および y 軸と交わる点をそれぞれ $(p,\ 0)$，$(0,\ q)$ とするとき，以下の問に答えよ．(配点25点)

(1) a のとりうる値の範囲を求めよ．

(2) p，q の値を a を用いて表せ．

(3) p，q の値が共に整数となるような a の値をすべて求めよ．

物理

（1 科目：60 分　　2 科目：120 分）

Ⅰ　図 1 のように，摩擦のない水平面上で左端が壁に固定されたばね（ばね定数 k）の
　右端に小球 A が取り付けられている。ばねが自然長のときの小球 A の位置を点 O
　とする。点 O の鉛直上方で，高さ l の位置に，長さ l の軽い糸の上端が固定され，
　糸の下端には小球 B が取り付けられている。小球 A および小球 B の質量はともに
　m とし，大きさは無視できるものとする。ばねを自然長から長さ d だけ縮めた状態
　で小球 A を保持し，小球 B を点 O で静止させたのちに小球 A を静かにはなした
　ところ，小球 A と小球 B は衝突し，小球 B は鉛直面内で糸の固定点を中心とする
　円運動を開始した。以下の問 1 〜 4 に答えなさい。解答の導出過程も示しなさい。
　必要な物理量があれば定義して明示しなさい。ただし，小球 A と小球 B の衝突は
　完全弾性衝突であり，空気抵抗はないものとする。（配点 25 点）

問 1　衝突直前の小球 A の速さ，衝突直後の小球 A および小球 B の速さを求めな
　　　さい。

問 2　糸と鉛直線のなす角度を θ（$0° \leqq \theta < 180°$）とする。糸がたるまずに角度 θ の
　　　位置に達したとき，小球 B の速さを求めなさい。

問 3　問 2 において糸の張力を求めなさい。

問 4　衝突後の小球 B が $\theta = 120°$ の位置に達したところで糸がたるんだ。このと
　　　きの d を求めなさい。

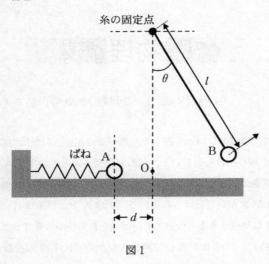

図 1

Ⅱ　図 1 のように，十分に長い導体のレール ab とレール cd が，水平面と角度 θ を
なして間隔 L で平行に置かれている。これらのレールの上には，質量 m の導体棒が
レールと直角になるように置かれており，レール上を滑らかに移動できる。また，
ac 間と bd 間には，それぞれ抵抗値 R_1 の抵抗 1 と，抵抗値 R_2 の抵抗 2 が接続され
ている。さらに，二つのレールが作る平面と垂直上向きに，磁束密度 B の一様な
磁場がかけられている。以下の問 1 ～ 5 に答えなさい。解答の導出過程も示しなさ
い。必要な物理量があれば定義して明示しなさい。ただし，レールと導体棒の電気
抵抗，レールと導体棒の接触抵抗，およびレールと導体棒に流れる電流で生じる磁
場をいずれも無視してよい。（配点 25 点）

問 1　導体棒がレールと平行に下向きに速さ v で動いているとき，抵抗 1 と抵抗 2
　　に流れる電流の大きさをそれぞれ求めなさい。また，抵抗 1 と抵抗 2 に流れる
　　電流の向きが，それぞれ a → c と c → a，b → d と d → b のどちらであるか答
　　えなさい。

問 2　問 1 の状況において，導体棒にはたらく力の大きさと向きを説明しなさい。

問 3 時間が十分に経過すると，導体棒の速さは一定値 v_f となった。v_f を求めなさい。

問 4 問 3 の状況において，抵抗 1 と抵抗 2 で単位時間に発生するジュール熱をそれぞれ求めなさい。

問 5 問 3 の状況で発生するジュール熱の元となるエネルギーが何か説明しなさい。

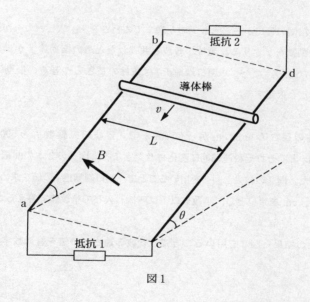

図 1

Ⅲ　図1のように，円筒状の管に右側からピストンが挿入され，その左側に十分離し
てスピーカーが置かれている。この状況で，ピストンの位置やスピーカーが発する
音波の振動数を変化させ，管の中の気柱が音波と共鳴する条件を調べた。以下の
問1～4に答えなさい。なお，問2～4は，解答の導出過程も示しなさい。必要な
物理量があれば，定義して明示しなさい。（配点25点）

問1　スピーカーが発する音波の波長 λ を，その振動数 f と速さ v を用いて表しな
　　さい。

問2　円筒左側の管口からピストンの左端までの長さを L，スピーカーが発する音
　　波の振動数を f とする。気柱が音波と共鳴したときの振動数 f が満たす条件
　　を書きなさい。ただし，開口端補正 l は気柱の長さ L や音波の振動数 f に
　　よらず一定と仮定する。

問3　気柱の長さ L を 30 cm から 60 cm まで，音波の振動数 f を 500 Hz から
　　1000 Hz までそれぞれ連続的に変化させたところ，図2の3本の曲線上で共鳴
　　が起きた。問2の結果と図2を用いることで，開口端補正 l の値を求めなさい。
　　ただし，cm を単位とし，小数点以下は四捨五入して整数値で答えること。

問4　以上の結果と図2を用いることで，音波の速さ v の値を有効数字2桁で求
　　めなさい。

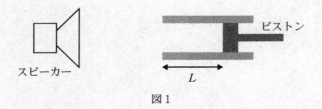

図1

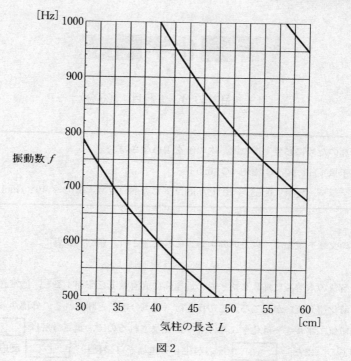

図 2

■■■■化学■■■■

（ 1 科目：60 分　　 2 科目：120 分）

計算のために必要であれば，次の値を用いなさい。

原子量：H 1.00　C 12.0　O 16.0

ファラデー定数：9.65×10^4 C/mol，アボガドロ定数：6.02×10^{23} /mol

Ⅰ　次の文章を読んで，以下の問 1 ～ 5 に答えなさい。（配点 19 点）

　　電解質の水溶液に挿入した一対の電極間に直流電圧を印加すると，通常起こりにくい酸化還元反応が起こる。この操作は「電気分解」と呼ばれる。外部から供給された電気エネルギーは化学エネルギーに変換されるので，電気分解は　ア　反応である。また，　イ　反応が生じる電極を「陽極」，　ウ　反応が生じる電極を「陰極」という。例えば，純水に水酸化ナトリウムを添加し，その中に挿入した一対の炭素棒間に直流電圧を印加すると，水素と酸素が得られる。次に，純水に添加する物質を変更し，同様の操作を行ったところ，添加した物質はガス発生の挙動に応じて次の 3 グループに分類できた。

　　　　グループ①　　　　両方の電極からガスが発生する
　　　　グループ②　　　　片方の電極のみからガスが発生する
　　　　グループ③　　　　いずれの電極からもガスは発生しない

問 1　　ア　～　ウ　に該当する用語として適当な組み合わせを A ～ D から選びなさい。

	A	B	C	D
ア	吸熱	吸熱	発熱	発熱
イ	酸化	還元	酸化	還元
ウ	還元	酸化	還元	酸化

問 2　純水に添加し電極間に直流電圧を印加したとき，次に示す各物質が①，②，③のいずれのグループの挙動を示すか答えなさい。なお，難溶性塩の水溶液中において，イオン濃度はゼロとみなしてよい。

塩化カリウム	硫酸ナトリウム	塩化銅
塩化銀	硝酸銅	硝酸銀

問 3　問 2 でグループ①に分類されたある物質を純水に添加し電気分解すると，片方の電極周囲の水（液量 100 mL）は酸性になり，pH = 2 となった。添加した物質の化学式と電気分解時に流れた電子の物質量を求めなさい。

問 4　問 2 でグループ②に分類された物質を純水に添加し電気分解すると，様々な物質が生成する。このとき，陽極・陰極それぞれで生成される物質を，<u>生成させるのに必要な理論分解電圧が高い順にすべて</u>記入しなさい。

問 5　水酸化ナトリウムを純水に添加して電気分解し，陽極で発生するガスを回収する操作を考える。電極間に 20.0 A が流れたとき，標準状態で 1.00 L のガスを回収するために必要な時間を有効数字 3 桁で求めなさい。

Ⅱ　図1に示した手順の分離操作により，Ag^+，Pb^{2+}，Cd^{2+}，Fe^{3+}，Al^{3+} の5種の金属イオンのみを含む水溶液の系統分離を行った。これに関連する以下の問1〜8に答えなさい。なお，図は一般的な系統分離の分離操作の流れを示すもので，今回の溶液の系統分離操作で沈殿①から⑦のすべてで実際に沈殿が存在することを示すものではない。（配点 19 点）

問1　Pb^{2+} を 1.20×10^{-2} mol/L 含む溶液に希塩酸を加え，溶液の液量が 1.20 倍，平衡状態での溶液の Cl^- 濃度が 5.00×10^{-1} mol/L になった。このとき，元の溶液中にあった Pb^{2+} の何％が Cl^- と塩を形成して沈殿するかを有効数字3桁で答えなさい。Pb^{2+} と Cl^- の塩の溶解度積は 1.00×10^{-4} mol^3/L^3 とし，副反応なども起こらず，溶解は溶解度積だけで決まるものとする。

問2　ろ液②に金属イオンが含まれているかを確認するため，この液に希硫酸を加えたところ，沈殿が生じた。沈殿した物質の化学式と色を答えなさい。

問3　ろ液③に含まれる鉄イオン（この状態の液で主に存在する鉄イオン）と反応して濃青色の沈殿をつくる試薬の化学式を答えなさい。

問4　今回の系統分離操作では，ろ液⑤にはある金属のイオンが含まれる。このイオンが沈殿④からろ液⑤に溶け出す際に起こる反応の化学反応式を答えなさい。

問5　試料溶液中の Cd^{2+} は沈殿②，③，⑤，⑥，⑦のどこで沈殿として分離されるか。その沈殿番号と沈殿した物質（Cd^{2+} の塩）の化学式と色を答えなさい。

問6　試料溶液に含まれる遷移元素の金属イオンをすべて列挙しなさい。

問7　今回の系統分離操作で沈殿した金属イオンの塩の中で NH_3 水と反応し，錯イオンをつくって溶解するものがある。その反応の化学反応式を答えなさい。

問 8　今回の系統分離操作ではある金属イオンの塩が沈殿②として分離される。

　　この熱水に溶けない沈殿物は NaCl と同じ結晶構造を持つ。この物質の密度

　　(g/cm^3) を与える計算式を示しなさい。結晶中の陽イオンと陰イオンは接触し

　　て配置されるとし，それらのイオン半径はそれぞれ，R_C と R_A (nm)で，モル

　　質量は W_C と W_A (g/mol)とする。

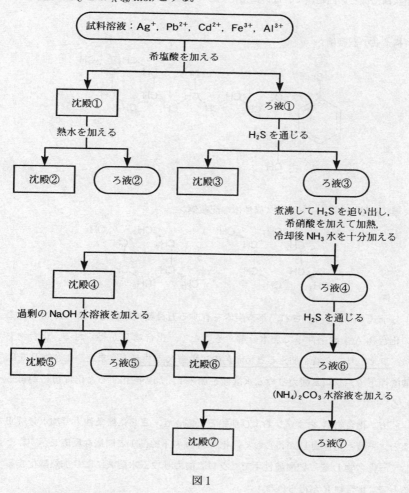

図 1

※沈殿①，④に対する操作は，実際に沈殿が観察されるときのみ行う。

Ⅲ　次の文章を読んで，以下の問 1 ～ 7 に答えなさい。なお，構造式は，以下の例に

ならって書きなさい。構造式の記述にあたって鏡像異性体に関しては，記述しなく

てよい。ただし，問 6 においては環状構造のシス－トランス異性体の構造式は，

例のように記述しなさい。ここでのシス－トランス異性体は，C＝C 二重結合や

環状構造などの回転ができない構造に対して生じる異性体である。（配点 19 点）

＜構造式の記載例＞

＜環状構造のシス－トランス異性体の記載例＞

　分子式 $C_5H_6O_2$ で表され，不斉炭素を有する五員環の環状化合物 A がある。こ

の化合物 A を酸条件下で加水分解することで，化合物 B が得られる。化合物 B

は，フェーリング液を加えると，赤色の沈殿物 X が生じる。また，化合物 B を硫

(1)

酸酸性下でニクロム酸カリウム水溶液を加えて，加熱酸化すると化合物 C が得ら

れる。

　一方，化合物 A をオゾンおよび亜鉛と反応させ，さらに酸条件下で加水分解す

ると，ギ酸と化合物 D が得られる。化合物 D も下線部(1)と同様な反応を示す。そ

して，化合物 D を，硫酸酸性下でニクロム酸カリウム水溶液により加熱酸化する

ことで，化合物 E が得られる。

　また，この化合物 A と臭素を付加反応させることで，化合物 F が得られる。

問1 化合物 A に含まれる炭素，水素，酸素の元素を確認する手法に関して，下記の a ～ f の中からそれぞれ適切なものを選びなさい。

    a．焼いた銅線に付着させ，加熱する。

    b．水酸化ナトリウムを加えて加熱し，濃塩酸と接触させる。

    c．完全に燃焼させ，石灰水に通じる。

    d．完全に燃焼させ，白色の硫酸銅(Ⅱ)無水塩に接触させる。

    e．ナトリウムを加えて加熱融解し，水に溶解後，酢酸鉛(Ⅱ)水溶液を加える。

    f．上記 a ～ e には該当する検出手法がない。

問2 化合物 A の構造式を答えなさい。

問3 化合物 B の構造式を答えなさい。また，下線部(1)で沈殿する沈殿物 X の化学式を答えなさい。

問4 化合物 C の構造式を答えなさい。

問5 化合物 E の構造式を答えなさい。

問6 化合物 F は，環状化合物のシス－トランス異性体の混合物である。このシス－トランス異性体である環状化合物 F の構造式をすべて答えなさい。

問7 化合物 B ～ F のうち，不斉炭素を有する化合物の記号をすべて答えなさい。

Ⅳ　次の文章を読んで，以下の問 1 〜 5 に答えなさい。(配点 18 点)

　　デンプンは多数のグルコースが脱水縮合した高分子化合物である。デンプンは冷
水にはほとんど溶けない。一方，80 ℃程度の温水中ではのり状になる。これは可
溶な成分である　[　ア　]　が溶け出すためである。[　ア　]　は隣り合うグルコー
ス構造が全て同じ向きで結合するため，グルコース 6 個で 1 回転する　[　イ　]　構
造をとる。この　[　ア　]　が枝分かれした構造を持つ　[　ウ　]　は温水に不溶な成
分であり，もち米の成分のほとんどを占めている。デンプンに酵素アミラーゼを作
用させると加水分解して二糖である　[　エ　]　が得られ，この　[　エ　]　に酵素
　[　オ　]　を作用させるとグルコースが得られる。得られたグルコースを原料とし
て，微生物の一種である酵母を用いたアルコール発酵によりエタノールを生産する
ことができる。
　　(b)

　　セルロースは自然界に多量に存在する高分子化合物である。セルロースは強い繊
維状の物質であり，熱水にも多くの有機溶媒にも溶けにくい。セルロースはデンプ
ンに比べて加水分解されにくいが，希硫酸を加えて長時間加熱すると加水分解され
　　　　　　(c)
てグルコースになる。あるいは，セルロースを　[　カ　]　などの酵素によって加水
分解すると，二糖である　[　キ　]　を経てグルコースが得られる。

　　得られたグルコースを原料とし，様々な微生物を用いることでエタノール以外の
有用物質を生産することも可能となる。例えば，乳酸菌を用いた乳酸発酵により乳
酸が生産できる。生成した乳酸は生分解性高分子であるポリ乳酸の原料となる。こ
の他にも，様々なプラスチックリサイクル技術の開発が行われている。
　　　　　　　　(d)

問 1　[　ア　]　〜　[　キ　]　にあてはまる語句を答えなさい。

問 2　下線部(a)について，還元性を示さない二糖の名前を 1 つ答えなさい。

問 3　下線部(b)について，以下の(1)，(2)の問いに答えなさい。

　(1)　グルコースを用いたアルコール発酵の反応式を答えなさい。

　(2)　81 g のデンプンを酵素で加水分解して酵母でアルコール発酵を行うと，最
　　　大で何 g のエタノールが生成できるか答えなさい。

問 4　下線部(c)の理由を述べた以下の文章の空欄 ｜　ク　｜ 及び ｜　ケ　｜ に当てはまる語句を答えなさい。

　　　セルロースの分子は，隣り合うグルコース単位が交互に糖の環平面の上下の向きを変えながら ｜　ク　｜ 結合しており，分子全体では ｜　ケ　｜ 構造をとっている。この構造により分子内及び分子間に水素結合が形成されるため。

問 5　下線部(d)について，プラスチックのリサイクル手法の名前を 2 つ答えなさい。

■ 生物 ■

（1 科目：60 分　　2 科目：120 分）

Ⅰ　次の文章を読んで，問 1 〜 6 に答えなさい。（配点 19 点）

　　生物の進化と地球環境の変化は，相互に影響していることが知られている。大気
成分の変化にも生物活動は大きく関わっており，特に地球誕生以来の大気中酸素濃
度の変化に対する生物の寄与は大きい。図 1 のグラフは，地球誕生以来の酸素濃度
の変化を示している。酸素分子は地球誕生当時ほとんど存在しなかったが，約 27
億年前，ある生物 A の誕生がきっかけとなって大量に生成されるようになった。
　　　　　(A)　　　　　　　　　　　　　　　　　　　　(B)
その後しばらく，酸素分子は海水に溶存した鉄イオンとの反応に消費されたが，そ
れが収束すると酸素分子が大気中に放出されはじめた。酸素を容易に獲得できるよ
うになった生物は，酸素を効率的に利用できるように進化し，グルコースなどの炭
　　　　　　　　　　(C)
素源から多くの化学エネルギー（ATP など）を生成することができるようになった。
また，大気中酸素濃度の上昇にともなって生物の陸上への進出が可能となり，多種
　　　(D)
多様な生物種の誕生が促された。

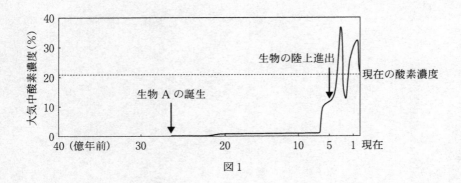

図 1

問 1　下線部(A)の生物名を答えなさい。

問 2 生物 A に関する次の文章中の空欄 ア ～ ウ にあてはまる最も適切な語句を答えなさい。

この生物 A は進化の過程で別の生物に取り込まれ，その後誕生する真核生物の細胞小器官へ変化したと考えられている。これはマーグリスにより提唱された ア 説として知られており，その細胞小器官がもつ，ⅰ）半自律的に増殖する，ⅱ）独自の イ を持っている，ⅲ）性質の異なる 2 種類の ウ で囲まれている，という，もともと独立した生物であったことの痕跡と考えられる 3 つの特徴を根拠としている。

問 3 下線部(B)について，生物 A において酸素分子(O_2)が生成する部位を含むタンパク質複合体の名称と，その部位で 1 分子の酸素が生成する化学反応式を答えなさい。電子は，e- で示すこと。

問 4 下線部(C)について書かれた次の文章中の空欄 エ ～ ケ にあてはまる最も適切な語句を答えなさい。

酵母は環境条件により ATP の生産系を切り換えることが知られている。グルコースを炭素源としたとき，酸素の供給が十分ではない条件下では エ を行い，十分な酸素が供給された条件下では オ を行なうことで ATP を獲得する。 オ は エ に比べ，最大 カ 倍の効率で ATP を生産できる。 オ で酸素は キ と呼ばれる細胞小器官内の ク に局在する電子伝達系で消費され， ケ を生じる。

問 5 下線部(C)について，酸素を用いてグルコースから ATP を生成する反応により，小さじ 1 杯分のグルコース(3.60 g)が完全に分解されるとき，何 g の O_2 が消費されるか，計算式とともに答えなさい。原子量は，H 1.00，C 12.0，O 16.0 を用い，有効数字は 3 桁として計算すること。

問 6 下線部(D)について，酸素濃度の上昇により陸上への生物の進出が可能となった理由を，それまで生物の陸上への進出を妨げていた要因に着目して，50 字以内で説明しなさい。ただし，句読点も字数に含める。

Ⅱ　次の文章を読んで，問 1 ～ 5 に答えなさい。（配点 19 点）

　　生物において様々な機能を担うタンパク質は，20 種類のアミノ酸が　　ア　　
結合によって連結されたものである。DNA の塩基配列は，生物が必要とする様々
なタンパク質を合成するためのアミノ酸配列（一次構造）情報を暗号化して保持する
とともに，その情報を次世代に伝達する重要な役割を担っている。突然変異による
DNA 塩基配列の変化はタンパク質の機能に大きな影響を与える可能性があり，近
年では突然変異を簡便に検出する方法として，ポリメラーゼ連鎖反応（PCR）が利
用されている。
　　　　　　　　　　　　　　(B)

　　突然変異を引き起こす一つの要因は，DNA 複製の誤りである。DNA 複製の際
には，まず　　イ　　と呼ばれる酵素が複製開始点の二重らせんをほどき，1 本鎖
状態になったそれぞれの鎖を鋳型として，DNA ポリメラーゼにより相補的な鎖が
合成される。このように，もとからあった古い鎖と新たに合成された鎖を 1 本ずつ
含む DNA を生じる複製様式を　　ウ　　と呼ぶ。通常，DNA 複製は非常に正確
に行われるが，まれに DNA ポリメラーゼが誤った塩基を挿入するほか，鋳型
DNA に損傷があると誤りが起こりやすくなる。

　　タンパク質はそれぞれのアミノ酸配列に応じて　　エ　　構造や β シート構造な
どの二次構造のほか，アミノ酸の一つである　　オ　　の側鎖の間でつくられる
S-S 結合などにより，固有の立体構造（三次構造）が形成されて機能を発揮する。タ
ンパク質によっては，複数の分子が集合した四次構造を形成することにより，はた
　　　　　　　　　　　　　　　　　　　　　　　　　　　　　　　　(C)
らくものもある。アミノ酸が 1 個置き換わっただけでもこれらの構造に影響を与
え，タンパク質の機能が著しく損なわれる可能性がある。

問 1　空欄　　ア　　～　　オ　　にあてはまる最も適切な語句を答えなさい。

問 2　下線部(A)について，DNA 上のアミノ酸配列を指定する領域で塩基の置換が
　　　起きても，発現するタンパク質の一次構造に影響を与えないことがある。その
　　　理由を 30 字以内で説明しなさい。ただし，句読点も字数に含める。

問 3　真核生物では，RNA ポリメラーゼによって転写される DNA 領域で突然変

異が発生しても，そこから生じる mRNA の塩基配列が変化しない場合がある。その理由を 40 字以内で説明しなさい。ただし，句読点も字数に含める。

問 4 　下線部(B)について，目的とする遺伝子領域を 2 種類のプライマーを用いて増幅することを考える。図 1 において太い実線は目的の遺伝子領域，破線 a ～ d はそれぞれ配列が異なる DNA プライマーを表し，①〜④は異なる組み合わせのプライマーと目的の DNA 配列を結合させた状態を示している。このうち，目的の領域を正しく増幅できるプライマーの組み合わせはどれか。①〜④の番号で答えなさい。なお，図中の 5′，3′ は DNA 鎖の 5′ 末端，3′ 末端をそれぞれ示している。

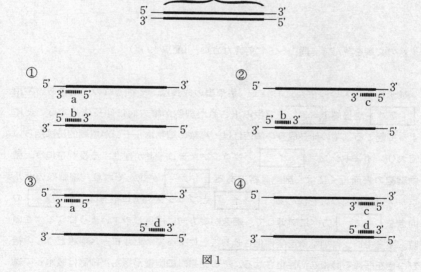

図 1

問 5 　下線部(C)について，哺乳類細胞で発現し，酵素として機能するタンパク質 A について，以下のように仮定する。

・タンパク質 A のアミノ酸配列を指定する遺伝子 X は常染色体上に存在する。

・遺伝子 X の突然変異により生じた遺伝子 X′から，アミノ酸置換を 1 か所含むタンパク質 A′が発現する。

・タンパク質 A は 4 分子集合した複合体（4 量体）として酵素活性を発揮し，単量体としては機能しない。

・タンパク質 A と A′はお互いの区別なく集合して 4 量体を形成するが，A′を 1 分子でも含む複合体は酵素活性を示さない。

　　雄が遺伝子 X のホモ接合体，雌が遺伝子 X′のホモ接合体であった場合，その間に生まれる子において酵素活性を持つタンパク質 A の複合体は，4 量体全体の何パーセントになるか答えなさい（有効数字は 3 桁として計算すること）。なお，遺伝子 X と X′から細胞内で発現するタンパク質の分子数は等しいものとする。

Ⅲ　次の文章を読んで，問 1 ～ 5 に答えなさい。（配点 19 点）

　　被子植物の若い芽生えにおいて，茎や根の成長は，それぞれの先端にある茎頂　ア　や根端　ア　で生み出された細胞が縦方向に伸長成長することによって起こる。茎の伸長成長の調節には，複数の植物ホルモンが協調的にはたらいており，オーキシン，　イ　，ブラシノステロイドが促進する役割を担う。植物細胞の表面近くには，細胞骨格である　ウ　が並んでおり，細胞壁のセルロース繊維の並び方を決める。　イ　とブラシノステロイドは，　ウ　の向きを　エ　方向に制御して，細胞が縦方向に成長しやすいようにする。この時，オーキシンは細胞壁を酸性化させることによって，セルロース繊維どうしの結
(A)
びつきを弱める酵素を活性化させる。その結果，細胞壁が緩んだ細胞は吸水して縦方向に成長する。

　　一方，植物が風による振動を受け続けたり，障害物などに接触した状態が続くと，茎の伸長成長が抑制され肥大成長が起こる。この肥大成長の調節には植物ホルモンの　オ　がはたらく。　オ　は　ウ　の向きを　カ　方向に制御して，細胞が横方向に成長しやすいようにする。

また，茎や根の成長方向は，光や重力などの外界の刺激の方向によって影響を受ける。茎は正の光屈性を示すのに対し，根は負の光屈性を示す。一方，茎は負の重力屈性を示すのに対し，根は正の重力屈性を示す。茎や根の屈性反応では，刺激によって器官の両側に成長の差が生まれて屈曲が引き起こされる。植物体を暗所で水平に横たえると，茎の内皮細胞や根冠のコルメラ細胞などの平衡細胞で重力の方向が感知され，オーキシンが輸送体タンパク質のはたらきを介して茎や根の重力方向側（下側）に移動し，器官の両側で不均一なオーキシンの分布が生じる。これにより，茎では下側が，根では上側がより伸長成長し，それぞれ異なる向きに屈曲が起こる。

問 1　空欄　　ア　　～　　カ　　にあてはまる最も適切な語句を答えなさい。

問 2　下線部(A)について，オーキシンが細胞壁を酸性化させる仕組みを 40 字以内で説明しなさい。ただし，句読点も字数に含める。

問 3　下線部(B)について，以下の問(1)，(2)に答えなさい。

(1)　光屈性を誘導する光とその光受容体の組み合わせとして正しいものを，以下の(a)～(f)から 1 つ選び，記号で答えなさい。

(a)　赤色光／フィトクロム　　　　　(b)　青色光／フィトクロム

(c)　赤色光／クリプトクロム　　　　(d)　青色光／クリプトクロム

(e)　赤色光／フォトトロピン　　　　(f)　青色光／フォトトロピン

(2)　(1)の光受容体が関与する現象を，以下の(a)～(f)から 2 つ選び，記号で答えなさい。

(a)　光発芽種子の発芽促進　　　　　(b)　気孔の開口

(c)　芽生えの緑化　　　　　　　　　(d)　茎の伸長抑制

(e)　葉緑体の定位運動　　　　　　　(f)　花芽形成

問 4　下線部(C)について，茎や根の平衡細胞において，重力方向の感知に重要な共通の細胞小器官の名称を答えなさい。また，その細胞小器官の一般的な特徴と，平衡細胞における特徴について，それぞれ答えなさい。

問 5　下線部(D)について，茎と根が異なる方向に屈曲する理由を 100 字以内で説明しなさい。ただし，句読点も字数に含める。

Ⅳ　次の文章を読んで，問 1 ～ 6 に答えなさい。(配点 18 点)

　　ある一定地域に生息する同じ生物種の個体の集まりを，個体群と呼ぶ。個体群内の個体は，チンパンジーのように集団で生活していることもあれば，オランウータンのようにほとんど単独で生活していることもある。しかし，各個体は，摂食や生殖などを通じて他の個体と関わり合いをもっている。個体群内での個体の分布の様式は，生物の種類によって異なり，生息地の環境にも依存する。

　　個体群における単位空間当たりの個体数は，　ア　と呼ばれる。生活空間や食物などの生物の生存と繁殖に必要な　イ　が十分にあれば，個体数は増加し続け，　ア　は高くなっていく。しかし，多くの場合，　イ　には限りがあるので，ある環境で生存できる個体の数には上限がある。　ア　が高くなると，1 個体あたりの　イ　が不足し，出生率や個体の成長速度の低下，死亡率の増加などが起こる。このように，　ア　の変化によって，個体の発育や生理・形態などが変化することを，　ウ　という。

問 1　空欄　ア　～　ウ　にあてはまる最も適切な語句を答えなさい。

問 2　下線部(A)について，動物が集団生活をすることにより得られる利益を 3 つあげなさい。

問 3　下線部(B)について，一様な分布がみられるのは，その個体群を構成している生物種がどのような習性をもつ場合か，答えなさい。

問 4 下線部(C)について，以下の問(1)～(4)に答えなさい。

　　　ある池に生息するメダカの個体数を，以下の方法を用いて推定した。まず，メダカを N_1 匹捕獲し，標識をつけて池に戻した。その後，一定の時間をおいて，標識個体と未標識個体が十分に混ざり合うのを待ってから，再び同様の条件のもとで捕獲を行った。2 回目の捕獲では N_2 匹のメダカが得られ，そのうちの標識個体は n 匹だった。ただし，標識は，個体から外れることがなく，個体の性質や個体と環境との相互作用に影響を与えないものとする。また，1 回目と 2 回目の捕獲の間に，メダカの個体数は変動しないものとする。

(1) ここで用いられた個体数の推定方法を何というか，答えなさい。

(2) 池に生息するメダカの推定個体数を求めなさい。

(3) (1)の方法が個体群を構成する個体数の推定に適用できない動物を，以下の(a)～(f)の中から 1 つ選び，記号で答えなさい。

　　(a) モンシロチョウ 　　(b) アカネズミ 　　(c) イワガキ
　　(d) ヤマナメクジ 　　(e) シマヘビ 　　(f) アカハライモリ

(4) (3)の答えとなる動物の個体群を構成する個体数を推定するのに最も適した方法を答えなさい。

問 5 下線部(D)について，ある環境で個体群が維持できる最大の個体数を何というか，答えなさい。

問 6 下線部(E)について，以下の問いに答えなさい。

　　　ある種の昆虫の成虫を，一定量の餌とともに一定の大きさの容器に入れ，産卵させた。そしてその後，容器内で羽化した子世代の成虫の数を調べた。容器に入れた親世代の個体数を 1 匹から 1000 匹まで様々に変えて，いくつかの実験を行ったところ，以下の結果が得られた。

・容器に入れた親世代の成虫数が少ないときは，親世代の成虫数が多いほど羽化した子世代の成虫数は増加した。しかし，容器に入れた親世代の成虫数がある値を超えると，親世代の成虫数が多いほど羽化した子世代の成虫数は減少した。

・容器に入れた親世代の成虫数が 200 匹のとき，羽化した子世代の成虫数が最大となり，その値は 900 匹であった。

・最初に，少数の親世代成虫を入れて，子世代の成虫を羽化させた。さらに，得られた子世代の成虫を新しい親世代として，新しい容器に移して同様の条件で飼育し，次の子世代の成虫を羽化させた。こうした操作を繰り返していくと，羽化してくる子孫世代の成虫数は，700 匹に収束していった。

　これらの結果から，容器に入れた親世代の成虫数と羽化した子世代の成虫数の関係を推定し，その関係を表すグラフを描きなさい。ただし，実験に用いた個体はすべて雌で，この種では，交尾せずに雌が雌のみを産んで繁殖するものとする。また，成虫は産卵後すぐに死ぬものとする。

〔解答欄〕

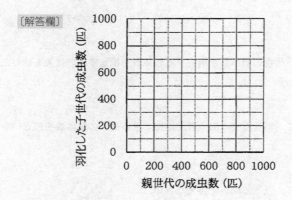

地学

（2 科目：120 分）

I 以下は，野外に分布する露頭から得られる地質情報について書かれている。文章を読んで，問 1 〜 4 に答えなさい。（配点 25 点）

　　野外で観察される地層は，過去の環境やその場で起こったイベントを知るための情報源である。それらは，様々な方向に大きく傾いていることもあるが，もともと海底や湖底に水平に堆積していたものである（当初水平堆積の法則）。地層を構成する砂や泥などの砕屑物は，重力によって下から順番に堆積するため，上方にある地層ほど時代が新しい（　ア　の法則）。日本のようなプレートが沈み込んで造山運動が激しい場では，このような堆積物に　イ　や　ウ　が発達し，傾動することが多い。　イ　は地層に働く力によって形成された破断面を境に地層がずれたものであり，　ウ　は破断することなく徐々に屈曲したものである。野外において傾動した地層の姿勢を把握するために，クリノメーターなどを用いて地層の走向と傾斜を測定する。さらに，野外調査では露頭を構成している岩石の種
(A)
類（砂岩，泥岩などの堆積岩，　エ　や安山岩などの火成岩等）とそれらの接触関係，その他確認される地質構造を記載する。これらの調査をもとに作成されたのが，地質図である（図 1）。実際の地質構造は 3 次元であるが，地質図は他の地図と同様に，平面図となっている。しかし，等高線との関係に着目することで，3 次元
情報を読み取ることが可能である。
(B)

問 1　空欄　ア　〜　エ　にあてはまる適切な語句を答えなさい。

問 2　堆積物は，長い時間をかけて続成作用を受け，固結し，堆積岩となる。続成作用は，圧密とセメント化作用に大別されるが，両者の違いを説明しなさい。

問 3　下線部(A)に関して，地層の走向と傾斜はそれぞれどのようなものであるか，
　　　答えなさい。必要であれば，図を用いても良い。

問 4　下線部(B)に関して，図 1 の地質図から読み取れる以下の情報を書きなさい。

　　①　地層(礫岩・砂岩・安山岩)の走向と傾斜。ただし傾斜については，どの方
　　　　向に傾いているかのみ答えなさい。

　　②　断層の走向と傾斜，およびどちらが落ちているか。

　　③　地層および断層の形成順序。ただし，砂岩は泥岩砂岩互層と整合関係であ
　　　　り，地層の上下方向の逆転はおこっていないものとする。

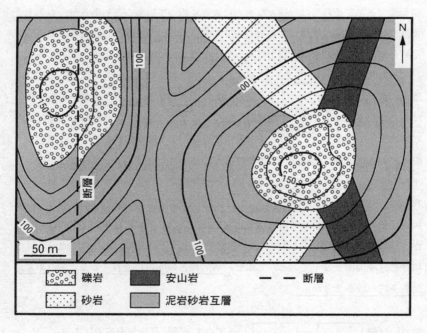

図 1

Ⅱ　次の文章を読んで，問 1 ～ 3 に答えなさい。(配点 25 点)

　　日本列島はプレート沈み込み帯に位置している。東北地方の東方沖には日本
　　 ア 　という海底の深い谷状の地形があり，そこから東北地方の地下に向かっ
て太平洋プレートが年間約 10 cm の速さで沈み込んでいる。このプレート沈み込
みが，様々な地球科学的現象をもたらす大きな要因の一つとなっている。
　　　　　(A)
　　プレート沈み込み帯では 　 ア 　に代表される特徴的な地形および地下構造が
あると考えられる。このような地下構造を知るのに役立つ情報の一つが重力異常で
ある。重力異常とは，重力の実測値から測定点の緯度に依存する 　 イ 　重力を
差し引いた値に，以下のような様々な補正を加えて求めた値のことである。重力異
常として，測定点の高度の影響を補正した 　 ウ 　重力異常や，　 ウ 　重力
異常からさらに地形の影響および測定点と 　 エ 　面の間にある物質による引力
の影響を補正した 　 オ 　重力異常がよく利用される。

問 1　空欄 　 ア 　～ 　 オ 　にあてはまる適切な語句を答えなさい。

問 2　図 1 は東北地方のある緯度における(a)重力異常と(b)地形(標高)を示してい
　　　る。横軸は東西方向の位置を表す。この重力異常は 　 ウ 　重力異常と
　　　 　 オ 　重力異常のどちらと考えられるか，その記号を答えなさい。また，
　　　そう考えられる理由を，「アイソスタシー」という用語を使って説明しなさい。

問 3　下線部(A)の代表例として地震がある。図 2 は地表の 3 か所に地震計を設置
　　　し，地下で発生した地震の震源からの地震波を測定した際の位置を示した断面
　　　図である。地震計および震源は同一の鉛直面内にあるとする。これについて，
　　　以下の問(1)，(2)に答えなさい。

　　(1)　この震源から放射された P 波を，地表の地震計 3 か所で測定したとこ
　　　　ろ，その初動はすべて「押し」であった。このとき，この地震で生じた可
　　　　能性のある断層運動を 1 つ答案用紙に描きなさい。その際，断層面を実線
　　　　で，断層のずれの方向をその両側に矢印で描きなさい。ただし，地下の地
　　　　震波速度は一定とし，また，断層面は紙面に垂直とする。

〔解答欄〕図 2 と同じ。

(2) この震源からの P 波初動は地震計 A と C に同時に到達した。また両地点で S 波到達時刻と P 波到達時刻との差は 5 秒であった。AC 間の距離は 52 km，地下の P 波速度および S 波速度はそれぞれ 6.5 km/s，4.0 km/s とするとき，震源の深さを有効数字 2 桁で求めなさい。計算の過程も示しなさい。

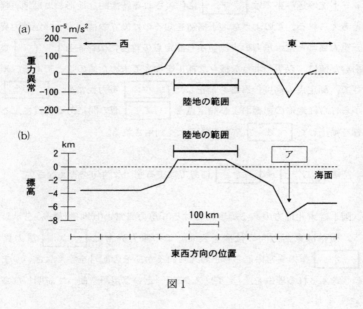

図 1

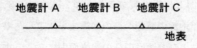

図 2

Ⅲ　次の文章を読んで問 1 ～ 7 に答えなさい。（配点 25 点）

　　Ａさんと B さんが，どの天体が地球に似ているかについておしゃべりをしてい
る。

Ａ：金星は，地球に似ているよね。
　　(a)

Ｂ：だけど，金星は，表面温度が地球よりずっと高い。気圧も高い。金星の上空で
　　　　　　　(b)　　　　　　　　　　　　　　　　　(c)　　　　　(d)
は 100 m/s の風が吹いていて，これは自転によって金星の地表面が動く速さより
も速いんだって。地球より過酷な環境だなあ。

Ａ：それに比べると，昔の火星の表面は今よりも温暖で川が流れていたらしいし，
地球に似ているのは昔の火星かなあ。

Ｂ：現在の火星も地球と似ているところがある。現在の火星の表面には海や川はな
い。つまり全部陸地だ。一方，地球は表面の　　　あ　　　割が海で覆われているか
ら，陸地面積は火星と地球で同じぐらいになるなあ。火星は自転軸の傾き程度も地
球と似ている。

Ａ：でも，現在の火星の大気はとても薄いし主成分は地球と異なるよね。土星の衛
星の　　　ア　　　は，豊富な大気を持つよ。気圧が地球と近いし，窒素を含むところ
も地球に似ているね。

Ｂ：　　　ア　　　は太陽から遠くて表面温度は −180 ℃ぐらいなのに，河川状の地形
　　　　　　　　(e)
も見つかっているとか。ただし，大気と地表を循環している物質は地球と違って水
ではなくて　　　イ　　　らしい。

Ａ：うーむ，今まであがったどの天体も，それぞれ地球に似ている点はあるけれ
ど，似ていない点も多いね。系外惑星の中には，もっと地球に似た天体があるかも
しれないよ。地球質量の数倍から十倍程度の質量の　　　ウ　　　と呼ばれる岩石惑星
が見つかっているというし。

問 1　空欄　　　あ　　　にあてはまる 1 桁の数字を答えなさい。

問 2　空欄　　　ア　　　～　　　ウ　　　にあてはまる適切な語句を答えなさい。

問 3　下線部(a)について，金星が地球に似ているのはどのような点か。2 つ答えな

さい。

問 4　下線部(b)について，金星の表面温度は地球よりもずっと高く，太陽に最も近
　　　い惑星である水星よりも高い。その理由を 20 字程度で説明しなさい。

問 5　下線部(c)について，気圧とは何かを説明する次の文章の（　　　　）の中に適
　　　切な語句を入れて，この文章を完成させなさい。
　　　　「気圧とは，その地点より上にある（　　　　）である。」

問 6　下線部(d)について，以下の問(1)，(2)に答えなさい。
　(1)　金星上空の高速な風は何と呼ばれるかを答えなさい。
　(2)　金星の自転による地表面速度は最大で何 m/s かを有効数字 1 桁で計算過
　　　　程を示して答えなさい。ただし，金星の半径を 6000 km，自転周期を地球
　　　　の自転周期の 200 倍とする。

問 7　下線部(e)について，以下の問(1)，(2)に答えなさい。
　(1)　天体が発する放射エネルギーが最大となる波長とその天体の表面温度の関
　　　　係はある法則で示される。この法則の名称を答えなさい。
　(2)　天体の表面温度が −180 ℃ だとすると放射エネルギーが最大となる波長
　　　　は，0.3 μm，3 μm，30 μm，300 μm のいずれになるかを答えなさい。ま
　　　　た，そのように判断した理由を説明しなさい。

■**前期日程**

問題編

▶**試験科目・配点**

学部・学科等		教　科	科　　　目	配　　点
国際人間科	発達コミュニティ，子ども教育	外国語	英語，ドイツ語，フランス語，中国語から1科目選択	175 点
		数　学	数学Ⅰ・Ⅱ・Ａ・Ｂ	75 点
		理　科	「物理基礎・物理」，「化学基礎・化学」，「生物基礎・生物」，「地学基礎・地学」から2科目選択	から1教科選択
		国　語〈省略〉	国語総合・現代文Ｂ・古典Ｂ	150 点
	環境共生	文科系受験	外国語	英語，ドイツ語，フランス語，中国語から1科目選択	200 点
			数　学	数学Ⅰ・Ⅱ・Ａ・Ｂ	100 点
			国　語〈省略〉	国語総合・現代文Ｂ・古典Ｂ	150 点
		理科系受験	外国語	英語，ドイツ語，フランス語，中国語から1科目選択	200 点
			数　学	数学Ⅰ・Ⅱ・Ⅲ・Ａ・Ｂ	150 点
			理　科	「物理基礎・物理」，「化学基礎・化学」，「生物基礎・生物」，「地学基礎・地学」から2科目選択	200 点

理	数	外国語	英語	125 点
		数　学	数学 I・II・III・A・B	180 点
		理　科	「物理基礎・物理」,「化学基礎・化学」,「生物基礎・生物」,「地学基礎・地学」から 2 科目選択	150 点
	物　理	外国語	英語	125 点
		数　学	数学 I・II・III・A・B	150 点
		理　科	「物理基礎・物理」必須。「化学基礎・化学」,「生物基礎・生物」,「地学基礎・地学」から 1 科目選択	150 点
	化	外国語	英語	125 点
		数　学	数学 I・II・III・A・B	150 点
		理　科	「化学基礎・化学」必須。「物理基礎・物理」,「生物基礎・生物」,「地学基礎・地学」から 1 科目選択	150 点
	生物, 惑星	外国語	英語	125 点
		数　学	数学 I・II・III・A・B	150 点
		理　科	「物理基礎・物理」,「化学基礎・化学」,「生物基礎・生物」,「地学基礎・地学」から 2 科目選択	150 点
医	医	外国語	英語	150 点
		数　学	数学 I・II・III・A・B	150 点
		理　科	「物理基礎・物理」,「化学基礎・化学」,「生物基礎・生物」から 2 科目選択	150 点
		その他	面接	*
	保健	看護学, 理学療法学, 作業療法学	外国語	英語, ドイツ語, フランス語, 中国語から 1 科目選択	150 点
			数　学	数学 I・II・A・B	100 点
			理　科	「物理基礎・物理」,「化学基礎・化学」,「生物基礎・生物」から 1 科目選択	100 点
		検査技術科学	外国語	英語, ドイツ語, フランス語, 中国語から 1 科目選択	150 点
			数　学	数学 I・II・III・A・B	100 点
			理　科	「物理基礎・物理」,「化学基礎・化学」,「生物基礎・生物」から 1 科目選択	100 点

工	建築，市民工，電気電子工	外国語	英語	150 点
		数　学	数学Ⅰ・Ⅱ・Ⅲ・A・B	200 点
		理　科	「物理基礎・物理」，「化学基礎・化学」	150 点
	機械工	外国語	英語	170 点
		数　学	数学Ⅰ・Ⅱ・Ⅲ・A・B	180 点
		理　科	「物理基礎・物理」，「化学基礎・化学」	180 点
	応用化	外国語	英語	125 点
		数　学	数学Ⅰ・Ⅱ・Ⅲ・A・B	150 点
		理　科	「物理基礎・物理」，「化学基礎・化学」	150 点
	情報知能工	外国語	英語	150 点
		数　学	数学Ⅰ・Ⅱ・Ⅲ・A・B	200 点
		理　科	「物理基礎・物理」，「化学基礎・化学」	200 点
農		外国語	英語	150 点
		数　学	数学Ⅰ・Ⅱ・Ⅲ・A・B	150 点
		理　科	「物理基礎・物理」，「化学基礎・化学」，「生物基礎・生物」，「地学基礎・地学」から2科目選択	150 点
海洋政策科	文系科目重視型	外国語	英語	200 点
		数　学	数学Ⅰ・Ⅱ・A・B	150 点
		国　語〈省略〉	国語総合・現代文B（古文，漢文を除く）	150 点
	理系科目重視型	外国語	英語	150 点
		数　学	数学Ⅰ・Ⅱ・Ⅲ・A・B	150 点
		理　科	「物理基礎・物理」必須。「化学基礎・化学」，「生物基礎・生物」，「地学基礎・地学」から1科目選択	200 点

▶備　考

• 英語以外の外国語は省略。

• 英語は，「コミュニケーション英語基礎・Ⅰ・Ⅱ・Ⅲ，英語表現Ⅰ・Ⅱ，英語会話」を出題範囲とする。

• 数学Bでは，「数列」及び「ベクトル」の2分野を出題範囲とする。

- 各教科・科目の試験の配点は，外国語 125 点，数学（理系）150 点，数学（文系）75 点，理科 1 科目 75 点である。ただし，各学部の入学者選抜のための配点は，上の表に示した傾斜配点による点数を使用する。
- ＊面接の結果によって，医師及び医学研究者になる適性に大きく欠けると判断された場合は，筆記試験の得点にかかわらず不合格とする。

英語

(80 分)

Ⅰ　次の文章は環境問題について書かれたものである。この文章を読んで，問 1 ～ 6 に
答えなさい。（配点 35 点）

　　Electric light is transforming our world. Around 80% of the global population now
lives in places where night skies are polluted with artificial light. A third of humanity
can no longer see the Milky Way. But <u>light at night has deeper effects</u>. In humans,
(1)
nocturnal* light pollution has been linked to sleep disorders, depression, obesity and
even some types of cancer. Studies have shown that nocturnal animals modify their
behavior even with slight changes in night-time light levels. Dung beetles* become
disoriented when navigating landscapes if light pollution prevents them from seeing the
stars. Light can also change how species interact with each other. Insects such as
moths are more vulnerable to being eaten by bats when light reduces how effective they
are at evading predators.

　　Relatively little is known about how marine and coastal creatures cope. Clownfish*
exposed to light pollution fail to reproduce properly, as they need darkness for their eggs
to hatch. Other fish stay active at night when there's too much light, emerging quicker
from their hiding places during the day and increasing their exposure to predators.
These effects have been observed under direct artificial light from coastal homes,
promenades, boats and harbors, which might suggest the effects of light pollution on
nocturnal ocean life are quite limited.

　　Except, when light from street lamps is emitted upwards, it's scattered in the
atmosphere and reflected back to the ground. Anyone out in the countryside at night
will notice this effect as a glow in the sky above a distant city or town. This form of light
pollution is known as <u>artificial skyglow</u>, and it's about 100 times dimmer than that from
(2)
direct light, but it is much more widespread. It's currently detectable above a quarter of
the world's coastline, from where it can extend hundreds of kilometres out to sea.

Humans aren't well adapted to seeing at night, which might make the effects of skyglow seem （　A　）. But many marine and coastal organisms are highly （　B　） to low light. Skyglow could be changing the way they perceive the night sky, and ultimately affecting their lives.

We tested this idea using the tiny sand hopper*, a coastal crustacean* which is known to use the moon to guide its nightly food-seeking trips. Less than one inch long, sand hoppers are commonly found across Europe's sandy beaches and named for their ability to jump several inches in the air. They bury in the sand during the day and emerge to feed on rotting seaweed at night. They play an important role in their ecosystem by breaking down and recycling nutrients from stranded algae* on the beach.

In our study, we recreated the effects of artificial skyglow using a white LED light in a diffusing sphere that threw an even and dim layer of light over a beach across 19 nights. During clear nights with a full moon, sand hoppers would naturally migrate towards the shore where they would encounter seaweed. Under our artificial skyglow, their movement was much more random.

(3) They migrated less often, missing out on feeding opportunities which, due to their role as recyclers, could have wider effects on the ecosystem. Artificial skyglow changes the way sand hoppers use the moon to navigate. But since using the moon and stars as a compass is a common trait among a diverse range of sea and land animals, including seals, birds, reptiles, amphibians* and insects, many more organisms are likely to be vulnerable to skyglow. And there's evidence that the Earth at night is getting brighter. From 2012 to 2016, scientists found that Earth's artificially lit outdoor areas increased by 2.2% each year.

As researchers, we aim to unravel how light pollution is affecting coastal and marine ecosystems, by focusing on how it affects the development of different animals, interactions between species and even the effects at a molecular level. (4) Only by understanding if, when and how light pollution affects nocturnal life can we find ways to mitigate the impact.

注　nocturnal　夜間の，夜行性の；　　dung beetles　フンコロガシ
　　clownfish　クマノミ；　　sand hopper　ハマトビムシ

出典追記：The Moon and stars are a compass for nocturnal animals – but light pollution is leading them astray, The Conversation on August 11, 2020 by Svenja Tidau, Daniela Torres Diaz, and Stuart Jenkins crustacean 甲殻類； algae 藻類

amphibians 両生類

問 1 下線部(1)について，人間以外の生物への影響として本文の内容に<u>合致しない</u>も
のを選択肢の中から一つ選び，記号で答えなさい。

(あ) Bats fail to evade predators effectively when eating moths.

(い) Clownfish experience problems breeding at night.

(う) Dung beetles get confused and don't know where to go.

(え) Fish face a greater risk to be eaten by other fish that prey on them.

問 2 下線部(2)の内容と合致するものを選択肢の中から全て選び，記号で答えなさい。

(あ) It has been researched by scientists using sand hoppers and LED lights.

(い) It is detectable only from far out in the sea.

(う) It is noticeable from the city shining above the distant countryside.

(え) It is produced by the scattering of artificial light at night.

問 3 空所(A)と(B)に入る最も適切な語句の組み合わせを選択肢の中から
一つ選び，記号で答えなさい。

(あ) (A) attractive (B) insensitive

(い) (A) insignificant (B) resistant

(う) (A) invisible (B) attracted

(え) (A) negligible (B) sensitive

問 4 下線部(3)を，They が指している内容を明らかにしたうえで日本語に訳しなさい。

問 5 下線部(4)を日本語に訳しなさい。

問 6 本文の内容と合致する文を選択肢の中から二つ選び，記号で答えなさい。

(あ) A third of the people in the world can't see the Milky Way due to the
interference of artificial light.

(い) Over time, sea animals eventually get used to artificial light.

(う)　Researchers have shown that artificial light across the world has increased.

(え)　Sand hoppers became more cautious under artificial skyglow compared to natural moonlight.

(お)　Sand hoppers eat stranded fish, contributing to nutrient cycles in marine ecosystems.

(か)　Skyglow can shine even brighter than direct light on beaches to the point that marine and coastal creatures are severely affected by the light.

Ⅱ　次の文章は言語と社会について書かれたものである。この文章を読んで，問 1 ～ 6 に答えなさい。(配点 35 点)

　　Each of us has a mother tongue, which we speak within our own language community. But what happens when two communities that don't speak each other's language come into contact and need to talk? Sometimes they can learn enough of each other's language to get by, but sometimes that's not possible — for example, what if there are three communities in contact, or five or more? In many cases they resort to a lingua franca, a kind of bridge language that is distinct from the mother tongues of each group. An example from recent history is French, which was used from the seventeenth century until after World War I as the language of diplomacy in Europe. Written Classical Chinese served for an even longer period as a diplomatic lingua franca in countries bordering on China. Today's best example of a lingua franca is undoubtedly English, which supports international communication in fields ranging from aviation* to business to rock music.

　　So how do lingua francas come about? About ten thousand years ago, as
(1)
agriculture and stock-breeding increasingly replaced hunting and gathering, human groups became larger and more hierarchical, and had more occasion to interact with neighboring groups that had different mother tongues. In some cases, perhaps, the groups were brought into contact by some dominant power — such as a regional strong man, or an early empire. In others the contact may have arisen spontaneously, as networks of markets came into existence. Later on — since maybe five thousand years

ago — another motive for intergroup contacts emerged: enthusiastic religious believers conceived it as their duty to pass on valuable knowledge of spiritual life to strangers. So imperialists, merchants, and missionaries have all been motivated to establish communication beyond their mother-tongue groups. A lingua franca is a technical fix that helps overcome language barriers across a set of groups that is too large — or too recently united — to have a common language. Performing that fix is the job of a new kind of specialist who must have begun to appear around this time: (　A　), who learned the regional lingua franca in addition to their mother tongue and used it to communicate with (　A　) in other groups.

Sometimes a lingua franca replaces the mother tongues it bridges. Latin, for example, spread far and wide through the settlement of soldiers within the Roman Empire. It gradually became a mother tongue throughout western Europe. But for Latin to remain a common language over so large an area, the groups that spoke it as a mother tongue would have had to remain in contact. This didn't happen. Germanic conquests after the fifth century broke the Roman Empire into distinct regions that had little to do with one another, and Latin eventually broke up into distinct dialects and languages, like French, Italian, Spanish, and Catalan.

A lingua franca may be a language like Latin or Sanskrit, taught according to strict rules, and capable of surviving for many centuries with little change. On the other hand, it need not be a fully developed language at all. An important subcategory of lingua francas is pidgins, which result when people who lack a common tongue make up a new one out of pieces of the languages they already know. The first language to be known specifically as "lingua franca" was a medium of this kind. It was a kind of simplified and highly mixed Italian, used by traders and others in the eastern Mediterranean around the year 1000. Such a loosely structured language may change unpredictably; communication depends more on (　B　) and (　C　) than on a clearly shared grammar and vocabulary.

　注　aviation　航空産業

問 1　下線部(1)の答えとして本文の内容に合致しないものを選択肢の中から一つ選び,

記号で答えなさい。

(あ) Communities did not share a common language.

(い) Empires were often conquered by other empires.

(う) Religious leaders insisted on using their own language.

(え) Trade partners needed to communicate in emerging markets.

問 2　下線部(2)を日本語に訳しなさい。

問 3　二箇所の空所（　A　）に入る最も適切なものを選択肢の中から一つ選び，記号
で答えなさい。両方ともに同じものが入る。

(あ) imperialists

(い) interpreters

(う) invaders

(え) inventors

問 4　下線部(3)の Latin はなぜ西ヨーロッパで使われなくなったのか。その理由とし
て最も適切なものを選択肢の中から一つ選び，記号で答えなさい。

(あ) As a result of the Germanic conquests, people came to speak German instead.

(い) Latin-speaking communities lost contact because they separated into their own
regions.

(う) Roman Empire soldiers did not enforce the use of Latin, so people spoke their
local dialects.

(え) The Roman Empire wanted to encourage more cultural diversity in the region.

問 5　下線部(4)を本文の内容に即して，70 字以内の日本語で説明しなさい。ただし，
句読点も 1 字に数える。

問 6　空所（　B　）と（　C　）に入る最も適切な語句の組み合わせを選択肢の中から
一つ選び，記号で答えなさい。

(あ)　（　B　） cooperative imagination　　（　C　） mutual good will

(い)　（　B　） environmental management　（　C　） sustainable development

^(う) （　B　）　group identity （　C　）　older generations

^(え) （　B　）　hierarchical authority （　C　）　ethnic unity

Ⅲ　次の文章を読んで，問1〜3に答えなさい。（配点 30 点）

In the following passage, Marianne and Ken are longtime friends who have grown up in the same small town in Ireland.

Marianne climbs out of the shower now and wraps herself in the blue bath towel. The mirror is steamed over. She opens the door and Ken looks back at her.

"Is something up?" Marianne says.
₍₁₎

"I just got this email."

"Oh? From who?"

Ken looks dumbly at the laptop and then back at her. His eyes look red and sleepy. He's sitting with his knees raised up under the blanket, the laptop glowing into his face.

"Ken, from who?" she says.

"From this university in New York. It looks like they're offering me a place on the Master's of Fine Arts. You know, the creative writing program."

Marianne stands there. Her hair is still wet, soaking slowly through the cloth of her blouse. "You didn't tell me you applied for that," she says.

Ken just looks at her.

"（　A　）" Marianne says. "I'm not surprised they would accept you. I'm just surprised you didn't mention it."

Ken nods, his face inexpressive, and then looks back at the laptop. "I don't know," he says. "I should have told you but I honestly thought it was such a long shot."
₍₂₎

"Well, that's no reason not to tell me."

"It doesn't matter," Ken adds. "It's not like I'm going to go. I don't even know why I applied."

Marianne lifts the towel off the wardrobe door and starts using it to massage the ends of her hair slowly. She sits down at the desk chair.

"（　B　）, okay?" Ken says. "Sometimes I feel embarrassed telling you stuff like that because it just seems stupid. To be honest, I still look up to you a lot. I don't want
₍₃₎

you to think of me as, I don't know, <u>out of my mind.</u>"
₍₄₎

Marianne squeezes her hair through the towel, feeling the coarse, grainy texture of the individual strands. "You should go," she says. "To New York, I mean. You should accept the offer. You should go."

Ken says nothing. She looks up. The wall behind him is yellow like butter. "No," he says.

"I'm sure you could get funding."

"(　C　). I thought you wanted to stay here next year."

"I can stay, and you can go," Marianne says. "It's just a year. I think you should do it."

Ken makes a strange, confused noise, almost like a laugh. He touches his neck. Marianne puts the towel down and starts brushing the knots out of her hair slowly.

"That's ridiculous," Ken says. "I'm not going to New York without you. I wouldn't even be here if it wasn't for you."

(　D　), Marianne thinks, he wouldn't be. He would be somewhere else entirely, living a different kind of life.

"I'd miss you too much," Ken says. "I'd be sick, honestly."

"At first. But it would get better."

They sit in silence now, Marianne moving the brush methodically through her hair, feeling for knots and slowly, patiently untangling them. There's no point in being impatient anymore.

"You know I love you," says Ken. "I'm never going to feel the same way for someone else."

Marianne nods, okay. He's telling the truth.

"To be honest, I don't know what to do," Ken says. "Say you want me to stay and I will."

Marianne closes her eyes. He probably won't come back, she thinks. Or he will, differently. What they have now they can never have back again. <u>But for her the pain of loneliness will be nothing to the pain that she used to feel, of being unworthy.</u> He
₍₅₎
brought her goodness like a gift and now it belongs to her. Meanwhile his life opens out before him in all directions at once. They've done a lot of good for each other. Really, she thinks, really. People can really change one another.

"You should go," Marianne says. "I'll always be here. (　E　)."

出典追記：Normal People by Sally Rooney, Hogarth

問 1　下線部(1)〜(4)について，本文中の意味に最も近いものを選択肢の中からそれぞ
　　　れ一つ選び，記号で答えなさい。

　　(1)　Is something up?

　　　　(あ)　Are you going somewhere?

　　　　(い)　Are you okay?

　　　　(う)　Are you still up?

　　　　(え)　Did something drop and hit you?

　　　　(お)　Did you hear that sound?

　　(2)　a long shot

　　　　(あ)　a missed opportunity

　　　　(い)　an honest statement

　　　　(う)　an impossible task

　　　　(え)　a slow progress towards a goal

　　　　(お)　a small chance of success

　　(3)　look up to

　　　　(あ)　confuse

　　　　(い)　follow

　　　　(う)　observe

　　　　(え)　respect

　　　　(お)　trust

　　(4)　out of my mind

　　　　(あ)　childish

　　　　(い)　depressed

　　　　(う)　foolish

　　　　(え)　surprised

　　　　(お)　unfocused

問 2　空所(　A　)〜(　E　)のそれぞれに入る最も適切なものを，選択肢の中から

一つ選び，記号で答えなさい。ただし，同じ記号は一度しか使えない。

(あ)　He's right

(い)　I don't know why you are saying this

(う)　I mean, congratulations

(え)　I'm sorry I didn't tell you

(お)　You know that

問 3　下線部(5)を日本語に訳しなさい。

Ⅳ　Read the following passage and answer the questions in English. （配点 25 点）

　　Traditionally favored by private institutions, school uniforms are being adopted by US public schools in increasing numbers. According to a 2020 report, the percentage of public schools that required school uniforms jumped from 12% in the 1999-2000 school year to 20% in the 2017-18 school year.

　　Supporters of school uniforms say that they create a "level playing field" that reduces socioeconomic inequalities and encourages children to focus on their studies rather than their clothes.

　　Opponents say school uniforms prevent students from expressing their individuality, and have no positive effect on behavior and academic achievement.

(1)　Based on this passage, what does "level playing field" mean? Write around 40 words.

(2)　What do you think about school uniforms? Are you for or against them? Explain your opinion with reasons based on your personal experience, using around 70 words.

出典追記：History of School Uniforms, ProCon.org on May 3, 2021, Encyclopaedia Britannica Inc

数学

◀理系：数学 I・II・III・A・B▶

(120 分)

1. 数列 $\{a_n\}$ を $a_1 = 1$, $a_2 = 2$, $a_{n+2} = \sqrt{a_{n+1} \cdot a_n}$ $(n = 1, 2, 3, \cdots)$ によって定める．以下の問に答えよ．(配点 30 点)

(1) すべての自然数 n について $a_{n+1} = \dfrac{2}{\sqrt{a_n}}$ が成り立つことを示せ．

(2) 数列 $\{b_n\}$ を $b_n = \log a_n$ $(n = 1, 2, 3, \cdots)$ によって定める．b_n の値を n を用いて表せ．

(3) 極限値 $\lim\limits_{n \to \infty} a_n$ を求めよ．

2. m を 3 以上の自然数，$\theta = \dfrac{2\pi}{m}$，C_1 を半径 1 の円とする．円 C_1 に内接する（すべての頂点が C_1 上にある）正 m 角形を P_1 とし，P_1 に内接する（P_1 のすべての辺と接する）円を C_2 とする．同様に，n を自然数とするとき，円 C_n に内接する正 m 角形を P_n とし，P_n に内接する円を C_{n+1} とする．C_n の半径を r_n，C_n の内側で P_n の外側の部分の面積を s_n とし，$f(m) = \displaystyle\sum_{n=1}^{\infty} s_n$ とする．以下の問に答えよ．（配点 30 点）

(1) r_n, s_n の値を θ, n を用いて表せ．

(2) $f(m)$ の値を θ を用いて表せ．

(3) 極限値 $\displaystyle\lim_{m \to \infty} f(m)$ を求めよ．
　　ただし，必要があれば $\displaystyle\lim_{x \to 0} \dfrac{x - \sin x}{x^3} = \dfrac{1}{6}$ を用いてよい．

3. a を実数，$0 < a < 1$ とし，$f(x) = \log(1 + x^2) - ax^2$ とする．以下の問に答えよ．（配点 30 点）

(1) 関数 $f(x)$ の極値を求めよ．

(2) $f(1) = 0$ とする．曲線 $y = f(x)$ と x 軸で囲まれた図形の面積を求めよ．

4. a を正の実数とし，双曲線 $\dfrac{x^2}{4} - \dfrac{y^2}{4} = 1$ と直線 $y = \sqrt{a}\,x + \sqrt{a}$ が異なる 2 点 P, Q で交わっているとする．線分 PQ の中点を R(s, t) とする．以下の問に答えよ．(配点 30 点)

(1) a のとりうる値の範囲を求めよ．

(2) s, t の値を a を用いて表せ．

(3) a が (1) で求めた範囲を動くときに s のとりうる値の範囲を求めよ．

(4) t の値を s を用いて表せ．

5. a, b を実数，p を素数とし，$1 < a < b$ とする．以下の問に答えよ．(配点 30 点)

(1) x, y, z を 0 でない実数とする．$a^x = b^y = (ab)^z$ ならば $\dfrac{1}{x} + \dfrac{1}{y} = \dfrac{1}{z}$ であることを示せ．

(2) m, n を $m > n$ をみたす自然数とし，$\dfrac{1}{m} + \dfrac{1}{n} = \dfrac{1}{p}$ とする．m, n の値を p を用いて表せ．

(3) m, n を自然数とし，$a^m = b^n = (ab)^p$ とする．b の値を a, p を用いて表せ．

◀文系：数学 I・Ⅱ・A・B▶

(80 分)

1. a を正の実数とする．$x \geqq 0$ のとき $f(x) = x^2$，$x < 0$ のとき $f(x) = -x^2$ とし，曲線 $y = f(x)$ を C，直線 $y = 2ax - 1$ を ℓ とする．以下の問に答えよ．(配点 25 点)

(1) C と ℓ の共有点の個数を求めよ．

(2) C と ℓ がちょうど 2 個の共有点をもつとする．C と ℓ で囲まれた図形の面積を求めよ．

2. a を正の実数とし，円 $x^2 + y^2 = 1$ と直線 $y = \sqrt{a}\,x - 2\sqrt{a}$ が異なる 2 点 P, Q で交わっているとする．線分 PQ の中点を R(s, t) とする．以下の問に答えよ．(配点 25 点)

(1) a のとりうる値の範囲を求めよ．

(2) s, t の値を a を用いて表せ．

(3) a が (1) で求めた範囲を動くときに s のとりうる値の範囲を求めよ．

(4) t の値を s を用いて表せ．

3. $a,\ b$ を実数とし，$1 < a < b$ とする．以下の問に答えよ．

（配点 25 点）

(1) $x,\ y,\ z$ を 0 でない実数とする．$a^x = b^y = (ab)^z$ ならば $\dfrac{1}{x} + \dfrac{1}{y} = \dfrac{1}{z}$ であることを示せ．

(2) $m,\ n$ を $m > n$ をみたす自然数とし，$\dfrac{1}{m} + \dfrac{1}{n} = \dfrac{1}{5}$ とする．$m,\ n$ の値を求めよ．

(3) $m,\ n$ を自然数とし，$a^m = b^n = (ab)^5$ とする．b の値を a を用いて表せ．

物理

（1科目：60 分　2科目：120 分）

Ⅰ　図1のように，なめらかな水平面上で質量 m_A の小球 A と質量 m_B の小球 B が同じ速さ v_0 で x 軸からの角度 45° で進み，座標の原点で衝突した。衝突後，小球 A は角度 θ_A の向きに速さ v_A で進み，小球 B は角度 θ_B の向きに速さ v_B で進んだ。ただし，θ_A は x 軸から反時計回りを正とし，θ_B は x 軸から時計回りを正とする。また，小球 A と小球 B が衝突するとき互いに受ける力は y 軸方向であった。以下の問 1 〜 4 に答えなさい。なお，問 3 と問 4 は，解答の導出過程も示しなさい。問題の解答に必要な物理量があれば，それらを表す記号は全て各自が定義して解答欄に明示しなさい。（配点 25 点）

問 1　衝突前の二つの小球の運動量の和の x 成分と y 成分を v_0 を含む式で答えなさい。また，衝突後の二つの小球の運動量の和の x 成分と y 成分を角度 θ_A，θ_B を含む式で答えなさい。

問 2　衝突後の二つの小球の運動量の和の x 成分と y 成分を v_0 を用いて答えなさい。

問 3　この衝突が完全弾性衝突である場合に，$\tan\theta_A$ を m_A，m_B のみを含む式で表しなさい。

問 4　次に，小球 A と小球 B が完全非弾性衝突により一体となった場合を考える。この場合，小球 A と小球 B の運動エネルギーの和が，衝突の前後でどれだけ変化するか，m_A，m_B，v_0 のみを含む式で表しなさい。

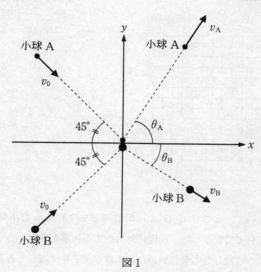

図 1

Ⅱ 点電荷が作る電場と電位について，以下の問 1 ～ 5 に答えなさい。なお，問 3 ～ 5 は，解答の導出過程も示しなさい。問題の解答に必要な物理量があれば，それらを表す記号は全て各自が定義して解答欄に明示しなさい。ただし，電位の基準を無限遠とし，真空中のクーロンの法則の比例定数を k とする。（配点 25 点）

真空中の点 O に大きさ $q (q > 0)$ の点電荷が置かれている。

問 1 点 O から距離 r だけ離れた点 P に点電荷が作る電場の大きさを答えなさい。また，点 P の電位を答えなさい。

問 2 問 1 において，点 P の電位を V とする。解答欄に示した，点 O と点 P を含む図中に電位が V，$2V$，$3V$ の等電位線をそれぞれ描きなさい。また，図中に電場の向きがわかるように電気力線を描きなさい。

〔解答欄〕

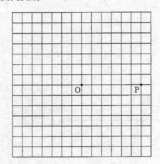

問 3　問1において，大きさ $Q\,(Q>0)$ の電荷をもつ質量 m の小球を無限遠から
　　　ゆっくり点Pまで動かした。小球に外力がする仕事を求めなさい。次に，小球
　　　を点Pで静かに放したら動き始めた。小球が無限遠に達したときの速さを求め
　　　なさい。ただし，小球を放したのちクーロン力以外の力は，はたらかないもの
　　　とする。

　　次に，図1のように大きさ $q\,(q>0)$ と大きさ $q'\,(q'>0)$ の点電荷がそれぞれ原
　点から a だけ離れた x 軸上の点AとBに固定されている場合を考える。原点から
　a だけ離れた y 軸上の点Cでの電場の向きは，y 軸から 15° 傾いていた。

問 4　q と q' の比を求めなさい。

問 5　大きさ $Q\,(Q>0)$ の電荷をもつ質量 m の小球を点Cに置き，静かに放した。
　　　このとき小球の加速度を求めなさい。小球が無限遠に達したときの速さを求め
　　　なさい。

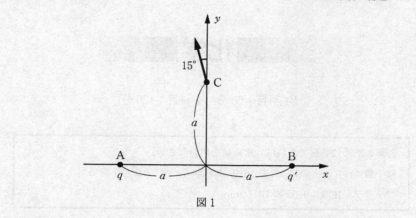

図1

Ⅲ　一辺の長さが L である立方体の容器に，n モルの単原子分子からなる絶対温度 T の理想気体が閉じ込められている。気体分子の質量を m，気体分子の速さを 2 乗したものの平均値を $\overline{v^2}$，気体定数を R，アボガドロ定数を N_A で表す。以下の問 1 ～ 5 に答えなさい。なお，問 2 ～ 4 は，解答の導出過程も示しなさい。問題の解答に必要な物理量があれば，それらを表す記号は全て各自が定義して解答欄に明示しなさい。(配点 25 点)

問 1　気体の内部エネルギー E と圧力 P を，温度 T を使って答えなさい。

問 2　気体の内部エネルギー E と圧力 P を，$\overline{v^2}$ を使って表しなさい。

問 3　$\overline{v^2}$ を，温度 T を使って表しなさい。

問 4　気体分子の質量が 6.6×10^{-27} kg である場合，温度 600 K での 2 乗平均速度 $\sqrt{\overline{v^2}}$ の値を有効数字 1 桁で求めなさい。ただし気体定数は 8.3 J/(mol·K)，アボガドロ定数は 6.0×10^{23} /mol とする。

問 5　容器の壁が圧力を受ける理由を，気体分子の運動から説明しなさい。解答欄内に記号や数式を使わず，50 字以内で答えなさい。ただし，句読点も字数に含める。

化学

（1 科目：60 分　2 科目：120 分）

計算のために必要であれば，次の値を用いなさい。

原子量：H 1.00　C 12.0　O 16.0　Na 23.0　Al 27.0　Cl 35.5

ファラデー定数：9.65 × 10⁴ C/mol

Ⅰ　次の文章を読んで，問 1 〜 6 に答えなさい。（配点 19 点）

　　純水 100 g，およびそれぞれ異なる溶質を溶解させた 2 種類の水溶液がある。そ
れらの水溶液のうち一方は水 100 g に不揮発性物質であるエチレングリコール
（$C_2H_6O_2$）1.86 g を溶かした水溶液である。もう一方は水 100 g に塩化ナトリウム
（NaCl）1.17 g を溶かした水溶液であり，完全電離しているものとする。これらを
大気圧下の開放系において突沸しないように単位時間当たり一定の熱量を加えるこ
とで加熱して沸騰させた。このときの加熱時間に対する純水および各水溶液の温度
変化を模式図として以下の図に示す。この温度変化の過程において各水溶液は希薄
溶液であるとみなせる。また，純水および各水溶液の熱容量は同じであり，沸騰す
るまでの水の蒸発量は無視できるものとする。

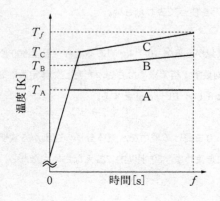

問 1　溶液の沸点が純粋な溶媒よりも高くなる現象を何と呼ぶか答えなさい。

問 2　エチレングリコール水溶液の質量モル濃度(mol/kg)はいくらか。有効数字 3 桁で答えなさい。

問 3　塩化ナトリウム水溶液の沸点は $T_A[K]$，$T_B[K]$，$T_C[K]$ のいずれであるか答えなさい。

問 4　$T_B[K]$ と $T_A[K]$ の温度差は 0.156 K であった。$T_C[K]$ と $T_B[K]$ の温度差 (K)はいくらか。有効数字 3 桁で答えなさい。

問 5　沸騰開始後も水溶液 B および C の温度が上昇する理由を記しなさい。

問 6　時刻 $f[s]$ における水溶液 C の温度 $T_f[K]$ と $T_A[K]$ の差は 0.260 K であった。このときの水溶液 C の質量(g)はいくらか。有効数字 3 桁で答えなさい。

Ⅱ 次の文章を読んで、問1〜6に答えなさい。(配点 19 点)

　　原子番号 13 のアルミニウム (Al) は、現代社会で最も利用されている金属の一つ
であり、K 殻に　ア　個、L 殻に　イ　個、M 殻に　ウ　個の電子を
もつ。酸とも強塩基の水溶液とも反応して水素を発生するため　エ　と呼ば
れるが、空気中では表面に酸化アルミニウムの被膜を形成するので化学的に安定であ
る。これを利用して Al の表面に人工的に厚い酸化被膜をつけた製品を　オ
という。Al と酸化鉄 (Ⅲ) の粉末の混合物に点火すると、多量の熱を発生して酸化
鉄 (Ⅲ) が還元され、融解した鉄の単体が得られる。この反応は　カ　反応と呼
ばれ、小規模な金属の製錬や鉄道のレールの溶接などに利用される。

　　Al はイオン化傾向が大きく、Al^{3+} を含む水溶液を電気分解しても　キ　極
では水の還元によって　ク　が発生するだけで Al の単体を得ることが出来な
い。そこで、単体の Al を得るには以下の　ケ　を行う。原料鉱石の　コ
を精製して得られた酸化アルミニウムを約 1000 ℃に加熱して融解させた氷晶石に
溶かし、炭素を電極として電気分解すると、　サ　極では Al の単体が析出す
る。

問1　　ア　〜　ウ　にあてはまる数字を答えなさい。

問2　　エ　〜　キ　と　コ　・　サ　にあてはまる適切な語句
　　を答えなさい。

問3　　ク　にあてはまる適切な物質を化学式で答えなさい。

問4　　ケ　にあてはまる、イオン化傾向の大きな金属の一般的な製錬方法の
　　名称を答えなさい。

問5　下線部(a)に対応する反応について、化学反応式を答えなさい。

問6　下線部(b)について，以下の(i)〜(iii)の問いに答えなさい。

　　(i)　Al が析出する電極で発生する化学反応を，電子 e⁻ を含むイオン反応式で答えなさい。

　　(ii)　1.80 g の Al を析出させるために必要な電気量(C)を有効数字 3 桁で答えなさい。

　　(iii)　1.80 g の Al を 1 時間で析出させるために必要な電流の値(A)を有効数字 3 桁で答えなさい。

Ⅲ　次の文章を読んで，問 1 〜 6 に答えなさい。なお，構造式は以下の例にならって示しなさい。（配点 19 点）

構造式の記入例
（＊印は不斉炭素原子を示す。）

　分子式 $C_{11}H_{12}O_2$ で表されるエステルを，水酸化ナトリウム水溶液中で加水分解（けん化）したのち中和すると，カルボン酸と化合物 A が生成した。生成したカルボン酸には二つの構造異性体が含まれており，いずれの構造にも不斉炭素原子があった。また，化合物 A を塩化鉄(Ⅲ)水溶液に加えると紫色に呈色した。
　化合物 A は次に示す実験 1 で合成できた。

　実験 1：アニリンの希塩酸溶液を氷冷しながら，亜硝酸ナトリウム水溶液を加えると，化合物 B が生成した。低温(0 〜 5 ℃)で安定に存在した化合物 B は，温度が 5 ℃以上に上がると加水分解して，化合物 A と気体分子 C と塩酸を生じた。

化合物 A は次に示す実験 2 でも合成できた。

実験 2：クメン（イソプロピルベンゼン）を酸素で酸化すると化合物 D が生成し，化合物 D を硫酸で分解すると，化合物 A と化合物 E が生成した。

　化合物 A は実験 1 で生成した化合物 B と反応し，次に示す実験 3 で色素を生成した。

実験 3：化合物 A の水酸化ナトリウム水溶液に化合物 B の水溶液を加えると，橙赤色の化合物 F が生成した。

問 1　化合物 B と気体分子 C の物質名を書きなさい。

問 2　実験 1 において，化合物 B が生成する反応名を書きなさい。

問 3　化合物 D の構造式を示しなさい。

問 4　化合物 E の物質名を書きなさい。

問 5　化合物 F の構造式を示しなさい。

問 6　下線部(a)の記述に該当する二つのカルボン酸の構造式をそれぞれ示しなさい。なお，不斉炭素原子には＊印をつけなさい。

Ⅳ 次の文章を読んで，問 1 ～ 5 に答えなさい。(配点 18 点)

　　生命活動を行うのに必要なエネルギーを供給する物質には糖類があり，ヒトの体内では，<u>グルコース</u>が最も重要なエネルギー源として働く。必要なグルコースの多
(a)
くは，砂糖の成分である<u>スクロース</u>や，デンプンの成分である<u>アミロース</u>や<u>アミロ</u>
(b) (c) (d)
<u>ペクチン</u>を食物として摂取し消化することで得られる。スクロースはグルコースと
　 ア 　 が縮合した二糖であり，アミロースとアミロペクチンは，グルコースが
多数縮合した多糖である。アミロースとアミロペクチンを 　 イ 　 という酵素で
消化すると，二糖である<u>マルトース</u>が生成し，これに 　 ウ 　 という酵素を作用
(e)
させることでさらに加水分解し，グルコースが生成する。

　　ヒトにとって糖類の摂取は必要不可欠であるものの，食物が豊富な現代社会では，過剰摂取により疾病の原因となることもある。このため，<u>アスパルテーム</u>のよ
(f)
うな人工甘味料を加工食品に使用することがある。アスパルテームは以下のような
構造式を持ち，砂糖の 200 倍近い甘味を示す。

$$H_2N{-}CH{-}\overset{\displaystyle}{C}{-}NH{-}CH{-}C{-}O{-}CH_3$$

問 1 　 ア 　 ～ 　 ウ 　 にあてはまる語句を答えなさい。

問 2 次の(i)～(iv)の反応を示す化合物を，下線部(a)～(f)の中からすべて選び，記号
　　で答えなさい。該当するものが無い場合には「無し」と記しなさい。

　(i)　硝酸銀水溶液にアンモニア水を過剰に滴下した水溶液を調製し，これを加
　　　えて試験管内で 60 ℃に加温すると，器壁に銀が析出し鏡のようになった。

　(ii)　ヨウ素溶液を加えると，濃青色を示した。

　(iii)　水酸化ナトリウム溶液で塩基性にした後に薄い硫酸銅(Ⅱ)水溶液を少量加
　　　えると，赤紫色を示した。

(iv) ニンヒドリン溶液を加えて温めると，紫色を示した。

問 3 ジメチル硫酸は −OH 基を −OCH₃ 基へとメチル化する試薬である。アミロ
ペクチンをジメチル硫酸と十分反応させた後に加水分解したところ，グルコー
スの 3 箇所の −OH 基がメチル化された化合物 A が主要な生成物として得ら
れた。このほかに，2 箇所の −OH 基がメチル化された化合物 B および 4 箇所
の −OH 基がメチル化された化合物 C も得られた。下に α-グルコース
$C_6H_{12}O_6$ の構造式が示されているが，A と B でメチル化された −OH 基はそ
れぞれ①〜⑤のどれであるか，答えなさい。

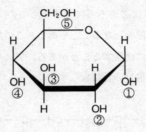

問 4 問 3 と同様の操作において，アミロペクチンをジメチル硫酸と反応させた
後，完全に加水分解すると，A が 0.24 mol，B が 0.012 mol 得られた。アミ
ロペクチンの重合度が 9.3×10^4 であるとき，1 分子のアミロペクチンに含ま
れる分枝の数は何個か，有効数字 2 桁で答えなさい。

問 5 アスパルテームはアミノ酸を原料として合成されているため，アスパルテー
ムを加水分解すると，二種類のアミノ酸とメタノールが生成する。アスパル
テームの加水分解物を中性の緩衝液に溶かし，電気泳動装置に入れて電圧をか
けたときに，より陽極側に移動するアミノ酸の構造式を示しなさい。このと
き，表示方法はアスパルテームの構造式にならい，また，中性でのイオン化状
態が分かるようにすること。

生物

（1 科目：60 分　　2 科目：120 分）

Ⅰ　次の文章を読んで，問 1 ～ 5 に答えなさい。（配点 19 点）

　　植物が行う光合成では，細胞内にある葉緑体という細胞小器官で，光エネルギー
　　　　　　　　　　　　　　　　(A)
を用いて H_2O と CO_2 から有機物が合成され，O_2 が発生する。この過程は，葉緑
　　　　　　　　　　　　　　　　　　　　　(B)
体内のチラコイドで起こる ATP と NADPH の合成と，　ア　　で起こる有機
物の合成に大きく分けることができる。

　　チラコイドでは，光化学系Ⅰと光化学系Ⅱの反応中心のクロロフィルに光エネル
ギーが集められると，これらのクロロフィルから　イ　　が放出され，NADPH
合成に利用される。　イ　　を失ったクロロフィルは，光化学系Ⅱでは H_2O の
分解によって生じる　イ　　を，光化学系Ⅰでは光化学系Ⅱから伝達されてきた
　イ　　を受け取って元の状態に戻る。この過程の間に，チラコイド膜内外に形
成される　ウ　　濃度勾配が，ATP 合成に利用される。
　　　　　　　　　　　　　　　(C)
　　チラコイドで合成された ATP と NADPH を用いて，　ア　　で起こる代謝
反応である　エ　　回路により，CO_2 を還元して有機物が合成される。この回路
　　　　　　　　　　　　　　　　　　　　　　　　　　　　　　　　　(D)
の CO_2 固定反応では，　オ　　という酵素の働きにより，CO_2 が C_5 化合物に固
定され，C_3 化合物である　カ　　が 2 分子，合成される。

　　カ　　は ATP を用いてリン酸化され，さらに NADPH を用いて還元さ
れ，グリセルアルデヒド 3-リン酸へ変換され，この一部が有機物を合成する材料
に利用される。

問 1　空欄　ア　～　カ　　にあてはまる最も適切な語句を答えなさい。

問 2　下線部(A)に関して，葉緑体は独自の DNA を持っており，その構造は細菌と
　　　同じ環状二本鎖である。この理由として考えられていることを，40 字以内で
　　　答えなさい。ただし，句読点も字数に含める。

問 3　下線部(B)に関して，植物とは異なり，光合成細菌では光合成を行う際に，O_2 が発生しない。この理由を 35 字以内で答えなさい。ただし，句読点も字数に含める。

問 4　下線部(C)に関して，植物において，葉緑体と類似した仕組みで ATP を合成している葉緑体以外の細胞小器官の名称と，その細胞小器官内で ATP 合成酵素が存在する部位の名称を答えなさい。

問 5　下線部(D)に関して，以下の問いに答えなさい。

　　C_5 化合物に CO_2 固定を行う酵素反応は，O_2 により競争的に阻害されることが知られている。この CO_2 固定反応速度を，O_2 が全く存在しない条件，あるいは一定濃度の O_2 が存在する条件で，CO_2 濃度を変化させ測定すると，それぞれの CO_2 固定反応速度はどのように変化すると考えられるか。図 1 のグラフ(a)〜(f)のうちから最も適切なものを 1 つ選び，記号で答えなさい。O_2 が全く存在しない条件を実線，一定濃度の O_2 が存在する条件を点線で示している。ただし，C_5 化合物の濃度はこの酵素の濃度よりもはるかに高く，反応速度に影響しないものとする。また測定中，酵素は失活せず，酵素の濃度は一定であり，O_2 はこの酵素に不可逆的に結合しないものとする。

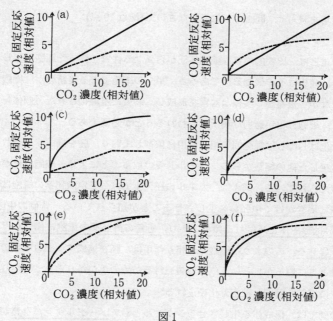

図 1

Ⅱ 次の文章を読んで，問 1 ～ 5 に答えなさい。(配点 19 点)

　　細胞分化とは，比較的均質な細胞集団から異なる性質を持った細胞が生じる現象であり，胚発生はその最たる例であろう。単一の細胞である受精卵が，細胞分裂を繰り返しながら複雑かつ多様な器官を形成し，高度に組織化された「個体」となるためには，細胞分化が適切な場所で行われることが必要である。

　　細胞分化はしばしば細胞間の相互作用に依存しており，胚を構成するそれぞれの細胞が近接した他の細胞からのシグナルを受け取ることにより，細胞分化が促進されると考えられている。例えば，カエルの胚発生では，予定内胚葉の細胞は予定外胚葉領域に働きかけて中胚葉を生じさせることが知られている。背側の中胚葉（原口背唇部）は形成体と呼ばれる領域であり，近傍の外胚葉の細胞に働きかけて神経板を生じさせる。このような細胞間の相互作用は，胚を構成するそれぞれの細胞が「自分はどこにいるか」という位置情報を得るための手がかりとなっており，各細胞はそれに応じた適切な細胞分化を遂げる。

　　上記の例では，形成体を生じさせるシグナルとしてノーダルタンパク質が，神経板を生じさせるシグナルとしてコーディンタンパク質やノギンタンパク質が知られている。いずれも細胞外へ分泌されるタンパク質であり，細胞間の相互作用に重要な役割を果たしていることがわかっている。

問 1 下線部(A)，(B)の現象をそれぞれ何と呼ぶか，名称を答えなさい。

問 2 下線部(C)，(D)について，ノーダルタンパク質およびコーディンタンパク質は，それぞれ胚のどの領域の細胞で発現していると考えられるか答えなさい。

問 3 脊椎動物の外胚葉，中胚葉，および内胚葉が，それぞれ将来形成する組織・器官を，以下の(a)～(i)から全て選び，記号で答えなさい。

　　(a) 角膜　　(b) 骨格筋　　(c) 肺　　(d) 脊髄　　(e) 肝臓　　(f) 腎臓
　　(g) 心臓　　(h) すい臓　　(i) 腸管上皮（腸の内壁）

問 4　発生初期（胞胚期）のカエル胚の予定内胚葉領域と予定外胚葉領域をそれぞれ
　　　単独で培養すると，予定内胚葉領域からは内胚葉組織が，予定外胚葉領域から
　　　は表皮が分化することが知られている。予定内胚葉領域と予定外胚葉領域を組
　　　み合わせ，それぞれが互いに接触した状態で培養すると，予定外胚葉領域から
　　　はどのような組織が生じると考えられるか，30 字以内で答えなさい。ただ
　　　し，句読点も字数に含める。

問 5　コーディンタンパク質やノギンタンパク質は，BMP と呼ばれるタンパク質
　　　に結合し，その機能を阻害することで外胚葉の一部を神経板へと分化させると
　　　考えられている。以下の問いに答えなさい。

　⑴　カエル胚において BMP タンパク質を過剰に発現させた場合，神経胚期の
　　　外胚葉ではどのような変化が生じると予想されるか，30 字以内で答えなさ
　　　い。ただし，句読点も字数に含める。

　⑵　カエル胚において BMP タンパク質の発現を抑制した場合，神経胚期の外
　　　胚葉ではどのような変化が生じると予想されるか，30 字以内で答えなさ
　　　い。ただし，句読点も字数に含める。

Ⅲ 次の文章を読んで，問 1 ～ 5 に答えなさい。（配点 19 点）

　季節に応じて開花する植物には，日の長さ（日長）を認識して花芽形成を誘導する仕組みがある。この反応を持つ植物には，一定時間以下の日長が与えられると花芽形成が促進される　ア　植物，逆に一定時間以上の日長が与えられると花芽形成が促進される　イ　植物がある。　ア　植物の花芽誘導には一定時間の連続した暗期が必要であり，暗期に光照射を行う　ウ　によって暗期が一定時間以下に分断されると花芽誘導が阻害される。　ウ　による花芽誘導の阻害には，赤色光が最も効果を持ち，その効果は遠赤色光により打ち消されることから，光受容体である　エ　が関与している。植物の日長に応じた花芽誘導に関係する身近な問題として，街灯や深夜営業する店舗近くの水田で栽培されるイネの花芽誘導が遅延する現象が知られている。

　植物の花芽誘導には花成ホルモンであるフロリゲンが関わっている。フロリゲンの実体はタンパク質であり，植物の　オ　で合成され，　カ　を介して茎頂分裂組織に運ばれて花芽を誘導する。

　ここで，ある作物の 2 つの品種について花芽誘導に要する日数を調べたところ，品種 X は約 80 日，品種 Y は約 150 日であった。これら 2 つの品種の花芽誘導については，フロリゲンをコードする F 遺伝子が単独で制御していることが分かっている。

問 1　空欄　ア　～　エ　にあてはまる最も適切な語句を答えなさい。

問 2　下線部(A)について，花芽形成が誘導されるかどうかの境界となるような連続した暗期は何と呼ばれるか，答えなさい。

問 3　下線部(B)について，人工照明の近くで栽培されるイネの花芽誘導が遅延する理由を 45 字以内で説明しなさい。ただし，句読点も字数に含める。

問 4　空欄　オ　と　カ　にあてはまる語句の組み合わせとして適切なものを，以下の(a)～(d)から選び，記号で答えなさい。

(a)　| オ | ：根　　| カ | ：道管

(b)　| オ | ：根　　| カ | ：師管

(c)　| オ | ：葉　　| カ | ：道管

(d)　| オ | ：葉　　| カ | ：師管

問 5　品種 X と品種 Y を用いて行った交配実験について，以下の問いに答えなさい。

(1)　品種 X と品種 Y を交配して得られた雑種第 1 代（F_1）である 50 個体は，いずれも花芽誘導に約 80 日を要した。この F_1 を品種 Y と交配し，合計 440 粒の種子を得た。この種子を発芽させて栽培した 440 個体のうち，品種 Y と同様に花芽誘導に約 150 日を要する個体数の期待値を答えなさい。

(2)　この作物において，生育初期の苗を枯死させる病原菌 α に対する抵抗性を規定する S 遺伝子は，染色体上で F 遺伝子のごく近傍に位置しており，これら遺伝子間での組み換えは事実上起こらない。品種 X と品種 Y の苗に病原菌 α を接種したところ，品種 X はいずれも抵抗性反応を示し，枯死する個体は見られなかったが，品種 Y はいずれも感受性を示して枯死した。また，品種 X と品種 Y を交配して得られた F_1 である 50 個体の苗に病原菌 α を接種したところ，いずれも抵抗性反応を示し，枯死する個体は生じなかった。この F_1 と品種 Y を交配して得られた 730 個の種子を発芽させ，その苗に病原菌 α を接種した。この時，枯死しなかった個体のうち，品種 Y と同様に花芽誘導に約 150 日を要する個体数の期待値を答えなさい。また，そのように考えた理由を 60 字以内で説明しなさい。ただし，句読点も字数に含める。

Ⅳ　次の文章を読んで，問 1 〜 6 に答えなさい。(配点 18 点)

　　生物種は，同じ場所に生息する他の種と様々な種間関係をもっている。例えば，
種 X と別の種 Y が互いに利益を得る関係は　　ア　　と呼ばれる。一方，種 X が
利益を受け，種 Y は利益も不利益もない関係は　　イ　　という。また，種 X が
種 Y を捕食したり，種 Y に　　ウ　　したりする場合，種 X は利益を得るが，種 Y
には不利益となる。種 X と種 Y の間で競争がある場合は互いに不利益を生じうる。
　　種間関係のうち，食う食われるの関係，つまり捕食者と　　エ　　の関係がつな
がっていくことを　　オ　　という。このような関係を通じて，ある種が直接的な
相互作用をもたない離れた栄養段階に属する別の種にも影響を及ぼすことがあり，
これを　　カ　　という。特に，　　オ　　の上位にあり，生物量はそれほど多く
ないが，ほかの生物の生活に大きな影響を与えるものを　　キ　　と呼ぶ。
　　キ　　がいなければ生態系のバランスが大きく崩れる。

問 1　空欄　　ア　　〜　　キ　　にあてはまる最も適切な語句を答えなさい。

問 2　　　キ　　の例として知られている生物名を 1 つ答えなさい。

問 3　下線部(A)〜(C)のそれぞれについて，種 X と種 Y の関係にあてはまる生物と
　　　して最も適切な組み合わせを次の(a)〜(g)から 1 つずつ選び，記号で答えなさい。

　　　(a)　種 X：ジンベイザメ　　　　種 Y：コバンザメ

　　　(b)　種 X：ブナ　　　　　　　　種 Y：ヤドリギ

　　　(c)　種 X：チーター　　　　　　種 Y：ジャガー

　　　(d)　種 X：ナミハダニ　　　　　種 Y：カブリダニ

　　　(e)　種 X：カクレウオ　　　　　種 Y：ナマコ

　　　(f)　種 X：クマノミ　　　　　　種 Y：イソギンチャク

　　　(g)　種 X：イワナ　　　　　　　種 Y：ヤマメ

問 4　下線部(C)について，以下の問いに答えなさい。

　　ゾウリムシ，ヒメゾウリムシ，ミドリゾウリムシを別々の容器で単独飼育す
　ると，それぞれ図１の（Ⅰ），（Ⅱ），（Ⅲ）のような成長曲線を描いて増殖する。
　単独飼育と同様の条件で，ゾウリムシとヒメゾウリムシを同じ容器で混合飼育
　すると激しい競争が生じた。同様にゾウリムシとミドリゾウリムシを同じ容器
　で混合飼育すると弱い競争が生じた。混合飼育によってそれぞれの種はどのよ
　うな成長曲線を描いたか，図２の(a)〜(f)から最も適切なものを１つずつ選び，
　記号で答えなさい。ただし，図２の実線はゾウリムシを，点線はヒメゾウリム
　シまたはミドリゾウリムシを示す。

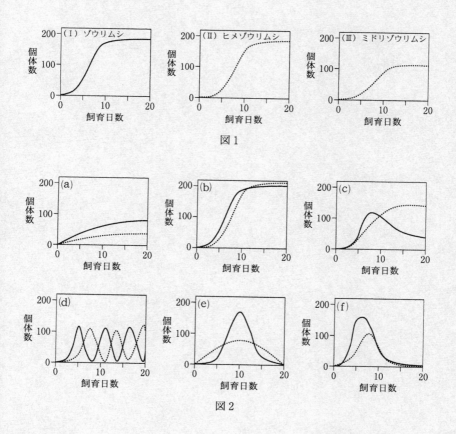

図 1

図 2

問 5　下線部(C)について，競争は種間だけでなく種内でも生じる。種 X にとって
　　　種 Y との競争より同種内の競争の方が種 X の個体群密度に及ぼす影響が大き
　　　い。その理由を 30 字以内で説明しなさい。ただし，句読点も字数に含める。

問 6　下線部(D)について，以下の問いに答えなさい。

　　　鳥類のシジュウカラは植物の葉をほとんど食べないが，日本の夏緑樹林で，
　　シジュウカラの個体数が減少すると，ミズナラの葉の食害が増加する傾向が観
　　察された。このような傾向が生じる理由として考えられることを，60 字以内
　　で説明しなさい。ただし，句読点も字数に含める。

地学

（2 科目：120 分）

Ⅰ　次の文章を読んで，問 1 ～ 4 に答えなさい。（配点 25 点）

　　海洋プレートは 1 年あたり数　ア　程度の速度で水平方向に移動し，沈み込み帯で　イ　の蓄積をもたらす。このように蓄積された　イ　は，プレート境界で発生する大地震などによって解放される。<u>このようなプレート境界付近での地殻変動</u>は，現在では　ウ　などの宇宙測地学的手法で計測されている。海
(A)
洋プレートは海溝やトラフから地球内部に沈み込み，沈み込んだプレートは，周囲のマントルに比べて，温度が　エ　く，密度が　オ　いため，マントル中を下降していく。沈み込んだプレートは，<u>地震波トモグラフィー</u>によって，
(B)
　カ　速度領域（速度異常域）として見出されている。一方，南太平洋とアフリカの直下では，地震波トモグラフィーにより，鉛直方向に延びた　キ　速度領域（速度異常域）の存在が確認されている。このような領域は，周囲のマントルに比べて，温度が　ク　く，密度が　ケ　いため，マントル中を上昇していると考えられており，このような上昇流のことを　コ　と呼ぶ。このように地球内部では，固体地球を冷却させる大規模な循環的な流れが生じている。とくに，地球表層では，地球内部から地表に向かう熱の移動を<u>地殻熱流量</u>として測定すること
(C)
ができる。

問 1　空欄　ア　～　コ　にあてはまる適切な語句を答えなさい。

問 2　下線部(A)について，2011 年東北地方太平洋沖地震が発生したとき，東北地方の陸域では，「日本海側から太平洋側に向かうにつれて，東南東方向の移動量が徐々に大きくなり，太平洋岸では数メートル程度に達した」といった地殻変動が地表で観測された。このような地殻変動が起こった理由を，太平洋プレートの運動とこの地震の発震機構（震源メカニズム）に基づいて説明しなさい。

問 3　下線部(B)について，地震波トモグラフィーでは，観測された膨大な量の地震波の走時を用いることで，マントルの 3 次元速度構造を明らかにしてきた。今，地球は半径 R の完全な球体であると仮定し，地球内部は一定の地震波速度 v で伝播する均質な物質で構成されているものとする。震源と観測点が地表にあるとき，走時を震央距離（角距離）θ を用いて表しなさい。計算の過程も示しなさい。また，解答欄に描かれている横軸と縦軸を用いて，$0° \leqq \theta \leqq 180°$ の範囲で，走時曲線の概形を描きなさい。その際，$\theta = 90°$ と $\theta = 180°$ のときの値を縦軸上に書くこと。

〔解答欄〕

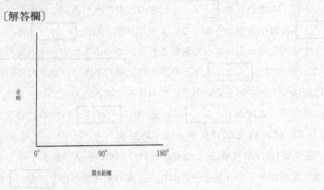

問 4　下線部(C)について，地殻熱流量は，次の式で求められる。

地下増温率（地温勾配）× 岩石の熱伝導率

今，地表で観測された地殻熱流量が $0.06\,\mathrm{W/m^2}$，地表の温度が $20\,℃$，岩石の熱伝導率が $3.0\,\mathrm{W/(m \cdot ℃)}$ であったとき，温度が $520\,℃$ になるのは，深さが何 km のときか，有効数字 2 桁で答えなさい。計算の過程も示しなさい。ただし，地殻熱流量，地下増温率，岩石の熱伝導率は深さによって変わらないものとする。

Ⅱ　次の文章を読んで，問 1 〜 5 に答えなさい。（配点 25 点）

　地球は，およそ 46 億年前に誕生したと推定されている。40 億年前から現在まで
の地質時代の環境変動の記録は，地層から読み取ることができる。地質時代には，
何度も氷期が訪れた。先カンブリア時代のうち，25 億年前〜 5.4 億年前の
　ア　代は，スノーボール・アースと呼ばれる全球凍結が起こったとされる。
全球凍結の要因として，大気中の温室効果ガスの減少が考えられている。第四紀に
　　　　　　　　　　　　　　　(A)
も氷期が繰り返し訪れた。海底堆積物や氷床の　イ　の比率を利用して，第四
紀の氷床量や気温が推定されている。それらの古気候の記録では，　ウ　サイ
クルと呼ばれる地球軌道要素の周期的変化に対応する氷期—間氷期の繰り返しが確
認される。

　海洋は，海流による熱の輸送や物質の循環を通じて気候変動に深く関わってい
る。風によって生じる海水の流れをエクマン吹送流と呼ぶ。海流は北半球におい
　　　　　　　　　　　　　　　(B)
て，亜熱帯高気圧のまわりを吹く低緯度の　エ　風と中緯度の　オ　風に
より時計回りの環流となり，西側で強い流れ（西岸強化）となる。深層水の循環も気
　(C)
候変動に関わっている。北大西洋のグリーンランド沖では，表層海水が沈み込み，
深層水が形成されている。その深層水は約 1500 年かけて北太平洋に到達する。
　　　　　　　　　　(D)
　海に生きる生物も，物質の循環を通じて，長期的な環境変化に関わっている。海
洋浅層に生きる，　カ　を主成分とする殻をもつ有孔虫などの遺骸はマリンス
ノーとなって深海に沈降し，軟泥となって海底に堆積する。その軟泥はやがて岩石
化し，　キ　となる。　カ　は，ある水深以深の海底では溶解速度が堆積
速度を上回るためほとんど堆積しない。その境界の深さを　ク　深度と呼ぶ。
一方，それ以深では，放散虫や珪藻を主とした生物遺骸からなる軟泥が堆積し，そ
の軟泥が岩石化すると　ケ　になる。

問 1　空欄　ア　〜　ケ　にあてはまる適切な語句を答えなさい。

問 2　下線部(A)について，大気から二酸化炭素の除去につながる鉱物の化学的風化
　　　反応はいくつかあるが，そのうちの一つを化学反応式で示しなさい。

問3 下線部(B)について，北半球におけるエクマン吹送流の深さ方向に変化する流れの特徴を説明しなさい。必要ならば，図を用いてもよい。

問4 下線部(C)について，(1)北半球ではなぜ時計回りの環流になるのか，(2)西岸強化はどのような要因で生じるのか，それぞれ説明しなさい。

問5 下線部(D)について，北太平洋の深層水の年齢を推定するために最も適切な放射性年代測定法を答えなさい。

Ⅲ 次の文章を読んで，問1〜3に答えなさい。（配点25点）

　8つの惑星のうち，水星，金星，地球，火星を｜　ア　｜と呼び，木星，土星，天王星，海王星を木星型惑星と呼ぶ。｜　ア　｜は木星型惑星に比べて，半径は小さいが，平均密度が高い。このように平均密度が異なるのは，惑星の主な構成物質が異なるためである。
(A)

　｜　ア　｜と木星型惑星はその周りを公転する衛星の数も大きく異なる。｜　ア　｜は衛星の数が少なく，木星型惑星は衛星の数が多い。地球の衛星は月のみである。地球から月を見た場合，月の見かけの大きさと太陽の見かけの大きさはほぼ等しい。そのため，太陽と地球と月が一直線に並ぶと，｜　イ　｜や月食といった天体現象が起こる。また，地球を回る月の公転軌道は楕円軌道である。そし
(B)
て，その公転軌道上の近点（近地点）に月が位置するとき，地球から見える月は最大の見かけの大きさになる。この現象をスーパームーンと呼ぶことがある。
(B)

　木星の衛星は70個以上存在し，そのうち，イオ，エウロパ，ガニメデ，カリストの4つの大きな衛星を総称して｜　ウ　｜と呼ぶ。イオは太陽系で最も激しく，活発な｜　エ　｜活動が観察される。エウロパは表面が厚い氷で覆われているが，地下には｜　オ　｜が存在し，生命が存在する可能性が考えられている。イオの｜　エ　｜活動やエウロパの｜　オ　｜が維持される原因は，主に木星から及ぼされる潮汐力（起潮力）によって，衛星が伸縮を繰り返し，内部に熱が発生・維持されるためと考えられている。

問 1　空欄　ア　～　オ　にあてはまる適切な語句を答えなさい。

問 2　下線部(A)について，木星型惑星(木星・土星・天王星・海王星)は，構成物質に着目すると，さらに 2 つに分けられる。それぞれの主要な構成物質を挙げ，両者の違いを説明しなさい。

問 3　下線部(B)について，2021 年 5 月 26 日，皆既月食とスーパームーンが同時に観測された。この天体現象について，次の(1)～(3)に答えなさい。なお，月の直径は 3.5×10^3 km，月の軌道長半径は 3.8×10^5 km，月の離心率は 5.5×10^{-2}，月の平均公転速度は 1.0 km/s，太陽の直径は 1.4×10^6 km，地球の直径は 1.3×10^4 km，地球の軌道長半径は 1.5×10^8 km とする。また，地球の公転軌道は円軌道とし，その軌道長半径を軌道半径とみなす。

(1)　地球から見た場合，遠点(遠地点)に位置する月の見かけの大きさ(直径)と比較して，スーパームーンの見かけの大きさは何倍になるか，有効数字 2 桁で答えなさい。

(2)　図 1 に示すように，月食は太陽光がほぼ遮られる本影(灰色の領域)に月が入った時に起こり，月の全てが本影に入ると皆既月食が見られる。太陽と真反対の地点(図 1 の☆)で皆既月食が見られる時間の長さを，有効数字 2 桁で答えなさい。計算の過程も示しなさい。計算には，次の 2 つの仮定を用いること。

　・　図 1 において，月の公転軌道面は紙面にある。

　・　図 1 において，M－M' の間は，月は拡大図に示す直線軌道を平均公転速度で公転する。その間，地球は自転も公転もしない。

(3)　日本でこの現象を観測した場合，皆既月食が実際に観測される時間の長さは，(2)で計算される長さと比較して短い。時間が短くなる理由を 2 つ挙げ，それぞれ説明しなさい。

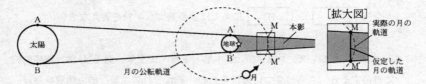

図1 太陽, 地球, 月, 本影の位置と, 月の公転軌道の概略を示す。本影は, 直線
    A−A' と B−B' の延長線に挟まれた地球より右側の灰色の領域である。本影
    内の月の公転軌道 M−M' を含む四角で囲まれた領域の拡大図を右に示す。な
    お, 太陽, 地球, 月の大きさや距離は, 実際の縮尺を表していない。

2021
年度

問題編

■前期日程

問題編

▶試験科目・配点

学部・学科等		教　科	科　　　目	配　　点
国際人間科	発達コミュニティ，子ども教育	外国語	英語，ドイツ語，フランス語，中国語から1科目選択	175 点
		数　学	数学 I・II・A・B	75 点
		理　科	「物理基礎・物理」，「化学基礎・化学」，「生物基礎・生物」，「地学基礎・地学」から 2 科目選択	から 1 教科 選択
				150 点
		国　語〈省略〉	国語総合・現代文 B・古典 B	
	環境共生	文科系受験	外国語	英語，ドイツ語，フランス語，中国語から1科目選択	200 点
			数　学	数学 I・II・A・B	100 点
			国　語〈省略〉	国語総合・現代文 B・古典 B	150 点
		理科系受験	外国語	英語，ドイツ語，フランス語，中国語から1科目選択	200 点
			数　学	数学 I・II・III・A・B	150 点
			理　科	「物理基礎・物理」，「化学基礎・化学」，「生物基礎・生物」，「地学基礎・地学」から 2 科目選択	200 点

理	数, 生物, 惑星	外国語	英語	125 点
		数　学	数学 I・II・III・A・B	150 点
		理　科	「物理基礎・物理」,「化学基礎・化学」,「生物基礎・生物」,「地学基礎・地学」から 2 科目選択	150 点
	物　　理	外国語	英語	125 点
		数　学	数学 I・II・III・A・B	150 点
		理　科	「物理基礎・物理」必須。「化学基礎・化学」,「生物基礎・生物」,「地学基礎・地学」から 1 科目選択	150 点
	化	外国語	英語	125 点
		数　学	数学 I・II・III・A・B	150 点
		理　科	「化学基礎・化学」必須。「物理基礎・物理」,「生物基礎・生物」,「地学基礎・地学」から 1 科目選択	150 点
医	医	外国語	英語	150 点
		数　学	数学 I・II・III・A・B	150 点
		理　科	「物理基礎・物理」,「化学基礎・化学」,「生物基礎・生物」から 2 科目選択	150 点
		その他	面接	＊
	保　健	看護学, 理学療法学, 作業療法学	外国語	英語, ドイツ語, フランス語, 中国語から 1 科目選択	150 点
			数　学	数学 I・II・A・B	100 点
			理　科	「物理基礎・物理」,「化学基礎・化学」,「生物基礎・生物」から 1 科目選択	100 点
		検査技術科学	外国語	英語, ドイツ語, フランス語, 中国語から 1 科目選択	150 点
			数　学	数学 I・II・III・A・B	100 点
			理　科	「物理基礎・物理」,「化学基礎・化学」,「生物基礎・生物」から 1 科目選択	100 点

工	建築, 市民工, 電気電子工	外国語	英語	150 点
		数 学	数学Ⅰ・Ⅱ・Ⅲ・A・B	200 点
		理 科	「物理基礎・物理」, 「化学基礎・化学」	150 点
	機械工	外国語	英語	170 点
		数 学	数学Ⅰ・Ⅱ・Ⅲ・A・B	180 点
		理 科	「物理基礎・物理」, 「化学基礎・化学」	180 点
	応用化	外国語	英語	125 点
		数 学	数学Ⅰ・Ⅱ・Ⅲ・A・B	150 点
		理 科	「物理基礎・物理」, 「化学基礎・化学」	150 点
	情報知能工	外国語	英語	150 点
		数 学	数学Ⅰ・Ⅱ・Ⅲ・A・B	200 点
		理 科	「物理基礎・物理」, 「化学基礎・化学」	200 点
農		外国語	英語	150 点
		数 学	数学Ⅰ・Ⅱ・Ⅲ・A・B	150 点
		理 科	「物理基礎・物理」, 「化学基礎・化学」, 「生物基礎・生物」, 「地学基礎・地学」から2科目選択	150 点
海洋政策科	文系科目重視型	外国語	英語	200 点
		数 学	数学Ⅰ・Ⅱ・A・B	150 点
		国 語〈省略〉	国語総合・現代文B（古文, 漢文を除く）	150 点
	理系科目重視型	外国語	英語	150 点
		数 学	数学Ⅰ・Ⅱ・Ⅲ・A・B	150 点
		理 科	「物理基礎・物理」必須。「化学基礎・化学」, 「生物基礎・生物」, 「地学基礎・地学」から1科目選択	200 点

▶備 考

• 新型コロナウイルス感染症対策に伴う実施内容の変更として，個別学力検査の出題範囲については，数学Ⅲ，物理，化学，地学の教科書において「発展的な学習内容」として記載されている内容から出題しない，あるいは出題する場合には，設問中に補足事項等を記載する。

- 英語以外の外国語は省略。
- 英語は，コミュニケーション英語基礎・Ⅰ・Ⅱ・Ⅲ，英語表現Ⅰ・Ⅱ，英語会話を出題範囲とする。
- 数学Bでは，「数列」及び「ベクトル」の2分野を出題範囲とする。
- 各教科・科目の試験の配点は，外国語 125 点，数学（理系）150 点，数学（文系）75 点，理科1科目 75 点である。ただし，各学部の入学者選抜のための配点は，上の表に示した傾斜配点による点数を使用する。

＊面接の結果によって，医師及び医学研究者になる適性に大きく欠けると判断された場合は，筆記試験の得点にかかわらず不合格とする。

英語

(80 分)

I　次の文章は，近年のミツバチの減少について書かれたものである。この文章を読ん
　　で，問 1 〜 4 に答えなさい。(配点 35 点)

　　　The Food and Agriculture Organization of the United Nations (FAO) states that
there are 100 crop species that provide 90% of the food around the world and 71 of these
are pollinated* by bees.　In Europe alone, 84% of the 264 crop species and 4,000 plant
varieties exist thanks to pollination by bees.

　　　In Europe, bee populations and honey reserves have declined dramatically since
2015 — by 30% per year in some areas.　And the latest statistics from beekeepers in the
USA are not much more (　A　) — according to the Bee Informed Partnership poll,
last winter 37% of honeybee colonies* died, 9% more than the usual average for winter
deaths.　But why are these insects disappearing?

　　　In Oregon 50,000 bees died due to the effects caused by a pesticide; this is an
example of how different substances can have an impact.　The European Food Safety
Agency (EFSA) confirmed that the cause behind the mass death of bees in Europe is
specifically the use of a particular type of fertilizer* called neonicotinoids.　The mixture
of substances (　B　) with the learning circuits in insects' brains.　They make the
bees slower to learn or they completely forget basic associations for their survival, such
as linking floral aroma and food.　The bees die as they are not able to feed themselves.

　　　In 2018, the European Union decided to completely ban outdoor use of three
neonicotinoid insecticides* that are frequently used worldwide in corn, cotton and
sunflower crops.　And the European Parliament has already proposed that (　C　)
usage of these insecticides should become a key objective of the common agricultural
policy (CAP) in the future.

　　　The Varroa mite* is one of bees' greatest enemies and one of the biggest causes of their disappearance. It is an external parasite that invades the insect and feeds on its blood and also transmits lethal viruses to the rest of the hive, including deformed wing virus*. This mite has spread across most of the world, except Australia so far.

A group of scientists from the University of Texas at Austin, USA, have developed a project that is pioneering the use of genetic engineering to improve bee health. The project involves creating genetically modified strains of bacteria* that live in the honeybees' digestive system to protect them from this destructive mite that causes colonies to collapse.

According to the study, bees with genetically modified bacteria are 36.5% more likely to survive deformed wing virus. Mites that feed on these bees are 70% more likely to die than mites that feed on bees that have not received any treatment.

Air pollution also reduces the strength of chemical signals sent out by flowers, causing bees and other insects to find it more difficult to locate them. Climate change makes the situation even worse as it alters flowering and the amount of plants due to rainy seasons, which affects the quantity and quality of nectar*.

In (　D　) of the above, the disappearance of bees would cause a true food crisis. Around 84% of commercial crops depend on bee pollination. For example, in Andalusia (Spain) in 1987 a good sunflower harvest was expected but this did not occur due to the lack of beehives; this was caused by the loss of bees from the Varroa mite.

As for the elimination of the Varroa mite and the ban of the pesticides, we will have to wait and see how effective the measures are in preventing the loss of bees. We can fight this problem in our everyday life by taking steps to combat climate change and pollution. Even so, we are faced with questions such as: Are we in time to fix it or should we also work on preventing this phenomenon? Are other animals disappearing that at first do not seem to be essential yet without whose activity we could not conceive life?

注　pollinate　〜に受粉する；　　honeybee colonies　ミツバチの蜂群
　　fertilizer　肥料；　　insecticides　殺虫剤
　　mite　ダニ；　　deformed wing virus　羽変形病ウイルス
　　strains of bacteria　バクテリアの菌株
　　nectar　花蜜（ミツバチが集める花の蜜）

問 1　空所（　A　）～（　D　）に入る最も適切な語を，それぞれの選択肢から一つ選び，記号で答えなさい。

(A)　(ア) depressing　　(イ) reassuring　　(ウ) suggestive　　(エ) trustworthy

(B)　(ア) accords　　(イ) cooperates　　(ウ) copes　　(エ) interferes

(C)　(ア) assuring　　(イ) developing　　(ウ) reducing　　(エ) supporting

(D)　(ア) advance　　(イ) light　　(ウ) order　　(エ) spite

問 2　下線部(1) the study とはどのようなものか，その目的と方法が具体的に分かるように，35 字以内の日本語で説明しなさい（ただし，句読点も 1 字に数えます）。

問 3　ミツバチの減少に対してとられているさまざまな方策について，筆者はどのような態度を示しているか，25 字以内の日本語で説明しなさい（ただし，句読点も 1 字に数えます）。

問 4　下線部(2)を日本語に訳しなさい。

Ⅱ　次の文章は，「STEM 教育」について書かれたものである。この文章を読んで，問 1 ～ 5 に答えなさい。（配点 35 点）

　　Women and girls are underrepresented in science, technology, engineering, and mathematics (STEM) education and careers. One prevalent explanation for women's
(a)
underrepresentation in STEM is the gender gap in math performance favoring males, particularly spatial skills. Research suggests that gender gaps in math performance emerge in middle school or high school; however, meta-analyses* indicate this gap has disappeared.

　　Given the evidence from meta-analyses, an ability explanation for women's underrepresentation in STEM is less plausible; many other explanations, including broad contextual factors (societal expectations, parental and peer influence, and climate within STEM majors and organizations) and women's motivations, math ability self-assessment, and choices, are well-supported. From a sociocultural perspective,

research has documented how environments dominated by males can be threatening to women and girls and can elicit stereotype threat, which can lower their sense of
(b)
belonging, increase feelings of exclusion and isolation, and lead to disengagement from the domain.

Stereotype threat is the phenomenon in which members of a stereotyped group worry that their performance on an evaluative task will be judged according to a negative group stereotype indicating inferiority in the domain. The stereotype relevant to STEM education is that women and girls are not as competent in math as men and boys. Thus, when women and girls take math tests, they may worry that their performance will be judged according to this stereotype and they may fear confirming the stereotype if they perform poorly. This threat can lead to negative outcomes such
(1)
as poor test performance and disengagement from the domain.

Arguably, the most widely studied academic performance outcome for women in the stereotype threat literature is math test performance; other less frequently studied outcomes include more negative attitudes toward the domain and lower intentions to pursue education and careers in the domain. For example, it was found that women taking a math test had poorer performance when they were told the test was diagnostic of math ability than when they were told the test was not diagnostic. In a diagnostic testing situation, women performed poorly because they feared confirming the stereotype that "women are not as good at math as men" ; when women were told that no gender differences have been found on a math test, the women performed better than when no such information was given. Thus, stereotype threat is one factor in women's underperformance in math. If women are worried about validating gender stereotypes regarding women's math ability, this additional cognitive burden may lead to (　A　) performance, feeling a (　B　) of belonging in the field of mathematics,
(2)
and (　C　) the domain.

As shown by these results, one important variable examined in stereotype threat research is gender identity, or the centrality and importance a person places on gender as part of one's larger self-concept. Research on gender identity among adults has shown that women who strongly identify with their gender are more vulnerable to the
(c)
negative effects of stereotype threat, presumably because they care more about

confirming stereotypes that reflect poorly on their gender group. Performance pressure, not wanting to make the group look bad, or group-level stereotype threat, leads to underperformance for women who are highly gender identified.

　　However, a recent study showed that because stereotype threat is triggered within educational contexts, it can be reduced through interventions to promote mathematics and science education, thus improving the educational pipeline leading to good careers in STEM. Educators, parents, practitioners, and policy makers can learn more about stereotype threat through many publicly accessible resources and partner with social scientists to carry out these interventions on a large scale.

　　注　meta-analyses　メタ分析（複数の研究結果を統合し，より高次の見地から行う分析）

問 1　下線部(a)〜(c)の単語または語句について，本文中における意味に最も近いものを，それぞれの選択肢から一つ選び，記号で答えなさい。

　(a)　prevalent

　　(あ)　common

　　(い)　exclusive

　　(う)　immediate

　　(え)　possible

　(b)　elicit

　　(あ)　get rid of

　　(い)　give rise to

　　(う)　put up with

　　(え)　be concerned about

　(c)　vulnerable to

　　(あ)　highly resistant to

　　(い)　easily influenced by

　　(う)　relatively indifferent to

出典追記：Stereotype Threat Among Girls: Differences by Gender Identity and Math Education Context, Psychology of Women Quarterly vol.41 (4) by Bettina J. Casad, Patricia Hale, and Faye L. Wachs, Sage Publications

(え) strongly encouraged by

問 2　次の文は，下線部(1) This threat の内容を説明したものである。本文の内容に
　　　即して，空所 [　イ　] と [　ロ　] に入る適切な日本語の文を書きなさい。

> [　イ　] というステレオタイプの影響によって，[　ロ　]
> のではないかという脅威

問 3　下線部(2)の空所 (A) 〜 (C) に入る最も適切な単語の組み合わせはどれ
　　　か。選択肢(あ)〜(え)から一つ選び，記号で答えなさい。

	(A)	(B)	(C)
(あ)	different	state	improving
(い)	improved	sense	entering
(う)	inferior	fail	rejecting
(え)	lower	lack	leaving

問 4　下線部(3)を日本語に訳しなさい。

問 5　本文の内容と合致する文を選択肢から二つ選び，記号で答えなさい。

(あ)　Educational interventions can pave the way for women to pursue rewarding
　　　careers in STEM fields.

(い)　The possible factors that explain women's underrepresentation in STEM are
　　　relatively predictable.

(う)　Gender gaps in math performance which emerge in early childhood education
　　　tend to increase over time.

(え)　Male-dominated environments can lead to stereotype threat, resulting in lower
　　　math performance of women.

(お)　Decreasing a feeling of exclusion is pivotal in building women's negative
　　　attitudes toward STEM majors and careers.

(か)　Women are more likely to perform well on math tests when they are informed
　　　that their math ability is being assessed.

Ⅲ　次の文章は，アメリカのある経営学大学院での "Digital Transformation" という授業における議論の一部である。この文章を読んで，問 1 ～ 4 に答えなさい。（配点 30 点）

Student A:　Artificial intelligence, or AI is a powerful technology. If humankind can find a way to regulate and use AI ethically, I truly believe this technology will bring unparalleled advancement and benefits to our way of living.
(a)

Professor:　There is a problem, and it comes with the use of that one single word: ethically. AI may have amazing potential, but the fast-moving technology needs to be employed carefully and thoughtfully.

Student A:　If AI is not regulated, a lot of harm can be done.

Professor:　For some three decades, digital technology has continued its never-
(1)
ending march of progress, remaking and disrupting a wide range of industries. Looking at the efforts of organizations to transform themselves digitally today, we are going to examine some cases that investigated AI ethics.

Assistant Professor:　It's a timely topic. I think the public is becoming more aware of the effect of algorithms* and AI. Digital transformation should be responsive to not only customer needs, but also to the consequences it has for society.

Student B:　I think AI is going to drastically change the way businesses operate in the very near future. I hope that the major corporations, and citizens of the globe, will ensure it is rolled out responsibly.

Assistant Professor:　We are in a reflection phase. There is a movement. Companies are starting to realize they have to be responsible in how they use this technology. Let me liken this movement to sustainability. About 20 years ago, companies began thinking about their environmental impacts because of the increasing concerns of their customers. Companies had to look at sustainability. It became a part of how they presented themselves. I think we're seeing a similar shift in technology.
(2)

Professor:　Still, there are concerns. Biases, for one, can creep into algorithms. The technology behind self-driving cars can more easily identify white pedestrians than nonwhite ones, which makes them a higher risk for being struck. Discrimination can be baked into banking algorithms, making it harder for people of color to obtain loans.

Assistant Professor: The autonomy built into these systems is raising the stakes. It (b) has to be built with some sort of ethical framework.

Professor: Because the technology is advancing at such a rapid pace, reigning it in may be difficult.

Student B: The optimistic part of me thinks that most companies understand there is significant value to their consumers by utilizing technology responsibly, but there is no way legislation is going to be able to keep up. (c)

Assistant Professor: This discussion went very well. I believe that our students, who are well versed in social responsibility and business model design, are uniquely positioned to consider these issues that emerge in the future.

Student A: I am full of excitement and am optimistic that we can use AI for good. However, any technology is nothing more than a tool. It's a double-edged sword that has the ability to enslave or empower humanity.

注　algorithms　アルゴリズム(コンピューターなどで演算手続きを指示する規則)

問 1　下線部(1)を日本語に訳しなさい。

問 2　下線部(2)を 40 字以内の日本語で説明しなさい(ただし, 句読点も 1 字に数えます)。

問 3　下線部(a)〜(c)の意味と最も近い単語を, それぞれの選択肢から一つ選び, 記号で答えなさい。

(a)　unparalleled

(あ)　comparable

(い)　exceptional

(う)　expected

(え)　explanatory

出典追記：Why AI Ethics Are So Important, Babson Thought & Action on June 12, 2020 by John Crawford

(b) <u>stakes</u>

　(あ)　charges

　(い)　interests

　(う)　profits

　(え)　risks

(c) <u>legislation</u>

　(あ)　court

　(い)　government

　(う)　justice

　(え)　law

問 4　本文の内容と合致するものを以下の選択肢の中から二つ選び，記号で答えなさい。

　(あ)　It is necessary for humans to be optimistic about the future of AI technology.

　(い)　Governments should be more cautious in enacting rules that regulate AI technology.

　(う)　Humans should not fail to be aware of the ethics in using AI technology properly.

　(え)　AI technology is supposed to contribute to solving various issues of racial discrimination.

　(お)　Companies' efforts to utilize AI technology result in facilitating environmental consciousness.

　(か)　AI technology has advantages as well as disadvantages in terms of its impact on human society.

IV　The following is an excerpt from the article posted on a website. Read the passage and answer the following questions in English.（配点 25 点）

> In comparison to students of neighboring countries such as China and Korea, Japanese students show less interest in study abroad. According to the UNESCO database, Japan was ranked 23rd, with 33,494 post-secondary students studying abroad in 2012. In this same year, there were 698,395 students and 121,437 students studying abroad from China and Korea, respectively. Many experts have attributed the decline in the number of young Japanese studying abroad to their deep-seated "inward-oriented tendency" (*uchimukishikou* in Japanese). Although some scholars argue that this characteristic is not solely confined to Japanese youth, there is great interest among Japanese scholars and politicians in understanding this tendency among Japanese youth.

(1) Explain "inward-oriented tendency (*uchimukishikou*)" among Japanese youth with some example(s) other than studying abroad, using around 40 words.

(2) What do you think about the idea expressed in the underlined sentence?　Write your opinion, using around 60 words.

■■■■■ 数学 ■■■■■

◀理系：数学 I・II・III・A・B▶

（120 分）

1. i を虚数単位とする．以下の問に答えよ．(配点 30 点)

(1) $n = 2, 3, 4, 5$ のとき $(2+i)^n$ を求めよ．またそれらの虚部の整数を 10 で割った余りを求めよ．

(2) n を正の整数とするとき $(2+i)^n$ は虚数であることを示せ．

2. 次の定積分を求めよ．(配点 30 点)

(1) $I = \displaystyle\int_0^1 x^2\sqrt{1-x^2}\,dx$

(2) $J = \displaystyle\int_0^1 x^3\log(x^2+1)\,dx$

3. $\vec{0}$ でない 2 つのベクトル $\vec{a}$, $\vec{b}$ が垂直であるとする．$\vec{a}+\vec{b}$ と $\vec{a}+3\vec{b}$ のなす角を $\theta\ (0 \leqq \theta \leqq \pi)$ とする．以下の問に答えよ．(配点 30 点)

(1) $|\vec{a}| = x$, $|\vec{b}| = y$ とするとき，$\sin^2\theta$ を x, y を用いて表せ．

(2) θ の最大値を求めよ．

4. m を実数とする. 座標平面上の放物線 $y = x^2$ と直線 $y = mx + 1$
の共有点を A, B とし, 原点を O とする. 以下の問に答えよ.
(配点 30 点)

(1) $\angle \text{AOB} = \dfrac{\pi}{2}$ が成り立つことを示せ.

(2) 3 点 A, B, O を通る円の方程式を求めよ.

(3) 放物線 $y = x^2$ と (2) の円が A, B, O 以外の共有点をもたない
　　ような m の値をすべて求めよ.

5. 座標平面上を運動する点 P(x, y) の時刻 t における座標が

$$x = \frac{4 + 5\cos t}{5 + 4\cos t}, \quad y = \frac{3\sin t}{5 + 4\cos t}$$

であるとき, 以下の問に答えよ. (配点 30 点)

(1) 点 P と原点 O との距離を求めよ.

(2) 点 P の時刻 t における速度 $\vec{v} = \left(\dfrac{dx}{dt}, \dfrac{dy}{dt} \right)$ と速さ $|\vec{v}|$ を求
　　めよ.

(3) 定積分 $\displaystyle \int_0^{\pi} \frac{dt}{5 + 4\cos t}$ を求めよ.

◀文系：数学 I・II・A・B▶

(80 分)

1. i を虚数単位とする. 以下の問に答えよ. (配点 25 点)

(1) $n = 2, 3, 4, 5$ のとき $(3 + i)^n$ を求めよ. またそれらの虚部の整数を 10 で割った余りを求めよ.

(2) n を正の整数とするとき $(3 + i)^n$ は虚数であることを示せ.

2. k, x, y, z を実数とする. k が以下の (1), (2), (3) のそれぞれの場合に, 不等式

$$x^2 + y^2 + z^2 + k(xy + yz + zx) \geqq 0$$

が成り立つことを示せ. また等号が成り立つのはどんな場合か.
(配点 25 点)

(1) $k = 2$

(2) $k = -1$

(3) $-1 < k < 2$

3. 水平な地面に一本の塔が垂直に建っている (太さは無視する). 塔の先端を P とし, 足元の地点を H とする. また, H を通らない一本の道が一直線に延びている (幅は無視する). 道の途中に 3 地点 A, B, C がこの順にあり, BC = 2AB をみたしている. 以下の問に答えよ. (配点 25 点)

(1) $2AH^2 - 3BH^2 + CH^2 = 6AB^2$ が成り立つことを示せ.

(2) A, B, C から P を見上げた角度 ∠PAH, ∠PBH, ∠PCH はそれぞれ 45°, 60°, 30° であった. AB = 100 m のとき, 塔の高さ PH (m) の整数部分を求めよ.

(3) (2) において, H と道との距離 (m) の整数部分を求めよ.

物理

（1科目：60 分 2科目：120 分）

I 図 1 のように，ばね定数 k，自然長 L の軽いばねの端に，質量 m の小さなおもりをつけて円錐振り子をつくり，おもりを水平面内で等速円運動させた。ばねと鉛直線のなす角を θ（$0° < \theta < 90°$），重力加速度の大きさを g として，以下の問 1 ～ 5 に答えなさい。解答の導出過程も示しなさい。（配点 25 点）

問 1 おもりに対する運動方程式の鉛直成分から，ばねの伸び(自然長からの伸び)を角度 θ の関数として求めなさい。また，その概形を解答欄のグラフに $0° < \theta < 60°$ の範囲で描きなさい。

〔解答欄〕

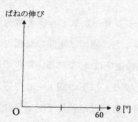

問 2 おもりに対する運動方程式の水平成分から，おもりの等速円運動の角速度を求めなさい。

問 3 おもりの運動エネルギーと，ばねの弾性エネルギーを求めなさい。

問 4 おもりの運動エネルギーよりも，ばねの弾性エネルギーの方が大きくなるための $\cos \theta$ の範囲を求めなさい。

問 5 $k = 20\,\mathrm{N/m}$，$L = 10\,\mathrm{cm}$ のとき，$\theta = 30°$ においておもりの運動エネルギー

とばねの弾性エネルギーが一致した。このときのおもりの質量を，有効数字 2 桁で求めなさい。ただし，$g = 9.8 \,\mathrm{m/s^2}$，$\sqrt{2} = 1.41$，$\sqrt{3} = 1.73$ とする。

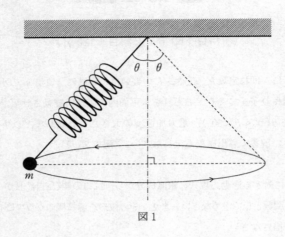

図 1

Ⅱ　図 1 のように極板間の距離が $5d$ の平行板コンデンサーにスイッチと電池が接続されている。コンデンサーの極板は長方形であり，右の極板は電池の負極とともに接地されている。コンデンサーの容量は C，電池の電圧は V である。極板の面積は十分に広く，極板間の距離は十分に小さいものとする。以下の問 1 〜 5 に答えなさい。解答の導出過程も示しなさい。必要な物理量があれば定義して明示しなさい。
（配点 25 点）

問 1　図 1 のようにスイッチを閉じた状態で十分に時間を経過させ，コンデンサーを充電した。極板間の電界の強さ，および 2 枚の極板の外側における電界の強さを求めなさい。

　次に，コンデンサーの極板間に導体を挿入する場合を考える。導体の極板と向かい合った面は，極板と同じ形で同じ面積の長方形であり，導体の厚さは $3d$ である。また，導体と両極板との距離は常に d に保たれている。導体は十分に薄く，極板と向かい合っていない面の効果は無視する。

問 2　図 2 のようにスイッチを閉じた状態で帯電していない導体を完全に挿入し，十分に時間を経過させた。図 2 で示すように，左の極板上に原点 O をとり，極板に垂直な方向に x 軸をとる。位置 x と電界の強さの関係を解答欄のグラフに描きなさい。また，同様に x と電位の関係についてもグラフに描きなさい。

〔解答欄〕

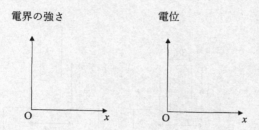

問 3　図 1 の状態に戻りコンデンサーを充電した後，図 3 のようにスイッチを開いてから，帯電していない導体をゆっくりとコンデンサーに入れる。導体が長さ y だけ挿入されているときのコンデンサーに蓄えられている静電エネルギーを求めなさい。また，y と静電エネルギーの関係を解答欄のグラフに描きなさい。ただし，図 3 に示すように極板の長さを y_0 とする。

〔解答欄〕

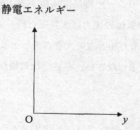

問 4　問 3 において導体とコンデンサーの間にはたらく力が引力か斥力かを答えなさい。また，y が増加するにつれて，その力の大きさは増加するか，減少するか，変化しないか，理由とともに答えなさい。

問 5　図 1 の状態に戻りコンデンサーを充電した後，問 3 と同様に，スイッチを開

いてから導体をコンデンサーに入れる。ただし，コンデンサーに入れる前の導体に電荷 Q_1 を与えておいた。導体を完全に入れたとき $(y = y_0)$，コンデンサーに蓄えられている静電エネルギーが導体を入れる前より増加するときの Q_1 の条件を求めなさい。

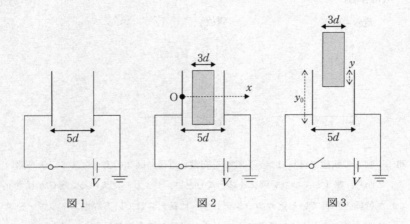

図1　　　　　　　　図2　　　　　　　　図3

Ⅲ　図1のように，大気中で鉛直に立てられている円柱形のシリンダーに軽くなめらかに動く断面積 S のピストンがついている。シリンダー内には体積 V_0 の単原子分子理想気体が封じこめられている。このときの気体の圧力は大気圧と同じ P_0 であり，絶対温度は外部の温度と同じ T_0 である。重力加速度の大きさを g として，以下の問1～5に答えなさい。解答の導出過程も示しなさい。必要な物理量があれば定義して明示しなさい。（配点 25 点）

問 1　図1を状態 A とする。気体の温度を T_0 に保ちながら，図2のようにピストンの上に質量 M のおもりをゆっくりとのせた（状態 B）。このときのピストンの高さ h_1 を求めなさい。

問 2　次に，シリンダー内の気体を熱すると図3のようにピストンは上昇し，温度が T_1 になった（状態 C）。このときのピストンの高さ h_2 を求めなさい。

問 3　$B \to C$ の過程で気体が外部にした仕事 W_{BC} を求めなさい。また，この過程で気体に与えられた熱量 Q_{BC} を W_{BC} を用いて表しなさい。

　次に，状態 C の気体の体積は V_0 よりも小さいものとして以下を考える。

問 4　状態 C から，気体の温度を T_1 に保ちながら図 4 のようにシリンダーをゆっくりと傾けると，気体の体積は増えて V_0 になった（状態 D）。シリンダー底面と水平面のなす角度を θ として $\cos \theta$ を求めなさい。容器を傾けてもおもりはピストンに固定されているものとする。

問 5　状態が $A \to B \to C \to D$ と変化する過程を $P-V$ グラフ（圧力 P と体積 V の関係）として解答欄に描きなさい。このとき，$h_1 S = \dfrac{1}{2} V_0$ としなさい。さらに，$C \to D$ の過程でシリンダー内の気体が外部にした仕事 W_{CD} を，$P-V$ グラフに示しなさい。

〔解答欄〕

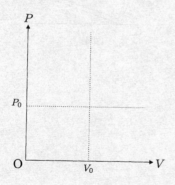

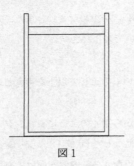

図 1

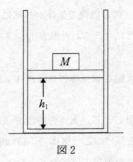

図 2

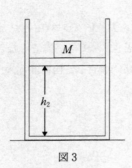

図 3

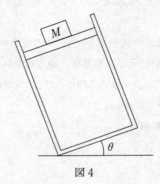

図 4

化学

（1科目：60分 2科目：120分）

計算のために必要であれば，以下の値を用いなさい。

原子量：H 1.00 C 12.0 N 14.0 O 16.0 Na 23.0 S 32.1
Cl 35.5 I 127.0

絶対零度：$-273\,℃$，気体定数：$R = 8300\ \text{L·Pa/(mol·K)} = 8.3\ \text{J/(mol·K)}$

アボガドロ定数：$6.02 \times 10^{23}/\text{mol}$，ファラデー定数：$9.65 \times 10^4\ \text{C/mol}$

Ⅰ 次の文章を読んで，問1～5に答えなさい。ただし，気体はすべて理想気体としてふるまうとする。（配点19点）

ヨウ化水素(HI)は数百℃の高温下で，下記の平衡関係に基づき，水素(H_2)とヨウ素(I_2)から生成される。

$$H_2 + I_2 \rightleftarrows 2HI \qquad ①$$

式①の正反応の速度 v_1 は I_2 および H_2 の濃度にそれぞれ比例し，$v_1 = k_1[I_2][H_2]$ として書き表すことができる。H_2 と I_2 から HI が生成される反応の反応開始直後には，HI の生成速度 v_{HI} と v_1 には $v_{HI} = 2v_1$ の関係があることがわかっている。また，式①の逆反応の速度 v_2 は HI のモル濃度の2乗に比例し，$v_2 = k_2[HI]^2$ として書き表すことができる。HI から H_2 と I_2 が生成される反応の反応開始直後には，I_2 の生成速度 v_{I_2} と v_2 には $v_{I_2} = v_2$ の関係があることがわかっている。ここで，k_1 および k_2 はそれぞれ，正反応および逆反応の速度定数であり，$[I_2]$，$[H_2]$，$[HI]$ はそれぞれ，I_2，H_2，HI のモル濃度である。

体積が一定で変化しない 50 L の反応容器 A において，次の実験1～4を行った。

実験 1：1000 K において，HI は存在せず，I_2 および H_2 の初濃度がいずれも 2.00 mol/L のとき，反応開始直後の HI の生成速度は 1.60×10^4 mol/(L·s)であった。

実験 2：1000 K において，I_2 および H_2 は存在せず，HI の初濃度が x[mol/L]のとき，反応開始直後の I_2 の生成速度は 7.20×10^2 mol/(L·s)であった。

実験 3：303 K において，反応容器 A に I_2（固体）を 762 g 入れ，H_2 を大気圧（1.01×10^5 Pa）まで充填した後，容器に栓をして密閉した。その後，反応容器 A の温度を上げ，1000 K において HI の生成反応を行ったところ，その平衡定数は 25 であった。なお，1000 K において，I_2 はすべて気体として存在する。

実験 4：実験 3 で，1000 K において式①の反応が平衡になった後に，温度を 1250 K に上げ，再度，平衡状態とした。1250 K における式①の反応の平衡定数を決定したところ，その平衡定数は 20 であった。

問 1　式①の反応の 1000 K における正反応の速度定数 k_1[L/(mol·s)]および逆反応の速度定数 k_2[L/(mol·s)]を有効数字 2 桁で答えなさい。

問 2　実験 2 において，反応開始時の HI 濃度 x[mol/L]を有効数字 2 桁で答えなさい。

問 3　実験 3 において，反応容器 A に入れた I_2 および H_2 の物質量[mol]を有効数字 2 桁で答えなさい。なお，ここでは固体の I_2 の占有体積は容器体積に比べて非常に小さいため，考慮しなくてよい。

問 4　実験 3 において，1000 K にて式①の反応が平衡になったときの全圧[Pa]および H_2 の分圧[Pa]を有効数字 2 桁で答えなさい。

問 5 以下の ア ～ エ にあてはまる語句を下記の語群の中から選び

なさい。

実験 1 ～ 4 の結果から，温度が高いほど ア が小さくなっていること

より，平衡状態では，温度が高いほど イ の濃度が増大し， ウ

の濃度が減少していることがわかる。よって，式①の正反応は エ 反応

である。

(語群)

反応速度定数 活性化エネルギー 平衡定数

I_2 および H_2 HI 発熱 吸熱

Ⅱ 次の文章を読んで，問 1 ～ 9 に答えなさい。(配点 19 点)

ハロゲンの単体のうち，フッ素は水と激しく反応し，塩素と臭素は一部が水と反
①
応する。ヨウ素は，水に溶けにくいが，ヨウ化カリウム水溶液には新たにイオンを
②
生じて溶ける。

塩素は，実験室では，酸化マンガン(Ⅳ)を入れたフラスコに濃塩酸を加え，加熱
③
することにより得られる(下図)。フラスコ内より発生した気体は，二つの洗気びん
④
A と B を順に通った後に， ア 置換により捕集される(下図には描かれてい

ない)。また，塩素は，工業的には，陰極側と陽極側とを イ 膜で仕切り，

塩化ナトリウム水溶液を電気分解することにより得られる。
⑤

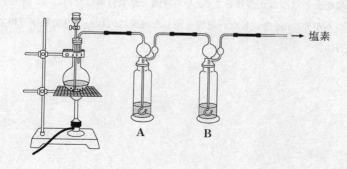

問 1　下線部①について，化学反応式を答えなさい。

問 2　塩素の水溶液を塩素水と呼ぶ。塩素水に存在する物質のうち，最も酸化数が大きい塩素を含むものを物質名で答えなさい。また，その物質における塩素の酸化数を答えなさい。

問 3　臭素の水溶液を臭素水と呼ぶ。C_2H_6，C_2H_4，C_2H_2 の分子式で表される炭化水素のうち，十分量を臭素水に通しても臭素水を脱色することができない炭化水素をすべて答えなさい。

問 4　下線部②について，新たに生じるイオンの化学式を答えなさい。

問 5　下線部③について，化学反応式を答えなさい。

問 6　下線部④について，洗気びん **A** と **B** に入れる液体は何か，物質名を答えなさい。また，その理由をそれぞれ 14 文字以内で答えなさい。

問 7　　ア　　と　　イ　　に入る適切な語句を答えなさい。

問 8　下線部⑤について，陰極と陽極で起こる変化を，それぞれ電子 e⁻ を含むイオン反応式で答えなさい。

問 9　塩化ナトリウム水溶液を 2.00 A の電流で電気分解したところ，水酸化ナトリウムが 800 mg 生成した。電流を流した時間は何秒か，有効数字 3 桁で答えなさい。

Ⅲ　次の文章を読んで，問 1 〜 7 に答えなさい。構造式は以下の例にならって書きな
さい。文中の **A** 〜 **K** はすべて有機化合物である。（配点 18 点）

（構造式の例）

実験 1 ：　**A** 〜 **C** は同じ分子式 $C_{14}H_{20}$ であり，互いに構造の異なる化合物である。
　　　　　A 〜 **C** のオゾン分解を行ったところ，**A** からは **D** と **G** が，**B** からは **E** と
　　　　　H が，**C** からは **F** と **H** が生じた。ただし，ベンゼン環はオゾン分解され
　　　　　ないとする。

（補足）　以下の式に示すように，構造式（Ⅰ）であらわされるアルケンをオゾン
　　　　で酸化した後に，酢酸中で亜鉛と反応させると，炭素原子間の二重結
　　　　合が切断されカルボニル化合物（Ⅱ）と（Ⅲ）が得られる。この反応をオ
　　　　ゾン分解という。

オゾン分解

実験 2 ：　**D, E, F** は互いに異性体であった。その分子量は 134 でありいずれもベ
　　　　　ンゼン環をもっていた。元素分析を行ったところ，質量組成は炭素
　　　　　80.6%，水素 7.5% であった。<u>**D, E, F** をそれぞれアンモニア性硝酸銀水
　　　　　溶液に加えて温めると，いずれの反応でも銀が析出した。</u>

実験 3 ： **G** と **H** は互いに異性体であった。**G** と **H** をそれぞれアンモニア性硝酸銀
水溶液に加えて温めると，いずれの反応でも銀は析出しなかった。**G** と **H**
をそれぞれヨウ素と水酸化ナトリウムを含む水溶液に加えたところ，**G** を
用いた反応からはヨードホルムが生じたが，**H** を用いた反応からはヨード
ホルムは生じなかった。

実験 4 ： **D，E，F** をそれぞれ二クロム酸カリウムで酸化して得た化合物を，さら
に過マンガン酸カリウムと反応させた後に溶液を酸性にすると，それぞれ
から芳香族化合物 **I，J，K** が得られた。**I，J，K** は同じ分子式であり，
その分子量は 210 であった。また，**I，J，K** は同じ数のカルボキシ基をも
ち，210 mg の **I** は 120 mg の水酸化ナトリウムと反応した。

（補足）　下の式に示すように，過マンガン酸カリウムはベンゼン環に結合した
炭化水素基(側鎖)をカルボキシ基に酸化する反応剤である。

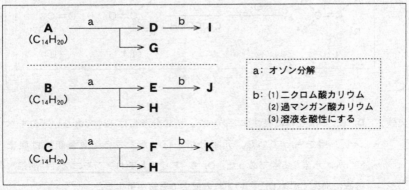

実験 1 〜 4 の結果をまとめると図 1 のようになる。

図 1

実験 5 ：機器分析実験により，ベンゼン環に直接結合している水素原子のうち，互いに性質の異なる水素原子が何種類あるかを知ることができる。たとえば，*p*-クロロトルエンのメチル基のオルト位にある 2 個の水素原子(H_a)は，分子の対称性から考えて性質は同じである。一方，H_a と H_b は互いに性質が異なる。したがって *p*-クロロトルエンを分析すると，ベンゼン環に直接結合していて互いに性質が異なる水素原子は，H_a，H_b の 2 種類存在するという分析結果が得られる。

p-クロロトルエン

同様の方法で **D，E，F，I，J，K** を分析したところ，ベンゼン環に直接結合していて互いに性質の異なる水素原子は，**D** には 3 種類，**E，F，I，J** にはそれぞれ 2 種類あり，**K** のベンゼン環に直接結合している水素原子はすべて性質が同じであることがわかった。

問 1　ヨードホルムの分子式を書きなさい。

問 2　下線部の記述から，**D，E，F** に含まれる共通の官能基を書きなさい。

問 3　**D，E，F** の分子式を書きなさい。

問 4　**G，H** の分子式を書きなさい。

問 5　**G** として考えられる構造式をすべて書きなさい。

問 6　**H** として考えられる構造式をすべて書きなさい。

問 7　**D，E，F** の構造式をそれぞれ書きなさい。

Ⅳ 次の文章を読んで，問 1 ～ 7 に答えなさい。（配点 19 点）

　　ペプチドは，ひとつのアミノ酸のカルボキシ基と別のアミノ酸のアミノ基が脱水
縮合してアミド結合（ペプチド結合）したものであり，アミノ酸が 2，3，4，5 分子
連なったものを，順にジペプチド，トリペプチド，テトラペプチド，ペンタペプチ
ドと呼ぶ。

　　あるペンタペプチドは，以下の 8 つの α-アミノ酸（一般式 R－CH(NH₂)－COOH）の
うち異なる 5 つが直鎖状にペプチド結合している。ただし，括弧内の大文字アル
ファベットは各アミノ酸の一文字記号，数字は分子量を示している。

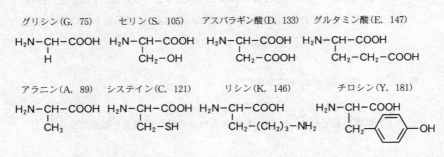

　　このペンタペプチドを複数条件で加水分解し，様々なアミノ酸とペプチドを得
た。それらの中からペプチド①～③を選んだところ，いずれもジペプチドまたはト
リペプチドであり，実験 1 ～ 6 から以下の情報が得られた。

実験 1： 各ペプチドの水溶液に水酸化ナトリウムを加えて加熱後，酢酸鉛（Ⅱ）を加
　　　　えたところ，ペプチド②を構成するアミノ酸の側鎖 R 中の　ア　が反
　　　　応して黒色沈殿が生じた。

実験 2： 各ペプチド水溶液に濃硝酸を加えて加熱したところ，ペプチド①と②の両
　　　　方に含まれるアミノ酸の側鎖 R がもつ　イ　が　ウ　化されて黄
　　　　色になり，分子量が　n_1　増加した。

実験3：各ペプチドのエタノール溶液に触媒として少量の濃硫酸を加えて加熱し，　エ　基のすべてを　オ　化したところ，すべてのペプチドで分子量が増加した。ただし，ペプチド②の分子量増加数　n_2　に対し，ペプチド①はその 2 倍，ペプチド③はその 3 倍だった。

実験4：各ペプチドの水溶液に水酸化ナトリウムを加え，さらに少量の硫酸銅（Ⅱ）水溶液を加えたところ，ペプチド②のみ赤紫色に発色した。

実験 1 〜 4 の結果を整理すると以下の表になる。

	実験 1	実験 2	実験 3	実験 4
	黒色沈殿	分子量増加数	分子量増加数	発色
ペプチド①	なし	n_1	n_2 の 2 倍	なし
ペプチド②	あり	n_1	n_2	あり
ペプチド③	なし	変化なし	n_2 の 3 倍	なし

実験5：ペプチド①と③の分子量を測定したところ，両者の差は 48 であった。

実験6：ペンタペプチドの N 末端のアミノ酸は，アミノ基を　カ　基に置換すると乳酸になった。

以上の情報から，このペンタペプチドのアミノ酸配列が特定できた。

問 1　　ア　〜　カ　にあてはまる適切な語句を書きなさい。

問 2　実験 1 と実験 2 から，ペプチド②に含まれる 2 つのアミノ酸を一文字記号で書きなさい。

問 3　実験 2 で，ペプチド①と②の分子量増加分である整数 n_1 はいくつか答えなさい。

問 4 実験 3 で，ペプチド②の分子量増加分である整数 n_2 はいくつか答えなさい。

問 5 実験 3 の分子量増加分について，ペプチド③はペプチド②の 3 倍であることから，ペプチド③を構成するアミノ酸について何がわかるか。句読点を含めて 30 字以内で説明しなさい。

問 6 実験 1 〜 5 の結果を考え合わせると，ペプチド①の分子量はいくつか，整数で答えなさい。

問 7 実験 6 に注意して，ペンタペプチドのアミノ酸配列を N 末端側から順に一文字記号で書きなさい。

生物

（1 科目：60 分　2 科目：120 分）

Ⅰ　次の文章を読んで，問 1 ～ 4 に答えなさい。（配点 19 点）

　　ヒトをはじめとする動物は，細胞が必要とする栄養素や酸素などを外界から取り入れるとともに，細胞から排出された二酸化炭素や老廃物を体外に排泄することで恒常性を維持している。ヒトの血液中には，酸素と結合してその運搬を担う色素タンパク質が含まれており，それが末梢に酸素供給を行っている。また，全身に運(A)ばれた酸素と栄養素は，細胞内において生命維持に必要なエネルギー産生のために利用される。

問 1　下線部(A)に関する以下の問いに答えなさい。

　　(1)　下線部(A)の名称を答えなさい。また，その構造を 70 文字以内で説明しなさい。ただし，句読点も字数に含める。

　　(2)　この色素タンパク質の色素成分が持つ金属イオンの名称を答えなさい。

問 2　アフリカなどの熱帯地域では，酸素が不足すると赤血球が三日月形に変形する症状が認められることがある。この原因は，下線部(A)をコードする遺伝子の(B)塩基配列が置換されたためであり，それにより形質に影響が現れる。以下の図 1 は正常な下線部(A)の塩基配列を示しているが，6 番目のアミノ酸を決定する塩基配列のうちアデニンが　　ア　　に置換されることにより発症する。

　　(1)　下線部(B)の疾病の名称を答えなさい。

　　(2)　空欄　　ア　　にあてはまる塩基名を答えなさい。

図1 下線部(A)の塩基配列とアミノ酸配列

問3 図2のグラフは，下線部(A)の酸素解離曲線を示している。また，表1はそれ
ぞれのグラフの酸素飽和度（％）を示している。これらの情報をもとに，以下の
問いに答えなさい。

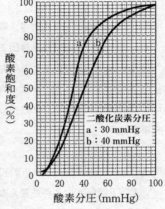

(1) 肺胞での酸素分圧を 100 mmHg，二酸
化炭素分圧を 30 mmHg とし，組織での酸
素分圧を 20 mmHg，二酸化炭素分圧を
40 mmHg としたとき，組織で放出される
酸素は，血液 100 mL あたり何 mL になる
か。小数点第2位を四捨五入した値を答え
なさい。ただし，血液 100 mL 中には飽和
度 100 ％ で，酸素 20 mL が溶けるとす
る。なお，肺から組織に達する途中で酸素
の放出は無いものとする。

図2 (A)の酸素解離曲線

表1 酸素飽和度（％）

酸素分圧（mmHg）	酸素飽和度（％）	
	グラフ a	グラフ b
10	5	4
20	20	14
30	45	30
40	75	48
50	85	70
⋮	⋮	⋮
100	98	98

(2)　グラフ b を安静時での血中酸素解離曲線とした場合，ジョギングなどの有酸素運動をしている時の酸素解離曲線は b の曲線と比べてどのように変化するか答えなさい。また，その理由を述べなさい。

(3)　脊椎動物の生体内には下線部(A)以外にも酸素と結合する色素タンパク質がある。その名称と含まれている組織名を答えなさい。

問 4　好気的な条件における呼吸によって 277 kcal の細胞が利用できるエネルギーが生成された。すべてグルコースに由来するとした場合，何 g のグルコースを消費したことになるか，以下の情報を参考にして答えなさい。また，摂取したグルコースが完全に燃焼して水と二酸化炭素になった場合に得られるエネルギーは何 kcal になると推定されるか答えなさい。なお，いずれも小数点以下を四捨五入して整数で答えなさい。

・グルコース 1 mol あたり 2870 kJ のエネルギーが放出される。
・ADP から ATP 1 mol をつくるためには 30.5 kJ のエネルギーを必要とする。
・1 kJ は 0.239 kcal である。

Ⅱ　次の文章を読んで，問1〜4に答えなさい。(配点19点)

　　遺伝物質であるDNAには遺伝子が含まれており，塩基配列の暗号を読み解くことによりそれぞれの遺伝子が指定するタンパク質が合成される。まずDNAの配列を鋳型として，遺伝子の上流に位置する　ア　とよばれる領域に，複数の基本転写因子とよばれるタンパク質と　イ　とよばれる合成酵素が結合することにより転写が開始する。　イ　はDNAの二重らせん構造をほどきながら，一方のヌクレオチド鎖に相補的なRNAのヌクレオチドを連結させていく。次に，転写されたmRNA前駆体から翻訳に不必要な部分を切り除き，それ以外の残った部分(A)をつなぎ合わせて機能的mRNAが作り出される。この過程はスプライシングとよばれる。合成された機能的mRNAは核内から細胞質基質にある　ウ　に移行し，そこでアミノ酸への翻訳が行われる。翻訳においては，　エ　のはたらきにより機能的mRNAのコドンに対応するアミノ酸が　ウ　に運ばれ，順次結合されていくことによりタンパク質が合成される。このようにDNAからRNAを(B)経てタンパク質が合成される一般原則のことを　オ　とよぶ。

問1　空欄　ア　〜　オ　にあてはまる最も適切な語句を答えなさい。

問2　下線部(A)に関して，以下の問いに答えなさい。

　(1)　スプライシングによって，取り除かれる部分と取り除かれない部分の名称をそれぞれ答えなさい。

　(2)　選択的スプライシングとはどのような現象か。70字以内で説明しなさい。また，このような現象には，どのような意義があるのか。40字以内で説明しなさい。ただし，句読点も字数に含める。

問3　下線部(B)に関して，3つの塩基の並び(トリプレット)により1つのアミノ酸が指定されるが，2つの塩基では指定できない理由は何か。50字以内で説明しなさい。ただし，句読点も字数に含める。

問 4 ある遺伝子の DNA の塩基配列を調べたところ図 1 のようになった。

5′ … CTGTGAACTATGCGTACAGGTCTCCATTGACGATCAAG … 3′

図 1

表 1

		2番目の塩基								
		U		C		A		G		
1番目の塩基	U	UUU	フェニル	UCU	セリン	UAU	チロシン	UGU	システイン	U	3番目の塩基
		UUC	アラニン	UCC		UAC		UGC		C	
		UUA	ロイシン	UCA		UAA	終止コドン	UGA	終止コドン	A	
		UUG		UCG		UAG		UGG	トリプトファン	G	
	C	CUU	ロイシン	CCU	プロリン	CAU	ヒスチジン	CGU	アルギニン	U	
		CUC		CCC		CAC		CGC		C	
		CUA		CCA		CAA	グルタミン	CGA		A	
		CUG		CCG		CAG		CGG		G	
	A	AUU	イソロイシン	ACU	トレオニン	AAU	アスパラギン	AGU	セリン	U	
		AUC		ACC		AAC		AGC		C	
		AUA		ACA		AAA	リジン	AGA	アルギニン	A	
		AUG	メチオニン	ACG		AAG		AGG		G	
	G	GUU	バリン	GCU	アラニン	GAU	アスパラ	GGU	グリシン	U	
		GUC		GCC		GAC	ギン酸	GGC		C	
		GUA		GCA		GAA	グルタミン	GGA		A	
		GUG		GCG		GAG	酸	GGG		G	

(1) 図 1 の塩基配列が遺伝子の開始コドンから終止コドンまでを含んでいると すると，この遺伝子のアミノ酸配列はどのようになるか。表 1 のコドン表を 参考にして，下記の例に従って答えなさい。

例） 開始コドン―バリン―リジン―アスパラギン酸―セリン―終止コドン

(2) タンパク質を指定する塩基配列において変化が起こると，SNP などの塩 基置換と比較すると欠失や挿入のほうが合成されるタンパク質に大きく影響 する可能性が高い。その理由を 50 字以内で説明しなさい。ただし，句読点 も字数に含める。

Ⅲ 次の文章を読んで，問 1 ～ 5 に答えなさい。(配点 19 点)

　　光発芽種子は一般的に小さい種子が多く，地中深く埋まった状態では発芽が抑制
(A)
される。また光発芽種子は光の種類によって反応が異なり，　ア　光があたる
(B)
と発芽が促進され，　イ　光があたると発芽が抑制される。これらの光は
　ウ　というタンパク質によって受容される。　ア　光を受容した
　ウ　は分子構造を可逆的に変化させ，植物ホルモンである　エ　の合成
を誘導する。　エ　と拮抗作用を持ち，種子の休眠を促進する植物ホルモンの
　オ　は，発芽時には減少している。

問 1　空欄　ア　～　オ　にあてはまる最も適切な語句を答えなさい。

問 2　下線部(A)の理由を 60 字以内で説明しなさい。ただし，句読点も字数に含め
　　　る。

問 3　下線部(B)の理由について，周囲の植物とのかかわりをふまえて 80 字以内で
　　　説明しなさい。ただし，句読点も字数に含める。

問 4　　ウ　は，発芽後の茎の伸長成長も調節する。　ウ　以外で茎の伸
　　　長抑制にかかわる光受容体の名称と，受容する光の種類を答えなさい。

問 5　イネやコムギの種子では，　エ　が胚乳の外側を包んでいる部分にはた
(C)
　　　らきかけ，デンプンを分解する酵素を誘導し，分解物が胚に吸収されて成長に
(D)
　　　利用される。下線部(C)および(D)の名称を答えなさい。

Ⅳ　次の文章を読んで，問1〜4に答えなさい。（配点 18 点）

　　生物の進化は，集団内で生じた突然変異が　ア　と　イ　によって集団内に広がることで起こる。このうち，集団内の遺伝子頻度が偶然に左右され変化することを　ア　とよぶ。進化における　ア　の重要性を指摘した学説に木村資生の中立説があり，実際に分子進化は，生存に［　a　］突然変異によるものが多いことが知られている。分子進化の大半を生存に［　a　］突然変異が占めることは，突然変異の生じやすさと集団内への固定されやすさの両方を考慮することで理解できる。生存に［　b　］突然変異はそもそも生じる可能性が極めて低く，生存に［　a　］突然変異や［　c　］突然変異が大半を占める。このうち生存に［　c　］突然変異は，　イ　によって集団から排除されやすい。一方で生存に［　a　］突然変異は，　イ　がはたらかず　ア　によって偶然に集団内に広まる可能性が高い。

　　また　イ　は，繁殖や生存に有利な形質をもつ個体が，より多くの子供を残すことで起こる。一方で，様々な生物で自分の繁殖を犠牲にしてまで，他個体の繁殖を助ける行動が見られる。こうした行動は　イ　と矛盾するように思えるが，その個体自身の繁殖成功だけではなく，遺伝子を共有する血縁個体を通じて得る間接的な繁殖成功も考慮することで説明が可能である。血縁個体が自分と同じ遺伝子を共有する確率を血縁度というが，ヒトのように二倍体の生物では，子供は父親ならびに母親とゲノムの　ウ　ずつを共有する。それゆえ，二倍体の生物では，親子間の血縁度は　ウ　であるが，兄弟姉妹間の血縁度も　ウ　である。つまり，自分が繁殖した場合に残す子の数より，自分が世話をすることで増える兄弟姉妹の数のほうが多ければ，　イ　により自分の子を残さないという形質が進化しうる。

　　このことをふまえると，利他行動は血縁度が高い個体間ほど生じやすいはずである。実際にアリやハチの仲間では，繁殖に専念する女王と卵を産まないワーカー（メス）との分業がよく見られるが，この進化にはメスは両親由来の2組のゲノムを持つ二倍体である一方，オスはメス親由来の1組のゲノムしか持たない一倍体であるという特殊な性決定様式が関係している可能性が高い。

問 1　空欄　ア　～　ウ　にあてはまる最も適切な語句や数値を答えなさい。

問 2　空欄 [　a　] ～ [　c　] には，「有利な」，「不利な」，「有利でも不利でもない」のいずれかが入る。それぞれ適切なものを選び答えなさい。

問 3　下線部(A)について，どのような時に偶然による影響が大きくなるか。20 字以内で説明しなさい。ただし，句読点も字数に含める。

問 4　下線部(B)について，ワーカーが自分の子供を残さず，女王（メス親）の繁殖の手助けをする分業が進化した理由を，血縁度の観点から 140 字以内で説明しなさい。ただし，句読点も字数に含める。なお，ワーカーは 1 匹のメス親に由来し，そのメス親は 1 匹のオス親とのみ交尾するものとする。

地学

（2 科目：120 分）

Ⅰ　以下は，海嶺_{かいれい}で誕生した海洋プレートが島弧の下に沈み込むまでに起こる地史である。次の文章を読んで，問 1 ～ 4 に答えなさい。（配点 25 点）

　　　太平洋の中央海嶺_{かいれい}の地下では，高温のままマントルが上昇し，マグマが発生する。ここで誕生した　ア　からなる海洋プレートは，長い時間をかけて日本沿岸などプレートが沈み込む場所に移動する。陸地から十分に離れた遠洋では，海洋プレート上に主に二酸化ケイ素からなる　イ　が特徴的に堆積する。その上に半遠洋性堆積物が堆積し，そして日本などの島弧や大陸近傍に到達すると，陸地から供給される砂や泥が堆積する。このような特徴的な岩石の組み合わせを海洋プレート層序という。それらの堆積物は，海溝から島弧の下に沈み込み，　ウ　を経て，堆積岩へと変化していく。沈み込んだ堆積物は，島弧の下に発達するくさび形のマントルに　エ　を供給し，マグマを発生させる働きがある。このマグマが上昇し，島弧の火山を形成する。

問 1　空欄　ア　～　エ　にあてはまる適切な語句を答えなさい。

問 2　下線部(A)，(D)に関して，マグマ発生プロセスが中央海嶺_{かいれい}とプレート沈み込み帯でどのように異なるかを説明しなさい。

問 3　下線部(B)について，深海底には河川や海洋表層のような強い水の流れが存在しない。このような環境下での堆積物運搬の主要な様式は，泥や砂を含んだ密度の大きい流体が，重力によって大陸斜面を流れ下っていくものである。このような流れを何と呼ぶか，名称を答えなさい。さらに，このような流れによってできた堆積物の特徴を答えなさい。

問 4 プレートが沈み込むところでは，下線部(C)で示された岩石化作用のほかに，変成作用が起こる。両者の違いを説明しなさい。

Ⅱ 次の文章を読んで，問 1 ～ 5 に答えなさい。（配点 25 点）

地球大気に入射した太陽放射の一部は，大気と雲と地表によって反射される。そして，地球は残りを吸収することで暖められている。一方，地表と大気と雲は温度に応じた放射を出しており，地球は大気の上端から出ていく放射によって冷える。このとき，地球が受け取る太陽放射と地球が出す放射は波長が異なっており，前者は主に ア 線であり，後者は主に イ 線である。また，放射に加えて， ウ や伝導，蒸発によって地表と大気は熱をやり取りしている。

図 1 は，地球に入射する太陽放射エネルギーを 100 としたときの地球のエネルギー収支をあらわす。矢印 a，b，c，d はそれぞれ大気上端に入射する太陽放射，地表に入射する太陽放射，地表面で反射する太陽放射，大気上端から宇宙空間に出ていく太陽放射を表し，矢印 e，f，g はそれぞれ地表に入射する地球放射，地表が出す地球放射，大気上端から宇宙空間に出ていく地球放射を表す。また，h は ウ や伝導，蒸発によって地表から出ていく熱を表す。大気によって放射エネルギーが吸収・放射されることで，結果として地球の地表および地表付近の温度は平均 15 ℃程度に保たれる。
(A)

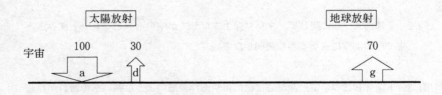

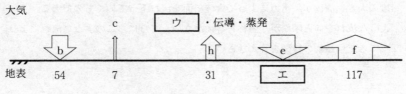

図 1

問 1　空欄　[ア]　～　[ウ]　にあてはまる最も適切な語句を答えなさい。

問 2　図 1 中の空欄　[エ]　にあてはまる数値を求めなさい。計算の過程も示すこと。

問 3　地球に入射する太陽放射を 100 としたとき，大気によって吸収される太陽放射エネルギーの大きさを求めなさい。計算の過程も示すこと。

問 4　下線部(A)について，大気成分の中で水蒸気や二酸化炭素といった，地球放射を吸収・放射する成分の総称を答えなさい。

問 5　図 2 は惑星に入射する太陽放射を 100 としたときの，水星，金星，火星のいずれかのエネルギー収支をあらわす。図 2 がどの惑星のエネルギー収支か答えなさい。またそのように考えた理由を説明しなさい。なお，矢印 a ～ g の意味は図 1 と同じである。

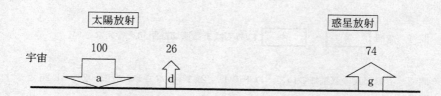

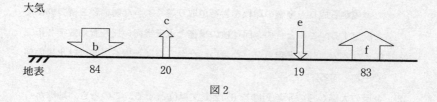

図 2

Ⅲ 次の文章を読んで，問1～3に答えなさい。(配点25点)

　　太陽系は太陽を中心として公転する8個の惑星とその惑星の周囲を公転する
　　　ア　，それに数多くの小天体などから構成される。惑星の軌道は，惑星と太
陽の平均距離，離心率などにより特徴づけられ，地球より太陽との平均距離が小さ
い惑星は，水星と金星だけである。それらの惑星を　　イ　　という。火星軌道と
　　　　　(A)
木星軌道の間には，比較的大きな離心率を持つ小天体が数多く存在しており，それ
らの天体を　　ウ　　という。また，木星，土星，天王星，海王星は，木星型惑星
に分類されるが，木星と土星は　　エ　　，天王星，海王星は巨大氷惑星ともいわ
れる。海王星以遠には，　　オ　　といわれる天体が存在し，彗星は　　オ　　を
　　　　　　　　　　　　　　　　　　　　　　　　　すいせい
起源とするものが存在する。
　　太陽系に最も近い恒星はプロキシマ・ケンタウリである。太陽以外の恒星の周囲
　(B)
にも惑星が発見されており，太陽系外惑星と呼ばれているが，この恒星にも太陽系
外惑星が発見されている。太陽系の中で生命が確認されている惑星は地球だけであ
り，地球はハビタブルゾーンにあると考えられているが，ハビタブルゾーンに位置
　　　　　　　　　　(C)
する太陽系外惑星も発見されてきている。

問1　空欄　　ア　～　オ　　にあてはまる適切な語句を答えなさい。

問2　下線部(A)の惑星について，以下の(1)，(2)に答えなさい。なお，$2^{\frac{1}{3}} = 1.26$と
　　する。

　(1)　水星の平均密度は$5.4\,\mathrm{g/cm^3}$である。水星が$3.0\,\mathrm{g/cm^3}$の岩石と$7.8\,\mathrm{g/cm^3}$
　　　の金属から成り，金属の球核を岩石が取り巻くような層構造を持つ球体だ
　　　と仮定する。このときの金属球核の半径と水星半径の比を有効数字2桁で
　　　答えなさい。計算過程も示しなさい。なお，金属と岩石の密度は水星内部
　　　で一定とする。

　(2)　金星の太陽からの平均距離を0.72天文単位とする。このとき，地球から
　　　見た金星の見かけの大きさは最大で何倍変化するか有効数字2桁で答えな
　　　さい。なお，地球と金星の公転軌道は円軌道とする。

問 3　下線部(B)の恒星プロキシマ・ケンタウリは主系列星である。その年周視差は 0.77″であり，見かけの等級は 11 等級である。このとき，以下の(1)〜(4)に答えなさい。なお，$\log_{10} 77 = 1.89$ とする。

(1)　この恒星の年周視差から地球との距離を有効数字 2 桁で答えなさい。なお，距離の単位はパーセクとする。

(2)　地球から d パーセクの距離にある恒星の見かけの等級を m とする時，その恒星の絶対等級 M は，次の式で表すことができる。

$$M = m + 5 - 5 \log_{10} d$$

この式を次の 2 つの関係から導きなさい。

・　恒星の見かけの等級 m が 5 等級変化すると明るさが 100 倍変わる。

・　恒星の見かけの明るさ L は距離 d の 2 乗に反比例する。

(3)　プロキシマ・ケンタウリの絶対等級を有効数字 2 桁で答えなさい。計算の過程も示しなさい。

(4)　下線部(C)のハビタブルゾーンとは何か簡潔に説明しなさい。また，プロキシマ・ケンタウリのハビタブルゾーンの位置は太陽系の場合とどう異なるのか，理由とともに答えなさい。なお，太陽の絶対等級は 5 等級である。

//////////////// · **memo** · ////////////////

問 題 編

■前期日程

問題編

▶試験科目・配点

学部・学科等		教 科	科 目		配 点
国際人間科	発達コミュニティ, 子ども教育	外国語	英語, ドイツ語, フランス語, 中国語から1科目選択		175 点
		数 学	数学Ⅰ・Ⅱ・A・B		75 点
		理 科	「物理基礎・物理」,「化学基礎・化学」,「生物基礎・生物」,「地学基礎・地学」から2科目選択	から1教科選択	150 点
		国 語〈省略〉	国語総合・現代文B・古典B		
	環境共生	文科系受験 外国語	英語, ドイツ語, フランス語, 中国語から1科目選択		200 点
		文科系受験 数 学	数学Ⅰ・Ⅱ・A・B		100 点
		文科系受験 国 語〈省略〉	国語総合・現代文B・古典B		150 点
		理科系受験 外国語	英語, ドイツ語, フランス語, 中国語から1科目選択		200 点
		理科系受験 数 学	数学Ⅰ・Ⅱ・Ⅲ・A・B		150 点
		理科系受験 理 科	「物理基礎・物理」,「化学基礎・化学」,「生物基礎・生物」,「地学基礎・地学」から2科目選択		200 点

理	数, 生物, 惑星	外国語	英語	125 点
		数 学	数学Ⅰ・Ⅱ・Ⅲ・A・B	150 点
		理 科	「物理基礎・物理」,「化学基礎・化学」, 「生物基礎・生物」,「地学基礎・地学」か ら2科目選択	150 点
	物 理	外国語	英語	125 点
		数 学	数学Ⅰ・Ⅱ・Ⅲ・A・B	150 点
		理 科	「物理基礎・物理」必須。「化学基礎・化 学」,「生物基礎・生物」,「地学基礎・地 学」から1科目選択	150 点
	化	外国語	英語	125 点
		数 学	数学Ⅰ・Ⅱ・Ⅲ・A・B	150 点
		理 科	「化学基礎・化学」必須。「物理基礎・物 理」,「生物基礎・生物」,「地学基礎・地 学」から1科目選択	150 点
医	医	外国語	英語	150 点
		数 学	数学Ⅰ・Ⅱ・Ⅲ・A・B	150 点
		理 科	「物理基礎・物理」,「化学基礎・化学」, 「生物基礎・生物」から2科目選択	150 点
		その他	面接	*
	保 健	看護学, 理学療法学, 作業療法学	外国語	英語, ドイツ語, フランス語, 中国語から 1科目選択	150 点
			数 学	数学Ⅰ・Ⅱ・A・B	100 点
			理 科	「物理基礎・物理」,「化学基礎・化学」, 「生物基礎・生物」から1科目選択	100 点
		検査技術 科学	外国語	英語, ドイツ語, フランス語, 中国語から 1科目選択	150 点
			数 学	数学Ⅰ・Ⅱ・Ⅲ・A・B	100 点
			理 科	「物理基礎・物理」,「化学基礎・化学」, 「生物基礎・生物」から1科目選択	100 点

工	建築, 機械工, 応用化	外国語	英語	125 点
		数 学	数学 I・II・III・A・B	150 点
		理 科	「物理基礎・物理」,「化学基礎・化学」	150 点
	市民工, 電気電子工	外国語	英語	150 点
		数 学	数学 I・II・III・A・B	200 点
		理 科	「物理基礎・物理」,「化学基礎・化学」	150 点
	情報知能工	外国語	英語	150 点
		数 学	数学 I・II・III・A・B	150 点
		理 科	「物理基礎・物理」,「化学基礎・化学」	150 点
農		外国語	英語	150 点
		数 学	数学 I・II・III・A・B	150 点
		理 科	「物理基礎・物理」,「化学基礎・化学」,「生物基礎・生物」,「地学基礎・地学」から 2 科目選択	150 点
海 事 科		外国語	英語	150 点
		数 学	数学 I・II・III・A・B	150 点
		理 科	「物理基礎・物理」必須。「化学基礎・化学」,「生物基礎・生物」,「地学基礎・地学」から 1 科目選択	200 点

▶備 考

• 英語以外の外国語は省略。

• 英語は, コミュニケーション英語基礎・I・II・III, 英語表現 I・II, 英語会話を出題範囲とする。

• 数学Bでは,「数列」及び「ベクトル」の2分野を出題範囲とする。

• 各教科・科目の試験の配点は, 外国語125点, 数学（理系）150点, 数学（文系）75点, 理科1科目75点である。ただし, 各学部の入学者選抜のための配点は, 上の表に示した傾斜配点による点数を使用する。

＊面接の結果によって, 医師及び医学研究者になる適性に大きく欠けると判断された場合は, 筆記試験の得点にかかわらず不合格とする。

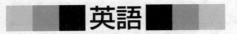

（80 分）

Ⅰ　次の文章を読んで，問 1 〜 5 に答えなさい。（配点 45 点）

　　Nature is like granola: The list of ingredients is long, but the bowl is mostly filled
(1)
with just a few of them.　Take England, for example, which is obsessed enough with
animals and birds to count its wildlife nearly one by one, population estimates for 58
species of land mammal in that country, ranging from the familiar to the obscure, total
about 173 million animals.　But just three species — the common shrew*, rabbit, and
mole — account for half of those individuals.　All told, the most common 25 percent of
English mammal species add up to 97 percent of all the individual animals.　Similar
patterns play out on land and at sea, in your local park or across whole continents, and
whether you are counting beetles, shellfish, or tropical trees.　The most common land
bird in the United States and Canada is the American robin, harbinger of spring*.
Robins alone are as numerous as the two countries' 277 least-common bird species
combined.

　　The fact that species of such incredible abundance can decline as quickly as the
white-rumped vulture did points to a counter-intuitive idea in conservation that common
(2)　　　　　　　　　　　　　　　　　　　　　　　　　　　(3)
species may need protection just as much as rare ones do.

　　The first scientist to propose the conservation of the common was, almost too
perfectly, the author of a book called *Rarity*.　After 20 years of studying what made some
species rare, Kevin Gaston, an ecologist at the University of Exeter, in England, started
to wonder why other species are widespread and abundant.　He soon came to a
seemingly contradictory conclusion: "The state of being common is rare."　While any
given common species is made up of many individuals, only a small fraction of species
are common.

　　Gaston's work culminated in "Common Ecology," a paper published in the journal
BioScience in 2011 that found that commonness was not a well-studied phenomenon,

and that "(A   )." The work triggered a quiet increase in research. A study from 2014 hints at the scale of what has been overlooked. Its authors found that (B   ), and that (C   ).

　　(4)<u>Industrial agriculture carries much of the blame for Europe's disappearing birds.</u> "They've been taking out hedgerows, taking out trees, making fields bigger, increasing inputs of pesticides* — just essentially squeezing out the opportunities for wild organisms to live in those kinds of environments," Gaston told me. "We're talking just massive losses."

　　But even the most human-adapted and urban of birds, such as starlings* and house sparrows, have steeply decreased — in fact, those two very common birds were among the top five birds experiencing population declines. Most of the rarest birds in Europe are actually increasing at present, due to successful conservation efforts, although they remain uncommon; meanwhile, most of the common birds are declining toward scarcity. "The inevitable place you end up," said Gaston, "is that (D   )."

　　From Tragedy Of The Common, Pacific Standard on September 5, 2018, by J. B. MacKinnon

　　　注　shrew　トガリネズミ

　　　　　harbinger of spring　春告げ鳥

　　　　　pesticides　農薬

　　　　　starling　ムクドリ

問 1　下線部(1)の意味を，50 字以内の日本語で，本文の内容に即して具体的に説明しなさい。ただし，句読点も 1 字に数えます。

問 2　下線部(2)を置き換えるのに最も適切な一続きの語句を，本文中から抜き出しなさい。

問 3　下線部(3)と(4)を，それぞれ日本語に訳しなさい。

問 4　空欄（   A   ）〜（   D   ）に入る最も適切な表現を次の中からそれぞれ一つ選び，記号で答えなさい。ただし，同じ記号は一度しか使えません。

　　㋑　everything is rare

(い)　many common species are as poorly studied as many rare ones

(う)　the number of birds nesting in Europe has dropped by 421 million — fully one-fifth of the continent's bird population, gone — since 1980

(え)　the species has recovered

(お)　this decline in sheer birdiness is accounted for almost entirely by common species, among them such household names as the skylark

問 5　本文の内容をふまえ，conservation をどのように行うべきか，あなたの意見を 60 語程度の英語で書きなさい。

Ⅱ　次の文章を読んで，問 1 ～ 5 に答えなさい。（配点 35 点）

I thumped up the porch, two steps at a time, and slammed the screen door open, tumbling inside.

"Mom! Mom! （　A　）"

"What, Muriel? I wish you wouldn't slam the door."

"I've been chosen to play the part of Alice in the school operetta!"

"Oh how wonderful!" Mom looked up from the accounts she had been doing and pushed her glasses up with her forefinger. She patted my shoulder awkwardly. "（　B　）You have such a lovely voice and now everyone will hear you sing. I have to call your father."

"There's a meeting for the moms tomorrow after school, okay?" I nibbled a piece of my hair.

"Of course, dear," Mom said. "I'll be right on time."

Mom came right on time, with her going-out purse and pumps. She had done her hair in rollers, and the fat curls made her hair look two times bigger than it really was. Her eyebrows were newly plucked and penciled in darker than the original colour.

"So good of you to come, Mrs. Ton Kasu. We are so proud of our little Muriel. Such a lovely singing voice. （　C　）" Mrs. Spear beamed at my Mom. She tugged my Mom's elbow and drew her to the side. She looked sideways, this way and that, with the whites of her eyes rolling, and lowered her voice into a whisper. I edged in closer.

"There is a delicate matter I want to speak to you about."
　　　　　(1)

"Of course," Mom said, smiling.

"Well, it's the matter of your daughter's hair. You see, the part she is playing, you know the story of *Alice in Wonderland*, don't you?"

Mom shook her head apologetically.

"Well, Alice is a story about an English girl, you know. An English girl with lovely blonde hair. And strictly for the play, you understand, Muriel will have to have blonde hair or no one will know what part she is playing. You simply cannot have an Alice with black hair."

"Of course," Mom nodded, to my growing horror. "It's in the nature of theatre and costume, is it not?"

"Of course!" Mrs. Spear beamed. "(D) I was thinking of a nice blond wig. They make such nice wigs these days, no one will notice a thing. Why, they'll think there's a new child in school who is star material! You must be so proud."

"We could dye her hair. I believe there are dyes that wash out in a few months or
　(2)
so. That way, Muriel can really grow into her role as Alice. She can live and be Alice
　　　　　(3)
before opening night!"

"Mrs. Ton Kasu! You are so cooperative. I wish my other mothers were more like you. Why, I was just telling Mrs. Rogowski her daughter should lose at least ten pounds before the play, and she just got up and left in anger. Pulling her daughter after her. Poor dear, when she was so looking forward to being in the play."

I was horrified, Mom and Mrs. Spear chatting away and dying my beautiful black hair blonde? Me with blonde hair and living the role of Alice? In this town? What could my Mom be thinking? I would look ridiculous and stand out like a freak.

"Mom!" I hissed. "Mom, I changed my mind. I don't want to be Alice anymore. I'll be the Mad Hatter, that way, I can just wear a hat. Or the Cheshire Cat! Cats have slanted eyes. That would work out. Mom?"

She just ignored me and chatted with Mrs. Spear, about costume and hair dyes and suitable diets for actors. On the way home from school she stopped at the drugstore and dragged me inside to discuss the merits of hair rinse over henna with Mrs. Potts, the drugstore owner.

From Chorus of Mushrooms by Hiromi Goto, NeWest Press

問 1　下線部(1)の内容を，30 字程度の日本語で具体的に説明しなさい。ただし，句読点も 1 字に数えます。

問 2　空欄（　A　）〜（　D　）に入る最も適切な表現を下からそれぞれ一つ選び，記号で答えなさい。ただし，同じ記号は一度しか使えません。

(あ)　Guess what!

(い)　I found it!

(う)　I knew you would understand.

(え)　I'm so proud of you.

(お)　It's a shame.

(か)　Who would have thought?

問 3　下線部(2)を受けて，Mrs. Spear と Muriel はどのように考えたか。それぞれ 30 字程度の日本語で，解答欄におさまるよう答えなさい。ただし，句読点も 1 字に数えます。

問 4　下線部(3)を日本語に訳しなさい。

問 5　本文の内容と合致する最も適切な文を次の中から二つ選び，記号で答えなさい。

(あ)　Mrs. Potts suggests that Muriel should dye her hair blonde to look like an English girl.

(い)　Mrs. Rogowski agrees that her daughter needs to lose weight before the play.

(う)　Mrs. Spear communicates easily with the mothers of the students who will be in the school operetta.

(え)　Muriel changes her mind about playing Alice because she likes the character of the Cheshire Cat better.

(お)　Muriel has a beautiful voice and was looking forward to singing in the school operetta.

(か)　Muriel's mother comes punctually to the school meeting, dressed up, because she is excited and anxious.

Ⅲ　次の文章を読んで，問 1 〜 5 に答えなさい。（配点 45 点）

Zen painting and calligraphy began very early in Zen history, although no examples exist from more than a thousand years ago.　Earlier written records confirm that Chinese Zen Masters did both painting and calligraphy — sometimes with brush on paper, sometimes with a stick on the ground, and even with gestures in the air.　With the introduction of Zen to Japan, Chinese Zen works from the Song and Yuan Dynasties* were imported, leading to a tradition of Zen brushwork in Japan that has been carried forth strongly to the present day.　During the fifteenth and sixteenth centuries, the popularity of Zen paintings grew so great in Japanese society that major monasteries* maintained workshops, certain monks became painting specialists, and Zen art became somewhat professionalized.

After 1600, however, with the decline in the government support for Zen, monastery workshops were no longer needed, and it became the major Zen masters themselves who created Zen painting and calligraphy, usually as gifts for their followers. There is no parallel for this in Western art; imagine if Pope Julius II, instead of asking
<u>(1)</u>
Michelangelo to paint the Sistine Chapel ceiling, had painted it himself.　The major difference is that Zen masters, having been taught the use of the brush when learning how to read and write in childhood, had control of their medium, while Pope Julius was
<u>(2)</u>
not trained in painting frescos*.

As a result of Zen masters creating their own art, the works became generally simpler, more personal, and more powerful than the elegant ink landscapes of earlier Zen-inspired artists.　Another result was that major historical trends in Japanese Zen were increasingly echoed in Zen art.　For example, there were three basic responses
<u>(3)</u>
from monks to the loss of support from the government.　The first was to continue interactions with the higher levels of Japanese society, often through the tea ceremony. Works by Zen masters from the Kyoto temple Daitoku-ji, with its strong connections to the imperial court, were especially popular for displaying at tea gatherings, such as the single-column calligraphy by Gyokushū, *The Mosquito Bites the Iron Bull*.　Not only its
<u>(4)</u>
inspiring Zen text but also its powerful brushwork would have been subjects for discussion during the ritual sipping of whisked green tea.
<u>(5)</u>
A second trend in Zen during the seventeenth century was to ignore the

governmental restrictions on society and concentrate on one's own practice. (　A　)

A third trend, however, became the most significant in later Japanese Zen: to reach
out as never before to every aspect of Japanese society. Hakuin Ekaku, generally
considered the most important Zen master of the last five hundred years, was
extraordinary in his abilities to connect with people of all ranks of life. (　B　)

Hakuin also spoke at public Zen meetings throughout Japan, and his voluminous
writings include autobiographical narrations, commentaries on Zen texts, letters to
everybody from nuns to merchants, poems in Chinese and Japanese, and Zen songs; he
also created an amazing array of Zen paintings and calligraphy. In addition to painting
familiar Zen themes from the past such as the first patriarch Bodhidharma*, Hakuin
invented a whole new visual language for Zen. (　C　) In his teachings, Hakuin
emphasized the importance of bringing Zen practice to every aspect of everyday life.

Hakuin's teachings came to have a pervasive influence upon both the Rinzai and
Obaku Zen traditions, and his example as an artist was also a great influence on later
monks. Zen masters such as Sengai continued to invent new painting subjects, often
humorous, while direct and indirect pupils of Hakuin and Sozan followed stylistic trends
that Hakuin had developed in his brushwork. (　D　)

　注　the Song and Yuan Dynasties　中国王朝の宋と元

　　　monasteries　僧院

　　　frescos　フレスコ（画法）

　　　the first patriarch Bodhidharma　創始者である菩提達磨

問 1　下線部(1)の内容を，25 字程度の日本語で具体的に説明しなさい。ただし，句
　　読点も 1 字に数えます。

問 2　下線部(2)，(3)，(5)，(7)，(8)について，本文中の意味に最も近いと思われるもの
　　を次の中からそれぞれ一つ選び，記号で答えなさい。

　(2)　medium

　　　(あ)　essential architectural techniques

　　　(い)　meditation on life and death

　　　(う)　moral standard of behavior

　　　(え)　tools and materials for art works

　(3)　echoed

　　　(あ)　filled with sounds that are similar to each other

　　　(い)　repeated after the original sound has stopped

　　　(う)　repeated so that similar effects can be seen in both

　　　(え)　repeated to express agreement

　(5)　sipping

　　　(あ)　drinking by taking a little bit at a time

　　　(い)　drinking with a large sucking noise

　　　(う)　putting food into one's mouth and chewing it

　　　(え)　swallowing an amount of liquid

　(7)　language

　　　(あ)　a particular style or type of expression

　　　(い)　a system of communication used by a particular country

　　　(う)　a system of symbols and rules for writing programs or algorithms

　　　(え)　the method of human communication

　(8)　pervasive

　　　(あ)　causing great surprise or wonder

　　　(い)　remarkably or impressively great in size

　　　(う)　showing great knowledge or understanding

　　　(え)　spreading widely throughout a field or group of people

問 3　下線部(6)を日本語に訳しなさい。

問 4　空欄（　A　）〜（　D　）に入る最も適切なものを下からそれぞれ一つ選び，記
　　　号で答えなさい。ただし，同じ記号は一度しか使えません。

　　(あ)　For example, in addition to guiding many monk pupils, he also taught lay
　　　　people, giving them his own riddle, "What is the sound of one hand?"

(い) In addition, the calligraphy often hides rather than displays technical skill, but expresses the spirit of text through the individuality of each master very clearly.

(う) This included scenes of the human condition; folk tales; pictures of birds, insects, and animals; and various humorous subjects of his own invention.

(え) This is exemplified by Fūgai Ekun, who left his temple to live in a mountain cave. His portrait of the wandering monk Hotei shows Fūgai's extraordinary concentration of spirit through its great simplicity of composition and dramatic focus on Hotei himself.

(お) Twentieth-century monk artists such as Nantembō continued to be influenced by Hakuin, as can be seen in the work where Nantembō dipped his hand in ink, stamped it on paper, and wrote above it "Hey Listen!"

問 5　下線部(4)を，あなたならどのように解釈しますか。70 語程度の英語で書きなさい。

■■■数学■■■

◀理系：数学 Ⅰ・Ⅱ・Ⅲ・A・B▶

（120 分）

1. α は実数とし，$f(x)$ は係数が実数である 3 次式で，次の条件 (i), (ii) をみたすとする．

　(i)　$f(x)$ の x^3 の係数は 1 である．

　(ii)　$f(x)$ とその導関数 $f'(x)$ について，

$$f(\alpha) = f'(\alpha) = 0$$

　が成り立つ．

以下の問に答えよ．(配点 30 点)

(1)　$f(x)$ は $(x - \alpha)^2$ で割り切れることを示せ．

(2)　$f(\alpha + 2) = 0$ とする．$f'(x) = 0$ かつ $x \neq \alpha$ をみたす x を α を用いて表せ．

(3)　(2) の条件のもとで $\alpha = 0$ とする．xy 平面において不等式

$$y \geqq f(x) \quad かつ \quad y \geqq f'(x) \quad かつ \quad y \leqq 0$$

の表す部分の面積を求めよ．

2. θ を $0 < \theta < \dfrac{\pi}{2}$ をみたす実数とし，原点 O, A$(1, 0)$, B$(\cos 2\theta, \sin 2\theta)$ を頂点とする △OAB の内接円の中心を P とする．また，θ がこの範囲を動くときに点 P が描く曲線と線分 OA によって囲まれた部分を D とする．以下の問に答えよ．(配点 30 点)

(1) 点 P の座標は $\left(1 - \sin\theta, \ \dfrac{\sin\theta\cos\theta}{1 + \sin\theta} \right)$ で表されることを示せ．

(2) D を x 軸のまわりに 1 回転させてできる立体の体積を求めよ．

3. 以下の問に答えよ．(配点 30 点)

(1) 和が 30 になる 2 つの自然数からなる順列の総数を求めよ．

(2) 和が 30 になる 3 つの自然数からなる順列の総数を求めよ．

(3) 和が 30 になる 3 つの自然数からなる組合せの総数を求めよ．

4. n を自然数とし，$2n\pi \leqq x \leqq (2n+1)\pi$ に対して $f(x) = \dfrac{\sin x}{x}$ とする．以下の問に答えよ．(配点 30 点)

(1) $f(x)$ が最大となる x の値がただ 1 つ存在することを示せ．

(2) (1) の x の値を x_n とする．このとき，$\displaystyle\lim_{n\to\infty} \dfrac{n}{\tan x_n}$ を求めよ．

5. p を 2 以上の自然数とし，数列 $\{x_n\}$ は

$$x_1 = \frac{1}{2^p + 1}, \quad x_{n+1} = |2x_n - 1| \quad (n = 1, 2, 3, \cdots)$$

をみたすとする．以下の問に答えよ．(配点 30 点)

(1) $p = 3$ のとき，x_n を求めよ．

(2) $x_{p+1} = x_1$ であることを示せ．

◀文系：数学Ⅰ・Ⅱ・Ａ・Ｂ▶

(80 分)

1. a, b, c, p は実数とし，$f(x) = x^3 + ax^2 + bx + c$ は $(x-p)^2$ で割り切れるとする．以下の問に答えよ．(配点 25 点)

(1) b, c を a, p を用いて表せ．

(2) $f(x)$ の導関数 $f'(x)$ は，$f'\left(p + \dfrac{4}{3}\right) = 0$ をみたすとする．a を p を用いて表せ．

(3) (2) の条件のもとで $p = 0$ とする．曲線 $y = f(x)$ と $y = f'(x)$ の交点を x 座標が小さい方から順に A, B, C とし，線分 AB と曲線 $y = f'(x)$ で囲まれた部分の面積を S_1，線分 BC と曲線 $y = f'(x)$ で囲まれた部分の面積を S_2 とする．このとき，$S_1 + S_2$ の値を求めよ．

2. n を自然数とし，数列 $\{a_n\}$, $\{b_n\}$ を次の (i), (ii) で定める.

    (i) $a_1 = b_1 = 1$ とする.

    (ii) $f_n(x) = a_n(x+1)^2 + 2b_n$ とし，$-2 \leqq x \leqq 1$ における $f_n(x)$ の最大値を a_{n+1}, 最小値を b_{n+1} とする.

以下の問に答えよ. (配点 25 点)

(1) すべての自然数 n について $a_n > 0$ かつ $b_n > 0$ であることを示せ.

(2) 数列 $\{b_n\}$ の一般項を求めよ.

(3) $c_n = \dfrac{a_n}{2^n}$ とおく. 数列 $\{c_n\}$ の一般項を求めよ.

3. 以下の問に答えよ. (配点 25 点)

(1) 和が 30 になる 2 つの自然数からなる順列の総数を求めよ.

(2) 和が 30 になる 3 つの自然数からなる順列の総数を求めよ.

(3) 和が 30 になる 3 つの自然数からなる組合せの総数を求めよ.

■ 物理 ■

（1 科目：60 分　　2 科目：120 分）

I　なめらかな水平面に置かれたばね振り子の運動について考える。振幅 A で単振動するばね振り子のおもりの位置 x は，図 1 で示されているように半径 A の円周上を角速度 ω で等速円運動する点の x 方向の位置に等しく，ばねが自然長のときのおもりの位置を 0 とすると，時刻 t でのおもりの位置は $x = A \sin(\omega t)$ で表される。おもりの質量を m，ばねのばね定数を k とし，おもりの運動量を p で表す。以下の問 1 〜 5 に答えなさい。問題の解答に必要な物理量があれば，それらを表す記号はすべて各自が定義し，解答欄に明示しなさい。（配点 25 点）

問 1　時刻 t での p を表す式を導きなさい。

問 2　力学的エネルギーが保存されることを示しなさい。

問 3　おもりの振動運動により位置 x と運動量 p は周期的な変化を繰り返す。振動の 1 周期にわたる x と p の関係を，x を横軸，p を縦軸にとった曲線として，その概略を解答欄のグラフに描きなさい。また，グラフには運動の向きを表す矢印と，曲線と x 軸および p 軸の交点の座標を記しなさい。

問 4　問 3 で得られた曲線の囲む「面積」を，問題に与えられた物理量 $(m, \ k, \ A)$ を用いて表しなさい。また，この「面積」が力学的エネルギーと周期の積に等しいことを示しなさい。必要であれば，xy 平面上の曲線 $\dfrac{x^2}{a^2} + \dfrac{y^2}{b^2} = 1$ の囲む面積は πab で表されることを用いなさい。

問 5　ばね定数が $k' = \dfrac{k}{2}$ のばねを用いて質量 m のおもりを振幅 A' で振動させたところ，力学的エネルギーと周期の積が，ばね定数が k のときと等しくなった。このときの力学的エネルギーを E' および周期を T' とする。振幅，力学的エネルギー，および周期について，ばね定数が k' のときと k のときのそれ

それぞれの比, $\dfrac{A'}{A}$, $\dfrac{E'}{E}$, および $\dfrac{T'}{T}$ を求めなさい。

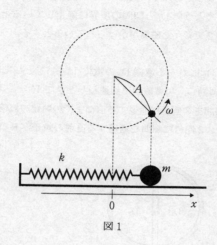

図 1

Ⅱ　質量 m, 電荷 $q(>0)$ の荷電粒子の運動について以下の問 1～5 に答えなさい。解答欄には答えのみでなく導出過程も示しなさい。導出過程で必要な物理量があれば, それらを表す記号は全て各自が定義して使用してよいが, 答えには与えられた物理量のみを用いなさい。なお, 重力の影響は無視できるものとする。(配点 25 点)

問 1　この粒子を静止状態から電位差 $V_0(<0)$ で加速した。加速後の速さ v_0 を求めなさい。

問 2　この粒子が xy 平面内を速さ v_0 で運動しているとき, 一様な磁束密度 B の磁場をかけて, xy 平面内で z 軸正方向から見て時計回りの円運動をさせたい。かけるべき磁場の向きを解答欄の図に矢印で示しなさい。また, この円運動の周期 T_0 を求めなさい。

〔解答欄〕

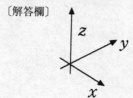

次に，図1のような十分に大きなD字型の中空電極 D_1，D_2 を使って荷電粒子を周期的に加速することを考える。電極間には十分狭い隙間がある。荷電粒子は時刻 $t = 0$ で図1に示すように D_1 と隙間の境界に静止しているとする。荷電粒子の運動する領域には問2で考えた磁場がかけられているとする。

問3 $t = 0$ で電極 D_1 に対する電極 D_2 の電位 V を V_0 として粒子を加速した。粒子が D_2 内を運動し，再度隙間に到達したときに $V = -V_0$ として再度加速した。粒子が隙間を3回目に通過する直前までの軌跡の概略を解答欄の図に描きなさい。また，3回目に隙間を通過する直前の粒子がもつ運動エネルギーを求めなさい。

〔解答欄〕

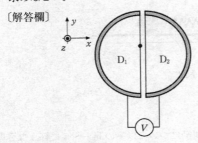

問4 問3のように，D_1 から D_2 へ隙間を通過する際に $V = V_0$，D_2 から D_1 へ隙間を通過する際に $V = -V_0$ として粒子の加速を行った。何回か加速を行った結果，運動半径が r になった。このときの運動エネルギー E を求めなさい。また，この運動エネルギー E に到達するまでに要する最短時間を求めなさい。

問5 $q = 1.6 \times 10^{-19}$[C]，$B = 1.0 \times 10^{-1}$[T]，$m = 1.6 \times 10^{-27}$[kg]の場合について，$r = 1.0 \times 10^{-1}$[m]となったときの E[J]を有効数字2桁で求めなさい。

z 軸正方向から見た電極の xy 断面図

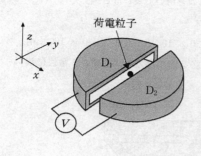 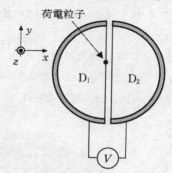

図1

Ⅲ　2枚の長方形平板ガラス A，B を用意する。平板ガラス A には，図1のように表面に深さ d の溝が彫られており，溝の方向は平板ガラス A の一つの辺と平行である。溝の深さを測るため，平板ガラス B を，図2のように厚さ b の薄いフィルムを間に挟んで重ね，平板ガラス A に対して真上から波長 λ の光を当てた。平板ガラス A の端からフィルムの先端までの長さを L とする。平板ガラス A に対して真上から見たところ，図3のように間隔 a の干渉縞の暗線が現れた。干渉縞は，溝の部分では溝のない部分に対して斜面下方向に $\dfrac{3}{4}a$ ずれて現れた。真空中での光速を c，空気の屈折率を 1.0，ガラスの屈折率を n とする。以下の問1〜5に答えなさい。問題の解答に必要な物理量があれば，それらを表す記号はすべて各自が定義し，解答欄に明示しなさい。また，問2以降は導出過程も示しなさい。（配点 25 点）

問1　ガラス中での光の速さと波長を求めなさい。

問2　干渉縞の間隔 a を，b，L，λ のなかから必要なものを用いて表しなさい。

問3　溝の深さ d を，b，L，λ，整数 M（$M = 0, 1, 2, \ldots$）のなかから必要なものを用いて表しなさい。

問4　2枚の平板ガラスの間を媒質で満たしたとき，干渉縞の間隔が $\dfrac{3}{4}a$ になり，

干渉縞のずれがなくなった。考え得る溝の深さ d を，b, L, λ, 整数 N ($N = 0$，1，2，...) のなかから必要なものを用いて表しなさい。

問 5　問 4 で得られた結果から，$L = 3.0 \times 10^{-1}$[m]，$b = 6.0 \times 10^{-5}$[m]，$a = 1.5 \times 10^{-3}$[m] とした場合の考え得る溝の深さ d のうち，2 番目に浅い値を有効数字 2 桁で求めなさい。

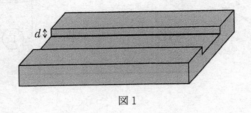

図 1

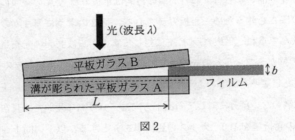

光（波長 λ）

平板ガラス B

溝が彫られた平板ガラス A　　フィルム　　b

L

図 2

干渉縞の一部を描いた図

a

斜面下方向　　$\dfrac{3}{4}a$　　溝の部分

図 3

■■■化学■■

（1 科目：60 分　　2 科目：120 分）

計算のために必要であれば，次の値を用いなさい。

原子量：H 1.00　C 12.0　N 14.0　O 16.0　Cu 63.5

ファラデー定数：9.65×10^4 C/mol

Ⅰ　物質の三態に関する次の文章を読んで問 1 ～ 6 に答えなさい。（配点 19 点）

　　容器内に物質量 n mol の分子結晶が入っている。圧力を一定に保った容器に温度 T_1 の状態から一定の速度で熱量を加えていくと，物質に加えたエネルギーと温度の相関に関する下図の結果が得られた。

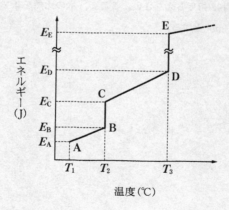

問 1　AB 間，BC 間，CD 間，DE 間の各領域はそれぞれどのような状態か。以下の①～⑦の中から適切な状態を 1 つずつ選び，番号で答えなさい。

　　①　固体　　　　　　②　液体　　　　　③　気体　　　④　固体と液体

　　⑤　固体と気体　　　⑥　液体と気体　　　⑦　固体と液体と気体

問 2 図の結果からこの物質の融解熱と蒸発熱はそれぞれ何 J/mol と表される
     か。表す式を答えなさい。

問 3 分子量 M で表されるこの分子結晶 W g の温度を T ℃上昇させるのに必要
     なエネルギーは何 J と表されるか。その式を答えなさい。ただし，状態変化は
     起こらないとする。

問 4 BC 間，DE 間ともに，温度が一定に保たれているのはなぜか。その理由を
     説明しなさい。

問 5 圧力を制御できる容器内に氷またはドライアイスを入れて加熱し，それぞれ
     の融点を調べた。氷およびドライアイスの融点は，容器内の圧力を高くしてい
     くと，それぞれどのようになるか答えなさい。

問 6 魔法瓶のような熱を通さない容器内に 50 ℃の水 100 g が入っている。この
     水に 0 ℃の氷 36 g を入れた場合，物質の温度は何 ℃になるか。計算の過程と
     ともに有効数字 2 桁で答えなさい。ここで，水の比熱を 4.2 J/(g·K)，氷の融
     解熱を 6.0 kJ/mol とする。

Ⅱ 銅の電解精錬に関する次の文章を読んで問 1 〜 5 に答えなさい。(配点 18 点)

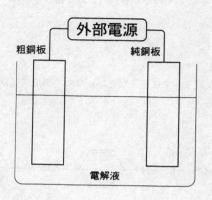

銅の電解精錬は，銅以外の金属不純物を含む粗銅板を ☐(1)☐ 極に，薄い純銅板を ☐(2)☐ 極として使用し，硫酸酸性硫酸銅(Ⅱ)水溶液を電解液として，0.3 V 程度の低電圧で電気分解を行うことにより ☐(2)☐ 極に純度 99.99% 以上の純銅が析出する。また，電気分解中に粗銅板の下には沈殿が生成する。この電気分解において，電極表面からの気体の発生はないものとする。

問 1 (1), (2)に入る適切な用語を記述しなさい。

問 2 電気分解の際に粗銅板で起こる銅の化学変化を表す反応式を書きなさい。

問 3 粗銅板には不純物として Ag, Fe, Ni, Pb, Zn が含まれていた。電解精錬後に粗銅板の下に生成した沈殿の元素分析を行ったところ，上記の不純物のうち 2 種類の元素が検出された。これら 2 種類の元素として適切なものを上記の不純物から選択し解答欄に記入しなさい。またそれぞれの元素を含む物質が沈殿する理由について簡潔に説明しなさい。

問 4 電流値 150 A で 2 時間 40 分 50 秒の電気分解を行った場合，質量何 g の純銅が析出するか，計算過程を明記し，有効数字 3 桁で求めなさい。

問 5　電解精錬による電解液中の Cu^{2+} の総量の変化について {増加する・減少する・変化しない} のいずれかから選択し丸で囲みなさい。また，その理由を説明しなさい。

Ⅲ　次の文章を読んで問 1 ～ 7 に答えなさい。なお，構造式は以下の例にならって書きなさい。(配点 19 点)

$$CH_3-CH_2-\overset{\displaystyle O}{\overset{\displaystyle \|}{C}}-NH-\!\!\!\bigcirc\!\!\!-N\!=\!N-\!\!\!\bigcirc$$

　$C_{11}H_{14}O_3$ で表される芳香族化合物 A，B，C，D，E がある。それらすべての化合物は塩化鉄(Ⅲ)水溶液で呈色した。A，B，C，D を加水分解して中和すると，化合物 F，G，H，I が生成した。また同時に，それら全ての溶液に化合物 J も含まれていた。J はナトリウムフェノキシドと二酸化炭素を加熱・加圧して反応させた後，希硫酸で処理して生じた化合物と同じであった。化合物 F，I を硫酸酸性の二クロム酸カリウムと反応させたところ，F からはケトンが生じたが，I は酸化されなかった。F，G，H，I を濃硫酸と加熱すると，分子内反応により G からはアルケン K が，H，I からは同一のアルケン L が，F からは化合物 K を含む複数のアルケンが生じた。化合物 E を加水分解後，中和すると二つの置換基を有する芳香族化合物 M が生じた。化合物 M のベンゼン環上の水素原子の一つを塩素原子に置換した化合物には 3 種類の異性体が存在した。

問 1　化合物 J の構造式を書きなさい。

問 2　化合物 F，G，H，I のうち，金属ナトリウムと反応する化合物をすべて記号で答えなさい。該当する化合物がない場合は「なし」と書きなさい。

問 3　化合物 F，G，H，I のうち，不斉炭素を有する化合物をすべて記号で答えなさい。該当する化合物がない場合は「なし」と書きなさい。

問 4　化合物 F，G，H，I のうち，それを酸化する過程で生じる物質が銀鏡反応を示しうる化合物をすべて記号で答えなさい。該当する化合物がない場合は「なし」と書きなさい。

問 5　化合物 F，G，H，I のうち，ヨードホルム反応を示す化合物をすべて記号で答えなさい。該当する化合物がない場合は「なし」と書きなさい。

問 6　下線部において生じた，化合物 K を含むすべてのアルケンの構造式を書きなさい。ただし，幾何異性体がある場合は区別しなさい。

問 7　化合物 M の構造式を書きなさい。

Ⅳ　次の文章を読んで問 1 ～ 7 に答えなさい。（配点 19 点）

　　天然のアミノ酸は，一般式 $RCH(NH_2)COOH$ で表される。ここで R は側鎖とよばれ，アラニン（$R = CH_3-$）のようにアルキル基を含むもの，グルタミン酸（$R = HOOC(CH_2)_2-$）のようにカルボキシ基を含むもの，リシン（$R = H_2N(CH_2)_4-$）のようにアミノ基を含むものなど，約 20 種類がある。カルボキシ基は　ア　性，アミノ基は　イ　性を示す官能基である。そのため，アミノ酸は中性水溶液中では電離し，分子内に正と負の両電荷をもつ　ウ　イオンとなる。分子のもつ正電荷と負電荷を足した値を，分子の正味の電荷という。中性水溶液中での正味の電荷を価数で表すと，その値はアラニンでは　a　，グルタミン酸では　b　，リシンでは　c　である。

　　タンパク質は多数のアミノ酸がアミド結合によって縮合した鎖状高分子であり，この時のアミド結合を特に　エ　結合という。タンパク質中のアミノ基は無水酢酸と反応し，タンパク質の一つであるシトクロム *c* はこの反応に伴って，分子量が 12360 から 13160 へと変化する。

　　タンパク質には酵素（E）として働くものがあり，生体内で様々な反応の触媒として機能する。酵素には触媒としての作用を示す活性部位があり，ここに基質（S）を取り込んで酵素-基質複合体（ES）を形成する。ここから反応が進行して生成物（P）

を与えて，酵素(E)が再生する。また酵素-基質複合体から酵素と基質に戻る反応
も起こる。これらの反応をまとめて式(1)のように表すことができる。

$$E + S \underset{k_2}{\overset{k_1}{\rightleftarrows}} ES \overset{k_3}{\longrightarrow} E + P \qquad (1)$$

ここで，k_1[L/(mol·s)]，k_2[/s]，k_3[/s]は式(1)に示した矢印に対応する各反応の
反応速度定数である。酵素反応が式(1)に示したような経路で進行し，ES の生成
と分解の速度がつり合いの状態にあった。このとき，反応速度 V[mol/(L·s)]は
式(2)で表すことができる。

$$V = \frac{k_3[E]_T[S]}{K_M + [S]} \qquad (2)$$

$$\text{ただし，} \quad K_M = \frac{k_2 + k_3}{k_1}$$

ここで，$[E]_T$ は反応に用いた酵素の全濃度であり，$[S]$は基質の濃度である。
　キモトリプシンはアミド結合の加水分解の触媒として作用する加水分解酵素の一
種であり，式(1)に従って酵素反応を起こす代表的なものである。

問 1　文中の　 ア 　～　 エ 　に入る適切な語句を答えなさい。

問 2　文中の　 a 　～　 c 　に入る適切な数値を符号をつけて答えなさ
　　　い。

問 3　文中下線部のアミノ基をもつタンパク質を $R'-NH_2$ とし，このタンパク質と
　　　無水酢酸との反応を反応式で示しなさい。ここで R'- 以外は化合物を構造式で
　　　表すこと。

問 4　アミノ基と無水酢酸の反応に伴う分子量の変化から，シトクロム c が含むア
　　　ミノ基の数を計算し，最も近い整数で答えなさい。計算過程も示すこと。

問 5　k_1, k_2, k_3, および $[E]_T$ が変化せず一定の値をとるとき，酵素反応の最大速度 V_{max} を表す式を式(2)より導き答えなさい。

問 6　アミド結合を持つある化合物（基質 S_1）を，キモトリプシンと反応させた場合，反応速度定数は，$k_1 = 5.05 \times 10^8$ L/(mol·s)，$k_2 = 1000$/s，$k_3 = 10$/s である。このとき，K_M の値を単位も含めて答えなさい。

問 7　キモトリプシンの全濃度（$[E]_T$）を 1.0×10^{-6} mol/L で一定にし，基質 S_1 との反応を測定した。この時の酵素反応の最大速度 V_{max} を計算し，解答欄のグラフ中，基質濃度 $0 \sim 20 \times 10^{-6}$ mol/L の範囲に対し破線（－－－）による直線で示しなさい。

　　また，基質濃度（$[S_1]$）を $0 \sim 20 \times 10^{-6}$ mol/L の範囲で変化させた場合，この酵素反応の反応速度 V が $[S_1]$ に対してどのように変化するかを，解答欄のグラフ中に実線（———）で示しなさい。

〔解答欄〕

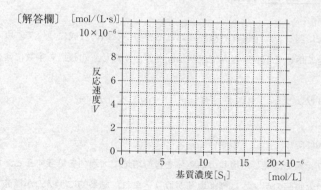

生物

（1科目：60 分　　2科目：120 分）

Ⅰ　次の文章を読んで，問1～4に答えなさい。（配点20点）

　　遺伝物質として DNA を持つ生物は，その遺伝情報を細胞から細胞へと伝えるた
め，DNA の配列情報を半保存的複製という様式で複製する。DNA の複製反応を
　　　　　　　　　　　　　　（A）
担う DNA ポリメラーゼは，鋳型となる DNA の配列と相補的なヌクレオチドを重
　　　　　　　　　　　　　　　（B）
合するが，まれに鋳型と相補的でないヌクレオチドを重合してしまう。また，細胞
内の代謝で生じる活性酸素や環境に由来する紫外線などにより DNA は絶えず損傷
を受けている。複製の誤りや DNA の損傷は遺伝情報を変化させる原因となり，生
物に様々な影響をおよぼす可能性がある。
　（C）

問1　下線部(A)に関して，半保存的複製におけるラギング鎖の合成について，以下
　　の語句を全て用いて 100 字以内で説明しなさい。ただし，句読点も字数に含め
　　る。

　　　岡崎フラグメント　　　DNA リガーゼ　　　DNA ヘリカーゼ

問2　下線部(A)に関して，以下の問いに答えなさい。

　　　放射性同位元素で標識した塩基の前駆体を含む培地で大腸菌を培養すると，増
　　殖の過程で大腸菌のゲノムに標識塩基が取り込まれ，結果的にゲノムが標識さ
　　れる。このような条件で一晩培養した大腸菌を集め，培地成分をよく洗い落と
　　したのち，放射性同位元素を含まない培地で再び短時間培養してからゲノムを
　　回収した。図1-1は，複製中のある一つの大腸菌のゲノムを撮影した電子顕
　　微鏡画像のイメージ図である。図1-2は，同じゲノムから放出される放射線
　　を検出した画像のイメージ図で，太線は放射線量が多い領域を示している。こ
　　の大腸菌ゲノムについて，(ア)複製起点，(イ)複製中の DNA ポリメラーゼ，
　　(ウ)複製終結点のそれぞれの位置として，適切な記号すべてを図1-3の A～I

から選び，記号で答えなさい。

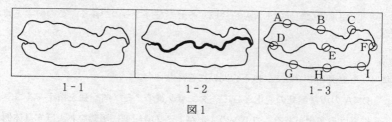

図1

問 3　下線部(B)に関して，以下の問いに答えなさい。

(1)　DNA ポリメラーゼが DNA 複製の際に基質とするヌクレオチドとして，最適なものを図 2 (ア)～(カ)から選び，記号で答えなさい。なお，Ⓟはリン酸を表している。

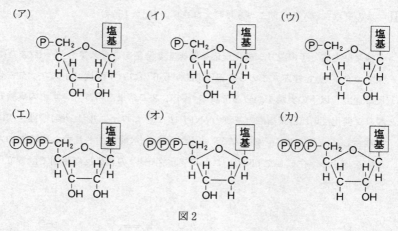

図 2

(2)　ある生物において，ゲノムの分子量が 1.6×10^9 であった。この生物のゲノムを構成するヌクレオチドの平均分子量を 3.2×10^2 とする。この生物のゲノムの長さは何塩基対かを求めなさい。

(3)　(2)の生物において，DNA ポリメラーゼの合成速度は 800 ヌクレオチド / 秒である。この生物のゲノムは環状で，1 箇所の複製起点から一定の速度で複製されるものとする。複製が完了するまでに要する時間は何分かを求めなさい。なお，小数点以下は切り捨てる。

(4)　遺伝物質として RNA を利用するウィルスのなかには，RNA を鋳型とし
て相補的な配列の DNA を合成する酵素を持つものがある。この酵素を何と
いうか，答えなさい。

問 4　下線部(C)について，以下の問いに答えなさい。

DNA の塩基配列の変化として，タンパク質のアミノ酸配列を指定するコドン
における変化がある。コドンの変化がアミノ酸配列に影響をおよぼす具体例を
2 つあげ，変化と影響の関係がわかるように，それぞれ 50 字以内で説明しな
さい。ただし，句読点も字数に含める。

Ⅱ　次の文章を読んで，問 1 〜 3 に答えなさい。(配点 15 点)

様々な生体分子の脱リン酸化反応を触媒する酵素をフォスファターゼ(またはホ
スファターゼ)と呼ぶ。このうち最適 pH が 5.6 のコムギ酸性フォスファターゼの
反応速度を以下の実験 1 から 3 で調べ，図 1，2 の結果を得た。いずれの実験も，
脱リン酸化反応は酵素溶液と基質の pNPP (p-ニトロフェニルリン酸) 溶液をすばや
く混合して，各 pH で正確に 25 ℃，5 分間行い，水酸化ナトリウム溶液を加えて
反応を停止し，生成した pNP (p-ニトロフェノール) の量を反応時間で割って反応
速度を求めた。

(参考：pNPP の脱リン酸化による pNP の生成)

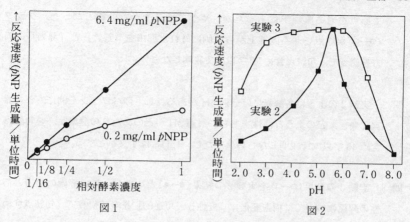

図 1

図 2

[実験 1]　反応時の濃度が 0.2 mg/ml あるいは 6.4 mg/ml の *p*NPP と，反応時の濃度が 0.8 mg/ml の酵素原液（相対酵素濃度 1）あるいは 1/2，1/4，1/8，1/16 倍希釈の酵素を pH 5.6（最適 pH）で 5 分間反応させた。相対酵素濃度を横軸，反応速度を縦軸に図 1 のグラフを得た。白丸実線（○—○）は 0.2 mg/ml の *p*NPP，黒丸実線（●—●）は 6.4 mg/ml の *p*NPP での反応結果である。

[実験 2]　酵素活性の pH 依存性を検証するため，反応時の濃度が 6.4 mg/ml の *p*NPP と，反応時の濃度が 0.2 mg/ml の酵素液を異なる pH（2.0，3.0，4.0，5.0，5.6，6.0，7.0，8.0）で 5 分間反応させた。反応時の pH を横軸，反応速度を縦軸に図 2 のグラフの黒四角実線（■—■）を得た。

[実験 3]　酵素液を 25℃で 1 時間，異なる pH（2.0，3.0，4.0，5.0，5.6，6.0，7.0，8.0）で前処理したあと，すみやかに pH 5.6 に戻して，反応時の濃度が 6.4 mg/ml の *p*NPP と，反応時の濃度が 0.2 mg/ml の前処理酵素液を 5 分間反応させた。前処理の pH を横軸，反応速度を縦軸に図 2 のグラフの白四角実線（□—□）を得た。

問 1　実験 1 で，反応時の *p*NPP 濃度が 6.4 mg/ml の時，調べた酵素濃度範囲においてグラフ（●—●）は原点を通る直線になった。一方，反応時の *p*NPP 濃度が 0.2 mg/ml の時は，グラフ（○—○）の実線のように酵素濃度が低い一定範囲

で原点を通る直線上にあったが，やがてゆるやかな曲線となった。グラフ
(○—○)が原点を通る直線上から下側に外れた理由を「基質」と「酵素」の両
方を使って，句読点含め 30 字以内で説明しなさい。

問 2　実験 2 のように各酵素には最適 pH がある。ヒトのペプシンを例に，どの器
官で働き，どのような活性をもち，最適 pH がどのあたりの酵素か，を句読点
含め 40 字以内で説明しなさい。ただし，「pH」は 1 文字とする。

問 3　実験 3 の結果(□—□)を実験 2 の結果(■—■)と比較し，この酵素の構造と活
性の関係について「構造変化」，「変性」，「可逆的」を全て使って，句読点含め
40 字以内で説明しなさい。ただし，「pH」は 1 文字とする。

Ⅲ　次の文章(Ⅲa)と(Ⅲb)を読んで，問 1 ～ 5 に答えなさい。(配点 20 点)

(Ⅲa)

　任意交配をし，秋に大量の種子をつける 2 倍体の一年生被子植物 Z において，
タンパク質 S は，通常，根特異的に合成される。しかし，周囲から隔離されたあ
る島において，Z の集団では，葉でも S を合成する個体が見つかっている。葉で S
を合成する表現型を示す個体と S を合成しない表現型を示す個体を交配してでき
た雑種第一代(F_1)においては，すべての個体が，葉で S を合成しなかった。更
に，F_1 個体を自家受粉して得られた雑種第二代(F_2)の分離比から，単一の遺伝子
によって表現型が決定されていると考えられた。そこで，この表現型を決定する遺
伝子を 遺伝子 X とし，その対立遺伝子を優性 A および劣性 a とした。
　　　　(A)
　ある研究グループが，この島で，葉で S を合成する個体数を 4 年にわたって夏
に調査した。1 年目の調査で，700 個体を採集したところ，252 個体が葉で S を合
成していた。調査結果をもとに遺伝子平衡が成立するときの A と a の遺伝子頻度
を計算してみると A は　　ア　　であり，a は　　イ　　であった。その結果，次
の年に期待される葉で S を合成する表現型の頻度は　　ウ　　であると推定され
た。実際に，2 年目の調査での S を合成する表現型の頻度は，遺伝子平衡が成立時
に期待された表現型の頻度と一致した。

　一方，3 年目の調査においては，葉で S を合成する個体を見つけることができな
かった。調査に入る前に，Z の葉に感染する外来の病原菌が大発生した。この病原
菌は，感染確立に宿主植物のタンパク質 S を必要とするため，幼苗期の葉で S を
合成する個体に寄生し，葉で S を合成する個体全てを枯らしてしまったと推測さ
れた。この病原菌は，この島で越冬できないので，3 年の春に何らかの要因で外部
から持ち込まれたと考えられる。4 年目の調査では，葉で S を合成する個体を再び
見つけることができた。

問 1　空欄　　ア　　と空欄　　イ　　に入る遺伝子頻度と，空欄　　ウ　　に入
　　　る葉で S を合成する表現型の頻度を答えなさい。

問 2　下線部(B)の 3 年目における S を合成する表現型の頻度は，遺伝子平衡が成
　　　立するとして前年度の遺伝子頻度から推定された表現型の頻度と一致しない。
　　　ハーディー・ワインベルグの法則においてどの前提が崩れたのか，最も可能性
　　　のあるものを句読点含め 30 字以内で答えなさい。

問 3　下線部(C)の 4 年目においてなぜ S を合成する個体を再び見つけることがで
　　　きたのかを句読点含め 50 字以内で説明しなさい。

(Ⅲb)

　実験室に戻り，タンパク質 S の合成がどのように調節されているのかを調べる
ために，葉で S を合成しない純系個体を作出し，その個体に塩基置換を引き起こ
す変異原を処理したところ，S の合成において野生型と異なる 2 種類の変異株が得
られた。これらの変異株では，調節遺伝子 I 又は調節遺伝子 II の機能が失われてい
た。調節遺伝子 I と調節遺伝子 II の変異型の対立遺伝子を b と c，野生型の対立遺
伝子を B と C とした。様々な遺伝子型において，S の合成を，葉と根で調べたと
ころ表 1 のような結果が得られた。調節遺伝子 I と調節遺伝子 II は，タンパク質 S
を合成する遺伝子 S の上流で機能する調節タンパク質 I と調節タンパク質 II を
コードすることが想定された。

表1　それぞれの遺伝子型と組織におけるタンパク質 S の合成の有無

		遺伝子型						
		BBCC	BBcc	bbCC	bbcc	BbCc	BbCC	BBCc
組織	葉	×	○	×	○	×	×	×
	根	○	○	×	○	○	○	○

○：タンパク質 S の合成有り　　×：タンパク質 S の合成無し

問 4　文章 (Ⅲa) 中で示した下線部(A)の野外集団の遺伝子 X は，調節遺伝子 Ⅰ また
　　　は Ⅱ であることが実験からわかっている。遺伝子 X は，調節遺伝子 Ⅰ と調節
　　　遺伝子 Ⅱ のどちらに対応するか答えなさい。

問 5　調節遺伝子 Ⅰ と調節遺伝子 Ⅱ による遺伝子 S の調節機構として最も適切で
　　　あると思われるモデルを図1の (ア)～(ク) より選び，記号で答えなさい。そし
　　　て，野生型において，根と葉で S の合成がどのように調節されているのかを
　　　それぞれ 80 字以内で説明しなさい。ただし，句読点も字数に含める。なお，
　　　図中の白抜きの矢印は，遺伝子の発現をあらわす。

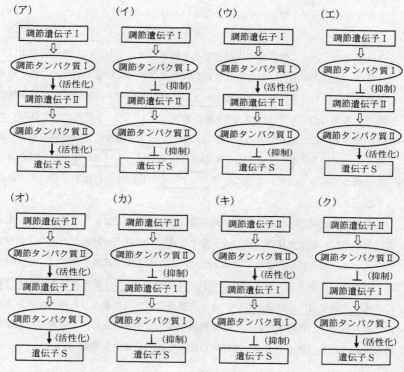

図1

Ⅳ　次の文章を読んで，問 1 ～ 6 に答えなさい。（配点 20 点）

　　海洋生態系，とくに外洋域の生産者である植物プランクトンは，藻類ともよばれる。藻類には陸上植物とは異なる光合成色素組成を持っているものも知られているが，真核生物のもつ葉緑体はすべて　ア　という細菌ドメインに属する生物が起源だと考えられている。およそ 27 億年前から，　ア　が光合成を行なった証拠が残っている。緑藻のような藻類は，　ア　を取り込み葉緑体を獲得したと考えられている。　ア　と全ての真核性藻類は，　イ　を光合成色素として共通してもっており，このことは　ア　が葉緑体の起源であることの証拠の一つとされる。
(A)

　　生態系の物質収支は，総生産量や純生産量，呼吸量などによって表される。生産者においては，総生産量の一部が成長量となり，一定期間が経過したのち，現存量へと加わる。表 1 にしめされているように，現存量と純生産量の関係は，生態系によって異なり，例えば，森林は草原に比べて 10 倍近い現存量を持つが，純生産量の平均値では 2 倍程度に過ぎない。海洋生態系では，現存量よりも純生産量の方が
(B)
高い値をしめす。外洋域においては栄養塩が不足しやすいため，栄養塩を川などを通じ供給される浅海域の方が，外洋域に比べて純生産量の平均値が高い。

表 1　陸域および海洋域における生産者，および消費者の現存量と純生産量の関係
　　　（一部の数値は表示していない）。

	生産者			消費者	
	現存量 平均値 (kg/m^2)	純生産量 平均値 ($kg/(m^2 \cdot 年)$)	世界全体 ($10^{12} kg/年$)	現存量 平均値 (kg/m^2)	生産量 平均値 ($kg/(m^2 \cdot 年)$)
陸域全体	12.3	0.77	115	0.007	0.006
森林	29.8	1.40	79.9	--	--
草原	3.1	0.79	18.9	--	--
海洋全体	0.01	0.15	--	0.003	0.008
外洋域	（　ウ　）	0.13	（　エ　）	0.002	0.008
浅海域（大陸棚）	0.01	0.36	9.6	0.060	0.016

問 1 ［ ア ］，［ イ ］に最も適切な生物名，あるいは語句を答えなさい。

問 2 下線部(A)の証拠として知られる鉄鉱層(しま状鉄鉱床)はどのように形成され
たものか，60 字以内で説明しなさい。ただし，句読点も字数に含める。

問 3 以下の式の ［　　　　　］ に入る言葉を下の語群から 3 つ選び，答えなさい。た
だし，解答は順不同でよい。

生産者の成長量 ＝ 総生産量 －（［　　　　　］ ＋ ［　　　　　］ ＋ ［　　　　　］）

［語群：被食量，不消化排出量，同化量，摂食量，呼吸量，枯死量］

問 4 下線部(B)のような，森林と草原における現存量と純生産量の比率の違いの原
因となる樹木と草本の構造の違いを 40 字以内で説明しなさい。ただし，句読
点も字数に含める。

問 5 表 1 の（ ウ ），（ エ ）の数値として最も近い組み合わせを，下の①～④
の組み合わせから 1 つ選び，その記号を答えなさい。

	ウ	エ
①	0.03	10
②	0.03	40
③	0.003	10
④	0.003	40

問 6 表 1 の浅海域の生態系にみられる生態ピラミッドの特徴を，下の語群の語句
を全て用いて 100 字以内で説明しなさい。また，生態ピラミッドにそのような
特徴が現れる原因を 40 字以内で説明しなさい。ただし，句読点も字数に含め
る。

［語群：消費者，ピラミッド型，生産量，現存量］

地学

（1 科目：60 分 2 科目：120 分）

Ⅰ 次の文章を読んで，以下の問 1 ～ 4 に答えなさい。（配点 25 点）

　　地球は太陽系の惑星の中で唯一液体の水が恒常的に存在し，この水（海）は表面の約　　ア　　％ を占める。海が存在している原因の 1 つは，海底をつくる海洋地殻が陸（大陸）を構成する大陸地殻より密度が高く，そのために低地をなすからである。海洋地殻は　　イ　　などのプレート生産（発散）境界でのマグマ活動によって形成され，一方，大陸地殻はプレートの消費（収束）境界でつくられる。

　　日本海は弧状列島である日本列島とアジア大陸との間に位置する「背弧海盆」であり，大洋とは地殻の構造が異なっている（図）。海洋地殻はその一部を占めるにすぎず，多くの部分は大陸地殻とそれが引き伸ばされたものからなっている。例えば大和堆などでは　　ウ　　などの大陸地殻を特徴づける岩石が採取されている。

　　一方で，日本列島を構成する中生代～新生代の火成岩や堆積岩について，それらが保持する残留磁気を解析して，岩石や地層が形成した時代の古地磁気方位（過去の N 極の方向）を調べると，今から約 1600 万年以前（図の白矢印）と約 1400 万年以降（図の黒矢印）とで系統的な差があることがわかった。さらにその方向の変化は，東北日本と西南日本で逆になっている。このことは，今から約 1400 ～ 1600 万年前に，東北日本は反時計回りに，西南日本は時計回りに回転運動したことを示している。

　　日本海の形成過程については，上記の地殻構造と日本列島の古地磁気方位の変化の解析によってほぼ明らかになったといえよう。またこのことによって，現在の日本列島がなぜ太平洋に向かってせり出した弓なりの形をしているのかも理解できるようになった。

　　今から約 1500 万年前に起きたこの地質学的な大事件は，日本列島でも様々な「異変」を引き起こした。その 1 つは紀伊半島中南部（図の★印）で約 1400 万年前に起きた大規模な火成活動である。この活動では大量の火砕流が噴出し，火山性の陥没地形である　　エ　　が複数形成された。一般的にはこのような海溝（トラフ）

　近傍では，沈み込むプレートの温度が低いために，マグマは発生しない。しかし当時の紀伊半島の南部にあったフィリピン海プレートは，誕生後おおよそ 100 万年しか経過していない若いプレートであった。

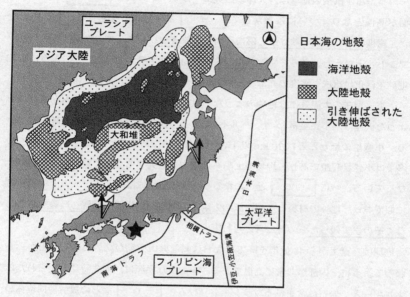

図　日本海の地殻構造及び日本海の形成に関連する地質記録

問 1　空欄　　ア　　〜　　エ　　にあてはまる適切な数値または語句を答えなさい。

問 2　下線部(A)について，海洋地殻と大陸地殻の密度の違いについて化学組成の観点から説明しなさい。

問 3　下線部(B)について，日本列島と日本海の形成過程を説明しなさい。

問 4　下線部(C)について，なぜこの地域で異常な火成活動が起きたのかを，日本海の形成と関連づけて述べなさい。

Ⅱ 次の文章を読んで，以下の問 1 ～ 5 に答えなさい。（配点 25 点）

　地球は，約 46 億年前に原始太陽系円盤中の微惑星が集積してできたと考えられている。誕生直後の地球は，天体の衝突エネルギーや大気の ア によって表面が高温となり，ついには融解して イ と呼ばれる状態になった。その後に，密度の高い金属の鉄は中心部に移動して核となり，岩石質の物質は核の周りの(A)マントルとなった。さらにマントルの表面が固まり地殻ができた。このようにして地球では化学組成や密度の異なる層構造が形成されたと考えられている。

　一方，現在の太陽系には地球のような惑星に成長できなかった天体もある。そのような天体は，小惑星帯（メインベルト）に数多く存在しており小惑星と呼ばれている。小惑星のほとんどは 10 km 以下の小さな天体である。地球に落下する隕石の多くは小惑星起源であり，地球や太陽系の歴史を研究するうえで重要な手がかりとなっている。特に ウ といわれる隕石の化学組成は，太陽の大気組成と非常(B)に似ており，地球の材料となった原始太陽系の物質が大規模な融解を経験すること(C)なくそのまま残ったものだと考えられている。

　地球は，誕生から 46 億年を経てもなお活発な火山活動が続いていることからもわかるように，内部が非常に高温である。その主な熱源は，形成時に蓄えられたエネルギーと，岩石に含まれるウラン・トリウム・ エ などの放射性同位体の崩壊に伴って生成する熱エネルギーであると考えられている。地球内部の熱は低温である表面に向かって絶えず流れ出ており，地球全体としてはゆっくりと冷却している。地球の内部から表面へ移動する熱量を オ といい，地球全体の平均値は約 0.087 W/m² である。地球の冷却に伴って，液体である外核は徐々に固化し内(D)核が成長している。

問 1 空欄 ア ～ オ にあてはまる適切な語句を答えなさい。

問 2 下線部(A)について，このような過程で地球内部の温度はどのように変化するか，答えなさい。

問 3 下線部(B)について，太陽の大気組成はどのような方法で調べられているか，答えなさい。

問 4 下線部(C)について，なぜ小惑星のような小さな天体は融解する程の高温になりにくかったのか，説明しなさい。

問 5 下線部(D)について，どのような観測事実から地球の外核は液体であると推定されているのか，答えなさい。図を用いて説明してもよい。

Ⅲ 次の文章を読んで，以下の問 1 ～ 4 に答えなさい。（配点 25 点）

　我々の住む太陽系は銀河系と呼ばれる銀河の一部である。銀河系は，多数の恒星や星団からなり現在も活発にガスから星ができている　ア　部，古い恒星が丸い形で集まっている　イ　部，およそ百万個の恒星の集団である　ウ　星団が散らばって分布している　エ　部からなる。その中で太陽系は，　ア　部にあって，銀河系の中心からおよそ 2.8 万光年の距離に位置している。

　銀河系の隣には，銀河系と同程度の質量を持つアンドロメダ銀河があり，この二つとさらに小質量の銀河数十個を合わせて局所銀河群を構成している。アメリカの天文学者ハッブルは変光星の周期－光度関係を用いて，アンドロメダ銀河までの距離を求め，アンドロメダ銀河が銀河系の外にある別の銀河であるということを示した。また，ハッブルは，観測により銀河系の近くにある銀河までの距離と後退速度の間に比例関係を見いだし，宇宙膨張を証明した。この比例関係はハッブルの法則と呼ばれる。現在宇宙が一様に膨張しているということは，過去にさかのぼると宇宙は一点に集中することを意味している。これは　オ　という高温高密度だったおよそ 138 億年前の宇宙の始まりの時期に対応する。

問 1 空欄　ア　～　オ　にあてはまる適切な語句を答えなさい。

問 2 地上からは，夜空に天の川と呼ばれる星の帯状の分布が見られる。太陽系の銀河系における位置と関連づけてなぜ天の川が帯状に見えるのか，説明しなさい。

問 3 太陽系が厳密な円運動をしていて，その運動の中心が銀河系の中心と一致しているとする。また，銀河系内における太陽系の回転速度を 220 km/s とす

る。一周するのに何年かかるかを有効数字 2 桁で答えなさい。なお，1 年を
$3.2 \times 10^7\,\mathrm{s}$，1 光年を $9.5 \times 10^{15}\,\mathrm{m}$ として計算しなさい。

問 4　下線部について，次の問いに答えなさい。

変光星について，次のような周期-光度関係が成り立っているとする。

$$M = -2.8 \log_{10}(P) - 1.4$$

M は平均の絶対等級，P は変光の周期を日で表したものである。
アンドロメダ銀河に見かけの等級(m)が 18.6 等で周期が 31.4 日の変光星が見
つかったとする。この関係を用いてアンドロメダ銀河までの距離をパーセクの
単位を用いて，有効数字 2 桁で答えなさい。計算の過程も示しなさい。

なお，M と m の間には，

$$M = m + 5 - 5 \log_{10}(d)$$

という関係がある。ここでの d は距離をパーセクの単位で表したものである。
また，$\log_{10}(31.4) = 1.5$ および $10^{0.84} = 6.9$ とする。

//////////////////// · memo · ////////////////////

/////////////////////// · memo · ///////////////////////

//////////////////// · **memo** · ////////////////////

いつも受験生のそばに─赤本

大学入試シリーズ＋α
入試対策も共通テスト対策も赤本で

入試対策
赤本プラス

赤本プラスとは、**過去問演習の効果を最大に**するためのシリーズです。「赤本」であぶり出された弱点を、赤本プラスで克服しましょう。

大学入試 すぐわかる英文法
大学入試 ひと目でわかる英文読解
大学入試 絶対できる英語リスニング DL
大学入試 すぐ書ける自由英作文
大学入試 ぐんぐん読める
　　英語長文[BASIC] DL
大学入試 ぐんぐん読める
　　英語長文[STANDARD] DL
大学入試 ぐんぐん読める
　　英語長文[ADVANCED] DL
大学入試 正しく書ける英作文
大学入試 最短でマスターする
　　数学Ⅰ・Ⅱ・Ⅲ・A・B・C
大学入試 突破力を鍛える最難関の数学
大学入試 知らなきゃ解けない
　　古文常識・和歌
大学入試 ちゃんと身につく物理
大学入試 もっと身につく
　　物理問題集(①力学・波動)
大学入試 もっと身につく
　　物理問題集(②熱力学・電磁気・原子)

入試対策
英検®赤本シリーズ

英検®(実用英語技能検定)の対策書。
過去問集と参考書で万全の対策ができます。

▶過去問集(**2024年度版**)
英検®準1級過去問集 DL
英検®2級過去問集 DL
英検®準2級過去問集 DL
英検®3級過去問集 DL

▶参考書
竹岡の英検®準1級マスター DL
竹岡の英検®2級マスター CD DL
竹岡の英検®準2級マスター CD DL
竹岡の英検®3級マスター CD DL

CD リスニングCDつき　DL 音声無料配信
新 2024年新刊・改訂

入試対策
赤本プレミアム

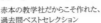

赤本の教学社だからこそ作れた、
過去問ベストセレクション

東大数学プレミアム
東大現代文プレミアム
京大数学プレミアム[改訂版]
京大古典プレミアム

入試対策
赤本メディカルシリーズ

過去問を徹底的に研究し、独自の出題傾向をもつメディカル系の入試に役立つ内容を精選した実戦的なシリーズ。

[国公立大]医学部の英語[3訂版]
私立医大の英語[長文読解編][3訂版]
私立医大の英語[文法・語法編][改訂版]
医学部の実戦小論文[3訂版]
医歯薬系の英単語[4訂版]
医系小論文 最頻出論点20[4訂版]
医学部の面接[4訂版]

入試対策
体系シリーズ

国公立大二次・難関私大突破へ、自学自習に適したハイレベル問題集。

体系英語長文　体系世界史
体系英作文　　体系物理[第7版]
体系現代文

入試対策
単行本

▶英語
Q&A即決英語勉強法
TEAP攻略問題集 CD
東大の英単語[新装版]
早慶上智の英単語[改訂版]

▶国語・小論文
著者に注目! 現代文問題集
ブレない小論文の書き方 樋口式ワークノート

▶レシピ集
奥薗壽子の赤本合格レシピ

入試対策 共通テスト対策
赤本手帳

赤本手帳(2025年度受験用) プラムレッド
赤本手帳(2025年度受験用) インディゴブルー
赤本手帳(2025年度受験用) ナチュラルホワイト

入試対策
風呂で覚えるシリーズ

水をはじく特殊な紙を使用。いつでもどこでも読めるから、ちょっとした時間を有効に使える!

風呂で覚える英単語[4訂新装版]
風呂で覚える英熟語[改訂新装版]
風呂で覚える古文単語[改訂新装版]
風呂で覚える古文文法[改訂新装版]
風呂で覚える漢文[改訂新装版]
風呂で覚える日本史[年代][改訂新装版]
風呂で覚える世界史[年代][改訂新装版]
風呂で覚える倫理[改訂版]
風呂で覚える百人一首[改訂版]

共通テスト対策
満点のコツシリーズ

共通テストで満点を狙うための実戦的参考書。重要度の増したリスニング対策は「カリスマ講師」竹岡広信が一回読みにも対応できるコツを伝授!

共通テスト英語[リスニング]
　満点のコツ[改訂版] CD 新
共通テスト古文 満点のコツ[改訂版] 新
共通テスト漢文 満点のコツ[改訂版] 新

入試対策 共通テスト対策
赤本ポケットシリーズ

▶共通テスト対策
共通テスト日本史[文化史]

▶系統別進路ガイド
デザイン系学科をめざすあなたへ

英語の過去問、解きっぱなしにしていませんか？

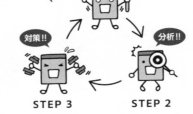

大学合格のカギとなる勉強サイクル

STEP 1 解く‼

対策‼ STEP 3

分析‼ STEP 2

過去問を解いてみると、自分の弱い部分が見えてくる！

受験生は、英語のこんなことで悩んでいる…⁉

【英文読解編】
- ☹ 単語をつなぎ合わせて読んでます…
- 😣 まずは頻出の構文パターンを頭に叩き込もう
- ☹ 下線部訳が苦手…
- 😊 SVOCを丁寧に分析できるようになろう

【英語長文編】
- ☹ いつも時間切れになってしまう…
- 😣 速読を妨げる原因を見つけよう
- ☹ 何度も同じところを読み返してしまう…
- 😊 展開を予測しながら読み進めよう

【英作文編】
- ☹ ［和文英訳］ってどう対策したらいいの？
- 😣 頻出パターンから、日本語⇒英語の転換に慣れよう
- ☹ いろんな解答例があると混乱します…
- 😊 試験会場でも書きそうな例に絞ってあるので覚えやすい

【自由英作文編】
- ☹ 何から手をつけたらよいの…？
- 😣 志望校の出題形式や頻出テーマをチェック！
- ☹ 自由と言われてもどう書き始めたらよいの…？
- 😊 自由英作文特有の「解答の型」を知ろう

こんな悩み☹をまるっと解決😊してくれるのが、赤本プラスです。

大学入試 ひと目でわかる 英文読解
"ひと目でわかる" 英文読解
ビジュアルで理解できる！
→ 英文構造がビジュアルで理解できる！

大学入試 ぐんぐん読める 英語長文
BASIC/STANDARD/ADVANCED
"ぐんぐん読める" 英語長文 BASIC
なぜ英語が苦手なのか⁉
→ 6つのステップで、英語が「正確に速く」読めるようになる！

New 大学入試 正しく書ける 英作文
"正しく書ける" 英作文
超合理的！
→ 頻出パターン×厳選例文でムダなく「和文英訳」対策！

大学入試 すぐ書ける 自由英作文
"すぐ書ける" 自由英作文
超効率的！
→ 頻出テーマ×重要度順で最大効率で対策できる！

計14点刊行中 赤本プラスは、数学・物理・古文もあるよ
（英語8点・古文1点・数学2点・物理3点）

くわしくは

大学赤本シリーズ
別冊問題編

2025